Friedrich Nietzsche.

权力意志 上册

1885—1887年遗稿

［德］弗里德里希·尼采 著

贺 骥 译

上海文化出版社

SHANGHAI CULT JRE PUBLISHING HOUSE

果麦文化 出品

目　录

译者前言　　　　　　　　　　　　　　　　1

中文版凡例　　　　　　　　　　　　　　　7

第一章　　1885年秋至1886年春　　　　　　10

第二章　　1885年秋至1886年秋　　　　　　81

第三章　　1886年初至1886年春　　　　　　194

第四章　　1886年初至1886年春　　　　　　201

第五章　　1886年夏至1887年秋　　　　　　208

第六章　　1886年夏至1887年春　　　　　　258

第七章　　1886年底至1887年春　　　　　　275

第八章　　1887年夏　　　　　　　　　　　346

第九章　　1887年秋　　　　　　　　　　　359

第十章　　1887年秋　　　　　　　　　　　477

《权力意志》附录　　　　　　　　　　　　601

《权力意志》（上册）注释　　　　　　　　617

译者前言

尼采晚年哲学思想的集大成之作
——《权力意志》

贺骥

　　《权力意志》是尼采的哲学遗著，首版于1901年，共483条格言，由尼采的妹妹伊丽莎白和尼采的学生加斯特编纂而成，格言取自1882年至1888年尼采的哲学遗稿。1906年的第二版《权力意志》则收录了1067条格言，该版本成为当时被读者普遍接受的通行本，全书共分为四章：一、欧洲的虚无主义；二、对迄今为止的最高价值的批判；三、确立价值的新原则；四、培育与品种。意大利当代学者科利和蒙蒂纳里于1980年编辑出版了《尼采全集》（校勘研究版），全集的第10卷至第13卷汇集了1882年至1889年尼采全部的哲学遗稿，它全面而真实地再现了尼采晚期的哲学思想，被称作尼采的"真正的遗著"，本书即译自《尼采全集》（校勘研究版）。

　　《权力意志》是继《查拉图斯特拉如是说》之后尼采的哲学代表作，它是尼采晚期思想的集大成之作，它奠定了尼采的哲学家地位，并对后世的哲学家、艺术家和政治家产生了广泛而深远的影响。"权力意志"概念是尼采晚期哲学的核心。在斯宾诺莎的力量与激情学说、叔本华的"生命意志"概念和德罗斯巴赫（1810—1884）的"追求发展说"的基础上，尼采创造了"权力意志"概念。尼采的晚期哲学思想是一种力本体哲学，他用"权力意志"来说明无机界、有机界和人类社会的一切现象，他认为世界的本体状态就是"权力意志"。"权力意志"即追求力量增长的意志、追求强大力量的意志。"权力意志"是酒神般的原始生命力、"存在之轮"的推动力和生生不息的创造力，它是生成的基本结构，其目的在于自我扩张和自我提升，而不在于自我保存。他把"权力意志"思想和"相同事物的永恒轮回"学说结合在一起，认为世界就是永恒轮回的"权力意志"，"权力意志"的永恒轮回是一种螺旋式的上升，其意义所在和目标就是"超人"。"超人"是最强盛的"权力意志"的主体，他是尼采关于未来的人的类型的设计。只有大力推进自然循环、强化"权力意志"，才能培育出未来的人的类型——"超人"。人是连接在动物和"超人"之间的一座桥梁，人是一种过渡和一种毁灭，"超人"才是目的。"超人"是对最高的、人的存在可能性的呼唤，"超人"是具有生存能力、自主能力和创造能力的最强者，他处于善恶的彼岸，他克服了不道德的肉体和道德的灵魂的分裂，能以"至恶"行其创造性的至善。现代人必须克服基督教和形而上学的世界观，必须过一种尘世的、战斗性的生活，以生机勃勃的"权力意志"战胜颓废主义和虚无主义，通过"权力意志"的"大政治"，培育出独立的自我立法者和最强者——"超人"。

尼采将"权力意志"视作存在的最高原则、宇宙的本体和最高的价值标准。"权力意志"（der Wille zur Macht）直译为"追求力量的意志"，它追求的是强力、伟力、统治力、生命力和创造力，它和酒神精神在本质上是一致的。尼采的力本体哲学执着于大地和现世人生，他反对形而上学，反对追究世界的本原和终极原因。他继承了叔本华的唯意志论，但又反对叔本华将意志视作"物自体"。他认为生命追求的是强力、扩张和统治，而不是维持生存，因此他用"权力意志"取代叔本华的生命意志（"生存意志"，der Wille zum Dasein）。他认为生成（变易）是第一性的，静止只是运动的一个特例，世界就是复数的、相互斗争的"权力意志"之间的相互作用和此消彼长。他把"权力意志"设定为一种动态的、通过斗争而获得力量增长的原则，以此来反对达尔文的静态的自我保存原则。他以强者的等级制来反对杜林的平等主义和社会主义者所主张的社会平等。

尼采将以基督教和古希腊形而上学哲学为基础的欧洲传统文化判定为"虚无主义"，因为它彻底否定现世人生的意义、价值和希冀。他用"上帝死了"来宣告传统伦理价值的崩溃，用"权力意志"来重估一切价值和确立新的价值。他揭示了道德的谱系学，认为道德是弱者的颓废心理的投射，弱者虚构了上帝、善、存在、本质、自在之物、绝对真理等概念，以获得和增强他们的力量感。因此尼采致力于意识形态批判，他从非理性的、执着于尘世的"权力意志"出发，批判了基督教、形而上学哲学、自然科学中的机械论、启蒙主义和理性主义以及二元论的善恶道德观，只有艺术免遭批判。艺术领域的日神冲动和酒神冲动被视作创造欲的范式，强者的"权力意志"就是创造力，它是确立价值的永不枯竭的源泉。"权力意志"的"永恒轮回"使强者的主人道德得到强化，而使弱者、群氓和末人的奴隶道德彻底失去了存在的根基。尼采的力本体哲学反对本质主义、反对静止、反对绝对主义，它执着于现世人生，造成了"形而上学的终结"（海德格尔语）。

尼采的认识论被称作"视角主义"（又名"透视主义"，Perspektivismus）。他认为世界是可解释的，它不是蕴含着一种意义，而是无数种意义，人类对世界和历史的认识受到观察者的视角的制约，因此仁者见仁，智者见智，只有相对真理，没有绝对真理。

尼采的"权力意志"学说对后世的影响是相当深远的，人们对它的认识堪称见仁见智。心理学家克拉格斯（1872—1956）、阿德勒、荣格和弗洛伊德将"权力意志"理解为个人的权力欲。德国社会主义者和女权主义者丽丽·布劳恩（1865—1916）将"权力意志"视作"个性的最高发展"，并将"超人"视作"人类的目标"。意大利社会学家帕累托（1848—1923）和社会哲学家摩斯卡（1858—1941）吸收了"权力意志"的文化批判因素，进而创立了精英理论。意大利哲学家埃沃拉（1898—1974）和法西斯党党魁墨索里尼将"权力意志"视作"超凡的价值"，并使它为法西斯主义的意识形态服务。德国哲学家伯姆勒（1887—1968）将"权力意志"定义为"英雄的意志"，利用它来奠定纳粹主义的哲学基础。海德格尔将"超人"视作"最纯粹的权力意志的最高形态"，而"权力意志"则代表着西方"形而上学的终结"。法国哲学家福柯将"权力意志"限制在社会领域，他认为权力关系产生出"知识型"，"权力意志"制造了现实、世界和真理；真理为权力的运作提供道义和知识基础，作为权威性话语，真理所包含的话语霸权已然是权力。现代科学如控制论、系统论和混沌理论也受到了尼采的"权力意志"学说的影响。

尼采的妹妹伊丽莎白对尼采的哲学遗稿进行了大量的删改，

来为反犹主义的意识形态服务，因此她编纂的版本在某种程度上属于伪作。意大利学者蒙蒂纳里（1928—1986）经过细致的研究证明：1885年秋至1888年夏，尼采拟定了好几个《权力意志》的创作提纲，伊丽莎白的版本依据的是1887年3月17日的创作提纲，尼采本人则依据1888年年初的创作提纲试图完成《权力意志》一书，但他于1888年8月底彻底放弃了该书的写作。因为伊丽莎白的版本违背了尼采的原意，蒙蒂纳里和科利就用尼采的《1885—1887年遗稿》和《1887—1889年遗稿》（校勘研究版）来取代伊丽莎白编纂的《权力意志》。

尼采的遗稿由断片式的格言、读书心得、即兴奇想、沉思和创作提纲组成，他采用的是跳跃性的思维方式，加之尼采在晚期濒临精神崩溃，因此他的遗稿艰深而晦涩，本人才疏学浅，译本不甚完美，敬请专家、读者和学界同人斧正。借助于科利版《尼采全集》第14卷（对1～13卷的注疏），本人对漓江出版社2000年版的节译本《权力意志》进行了较大程度的修改。"附录"中增译了尼采最早关于"权力意志"的22条论述。

本人在翻译过程中遇见的外来语段落曾向下列专家请教：中国社会科学院外文所的王焕生先生（拉丁文）、陈中梅先生（古希腊文）和刘晖女士（法文）；《1887—1889年遗稿》中法文段落的译文主要出自北京周报社法文部曹青林先生之手。本人在翻译尼采原著时参阅了孙周兴教授的译本《1885—1887年遗稿》《1887—1889年遗稿》（商务印书馆2010年版）。拙译的电子文本由西澳大利亚大学贺旭学士全程录入。在此谨向各位帮助我的师友表示诚挚的谢意。

《权力意志》（*Der Wille zur Macht*）译自*Friedrich*

Nietzsche: Sämtliche Werke Kritische Studienausgabe Band12: Nachgelassene Fragmente 1885—1887; Band 13: Nachgelassene Fragmente 1887—1889, Hrsg. v. Giorgio Colli und Mazzino Montinari, Deutscher Taschenbuch Verlag, München, de Gruyter, Berlin 1980。

2021年1月19日于北京

中文版凡例

一、本书译自科利和蒙蒂纳里编辑的校勘研究版《尼采全集》(*Friedrich Nietzsche, Sämtliche Werke. Kritische Studienausgabe.* Hrsg. v. Giorgio Colli und Mazzino Montinari. Berlin/New York：Walter de Gruyter，1980）第12卷和第13卷，这两卷是尼采的妹妹伊丽莎白·福斯特-尼采编纂的尼采代表作《权力意志》(1906)以及其他人编纂的《权力意志》的文本资料来源。这两卷收录了1885年秋至1889年1月尼采的全部哲学遗稿，但不包括尼采的书信草稿和书信计划，也不包括尼采关于生活琐事的笔记和评论，例如经济问题、家政预算、物价、旅游、散步、出访等。译文在总体上保留了尼采的标点符号应用法和正字法。

二、编者科利和蒙蒂纳里按照时间顺序对尼采的手稿进行了编组，对每组做了分层，对组和层做了编号，并给每组加上了标题（例如"1885年秋至1886年春"）。译者按照中文习惯，将"组"(Gruppe)译成"章"，将"层"(Schicht)译成"节"。尼采在手稿中用疏排(sperren)来表示对词语或句子的强调，译者则用黑体来表示强调。

三、中文版尽量保留尼采的残篇风格，译文所使用的符号与科利版的符号大致相同。译文中需要特别说明的符号如下。

1．〈 〉：表示编者对尼采原文中明确的残缺的补充。译者根据上下文和尼采思想也做了少量的补充。

2．[—]：表示尼采手稿中一个不可辨认的词。

3．[——]：表示两个不可辨认的词。

4．[———]：表示三个或多个不可辨认的词。

5．———：表示一个不完整的句子。

6．[+]：表示尼采手稿中的空白。

四、尼采是古典语文学家和语言天才，他在手稿中经常使用古希腊文、拉丁文和外语（法语、意大利语、英语等）。德语文本中出现的外来词，译者一律译成中文，并在圆括号（ ）中标出外来词。尼采原文若全部采用外语（如法语），译者全部译成中文并加注说明。首次出现的德语哲学概念或尼采创造的新词，译者一律译成中文，并在圆括号（ ）中标出德语词。

五、文中注释大多由译者独立完成，这些注释由译者在德文版《迈尔百科全书》、《布罗克豪斯百科全书》、德文维基百科、英文维基百科、法文维基百科、中文版《不列颠百科全书》和冯契主编的《哲学大辞典》中查阅而得。其中一些注释参考了科利和蒙蒂纳里编辑的校勘研究版《尼采全集》第14卷*Einführung. Siglenverzeichnis. Kommentar zu Band 1-13* 第731—774页。

六、译者在总体上采用"归化式翻译"策略，即从内容上和形式上尽量将原语文本本地化，以增强译文的可读性和方便读者接受。尼采在手稿中对其书名的缩写或编者在注释中对尼采著作书名的缩写，译者一律译出全称。例如编者所使用的缩写词GT代表尼采的著作 *Die Geburt der Tragödie*，译者将GT译作《悲剧的诞生》。又如尼采所使用的缩写词MA代表他的著作 *Menschliches, Allzumenschliches*，译者将MA译作《人性的，太人性的》。

七、尼采生平与著作年表（Zeittafel）编译自Ivo Frenzel：*Friedrich Nietzsche in Selbstzeugnissen und Bilddokumenten*. Rowohlt Taschenbuch Verlag，1979；Friedrich Nietzsche：*Ecce Homo*. Berliner Ausgabe mit einer Biographie des Autors bearbeitet und eingerichtet von Holzinger，2013 等书。

凡例根据科利版《尼采全集》第14卷"校勘研究版的编辑原则"（*Editorische Grundsätze der Kritischen Studienausgabe*）编制，同时参考了孙周兴译本的中文版凡例。

第一章
1885 年秋至 1886 年春

1

我本来应该有一个朋友圈子，这个圈子由深沉而温柔的人们组成，他们懂得保护我，使我免遭自我伤害，他们还善于逗我开心：因为对一位像我这样必须思考这类事情的思想家而言，自我毁灭的危险总是近在眼前。

2

但愿没有人会相信，有一天我们用双脚突然跳进一种果敢的精神状态中，这种精神状态的标志或比喻也许就是一首刚唱完的舞蹈之歌。在学习舞蹈之前，我们必须完全学会走和跑，而自立则是一种能力，我觉得始终只有少数人命中注定具有这种能力。在刚开始摆脱了襻带和扶手、敢于放开自己的手脚走出去的时期，在朝气蓬勃、充满各种诱惑的青春期，一个少年总是容易遭受各种最严重的危险，他往往谨慎地前行，胆怯如逃兵，灰心如被流放者，内心充满忧惧和对前途奇怪的怀疑：少不更事的精神自由像一杯葡萄酒。

3[1]

镜子

缺乏统治者的思维方式。

戏子。

土地。

新的无耻（庸人的无耻，如英国人和女作家的无耻）。

追求偏见的意志（民族、党派等）。

潜在的佛教。

缺少孤独（因此缺少好伙伴）。

酒、书籍、音乐和其他的刺激剂。

未来的哲人。

统治者等级与无政府主义。

奇人的奇怪困境，卑贱的谦虚总是妨碍他。

缺少性格教育。缺少高级僧侣。

逐渐限制民权。

4

—— **对立面（善与恶等）的学说**作为教育手段颇有价值，因为它使人偏袒其中的一方。

—— 人最容易毁于最强烈和最危险的激情，这些激情遭到了彻底排斥，以至于最强者本身已成为怪人或者他们觉得自己是**邪恶的**、"有害的和非法的"。迄今为止这种损失非常大，但却是必然的。现在一些抵抗力量已得到了培育，已发展壮大，通过暂时压制那些激情（权力欲的激情，乐于变化和喜欢欺骗的激情），它们得以再次释放：但它们不再像过去那样野蛮了。我们可以任意使用驯化后的野蛮：我们的艺术家和政治家就是这方面的表率。

—— 对立面和对立欲望的综合乃是一个人的总体力量的标志：这种综合又能**制服**多少野蛮欲望呢？

—— 神圣性的一个新概念：柏拉图的天真—— 遭到诋毁的欲望之对立面不再处于中心地位了。

—— 要说明古希腊宗教在何种程度上是比犹太教和基督教**更高级的**宗教。后者胜利了，因为古希腊宗教本身退化了（**衰落了**）。

目的：崇仰那些最强大的、最可怕的和最声名狼藉的力量，用古老的形象来说就是—— 崇拜魔鬼。

5

—— 我衡量伟大的标准如下：一个人或一个民族能在多大程度上激发起自己的各种最可怕的欲望并把它们转化成自己的幸福，同时又不被欲望毁灭，而是把欲望化为有益的行动与功业。

—— 把所有的不幸事件解释成内心失衡者的影响，这种做法迄今为止都把大众推向了宗教崇拜。甚至较高尚的道德生活，即圣人的生活，也只是作为满足内心失衡者的**一种**手段而虚构出来的。

—— 把我们的**经历**和我们的不幸事件都解释成一个具有教育作用的善神的天意暗示：从父权制的家族观念出发来阐明**父亲般的**上帝概念。

—— 人的绝对堕落和向善的不自由，因此用内疚来解释我们的所有行为：最终依赖神恩。奇迹出现。幡然悔悟。保罗，奥古斯丁，路德。

—— 日耳曼人使基督教野蛮化了：介于神与人之间的精灵，各种赎罪崇拜，简言之，基督诞生之前的宗教观复归。音乐体系亦如此。

—— 路德复述了基督教的基本逻辑，**道德的不可能**以及自我满足的不可能，神恩的必要性以及奇迹和命定论的必要性。这其实是失败的自白和自我蔑视的爆发。

—— "抵消**罪过**是不可能的"，得救热望的爆发，崇拜与奥秘的发作。"摆脱罪孽是不可能的"，保罗、奥古斯丁和路德的基督教的爆发。过去外在的不幸乃是笃信宗教的动因，后来的动因则是内心的不幸福感、未得救、畏惧和不安。基督和佛陀的特色似乎是相同的：内心的幸福使他们虔信宗教。

6

—— 属于较高等级的感觉在道德感中占主导地位：这种高贵感就是较高的社会阶层的自我证明，他们的行为与状态后来又被视作一种价值观念的标志，有了这种价值观念人们就**属于**那个社会阶层或者**应该**属于那个社会阶层。

7

—— 道德感的发展首先涉及人（等级优先！），然后才转移到行为和性格特征上。**距离的激情**存在于内心道德感的最深处。

8

——人的无知和不反思的结果就是：个体的归类直到很晚才得以确定。人们觉得自己不自由，毫无才智，沉溺于突然的冲动，以至于人们对自己的看法和对自然的看法毫无二致：我们心中也有**魔鬼**在活动。

9

——人性的，太人性的。如果人们不自觉地表现出道德行为和道德认知，就无法对道德进行反思。那时我就致力于道德的细化，这种细化已将"奖赏"与"惩罚"视作"不道德的"，它不再对"正义"概念进行"同情的**理解**"，确言之，它不再**赞成**这个概念。细化中也许有弱点，也许有放纵，也许还有———

10

——"惩罚"是在最狭隘的领域里发展起来的，它表现为当权者和家长的反应，它表达了当权者和家长对其命令和禁令的蔑视的愤怒。——统治者的道德感（其规范要求"唯有命令者受尊重"）**先于**社会道德的道德感（其规范要求"所有的传统都应该得到尊重"）。距离产生的激情和等级差别感乃是所有道德的终极基础。

11

—— "灵魂"最终成了"主体概念"。

12

—— 如果事物是未知的，那么**人也是未知的**。对人进行褒贬又有何益！

13

—— 我无法理解某些人是如何成为神学家的。而有一类人不只是认知机器，我不愿意轻视他们。

14

—— 一个人无法完成的行动总是遭到他的误解。某人因其行动总是遭到误解，这恰恰说明了他很优秀。被误解也是必然的，没有理由对此感到愤怒。

15

—— 如果我宁可思考因果性也不考虑对我的出版商[2]提起诉讼，那么这并不能表明我**不谋私利**；我的收获和快乐在认知领域，我的紧张、焦虑和激情恰恰在这个领域持续得最长久。

16

思想就是行动。

17

—— 五十年里我们的思想发生了巨大的变化！整个浪漫派及其对"人民"的信仰被驳倒了！我们不读作为民间文学的《荷马史诗》！不崇拜伟大的自然力！不从语言的同源性推论出种族的亲缘性！不对超自然事物进行"理智直观"[3]！不要被宗教所掩饰的真理！

18

诚实问题是全新的。我非常惊讶：俾斯麦这类人由于漫不经心就被认为是不诚实的，理查德·瓦格纳这类人由于傲慢也被认为是不诚实的，照此，由于善意的欺骗[4]，柏拉图就应该遭到谴责了，由于推导出了绝对命令[5]，而其信仰肯定不是通过这种途径得到的，康德也应该受到批判了。

19

怀疑最终也会自己反对自己：对怀疑的怀疑。对真实性的**根据**与范围的**追问**就在这里——

20

—— 我们所有清醒的动机都是表面现象：在它们背后暗藏着我们的各种欲望与状态的斗争，为获取权力而斗争。

21

—— 这个旋律美妙动听，这**不是**权威或任课老师教给孩子们的；同理，我们看见一位贵人时的愉悦感也不是师长教给我们的。**尊敬是天生的**，是先天的，而洛克[6]的说教纯属胡说八道！如果爱护我们的人和我们一样尊敬某人，那么尊敬自然就会变得更强烈，更美好。如果一个孩子总是在与妈妈的对抗中确定他的善与恶，当他尊敬某人时，他却遭到了妈妈的嘲笑和蔑视，那么他会多么痛苦啊！

22

—— 我们所感觉到的"**道德感**"是多重的：其中有敬仰、畏惧和感动，例如神圣事物和隐秘事物给予我们的感动，其中有某个命令者在说话，这个命令者认为他自己比我们更重要；其中有某种振奋人心、激发热情的东西或某种使人深沉宁静的东西。我们的道德感是一个综合体，是主人感和奴仆感的齐鸣，这种综合的情感在我们祖先的历史中起过支配的作用。

23

—— **为了当代的福利**。健康得到促进，禁欲的和否定人生的思维方式（连同其追求疾病的意志）几乎得不到理解。所有可能的事物都获得承认和许可，温暖湿润的空气有利于各种植物的生长。当代世界就是所有茂盛的小植物的天堂。

24

—— 灵魂、呼吸和生存等同于"存在"（esse）。生命就是存在，除此之外就没有存在。

25

—— 拉图卡[7]酋长科摩罗对贝克[8]说道："所有的好人都是弱者，他们很善良，因为他们不够强大，没有作恶的能力。"

26

gin（=g'inn）是阿拉伯语，意思是"精神"（spiritus）。

27

俄国人说："懦弱的心没有不幸。"

—— **所有活动都应该被理解成表情**，被看成一种各种力量能够相互理解的语言。在无机界没有误解，信息的传达似乎是完美的。**谬误**始于有机界。"事物"，"本质"，特性，主动性（Tätigkeiten）—— 所有这些概念都不应该塞进无机界！它们都是特殊的谬误，有机体靠谬误生活。"谬误"的可能性问题？对立的不是"真"与"假"，而是"**符号的缩略**"与符号本身的对立。本质就是：对**表征**诸多运动的各种形式的建构，对代表所有种类的符号之符号的发明。

—— 所有活动都是一个内在事件的**符号**，每个内在事件都表现在形式变化上。思维还不是内在事件本身，而只是一种表示各种激情的力量平衡的符号语言。

29

自然的"人化"—— 按照我们的观点来解释自然。

30

心理学的**出发点**：

—— 我们的思维与评价只是藏于其后的各种欲望的一种表现。

—— 各种欲望越来越特殊化：它们统一于**权力意志**（我用这个概念来指称所有欲望中最强烈的那个，它指引着迄今为止所有有机体的发展）。

—— 把所有有机体的基本功能还原为权力意志。

—— 权力意志（der Wille zur Macht）是否也是无机界的动力呢？因为机械论对世界的解释始终需要一种动力。

—— "自然规律"：用来绝对确定权力关系和权力强度的公式。

—— 机械**运动**只是一种内在事件的表现手段。

—— "原因和结果"。

31

—— 斗争乃是平衡的手段。

32

—— 原子假说**只是**主体概念与实体概念的一个结果：某处必须有"一物"，它就是活动的起点。原子是灵魂概念最后的后裔。

33

—— 必须最长久地限制权力欲，它是人的最可怕和最彻底的热望，它被称作"自由"。因此，迄今为止的伦理学都始终保持着无意识的教育本能和培养本能，都始终力图限制权力欲。伦理学诋毁暴虐的个人，通过对集体主义和爱国的颂扬来凸显群氓的权力本能。

34

—— 当然啦，人类的各种力量必须依次得到发展：必须优先发展（赞成、颂扬）那些**没有危险**的力量，与之相反，必须最长久地诋毁和污蔑那些最强大的力量。

35[9]

权力意志
对所有事件进行一种新解释的尝试

弗雷德里希·尼采 著

36

思想世界只是现象世界的次级——

37

活动不是由**"原因"引起**的：因果论是陈旧的灵魂概念死灰复燃！—— 活动就是意志本身，但不全是！

38

请注意。相信因果性源于相信我就是作用者，源于"灵魂"与其**活动**的区分。因果性的信念乃是一种古老的迷信！

39

把结果归结到一个原因就是归结到一个**主体**。一切变化都被视作由主体造成的。

40

道德的**现阶段**要求：

1. 没有惩罚；
2. 没有奖赏； 没有回报！
3. 没有奴性；
4. 没有善意的欺骗！

41

—— 我们再也无法忍受这种景象了，**因此**我们消灭了奴隶。

42

"理解一切即原谅一切"[10]，这是懦弱者和丧尽天良者最爱说的一个口头禅，它也是一种愚蠢。哦，如果你总是期待"理解"：我觉得，你很少能得到原谅！最后，如果我已理解了你，为什么我就应该原谅你呢？如果我完全明白为什么我不喜欢这句话，那么我就不可以把它**删掉**吗？——现实中有这种情况：因为你理解了某人，所以你就把他删除了。

43

——"变化"概念以主体为前提，而主体就是**作为实体的心灵**。

44

——人们对"意志不自由"学说的不满在于：这种学说似乎断言："你做一件事情不是自愿的，而是非自愿的，即被逼迫的。"现在尽人皆知，当一个人不情愿地做某事时，他的心情有多糟。这个学说似乎宣讲了下述道理：你所做的一切都是不自愿的，即**不情愿**的，"违背你的意志的"——但人们不承认**这一点**，因为人们**喜欢**做的事情有很多，其中包括许多"道德的"善事。人们把"不自由的意志"理解成"受他人意志的强迫"：似乎这种学说声言"你所做的一切事情，都受到了他人意志的强迫"。服从自己的意志就不叫作强迫，因为这样做能带来快乐。**你命令你自己**，这就叫作"意志自由"。

45[11]

胜利的智慧
一种未来哲学的序曲

　　在久远的年代，宗教与道德毫无联系：无道德。我们应该想想每一种宗教究竟要达到什么目的—— 宗教的目的在今天仍然很明显：人们不仅要利用宗教来摆脱**困境**，而且要摆脱**对困境的恐惧**。一些困境皆被视作神灵的恶意与敌意操作。人所遭遇的困苦虽然不是"应得的"，但困苦会使我们产生这种想法：神究竟**因何事**对我们发怒；人在四处漫游的无名恶神面前发抖，想使恶神变得仁慈。这时他会审查自己的态度：如果确实有什么方法能使他所知道的神灵变得友好，那么他就会扪心自问，他**是否**真的为取悦神灵而尽心尽力了。就像一位廷臣感觉到了君主的愤怒时审查他对君主的态度那样—— 他寻找自己的失职和自己的过错。"罪"原本就是一种冒犯神灵的过失，一种失职—— 因此人必须**弥补**自己的过失。只是因为神或精灵把某些道德律令当作人取悦和崇拜神灵的手段，所以道德评价就和"罪"紧密相连了，确言之，违背道德律令被视作"罪"，被视作背弃神、侮辱神的罪过，这种罪过的结果就是人必将陷入危险与困境。

　　聪明、小心翼翼和事先防备（与冷漠和活在当下形成对照）—— 当我们现在列举这些动机时，我们几乎就是在**贬低**由此出发的行为。然而为了培养这些品质，人们付出了多大的代价啊！**以聪明为美德**，现在依然是古希腊式的看法！

　　冷静与"审慎"亦如此，这类品质与出于强烈冲动的行为相对立，与行为的"天真"相对立。

48

宗教中绝对的奉献精神乃是奴隶的奉献或女人的献身的反映（永恒的女性[12]就是理想化的奴隶意识）。

49

按照意愿来衡量行为的道德价值，其前提是：意愿确实是行为的动机——这意味着把意愿看成一种完美的认识，看成一个"自在之物"。然而意愿最终只是对一种状态（不满或渴望等）的解释之意识。

50

——状态和渴望应该可以用语言来描述，换言之，概念是再认识的标志。其中没有逻辑性的意图，逻辑思维是"分析"（Auflösen）。然而我们所"把握"的每个事物和每种状态都是一种"综合"（Synthesis），虽然我们不能"把握"，但我们可以描述"综合"：只有当我们承认事物或状态与既成事实之间的某种相似性时，描述才是可能的。每种内在的精神活动其实都是"不科学的"，**每种**思想亦然。

51

谦虚的思想家或不诚实的思想家错误地理解了统治欲和功名心：他们把这二者都归入虚荣心之列，似乎统治者和人杰都想居于他人**意见**的中心，都想受到他人的尊重、敬畏或崇拜。

52

以科学的标准来衡量，人关于人的每个道德评价的价值都很小：**每句**话里都有试探和摸索，还有诸多幻想与不确定。

53

下面是几项不同的任务。

1. 理解并查明当代（和在某个确定的文化领域）占主导的对人及其行为的道德评价方式。

2. 一个时代的全部道德法规乃是一种**征兆**，例如它们可以是自我欣赏、不满或伪善的手段：除要查明**道德的当代特性**外，还必须对这种特性作出**说明和解释**，因为道德原本是多义的。

3. 必须说明现在占主导地位的评价方式的形成过程。

4. 必须批判这种评价方式，或者追问：它有多么强大？它对哪些对象产生了影响？在它的魅惑下，人类或欧洲会有怎样的**改变**？它促进哪些势力，压制哪些势力？它是否使人变得更健康，更病态，更勇敢，更高尚，更需要艺术？在此已假定没有永恒的道德，我们可以说这个假定已得到了证明。同理，关于营养也没有永恒的评价方式。但批判和追问是新颖的："善"真的就"好"吗？现在遭到贬低和辱骂的恶有什么好处？必须考虑时代的间距。

54

绝对的权力意志的特性存在于整个生命王国。我们有权利否定意识，但我们几乎没有权利否定作为驱动力的情绪，例如在原始森林中。

（意识总是含有双重反映——根本没有直接的事物）。

55

基本问题：道德有多深刻？它只属于受过规训的人吗？它是一种表达方式吗？

所有深刻的思想家一致认为——路德、奥古斯丁和保罗都明白——我们的道德及其事件并不符合我们**有意识的意志**。简言之，从意图和目的出发来解释行为是**不够的**。

56

在贯彻一种想法时**保持客观、强硬、坚定和严谨**——这一点艺术家们做得最好；然而当某人需要一些人（如教师、政治家等）来贯彻其思想时，他很快就失去了镇静、冷漠与严厉。我们知道一些强者如恺撒和拿破仑的工作，他们像艺术家一样"冷漠地"敲打大理石，雕刻时他们会牺牲掉一些不合适的材料。最高等的人的未来就在这条道路上：承担最大的责任，**不被责任压垮**。—— 为了不失去**对其权力和手段的信仰**，强者几乎总是需要灵感的幻觉。

57

权力意志的变化、提高和特殊化—— 按照形态学的发展加以描述！

58

从我们的每种基本欲望出发，我们就会对所有的事情与经历分别做出一种不同的、视角主义的评价。每种基本欲望总是觉得受到了另一种基本欲望的阻碍或促进与迎合，每种基本欲望皆有其自身的发展规律（它的涨落、它的速度，等等）—— 当这种欲望增强时，那种欲望就寂灭了。

人是"权力意志"的多重体：每个人都有许多表现手段和表现形式。个别**所谓**的"激情"（如人是残暴的）只是**虚构的单元**，因为那些来自不同的基本欲望的、被视作同类的东西进入了我们的意识，通过交融而综合成一种"本质"或"能力"，综合成一种激情。同理，"心灵"本身只是所有意识现象的一种**表现**，我们却把这种表现**解释成所有这些现象的原因**（自我意识乃是虚构的！）

59

一切物质都是一种表现未知事件的活动之征兆，所有被意识到的和被感觉到的东西又是未知的——的征兆。从这两方面向我们显示的世界也许还有许多其他的征兆。精神和物质之间没有必然的关系，似乎二者以某种方式已穷尽并独自体现了诸多表现方式。

活动是征兆，思想也是征兆：隐藏在二者后面的各种欲望在我们看来是可证明的，而基本欲望就是权力意志。——"自在的精神"乃子虚乌有，同样也不存在什么"自在的活动"。

60

这有些滑稽，我们的哲学家要求哲学必须以对认识能力的批判为起点：当我们怀疑迄今为止的认识成果时，我们的认识器官居然能够自我"批判"，这也太不真实了吧？把哲学**简化**为"追求认识论的意志"，这太可笑了。好像这样做就可以找到**可靠性**似的！

61

所有进入意识的东西只是一个链条的最后环节，一个终结。一种思想似乎是另一种思想的直接原因，这只是一种表面现象。与之相连的真正事件发生在我们的意识深层：思想情感出现的先后顺序乃是真正事件的征兆！——在每种思想下面都隐藏着一种情绪。**每种思想**、每种情感和每种意志**不是**某个特定欲望的产儿，而是一种**总体状态**，是整个意识的全部表面，它们来自当下的权力确定，来自对**所有**建构性的欲望的权力确定——包括占主导地位的欲望以及服从它的欲望或反抗它的欲望。下一个思想乃是在此期间总体权力状况已发生变化的标志。

62

"意志"—— 一种虚假的物化。

63

后来歌德的表现太差劲了！他疑惑不定，茫然失措！他的"浮士德"只是一个暂时的偶然问题，而非恒久的必然问题！一个堕落的认识者，一个病人而已！浮士德悲剧绝非认识者本身的悲剧！它根本不是"自由精神"的悲剧。

64

博爱
正义
残忍
奖赏与惩罚 } 所有这一切都已经表达了其赞成与反对，
安分守己
理智
等级秩序
奴性（奉献）

一切褒贬都是视角主义地从一种权力意志出发的。

"天赋观念"、灵魂和物都是虚假的，"精神"亦然。

章节：关于**解释**

关于**物化**

关于没落理想的**永存**（如奥古斯丁的奴隶意识）

66

一视同仁的**基督徒的博爱**只有在持久的上帝观念中才是可能的。与上帝相比，人和人之间的等级差异变得微乎其微，人本身变得如此渺小，以至于人们之间的大小关系再也引不起注意了：犹如从一座高山俯视，伟人和小人物都如蚂蚁，彼此**相似**。—— 我们绝不应该忽略基督教对人的**蔑视**，它渗透在基督教的博爱情感之中："你是我的兄弟，我了解你的心情，无论你是谁，你也是一个坏人！"如此等等。一位这样的基督徒确实是一个过分苛求的、地地道道的讨厌鬼。

与基督教相反，如果我们放弃了上帝，那么我们的世界就没有一种高于人的存在者类型了：我们的目光将变得**敏锐**，能够看清楚**这种**"最高存在者"^{14}的差异。

67

我怀疑那些静观的、内心和谐和幸福的哲学家：他们缺乏创造力和高尚的诚实，而诚实的哲学家则承认自己的缺陷并能够化缺陷为力量。

68

道德败坏可以变成道德高尚，反之亦然。

69

有些人在内心中寻找一种绝对的义务或者编造它，另一些人则试图证明它，并且培养它——

70

有人用宗教苛求于人，尽管他像圣奥古斯丁[15]那样在上帝面前辗转反侧！他居然纠缠不休！隐藏在道德洁癖后面的是父亲原则或祖父原则！

71

迄今为止人们都将道德视作世上最严肃的事情：这一点对道德家们大有裨益，然而等待他们的绝不是一阵低声讥笑。道德家长期拥有教师的威严，这种作威作福者必遭惩罚。"教训"人，"改善"人——这种意图狂妄至极。

72

人这只猫总是动用他的四条腿，确言之，总是使用他的一条腿即"自我",这只是其**生理**"统一性"的一个征兆;质言之,生理"一致性"——但我们没有理由相信"心理统一性"。

73

道德是情绪学说的一部分:情绪渗透到"此在"(Dasein)的内心有多深?

74

假如有一种"自在",那么何为一种**思想**的"自在"?

75

思想是各种情绪的斗争与游戏的**表现**,思想总是与其秘密根源紧密相连。

76

如果有人根据意图来衡量由意图引发的一种行为的价值,那么他在此指的是**有意识的意图**:但是在所有行为中还有许多无意识的意图;作为"意志"和"目的"而走上前台的意图有**多重**解释,它本身只是一个征兆。"一个已说出的、可说出的意图"是一种说明和解释,这种解释也许是**错误的**;此外,这种解释还有可能是一种任意的简单化和伪造。

77

对快乐的预计。把快乐预想成一种行为的可能结果，把和行为本身紧密相连的快乐预想成被束缚和被堵塞的力量爆发的起因：我们花了多少精力才把这两种快乐区分了开来！这种混淆太可笑了！把生活的安逸与作为道德陶醉和自我崇拜的"**幸福**"（Seligkeit）混淆起来亦如此。

78

随着对人的认识的加深，道德也精细化了。

1. 取代作为渎神的罪孽——
   出现了"对我本人的不公"
2. 取代祈祷和渴求奇迹的帮助——
3. 取代把经历解释成赏罚——
4. 取代针对各种困境、动乱和争斗的敌意——
5. 取代纠缠不休的、一视同仁的基督徒博爱——

79

最真诚地相信自己**作品**的价值根本不能证明作品很有价值，怀疑和低估也不能触动作品本身的价值。**所有行为的情况亦如此**：无论我觉得某种意图多么符合道德，这种感觉也不解决任何问题，它既不能说明意图的价值，也不能证明行为的价值。不仅行为中被意识到的一个片段（所谓的意图）必须是已知的，而且对**一种行为的**

整个来历都必须是明了的。但这样做恰恰要求绝对的认识——

80

怎样才能战胜有道德的人：
我们不再根据效果来衡量一种行为的价值。
我们也不再根据动机来衡量一种行为的价值。

81

只要我们不再祈祷，不再伸出双手吁求上帝，总有一天我们就不再需要**诽谤和诋毁**生命了，我们就不再把心中的某些欲望视为**仇敌**了；驱使我们毁灭庸人和制度的力量于是得到了解放，当我们进行毁灭时，我们本身因此陷入愤怒和厌恶的情绪之中：我们睁着神明的眼睛，不受干扰地摧枯拉朽！首先消灭那些**自以为善良**的人！这是"关键性的试验"（experimentum crucis）。

82

善恶的彼岸
克服道德的尝试

弗雷德里希·尼采 著

宗教的**解释**已被克服。

道德属于情绪学说。（它只是制服激情的一个手段，而其他的情绪应该得到培养和发展壮大。）

84[16]

克服道德

迄今为止人恶毒地对待和诽谤那些最危险的欲望，并且像奴隶一样迎合自己的自保本能，于是人可怜地得到了自我保存。

赢得新力量和新领域：

1. 追求非真理的意志
2. 追求暴行的意志
3. 追求快乐的意志
4. 权力意志

85

逻辑学是为了适应环境、为了**理解外部世界**和传达外界信息而设立的，因此思维和感觉肯定都是**浮浅的**。

逻辑学极其空洞——

86

"劳动分工""记忆""训练""习惯""本能""遗传""能力""精力"——所有这些词语说明不了什么，但也许可以描述和暗示。

87

"自我"（自我与对我们本质的统一管理**不是**一回事！）只是一种抽象的综合——因此根本没有"利己主义"的行为。

88

——有人认为一种行为有可能带来快乐（无论是在行为中，还是在行为之后），而一种有意识或无意识的"**快乐预想**"（Berechnung der Lust）其实就是行为的**原因**。这种快乐论纯属假设！！！

89

我们属于世界的特性，这一点毫无疑问！我们只有通过我们自己才能理解世界：我们身上的所有高贵与低贱都必须被视作必然地属于世界的本质！

90

请注意。我们要诚实地承认我们的爱好与厌恶，要禁止自己用道德的化妆盒来粉饰我们的好恶。我们绝不再把我们的困境解释成我们"与上帝和魔鬼的斗争"！我们应该做自然主义者，应该给予我们必须反对的事物一种正当权利，包括我们自己的品质和身外之物！

91

由于分工，感觉几乎脱离了思维和判断：而早先思维和判断活动于感觉中，它们并未分离。在更早的时候，欲望和感觉肯定是**一体**的。

92

一切斗争—— 所有的事件都是一场斗争—— 都需要**延续**。我们所说的"原因"和"结果"忽略了斗争，因此不与事件相符合。人们的一贯做法是：否认因果中的时间。

93

我们应该抛弃我们心中的一些迷信，那些迄今为止流行于世的关于哲学家的迷信。

94[17]

新启蒙
一种未来哲学的序曲

弗雷德里希·尼采 著

95

自由的思想家和其他哲学家。

善恶的彼岸。

96[18]

对道德家的教诲

97

论原因与征兆的混淆。

快乐与痛苦是所有**价值判断**的最古老征兆，而**不是**价值判断的原因！

快乐和痛苦属于**同一个范畴**，道德判断和审美判断亦然。

98

言语持存：人们依然相信用言语描述的概念！

99

我们缺少表达关系的诸多概念：然而我们很快就和"主仆""父子"等断绝了关系！

100

基本误解：庸人总是以己度人，因此他误解了一个较高类型所特有的诸多品德与激情。即使同一个人也会错误地认识自己，当他在一个低落的时刻回顾其节庆般的盛期的时候。"妄自菲薄"，"谦卑"。

101

哦，你们可知道那无言的温情，可怕的恶人温情脉脉地沉浸于对那个时期的回忆，那时他曾是——或还是——"善人"！没有人能认识到道德的巨大诱惑力，妻子和儿女就有这样的诱惑力。

102

一滴脏水就足以污染最洁净的泉水——

为祈祷而伸出的手，准备叹息的口—— 自由的精神在此有其克制，但也有其积聚。总有一天狂怒的洪水将冲垮堤坝——

104

许多高贵者竭力克制自己的**情绪**，希望获得**宁静**与和谐—— 他们追求**客观性**和中立性，他们满足于只当**观察家**—— 作为批判性的观察家，他们怀着好奇心，充满刻意的优越感。

其他的人则追求**外部**的安宁、生活的安定—— 他们不想遭人嫉妒、被人攻击—— 他们宁愿给"每个人权利"，并名之曰"**公正**"和博爱。

关于该章：美德乃伪装。

105

一切分类皆有损失：综合的自然是**较高的**自然。现在所有的有机生命已成了一个特殊的类别；位于幕后的无机界是**各种力量的最大综合**，因此它是最高级的和最令人崇敬的。此乃谬误，视角主义的局限性在此犯了错。

106

艺术家：充满激情、感性、幼稚，有时过于怀疑，有时过于轻信。

107

—— 你是否是一位忠实于自己的原理的**思想家**，不像一位诡辩者，而像一位忠于军令的士兵？不是只有对人的不忠。

108

某人的同情。此人有足够的幸福和勇气，能够置身事外，**冷眼旁观**，犹如伊壁鸠鲁[19]学派的神。

109

镜子
被禁止的知识之哲学

弗雷德里希·尼采 著

110

上帝被驳倒了，魔鬼没有被驳倒。敏锐而怀疑的眼睛善于洞察事件的背景，在慧眼之人看来，事件的戏剧既不是真实的明证，也不是父爱的标志，更不是优越理性的标志；它既不是高贵的，也不是纯洁的和善意的。

北方的不自然：银雾笼罩着万物，只有矫揉造作的人才有快感，艺术在此乃是一种自我逃避。哎，这种苍白的快乐，十月的寒光照在所有的欢乐之上！

北方的人工性。

112

诱惑者

弗雷德里希·尼采 著

113

我们的批判哲学家[20]们是善良的，但他们没有发现怀疑——：他们认为人们在使用工具即使用认识能力之前，必须首先检查一下它———。这种观点比人们在使用火柴之前要检查火柴的想法更糟糕。火柴要自我检查，看它能否点燃。

114

所有事件的绝对必然性都不包含强制。谁彻底明白和体会到了这一点，谁就是认识领域的高人。由于他信念坚定，因此他不宽恕，不原谅。我认识到了导致我写错了一个句子的必然性—— 因为一辆破车的噪声干扰了我—— 我就会删掉这个失败的句子；就这样我们也会删除一些行为或人，因为它们失败了。"理解一切"——这意味着取消所有的视角关系，意味着什么也没有理解，意味着曲解认识者的本质。

115

所有事件都具有解释性。

根本没有自在的事件。发生的事情乃是一组由某个解释者**挑选**和概括了的现象。

116

恐惧被进一步改造成了**荣誉感**，**嫉妒**变成了**公正**（ "各有所得"，甚至人人"权利平等"），孤独者和受难者的纠缠不休变成了忠诚，———

117

脑子迟钝，精神僵化，思想守旧，懒惰，不愿意改变旧观念，温顺地服从权力，喜欢当奴仆，像湿热的母鸡孵蛋一样酝酿思想，孵出愿望—— 所有这些都是德国人的特性—— **忠诚**与**信仰**的起源。

118

当一个原生质[21]再也没有力量掌握它所占有的物质时，它就会一分为二：生殖乃是虚弱无力的结果。

当雄性动物由于欲望而寻找雌性动物并和雌性动物交合时，生殖就是欲望的结果。

119

完全相同的过程，但他们对这个过程做了较高的解释！！机械论充斥着力的单调，却能提高力量感！"第二次"—— 根本没有"第二次"。

内在力量感的绝对无效就是因果性，——

120

同一个文本允许无数种解释：不存在"正确的"解释。

121[22]

快乐的科学（Gai saber）
一种未来哲学的序曲

1. 自由思想家和其他哲学家。

2. 解释世界，而非说明世界。

3. **善恶的彼岸**。

4. **镜子**。给欧洲人一个自我观察的机会。

5. **未来的哲学家**。

122

克服激情？ —— 绝不，如果这意味着削弱和消灭激情的话。我们**应该利用激情**：这也包括长期压制激情（不仅个人，而且集体和种族都压制激情）。最后我们把一种信心满满的自由还给激情：激情像好仆人一样爱我们，我们的利益去哪儿，它就自愿地跟着去哪儿。

123

那不勒斯流浪汉的幸福和怡然自得或"美好心灵"[23]的快乐或亨胡特兄弟会[24]的虔敬主义者痨病式的爱无法证明人的**等级**。作为伟大的教育者，我们必须无情地鞭打这类"幸福者"，把他们打入不幸的深渊：缩小和休息的危险立即出现。我们**反对**斯宾诺莎主义或伊壁鸠鲁主义的幸福[25]，反对在沉思状态中休息。如果道德是达到这种幸福的手段，那么我们就必须**战胜道德**。

124

视域和谬误是如何产生的？因为不是一个生物要自我保存，而是借助于一个生物**斗争本身要保持下去，要扩大，要意识到**

自己。

我们称作"意识"和"精神"的东西，只是一种手段和工具，借助于这个工具，不是一个主体要自我保存，而是**斗争要自我保存**。

人本身证明了多么巨大的力量能够被发动起来，通过一个复杂的渺小生物（或者通过与许多渺小生物的持续斗争）。

人是与天体玩游戏的生物。

125

—— "事情已经这样了"，这种信念必须改变，变为意志："事情应该变成这样"。

126

—— **成为圣人的途径**。"权力意志"的推论。

127

—— 肯定有这样的入世者，他们崇尚所有的日常事务，包括吃喝。他们不仅把日常事务记在心上或投身于其中，而且总是美化人间，这个世界应该**以新的方式重新**得到美化。

128

—— 有机体的本质是**对事件的一种新解释**，视角的内在多样性本身就是一个事件。

129

—— 圣人是**最强大的人**（由于自制力、自由、忠诚等）

130

—— **否定**功勋，但是去做那些超越一切赞扬、超越一切理解的事情。

131

权力意志

132

—— 一位伟人觉得他有权利牺牲他人，犹如一位统帅牺牲士兵，不是因为忠于某种"思想"，而是因为他要统治。

133

—— 越来越不需要付出体力了：人类依靠智力让机器劳动，人变得**越来越强大、越来越智慧**了。

134

—— 为什么我们今天有时必须言语粗鲁、行为粗暴呢？一些高贵的和隐微的事物不再被人理解，即使那些和我们相似的人也不理解它们。有些事情若不**高声宣扬**、不嚷嚷，似乎就不**存在**：痛苦、匮乏、使命、长期的义务和伟大的克制—— 人们看不到其价值，觉察不到其意义。快乐被视作缺乏深度的标志：在过于严肃的紧张之后就有可能出现快乐，这一点有谁知道？—— 人们和戏子们打交道，总是装作尊敬他们的样子。但是没有人能理解我和戏子们打交道时有多么困难、多么痛苦。或者和一位冷漠的享乐主义者打交道，他足够机智，能——

135

—— 我认为德国人的庸俗和懒惰是不自律的表现，然而这种**自我放纵**（Sich-gehen-lassen）盛行于欧洲和"当代"，不只是在道德和艺术领域。

136

—— 绝不可以把科学研究的好奇心与热情变成一种美德，一种"追求真理的意志"。波尔罗亚尔[26]的学者们知道并更加严格地恪守这个原则。我们却让我们的各种爱好像杂草一样疯长，然后还想拥有美德的美名。然而**美德属于更强大和更邪恶的时代的产物**，它是贵族阶层的一个特权。

137

我对道德所赞许的事物感到惊诧——其他的哲学家如叔本华则在道德的"奇迹"面前止步不前。

138

冲突与对话。

139

当艺术家们不再尊敬自己时，他们就开始欣赏和高估自己的作品了。在他们疯狂追求荣誉的欲望之下往往隐藏着一个可怜的秘密。

他们的作品不需要艺术规则，他们觉得它可以是个例外。

也许他们想让作品为他们说情，也许他们想用他们的作品来欺骗他人，使他人对他们的人格产生错觉。最后他们想在自己的**心中**制造噪声，以便不再"倾听"自我。

140

"当上帝给我带来苦难时，他其实是想赐福于我。"——是否把苦难解释成福祉，这完全取决于**你**自己。苦难在宗教信徒的心目中就意味着幸福。

141

肯定与否定的彼岸
对可疑者的疑问和怀疑

142

有个事实我们知道得很清楚，只是不愿意承认罢了：瓦格纳很可怜，他很少有即兴奇想，当奇想出现时他常常感到吃惊、迷醉和神魂颠倒，并且长时间地、不厌其烦地抚摩和修饰这种灵感的奇迹。他对观众的热情感激涕零，他不了解富翁们冷淡的和蔼可亲，也不了解他们温柔的厌恶，更不明白这些无所事事、随便恩赐的富人的疲倦—— 这种情况与莫扎特和罗西尼相似。不同的是：这两人的灵感极其丰富，他们乐思泉涌，妙趣天成。

143

"我们是幸福的蜥蜴[27]"
一位感激者的思想

144[28]

最后的美德
对道德家的教诲

145

—— 最后的美德，**我们的**美德就是：诚实。在所有其他方面，我们只是继承人，我们也许是由先辈积累和积聚起来的各种美德的浪费者。

146

一位道德家，我对他的理解带有疑问与反驳：曾经有一位这种真正的、正派的道德家吗？—— 也许没有，也许有；无论如何，从现在开始可以有这种正派的道德家了。

147

朋友们，我们应该远离那些无聊的东西，远离阴天，远离笨鹅，远离规矩的女人，远离写作和"出书"的老处女—— 生命如此短暂，我们为什么要让自己感到无聊呢？

148

"作为意志和表象的世界"—— 把它还原成狭义的和个性化的术语，还原成叔本华的术语，就是"作为性欲和沉思的世界"。

我远离德意志帝国，对一个如此遥远的东西，我没有任何理由去喜欢它或敌视它。

迄今为止我们一直对妇女彬彬有礼。哎呀，粗鲁的时代正在到来：为了能和一位女人交往，你必须首先打她的嘴。

成为圣人的途径
何为强者
论群氓的道德

新危险与新安全
献给强者的书

请注意。我们反对雅利安人和闪米特人的血统论。
种族混合之地乃是伟大文化的发源地。

154

什么是高贵[29]
关于等级的思想

155

我们在等什么？难道我们不是在等待宣谕官的大声宣告与喇叭的喧阗吗？响亮的宣告声多么令人幸福啊！令人窒息的静默：我们已听得太久。

156

想赠送最大礼物的人，应该寻找擅长接受礼物的知音——他也许在徒劳地寻找？他最后把礼物扔掉了？知音难寻这类事情属于最丰富的心灵的秘史与绝望：它也许是所有人间不幸事件中最令人费解的和最使人忧郁的不幸。

157

如果我们用概念来表达道德判断，那么它就会显得狭隘、笨拙、蹩脚和可笑；而如果道德判断表现在行动中，表现在选择、拒绝、恐惧、爱、忧郁、怀疑和人与人的接触中，那么它就会显得非常敏锐。

158

今天，那些中规中矩的德国庸众一听到勃拉姆斯的音乐就感到非常愉快、非常亲切——正如今天洋溢着巴黎精神的灵敏而不安的灵缇[30]们以无耻的谄媚围绕着勒南[31]嗅来嗅去一样。

159

君主的价值在上升！

160

所有的政党都是叛徒！——党员们纷纷揭露其领袖的腐败，而此前他们或许千方百计地掩盖其腐败。

161

关于"浮浅"，每个人也许都有自己的标准。好吧，我有我的标准，我有一个粗略的、天真的、日常使用的标准，这个标准我用起来非常得心应手——但愿其他的人有权拥有更灵敏、更精确的工具！

谁把痛苦当作反对生命的理由，谁就会被我视作浮浅的人，因此悲观主义者都是浮浅者，把幸福当作目的的人也是。

162[32]

放浪的心——

我看见他了，至少我看见了他的眼睛——时而深邃宁静，时而碧绿淫荡的蜂蜜色眼睛。

他平静地微笑，

天在看，残酷而血腥。

放浪的女人心

我看见他了，他在平静地微笑，他的蜂蜜色眼睛，时而深邃隐秘，时而碧绿淫荡，颤抖的水面，

淫邪，困倦，战栗，迟疑，

他的眼中，湖在流荡。

163[33]

1. 海盗帮中的恺撒
2. 桥边
3. 婚礼——夜幕低垂，婚礼突然开始
4. 阿里阿德涅[34]

164

这种音乐——它具有酒神精神吗？

舞蹈呢？

快乐？诱惑者？

宗教潮流？

柏拉图枕头下面的阿里斯托芬[35]？

165

不真诚的葬礼上的乐队与送葬者—— 他们是女巫们的近亲，他们在布罗肯山[36]上胡闹。

166

神秘的天性遭到恶习的玷污，泛起肮脏的泡沫。

167

纯洁的泉水再也对付不了落入其中的一点垃圾，最后它完全变黄，成为有毒的水：堕落的天使。

168

"我们是非道德论者"

169

"如果你知道你做了什么，那么你就有福了；但是如果你不知道，那么你就必须服从律法，服从律法的惩罚。"—— **拿撒勒的耶稣**。

170

勤劳乃是一种**平民类型**的标志（不言而喻，这种人还是一种值得珍视的、不可或缺的人的类型—— 这其实是对蠢驴的评语）。在我们的时代，劳动者想——

171

与拉伯雷[37]相比，与那种狂放的感官力量相比，狂放之力的标志是——

172

没有手的拉斐尔[38]。

文化的修道院与隐庐。

这种音乐是不真诚的。

"尽可能不要国家"—— 反民族的势力。

有一类人如叔本华认为"客观性"和"沉思"乃是最高状态—— 他们知道得还不够。

幸福在于发现一种天真的、百折不挠的利己主义[39]。

德国人的伪善！把老太太说成其义务感的分泌物—— 我亲耳听过这种说法。

丑姑娘的叫喊与写作—— 女人的影响下降。

《新美露茜娜》[40]。

尽可能多读军事书籍，被射伤的国王们—— 缺少兵营，没有门窗，装了子弹的左轮手枪。

"行为的原因是一种意识活动"，一种**认识**！因此所有的恶行纯属谬误，等等。

"宽恕他们吧"[41]的名言，"理解一切"的普遍化—— 这类套话都很**肤浅**。

"大淫棍和诱惑者"。

173

一个郁闷的冷水湖，湖面上没有快乐的涟漪。

174

在我的同类中，摆脱内心压抑的时刻尚未到来。我们做任何一件事情时，总有人悄悄地责备我们："你应该做些其他的事情。"这些小孩、蠢妇和侏儒竟然敢折磨我们。

围绕在我们身边的都是一些蠢货，你既不能报复他们，也无法教导他们——

175

娇弱的良心。

176

小小的痛苦。

177

论伟人。

后人评说一位伟人："从此他升得越来越高。"—— 但他们根本不理解他为高升而遭受的苦难：一位伟人总是受到打击、压制、排挤和折磨，在挫折中奋起，登上高位。

178

正如我所理解的那样，这是种族问题，因为关于雅利安人的愚蠢废话———

179

平庸的耶稣会主义[42]。耶稣会将紧张的奇人视作一张危险的强弓，它试图折断或削弱强弓，手段就是同情和帮助强者，毒死他的必要孤独，暗地里丑化他的信念—— 当它说"强者终于成了我们的人"时，它就胜利了，这种嗜权的耶稣会主义乃是整个民主运动的推动力，世界各地的耶稣会会士都不懂政治，都不了解营养问题——

180

莫扎特，德国巴洛克艺术的奇葩——

181

灵感。——

182

知音难觅。我们应该衷心感谢那种力求**精确**解释的良好意愿，而在顺利的时候我们根本不需要解释。我们应该给予我们的朋友足够的误解空间。我认为误解胜过得不到理解。被庸人理解了意味着侮辱。被理解？你们知道这是什么意思？—— 理解即平等（Comprendre c'est ègaler）。

与得不到理解相比，我更喜欢受到误解：对于令人费解的思想人们总是漠然置之，冷漠很伤人。

183

啊，这里有大海。翠鸟应该在海边筑巢吗？

宁静的日子，大海风平浪静———

184

论精神的贪婪：贪婪和吝啬一样，都把手段变成了目的。贪得
无厌。

今人喜欢宿命论里命运的巨大力量，也喜欢精神的庞大。

185

精神的自律
关于知性良知的思想

精神的贪婪与不知餍足：集庞大、宿命论、梦游症、冷酷、凶
猛和狡诈于一体。

186[43]

学者。
何为真理。
论精神的放纵。
我们的艺术之中的煽动性。
主人道德与奴隶道德。
道德与生理学。
虔诚。

论自由精神的历史。

我们是非道德论者。

高贵的心灵。

面具。

187

1. 何为真理？

2. 关于学者的自然史。

3. 面具。

4. 论高贵的心灵。

5. 我们是非道德论者。

6. 群氓的道德。

7. 论各门艺术的煽动。

8. 虔诚。

9. 善良的欧洲人。

10. 未来的哲学家。怀疑论者。自由思想家。强者。诱惑者。酒神。

188

第一章　我们的勇气

第二章　我们的同情

第三章　我们的认识

第四章　我们的孤独

189

1. 道德与认识。

2. 道德与宗教。

3. 道德与艺术。

4. "我们欧洲人"。

5. 什么是高贵？

灵感

190

在摆脱了宗教的无神论者中，我发现了各种类型和各个等级的人。其中有放荡的浪子，他们听从感官的召唤（因为他们的感官已无法忍受宗教理想的强制和谴责）—— 还有一些明智的人，他们习惯于把理性和趣味当作他们的代言人，似乎他们再也无法忍受宗教的非理性和乏味了：这种人独具反宗教的仇恨、恶毒和狞笑，然而在隐秘的时刻他们还怀有渴望的羞赧和内心的卑微，暗自拜倒在已被否定的宗教理想面前。那些由于感性生活而脱离宗教的人，当他们重新皈依宗教时，他们开始崇拜抽象的理想，并把它拔高为宗教的"自在理想"：此乃诸多重大谬误之源。

而那些更有才智的、感情更冷漠的、更单调的、更认真的人，他们完全没有相信一种理想的能力，他们善于在准确的否定和批判性的瓦解中找到他们最大的优点与自尊。他们摆脱了宗教，因为没有什么东西可以束缚住他们的精神；他们挣脱了一切，因为———

各阶段——

一种不可改变的、巨大的肯定性压倒了一切：损失、单调、背叛感、忘恩负义和摆脱一切的孤独。

一种尊敬他人的宽容感和一种美好的严肃感（对宗教徒非常和善）。

一种善待所有宗教的、优越的快乐感，带有对肮脏的精神性良心的轻度蔑视，这种肮脏的良心允许许多人笃信宗教，或者使他们不胜惊讶："信仰"居然是可能的。

191

请注意。一个希腊城邦的**整体**最终比一个个人更有**价值**！只是整体没有保存下来！—— 同样确定的是：身体比任何一个器官更有价值。学会服从整体，永远克己奉公，为集体做出最大贡献！

192

洗浴净身，穿上整洁的衣服，熟练的体操运动员缄口不语，养成沉默的习惯，在性爱（Venere）方面学会一定程度的自我控制（而不是和司空见惯的浪子一样从少年时代起就吃喝嫖赌）：我们希望看见他后来在这方面已完全"欧化"。

193

我喜欢一头年轻猛兽的纵情欢乐，它优雅地游戏，在游戏中撕碎猎物。

194

现代悲观主义不是世界无益和人生徒劳，而是**现代**世界无用的一个表现。

195

我越来越觉得，我们还不够肤浅、不够好心，因此无法支持勃兰登堡州的"容克"爱国者，无法赞同他们充满仇恨的愚昧口号"德国，德国高于一切"。

196[44]

我们必须往下走，走向晚年的瓦格纳及其拜罗伊特[45]乐谱，才能发现一个与对德意志民族的演讲[46]相似的，由傲慢、暧昧和德意志狂组成的泥潭。

197

老的浪漫主义者们跌倒了，不知何故，有一天他们跪在了十字架之前：这种情况也发生在理查德·瓦格纳身上。观察这种人的蜕化变质属于我经历过的最痛苦的事情—— 德国人对他的蜕化并不感到痛苦，这对我是一个强大的动力，使我更加怀疑现在流行于德国的那种精神。

198

吧嗒吧嗒，吧唧吧唧[47]
当当当
吧嗒吧嗒，吧唧吧唧
当！

199

用幸福的拥抱抓住幸福，掐死它，绞死它，闷死它—— 这种体验的忧郁—— 否则幸福就会溜走吗？

200

一个人忍受真理[48]的限度有多大？
一个人能承担多大的责任？
在照顾和保护他人方面，一个人能担当多大的重任？
简朴—— 艺术家五彩缤纷的审美说明了什么？

201

中产阶级的道德

202

世上本来存在着某种固执的东西：一种命运的花岗岩，一种在程度上和在与我们的关系上预先确定的花岗岩，同样还有一种探讨特定问题的权利以及特定问题打在我们名字上的烙印。

适应社会的努力，孤独的痛苦，对集体的渴望：这些弱点都有可能在一位思想家身上表现出来，最终使他抛弃他所特有的最具个性和最有价值的东西，他所做的普遍化其实就是**公众化**。这样一来，就有可能产生下述结果：一位奇特的思想家所表述的全部哲学根本不是他的哲学，而恰恰是其环境的哲学，而作为一个超类型的（paratypisch）人，他和社会环境是**不一致的**。一位思想家的谦虚和缺乏勇敢的"有我⁴⁹"（Ich bin）将带来灾难性的后果。"类型比个别情况和特殊情况更有趣"：就这点而言，趣味的科学性会导致某人不再独自具有必要的关注与谨慎。最后，风格、文学和措辞都出现了类型化—— 这将歪曲和败坏最富个性的一切！写作时的疑虑，**写得好**的虚荣心膨胀：端正的文风的确是一件社会外衣，遮蔽了我们的个性。趣味反对独创性！历来如此。

表达个性的风格与"讣告"式的套话风格相对立。僵死的风格是一场假面舞会；鲜活的风格凸显本色。失去个性很可悲。

203

对付一个敌人的最佳手段就是利用第二个敌人，因为一个敌人———

204

我身上的缺点太多，从何时起？大概从儿时起。我的语文学有毛病，总是遭到他人的猛烈攻击：这一点我不会搞错，莱比锡[50]的日记可以作为明证。—— 我没有同伴！—— 轻信？然而一位隐士积累了太多的信任，当然也储备了太多的怀疑。

205

对宗教的最深误解："恶人没有宗教。"

206

俄罗斯音乐：没有统治阶级的声音。怎么会这样呢？——

207

我把他放进极其诚实的环境之中，我斗胆对事物———

208

对身体痛苦，我变得越来越没有抵抗力了。如果现在我旧病复发，那么身体痛苦立即就会变成无法比拟的心灵折磨。

209

人们把其天性的崇高与善意也赋予了其作品，然后还把干枯或烂泥——

210

问心无愧和健康愉快与那些深刻的问题严重脱离！

211

《善恶的彼岸》：这类著作写起来很艰难。我仿佛在把它翻译成一门外语，有时我无法确定我是否把握了其意蕴。一切都太粗糙，无法使我满意。

212

我想到了褐色、黄色、绿色和紫色的地毯。

213

我们是早起者，我们发现了———

214

对立面。有一些令人作呕的真理，它们是致病物质（materia peccans），我们绝对要摆脱这些病菌：通过表述这些真理，我们就能摆脱它们。

215

以悲哀的讽刺目光来观察大众的困苦：他们想要的是我们能够得到的东西——噢！

216

我从未玷污过爱的神圣名声。

217

觉醒的力量

218

在客观性和乐观的整体主义[51]方面，他是真诚的；在情感上他是不自然的和虚假的；在对个别事物的把握方面他是做作的和狡诈的，甚至在感觉上也是做作的。

219[52]

请注意。人们因生命力衰退而逐渐沦落到沉思与客观的地步：有一位诗人（圣伯夫[53]）对此深有感触。

220

路易十四[54]时代的个人和社会穷奢极欲，从而使人在大自然中感到无聊和空虚。荒凉的自然和高高的山脉最令人不快。

这些**矫揉造作者**要把精神，至少要把才智带进爱情。极度的**精神**享受之征兆（和希波战争时期相似，那时的希腊人崇尚敏锐而优雅的精神）。

最矫饰的形式（龙沙[55]，甚至还有斯堪的纳维亚人）给生机勃勃的感性人物带来了最大的快乐：他们善于自我克制。道德也极不自然。

我们德国人想成为冷酷者、宿命论者和幻想的毁灭者——虚弱而温柔的德国人情欲旺盛，他们喜欢混乱、野蛮和无形式（如"无终旋律[56]"——德国音乐家的诡作）。悲观主义与残酷是德国矫揉造作者的刺激剂。

221

与恺撒相比，喀提林[57]是一位浪漫主义者：时快时慢（mode celer modo lentus ingressus）。

222

凭良心行动的权利只有在伟大的专制政体中才是有益的和可能的—— 它是**毁灭**的征兆。

223

请注意。最后的美德。

我们是各种美德的浪费者，这些美德是我们的祖先长期积累起来的；多亏了他们长年累月的严格和节俭，我们才成为富有而快乐的继承人，这种大肆挥霍的日子还将持续较长的时间。

224

阴郁或快乐，一位思想家利用他的所有思想，为他已经做过的某件事复仇（或者为他**未**做的某事复仇）—— 他残酷地理解幸福。

225

这里是半岛伸向大海的地方。

226

谁不以看蠢货跳舞为乐，谁就不应该读德国书。我正在看一个德国蠢货跳舞：欧根·杜林[58]，他遵循无政府主义者的座右铭"无神无主人"（ni dieu ni maître）。

227

迄今为止，**大多数人**所拥有的最真实的东西仍然是**明智**。只有那些罕见的奇人例外，他们知道，他们感觉到他们是如何在一种逐渐衰老的文化的沉沉暮气中成长起来的———

228

我不明白那些外行能从理查德·瓦格纳那里得到什么。也许他能激发他们的浪漫情怀，能引起他们对无限和对浪漫派神秘主义的极度敬畏与渴望—— 我们的音乐家们受到了诱骗，并且心醉神迷。

229[59]

平静的话语。
海盗中的恺撒。
日落的时刻——
为了上帝而爱人——
献给朗声大笑的人。
感谢误解——
在金色栅栏边。
我们是幸福的蜥蜴——
在小孩和侏儒中。

桥边。

在古要塞。

沐浴。

最伟大的事件——

总是伪装。

悠闲（otium）。

清贫，疾病—— 以及高贵者。

缓慢的目光。

"与他同一类型的人"—— 反对亲密。

沉默的能力。

难以和解，非常愤怒。

为拘谨辩护。

女人。—— 跳舞，愚蠢，小首饰匣。

诱惑者。

论血统。

面具。

230

平静之歌[60]

231

阿里阿德涅

232

等级问题[61]
暂时的想法与破折号

弗雷德里希·尼采 著

233

请注意。贱民说：吃亏使人变聪明[62]。—— 假如吃亏使人变聪明，那么吃亏就会使人变坏。然而吃亏常常使人变蠢！

234

一种手艺竟然能使人的身心扭曲：科学性本身、赚钱以及各种艺术亦如此—— **专家**是必要的，但他属于**工具类**。

235

观察一下狂放不羁的人，乃是一件趣事：几乎所有比较高贵的人（如艺术家）都会重新臣服于某种势力，他们要么服从基督教，要么服从祖国。

236

如果当代不是没落的时代，不是因极度忧郁而生命力衰退的时代，那么它至少是一个轻率而恣意妄为的实验时代——它的大量的**失败的**实验或许给人以一种似乎没落了的总体印象，而事情本身也许就是没落。

237[63]

等级问题。

培育与培养的问题。

$$
请注意 \begin{cases} 意志的培养 \\ 服从的培养 \\ 命令的培养 \\ 准确地区分 \\ 废除专业的教育 \end{cases}
$$

238[64]

支配每个人所有可能命运的使命具有深刻的必要性，某个使命在每个人身上得以具体化，得以"出世"——人到中年，我明白了在准备工作方面**等级问题**还需要什么东西才能使我心中最终出现自由的精神——我不得不经历身体和心灵上各种各样的幸福状态和困苦状态，我一无所失，尽情享受一切，彻底考察一切，清除并过滤掉万事万物的偶然性。

239

无论以什么方式占统治地位的任一道德，都旨在培育和培养一种特定类型的人，其前提是：这种类型特别重要，只有它最重要。简言之，道德总是以某种类型为前提。每种道德都相信，人们可以用**意愿**和强制多方面地改变（"改善"）人——道德总是把和标准类型相似（Anähnlichung）看成"改善"（它根本找不到其他的概念来说明这种相似）。

240

论天真。反思也许是天真的一个标志。
"天真的利己主义"。

241

"邻人"的幸福其实是更值得追求的，前提是：（1）如果幸福是值得追求的；（2）如果我们能够确定哪种幸福是值得追求的，因为有一些幸福作为目的是相互矛盾和相互阻碍的；（3）如果各种人的价值已确定了下来并且"邻人"比我具有更高的价值这个判断是正确的。——我们必须无情地批判那种快意的、热忱的奉献（Hingebung）情感；因为这种情感只带有少许愉快与热情，所以它本身并不包含**支持**奉献的理由，而只是含有一种**诱惑**而已。

242

知人之明：关键在于人们把什么事情理解为、感受为"阅历"。大多数人非常笨拙，他们必须知道事件的详情，同类事件必须重复上百次；少数人只要遭到命运的打击（Keulenschläge），就会注意到事件本身，就能看透事件的本质。

243

德国人使基督教变粗俗了。

244

作为教育手段的科学。自在的科学其实是一种野蛮，是一种野蛮化的行当。

245

《如是语经》[65]

（圣人如是说）

246

不欺骗

不妥协

蔑视像俾斯麦和瓦格纳那样的**暧昧不明**。

247

人类患上了拜上帝病，从而疏远了人。

第二章
1885 年秋至 1886 年秋

1

有一种高尚而危险的马大哈,他为我们提供了深刻的认识和结论:他就是过于慷慨的马大哈,他从不竭力**争取**朋友,而只知热情好客,他擅长款待客人,他总是优待来客——他的心和房屋为任何一个想进门的人而敞开,无论这人是乞丐或残废还是国王。这就是真正的随和:谁有这种随和的脾性,谁就会"朋友"遍天下,但他肯定没有真正的朋友。

2

这种崇高的精神现在已能很好地抵御和抗击入侵了——你们因精神拥有堡垒和秘密而生气,精神已用栅栏围住了自己的王国,你们却在坚固的栅栏边好奇地朝里窥视。——你们好奇且受到诱惑,因为一种陌生的、暧昧的香气朝你们袭来,向你们讲述秘密花园和幸福的故事。

3

我们处于危险的民族主义狂澜之中，在狂澜之前所有敏锐的理性皆退避三舍，那些最粗野的落后民族在虚荣心的驱使下强烈要求拥有"特殊生存"（Sonder-Existenz）和独断独行的权利—— 在这种现状下，我们又怎能责怪波兰人—— 斯拉夫世界最高贵的民族—— 抱持着民族独立的希望呢———

有人告诉我德国在这股狂潮中说了大话。

4

平静的插话[66]

《查拉图斯特拉如是说》之后的休息

献给他的朋友

弗雷德里希·尼采 著

5

今日德国只对权力问题，整个商业和社会生活，最后还有"好生活"感兴趣，议会胡说八道，读报很时髦，每个人都像文人一样要对每件事发表意见，欣赏政治家[67]，而这位政治家对哲学的了解和看法与一位农民或大学生联谊会会员毫无二致，他大胆而肆无忌惮地推行"眼前利益政治"（Augenblicks-Politik），他以为用忠君和基督教的古老装饰就可以使德国趣味（或德国良心）接受他的短视政治—— 所有这些现象皆起源于可怕的、颇具吸引力的1815年[68]。那时，黑夜突然降临，笼罩着德意志精神，而此前德意志精神度过了一个漫长而快乐的白天。祖国，界线，乡土，祖先—— 各种狭隘突然开始要求其权利。那时社会上层出现了反动和惊恐，他们害怕德意志精神，而社会下层则鼓吹自由主义和革命，全体患上了政治热病—— 这一点是可以理解的。从此—— 从政治化开始—— 德国丧失了欧洲的精神领袖地位，而现在平庸的英国人成功地把德国人——

6

上两个世纪

就在十七世纪和十八世纪，德国最具特色的艺术即音乐登上了最高峰。如果一位偶尔忧郁的观察家能够认识到十九世纪的德国音乐纯属一种辉煌、复杂而深奥的没落形式，那么我们可以原谅他。在这个备受诋毁的世纪，造型艺术也表现出一种挥霍的欲望和能力。德国教堂和宫殿的巴洛克风格[69]属于我们音乐的近亲—— 视觉领域的巴洛克建筑散发出与音乐相似的魅力和诱惑力，只不过音乐对应的是另一种感官而已。从莱布尼茨到叔本华（生于1788年），德国哲学臆造出了独创性思想的完整大厦，这种成就也发生在那两个世纪之内—— 这种哲学有其陈旧观点和概念织体，有其灵巧和抑郁，暗藏着无限和神秘主义，它也属于我们的音乐，它是哲学领域的一种巴洛克。

7

那个思想家我们理解他，但我们和他不**相同**，我们在精神上胜过他！

8

年幼而站不住脚的小儿，总是叫得最响：因为他经常跌倒。例如今日欧洲的"爱国主义"，幼稚的"对祖国的爱"—— 对这个爱叫嚷的小儿，人们不必太当真！

9

致友人[70]

这本书肯定会在各国和各民族的广泛范围内找到它的读者，它肯定能凭借巧妙的艺术诱惑那些冷漠而倔强的耳朵，而我最亲密的朋友们恰恰最不理解这本书。—— 此书一面世，就使他们大为惊恐，疑惑不解，并且在他们和我之间制造了一种长期的疏远感。事实上，使这本书得以产生的状态本身就充满了谜团和矛盾：那时我**既非常**幸福，又**非常**痛苦。—— 此书的完成应归功于一次伟大的**胜利**，一次我通过自己而取得的胜利，一次危险的、有可能导致自我毁灭的胜利。1876年夏季，有一天我突然产生了顿悟和鄙夷：从此我冷酷无情地蔑视所有美好的愿望，而在青年时代我曾对这些愿望心驰神往。

10

狂热的民族主义和愚蠢的爱国主义对我毫无吸引力。"德国，德国高于一切[71]"，我听到这句话时感到很痛苦，归根结底乃因为我对德国人的要求和希望更高，高于爱国。德国人的头号政治家引起了我进行讽刺的兴趣，在他的头脑中忠君和基督教的正派基调与肆无忌惮的眼前利益政治相互协调，他和一位农民或一位大学生联谊会会员一样对哲学毫无兴趣。我甚至觉得不爱国是一件好事：有几个德国人对德意志帝国始终很冷漠，他们根本不是旁观者，而是掉转目光的高人。他们眺望**何方**？祖国这类问题只是表面问题，与之相比还有一些更重要的事情：例如民主主义者的崛起和壮大以及由此引发的欧洲愚昧化和欧洲人的**矮化**。

11

知性良知
对才智卓异者的批判之尝试

哲学家。自由思想家。艺术家。宗教徒。学者。高贵者。酒神。

12

"在同类中"（Inter pares）：一个令人兴奋的词语，对一个终生孤独的人而言，这个词语包含了太多的幸福与不幸；虽然他通过各种途径寻找知音，但他就是没有遇见他的同类；在与他人交往时，他肯定总是带着善意而愉快的伪装，总是努力并经常成功地使自己具有亲和力，出于长期的经验他知道逆来顺受，懂得"随和"，—— 有时他也了解所有隐瞒的不幸、所有未被扼杀的欲望和所有郁积在心中的爱的狂潮的爆发，危险而伤心欲绝的爆发，—— 还有那种突然发疯的时刻，孤独者疯狂地拥抱随便哪一个人，他把陌生人当作朋友，当作天赐知音和最珍贵的礼物，转瞬之间又厌恶地把那人推开，—— 现在他厌恶自己，仿佛受到了玷污，遭到了侮辱，连自己也不认识自己了，他患上了形影相吊的孤独症——

13[72]

这是我的不断出现的怀疑，我的永无休止的忧虑，我的无人倾听或无人爱听的问题，我的斯芬克斯[73]，它的身边不只有一道深渊—— 我觉得，我们今天误解了欧洲人最喜欢的那些事物，一个残忍的（或根本不残忍，而是冷漠和幼稚的）小精灵正在玩弄我们的心和心之热情，正如它或许玩弄了曾经活过和爱过的众生那样—— 我认为，今天我们欧洲人所崇奉的一切，包括"人道""道德心""人性""同情"和"正义"，尽管它们作为对某些危险而强烈的基本欲望的削弱与减缓也许具有一种表面价值，但是从长远来看，它们只能导致整个"人类"类型的矮化，即人最终的**平庸化**，我对这件绝望的事情说出了一个绝望的词，还恳请各位原谅。我认为，在一个伊壁鸠鲁学派的旁观之神看来，"人间喜剧"（commedia umana）的可笑性在于：由于人的道德感日益增强，纯洁而自负的人们以为自己能从动物范畴提升到"众神"级别和超凡境界，然而实际上他们正在**降级**，确言之，通过培养使群氓得以成长壮大的所有美德，通过压制其他的、相反的美德——这些美德能使一个较高的、较强的新**统治者**类型迅速崛起，道德只能把人培养成"群氓动物"（Heerdentier），只能把"人"这种动物**固定**起来——因为迄今为止人是"不固定的动物"。我认为，声势浩大的、向前推进的、不可阻止的欧洲**民主**运动——它自称为"进步"——还有它的准备者与道德先驱基督教，其实只是一次群氓本能的、巨大的总谋反，群氓反对牧人、猛兽、隐士、恺撒和所有统治者的总谋反，旨在保存和提升所有的弱者、被压迫者、平庸者、失败者和半失败者，它是一场旷日持久的、开始时秘密然后越来越自觉的奴隶起义，一场反对各种主人、最终反对"主人"概念的奴隶起义，一场反对各种主人道德的殊死战，反对源于一个较高的、较强的统治者类型的意识与胸怀的主人道德，——这种统治者类型需要某种形式和某种名义的奴隶制作为其基础和前提。最后，我认为，迄今为止人这个类型的提高乃是贵族社会的事业，贵族社会相信等级的长梯，相信人与人之间的价值差异，并且需要奴隶制：从根深蒂固的等级差别中，从统治者阶层对奴仆和工具的持续俯视和远望中，从该阶层在命令、压制和阻止方面的持续演练中，产生了**距离的激情**，若没有这种激情就绝对不可能产生另一种更神秘的激情，即那种对心中再次扩大距离的渴望，就不可能产生那些越来越高级的、罕见的、疏远的、紧张的、伟大的状态，简言之，就不可能出现"人的自我超越"，就不可能采用一种超越道德意义层面的道德公式。我的心中总是出现一个问题，一个诱惑性的、有些邪恶的问题。我很想把它告诉给那些有权关心这种不道德的问题的人，告诉给今天那些能够最好地控制自己的伟大的强者。这个问题就是：在当今欧洲"群氓动物"类型日益发展壮大，一种原则上的、有意识的对相反类型的人工**培育**和对其美德的培养之尝试的时机是否已成熟？倘若有人**利用**民主运动，例如统治者和"恺撒们"的较高类型—— 这种类型现在也**需要**新的奴隶制—— 最终加入民主运动对奴隶制新的、崇高的改造过程中（欧洲民主的完成肯定会表现为这种改造了的奴隶制），那么这种利用和改造对民主运动本身难道不是一种目标、拯救和辩护吗？这种改造难道不是实现了新的、迄今为止不可能的远景，实现了**民主运动**的远景吗？难道不是完成了它的使命吗？

14

我们有四种基本美德：勇敢、同情、明智、孤独。—— 然而倘若它们不与一种欢快而狡黠的恶习即"礼貌"结义，那么这四种美德本身就会相互抵触。

15

残暴可以使紧张而骄傲的人感到轻松，这类人习惯于不断地严于律己；终于有一天能伤害他人，看他人受苦，这已成为他们的节日—— 所有好战的种族都很残暴。相反，残暴也可以成为被压迫者和意志薄弱者的一种"节庆"（Saturnalien），奴隶们和伊斯兰苏丹宫殿的宫女们的节庆，它满足了奴隶们小小的权力欲。—— 有两种残暴：恶人的残暴和低贱的小人物的残暴。

16

什么是高贵[74]

等级信念。

工作（论艺术家和学者，等等）。

快乐（成功的标志）。

主人道德和群氓道德。

17

我所列举的那些著作都进行了谨慎而长期的探索，它们可以作为手段来加以利用，它们也许能够开辟一条理解的通道，有助于读者理解一种比自由精神类型本身更高的更复杂的类型——没有任何其他的路径通向理解———

同一位作者青年时代的著作。

《悲剧的诞生》，1872年第一版，第二版———

《不合时宜的沉思》，1873—1876。

18

一位爱之神由于善而感到无聊，有一天他也许会说："让我们尝试一下作恶吧！"—— 瞧，这就是邪恶的一个新起源！起源于无聊和善！———

19

"天国闪烁着刀光剑影"——这也是一个象征和符木[75]格言，这句格言表露了出身高贵的武士们的心迹，武士们能从其中猜出自己。

20

"雄鹰直冲云霄。"在**攻击**猎物时，高贵的精灵从不采取骄傲而惊人的愚蠢行动——从不"直接"攻击。

21

还有一种对激情与欲望的浪费，这种浪费采取的是小资产阶级的适度方式，小资在满足欲望时很有节制——小资习气败坏了趣味，更败坏了自尊与自我敬畏。暂时的禁欲主义乃是**堵住**欲望洪流的手段，是赋予欲望以危险性和伟大风格的手段———

22

多产的作家既有精神需求，又有性需求，为了创作而不受生殖方面的良心谴责——无论优雅与否，生殖指的就是"下蛋、咯嗒咯嗒和孵蛋"等——他们都有足够的理由像司汤达[76]和巴尔扎克所做的那样，给自己开出贞洁的药方。至少我们不应该怀疑，恰恰对"天才"而言，婚床比姘居和放荡更危险。——在其他方面，例如在养育“后代”方面，我们必须考虑清楚并及时做出抉择：要么选择子女要么选择著作（aut liberi aut libri）。

23

我长期思考了宗教天才的来源以及“形而上学需求”的源头，源头就是“宗教神经症[77]”；—— 我闷闷不乐地想起了那句尽人皆知的法国名言，该名言揭示了法兰西精神的“健康”：“天才是一种神经病。[78]”

24

我再说一遍：我们心中的野兽愿意受到**欺骗**，—— 道德是隐恶扬善的谎言。

25

有一天我对酒神狄俄尼索斯说道：“我觉得你居心叵测，你想毁灭人类吗？”—— “也许吧，”酒神答道，“但毁灭的结果是：我从中创造出了新生事物。”—— “什么新生事物？”我好奇地问道。—— “你应该问：**谁**是新人？”狄俄尼索斯如此说，然后他以其特有的方式沉默了，即以诱惑的方式。—— 你们真应该亲眼见见他！那时是春天，众树生机勃勃。

26[79]

善恶的彼岸

一种未来哲学的序曲

弗雷德里希·尼采 著

27

善恶的彼岸

为宁静者而作的种种思考

弗雷德里希·尼采 著

28

我对所有新近的刑法立法表示极度的怀疑：假如刑罚应该根据罪行的大小按比例地折磨罪犯——这其实就是你们大家想要的！——那么就必须按照痛苦感的比例把刑罚施加在每一个罪犯身上；也就是说，根本不可能有一种惩罚罪行的**事先**规定，即**不可能**有一部刑法法典！但是如果考虑到我们很难确定一位罪犯的快乐和痛苦的程度，那么实际上我们就必须放弃对罪犯的惩罚吗？损失何其巨大！不是吗？因此———

29

音乐**并非**像叔本华所断言的那样揭示了世界的本质[80]及其"意志"（叔本华误解了音乐，由于同样的原因他还误解了同情—— 在经验上他不太了解这二者—— ）：音乐只表现了音乐家先生们！他们本人并不知道这一点！—— 他们不知道这一点，这也许是一件好事！

30

我们的美德[81]
向高贵的良心提出的各种问题和各种可疑的事物

弗雷德里希·尼采 著

31

我们的美德
对一种未来道德的指导

弗雷德里希·尼采 著

论内心的强大
论诚实
论快乐

论追求孤独的意志

"什么是高贵？"

32

未来的哲学家[82]
一篇演讲

1. 在今天，这种伟大是可能的吗？
2. 但也许在明天，也许在后天。—— 我看见新哲学家正在出现，等等。

33

有一种无法消除的对快乐的误解：然而谁有这种误解，谁最终就可以对此感到满意。—— 我们是**逃往**幸福安乐窝的人，我们喜欢南国风光，需要灿烂艳阳，我们站在街边，看红尘滚滚，生活宛如欢乐的节日假面游行令人陶醉，我们要求幸福能给我们带来"极乐"：如此看来，我们能有一种令人**恐惧**的认识吗？能有一种令人反感的认识吗？能有一种令人压抑的、令人大惊失色的认识吗？这种对悲剧的顽固背弃，这种对一切痛苦的闭目塞听，这种敢于进行嘲讽的肤浅，这种任性的心灵伊壁鸠鲁主义，它要达到灵魂的宁静和不动心并把**假面具**奉为终极之神和拯救者，这种对趣味忧郁者的嘲笑，嘲笑者总是猜测忧郁者缺乏深度—— 所有这一切难道不是一种怪癖吗？但我们显然知道我们自己太脆弱，也许我们已病魔缠身，不可救药；我们显然害怕生活的铁拳，害怕它把我们砸得粉碎，于是我们躲进生活的假象之中，落入虚伪、肤浅和花里胡哨的骗局；我们看起来很快乐，因为我们极其悲苦。我们很严肃，我们知道我们如临深渊，**因此**我们反对所有严肃的事情。

—— 我们暗自嘲笑趣味方面的忧郁者—— 当我们嘲笑他们时，其实我们还羡慕他们！—— 因为我们不够幸福，无法让自己具有他们那样的淡淡的忧伤。我们还必须逃避悲苦的阴影：地狱和黑暗总是离我们太近。我们有一种使我们感到害怕的认识，这种认识令人难以忍受；我们有一种信仰，它的压力使我们发抖，它的耳语使我们大惊失色—— 我们觉得无信仰者是快乐的。我们抛弃悲剧，我们对人间苦难闭目塞听；倘若我们不善于把自己变得冷酷无情，同情就会立即撕碎我们的心。轻率而大胆地嘲讽，快来帮助我们；来自冰川的风，可以使我们头脑冷静。我们要心无牵挂，我们要向**假面具**祷告。

我们的心容易破碎：我们害怕幼儿之手的打击吗？我们避开偶然，竭力自救——

34

以前，没有任何其他人比我更爱、更尊敬理查德·瓦格纳了。假如他最后没有那种恶俗的趣味或可悲的强迫性，假如他没有和那些品质恶劣的"人才"同流合污，没有和他的信徒即瓦格纳的崇拜者们沆瀣一气，那么我就没有理由在他生前向他告别了。瓦格纳是当代所有难以看透的人物中最深刻和最勇敢的人，也是最受误解的人，和他相遇的比和任何其他人相遇更有益于增长我的见识。我把该说的话说在前面，我不想把他的事和我的事混淆起来，而在我学会以恰当的切割把"他的"和"我的"分开来之前，我需要好好地自我克制。那时我意识到了戏子这个特殊问题——由于一种难以说出的原因，这个问题也许比其他任何一个问题离我更远——我在每个艺术家的内心深处都发现了并重新认出戏子，戏子乃是艺术家的典型特征，为了思考这个问题我需要和此人接触——我觉得，与以往的哲学家相比，我把这二者想得更崇高，也更糟糕。戏剧改良和我没有多少关系，戏剧的"宗教化"更和我无关；真正的瓦格纳音乐不太适合我——对我的幸福和健康而言，瓦格纳音乐并不是不可或缺的，因为这一点无须证明，然而已得到了证明（quod erat demonstandum et demonstratum）。他身上使我感到最陌生的东西，就是他晚年的德意志狂热和半信宗教———

35

　　一种新的思维方式始终是一种新的衡量方式，它是以一种新尺度和一种新的感觉标尺的存在为前提的。新思维方式觉得自己和所有思维方式相矛盾，当它反对它们时，它总是说"这是错误的"。经过仔细观察我们发现，这种"这是错误的"其实只意味着"我觉得我从中得不到任何好处""我根本不在乎它""我不明白为什么你们的感觉和我的感觉不一样"。

36

论脱离。

论冷酷无情。

论假面具。

论等级。

欧洲与超越欧洲。

37

人们总是必须去做一些比结婚更重要的事情：天哪，我的情况总是这样！

38

善恶的彼岸
对最强者道德的指导

39

假面与告知

40

未来的哲学家。

自由精神的自然史。

我们的美德。

民族与祖国。

去女性化。

宗教徒（homo religiosus）。

41[83]

论高等人的自然史
一位教育家的思想

1.以往的哲学家

2.艺术家与诗人

3.宗教天才

4.我们正派人

5.女人

6.学者

7.诱惑者

8.民族与祖国

9.假面的智慧

10.道德心理学

11.格言与破折号

12.什么是高贵？

附录：《自由鸟公子的歌》

42

善恶的彼岸

一种未来哲学的序曲

带有附录：《自由鸟公子的歌》与《箭》

弗雷德里希·尼采 著

43[84]

论高等人的自然史

一位心理学家的思想断片

1.哲学家

2.自由的精神

3.宗教天才

4.论道德心理学

5.什么是高贵

6.民族与祖国

7.女人本身

8.学者

9.我们正派人

10.智慧与假面

11.后人

12.一位沉默寡言者的格言

附录：《自由鸟公子的歌》与《箭》

44

前言

1.以往的哲学家是什么？

2.论自由精神的自然史

3.一位心理学家的独白

4.女人本身

5.宗教天才

6.我们学者

7.我们正派人

8.什么是高贵？

9.民族与祖国

10.各种假面

11.诱惑者们，酒神

附录：———

目录。

45

放弃律师做派：非党员，对人们所说的"信念"持怀疑态度；不相信无信仰；———

46[85]

论高等人的自然史

一位闲适者的思想

弗雷德里希·尼采 著

47

善恶的彼岸
一位心理学家的独白

带有附录：《自由鸟公子的歌》与《箭》

弗雷德里希·尼采 著

附录：《自由鸟公子的歌》与《箭》

1.致密史脱拉风[86]

2.致歌德

3.致某些歌功颂德者

4.西尔斯-玛丽亚[87]

5.隐士的正午

6.驶往新的大海

7."圣马可[88]的鸽子"

8.房门上方

9.真正的德国人

10.《帕西法尔》的音乐

11.致斯宾诺莎

12.寻求良药（Rimus remedium）

13.绝望的傻子

14.跟唱

48

女人很少独来独往并且缺乏主见，因此她宁愿挨打也不——

49

在大多数的爱情中总有一方是玩弄者，另一方则是被玩弄者：阿摩尔[89]主要是一位戏剧小导演。

50[90]

内容：

前言

1.论哲学家的偏见

2.自由的精神

3.宗教天才，宗教的本质

4.女人本身，格言和插曲

5.论道德的自然史

6.我们学者

7.我们的美德

8.民族与祖国

9.假面

10.何为高贵？

扉页题记："身体，你在发抖吗？如果你知道我把你领向何方，你就会抖得更厉害了。"—— 蒂雷纳[91]

附录：《自由鸟公子的歌》与《箭》

51[92]

一位心理学家的独白

弗雷德里希·尼采 著

论高等人的自然史。

何为高贵？

-

52[93]

格言与独白
附录为诗歌

弗雷德里希·尼采 著

53

善恶的彼岸

一种未来哲学的序曲

引言。

第一卷：论哲学家的偏见

第二卷：道德心理学的指导

第三卷：我们欧洲人，一种自我观察的机会

54

善恶的彼岸

弗雷德里希·尼采 著

55

倒数第二章

盎格鲁–撒克逊人阿尔昆[94]如此定义哲学家的崇高职业：

纠正歪理，强化正直，升华圣洁（prava corrigere, et recta corroborare, et sancta sublimare）。

56

强壮有力的原始人在文明都市的强迫下**腐化**（—— 与麻风病人为伍，从他们那里学会了内疚）。

57

对更广泛的、历史上从未有过的"统治性构成物"
（Herrschafts–Gebilde）而言，从现在起将出现一些有利于
其崛起的条件。这还不是最重要的；国际性的"种属联盟"
（Geschlechts–Verbände）的形成已成为可能，这些联盟以培育主
人种族为己任，即培育未来的"地球主人"；—— 他们将建立一种
新的、非凡的、基于最严厉的自我立法的贵族政体，在这种政体中
哲学暴徒和"艺术家暴君"（Künstler–Tyrannen）的意志将延续
数千年—— 一种高等人将发挥他们在意志、知识、财富和影响力方
面的优势，他们会把民主欧洲当作最顺从和最灵活的工具，会利用
民主欧洲来掌握地球的命运，并作为艺术家来塑造"人"本身。

够了，现在就是改变政治观念的时候了。

58

我认为我们缺乏政治激情：无论是民主体制还是专制体制，我
们都能冷静地忍受。

59

关于第一点。

最后：我们为什么要如此大声地、如此愤激地宣讲未来的前景
呢？我们应该更冷静地、更聪明地看待它，应该高瞻远瞩，应该像
我们私下交谈那样非常秘密地谈论它，以至于众人听不见它，以至

于众人听不见我们所说的话……我们可以把它称为一种延续。

60

您说什么？戏剧是目的，音乐始终只是手段？这大概是瓦格纳的理论，他的实践则相反：戏剧**姿态**乃是目的，音乐只是达到一种姿态的手段（说明、强化和内化姿态的手段）。

61

迄今为止，机械论和原子论的思想方法的发展始终尚未意识到其必然目标；—— 这是我长期仔细观察其信徒之后所获得的印象。这种思想方法将随着一种符号系统的建立而终结：它将放弃解释，它将放弃"因果"概念。

62

不想欺骗—— 和不想受骗：作为观念和意志这二者是完全不同的东西，但前一种倾向和后一种倾向都惯于利用"哲学"一词，无论是为了装饰，还是为了隐藏抑或出于误解。

63

生理学家们应该认真思考，把"自保本能"（Erhaltungstrieb）确定为一种有机体的基本本能是否正确：生命首先要**释放**它的力量，"保存"只是其众多结果中的一种结果而已。—— 要小心提防**多余**的目的论原则！"自保本能"的整个概念就属于目的论。

64

每个菲罗克忒忒斯[95]似的英雄都知道，没有弓和箭就无法征服特洛伊。

65

在生活中[96]
一位心理学家的独白

弗雷德里希·尼采 著

66[97]

—— **关于前言**。

这也许是一部续集。**艺术家哲学家**（到目前为止只提到了科学性以及对宗教和政治的态度）：**艺术**的较高概念。这种人是否可以疏远其他的人，以便**对他们进行塑造**？（先期训练：1. 自我塑造者，隐士；2. **过去**的艺术家只是小小的完成者，对一种质料进行塑造？—— 不是！——）

与此有关的包括较高的人们的**等级**，必须对这种等级进行描写。

—— **关于音乐的一章**。

关于"陶醉"的学说（列举，例如对各种卑劣行为的崇拜）。

德国、法国和意大利音乐（德国政治地位最低微的时代是**成果最丰富的时代——**）。

斯拉夫人呢？

文化史上的芭蕾战胜了歌剧。

瓦格纳所创造的乐剧是一种形式，这种观点是错误的，——它根本没有形式。我们毕竟必须从中发现一种**戏剧**结构的可能性。戏子的音乐与音乐家的音乐。

节奏。不惜一切代价的表现。

向《卡门》致敬。

向海因里希·许茨[98]致敬（还有"李斯特协会[99]"——）。

轻佻的配器。

向**门德尔松**[100]致敬：其作品中有一种歌德成分，在别处则没有！还有另一种臻于完美的歌德成分，这种成分在拉结[101]的作品中同样达到了完美的高度！第三种成分是海因里希·海涅。

关于"**自由的精神**"这一章。

1. 我不想"赞美"它：这个词有利于受约束的思想家。

2. 理智的堕落：由快乐提供的证据（"使我幸福的东西就是真理"）。这种观点通过强调"我"而凸显了虚荣。

关于"我们的美德"这一章。

3. 道德观念的新形式：团体做出关于遵守禁止和许可的行为准则的**忠诚誓言**，明确地舍弃许多东西。检验自己在这方面是否已成熟。——

关于"**宗教天才**"这一章。

1. 奥秘；一个灵魂的模范史（"戏剧性"——意味着什么？）

2. 事件的可解释性，对"意义"的信仰由于宗教而得到了增强——

3. 高尚的灵魂通过损害低劣的灵魂而得以成长壮大，这种损害到了什么程度？

4. 作为世界命运和灵魂命运之核心的基督教**道德**被驳倒了——然而这并没有消灭把基督教道德带进世界并使它获得统治地位的意志。—— 这种意志最后只能采取堂吉诃德式的愚蠢行动：但我们没有理由蔑视它！

5. 从哪方面来看宗教天才乃是艺术天才的**变种**：创造力。

6. 只有**艺术家**的良知才能给予他超越"真实"与"虚幻"的自由。绝对的信仰可以转化为绝对的意志——

7. 宗教文学，"圣书"概念。

关于"**我们的美德**"。我们可以把我们的科学性置于何地，这一点我们不再严肃认真地对待了：一种非道德性。

关于"**道德的自然史**"那一章。

何为**腐化**？例如强壮有力的原始人进城之后。例如法国大革命之前的法国贵族。

关于"**男人和女人**"那一章。

在世界各地，哪里有男人**战胜了**女人，哪里就开始出现文化。

请注意。自由的艺术大师和快乐的大师（magister liberalium atrium et hilaritatum）。

请注意。我已经抓住了某只动物的角—— 我只是怀疑它是否真的是一头公牛[102]。

67

把"自我""主体"当作地平线。远景的展望于是被颠倒了。

68

以身体为主导。分裂的原生质：$1/2+1/2 \neq 1$，而是等于2。因此对灵魂单子[103]的信仰失效了。

自我保存只是"自我扩张"（Selbsterweiterung）的结果之一。"自我"情况如何？

69

我们知道力学上的力只是一种**阻力感**：用**压力**和**撞击力**只是明确**解释了**，但未详细**说明**这种阻力感。

一个较强的心灵对一个较弱的心灵所施加的强制力属于何种强制力？ —— 对较高心灵表面上的"不服从"也许是由于较低者不理解其意志，例如你无法命令一块岩石。然而命令恰恰需要一种长期的等级差异和级别差异：只有至亲好友才能相互理解，因此才会出现对较高者的服从。

我们是否可以将一切运动视作一种心灵事件的征兆？把自然科学理解为一种"征兆学"（Symptomatologie）——

这种观点也许是错误的，因为生命构成物（如细胞）很小。现在是否还有必要去寻找更小的单元，寻找"力点"（Kraftpunkte）呢？

统治性构成物的早期阶段。

崇奉人格（父亲、祖先、君王、祭司、上帝）乃是道德的**简单化**。

70[104]

善恶的彼岸

—— 立法者问题。

以身体为主导。机械论与生命。

权力意志。

—— 解释，不是认识。关于方法论。

永恒轮回。

—— 艺术家。文化及其基础。

—— 我们无神论者。

—— 音乐与文化。

—— 论大政治与小政治。

"神秘"。

—— 好人与义人。

发誓者。

—— 关于悲观主义的历史

—— 教育。

71[105]

关于《查拉图斯特拉》

卡林纳[106]：棕红色，附近的一切都热辣辣的。日至中天。

恐怖。

咆哮的斗牛士（Sipo Matador）。

谁说我们不想要它？多么美妙的音乐与诱惑！这种音乐如蛇蝎美人，充满魅惑力，用毒牙咬人，推翻传统，重估一切！

决定性的时刻

等级。1. 打碎善人和义人！   2. ——

永恒轮回。

正午与永恒

预言者之书

72

正午与永恒[107]

弗雷德里希·尼采 著

第一章　亡灵节，查拉图斯特拉看到了一个惊人的节日

第二章　新等级

第三章　论地球的主人

第四章　论轮回之环

十本新书的书名

（1886年春）

对古希腊人的一些看法

弗雷德里希·尼采 著

在变易的过程中万事万物何以蜕化变质，变得不自然。文艺复兴的蜕化——语文学的蜕化。

一种高等文化和一种人的提升的非道德基本条件的例子。

权力意志

重新解释世界的尝试

艺术家

一位心理学家的内心想法

弗雷德里希·尼采 著

我们无神论者

弗雷德里希·尼采 著

正午与永恒

弗雷德里希·尼采 著

善恶的彼岸

一种未来哲学的序曲

弗雷德里希·尼采 著

快乐的科学

自由鸟公子之歌

弗雷德里希·尼采 著

音乐

弗雷德里希·尼采 著

一位文士的经验

弗雷德里希·尼采 著

关于现代阴郁的历史

弗雷德里希·尼采 著

74

权力意志

一、等级的生理学

二、伟大的正午

三、培育与培养

四、永恒轮回

永恒轮回。

新节日与预言之书

永恒轮回。

神圣的舞蹈与誓言。

正午与永恒。

轮回者的神圣舞蹈。

76[109]

论等级：

第一节　论权力的生理学

身体中的贵族统治，统治者占多数（组织[110]之间的斗争？）

奴隶制度与劳动分工：只有通过**压制**一种低等类型迫使它履行一种职责，高等类型才有可能长期统治。

快乐和痛苦并不互相对立。权力感。

营养只是贪婪占有，即权力意志的一个结果。

当占统治地位的细胞没有能力对其占有物进行组织时，细胞就开始分裂，于是发生了"细胞增殖"（Zeugung）。

总是要储存新"物质"（更多的"力量"）的意志力就是**创造力**。把一个卵细胞建造成一个有机体，此乃生命的杰作。

"机械论"只追求量，而力则潜藏在质中：机械力学只能描述、不能说明过程。

"目的"。从植物的"聪明"（Sagazität）出发。

"完善"的概念：不仅具有较强的复杂性，而且拥有较大的**权力**（不必成为庞然大物）。

由此推断出人类的发展：人类的完善在于创造出最强有力的个体，使最广大的群众成为最强者的工具（最聪明、最灵活的工具）。

艺术家是小小的塑造者。迂腐的"教育家"则没有塑造力。

惩罚有助于维护一种高等类型。

隔离。

从历史中得出的错误学说。仅仅**因为**某些高等人（如贵族）失败了或被人利用，就妄言等级制已被驳倒！

77[111]

空虚与充满、牢固与松动、静止与运动、相同与差别的假象。

（绝对空间）

（实体）　最古老的假象**变成了形而上学**。

—— 其中有人和动物的安全价值标准。

我们的**概念**受到了我们的**需求**的启发。

树立对立面符合惰性（一种区别若能满足衣食和安全的需求，就被认为是"真实的"）。

简单的真理[112]！—— 懒惰的思想。

我们用我们的价值对事物做了**穿凿附会的解释**。

自在的存在难道有一种意义？

意义必然是相互关系的意义和视角，对不对？

116

所有的意义都是权力意志（所有相互关系的意义都可以化为权力意志）。

一物＝其特性：特性就是此物所有那些**与我们有关**的性质。一物就是一个单元，我们把我们**考虑到**的各种关系囊括进这个单元。关系其实就是我们所**感知到**的各种变化（那些我们没有察觉到的变化被忽略了，例如它的电）。总之，客体就是我们遭受到的并且已被我们意识到的**阻碍**的总和。一种特性总是表达了它对我们的"有益"或"有害"。例如颜色—— 每一种颜色都符合一种快乐的程度或痛苦的程度，而每种快乐的程度或痛苦的程度都是我们对"有益"或"有害"的评价之结果。—— 厌恶。

78

主题[113]

解释，**不是说明**[114]。

把**逻辑**判断还原为道德的和政治的价值判断（安全、安宁和懒惰即"最小的力"的价值，等等）。

艺术家问题，其道德性（谎言，下流无耻，对他所不熟悉的事物进行虚构的创造才能）。

对非道德欲望的诋毁：从结果上看就是对生命的**否定**。

无条件的事物：人们赋予它理想性，理想性源于何处。

惩罚作为培育的手段。

万有引力有多种解释，一切所谓的"事实"亦如此。

谓语（Prädikat）表达了某种东西对我们产生的一种效果（或可能会产生的效果），而**不是**产生本身；全部谓语被概括成一个词。主体乃是原因，这种观点是错误的。——主体概念的神话。（"闪电"发光—加倍—把效果**客体化了**。）

因果性概念的神话。把"结果"和"原因"分离开来是**完全错误的**。始终不变者的假象，仍然———

我们的欧洲文化——与亚洲佛教的**解脱**相反，欧洲文化**追求**什么东西？——

质言之，宗教乃是一种**等级**学说，甚至是一种**宇宙**等级制度和权力制度的尝试。

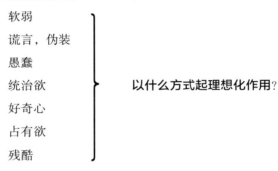

软弱

谎言，伪装

愚蠢

统治欲 ⎫ 以什么方式起理想化作用？

好奇心

占有欲

残酷

79

我的著作有很好的防御能力：一个没有权利读这种书的人，如果他拿起我的书来阅读结果发现他自己选错了书，那么他就会立即变成一个小丑，他勃然大怒，叫苦不迭，满嘴胡言：谁也不知道他会说出什么疯话！文学小女子们保持着通常的习惯，她们身患妇科病，手指上沾着墨水渍——

没有能力发现新意和独创性的蠢材：笨拙的手指把握不到细微差别；严肃而死板的僵尸被一个词绊住了，摔倒在地上；目光短浅的近视眼在远景的巨大王国之前变成了瞎眼。

只有极少数人读过我的书，人们对它们的理解很不到位，我抱怨过我的命运了吗？然而超凡的杰作并不是为庸众创造的！—— 难道你们认为上帝是为了凡人而创造世界的吗？

80

关于序言[115]

罗马平原[116]阴暗、偏僻而荒凉。在毫无把握的情况下保持耐心。

每本书都是一次征服，把握—**慢速**（tempo lento）—— 直到剧终把戏剧冲突引向高潮，最后是**灾难**和突然的拯救。

81

（15）[117]

这只是力量的事情：具有本世纪的所有病态特征，然而用一种过于丰富的、塑造性的恢复力来加以平衡。**强者**：描述。

82[118]

善恶的彼岸
第二章和末章

前言。

解释，**不是**说明。根本没有事实，一切都是流动的、无法把握的、退缩的；只有我们的观点是长久不变的。添加意义，对事件做穿凿附会的解释—— 在大多数情况下乃是对一种旧解释的重新解释，即对已变得含混不清的、现在只是一些符号的旧解释的新解。

关于权力的生理学。一种观察：我发现人们觉得其最强烈的欲望和理想（以及天良）是一致的。

我们无神论者。

何为艺术家？

权利和立法。

关于现代阴郁[119]的历史。

做戏。

论好人和义人。

等级和等级制度。

致密史脱拉风。一首舞蹈歌曲。

善恶的彼岸对少数人而言是一种澄明，对庸众而言则是最深沉的阴暗。

关于现代阴郁的历史。

艺术家心理学。

论做戏。

立法者问题。

音乐领域的危险。

解释，**不是**认识。

好人与义人。

论大政治和小政治——

我们无神论者。

致密史脱拉风。舞蹈歌曲。

共30页。2个印张[120]。

（前言：我的著作的共性）

解释，**不是**说明。

关于权力的生理学。

论做戏。

关于现代阴郁的历史。

我们无神论者。

好人与义人。

论等级。

权利和立法。

艺术家。

83

（7）[121]

人相信自己是原因，是活动者——

所有发生的事件都和某个主体有一种谓语性的关系。

在每个判断中都潜藏着人们对主语和谓语或对因果的全部完整而强烈的信仰。人们断言，每种效果都是一种活动，而每种活动都以一个活动者为前提，这种信仰甚至是前一种信仰的个别情况，以至于只有这种信仰作为基本信仰留存了下来：确实有主体[122]。

我注意到了某种做法并且寻找这种做法的**理由**：确言之，我寻找其中的某种**意图**，首先寻找有此意图的人，寻找主体，即活动者—— 过去人们从**所有的**事件中都看到了意图，所有的事件都是行动。这是我们最古老的习惯。动物也有意图吗？作为生命的动物也依赖于按照**自己的**意图的解释吗？—— "为什么"始终是"目的因"（causa finalis）问题，是对"为什么目的"的追问。我们根本不知道"动力因"（causa efficiens）的意义：在此休谟[123]说得对，习惯（但不只是个人的习惯！）让我们期待某个经常观察到的过程会在另一个过程之后出现，仅此而已！对因果性无比坚定的信仰所给予我们的东西，并**不是**两个过程前后相继的强大习惯，而是我们的**无能**，即我们只能从**意图**出发来解释一个事件而不能从另一个角度来**解释**事件。人们**相信**生活者和思维者是唯一的**活动者**——相信意愿和意图—— 相信所有事件都是一种活动，而所有的活动都以一个活动者为前提，这就是对"主体"的信仰。这种对主语和谓语概念的信仰难道不是一种极大的愚蠢吗？

问题：意图是一个事件的原因吗？或者这只是一种幻觉？意图不是事件本身吗？

纯机械论意义上的"吸引"和"排斥"完全是一种虚构：一个词。没有意图我们就无法想象吸引。抓住一物或抗拒它的引力并排斥它的"意图"（Wille）—— 这种意图"我们能理解"：这也许是我们所需要的一种解释。

简言之，迫使我们相信因果性的心理原因在于我们**无法想象一种没有意图的事件**：这种意图信仰在真假方面（这种信仰的根据）

是毫无意义的。对原因的信仰和对"目的"（τελη）的信仰叠合在一起了（我反对斯宾诺莎[124]及其因果论）。

84

（30）[125]

判断乃是我们最古老的信仰，是我们最习以为常的认定为真或认定为假。

在判断中有我们最古老的信仰，在所有的判断中都有一种认定为真或认定为假，一种断言或否定，一种对某事是这样而不是别样的确信，一种对真正"认识到了"事物本质的信仰—— 在所有的判断中**什么东西**是信以为真的？

何为**谓语**？—— 我们并没有把我们身边的变化看成变化本身，而是看成一种"自在"，一种陌生的、只是被我们所"感知"的自在：我们**不是**把变化确定为一种**事件**，而是确定为一种存在，一种"特性"—— 我们添加性地虚构出了"一物"（Wesen），变化即附着于此物上，**也就是说**，我们已把**结果**视作"**引起者**"（das Wirkende），而把**引起者视作存在者**。然而在这种表述中"结果"概念也是任意的，因为从那些发生在我们身边的变化中，从那些我们确信其本身**不是**原因的变化中，我们只能推断出这些变化肯定是结果了：我们依据的是这个推论，即"每种变化都有一个引起者"。—— 但这种推论乃是神话：它**割裂**了引起者和结果。当我说"闪电发光"时，一方面我把发光确定为活动，另一方面我把发光确定为主体，换言之，我为事件假设了一种存在，这种存在与事件并不一致，相反地，它持恒，它**存在**，它不"变易"。—— **把事件**

设定为结果，把结果设定为存在：这是**双重**错误，或者过错全在于我们的**解释**。例如"闪电发光"—— "发光"是我们身边的一种状态，但我们并没有把这种状态看作对我们的作用，我们说"发光者"是一种"自在"，并为此寻找一种引起者，引起者就是"闪电"。

85

（32）[126]

一物的特性乃是其对他"物"的"影响"（Wirkungen）：如果我们设想不存在他"物"，那么一物就没有特性，换言之，**没有他物就没有物**，也就是说，根本没有"自在之物"。

86

（30）[127]

单纯**认识**能是什么呢？——它只能是"解释"，而非"说明"。

87

（32）

所有的统一体只有作为**组织与配合**才是统一体，这和人类的国家是一个统一体没有什么不同：国家乃是四分五裂的**混乱**的**对立面**，它是一种**统治性构成物**，它**意味着**统一，但实际上国民的意见并不一致。

我们只有**知道**什么是存在，才能够**判定**这种东西或那种东西（如"意识的事实"）是否是实在的，才能够判定什么是**确信**，什么是**认识**，等等。—— 然而因为我们不知道什么是存在，所以认识能力的批判就很荒唐了：假如作为工具的认识能力能够利用自己来进行批判，那么这种工具又怎么能自己批判自己呢？它甚至都不能界定自己！

如果所有的统一体只有作为组织才是统一体，那又怎样？然而我们所相信的"物"只是作为各种"谓语之酶"（Ferment）而**添加性地虚构**出来的。如果物产生了"影响"，那么这就意味着：我们把**所有其他的**特性，把所有通常还在此存在、只是暂时潜在的特性理解成原因，理解成现在出现了一种单个特性的原因，也就是说，我们把它的几种**特性的总和**看成特性X的**原因**，这种看法愚蠢透顶，荒谬绝伦！

"主体"或"物"

88

（33）[128]

一种我们无法设想的力（如纯机械论的、所谓的吸引力和排斥力）只是一个空洞的词，它不可以拥有**科学**王国的公民权：科学旨在使世界**成为我们的表象**，仅此而已！

所有基于意图的事件都可以还原为**扩大权力的意图**。

当我们用一个数学公式来表示一个事件时，我们就以为此事**已被认识**，此乃幻想：它只是得到了**描述和描写**，仅此而已！

90

（31）[129]

相同性与相似性：

1. 较粗糙的器官看见了许多表面的相同性；

2. 精神**追求**相同性，换言之，精神要把一种感觉印象纳入一种现存的序列之中，就像身体**同化**无机物那样。

对逻辑学的理解：**追求相同性的意志就是权力意志。**

—— 对事物具有这样或那样的性质的信仰，即**判断**的本质，乃是一种竭力**追求**相同性的意志的结果。

91

（30）[130]

如果我们认为我们的"自我"是唯一的**存在**，我们应该根据"自我"使万物**存在**或理解万物（太好了！），那么人们肯定就会怀疑这是不是一种由视角引起的**幻想**—— 自我乃是虚假的统一体，它犹如汇集万物的地平线。然而如果以身体为指南，就会出现一种惊人的**多元性**；这样在方法上我们就可以把这种容易研究的、**比较丰富**的现象当作理解那种比较贫乏的现象的指南。最后，如果一切都是变易，那么**只有在相信存在的基础上认识才是可能的**。

92

我们把感官知觉向"外"投射："内"与"外"——是**身体**在发出指令吗？

在种质[131]中起支配作用的同化和整饬力，在外部世界的吞并活动中也起支配作用：我们的知觉已经是对我们内部的**所有**过去材料进行**类似化和同化**的结果了，知觉并非紧接着"印象"出现——

93

（34）[132]

辩证法和理性信仰为何依然还建立在道德偏见之上？在柏拉图那里，作为善的纯概念世界的昔日居民，我们拥有那个时代的遗赠物：来自善的神圣辩证法，通向一切善（仿佛又"回到了"善）。笛卡尔也明白一种基督教的、道德的基本思想方法的重要性，这种思想方法相信一位**善良的**上帝是万物的创造者，他知道只有上帝的真实性才能**保证**我们的感官判断。离开了宗教对我们的感觉与理智的认可与保证，我们就没有理由信任"此在"（Dasein）！思维是实在的尺度，不可思维者就**不存在**，这种观点愚蠢之至（non plus ultra），达到了道德主义轻信的巅峰（轻易相信在万物的根基中有一种本质性的真理原则），这种疯狂透顶的观念无论何时都和我们的经验相矛盾。我们简直无法想象居然有这种观点……

94

我们很难观察一种质的判断的形成。

把质还原为价值判断。

95

我们的感知一如我们的理解，换言之，我们所**意识到**的全部感知对我们和对我们眼前的所有有机过程而言是有益的和重要的，也就是说，它们根本不是所有的感知（如其中不包括我们对电的感知）。这意味着：我们只对那些经过选择的感知具有**感受力**，只对那些适合于我们的自我保存的感知感兴趣。**意识存在的前提乃是意识的有益性**。毫无疑问，所有的感觉感知都充斥着**价值判断**（有益或有害，令人愉快或令人不快）。单个的颜色表达了一种对我们而言的价值（尽管我们很少承认这一点，或者只是在这种颜色产生了长期的独特影响之后才承认这一点，例如单个颜色对监狱的囚犯或疯子产生了长期的影响）。因此不同的昆虫对各种颜色的反应皆不同：有些昆虫如蚂蚁喜欢少数几种颜色。

96

我嘲笑那些认为现代自然科学已经**战胜了**基督教的人。基督教的价值判断绝对**没有**因此被战胜。"十字架上的基督"乃是最崇高的象征—— 始终如此。

97

健康与病态：我们应该慎重对待！标准始终是身体的强健，精神的跳跃力、勇气与快乐——当然还包括精神**能够承受和克服多少病态事物**，即能够使它们康复。能够毁灭较柔弱的人的疾病属于**强大健康的刺激剂**。

98

（35）[133]

贫穷、**谦卑**与**贞洁**——都是危险的、诽谤性的理想，然而它们像毒药一样在某些病例中乃是良药，例如在古罗马帝国时期。

所有的理想都是危险的，因为它们贬低和谴责现实，它们都是毒药，但作为暂时的药剂它们是不可或缺的。

99

整个有机过程是如何对待无机自然的？——这种过程显示了有机自然的**基本意志**。

100[134]

权力意志

重估一切价值的尝试

共四卷

第一卷：危险中的危险（对虚无主义的描述：虚无主义乃是**迄今为止的价值评判的必然结果**）。

第二卷：价值批判（对逻辑学价值的批判，等等）。

第三卷：立法者问题（其中包括孤独的历史）。进行相反评价的人必须具有什么样的素质？这些人具有现代心灵的一切特性，但他们足够强大，能把这些特性转变成纯粹的健康。

第四卷：锤子。

他们完成任务的手段。

1886年夏于西尔斯—玛丽亚

巨大的威力得到了释放，但这些威力相互矛盾

被释放的力量相互**毁灭**

重新约束这些被释放的力量，不让它们相互毁灭

睁眼看看真实的力量**增长**！

揭示一切不和谐，阐明理想及其个别条件之间的不一致（如基督徒的诚实，他们不断被迫说谎）。

关于第二卷

在人人皆专家的民主国家缺少"为何？"与"为谁？"，缺少

各种萎缩获得**意义**的情况。所有的个人都萎缩为职能，这种萎缩毫无**意义**。

感性
残酷
复仇
愚蠢　　　　} 演变成**文化**的总和
占有欲
统治欲
等等

关于：

迄今为止的所有理想的危险性

批判印度、中国和基督教的思想方法（作为批判**虚无主义**的准备工作——）

危险中的危险：万事万物都毫无意义。

（2）[135]

锤子[136]：这种学说通过**释放**最渴求死亡的悲观主义打造一种最**有生存能力**的精英。

101

从作品可以推断作者。是丰富还是匮乏或者匮乏的疯狂驱使人创造，这个问题很可怕。我突然悟出，任何一种浪漫主义理想都是其发明者的自我逃避、自我蔑视和自我谴责。

归根结底，这是一个力量问题：整个浪漫主义艺术可以被一位过于丰富的、意志坚强的艺术家歪曲成反浪漫主义艺术或者—— 用我的术语来说—— 改造成**酒神艺术**，正如任何一种悲观主义和虚无主义在最强者的手中能变成一把锤子和工具，利用这个工具，最强者可以给自己添加一双新翅膀。

我敏锐地认识到，虽然瓦格纳达到了他的目的，但是他的下场和拿破仑抵达莫斯科一模一样—— 在每一个阶段他都遭受了巨大的损失，遭受了无法弥补的损失，以至于恰恰在整个远征结束时，在看似即将胜利的时刻，命运已经决定跟他作对。布伦希尔德[137]的预言是灾难性的。拿破仑就是这样来到了莫斯科（理查德·瓦格纳来到了拜罗伊特—— ）。

千万不要和病态的、一开始就失败的势力结盟——

假如我能更多地相信自己那就好了。瓦格纳没有**行走**的能力（更没有**舞蹈**能力—— 对我而言，没有舞蹈就没有快乐和休息），他的无能总是使我痛苦不堪。

渴望创作完整的基督受难曲乃是对艺术的背叛。谁能够创作这种宗教音乐，谁就需要敌对者，即**怀疑**的魅力。地地道道的教徒在怀疑中能获得偶尔的乐趣与**休息**。

瓦格纳善于从圣餐中找到快乐，他经常谈到这种快乐。这一点在我看来是确定无疑的：他被基督教**俘虏**了。—— 此外我怀疑，大概为了在德国重新入籍[138]，他假装成基督徒和新的皈依者。这种怀疑比我的恼怒更有损于他的名誉，恼怒的原因在于我曾寄希望于这位日渐衰老的浪漫主义者，他的双膝太疲软了，可以一下就跪在十字架前。

102

对**身体**的信仰比对灵魂的信仰更为重要：后者产生于对身体的不科学观察之困境（灵魂可以离开身体。相信**梦的真实性——**）。

103

对内省的怀疑。一个想法是另一个想法的原因，这根本无法查明。在我们意识的桌面上出现的是各种想法的前后接续，仿佛一个想法就是下一个想法的原因。可事实上我们看不见发生在桌子下面的斗争———

104

在柏拉图那里，在这个具有过于敏感的感性的幻想家那里，概念的魔力如此巨大，以至于他不由自主地把概念当作一种理想形式来尊奉和崇拜。把**辩证法的醉态**当作意识，当作权力意志的工具—— 利用辩证法来实行对概念世界的统治。

105

压力和撞击力是非常晚期的、派生的、非本原的东西。压力和撞击力乃以某种东西为前提，这种东西事先已**凝聚在一起**并且**能够**压迫或撞击！但它是如何凝聚在一起的？

德国哲学（黑格尔）的意义：他构想了一种**泛神论**，这种泛神论并**没有**把恶、谬误和痛苦当作驳斥神性的论据。然而现存的势力（国家等）却滥用了这种**伟大的独创精神**，好像这种精神认可了当权者统治的合理性一样。

相反，叔本华则作为一个顽固的道德家出现在世人面前，为了维护其道德评价的正义性，他最终成了**世界的否定者**，成了"神秘主义者"。

我本人尝试了一种审美的辩护：世界之丑是如何可能的？——我把追求美、追求保持**相同**形式的意志当作一种暂时的维持手段和治疗手段。但我认为永恒的创造者作为**永恒的必须毁灭者**在根基上与痛苦紧密相连。丑乃是我们对事物的"判断形式"（Betrachtungsform），它服从于赋予意义的意志，即把一种**新的**意义赋予无意义的世界的意志。是积聚起来的力量迫使创造者把迄今为止的所有事物感觉为丑，感知成站不住脚的、失败的和值得否定的吗？

日神的欺骗：美丽外形之**永恒**。贵族的立法："**它应该永远如此！**"

酒神：感性与残酷。消亡性（Vergänglichkeit）可以解释为创生与毁灭性的力量之快乐，解释为持续的创造。

107

请注意。宗教毁于对道德的信仰：基督教的、道德的上帝是站不住脚的，因此有了"无神论"——好像不可能有其他种类的神祇似的。

文化也毁于对道德的信仰：因为如果人们发现了文化得以成长的必要条件，那么人们就会抛弃文化——佛教。

108

世界的价值在于我们的解释（除了人类的解释，也许在宇宙的某处还有其他的解释），迄今为止的所有解释都是从视角出发的评价，依靠这些评价我们在生活中即在权力意志中、在追求力量增长的意志中得以自我保存，每次**人的提升**都会导致对狭隘解释的克服，每次已实现了的实力增强和权力扩张都将开辟新视角并令人相信新视野——所有这些思想贯穿了我的著作。**与我们有关的**世界是虚假的，也就是说它不是事实，而是基于少量观察的一种虚构和自圆其说；世界处于"流变"之中，它是变易者，是一种不断嬗变的假象，它永远无法接近真理：因为没有"真理"。

109

"世事毫无意义"：相信人生无意义乃是看穿了以往解释的虚假的结果，是怯懦和软弱的普遍化——而不是**必然的**信仰。

人的愚妄——当他看不见意义时，他就**否定人生**的意义！

关于《悲剧的诞生》

"存在"乃是受变易之苦的痛苦者的虚构。

这本书由对审美快感与不快感的纯粹体验构建而成，其背景是一种艺术家形而上学。同时它还是一位浪漫主义者的自白，一部充满青春勇气和忧郁的青年之作。最痛苦的受苦者最强烈地渴求美——他**制造**美。

心理学的基本经验：一方面，我用"日神精神"这个名称来表示人对一个虚构的梦想世界的欣然坚持，对一个摆脱了**变易**的**美丽假象**世界的留恋；另一方面，酒神精神这个名称指的是人对变易的积极把握和主观同情，指的是知道毁灭者的愤怒的创造者的巨大欢乐。这两种经验的对立以及作为其基础的两种"冲动"（Begierden）的对立：日神冲动追求现象的**永恒**，在永恒现象面前人变得宁静，心满意足，大海般坦荡，摆脱了痛苦，喜欢自己和所有此在；酒神冲动则要求变易，它追求改变的快乐即创造与毁灭的快乐。从内部来感受和解释，变易就是一位不满足者、过于充沛者、无比紧张者和激情燃烧者的持续创造，就是一位神的持续创造，只有通过持续的转变和变更他才能克服存在的痛苦——假象乃是他的暂时的、在每个瞬间都实现了的拯救；世界乃是假象中的神圣幻觉与拯救的序列。这种艺术家形而上学反对叔本华的片面观点，叔本华不是从艺术家出发，而是从接受者出发来评价艺术：因为通过非现实的享受，艺术能带来解放与解脱，但这与现实相反（与一位受自己和受现实折磨的受苦者和绝望者的经验相反）——

所谓的解脱就是**形式**上的和形式永恒方面的拯救（柏拉图也许已体验到了这一点，叔本华也只是在概念中战胜了他的极易激动的、痛苦不堪的敏感）。反对叔本华的还有第二个事实，即从艺术家，尤其是从音乐家的体验出发的艺术：不得不创造的**痛苦**就是**酒神冲动**。

富于这两种经验的悲剧艺术体验了日神与酒神的和解：酒神赋予现象以最深刻的意义，但这种现象遭到了否定，遭到了带有**快感**的否定。这种悲剧观乃是叔本华的**禁欲**学说即悲观的世界观的反面。

反对瓦格纳的理论：音乐是手段，戏剧是目的。

瓦格纳渴求悲剧性的神话（他渴望"宗教"，确言之，悲观主义宗教，这种宗教就是一个封闭的钟，其中有植物在生长）。

怀疑科学：尽管我们能强烈感觉到科学能暂时缓解痛苦的乐观主义。理论家的快乐。

极端厌恶基督教。为什么？德意志特性的堕落应归咎于基督教。

对世界的辩护只有在审美上才是可能的。彻底怀疑道德（道德也属于现象世界）。

人生的幸福只有作为**假象**的幸福才是可能的。

变易的幸福只有通过**否定**"此在"的现实、摧毁美的假象和用悲观主义打破幻觉才是可能的。

通过摧毁最美的假象，酒神的幸福达到其巅峰。

111

艺术的意义问题：艺术**何为**？

古希腊人是生命力最旺盛和发育最成熟的人。他们是如何看待艺术的？

事实一：悲剧属于古希腊人精力最充沛的时代——为什么？

事实二：对美的需求和对世界逻辑化[140]的需求属于其颓废时代。

对这两个事实的**解释**：————

把这种思想**错误地应用到当代**：我曾把悲观主义解释成精力旺盛和生命力充沛的结果，充沛的生命力允许悲剧性的奢侈浪费。同样地，我曾把德国音乐解释成酒神精神的充溢和原初性的表现，这意味着：

1. 我高估了德意志特性；

2. 我没明白现代阴郁的起源；

3. 对现代音乐的起源及其**本质上的浪漫主义**我缺乏艺术史方面的理解。

除这种错误的应用之外，问题依然存在：一种不是源于浪漫主义而是源于**酒神精神的音乐应该具有怎样的特性**？

112

一位浪漫主义者是这样的艺术家：对自己的极端不满使他具有了创造性——他忽视自己和自己同时代的人，他向后看。

113[141]

我在本书的开篇提出了一个关于音乐的意义的形而上学假设，其基础却是**一种心理经验**，我还不能对这种经验做出充分的**历史学**说明。把音乐转化为形而上学乃是一种崇敬和感恩的行为；严格说来，迄今为止所有的宗教徒都是这样处理他们的体验的。——现在出现了事情的反面：正是这种令人崇敬的音乐对我产生了明显**有害的**和毁灭性的影响，这种音乐的宗教崇拜也遭到了我的厌恶。于是我也看清了现代的音乐需求（这种需求与不断增长的麻醉品需求在历史上同时出现）。"未来的艺术作品"在我眼前显现为兴奋需求和麻醉需求的精致化，所有的意义在此同时追求其权利，其中包括荒谬的理想主义、宗教和超级道德。—— 整个神经质机器的兴奋。我终于明白了浪漫主义的本质：一个多产类型的**缺乏**在此得到了证明。同时还有手法上的做戏，所有单个成分的虚假与借用，缺乏艺术修养的美德，这种最现代的艺术极其**虚假**，它在本质上想成为戏剧艺术。这些所谓的英雄与众神的心理在心理学上是站不住脚的，他们神经质，残酷，狡诈，和巴黎画家与诗人中的最时髦者一模一样。够了，我把他们全部纳入现代"野蛮"的范畴。—— 所有这一切都和**酒神精神**无关。悲剧出现在精力最充沛和健康的时代，然而也出现在神经衰弱与神经过度紧张的时代。相反的解释。—— 衰颓是瓦格纳乐剧的典型特征，例如他为《尼伯龙根的指环》[142]写了一个虚无主义的（渴望宁静与渴望死亡的）结尾。

114[143]

不是由艺术家创作出来的艺术作品，例如身体、组织（普鲁士军官团或耶稣会）。为何艺术家只是一种早期阶段？"主体"意味着什么？

世界是一件自我生成的艺术作品———

艺术是**对现实不满**的结果吗？抑或是**对已享有幸福的感恩**的表达？第一种情况的艺术是浪漫主义，第二种情况是灵光和颂歌（简言之，**人的神化之艺术**）：拉斐尔也属于第二种情况，只不过他犯了一个错误，他崇拜基督教世界解释的假象。他感谢生活，感谢没有表现出基督教特色的世俗生活。

由于**道德**的解释，世界变得难以忍受了。基督教试图用道德来战胜世界，也就是说，否定世界。实际上这种疯狂的谋杀——人在世界面前狂妄自大——导致了人的阴郁、狭隘和贫乏：只有最平庸和最无害的人的类型——群氓类型——受到了重视，获得了支持，如果人们愿意……

荷马是神化艺术家，鲁本斯亦然。音乐尚无此类艺术家。

对**大恶人**的理想化（**大恶**的意义）是古希腊式的，对罪人的贬低、诽谤和鄙视是犹太教和基督教式的。

115

"上帝死了。"按照犹太教和基督教的模式崇拜上帝的危险。

116

那种自我认识是一种谦逊——因为我们不是我们自己的作品，但它同样也是一种感恩——因为我们"发育良好"。

117

科学的需求之心理学。

出于感恩的艺术或出于不满的艺术。

道德的解释世界终结于否定世界（批判基督教）。

"改善"人类和增强人类之间的对抗。

世界的无限可解释性：每种解释都是增长的征兆或衰落的征兆。

迄今为止克服**道德的**上帝的尝试（泛神论，黑格尔的哲学观，等等）。

统一性（一元论）乃是惰性的需要，解释的多样性则是力量的象征。**千万不要否认**世界具有令人不安的神秘特性！

118

1. { Ⅰ.所有迹象都表明虚无主义即将来临。

Ⅱ.如果我们不理解虚无主义的前提，那么其来临就是不可避免的。

前提就是价值评判（而**非**社会事实：所有的社会事实都通过一种明确的**解释**，时而起悲观主义作用，时而起乐观主义作用）。

2. Ⅲ.价值评判的起源，作为对价值评判的批判。

3. Ⅳ.反虚无主义者。其心理学。

4. Ⅴ.锤子：引发**决断**的学说。

1. 危险中的危险。

2. 批判道德。

3. 我们是反道德主义者。

4. 锤子。

119

"艺术深入世界的内部到了什么程度？除艺术家之外，是否还有艺术创造力？"众所周知，这两个问题乃是我的**出发点**。我对第一个问题的回答是"世界本身就是艺术"，对第二个问题我做了肯定的回答。在一个这样的假象世界里，我认为求知、求真理和求智慧的绝对意志就是对形而上学的基本意志的亵渎，就是反自然：最高的智慧会公正地**反对**智者。智慧的反自然表现在智慧对艺术的敌意上，即假象恰恰就是拯救之处，智者要认识真相—— 这种颠倒何其愚妄，这种追求虚无的本能何其荒唐！

120

所有的崇拜都把一种**不平凡的**经历、与一位神的相遇和某种意义上的拯救行为固定了下来，并且再三加以展演。地点传奇乃是一出戏的起源：诗在那里扮演上帝。

121

（38）[144]

做戏

花里胡哨的现代人及其魅力。其本质为隐藏和厌倦。

文人。

政治家（搞"民族骗局"）。

艺术领域中的做戏：

缺乏诚实的预备性教育和训练（弗罗芒坦[145]）；

浪漫主义者（缺少哲学和科学，文学上过于丰富）；

小说家（沃尔特·司各特，配有最神经质音乐的尼伯龙根巨作）；

诗人们。

"科学性"。

技巧大师（犹太人）。

大众化的理想已被放弃，但尚未**公之于众**：

圣人，智者，先知

122

（37）[146]

关于现代阴郁的历史

国家游牧民（官员等）：没有"故乡"——

家族的没落。

"好人"作为疲乏的征兆。

正义作为权力意志（培育）。

淫荡与神经症。

悲伤的音乐——令人振奋的音乐向何处去？

无政府主义者。

敌视人类，厌恶。

最深刻的区别：究竟是饥饿还是富足具有**创造性**？前者制造**浪漫主义的理想**。

北方的不自然。

需要酒精饮料和工人的"贫困"。

哲学上的虚无主义。

123

基督徒必须相信**上帝的真实性**：很遗憾，他们还必须容忍人们对《圣经》及其"自然科学"的信仰，他们绝对**不可以**承认相对真理（确言之———）。基督教毁于其道德的**绝对**性。—— 科学引发了人们对基督教上帝真实性的怀疑：**基督教死于这种怀疑**（帕斯卡尔的隐匿之神）。

124[147]

1. 《悲剧的诞生》	艺术家形而上学。
2. 《不合时宜的沉思》	文化市侩。厌恶。
	生命与历史学——基本问题。
	哲学隐士。"教育"。
	艺术家隐士。
	我们应该向瓦格纳学习什么？
3. 《人性的，太人性的》	自由的精神。
4. 《各种观点与格言》	理智的悲观主义者。

因果性。为什么我是这样的人？这个荒唐的想法值得考虑，我的此在、我的如此这般的存在本身是自由选择的。背景：必须有一位神，他能够阻止像我这样自我蔑视的人的产生。我觉得我自己就是反对上帝的论据——

5.《浪游者和影子》　　　作为问题的孤独。

6.《朝霞》　　　　　　　道德是各种偏见的总和。

7.《快乐的科学》　　　　嘲笑欧洲的道德说教。

　　　　　　　　　　　　展望道德的失败。

　　　　　　　　　　　　一个生活在善恶的彼岸的人应

　　　　　　　　　　　　该具有什么样的素质？

　　　　　　　　　　　　　　　查拉图斯特拉——

七篇前言

七本书的补遗

125

关于悲观主义的历史。

现代阴郁。

做戏。

126¹⁴⁹

关于第二卷　最高价值批判

论**诽谤**史。

人们是如何制造**理想**的?

文化与"人化":对抗。

道德作为羞耻本能,作为伪装、假面和原则上善意的解释。

(37)

把对**悲观主义者**的各种判断混合起来!

印度人。

作为本能的悲观主义和追求悲观主义的意志:主要对照

理智的悲观主义者 ⎱ 探究非逻辑

敏感的悲观主义者 ⎰ 探究痛苦

—— 所有这些标准只是由于**道德**的原因而存在。

—— 或者像柏拉图一样害怕"快乐"(ηδογη),害怕作为价值重估者和诱惑者的快乐。

A.何为真理?

B.正义。

C.关于同情的历史。

D."好人"。

E."高等人"。

F.艺术家。

(36)

何为真理?(惰性,令人满意的假设,智力的最低消耗,等等。)

127¹⁵⁰

（2）

虚无主义已站在了门前。这位最可怕的客人来自何方？

Ⅰ.1. 出发点：指出"社会困境"或"生理退化"乃至**腐败**并将它们确定为虚无主义的**起因**，此乃**谬误**。对这些状况我们始终可以做出各种不同的解释。虚无主义其实潜伏在一种**非常确定的解释**之中，潜藏在基督教的道德解释中。现在是最正直和最富于同情心的时代。困境，心理上的、肉体上的和精神上的困境本身根本不可能产生虚无主义，虚无主义即对价值、意义和愿望的彻底否定。

2. 基督教没落的原因在于其道德（道德是不可替代的—— ）。基督教的道德最终反对基督教的上帝（基督教所培养的高度的真诚感对所有基督教的世界解释与历史解释的虚假和欺骗产生了**厌恶**）。"上帝就是真理"逆转为对"一切皆假"的狂热信仰。**行动**上的佛教……

3. 对道德的怀疑是决定性因素。在基督教伦理学试图遁入彼岸世界之后，**道德的**世界解释就再也得不到**认可**了，它破产了：它结束于虚无主义的"一切都毫无意义"（人们已为道德的世界解释付出了巨大的精力，但这种世界解释是不可行的—— 这种不可行性引起了人们的怀疑：**所有的**世界解释是否全是假的—— ）。佛教特征，渴望进入虚无（印度佛教没有经历过一种基本道德的发展，因此在佛教的虚无主义中只有未被克服的道德：把人生推想为惩罚，推想为错误，错误带来惩罚—— 一种道德的价值评判）。克服"道德的上帝"的哲学尝试（黑格尔哲学观，泛神论）。克服大众化的理想：智者、圣人、诗人，"真""善""美"之间的对抗——

4. 一方面反对"无意义"，另一方面反对道德的价值判断：为什么以往的所有科学和哲学都服从道德判断？人们是否容忍科学的敌视？或反科学性？批判斯宾诺莎主义。基督教的价值判断残存在社会主义和实证主义的体系中。我们缺乏**对基督教道德的批判**。

5. 现代自然科学的虚无主义后果（包括自然科学遁入彼岸的尝试）。从自然科学的活动中最终**出现了**一种自我瓦解，一种自我反对，一种反科学性。——自哥白尼以来人类失去了中心地位，成为宇宙中的一个未知数。

6. 政治和国民经济的思维方式的虚无主义后果。这种思维方式的所有"原则"纯属做戏：平庸，卑鄙，虚假，等等。民族主义，无政府主义，等等。缺乏**拯救者**和拯救者阶层，缺少人生的辩护者——

7. 历史学和"**实践**史学家"即浪漫主义者的虚无主义后果。艺术的地位：其绝对**非**独创性使它在现代世界中地位极低。艺术变得阴郁。所谓的歌德之伟大（Olympier-thum）。

8. 艺术与虚无主义的准备。浪漫主义（瓦格纳的《尼伯龙根的指环》结尾）。

128[151]

Ⅰ.文明与人的提升之间的基本矛盾。现在是**伟大的正午**时分，是**最有益的照亮**时刻：**我的**悲观主义种类——伟大的起点。

Ⅱ.**道德的**价值评判乃是一部为权力意志（**群氓**意志）服务的谎言和诽谤术的历史，群氓意志反对强者。

Ⅲ.每次文化提高的条件（使以大众为代价的**优选**成为可能）

就是一切增长的条件。

Ⅳ.世界的**多义性**乃是**力量**的问题，力量在**力量增长的视角**下观察万事万物。**道德的**、**基督教的**价值判断就是奴隶起义和奴隶的谎言（反对**古代**世界的贵族价值）。

艺术对**力**的本质的揭示到了什么程度？

129[152]

永恒轮回
查拉图斯特拉的舞蹈与游行
第一卷：上帝的亡灵节

弗雷德里希·尼采 著

Ⅰ.上帝的亡灵节。

Ⅱ.在伟大的正午。

Ⅲ."能握住这把锤子的手在哪里？"

Ⅳ.我们发誓者。

Ⅰ

瘟疫之城。他受到了警告，但他无所畏惧，走进城里，蒙着脸。所有种类的悲观主义从他身边经过。那位预言家对每支游行队伍都做出了**解释**。求异的欲念、追求否定的欲念和追求虚无的欲念相继出现。

查拉图斯特拉最后做了**说明**：上帝死了，这就是最大危险的**原因**—— 您说什么？最大的危险[153]也可以是最大的勇敢的原因！

朋友们出现了。

没落者欣赏**完美**：撤离者。

朋友们的辩解。

节日游行队伍。关键时刻，伟大的正午。

为已死的上帝举行感恩大祭和追思大祭。

新的使命。
完成新使命的手段。
朋友们离开了他。

对预言家而言，上帝之死是最可怕的事件，对查拉图斯特拉而言它却是最幸福的和最鼓舞人心的事件。查拉图斯特拉将死。

我们发誓者

130

"艺术家"现象是最容易**看透**的—— 从它出发观察**权力**、自然等的**基本本能**！还有宗教与道德的基本本能！

"游戏"乃无用之物，它是精力过剩者的理想，儿童般"天真"。上帝的"天真"，玩童（παισπαισων）。

131[154]

第一卷　提纲

我们所敬仰的世界和我们的生活世界即我们此在的世界之间的

对立逐渐明朗了。剩下的事情就是：要么废除我们的敬仰，要么废除我们本身。后者就是虚无主义。

1.正在兴起的虚无主义，理论的和实践的虚无主义。错误的追本溯源。

（悲观主义及其种类：悲观主义的开端，即使不是必然的。）

2.基督教毁于其道德。"上帝是真理""上帝是爱""正义的上帝"——最大的事件"上帝死了"——阴郁的感觉。德国人试图把基督教转变成一种灵知[155]，这种尝试导致了最深刻的怀疑：我们最强烈地感觉到了上帝的"虚假"（如反对谢林）。

3.道德现在已得不到认可，它再也站不住脚了。人们终于**放弃**了道德的解释——（然而人们还能感觉到处都是基督教价值判断的残渣——）。

4.然而道德判断乃是迄今为止的**价值**的基础，尤其是哲学（"追求真理的意志"）价值的基础！

大众化的理想"智者""先知"和"圣徒"全都破灭了。

5.自然科学中的**虚无主义**特征。（"毫无意义"——）。因果论，机械论。"规律性"只是一首间奏曲，一种残余。

6.政治领域亦然：缺乏对权利和纯洁的信仰，盛行说谎，为了眼前利益而奴颜婢膝。

7.国民经济领域亦然：废除了奴隶制，缺乏拯救者阶层，缺乏**辩护者**，——无政府主义泛滥成灾。"教育？"

8.历史学亦然：宿命论，达尔文主义；穿凿附会地把理性和神性塞进历史，这种最后的尝试失败了。对过去无限伤感，厌恶传记！——（现象论也在此盛行：假面具取代了个性，没有实录）。

9.艺术亦然：浪漫派和对浪漫派的**反击**（对浪漫主义理想和谎

言的反感）；纯艺术家（对内容漠不关心）。后者在道德上具有较真实的鉴赏力，但属于悲观主义。

（告解神父心理和清教徒心理，心理浪漫主义的两种形式，但这种浪漫主义也遭到了反击，即试图对"人"采取纯艺术的态度，—— 即使纯艺术也**不敢做相反的**价值评判！）

10.整个欧洲文明系统有时**觉得自己**是无意义的，有时又认为自己是"非道德的"。新佛教的可能性已出现。极度危险。"真实性、爱与正义和**现实**世界有什么关系？"毫无关系！——

预兆。

欧洲的虚无主义。

其原因：废弃以往的价值。

"悲观主义"一词很模糊：感觉不好的人和感觉太好的人——这二者曾经都是悲观主义者。

虚无主义、浪漫主义和实证主义之间的关系（后者是对浪漫主义的反击，是失望的浪漫主义者的作品）。

"返归自然"及其发展阶段：背景为基督教的轻信。（斯宾诺莎已相信实体就是"神或自然"！）

卢梭，浪漫派唯心主义之后的科学。

斯宾诺莎主义影响极大：

1. 试图顺应世界，对**本然**世界（Welt，wie sie ist）感到满意。

2. 天真地认为幸福**依赖于**认识（这种幸福论是追求乐观主义的意志的表达，一位受苦受难者因此暴露了自己—— ）。

3. 试图**摆脱**道德的世界秩序，旨在保留"上帝"，保留一个**经得住理性考验的世界**……

"如果人不再认为自己是邪恶的，那么他就不再是人了——"善与恶只是解释而已，它们根本不是事实，不是本真。我们可以查明这种解释的起因[156]；我们可以尝试逐渐摆脱那种根深蒂固的强制，即道德主义解释的强制。

第二卷 提纲

道德的价值评判的**形成**及其**批判**。人们轻信道德和彼岸世界的同时形成，但这二者并不叠合（这种轻信乃是一种道德评价的**结果**，该道德评价表述为"如此这般产生的东西因其不道德的起源几乎没有什么价值"）。

确定道德评价的价值之标准：批判大话"改善、完善、提高"。

被忽视的基本事实："使人更有道德"和提升与强化人的类型之间的矛盾。

自然人（homo natura）。"权力意志"。

第三卷 提纲

权力意志。

那些真正进行价值重估的人必须具有什么样的素质？

等级制度作为权力制度：战争和危险乃是一个等级保持其统治地位的前提。伟大的榜样：大自然中的人，最虚弱、最聪明的动物通过战争把自己变成主人，征服愚蠢的猛兽。

第四卷 提纲

最大的战斗：为此需要新**武器**。

锤子：引发一种可怕的抉择，让欧洲面对衰亡的**后果**，看它的意志是否"愿意"走向没落。

防止平庸化。与其平庸，不如灭亡！

132

（36）[157]

事物已从根基上道德化了，以至于人类理性总是自以为是，这种道德化的前提是一种天真和狭隘，它是相信上帝的真实性的后果——把上帝想象为万物的创造者。—— 所有的概念乃是一种彼岸的"先在"（Vorexistenz）的遗产———

一个工具无法**批判**它自己的适用性：理智不能自己确定自己的界限，也无法决定自己的成功或失败。——

"认识"是一种**追溯**：它在本质上是一种"回溯至无限"（regressus in infinitum）。使认识停止的东西（止于一种所谓的第一因[158]、一种绝对等）乃是**懒惰**和疲倦———

尽管人们已经很好地理解了一个事物得以**产生**的条件，然而**由于**第一因，人们还是不明白这些条件本身—— 我已把这个道理告诉给了历史学家先生们。

133

反对和解的意愿与温和的态度。同样也反对一元论的各种尝试。

134

（39）[159]

艺术家影响人民群众：巴尔扎克、维克多·雨果、理查德·瓦格纳。

135

—— 谬误比真理更简单[160]——

136

—— 那些**令人信服**的论据中有一个论据可以打击运用它的人——

137

思想指南
认真研究我的著作的辅助工具

原则。关于力量感的学说。

关于心理学视角。

关于对宗教的批判。

关于"智力训练"（disciplina intellectus）。

美德的可疑之处。

向恶致敬。

艺术家问题。

政治学。

致逻辑学家。

反对理想主义者。

反对现实的信徒。

论音乐。

对天才的解释。

孤独的秘密。

何为希腊特性？

关于生活艺术。现代阴郁。女人与爱情。书与人。各民族与
"人民"。

138¹⁶¹

善恶的彼岸
一种未来哲学的序曲

弗雷德里希·尼采 著

易懂的新版

第二卷

附录：思想指南

认真研究我的著作的辅助工具。

139

（7）[162]

关于"因果论"

很明显，自在的事物之间不可能有因果关系，现象和现象之间也不可能有因果关系。由此可以得出这个结论：在一种相信自在事物与现象的哲学的范围内，"因果"概念是**不适用**的。康德的错误……从心理学上看，"因果"概念其实源于一种思维方式，这种思维方式相信到处且始终都有意志对意志的作用，——它只相信生物，确言之，它只相信"灵魂"（**不相信物**）。在机械论世界观（它是逻辑学及其在时空上的应用）的范围内，"因果"概念可以还原为数学公式——正如我一再强调的那样，用这种数学公式把握不了任何东西，而只能表示或**记录**某种数量关系而已。

某些现象不容变更的先后次序所证明的不是"规律"，而是两种力量或多种力量之间的权力关系。有人说："但这种关系就是保持不变！"这种说法只意味着："同一种力量绝不可能变成另一种力量。"——重要的不是一种**先后相继**，而是一种**相互交织**，一种过程，在这种过程中那些单个因素不是作为原因和结果先后出现的，它们相互制约……

"行为"与**"行为者"**的分离，事件与**引发者**的分离，过程与某种不是过程的东西的分离，即过程与持久的实体、物、身体、灵魂等的分离，——把事件理解成"存在者"和持恒者的一种变动和位置变化：这种古老的神话最终把"因果"信仰固定了下来，因为这种信仰在语言和语法功能中找到了一个固定形式。——

140

（30）[163]

在古代，希腊人已围绕着两个命题进行了几个世纪的争论："同类只能被同类认识[164]"与"同类只能被异类认识[165]"。今天我们从一种严谨而审慎的认识概念出发，对这两个命题提出反对意见：**同类根本不可能被认识**—— 之所以如此，是因为同类无法认识同类，并且异类也无法认识同类。——

141

行为与行为者的分离，行为与受苦的分离，存在与变易的分离，原因与结果的分离。

对变化的信仰乃以对某种正在"发生变化"的东西的信仰为前提。

理性是**表面现象**的哲学。

142

（30）[166]

先后次序的"规则性"纯属比喻，**似乎**一种规则在此得到了遵守：这不是事实。"规律性"也不是事实。我们找到了一个术语，用来表达一种不断重现的序列，但我们**并没有发现"规律"**，也没有发现作为结果不断重现之原因的一种力量。某事**总是**如此这般地发生，在此被解释成了规律性，似乎有一个人由于遵守了一种规律或服从了一位立法者而总是如此这般地行动，而除遵守规律之外，他似乎就没有以另一种方式行动的自由了。但那种只能如此这般的行动恰恰源于人本身，此人并不是因为遵守某种规律而采取如此这般的行为，而是作为具有这样或那样特性的人在行动。这只意味着：某种东西不可能还是另一种东西，它不可能时而做这件事，时而做另一件事，它既不是自由的，也不是不自由的，而恰恰是这样或那样的。**错误在于穿凿附会地虚构出了一个主体。**

143

如果世界具有一定量的力，那么很明显，某处的每一次力量变化都将制约整个系统——换言之，除**前后相继**的因果性之外，也许还有一种**并存和相互**的依赖性。

144

（40）[167]

无论不可知论者能否提出基督教信仰的反证——但人们必须面对一种**可怕的可能性**即这种反证也许是真实的——帕斯卡尔都认为成为一名基督徒乃是最明智之举[168]。今天，基督教已失去了可怕属性，人们却找到了另一种途径来为基督教辩护：即使基督教是一个谬误，人们也要终身享受这个谬误的巨大好处与快乐。似乎恰恰是为了基督教的安慰作用，这种信仰才应该得到维护，也就是说，不是出于对一种危险的可能性的恐惧，而是出于对一种缺乏刺激的生活的恐惧。这种向享乐主义的转变，这种来自**快乐**的证据乃是基督教没落的征兆：它取代了来自**力量**的证据，取代了基督教理念震撼人心的证据，取代了来自**敬畏**的证据。通过重新解释，基督教实际上已接近衰竭：人们满足于**一种鸦片似的**基督教，因为人们既没有力量去寻求、斗争、冒险和自立，也没有能力走向帕斯卡尔主义，走向冥思苦想的自我蔑视，走向对人类卑微的信仰，走向"遭天谴者"的恐惧。但一种首先应该安慰病态神经的基督教根本**不需要**"钉在十字架上的上帝"那种可怕的解决办法，因此佛教在欧洲悄然兴起，逐渐风靡各地。

145

把一个事件解释成行为**或**痛苦——行为就是痛苦[169]——这种解释表明：每种变化[170]或每种变异都是以一种"原因"（Urheber）和一种导致"变化"的条件为前提的。

146

在无数经验被简化和压缩成总原理与通过缩减而保有整个过去的精子变态[171]之间，可以进行一种完全的类比。同样，完全的类似也存在于从艺术家具有生育力的基本思想直到"系统"的形成与有机体的生成之间，机体生成就是对整个过去生命的设想与继续设想，是对过去生命的**重新回忆**、再现和"形体化"（Verleiblichung）。

简言之，**可见的**有机生命与**不可见的**、创造性的精神作用和思维具有一种类似关系：在"艺术作品"上我们可以最清楚地揭示出这两个平行的方面。—— 为何思维、推理和一切逻辑可以被视作**外表**：作为更内在和更彻底的事件的征兆？

147

（30）[172]

"目的与手段"	作为解释	**不是作为事实**
"原因与结果"	作为解释	全都是一种权力意志
"主体与客体"	作为解释	意义上的解释
"行为与痛苦"	作为解释	
"自在之物与现象"	作为解释	

为什么这些解释也许是**必要的**（作为"保存性的"解释）？

148

权力意志进行**解释**：关于一个器官的形成，最重要的是解释；权力意志确定界限，决定等级和权力差异。单纯的权力差异还无法把自己感知为权力差异本身：必须有一种需要增强的生物根据自己的价值来解释所有其他需要增强的生物。**在这点上众生都一样。**—— 实际上**解释是控制某物的手段。**（**有机过程乃以持续的解释为前提。**）

149

"自在之物"和"自在的意义"以及"自在的含义"一样都是错误的。根本没有什么"自在的事实",**为了能有一种事实,我们必须首先把一种意义附加给事件。**

"这是什么?"此乃是从某个他者视角出发的**意义设定**。"**实质**"或"**本质**"以多样性为前提,它是从某种视角观察的结果。"这是什么"的基础始终是"对我而言这是什么"(对我而言,对众生而言,等等)。

只有当所有的人都已经追问并回答了"这是什么"时,一个事物才得到了说明。假如缺了一个人——此人有自己的视角和自己与万物的联系,那么这个事物就尚未得到"阐明"。

150

简言之,一个事物的本质只是关于这个"事物"的一种**意见**而已。确言之,"**有效**"就是真正的"本质",就是唯一的"真相"(das ist)。

151

人们不可以问:"究竟是谁在解释?"解释本身乃是权力意志的一种形式,解释把"此在"(但不是作为一种"存在",而是作为一种**过程**、一种**变易**)看作一种情绪。

152

"事物"的形成完全是想象者、思维者、意欲者和虚构者的作品。"事物"概念本身和所有特性一样纯属构想。—— 即使"主体"也是一种被创造出来的构想，一种"事物"，一如所有其他的虚构：都是一种简化，为了表明那种设定、虚构和思维的**力量**，以区别于所有个别的设定、虚构和思维本身。这种简化表明了区别于所有个体的**能力**：它其实概括了与所有值得期待的行为（行为和类似行为的可能性）相关的那种行为。

153

请注意。靠我们所熟悉的世界是无法**证明**博爱的上帝的。今天我们能够把你们逼到这个地步，但你们又能得出什么结论呢？对**我们**而言，上帝是无法证实的：认识上的怀疑。但你们大家都**害怕**这个结论："根据我们所熟悉的世界**可以证明**一位全然不同的上帝，一位至少并不博爱的上帝。"—— 总之，你们维护你们的上帝，并为他虚构了一个世界，一个**我们所不熟悉**的世界。

154

（36）[173]

反对科学的偏见

最大的虚构就是认识的臆造。我们想知道，自在之物[174]究竟有何种性质，但实际上根本没有什么自在之物！假如有一种自在，有一种无条件的事物，那么它恰恰因此而无**法被认识**！某种无条件的事物是不能被认识的，否则它就是有条件的！认识始终是"为了某个目的而使自己受条件的限制"——— 。一位无条件的"认识者"要求：他要认识的事物与他毫不相干，并且与其他人也没有任何关系。首先，这里有一个矛盾，即认识的**愿望**和事物应该与他毫不相干的要求（那么认识又有何用！）之间的矛盾；其次，因为与任何人都毫不相干的事物根本不存在，所以这种事物是不能被认识的。——— 认识意味着"与某物相关并受条件限制"：感觉自己受到某些条件的限制而在我们之间——— 无论如何认识都是一种**对条件的确定、表明和意识**（而**不是**对本质、事物和"自在"的**探究**）。

155

强烈厌恶一劳永逸的体系，绝不躺在某种总体世界观上休息；相反的思维方式的魔力；对世界谜一般的特性感兴趣。

156

关于"**艺术家**"那一章（艺术家作为塑造者、价值赋予者和占有者）。

我们的语言乃是**最古老的占有事物**的余音，统治者和思想家同时占有世界——— ：在每个新造的词旁边都回响着命令："现在就应该这样给事物命名！"

157

所有的**量**难道不是**质**的征兆吗？较大的力量符合另一种意识、情感和欲望，符合另一种视角的目光；增长本身就是一种**占优势**的要求；从一种"**特质**"（quale）中产生了量的优势要求；在一个纯数量的世界里万物都是死的、僵化的、静止的。—— 把一切质都还原为量纯属胡闹。这种做法的结果是：这一个和那一个并立，它们很相似——

158

"**主体**"概念的心理史。身体，这个物，这个由眼睛建构起来的"整体"唤起了行为与行为者之间的区分；行为者对行为原因的理解越来越细致，最后只剩下作为原因的"主体"。

159

我们是否已认识到了一种力量？没有，我们只是发现了效果，也就是那种被译成完全陌生的语言的结果。前后相继的规律把我们宠坏了，以至于**我们对奇异的事物丝毫也不感到惊奇**。

160

这本书[175]虽然向读者开放，但其中仍然有一些密码需要破解。今天我应该为此书写一篇导言或序言。首先我应该说明为什么那时我**害怕**写序言。

161

（41）[176]

关于序言

我深深地怀疑认识论的教条，我喜欢时而从这个窗口时而从那个窗口看外界，我避免被教条所困，我认为教条是有害的——最后，一种工具能够批判[177]它自己的有用性，这怎么**可能**呢？——我时刻提醒自己注意：认识论上的怀疑论或独断论[178]的产生都是有隐念的，——只要我们知道究竟是什么东西**迫使**这些人采取这种立场的，我们就会发现这种认识论只有次要的价值：甚至那种追求可靠性的意志，如果它不是"首先我要活下来"的意志———基本认识：康德、黑格尔和叔本华——怀疑或悬置的态度以及历史主义和悲观主义都具有**道德**的起源。我没有发现任何人敢于**批判道德的价值感**。英国和德国的达尔文主义者做了少量的尝试，他们试图查明道德价值感的诞生史，对这种尝试我嗤之以鼻。——如何解释斯宾诺莎对道德的态度以及他对道德的价值判断的否定与拒绝？（这种否定是神正论的结果吗？）

162

在我的早期著作中，人们可以发现一种追求开放视野的良好意愿，一种对信念的明智的谨慎，一种对强烈信仰所带来的陶醉与良心安宁的怀疑；其中人们还可以发现一个被烧伤的孩子和受骗的理想主义者的谨慎—— 在我看来，较重要的是一位喜欢猜谜者的伊壁鸠鲁式的本能，他不愿轻易失去事物谜一般的特性，最重要的则是一种对绝对的道德大话的审美反感，一种为抵抗所有正方形对立面而进行自卫的审美观，一种**追求**事物中的不确定性和消除对立面审美的趣味，这种审美趣味乃是中间色调、阴影、午后阳光和无垠大海之友。

163

道德史学家[179]的常见错误：

1. 他们说不同的民族有不同的道德评价，他们由此推断出这些评价的非约束性。—— 或者他们断言各个民族（至少是基督教民族）在某些道德事务上具有一种"共识"（consensus），由此他们推断出这种道德共识对我们的约束力：这两个论断都很幼稚。

2. 他们批判了一个民族关于其道德（关于道德的起源、认可与合理性等）的见解，他们认为他们批判了这种道德本身，批判了这种长满非理性杂草的道德本身。

3. 他们本身服从于一种道德的统治，但他们没有意识到这一点，他们的所作所为其实只是为了使他们的道德信念获得胜利——他们的理由只证明了他们自己的意志：必须相信这种或那种道德规范，这种或那种道德规范肯定是完全真实的。

以往的道德史学家们没有什么可取之处：他们往往服从道德的命令，他们的所作所为其实只是在替道德做宣传。他们常犯的错误是：他们批判了一个民族关于其道德（关于其道德的起源、认可与合理性）的愚蠢见解，但他们自以为批判了这种道德本身，批判了这种长满了非理性杂草的道德本身。然而一条道德准则"你应当"的价值完全不依赖于对这条准则的见解，正如一种药品的价值肯定不依赖于某个服用者对药品的看法一样，无论这个服用者是医学家还是老大妈。

另外他们又声称各民族尤其是那些温良的民族在某些道德事务上取得了共识，并由此推断出这种道德共识对你和对我的绝对约束力：这两个错误都很幼稚。

164

一个通过战争和胜利而变得雄健有力的思想者，征服、冒险、危险和痛苦甚至变成了他的需要；他已适应了凛冽的高原空气、冬季的漫游和各种意义上的冰原与山脉；一种高贵的凶恶和复仇的最后恶意，因为一位苦难深重者充满了复仇欲，要向生命本身复仇，当他把生命置于自己的保护下时。这本书[180]也许需要一篇序言，由于多种原因它很难懂，难懂的原因既不在于作者的笨拙，也不在于他的邪念，而在于一位苦难深重者最后的恶意，因为他不断地嘲笑民众所信奉的一种理想，而他也许在智慧的状态中实现了这种理想。

—— 我也许有权谈论这种状态，因为我不只是一位旁观者。

我毫不怀疑，那是民众所想象的智者的状态，那时我以一种嘲讽性的自负摆脱了这种状态：智者的温和、碌碌无为与自我满足，民众所想象的智者，"纯粹认识者"的旁观和超脱，一位沉思者的全部意淫，他已失去了一切意义上的行动、生育和创造的良好意愿。谁能与我分享此书产生时的奇异幸福！一种斗争精神的高贵与恶毒——

今天另一种人更适合我的趣味：拥有大爱和高度蔑视的人，过剩的精力使他摆脱了所有"旁观"与"超脱"的状态，迫使他进入世界，孤独逼迫他去结交与他相似的同类—— 一种意志坚定、勇于承担巨大责任的人，为了人的问题而锻炼自己。

这本急需一篇序言的书的确很难懂，最难懂的也许是它的主题与它的语气之间的对立所形成的反讽。其主题就是道德价值的分析与解体—— 其语气是一种最高的、最温和的、最睿智的冷静，这种冷静的语气和最后的恶意一样能给苦难深重者和避世者带来快乐。

165

（41）[181]

关于《朝霞》序言

对道德进行思考的尝试，绝不被道德的魅力所迷惑，不相信道德的骗术，怀疑它的媚态和秋波。

一个我们所敬仰的世界，符合我们的崇拜欲望的世界—— 在个别与一般的指引下，它不断地**证明**自己—— 这就是基督教的世界观，所有欧洲人的思想之源。

由于敏锐性、怀疑和科学性的增强（也由于再次在基督教的影响下诚实本能的提高），我们越来越**不允许**自己再做出**这种**道德的解释了。

最好的出路：康德的批判哲学（Kriticismus）。理智本身既否认自己有做出道德意义上的解释的权力，也否认自己有**拒绝**这种解释的权力。人们满足于信赖与信仰的**增强**，满足于放弃其信仰的可证实性，满足于用一种不可理解的超凡"理想"（上帝[182]）来填补空白。

黑格尔的出路，以柏拉图为依据，属于浪漫派和反动派，同时又是历史意识和一股新**势力**的征兆："精神"本身就是自我显现和自我实现的理想，我们所相信的理想在"进程"中、在"变易"中表现得越来越明显——换言之，理想实现自身，信仰指向**未来**，在未来，信仰根据其高尚的需求可以崇拜绝对精神。简言之：

1. 对我们而言，上帝是无法认识的和不可证明的——认识论运动的隐义；

2. 作为某种变易者，上帝是可以证明的——我们从属于此变易者，恰恰因为我们追求理想——历史化运动的隐义。

但是这种转入自然[183]的历史意识有———

我们发现：他们**从未**批判理想本身，而只是触及了下列问题：对理想的异议从何而来，理想为什么还没有实现或者为什么理想在小范围内和大范围内是不可证明的。

为什么迄今为止**智者**的理想属于基本道德呢？———

这二者形成了最大的差别：要么人们从激情出发、从渴望出发把这种困境感受为困境，要么人们用极端的思想和一种历史想象力把这种困境当作一个问题来把握……

撇开宗教和哲学的观察，我们发现了同样的现象：功利主义

（还有社会主义和民主主义）批判了道德的价值评判的来源，但功利主义者和基督徒一样**相信道德**。（当缺了惩罚性的上帝时，似乎还有道德，这太幼稚了。如果要维护对道德的信仰，那么"彼岸"是绝对必要的。）

基本问题：道德信仰的万能从何而来？

（—— 对道德的信仰还表现在这方面：尽管拥有动物界和植物界的知识，人们还是对生命的基本条件做出了有利于道德的错误解释。）

"自我保存"：试图调和利他主义和利己主义原则的达尔文主义的观点。

（对利己主义的批判，例如拉罗什福科[184]。）

我试图把道德判断理解成征兆和符号语言，这种语言可以再现生理良好发育或萎缩的过程，也可以表达对保存与增强力量之条件的意识：一种关于占星术价值的解释方式。由本能揭示道德偏见（种族、集体和各种发展阶段如青春或衰老等的本能）。

把生理学的方法应用于基督教欧洲的道德：我们的道德判断乃是衰弱的征兆，是**不相信**生命的表征，是悲观主义的准备。

我们已穿凿附会地给人生添加了一种**矛盾**，这意味着什么？—— 最重要的关键：在所有其他的价值评判背后都有那种道德的价值评判在发号施令。如果取消了道德，我们又用什么标准来衡量事物呢？认识等又有什么价值呢？？？

我的基本原理：根本没有道德现象，而只有对各种现象的道德解释。这种道德解释本身都有非道德的起源。

《快乐的科学》序言

一种伟业能带来快乐，现在我终于感觉到从事伟业的力量又回到了我身上：就像佛陀在发现了他的基本原理[186]之前，曾经十天沉湎于世俗娱乐。

普遍嘲笑今天的所有道德说教。为**查拉图斯特拉对一切神圣事物的天真和讽刺态度**（优越性的天真形式：玩弄神圣事物的游戏）做准备。

（42）[187]

论对"快乐"的误解。暂时摆脱长期的紧张，纵情欢乐的思想者，他献身于长远的可怕决定，并为决断做准备。**采用"科学"方式的"傻子"。**

这本书也许需要一篇序言。人们完全没有弄懂书中"快乐的科学"，甚至连书名———

人们根本没有理解这种"快乐的科学"，甚至连书名也没有搞懂，许多学者忘记了书名的普罗旺斯语[188]原义———

这本书是在一种欢庆胜利的状态中写成的，而现在这种状态是难以理解的—— 可那时我本人就处于这种状态。

我厌恶所有背着我搞的事情，对厌恶的意识与一种感谢"在我背后"搞鬼的高尚愿望结合在一起，这种愿望和要求长期复仇的权利感有些近似。

在最不合适的人生阶段出现了一种冷冰冰的老气横秋，痛苦的折磨被高傲的暴政所超越，高傲拒绝了痛苦的**结论**，孤独被视作反对一种病态的、看破红尘的"恨世"（Menschen–Verachtung）的正当防卫，也被视作拯救，因此喜欢孤独，享受孤独，另外又渴望最严酷的、最冷峻的、最令人痛苦的认识。

对本书的赞扬属于我不会忘记的事情之一。人们对我的任何一本书都没有像对这本书那样表示过如此真诚的祝贺，人们告诉我这本书的思维方式极其正常。

让人看出我对自己的严格的高要求，这是对我的最深的伤害。

让人看出我严格地对待自己，这是对我的最深的伤害和最彻底的隔离。哦，大家对我多么热情友好！只要我们的行为和大众一样，只要我们和大众一样"自由散漫"，大众就会对我们好！

对本书的赞誉属于我不会忘记的事情之一。人们对《快乐的科学》这本书向我表达的祝贺居然超过了对我的所有其他著作的祝贺的总和。人们突然和我和好了，人们又表现得热情友好，所有人都从书中发现了一种复元、回归、返乡和休息——确言之，回归"大众"（alle Welt）。

有几个虚荣心很强的学者对"科学"一词持有异议（他们向我暗示，本书的内容也许是"快乐的"，但肯定不是"科学"——）。除这几个学者外，所有的人都把这本书看成回归"大众"之作，他们因此对我非常热情友好。然而**事后**我发觉，这种好评是对我的最深的伤害，是对我的全面误解———

请注意。最后读者也许应该仔细倾听一位诗人吟唱的几首欢乐之歌，这位诗人取笑了诗人们，嘲笑了其诗歌的美好情感。

请注意！！查拉图斯特拉以一种神圣的方式用勇气和嘲笑来反对所有神圣的事物，他天真地走自己的路，通向最险恶的禁区的路。

167

否定**因果性**。为了不让万事对每件事负责，为了缩短挂着某物的绳索。确实有"偶然"。

168

道德发展的趋势。每个人都希望对他有利的那种学说与事物评价体系能发挥作用，其他的学说则完全失效。**因此所有时代弱者与平庸者的基本倾向就是削弱较强者并降低较强者的地位，其主要手段就是道德判断。**较强者对较弱者的不道德行为受到谴责；较强者的高贵状态被污名化了。

多数人对少数人的斗争，普通人对奇人的斗争，弱者对强者的斗争。

—— 这种斗争有时会中断。最巧妙的中断就是：优异者、高贵者和精英们以弱者的面目出现，他们拒绝采用粗暴的统治手段——

169

（34）[189]

表面看来，似乎我回避了"确定性"（Gewißheit）问题。事实上恰恰相反：我追问的是确定性的标准，以此来审查迄今为止的各种学说究竟是根据哪种重点来衡量确定性的。—— 确定性问题本身早已是一个**从属**的问题，一个**次要**问题。

170

（44）[190]

我们缺少对下述情况的了解与意识：道德判断究竟经历了怎样的反转，"坏"是如何在最彻底的意义上屡次变成"好"的。根据这些变化中的一种变化，我已用"习俗的道德性"这个矛盾和———

良心也混淆了其领域：有一种群氓的内疚。

在哪些方面我们的良心包括表面上的个人责任仍然是群氓的良心。

171

（43）[191]

精力充沛的伟人（米拉波、切利尼和卡尔达诺[192]）从不感到**内疚**，也**不忌恨**他人。

172

"存在"——"生存"（leben）就是存在，除此之外，我们没有别的"存在"概念。——死亡的东西怎么能"存在"呢？

173

关于为艺术而艺术，参阅杜丹[193]《思想与断片》第10页：色彩崇拜是如何蜕化的。

另参见谢勒尔[194]《当代文学研究》第8卷第292页。

174

人们在事物中重新找到的只是人们自己塞进事物中的东西：我不想蔑视这种儿童游戏，但这种儿戏可以自称为科学吗？完全不是这样。让我们继续重获、继续塞入吧！这二者都需要好心情——一种人去重新发现，另一种人（我们就是另一种人）去"塞入"（Hineinstecken）！

—— 你最终在事物中重新发现的只是你自己塞进事物中的东西：重新发现被称为科学的东西，塞入被称为艺术、宗教、爱和自豪的东西。在这二者中，即使它们都是儿戏，———

（45）[195]

请注意。我们**反对**环境和外因对人的影响的学说：内部的力量极其**优越**；许多东西看起来好像是外部影响，其实只是内部的调节而已。对相同的环境可以做出互相对立的解释，可以进行完全不同的利用：根本没有影响的事实。—— 天才**无法**从这种产生条件中得到说明——

176

什么东西能塑造二十世纪的**强者**：——

177

（46）[196]

大众化的理想，例如圣方济各[197]：否认灵魂的等级，在上帝面前人人平等。

178

这很好，在某种确定的、市民的狭义上来看待"正义"和"不义"，例如"行得正就不怕任何人"，也就是说，根据一种对某个共同体有效的、粗略的模式来履行自己的义务。

179

前言[198]

从一种生命观出发（生命并不追求自我保存，而是追求力量**增长**），我考察了我们欧洲的政治、思想与社会运动的基本本能。

对什么事物我也许形成了一个概念？

1. 在各种哲学原则性的差异背后隐藏着一种共同的信仰：它们都受到**道德的隐秘意图**的无意识引导，确言之，受到**大众化理想**的引导；—— 因此道德问题比认识论问题更重要。

2. 为了揭露**道德偏见**和所有大众化理想的偏见，我们必须掉转目光：为此我们可以利用各种"自由思想"，也就是非道德的思想。

3. 基督教是一种平民理想，它以其道德损害了较强的、较高贵的男子汉类型，庇护了一种群氓类型：它是民主的思维方式的一种准备。

4. 与平等运动结盟的科学向前进，它代表民主，学者的所有美德都否定**等级制**。

5. 民主的欧洲最终只是培育和改良了奴隶制，这种奴隶制必须服从一个强大种族的指挥才能忍受自己。

6. 只有通过长期的沉重压迫才能产生一种贵族制（贵族统治地球）。

180

欧洲和德国也许有一些人能理解这本书[199]的问题，他们不仅有好奇心，不仅有一种爱挑剔的理智的触角，有一种猜测性的想象力和模仿力，尤其有他们的"历史意识"，而且有一种渴求者的激情。他们的心灵具有足够的高度，能把我的"自由思想"方案理解成一种表达手段，如果他们愿意，他们还能把它理解成一种高雅、一种谦逊：他们绝不会抱怨拙著的隐晦。

我认为有许多事情根本不值得谈论。不言而喻，我讨厌"文人"，厌恶今天所有的政治党派，对社会主义者毫不同情。我亲身遇见的两种最高尚的人就是彻底的基督徒和具有浪漫主义理想的彻底的艺术家。我以我的出身为荣，我出身一个在任何意义上都认真奉行基督教的家族；我发现浪漫主义艺术家远远低于基督教的水平。很明显，如果我背弃了这两种人—— 因为他们不能使我感到满意—— 那么我就很难找到另一种令人满意的人，因此我注定终生孤独，尽管我能很好地设想一种我所欣赏的人。我们的大城市市民和我们的学者都以修养来粉饰自己，我容忍、宽容并且厌恶他们的自鸣得意和安于现状———

181

（42）²⁰⁰

柏拉图柔情脉脉，过于敏感，内心脆弱，他善于用讽刺来保护自己，至少是隐藏自己；歌德则气度恢宏，有如奥林匹斯神，他创作痛苦之诗以摆脱痛苦，司汤达和梅里美同样如此———

182

（10）²⁰¹

为了使某种比个人更长久的东西持存，为了让一件也许由个人创造的**作品**存在下去，就必须对个人施加各种可能的限制和片面性。用什么手段？爱、尊敬并感谢作品的创造者会使事情变得容易；或者通过我们的祖先所取得的胜利；或者通过我的努力，如果我保护了那件作品（如城邦），那么我的后代就有了保障。从总体上看，**道德**乃是一种手段，是一种通过忽视个人或者通过**奴化**个人而使某种东西长久存在的手段。不言而喻，从下至上的视角肯定会做出与从上至下的视角完全不同的表述。

如何**保存**一种权力复合体？通过世世代代的人为它牺牲生命，这意味着———

183

关于序言²⁰²

对每位隐士而言—— 他和一个大问号生活在一起犹如和他的命运同居，他在孤独的对话和决定中熬过了日日夜夜—— 关于同一个问题的异见就是一种噪声，他捂住自己的耳朵，抗拒这种噪声，此外，这种异见类似于一群流氓纠缠不休的、未经许可的、卑鄙无耻的行为，他认为这些流氓无权探讨这个问题，因为他们根本没有发现问题。那是怀疑的时刻，他怀疑自己，怀疑自己的权利和特权，这位高蹈的爱智者即哲学家希望听到关于他的问题的所有意见和所有沉默的回答；此时也许他猜到了世界充满了和他一样的嫉妒的爱智者，人们似乎制造了所有的噪声、喧嚣和社会舆论，搭建了政治、日常生活、年市和"时代"的整个舞台，为了让今天所有的隐士和哲人都能够藏在后台，遁入其最奇怪的孤独之中；所有的人都研究一个课题，爱上了一个对象，嫉妒一个东西，恰恰嫉妒**他的**问题。"在总的思想领域，今天根本没有什么别的东西可想的，"他终于自言自语道，"所有的思想恰恰都围绕着这个问号进行；那个看似只有我才有能力解决的问题，整个时代都在探讨它：其实世界上根本没有发生什么别的事情，我自己——但事不由己！"

184

（47）[203]

后来我意识到，我对道德主义的怀疑到了什么程度：我何以重新认识自己呢？

决定论：我们对我们的本质不负责。

现象论：我们对"自在之物"一无所知。

我的问题：迄今为止人类受到了道德和道德行为的损害，什么样的损害。精神方面的损害，等等。

我厌恶作为旁观者的智者。

我的较高概念"艺术家"。

185

（47）

"我们非道德主义者"

对道德理想的真正批判

　　—— 对好人、圣人和智者的批判

　　—— 论对所谓的恶劣品质的诋毁

　　—— 各种道德的解释有何意义？

　　—— 在今日欧洲占主导地位的解释的危险是什么？

　　—— 能衡量事物的尺度是什么？（"权力意志"）

186

　　千万不要认为我会要求你们做同样的冒险！或只是承受和我一样的孤独！因为谁走自己的路，谁在路上就遇不到任何人：这种结果是"走自己的路"带来的。没有人会赶来"帮助"他，他必须自己对付他所遇到的一切危险、意外、恶意和坏天气。他的确**独自**有了自己的路，有时他也对这种冷酷无情的、艰难的"独自"（für sich）感到恼火。例如这种情况就令人恼火：即使他的好友们也并非始终看见和知道他究竟在何处行走，他究竟要去往何方—— 他们有时会自问：怎么回事？他在走吗？他有**路**可走吗？……

　　—— 因为现在我试图向那些迄今为止尽管有所怀疑但仍然对我保持善意的朋友暗示我所走过的那条路，所以首先我应该说明：他们有时在哪些道路上找过我并且自以为找到了我。我承认，人们经常把我和其他人混为一谈；同样地，假如有人为我辩护，反对这种混淆[204]，划清我和其他人的界限，那么他就帮了我的大忙。但正如我已说过的那样，我必须自己帮助自己：我为何要走"自己的路"？

182

反形而上学的，反浪漫主义的，艺术家的，悲观主义的，怀疑的，历史的——

一种艺术家的世界观，一种反形而上学的世界观，但它是一种艺术家的世界观——
一种悲观主义的和佛教的世界观——
一种持怀疑态度的世界观——
一种科学的世界观——
非实证主义的世界观

187

—— **而宁静的天宇也为你发出灿烂的光彩**[205]——

188

叔本华认为，所有道德现象的历史都可以简化为对同情的重新发现，即人们应该寻找迄今为止所有道德倾向的根源，这个根源就是同情。只有一位思想家能达到这种荒谬和幼稚的程度，他居然抛弃了所有的历史本能，以一种最奇怪的方式摆脱了从赫尔德[206]至黑格尔的德国人所受的强大历史教育。

189

与通常的看法相反，对价值评判与财富表的来源的追问和对它们的批判完全是两码事。对情感而言，我们对任何一种"可耻的起源"（pudenda origo）的认识肯定会导致由此产生的事物的贬值，肯定会准备好一种针对该事物的批判性态度和氛围。

190

（47）[207]

我们的价值评判和道德财富表本身有何价值？**道德的统治产生了什么结果？**对谁？涉及谁？—— 答曰：对生命。然而**什么是生命？**在此对"生命"概念的一种比较明确的新的理解乃是非常必要的。对此我的公式如下：生命就是权力意志。

价值评判本身意味着什么？它可以回到或下降到一个异质的形而上世界[208]吗？正如康德仍然相信的那样（他站在伟大的历史运动面前）。简言之，**它是在哪里形成的？**或者它尚未形成？答曰：道德的价值评判是一种**解释**，一种解释方式。解释本身乃是某些生理状态的**征兆**，同样也是主导性判断的某种精神水平的征兆。**谁在解释？**—— 我们的情感。

191

我的见解：人们必须对道德的价值评判本身进行批判。人们必须用"为什么"这个问题来遏止道德的感情冲动。这种对追问"为什么"的要求，这种对道德批判的要求，正是我们的**道德性本身的现在形式**，它是一种高贵的正直感。我们的正直、我们的不自我欺骗的意志必须证明自己："为什么**不**？"—— 在哪个法庭面前？ —— 不被人欺骗的意志有另一种起源，它能够谨慎地防止控制和利用，它是生命的正当防卫本能。

这就是我向你们提出的要求—— 在你们听来，它也许是逆耳忠言—— 你们应该对道德的价值评判本身进行批判。你们应该用"为什么要服从"这个问题来遏止道德的感情冲动，因为这种冲动要求你们服从而非批判。你们应该把这种对追问"为什么"的要求和对道德批判的要求恰恰看作你们的道德性本身的**现在**形式，看作正直的最高贵方式，这种正直能给你们和你们的时代带来荣耀。

192

这种情感：你应当！违反命令时的内心不安—— 疑问："谁在此下命令？我们究竟害怕被谁嫌弃？"

193

（7）²⁰⁹
我们的坏习惯：把一个记忆符号或一个缩写当作本质，最终当作原因。例如关于闪电，我们说"它闪光"。甚至还有"我"这个小词。我们又把一种观看的角度设定为观看本身的原因：这就是虚构出"主体"、虚构出"自我"的绝招！

194

（23）[210]

司汤达坦言："为了听《唐璜》[211]或《秘婚记》[212]，我情愿徒步行走上百里，我宁可遭受牢狱之灾；我不知道还有什么别的事情值得我做出这种努力。"那时他五十六岁。

195

（41）[213]

黑格尔通俗的一面在于他的战争与伟人学说。他描绘了人类的进步：正义在胜利者一方。

他试图用历史来证明道德的统治。

康德建构了一个脱离我们的道德价值的王国，一个脱离我们的、不可见的真实王国。

黑格尔描述了道德王国的一种可证明的发展与显现。我们既不愿意受到康德伦理学的欺骗，也不愿意被黑格尔的历史哲学欺骗。我们不再像他们那样**相信**道德，因此我们也不必建立一种维护道德的权利的哲学。批判哲学和历史主义的**道德**倾向对我们毫无魅力可言，那么它们的魅力何在？——

196

我们是无家可归者——是的！但我们想利用我们处境的**优势**，我们根本不愿意自我毁灭，我们要享受户外自由的空气和明亮的天光。

无信仰者和无神论者，是的！—— 但我们没有脱离者[214]的那种愤恨与激情，脱离者从无信仰中整理出了一种信仰、一种目的，并且往往准备好了殉道。我们的热情已冷却，头脑变得冷静。我们已认识到，世事一点也不神圣美好，世界的变化根本不遵循理性、仁慈和人道的标准；我们知道，我们生活的世界是不道德的、不神圣的和不人道的—— 我们以敬仰的态度对世界做出神圣的解释太久了。世界不值得信赖。叔本华所编织的最后一根安慰的蛛丝已被我们扯断：整个历史的意义恰恰在于它看穿了历史毫无意义，它厌倦了它自己。这种"厌世"（Am-Dasein-Müde-werden），这种追求禁欲的意志，这种对我执[215]、自己的幸福和主体的破除（作为生命意志的反面之表现）—— 叔本华对这种清心寡欲极尽赞美之词，他把它称作道德，他断定所有无私的行为——— 他认为他能够确保艺术的价值，因为他可以从艺术创造的冷漠状态中看出为那种彻底摆脱生命意志和厌倦人生而做的准备。

　　—— 我们看破了不道德的世界，因此我们真的就是**悲观主义者**吗？不，我们不是悲观主义者，因为我们不相信道德—— 我们认为，慈悲、正义、同情和法制受到了极大的**高估**，而其对立面则遭到了诋毁，在这二者中，在夸大和诋毁中，在对**道德理想**与道德标准的整个解释中，隐藏着对人的巨大危害。我们千万不要忘了我们也有良好的收获：巧妙的**解释**、精微的道德分析和内疚把人的**虚伪**推向了极致，并使人有了极高的修养。

　　宗教原本与道德无关：但犹太教的两个后裔[216]**在本质上**都是道德宗教，它们都规定了信徒应该**怎样**生活，并且用奖赏和惩罚迫使信众服从它们的要求。

198

俾斯麦时代（德国的愚昧时代）。

在这种沼泽地上生长着低等植物，还有真正的沼泽植物，例如反犹主义者。

199

我觉得，对我们这些更有才智的高人而言，在当今社会舆论所要求的意义和程度上的民族意识不仅是一种愚蠢，而且是一种不诚实，它专横地压制了我们的博识和良知。

200

同样，我们也不再是基督徒了。我们已长大了，不再需要基督教了，这不是因为我们生活在远离基督教的地方，而是因为我们的住处离它太近，更因为我们是从基督教之家长大成人的。我们比较严格，爱挑剔，精明强干，正是我们的能干本身**禁止**我们今天继续做基督徒——

201

我曾经把"不合时宜"这个词写在了我的书上，这个词表达了多么大的青春活力、鲁莽和锐气啊！今天我明白了：正是由于这种热情、抱怨和不满，我才属于那时最现代的思想家。

202

康德关于一种可能的科学的纯粹观念。人们试图通过某些途径走近这种科学，人们走了很久很久，最终离开了那条唯一的、长满感性杂草的小路——

203[217]

就在今天还有一些哲学家在为道德提供最有力的证据，他们不自觉地证明了道德的权威所控制的范围有多么广大。他们凭其追求独立的意志，按照怀疑的习惯或原理，靠着反驳的恶习、不惜一切代价创新的恶习和傲视一切高度的恶习—— 如果他们对"你应当"和"你不应当"这类命令进行了反思，那么他们会不会有所改变呢？世界上没有比着魔更糟糕的事情了：道德女妖对他们吹一口气就把他们迷住了！所有这些高傲者和独行者都受到了魅惑！—— 他们突然成了羔羊，他们全都想做群氓。首先他们要和每个人共享他们的"你应当"和"你不应当"—— 这是放弃独立性的最早征兆。他们所认为的一个道德准则的标准又是什么呢？所有的哲学家对此达成了一致：准则的"普适性"（Gemeingültigkeit），准则不考虑个人。这些从众者被我称作"群氓"。然后他们开始分道扬镳：因为每个人都想尽**自己**最大的力量为道德效劳。大多数人突然想到要"为道德奠基"，确言之，他们要把道德和理性结合在一起，使二者协调一致，并尽可能地使二者成为一个统一体；而那些比较聪明的人则在道德的不可奠基性中发现了道德地位的征兆和优先权，也就是说，道德的地位高于理性；另一些人想从历史中推导出道德（如功利主义者和达尔文主义者，他们为末流历史学家发明了家庭常备药品——"首先是有用性和强制力[218]，其次是习惯，最后是本能，甚至还有快乐"），还有一些人则驳斥这种推导，他们完全否定道德在历史上的可推导性，他们这样做也是为了尊重道德的地位、尊重道德的较高特性和规定性。但所有的人在最重要的事情上是一致的："道德是实存的，道德是既成事实！"所有的人都真诚地、无意识地、坚定不移地相信道德的价值，也就是说，他们全都服从道德的权威。是的！道德的**价值**！但是他们允许某个恰恰怀疑道德价值的异议者发言吗？这位异议者也关心道德的推导和可推导性，以及心理学上的可能性和不可能性，他们允许他发言吗？

204[219]

第五卷：我们逆转者

我们的新"自由"

反对大众化的理想人物

艺术与虚构对存在之本质的揭示到了什么程度？

为什么我们不再是基督徒了？

为什么我们反对民族意识？

悲观主义与"酒神精神"（Dionysismus）。

我们对逻辑学的怀疑。

为艺术而艺术。

所有目的论的局限性。

反对因果性宿命论。

反对"环境"说：面具和性格。关于"现象论"概念。

反对浪漫主义。

"奴化"概念，奴化即工具化。

对快乐的误解[220]。

决定等级的是什么？

批判现代哲学：错误的出发点，好像有"意识的事实"一样——在内省方面没有现象论。

205

根本没有那种固守自我而不侵犯他人的利己主义——因此也没有你们所说的那种"被允许的""道德上中性"的利己主义。

"人们总是以他人为代价来增进自己的利益""生命总是以其他生命为代价而活下去的"。——谁不明白这个道理，谁就还没有做到起码的诚实。

206

（48）[221]

我们这些精神解放了的思想家感觉到我们根本**没有**受到一种"目的"体系的束缚，如果你们能感同身受，那么你们就会萌发一种无比畅快的自由感！同样地，在人生的本质中根本没有"奖赏"和"惩罚"这些概念的位置！同样，善行和恶行并不是因其本身，而只是出于某些人类共同体自保倾向的视角才被称作善和恶的！同样地，我们对快乐和痛苦的计算根本没有宇宙意义，更说不上有什么形而上学的意义了！——那种悲观主义自告奋勇去衡量人生的快乐和痛苦，它专横地把生命关进前哥白尼的神学监狱和宗教视界，如果它不只是一位柏林人所讲的拙劣笑话（爱德华·冯·哈特曼[222]的悲观主义），那么它就是落后和倒退的典型了。

207[223]

开篇

结尾

道德的自我毁灭仍然是它自己的力量的一部分。我们欧洲人身上有着那些为信仰而死的殉道者的气质；我们也曾非常严肃地对待道德，我们为道德做出了各种各样的牺牲。另一方面，我们精神上的细腻主要是通过"良心剖析"（Gewissens–Vivisektion）而获得的。在我们毅然离开了我们的故土[224]之后，我们开始四海漂流，但我们还不知道我们将漂向何方。而这片故土本身已为我们培育出了力量，在这种力量的驱使下我们奔向远方去冒险，这种力量把我们推向无边无际的海洋，促使我们开辟崭新的航路，去发现新大陆。——自从我们失去了熟悉的陆地之后，失去了能够"保存"自己的陆地之后，我们已别无选择，我们必须成为征服者。哦，朋友们，这一点你们比我更清楚！你们和你们的时代有否定的癖好和含糊的毛病，但隐藏在你们心中的肯定比所有的否定和含糊更强大；你们这些移民，如果你们一定要出海远航，那么有**一种信仰**会驱使你们……

208

无法克服基督教。

209

这是我的朋友们[225]义不容辞的责任：为我的名声和荣誉活动，保障我在人间的安全，为我建一座能使我免遭粗暴曲解的城堡。我本人再也不想亲自动手干这种事了。

210

调节性的本能具有完全稳定的功能。

第三章
1886 年初至 1886 年春

1

自由思想的自然史

2

自由思想的自然史

思考与破折号

弗雷德里希·尼采 著

3

献词与终曲

"献给那人，他使九天明亮

四海澎湃——"

4

权力意志
一种未来哲学的预兆

弗雷德里希·尼采 著

5

对统治欲的误解。

快乐作为拯救。

舞蹈。

嘲笑"神性"——康复的征兆。

要求"明确的事实"——认识论，其中有太多的悲观主义！

创造查拉图斯特拉，让他作为悲观主义的**对手**。

6

爱国在欧洲还很稚嫩，它双腿虚弱，很容易摔倒！我们不应该受到爱国主义叫嚣的迷惑：小屁孩叫得最响。

7

俄罗斯民谚："傻到最后就变成了神圣。"

8

驶向新的大海[226]

各种各样的问题和可疑之处。
献给好欧洲人。

弗雷德里希·尼采 著

9

善恶的彼岸

一种未来哲学的序曲

第一卷：道德与认识
第二卷：道德与宗教
第三卷：道德与艺术
第四卷：我们的美德
第五卷：论等级

10

我们的美德[227]

向可疑者提出的各种问题

弗雷德里希·尼采 著

11

人性的，太人性的
为自由思想家而写的书
新版[228]

这本书是一面镜子，它给我们提供了一个自我欣赏的机会：哦，善良的欧洲人，你们怎么看待我们的虚荣心？虚荣心本身也喜欢"照镜子"吗？——

12

自由思想的自然史。

未来的哲学。

科学工作者。

艺术家。

高等人的哲学。

欧洲的阴郁。

13

如果我们赞成人类的宗教组织，那么我们就应该**守护**孤独。—— 也许只有孤独才能把我们和群氓以及平等的信徒明确区分开来，后者居然被称作"自由思想者"，但他们都**无法**忍受孤独。宗教乃是政治的基本学说的延续和深化，政治学说始终是关于权利不平等的学说，它阐明某种社会结构的必要性，这种社会有高等人和低等人，有命令者和服从者。宗教在我们看来就是关于灵魂的等级差别的学说，它阐明高等灵魂形成的可能性：只有以低等灵魂为代价才能培育高等灵魂。

14

世界是不值得受到我们信赖的：人们已查明了其真相。悲观主义者甚至告诉我们，世界为我们保留的价值的残余部分恰恰体现在下述方面：我们能够查明世界的真相—— 世界是不值得受到我们信赖的。世界乃是一种败兴的手段，它让我们失去对它的兴趣，它尽可能地自我贬低以便我们"厌世"（entweltlichen）；悲观主义非常荒谬，在说了一通不幸的废话之后它终于开始理解自己了，它是一出又臭又长的、充满谬误的滑稽戏，它羞得无地自容，最后消失在虚无之中。

15

我有足够的理由反对一种长期的宿疾；至少我愿意向基督教道德家们承认，道德是可以改善人的，尤其是当他受到长期痛苦的折磨并以冷静而审慎的态度观察痛苦的时候—— 能改善人的既不是那种沉默而麻木的、东方的"寂灭"（Sich-Auslöschen）和听天由命，也不是那种对意志力和勇气的过度刺激，勇敢者会对像痛苦那样的敌人报以嘲笑和高傲，———

处于长期的痛苦之中，犹如被刚采伐的木材烧伤，没有好事，全身发烧，昏厥———

16

曼佐尼[229]
施蒂夫特
戈特弗里德·凯勒

17

"该死的家伙——
"他居然使一个不朽的灵魂感到痛苦！"
—— 曼佐尼的悲剧《卡马尼奥拉伯爵》第二幕

18[230]

gangasrotogati："像恒河一样流逝"=快速的
kurmagati："以乌龟的步法"=缓慢的
mandeikagati："以青蛙的步法"=不连贯的

19

我们是站在彼岸的哲学家—— 如果您允许我直言，那是善恶的彼岸！我们其实是聪明的解释者和占卜者——作为欧洲事务的观察者，我们命中注定要面对一个**尚未解读的**神秘文本：秘文的意义逐渐向我们显露出来——我们有何必要紧闭双唇保持沉默呢？越来越多的非凡事物在我们心中拥挤和堆积，它们渴望阳光、空气、自由和**言辞**！

然而言辞———

第四章
1886 年初至 1886 年春

1

一位哲学家是一个多么谦逊的人啊，如果他确实忠于他的名称！—— 有一位老语文学家认为，哲学家指的并不是"智慧之友"，而只是"智者之友"，请原谅这位老者吧！如果你们认为应该有古希腊意义[231]和词语理解上的哲学家，那么请你们和你们的"智者"一起走过来吧！—— 但我觉得，我的朋友们，我们最终更喜欢非智者而不是智者，假如真的有智者的话—— 或许更多的智慧潜藏在非智者身上？难道智者们—— 经过我们的仔细观察—— 根本不是"哲学家"，而是"爱智者"（Philasophen）？难道他们是愚蠢之友，是流浪歌手和愚民的好伙伴？他们不是独立的思想家？——

2

关于面具问题。"我几乎本能地相信，每个有权势的强人说话时都在撒谎，写作时更加谎话连篇。"—— 司汤达《拿破仑传》[232]前言，第 X V 页。

3

"我知道人的能力有多大，"拿破仑在圣赫勒拿岛[233]上说道："即使是最伟大的领袖们也不能要求人民热爱他们。"—— 我们可以立即补充一句话来表达我们根据最充足的理由所做的推测：伟人们自己并不渴望人民的爱戴，—— 他们甚至不爱自己！

4

"我觉得你在暗中策划坏事，我们认为你坏了良心，你想毁灭人类吗？"有一天我对酒神狄俄尼索斯说道。"也许吧，"酒神答道，"人类毁灭了，但出现了新生势力。"—— "究竟是什么新生事物？"我好奇地问道。—— "你应该问究竟出现了**什么样的人**。"狄俄尼索斯如是说，接着他以其特有的方式即诱惑的方式沉默了。那时你们真应该亲眼见见他！—— 那时是春天，众树生机勃勃。

5

关于黑夜的一部分，一位隐士会说："听，现在时间停止了！"在守夜和值夜时，尤其是在不寻常的夜行和开夜车时，人们对黑夜的这部分（我指的是从一点到三点的时段）有一种奇怪的和惊异的感觉，一种时间"太短了！"或"太长了！"的感觉，简言之，一种"时间反常"（Zeit-Anomalie）的印象。在这个时段进入梦乡的我们往往处于时间的混乱之中，作为夜里例外的警醒者难道我们应该为这种时间混沌做出补偿吗？够了，夜里一点至三点我

们"头脑里没有时钟"。我认为,古人用"死寂的深夜"[234]和"在
夤夜"[235](埃斯库罗斯)这些词语所表达的就是这种时间停止,也
就是"在深夜,没有时间了";我认为这种思想在词源学上可以追
溯到荷马,荷马用了一个隐晦的词来指称黑夜最深沉和最寂静的那
部分,而译者们认为毕竟可以用"夜间挤奶的时间"来迻译荷马的
词—— 荷马时代的人们竟然如此愚蠢,以至于他们要在夜里一点
至三点这个时段去给母牛挤奶!—— 而你纵有静夜奇想,又向何
人述说?

6

在最值得尊敬的意义上来正确理解"婚姻"这个词,按照**民法**
登记的婚姻与爱情毫无关系,与金钱也没有多少关系—— 我们不可
能使爱情制度化—— 民法婚姻的实质在于社会许可两人相互满足性
欲,不言而喻,获得社会许可的条件是这两人必须维护**社会利益**。
显而易见,婚姻双方的某些乐趣和良好意愿—— 愿意相互容忍、友
好相处和相互照顾—— 也属于这种契约的前提条件;但人们千万不
要滥用爱情这个词!在完整而强烈的爱情意义上,对两个相爱的人
而言,满足性欲不太重要,它其实只是一个象征,正如我已说过的
那样,对一方而言性满足是绝对征服的象征,对另一方而言则是接
受征服的象征,总之,它是占有的标志。—— 贵族和传统贵族意义
上的婚姻则事关品种的**培育**(有人质问:今天还有贵族吗?)——
贵族婚姻旨在维护一种稳定而牢固的统治者类型:贵族男女都为这
种观点做出了牺牲。不言而喻,爱情在此不是最高要求,恰恰相
反!作为民法意义上的好婚姻之标准的相互善意也不是最高要求。

首要的决定因素是家族利益，而等级则凌驾于家族之上。从古雅典直至十八世纪的欧洲，这种高贵的婚姻概念在任何一个健康的贵族制度中都占据了统治地位，对这种婚姻概念的冷酷、严厉和精明算计我们肯定会感到不寒而栗，我们这些内心敏感的温血动物，我们这些"现代人"！根据我们对"爱情"这个词的正确理解，作为激情的爱情恰恰是为贵族这个统治集团**创造的**，而在这个集团中爱情的匮乏恰恰最大，制度的约束力也最大……

7

—— "疾病使人变得更善良"：千百年以来人们不仅从智者的口中，而且从民众的口中也能听见这句名言，但它是值得怀疑的。就它的有效性，我想冒昧地问一下：在道德和疾病之间究竟有没有一种因果联系？从总体上看，"人类的改善"，例如上个千年有目共睹的欧洲人的温良化、人性化和好心肠—— 这种改善是否是一种长期而隐秘的巨大痛苦、失败、匮乏和萎缩的结果呢？"疾病"使欧洲人变得"更善良"了吗？或者换一种问法：我们的道德——我们欧洲人现代的、温情脉脉的道德可以与中国人的道德相比——是一种生理**退化**的表现吗？……不可否认的是，每一段波澜壮阔的历史，当"人"表现为一种威武雄壮的类型时，就会立即具有一种突如其来的、危险的和火山爆发式的特性，而这种历史特性会使人性恶化；即使在那些**表面看起来与此不同**的情况下，只要我们有勇气和敏锐的洞察力，就可以把心理学推向深处，并从中得出普遍的定理："一个人觉得自己越健康、越强大、越充沛、越有进取心、越有成就，他就越不道德。"这是一种令人难堪的思想！千万别被它迷住了！然而如果我们坚持这种思想稳步前进，我们就会惊喜地看见未来！对于我们竭尽全力要求人的人性化、"改善"和不断增强的"文明化"，在地球上还有什么事情比这种要求能让我们付出更大的代价呢？没有什么东西比道德更昂贵了，因为道德最终会把人类居住的地球变成医院："人人都是病人，大家相互照料"将成为最高的智慧[236]。当然，到那时人类会获得梦寐以求的"世界和平"！但人们很少"相互满意"[237]！几乎见不到美、高傲、冒险和危险！很少有"事业"，而因为有事业人生才值得一过！唉！再也没有"作为"了！所有的**伟业**和壮举永载史册，不被时间的长河湮灭——在最深刻的意义上它们全都是伟大的不道德行为！……

8

单纯的信仰的力量根本不能保证信仰的真实性，它甚至能够从最合理的事物中逐渐制造出一种严重的愚**蠢**：这就是我们欧洲人的真正认识，在这方面和在其他任何方面一样，我们有经验教训，已变得聪明**睿智**，看来我们是通过吃了许多亏而获得真知的……"信仰令人幸福"：好吧！至少有时是这样！但无论如何信仰都能使人变**蠢**，即使在比较罕见的情况下它不是愚蠢的信仰，即使它从一开始就是一种聪明的信仰。每种长期的信仰最后都会变**蠢**，用我们现代的心理学家的明晰语言来表达就是：信仰的根据已陷入"无意识"之中，这些根据已消失在其中——从此信仰不再基于根据，而是基于情绪（换言之，在信仰需要帮助的情况下，它让情绪为它而斗争，它**不再**依靠根据了）。假如人们能够查明哪一种信仰是人间最虔信的、最长久的、最无争议的、最真诚的，那么人们就极有可能推测：它同时也是最深刻、最愚蠢、"最无意识的"信仰，是最彻底地拒绝根据、最长久地失去根据的信仰。——

我承认有最愚蠢的信仰，但它是哪一种信仰？—— 哦，你们太好奇了！在我从事解谜活动之后，我要变得有人情味，我愿意很快说出谜底和答案—— 其他人不太容易先于我知道谜底。

人首先是一种有**判断力**的动物；我们最古老和最持久的信仰就隐藏在判断中，在所有的判断中都有一种作为基础的信以为真和断言，一种确信：某事是这样而不是那样，人确实"认识到了"事情的真相。在每个判断中被无意识地信以为真的东西又是**什么**呢？—— 我们有权**区分**主语和谓语，有权区分原因和结果—— 这就是我们最强烈的信仰；严格来说，我们对原因和结果、对前提（conditio）和结论（conditionatum）的信仰只是我们最早和最普遍的信仰，即我们对主语和谓语的原始信仰的个例而已（这种原始信仰断言：每种结果都是一种活动，每种被决定者都以一种决定者、每种活动都以一种活动者即主体为前提）。这种对主语和谓语概念的信仰难道不是一种大大的愚蠢吗？

9[238]

尾声

—— 你们在这里干扰了我，你们这些自由思想家。"够了！够了！我听见你们叫喊和大笑，我们再也受不了了！哦，关于这位可怕的诱惑者和良心的捣乱者！你想在全世界败坏我们的声誉吗？你要给我们的好名声抹黑吗？你要给我们起一些抹不掉的绰号吗？—— 青天白日之下，为何会出现这些阴暗的幽灵，这些絮絮叨叨的道德说教,这种悲观的黑色音乐!请说出你的真理:按照这些真理我们的双脚无法**跳舞**,没有适应我们的真理久矣!请看我们的真理的标志(Ecce nostrum veritatis sigillum)!这里有绿茵和软土:快赶走你的怪念头,在你的黑夜过去之后我们要度过美好的一天。难道还有比舒舒服服过日子更好的事吗?也许是时候了:一道彩虹再次横跨天空,有人为我们唱轻柔的歌,给我们喝可口的牛奶——我们大家又开始渴求一种虔诚的、善良而愚蠢的思维方式了。"——朋友们,我发现,你们已失去了我那样的耐心,——是谁告诉你我早已不再期待**此事**?但我顺从了你们的意志,我还有你们需要的东西。难道你们没有看见我的羊群在那里跳跃,我的温驯的、宁静而快乐的思想羔羊和思想山羊?这里也已经为你们准备好了一整桶牛奶;但你们事先已喝了牛奶——因为你们全都渴望**道德**,我看到了这一点——那就应该不缺少你们想要的歌曲!请你们开始唱一首舞蹈歌曲吧,为最轻快的双腿和最快乐的心而歌唱:真的,谁唱这首歌,谁就是在向一位值得尊敬的舞蹈家表示敬意,这位舞者是自由思想家中最自由的精灵,他使九天再次明亮,使四海掀起激浪。

第五章
1886 年夏至 1887 年秋

1

特奥巴尔德·齐格勒[239]的著作《伦理学史》。

2

《朝霞》和《快乐的科学》。

3

在我们无知的起点，在我们视域的终点，我放置一个词，例如名词"自我"，动词"行动"或"受苦"：这些词也许是我们的认识的地平线，但绝不是"真理"。

4

即使是眼拙者也逐渐看出了康德哲学的可疑点：康德再也没有区分"现象"与"自在之物"的权利了—— 只要他反对并禁止从

现象到现象的原因的推论，他就自行剥夺了他继续以旧的习惯方式区分这二者的权利——他对这种推论的反对依据是他对因果性概念及其在纯现象内的有效性的理解；另外，这种理解已预示了那种区别，即"自在之物"似乎不仅是推断出来的，而且是**"实在的"**（gegeben）。

5

保罗·雷[240]博士的著作《道德感的起源》：一本从容的、睿智的小书，没有狂热和道学家的姿态，它以一种怡然的方式进行论述，缺乏**青年人**的特性。我曾为这位年轻的、受到排挤的作者说了一些好话，并试图把他纳入科学领域——我的强烈措辞甚至遭到了人们的谴责——我所说的赞语也许真的很愚蠢，至少到目前为止这些话全都白说了……正如人们觉察到的那样，我非常恼火地回想起了一种已落空的希望，也就是犹太人的才能屡次在我心中所激起的那种希望，——犹太才子们是当今欧洲绝对有文化教养的人，他们天生具有过人的智慧，其发展速度也很快，他们非常迅速地达到**成熟**（并令人遗憾地超越成熟……）。

6

如果你们真的想摆脱基督教的"彼岸"——我担心没有别的手段——那么你们必须首先对我的"彼岸"[241]做出决定。

7

知足者所相信的幸福在人间的真名就是"唯唯诺诺"。

脆弱的人就像易碎的物品害怕玩童之手，害怕一切不毁坏就不能爱的破坏狂。

把手伸进荆棘丛去采花的人，与手持匕首的人相比，不太爱惜自己的手指。

长有绵羊角的瓦格纳信徒。

8

这些年的心理特技就是：越过一个可怕的深渊而不**向下**看。我们快乐地、一步一步地向前走，仿佛在穿越一片五彩缤纷的草地，在草地的尽头也许有一个巨大的危险在等着我们。简言之，不顾危险勇敢前行，怀着走向危险的信念。

9

显白的与隐微的

1. 一切都是意志反对意志。

2. 根本没有意志。

3. 因果论。

4. 没有因果律。

从心理学上看，一切因果性皆源于对**意图**的信仰。
一种意图的结果恰恰是无法证明的。
从心理学上看，"动力因"（causa efficiens）就是目的因的同义反复——

10

何为"认识"？认识就是把陌生的事物转化为已知的、熟悉的事物。第一原理：我们已**习惯了**的事物对我们而言已不再是谜，不再是问题了。新奇感和惊讶感的麻木：一切**按规律**发生的事物在我们看来不再可疑了。因此**寻找规则**就是认识者的第一本能，然而通过发现规则我们根本没有"认识到"任何东西！——物理学家们的迷信由此而来：当他们能够坚持的时候，换言之，当现象的规则性允许他们应用简化公式的时候，他们就认为事物**得到了认识**。他们感觉到了"可靠性"，但在这种智力的可靠性背后隐藏着对恐惧的抚慰：**他们要规则**，因为"规则"（Regel）可以消除世界的可怕性。**对不可估量之物的恐惧乃是科学的隐秘本能。**

规则性麻痹了追问的本能（恐惧的本能）。"说明"意味着揭示出事件发生的规则。相信"规律"（Gesetz）其实就是相信任意之物的危害性。相信规律的良好**意愿**已帮助科学获得了胜利（尤其是在民主时代）。

11

"知性"（Intellekt）无法自己批判自己，恰恰因为知性无法与另一种知性相比较，因为它的认识能力只有面对"真实的现实"才能显示出来，换言之，为了批判知性，我们就必须是一种拥有"绝对知识"[242]的更高级的生物。这种生物存在的前提是：撇开一切视角的观察方式和感性的与精神的把握，必须有**某种物自体**，某种"自在"——但对**物**的信仰的心理学溯源禁止我们谈论"自在之物"。

12

基本问题：**视角主义**是否属于**本质**？它是否不只是一种观察方式，不只是各种存在者之间的一种关系？各种力量相互联系，以至于这种联系受制于感知的视角，是这样吗？**倘若所有的存在在本质上是某种感知者**，那么这种联系就是可能的。

13

形式的相似暗示着亲缘关系即来源于共同的形式，—— 词语的语音相似提示着这些词语的亲缘关系，这是一种"惰性"（inertia）在做出提示的推断方式：似乎一种形式**更有可能**是一次形成的，而不是多次形成的……

现象的"连续性"（Succession）即使得到了准确的描述，也不能揭示过程的本质—— 但其中至少存在着有伪造行为的媒介（我们的"自我")的**恒定性**。这种情况类似于把一种语言的诗歌翻译成另一种语言，翻译时声韵似乎丢失了：但译文会引起一种信仰，即读者相信原语诗歌本身是一首押韵诗。就这样，现象前后相继的连续性会唤起一种信仰，即我们对一种**超越**于我们所看见的变化之"相互联系"[243]的信仰。

14

科学的发展越来越把"已知事物"变成一个未知事物，但它所**要**的恰恰与它所做的**相反**，它从恐惧本能出发，要把未知事物还原为已知事物。

总而言之，科学准备了一种**绝对的无知**，一种"认识"根本不会发生的感觉，它认为梦想认识发生乃是一种傲慢自大，还有，我们根本没有留下什么概念，只是承认"认识"是一种**可能性**也纯属妄想——"认识"本身就是一种矛盾的观念。我们把一种古老的神话和人的虚荣心**转化**为冷酷的事实：自在之物是不存在的，因此我们不**允许**某些人把"自在的认识"当作概念来运用。"数字与逻辑"的诱惑。———— 规律的诱惑

"**智慧**"作为摆脱从视角出发的评价（各种"权力意志"）的尝试，这种尝试坚持一种敌视生命的解体原则，衰败的征兆和在古印度人那里一样。占有力的**削弱**。

15

如果我们试图把万事万物转变成我们感觉中的无生命的死东

西，那么我们也可以把我们的感官所提供的一切见闻变成我们的**生命**功能，即欲求、感知和情感等。

16

科学的精准性首先在**最表面的**现象那里得到了实现，也就是在那些可以点数、计算、触摸和看见的地方，在可以**查明**数量的地方。"此在"（Dasein）最可怜的领域首先得到了扩建，并且成就辉煌。一切事物都必须从力学的角度加以解释，这种要求居然成了本能，似乎最有价值和最基本的认识**首先**是在力学领域获得成功的：这种观点非常幼稚。事实上所有可以计算与可以把握的东西对我们都没有多少价值。那些用"把握"**抓不住**的东西才对我们有"更高的"价值。逻辑学与力学只能应用于**最表面的现象**，它们原本只是一种图式化和简化的艺术，只是借助于表述技巧对杂多的一种掌握，—— 不是"理解"，而是以**交流**为目的的一种"指代"（Bezeichnen）。把世界简化为表面的思维意味着首先使世界变得"可以把握"。

逻辑学和力学**从未**触及因果性———

17

苦于"不确定性"（Unsicherheit）的、怀疑的时代是如何转向一种僵化的信仰的；另外，由于厌恶古代的教条与束缚，后来人们慢慢地**迫使自己接受了**一种总体信仰（因为他们对不确定性不是**感到痛苦**，而是感到快乐）。这种后来被迫接受的总体信仰与普遍化具有重大**价值**：尽管有相反的倾向，它们还是成长壮大了。关于**体系构想的起源**：（1）来自死板的脑袋；（2）来自不确定性引起的痛苦；（3）罕见的情况发生在那些不喜欢图式化而喜欢"不确定性"（incerti amici）的人身上。

18

"可证明的东西就是真实的。"这是对"真实"概念的一种任意规定，而这种规定是**无法证明的**！"这个东西应该被看作真实的，应该被算作真实的"，这也太简单了吧！在这种说法背后隐藏着"真实"概念的这种有效性的利益：因为可证明的东西诉诸头脑里最普遍的思维形式（诉诸逻辑），因此它不再被当作涉及大多数人利益的一个有用性标准。"真实的""已被证明的"就是从推理中得出的，前提是：那些被用作推理的判断已经是"真实的"（**已得到普遍承认**）。因此那种根据一种已得到普遍承认的推理方式而被归结为已得到普遍承认的真理的东西就是"真实的"。**这意味着：**"可证明的东西就是真实的"已然以**被给定的真理**为前提———

19

与我们有关的世界是虚假的，是不真实的。—— 但我们恰恰是从"与我们有关"中得出"真实的、确实存在的"这个概念的；我们感到的兴趣越强烈，我们就越相信一个事物或存在者的"真实性"。"它实存"意味着：借助于它我感觉我自己是实存的。——相互矛盾。

生存越是来自这种感觉，我们就越发把**意义**置入被我们视作引起这种感觉的原因（事物）之中。"存在者"于是被我们理解成对**我们**产生影响者，**通过其影响而证实自己者**。——"不真实的"和"虚假的"事物就是那些不能产生影响的事物，但它们看似能产生影响。

如果我们把某些价值置入这些事物，那么这些价值就会对我们起反作用，然而我们已忘记了我们是这些价值的赋予者。

假如我认为某人是我的父亲，那么关于他所发表的针对我的每条意见都会出现各种各样的结论：他的这些意见会得到不同的**阐释**。——如果我们对事物做出了我们的理解和解释，对事物做出了我们的阐释，那么就会出现这种结果：这些事物对我们的所有"真实的"影响都会因此显得异样，这些影响已经过了重新解释，简言之，它们的**作用很另类**。

如果我们对事物的所有理解都是错误的，那么其结论就是：我们根据一种**错误的因果性**感受和解释了事物对我们的所有影响，质言之，我们乃是根据谬误来衡量价值与无价值以及利与弊，我们误以为与**我们有关的**世界是虚假的。

20

空气清新而凉爽
　　——我想

白昼透着忧伤

傍晚你勇敢的心开始怀疑，它疲惫地张望。

火焰²⁴⁴有灰白色的腹部，充满渴望的脖子仰望纯净的高空，转动。

21

我觉得我所遇到的难题非常重要，以至于我几乎每年有好几次都产生了幻想，我幻想那些有才智的人—— 我已向他们指出了这些难题—— 会放下他们自己的工作，在此期间全身心地为**我的**研究效力。然而令人恐惧和奇怪的是：每次发生的事都和我所期待的相反。于是我这个识人老手学会了为自己感到害臊，我不得不一再重新改学新手指南。这些人把他们的习惯看得比他们的自我要重要千百倍—— 他们看重自己的利益……

22

基本答案：

我们相信理性，但理性是苍白**概念**的哲学，语言是根据最幼稚的偏见建构起来的。

我们把不和谐与问题穿凿附会地强加给了事物，因为我们**只能**以语言形式**思维**—— 因此我们相信"理性"的"永恒真理"（如主项与谓项等）。

如果我们要摆脱语言的束缚，那么我们就无法思维，我们所怀疑的恰恰是：把语言的限制看作限制。

理性思维是一种按照一个模式[245]**的解释，我们无法摆脱这个**模式。

23

自愿当一个旁观者，沉着冷静，善待事物与偶然，对健康最细微的表征充满谢意，承受痛苦宛如接受一条规则、一项条件和自己想要的东西，强制性地、巧妙地利用痛苦来达到我们的目的，进行问讯——

24

在人的身体里有一头内在的野兽在不停地闹腾。

25

深刻体验生活，不仅看透作为偏见的道德，而且看穿迄今为止最令人尊敬的道德家类型。

全面认识迄今为止整个"沉思的人生"（vita contemplativa），以讽刺的态度对它加以鞭挞。

尽管好奇心曾经把我带进了迄今为止的所有世界观之中，现在我还是要充满恶意地待在这些世界观的一个角落里：凭借坚强的意志，我要亲自体验每一种世界角落观点得以形成的状态，而每一种"世界角落观点"（Weltwinkel-Perspektive）都被人们称作一种哲学或"宗教"。

26

我看见了关于无限[246]的暗示，是否征服无限由我们自己决定。

27

为了读懂这本书[247]，人们必须同意我所设定的几个前提。

28

人们可以把道德看作偏见，然后还可以在这种怀疑论的胜利中享受到一种朝霞般的幸福——

29

人们必须全身心地**体验**那些大问题。

30

民众离智慧的状态最远，他们合理地拥有关于智慧的最错误的概念。

31

每个大难题都是一种征兆：一位能人用一定的力量、巧智和精干，凭着危急感和预感，把难题从自己的头脑中赶了出来。

32

民众需要走在他们前面的模范人物。他们又从自身中，从他们本身必须克服的所有困难中，从被他们所解释的常胜的胜利者的理想中，得到了一种其心目中**最高尚者**类型的标准。其中隐藏着一种巨大的危险。然而我们必须坦率地承认：基督只是"普通人"的一个理想。

33

民众习惯于天真而严肃地问一位哲学家，他是否真的像他所**宣讲**的学说那样**生活**。他们暗自做出了判断：道德说教是容易的和不太重要的，重要的是过道德的**生活**，过任何一种合乎道德的生活。这太幼稚了，因为如果某人没有在他所谈论的国家生活过，他又怎么能知道该国的国情呢！

假如一位哲学家———

民众要求一位哲学家不说谎，因为他们相信只有诚实者才能认识真理。同理，一位哲学家应该过一种没有感官快乐的生活，他应该断绝欲念。

34

才智超卓的人能感受到感性事物的魅力与魔力，这是其他的人即那些"软心肠的"人完全无法想象和不可设想的。这些才子是最真诚的感觉论者，因为他们承认感觉具有更基本的价值，感官感觉胜过那种细密的筛子，胜过那种去粗取精的装置，易言之，胜过大众语言所说的"精神"。感官的力量和威力是发育良好的完整的人最重要的法宝：首先必须有壮美的"野兽"—— 否则"人化"又有什么意义呢?

35

请注意。欧洲的整个道德的基础乃是群氓的利益。所有非凡的较高贵的人的痛苦在于：他们感觉到并意识到他们的所有优秀品质都遭到了贬低和诋毁。今人的**优点**乃是悲观主义阴魂不散的原因：平庸者和群氓一样没有太多的良心问题，他们都很快乐。强者则变得阴郁：叔本华和帕斯卡尔。

请注意。**群氓的某个特性表现得越危险，它就越彻底地遭到剔除。**

36

我们的"认识"局限于对量的确定，这意味着……

但我们无法阻止人们把这种量的差异感知为质。对于**我们**而言，**质乃是一种有视角的**真理；它并非"自在"。

我们的感觉以一定的份额为中心，它们在这个中心之内发挥作用，也就是说，我们在与我们的生存条件的关系中感觉大和小。倘若把我们的感觉的灵敏度增加十倍或减少十倍，那么我们就会灭亡。换言之，我们也把关系到我们的生存可能性的**大小关系**感觉为**质**。

37

可以从生理学上来描写认识论思维是如何影响一个人的。**原始人，**—— 如何？

38

我的生活的内在矛盾在于自由与想望之间的冲突：我把我作为彻底的哲学家更彻底地**需要**的一切—— 摆脱职业、女人、孩子、朋友、团体、祖国、家乡和信仰，并且几乎摆脱爱与恨—— 感受为巨大的缺乏，因为幸好我是一个活生生的人而不是一个单纯的抽象机器。我必须补充说一句，在总体上我缺乏**稳定的健康**，我只是在健康的时候才感觉到那些"缺乏"（Entbehrungen）的压力**不那么沉重**。我始终不知道把相对健康的五个条件集合在一起，我的不稳定的健康状态的一种还可以的中等生活就建立在这五个条件之上。然而，如果我为了创造这五个条件而剥夺了我的八种自由[248]，那么这就是一个严重的错误：此乃关于我的状况的一个**客观**见解。

事情越来越复杂，因为此外我还是一个诗人，尽管我是一个蹩脚的诗人，我仍然具有诗人们的需求：例如好感、优裕的家境和荣誉等（就这种需求而言，我的生活只能被称为狗样人生）。事情再次复杂化，因为我还是一位音乐家，以至于生活中根本没有什么——

39

—— 我说的是大众道德家和"圣人们"的语言，我说话时无拘无束，自然素朴，既热情又诙谐，但同时又带有一种杂耍演员的快乐，一种戏剧小品式的讽刺——具体做法就是：把现代思想最精致的形式不断地回译成幼稚的口语——由于战胜了困难和克服了这种冒险行为表面上的不可能而心中暗喜。

40

论道德的谱系[249]

第一篇论文

弗雷德里希·尼采 著

第二，禁欲的理想
第三，责任
第四，"我"与"他"

41

《帕西法尔》[250]前奏曲，这是很久以来我所获得的最大享受。

情感的力量与严肃，难以形容，我不知道有哪部音乐作品能像这首前奏曲那样赋予基督教以如此的深度，如此强烈地引起听众的同情。我深受感动，精神境界得到了提升—— 没有哪个画家能像瓦格纳一样描绘了如此忧郁、如此温柔的目光。

他对一种极度确信的领悟令人叹服，同情从这种确信中涌出。

我所知道的崇高风格的最伟大的杰作，在把握一种极度确信时显示出的力量与严谨，伟大的同情的一种绝妙的表达；没有哪位画家能像瓦格纳一样在其前奏曲的最后一部分描绘了如此黯淡的、如此忧郁的目光。但丁不能，莱昂纳多·达·芬奇也不能。

我似乎遇到了知音，许多年以来终于有人对我谈到了我所关心的问题，他所提供的答案当然不是我已准备好的解决办法，而是基督教的答案—— 这最终是一位强者的答案，此人的心灵要比我们上两个世纪产生的人杰的心灵更坚强。在听这种音乐时我们当然可以漠视作者的新教徒[251]身份并把它当作一种误解扔到一边去：正如在蒙特卡洛[252]演奏的瓦格纳音乐曾经促使我—— 这一点我不想否认—— 把耳熟能详的**优秀音乐**（海顿、柏辽兹、勃拉姆斯以及雷耶尔[253]的《西古尔德》序曲）当作对音乐的误解扔到一边去一样。真奇妙！少年时期的我就给自己规定了一个使命：把这种神秘剧搬上舞台；——

42

批判**基督教理想**，

批判清贫，

批判贞洁，

批判谦卑。

欧洲人的**禁欲主义**志向。

43

"这位年轻的犹太人既温和又可怕，既机智又专横，既天真又深刻，内心虔诚，大公无私，道德高尚，充满热情，具有狂热的人格。" —— 勒南[254]论《福音书》

引发九月大屠杀恐怖事件的自私、贪婪、暴力和残忍源于封建制度本身，而非源于封建制度的败亡。—— 冯·西比尔[255]

44

让我们敬仰这些盲目者、轻信者、头脑简单者、温和者和蠢驴吧，让我们保护和捍卫所有这些无恶意的、无问题的、热牛奶般的热心肠以免遭我们对他们的损害吧，这些热心肠在生活中一无所得，只有生活颁发给他们的最令人难堪的奖状"**毫无自知之明**"……让我们用迅速沉默的艺术来救治他们吧，确言之，我们对自己的艰难岁月保持沉默—— 因为有时我们也需要宁静的绿洲，人的绿洲，在那里我们可以遗忘、信赖、入睡、入梦，重新爱，重新成为"人"……

45

在此期间有一位很奇怪的先生和我通了信，他就是莱比锡的特奥多尔·弗里茨[256]。因为他纠缠不休，所以我友好地踢了他几脚。这些当今的"德国人"越来越使我感到厌恶。

46[257]

我们北极居民

从水路和从陆路你都找不到
通往北极居民的道路。—— 品达

在极北乐土，在冰、严寒和死亡的彼岸—— **我们的生活！我们的幸福！**

47

这些道德家根本不适合充当我们的听众，他们卑鄙无耻，纠缠不休，他们只想听那些对他们有好结果的事情，只想知道某事是否对他们有利。关于前言[258]。

"我从中能得到什么？

"我看上去怎样？"

　　"我大胆地做了什么事？"

　　—— 狂放的思想家。

48

　　请注意。"德意志青年"和那些狂热的绵羊[259]—— 热牛奶般的热心肠。

49

　　道德乃是人类的**最大危险**。

　　美德，例如诚实的美德就是**我们的**高贵而危险的奢侈；我们没有必要拒绝这种奢侈带来的害处。

50[260]

　　1. 法国人中的居斯塔夫·福楼拜和德国人中的理查德·瓦格纳就是那种典型变化的范例：在1830年至1850年，人们对爱情和未来的浪漫信仰变成了渴望虚无。
　　2. 反对虚无主义的斗争决定了欧洲的**悲剧时代**。
　　或许可以作为第10条的**标题**。
　　3. 法国人的**色彩**感意味着什么？德国人的音乐感（尤其是"和

声"）意味着什么？它们有时是对一种**较粗野的人**的刺激，有时是对一种**较傲慢的人**的刺激。

4. 悲观主义与美学理论。

5. 自苏格拉底以降的古希腊哲学乃是病征和基督教的准备。

6. 无政府主义。

7. 反对因果论。一个原因的各种条件。

8. 教育的谎言。柏拉图。其中包括所有的"理想"。但教育的目的**何在**？创造出**经久不变的**形象，某种长久的东西能够在其中生长。

9. 一种道德品质的荣誉是如何形成的？

10. 道德导致人的平庸化和水平的降低。一种**自保**本能在此起作用。

在**伟人**身上，生命的特性如不义、谎言和压榨得到了最大的彰显。但只要这些特性发挥了**巨大的**作用，其本质就遭到了彻底的误解，恶居然被解释成善。卡莱尔[261]就是这种解释者的典型。

11. 增强与改善之间的对立。

12. 反对原子论。

13. 相信自我。

14. 想出一种新的完美性，它可以保证我们人的整个困境和不确定性不造反。

15. **强者**是如何产生的？参见———

16. 迷醉的种类？

17. 我们对高山、大漠、罗马平原[262]和民族主义的鉴赏力**意味着**什么？

18. 自哥白尼以来人类遭到了矮化。

228

19. 作为原因和作为结果的价值评判。

20. 前后相继也只是**描述**而已。

21. 不可知论者。

22. 论精神的放浪——

什么是理智的堕落?

23. 音乐的统治**意味着**什么?

24. 为个人献身可以使道德变得简单(父亲、祖先、君王、神父、上帝)。

25. 奥秘("戏剧")。

26. 惩罚:对较高类型的维护。

27. 科学的"假象"。论"作戏"。

28. 论权力的生理学

29. 我们的欧洲文化——与亚洲佛教宣扬的解脱相反,它**要求**什么呢?

30. 解释,**不是**说明。

31. 关于逻辑:作为权力意志的追求平等的意志。

32. "自在之物"。

33. 反对机械论。

34. 辩证法信仰中的**道德**偏见。

35. 理想具有诽谤性。

36. 科学需求的心理学。

37. 现代阴郁。

38. 做戏。

39. 艺术中的煽动性。

40. 当代基督教中的享乐主义。

41. 康德、黑格尔和叔本华都受到了**道德的**基本判断的影响。柏拉图和斯宾诺莎亦如此。

42. 对快乐和讽刺的误解。

43. "内疚"。

44. 道德判断的反转。

45. 环境论。

46. 大众化的理想，圣方济各。

47. "我们非道德主义者"。

48. 自由感。

49. 何为高贵[263]？（封面饰有**红色大理石花纹**的书）

50. 所有的伟人都是恶人。

51. 科学性之虚伪。

52. 正如笛卡尔从**上帝**的本性出发来解释感知的真理那样，我们也可以否定康德关于创造出幻想的理性的学说。在这方面认识论本身就依赖于对人生道德性的一种**事先**决定。

英国人认为，人们只能服从一个道德的上帝。——无神论者恰恰在道德问题上最囿于成见。

53. 愉快感乃是轻微阻力所引发的**力量感**，因为整个有机体必须不断克服大量的阻碍，——这种**胜利**感作为**总体感觉**而被我们意识到，它就是快乐，就是"自由"。

相反，如果出现了严重的阻碍，就无法引发力量感。

请注意。痛苦感和快乐感是根本不同的，快乐感就是力量感。力量感以小小的阻碍和不快感为前提，克服了小小的阻碍和不快感就产生了力量感。

51

等级。

复仇。

真理与诚实。

法制，惩罚，等等。

同情。

52²⁶⁴

原则：不和参加了种族骗局的骗子们交往。

为了在今天的大杂烩似的欧洲挑起种族问题，他们大肆说谎，极尽污蔑之能事！

53

本世纪乃**上个世纪**的继承人。

1. 感觉论，享乐主义（或悲观主义）

2. 狂热-道德主义

  自由、认识与幸福相结合

3. ——

54

能量守恒定律要求**永恒轮回**。

55

心理学家们的主要错误：他们把"模糊的表象"
（Vorstellung）视作一种与清晰的表象相对立的低等表象；然而某
种离开我们的意识并因此变模糊的事物，有可能本来就是非常清晰
的。**变模糊取决于意识的角度。**

"模糊性"乃是意识的角度的一种结果，它不**一定**是"变模糊
的事物"所固有的性质。

56

作为"统一体"进入意识的所有事物已经是非常复杂的了：我
们始终只有**统一体的一种假象。**

身体现象则是比较丰富的、比较清楚的、比较具体的现象：在
方法上优先考虑身体，但不澄清其最终意义。

请注意。即使**意识中心**与**生理中心**不重合，**生理中心**也有可能
是**心理中心**。

情感（快乐与痛苦）的**理智性**，也就是说，情感**受制于**那个
中心。

57

虚无主义问题（反对悲观主义等）。
针对虚无主义的斗争反而会增强它。

十九世纪所有的**积极**力量似乎只是为它做了准备，例如自然科学。

说明：**对事物的一种评价没落了**，而这种评价给人以一种印象，似乎其他的评价都是不可能的。

58

道德作为**类属的幻想**，旨在督促个人为了未来而牺牲自己。道德表面上承认个人具有无限的价值，以至于他用这种**自我意识**去压制和遏制其天性的其他方面，从而很难对自己感到满意。

我们最深切地感谢迄今为止道德所做出的成绩：但现在**只有一种压力**，它或许会变成灾难！宣扬诚实的**道德本身迫使我们**否定道德。

59

科学工作的前提：一种对合作和科学工作的持续性的坚定信仰，以至于每个科学家都可以在自己的狭小职位上工作，并且相信自己**不会白忙活**。这种———

有一种**严重的瘫痪：徒劳地工作，徒劳地**奋斗。———

在**积累资本**的时代，人们所获得的力量与统治手段必将应用于未来：**科学乃是中间站**，那些比较平庸的、多重的和复杂的人在此得到了最自然的发泄与满足。**所有这些人都没有行动能力。**

60

康德的教条主义。

61

人有充裕的**力量**可以支配的时刻出现了：科学旨在造成这种**对大自然的奴役**。

然后人有了闲暇：把自己培养成较高等的新人。**新的贵族统治。**

然后许多**美德**变得**过时了**，这些美德曾经是人的**生存条件**。

不再需要道德品质了，**因此**失去了品质。

我们不再需要美德了，因此我们失去了美德。我们既失去了关于"一致的必要性"的道德说教，也失去了关于灵魂得救和灵魂不灭的道德教诲：这些说教都是**促使**人们极力**压制自我**的一种手段（通过一种巨大恐惧的情绪）。

各种**困苦**，困苦的教育造就了人：困苦教导人工作、思考、自律。

生理的净化与增强。

新的贵族统治需要一个对立面，需要一个与之做斗争的对手：它必须有一种自我保存的极端紧迫性。

人类的两种未来：

1. 平庸化的结果

2. 有意识的超拔，自我塑造

一种制造**鸿沟**的学说：它保存**最高类型和最低类型**（摧毁中等类型）。

迄今为止的宗教和世俗的贵族统治都**没有**证明一种新贵族统治的非必要性。

统治性构成物（Herrschaftsgebilde）的理论取代**社会学**。

62

当人们已得到足够的**提高**而不再需要**谬误的强制教育**时，人们就可以承认真理了。

如果人们对生活进行道德评判，那么生活就变得**令人厌恶**了。

63

人们不应该虚构一些虚假的人物，不应该说"自然是残酷的"。我们应该认识到根本**没有**这种**负有责任的核心人物**，正是这种认识使我们倍感**轻松**！

人类的发展：

1. 获得对大自然的控制力并**为此**获得一定程度的自制力。在与大自然和"野兽"的斗争中为了使人取得成功，道德是必要的。

2. 当人们已获得了对大自然的控制力时，人们就可以利用这种力量来自由地进一步造就**自己**：权力意志作为自我提升与增强。

64

什么是"被动"？抵抗与反应。向前的运动**受到阻碍**：只能采取一种抵抗与反应的行动。

什么是"主动"？壮大力量。"营养"只是派生的，最初的愿望就是吞并一切。"生殖"只是派生的，扩张是原初的，当扩张的意志没有能力对整个占有物进行组织时，一种**反向意志**就开始发挥作用，它从事分裂活动，经过一场与原初意志的斗争形成一个新的组织中心。

快乐就是力量感（以不快乐为前提）。

65

一切思维、判断和感知作为**比较**都以"**混同**"为前提，更早的时候则以"**同化**"（Gleichmachen）为前提。同化就是化为己有，例如变形虫对已占有的物质的吞食。

回忆是事后的，因为同化的欲望已受到了**抑制**，差异得到了保持。回忆就是归类和装箱，它是主动的—— 谁？

66

不理智的倾向之价值。例如母爱、对"作品"的爱等都**不是**"利他主义的"！

67

不必对人类进行"道德教育"，必须对人类进行关于谬误的强制教育，因为"真理"令人厌恶并使人失去了对生活的兴趣，倘若人尚未进入正确的**轨道**并以一种悲剧的高傲来承受诚实的**认识**。

68

生理学家和哲学家同样相信，当**意识**清晰的程度**增强**时，其**价值**也随之增长：最清晰的意识、最有逻辑性和最冷静的思维是**第一流的**。但这种价值是由什么东西决定的呢？就**引发意志**而言，最肤浅的、**最简单化的**思维就是最有用的思维（因为它留下的动机很少）—— 它只能这样。请注意。

行动的准确性与**有远见的**大致判断的**预防性**相反：后者受到了**较深层**的本能的引导。

请注意。**价值**是按照有用性的**广度**来**衡量**的。

69

我们的激情与癖好要得到满足，**为此**它们要主宰理智。

70

1. 历史哲学。

2. 心理学。

3. 古希腊人的文化。

4. 道德哲学。

5. 古希腊哲学史。

虚无主义：一种总体评价（道德评价）的没落。缺乏新的阐释力。

关于价值的历史。

权力意志及其各种变形。

迄今为止的道德意志是什么：一所学校。

永恒轮回乃锤子。

71[265]

欧洲的虚无主义

1887年6月10日于伦策海德[266]

一

基督教的道德假说提供了哪些**好处**？

1. 与变易和消亡之河中人的渺小与偶然相反，基督教道德赋予人一种绝对的**价值**。

2. 它有利于上帝的律师，因为尽管存在痛苦与罪恶，它依然承认世界具有**完美性**，人具有意志"自由"，罪恶于是有了**意义**。

3. 它为人确定了一种对绝对价值[267]的**意识**，并恰恰为了这种最重要的事物给了**人相应的认识能力**。

它防止人蔑视作为人的自己，防止人袒护生命，防止人对认识丧失信心：它是一种**自我保存手段**。——总之，道德是针对理论上的和实践上的**虚无主义**的伟大**解毒剂**。

二

但在道德所培养的各种力量中有一种力量叫作"**诚实**"（Wahrhaftigkeit）：**诚实**终于开始反对道德，它发现了道德的**目的论**，揭露了道德的**利己主义**——它认识到了长期以来根深蒂固的道德谎言，它拼命地摆脱谎言，现在这种认识恰好作为虚无主义的刺激剂开始发挥效力了。一方面，现在我们正在查明由长期的道德解释培植起来的各种需求，我们现在觉得它们都是对谎言的需求；另一方面，价值似乎依赖于这些需求，正是为了这些需求我们才忍受生活的。在**不**应该重视我们所认识到的真相与再也不**可以**重视我们想对自己说的道德谎言之间形成了对抗，这种对抗引发了一种解体过程。

三

实际上我们不再那么需要一种针对**最初的**虚无主义的解毒剂了：在我们欧洲，生活不再那样不确定、偶然和荒诞了。人的**价值**与苦难的价值，现在不太需要类似这种价值极大的**提高**了，我们能够忍受这种价值的**锐减**，我们可以承认许多荒唐和偶然的事件：人类已获得的强大**力量**现在允许我们**削减**那些教育手段，道德解释曾经是其中最强大的手段。"上帝"乃是一种过于极端的假设。

四

但极端的观点没有被温和的观点取代，而是被**相反的**、另一种极端的观点所取代。当人们无法保持对上帝和对一种本质上的道德秩序的信仰时，对自然的绝对非道德性和对人生无目的与无意义的信仰就是心理上必然的**情绪**。现在出现了虚无主义，**并不是**因为人们对人生的反感比过去更大，而是因为人们已经不相信受苦有一种"意义"，即不相信人生有一种"意义"。**一种**解释破产了；因为它被视作**错误的**解释，所以看起来人生似乎就毫无意义了，一切似乎都是**徒劳的**了。

五

有人认为这种"徒劳"是当代虚无主义的特征，这种观点还有待证明。对我们过去的价值评判的怀疑不断增强，最后聚焦到这样一个问题："所有的'价值'难道不是诱饵吗，不是喜剧得以拖延下去然而又完全无法接近一种答案的诱饵吗？"以一种"徒劳"为特性、无目标无目的的人生的**延续**，这种思想**最令人麻痹**，尤其是当人们知道自己受骗了但没有能力摆脱骗局的时候。

六

让我们思考一下这种思想的最可怕形态吧：生命本身无意义无目的，但必然会重新出现，没有一个灭绝的结局——"永恒轮回"。

这就是虚无主义的最极端形式：虚无（"无意义"）永恒！

佛教的欧洲形式：知识与力量的能量**迫使**人们接受这种信仰。它是所有可能的假说中**最科学的**假说。我们否认最终目的：如果人生有一种最终目的[268]，那么它肯定已得到了实现。

七

现在我们明白了，这种思想追求的是泛神论的对立面：因为"万物都是完美的、神性的和永恒的"，这样的泛神论也会迫使人们接受**一种对"永恒轮回"的信仰**。问题是：泛神论对万物的这种肯定态度会因为道德而破产吗？严格来说，虚无主义只是放弃了道德的上帝。设想一个"超越善恶的"上帝[269]有意义吗？**这个**意义上的泛神论是可能的吗？如果我们去除这个过程中的目的观念，我们**仍然**还能肯定这个过程吗？—— 如果在这种过程之内该过程的每时每刻都有某种东西得到了**实现**—— 总是同一个东西得到了实现，那么我们就能肯定这个过程。

斯宾诺莎赢得了对宇宙万物的一种肯定态度，因为每一时刻都有一种**逻辑的**必然性：他以其逻辑的基本本能战胜了**这样**一种世界性质。

八

但斯宾诺莎的情况只是一种个例。作为每个事件的基础并在每个事件上表现出来的**每种基本特征**—— 如果它被某个个人视作**他自己的**基本特征—— 都会驱使这个人欢欣鼓舞地赞扬"普遍人生"（Dasein）的每一个瞬间。关键在于我们要兴致勃勃地把我们的这种基本特征视作好的和有价值的。

九

现在**道德**已经保护了被压迫者及其阶层的人生，使他们摆脱了绝望和虚无，这些被压迫者受到了**强人**的虐待与压制：因为面对强人的软弱无力—— **不是**面对大自然的软弱无力—— 导致弱者最绝望的悲观厌世。道德把统治者、施暴者和"主人"当作了敌人，它必须保护普通人不受统治者的损害，换言之，普通人必须首先得到**鼓励与增强**。因此道德教导普通人最强烈地**仇恨与蔑视**统治者的基本特征：**他们的权力意志**。如果要废除、否定和瓦解这种道德，就必须给这种最可恨的权力欲配备一种与道德**相反的**情感与评价。倘若受苦者和受压迫者**失去了信仰**，失去了对他们有**权利**蔑视权力意志的信仰，那么他们就会进入毫无希望的绝望阶段。如果这种基本特征就是生命的本质，如果观察的结果表明即使那种"道德意志"也只是伪装的"权力意志"，那种仇恨与蔑视仍然是一种权力意志，那么上述情况就会出现。受压迫者就会认识到：他们具有和压迫者**一样的立足点**，在压迫者面前他们没有**特权**，没有**较高的地位**。

十

其实恰恰**相反**！除力量的强度外，生活中的其他事物都是没有价值的——如果生命本身就是权力意志的话。道德保护了**失败者**，使其不至于陷入虚无主义，因为道德给予了**每个人**一种无限的价值，它把每个人纳入一种宗教秩序之中，而这种秩序与世俗权力和世俗等级之秩序不相符：道德教导人们要顺从，要谦卑，等等。**倘若对这种道德的信仰破产了，那些失败者就再也找不到他们的安慰了——他们将走向灭亡**。

十一

这种**走向灭亡**表现为一种**自我毁灭**，一种对**毁灭者**的本能的挑选。失败者自我毁灭的**征兆**如下：自我剖析、中毒、麻醉和浪漫主义，尤其是那种本能的强迫行为，失败者用这种挑衅行为把强大者变成了他们的**死敌**（仿佛他们为自己培养了杀死自己的刽子手）。弱小者**追求毁灭的意志**乃是一种更深层的本能的意志，即自我毁灭本能的意志，**求死的意志**。

十二

虚无主义乃是失败者不再有安慰的征兆：他们为了自我毁灭而毁灭他人，由于脱离了道德，他们再也没有理由向强大者"屈服"了—— 他们立足于相反的原则，他们本身也**追求权力**，他们**逼迫**强大者屠杀他们。这就是佛教的欧洲形式，就是在所有的人生失去"意义"之后的**"毁灭行径"**（Nein-thun）。

十三

"苦难"根本没有变大：恰恰相反！当人类处于可怕的、灾难深重的不幸阶段时，"上帝、道德和顺从"曾经是救世良药；**主动虚无主义**[270]则出现在更好的社会状况下。人们觉得道德已被克服，这种感觉乃是以一种相当程度的精神文化为前提的，而这种精神文化又以一种相对舒适的富裕生活为前提。各种哲学观点的长期斗争最终使人们对哲学产生了绝望的怀疑并造成了一种精神的疲倦，这种精神疲倦同样没有表明那些虚无主义者具有**较低的**水平。我们可以回想一下佛陀出现时的情况。永恒轮回的学说或许有**博学的**前提（正如佛陀的学说是一门高深的学问，如因果概念，等等）。

十四

现在，何谓"失败"？首先是**生理上的**而不再是政治上的失败。欧洲所有阶层中**最不健康的人**的类型乃是这种虚无主义的基础。他们会把对永恒轮回的信仰看成一种**厄运**，经历了厄运的打击之后他们变得无所畏惧：不是被动地寂灭，而是主动地**消灭**在这种程度上无意义和无目的的一切，即使这只是一种痉挛和一种盲目的狂怒，因为他们已经认识到万事万物早已有之，过去也有虚无主义和破坏欲的这种时刻。——**这种危机的价值**在于它能**净化**一切，它能把相似的因素聚集在一起，使它们相互摧毁，它把共同的任务分配给思想方法相互对立的人们——它还把不自信的虚弱者暴露在光天化日之下，从健康的角度促成**一种力量的等级制**：承认命令者就是命令者，服从者就是服从者。这种等级制当然撇弃了所有现存的社会制度。

十五

在这场危机中哪些人将证明自己是**最强者**呢？最强者必将是那些不**需要**极端信条的最温和的人，是那些不仅承认而且热爱大部分偶然与荒诞的人，是那些有正确的人论、能够大幅地降低人的价值而不使人变得渺小和虚弱的冷静者：总之，是那些最健康的人，他们能够对付大多数灾祸，因此不怎么害怕灾祸——是那些**信赖自己力量**的人，是那些以有意识的自豪体现已获得的人的力量的人。

十六

这种人怎么会想到永恒轮回呢？——

72

道德的自我扬弃

诚实

公正，惩罚，同情，等等。

73[271]

善恶的彼岸

后半部分，17个印张。

74

论道德的谱系

一篇檄文

弗雷德里希·尼采 著

冷酷，嘲讽，残暴——这就是智慧对我们的要求：

智慧是一个女子，她永远只爱战士。

——《查拉图斯特拉如是说》

莱比锡瑙曼书局

75

权力意志

重估一切价值的尝试

245

第一卷　论真理的价值

第二卷　从中得出的结论

第三卷　论欧洲虚无主义的历史

第四卷　永恒轮回

76

作为意志的道德

77

格言与箭[272]

弗雷德里希·尼采 著

由作者本人从其著作中搜集整理而成

78[273]

一位非道德论者的格言

79

我只能以某种方式容忍这个平庸的时代。考察一下这个时代是否知道什么是具有**伟大风格**的心理学，这种做法其实毫无意义；—— 有谁哪怕只是以千分之一的热情和痛苦迎合我呢？有谁能够理解我是如何知道这些陌生而重要的事情的呢？……

在二十五岁时就构思出了《悲剧的诞生》，其作者得有多少内心体验啊！

我从未抱怨过我极度缺乏知音：从未有人发出一种相似的声音，没有任何人表达过和我相同的痛苦与愿望。

在我本人所读过的所有文献中，没有哪本书含有和这本书一样丰富的心灵经验，此书既有最宏大的视野，又有最细腻的描述和最精致的形式。其实除了我之外，根本没有人知道和看出这一点。此书的不被赏识源于这个事实：我命中注定生活在一个蠢材得志的时代，并且生活在一个粗鄙的民族之中，这个民族在心理学方面显然缺乏前期培训（它居然是一个被席勒与费希特认真对待的民族！！）。每当我想起罗德[274]之流像蠢驴一样对待我时，我就———

80

最后，我至少要用一句话来指出一个惊人的、尚未暴露的事实，一个逐渐、只是逐渐得到查明的事实：迄今为止没有比道德问题更为根本的问题，道德问题是所有其他问题的推动力，在迄今为止的价值王国里所有伟大的设想（如通常被称作"哲学"的一切构想，这种构想从上至下直到最后的认识论前提）皆源于道德的推动力。**然而还有一些比道德问题更为根本的问题：只有在我们抛弃道德偏见之后，这些问题才会在我们的视野中出现……**

81

1. 伟大的风格

不加掩饰的本色：对趣味进行心理学净化。

2. "蚂蚁"无法成长为综合型的人。

我们的社会只是**代表了**教养，但缺少"有教养的人"。

3. 日本的切腹自杀。

4. 为**认识者**重新赢得**感情**用事的权利。

82

法律只产生于有契约的地方；而为了能有契约，就必须存在某**种权力平衡**。如果缺乏这种权力平衡，两种差别太大的"权力量"（Macht-Quanten）就会相互冲突，较强者就会侵犯较弱者并不断地削弱较弱者，直到最后出现征服、适应、顺从和吞并为止：出现合二为一的结局。如前所述，为了让二者始终存在，就必须有一种平衡，因此一切法律皆源于一种先行的权衡。如果我们用手持一个天平的形象来表现公正，那么这种做法是很糟糕的，因为它具有欺骗性。正确的比喻应该是这样的：让公正站在一个天平的中央，使它能够**保持**两个秤盘的**平衡**。但人们以错误的形象表现了公正，还让公正说了一些错话。公正不说"各得其所应得"，而总是说"你对我怎样，我就对你怎样"。两种有相互关系的权力都对那种肆无忌惮的权力意志加以抑制，它们不仅相互给予对方**平等的**地位，而且**愿意**平等，此乃人间一切"善良意志"的开端。一个契约不仅包含对一种**持存的**权力定量的单纯肯定，而且同时还包含一种意志，

248

即要把双方的这种定量当作一种**永久之物**来加以肯定，并借此在一定程度上来维护自己：如前所述，该契约中隐藏着一切"善良意志"的**萌芽**。

83

在此，我们暂时不是从艺术家的角度而是从观众的角度出发来考察审美状态[275]这个问题，因此首先有必要说明，它**并非**下述问题："何为静观状态[276]以及这种状态是如何可能的？"以前的哲学家们无意间**混淆了**静观状态和审美状态，他们认为这二者是一码事。然而静观状态其实只是审美状态的一个前提而非审美状态本身：它只是审美状态的条件，但我必须立即补充说一句，它并非这种意义上的条件，就好像它是审美状态的真正原因和"生成根据"（Werdegrund）一样。下述断言也许是完全错误的：观众得以进入"审美"状态的唯一的"必要性"与那种以静观状态为结果的"必要性"是完全不同的，如前所述，尽管后者是前者的前提，尽管观众必须达到静观状态以便审美状态能够出现。然而在清扫了地面之后，同样可以很好地———

84

尽可能观察更多的**国际势力**—— 为了**熟练**掌握**世界视角**。

85[277]

每年写五章。

86

正如贝都因人[278]所言："青烟在某些方面也是有益的。"——
因为它告诉在路上的旅人，附近有一个好客之家。

87[279]

为了让一个人超越人类，其他人必须付出昂贵的代价。
—— 孟德斯鸠

88

犹太人的历史对"理想主义者"的产生而言是很典型的。"上
帝与以色列"结盟。（1）改善：正义的上帝只与正义的以色列结
盟。（2）但最后上帝还是爱以色列，即使它受苦受难，即使它由
于其罪孽而受苦受难，等等。

古代以色列与塔西佗[280]笔下的德意志人一样，贝督因地区的阿
拉伯人与科西嘉人也一样。德布罗斯[281]院长访问热那亚时的热那亚
人和当代热那亚人也相同。

89

我们时代的欧洲人似乎是**最高的人的类型**，此说**大谬不然**。恰恰相反：文艺复兴时期的人比我们更高级，古希腊人亦然。我们的层次也许**相当低**："理解"不是最大力量的标志，而是**极度疲乏**的标志；**道德化**本身就是一种"**颓废**"。

90

1809年2月2日，拿破仑对罗德尔[282]说道：

"我呀，我爱才；但我爱的是**艺术家**身上的才能……我爱才能，**就像一位乐师爱他的小提琴**；我爱才，目的是让才子拉出声音、和弦与和声。"

91

《两世界评论》[283]，1887年2月15日。泰纳[284]：

"他突然显示出了控制力：被政治家遮蔽的艺术家终于脱颖而出，他按照理想和非现实来创造。人们再次认清了他的本来面目：但丁和米开朗基罗去世之后的兄弟。实际上，在想象的清晰轮廓方面，在梦的强度、连贯性和内在逻辑上，在沉思的深度上，在其构想的无比宏大上，他都和他们并驾齐驱。他和他们旗鼓相当：他的天才具有相同的等级和相同的结构，他是意大利文艺复兴三个最伟大的思想家之一。"

请注意———

但丁，米开朗基罗，拿破仑———

92

论高等人或查拉图斯特拉的诱惑

弗雷德里希·尼采 著

93

哲学家狄俄尼索斯
一篇梅尼普斯式讽刺[285]杂文

弗雷德里希·尼采 著

94

对抗问题，其解决最终取决于意志（取决于力量——）。

1. 人的**强大**与**种族延续**之间的对抗

2. **创造力**与"**人性**"之间的对抗

3. ———

95

从内心的最深处发出了这种呼唤之后却听不到回答的声音，

这种**最可怕的**经历可以毁灭最顽强的人：它切断了我与活人的一切联系。

<h1 style="text-align:center">96</h1>

<h2 style="text-align:center">对古希腊人的一些看法[286]</h2>

带有献给雅各布·布克哈特的一篇前言

弗雷德里希·尼采 著

<h1 style="text-align:center">97</h1>

1. 欧洲的虚无主义。
2. 迄今为止的道德敌视生命。
3. 迄今为止的道德本身是"不道德的"。

<h1 style="text-align:center">98[287]</h1>

一

人这个类型如何才能提升到最壮美和最强大的等级呢？谁若思考这个问题，谁就会最先明白他必须摆脱道德偏见：因为就其本质而言道德追求的是强力的反面，当那种壮美的运动顺利发展时，道德就试图阻碍它或摧毁它。实际上这种壮美的发展会利用和消耗掉大量的普通人，以至于非常自然地出现一种相反的运动：那些较弱的、娇嫩的、平庸的人不得不结党自保，共同反对生命与力量的荣光，为此他们必须独自建立一种新的评价机制，以谴责最旺盛的生命并尽可能地摧毁它。由于道德要打倒最强大的生命类型，因此它必然具有敌视生命的倾向。

99

请注意：

1. 通过消除"自我"从而使**美学**符合**非利己的伦理学**（作为伦理学的准备）的尝试；

2. 使美学符合**认识**（纯主体，"客体的纯粹镜子"）的尝试。

—— 与此相反：审美观照中的客体是彻底**伪造的**。

"纯粹的、无意志的、无痛苦的、无时间的认识主体"。

—— 这完全不是"认识"！

—— **强调**一个客体上面一切有利因素（并除去多余部分）的意志，这一切因素有利于意志达到**自我满意与自我和谐**。

虚构和臆想出一个世界，有了这个世界我们就可以在我们最内在的需求方面获得**自我肯定**。

颜色、声音、形象与动作—— **无意识的记忆**在活动，记忆中保存了这些品质（或组合）的有用特性。

一种全神贯注的和兴致勃勃的对事物的**臆想**。

一种根本的伪造，一种对只起确定和认识作用的**客观**感觉的**排除**。

对典型的简化和强调—— 享受那种通过**置入意义**的征服。

在想象中排除观照对象（如一道风景或一场雷雨）所具有的一

切有害因素和充满敌意的因素。

审美观赏者**同意**一种**征服**，他的所作所为是他通常对外物所做的事情的反面—— 他放弃了怀疑，不防御—— **一种例外状态：信赖的、敬畏的、温柔的接受。**

意志

对**原因和典型**（主导因素）感兴趣。

100

关于**对理想的批判**：以废除"理想"一词的方式开始批判——对"**愿望**"进行批判。

101

我们可以听一下一位可怜的无政府主义叫兽[288]的说教，他朝整个历史喷出了仇恨的毒液，他想劝说我们去当丑化历史的历史学家。

102

生活在蠢驴们中！

103

二十六岁时就写出了《悲剧的诞生》的作者，其体验肯定相当丰富！

但人们不可以朝一位教授发出嘘声：这种毛病一点也不礼貌。

105

良心若肯定了一种行为，这种行为就是**善良的**！就像因为一位艺术家非常喜欢他的作品，这件作品就是美的！"**价值**"竟然取决于行为者的伴生**快感**！（—— 谁能够分清楚其中的虚荣心、固守传统和其他因素呢！）

另外，所有有价值的**重大**行为都是在**没有**良心肯定的情况下做出的……

我们必须注意，要按**客观**价值来进行判断。集体"利益"是一种客观价值吗？是的，但它往往又和集体的"快感"混**为一谈了**。一种对集体起刺激作用的、首先引起不快感的"恶行"就这点而言也许是一种颇**有价值**的行为。

106

反对群氓道德。向它宣战。

107

批判"公正"，批判"在法律面前人人平等"。公正和平等究竟要**消灭**什么呢？消灭紧张、敌意和仇恨。—— 但若认为这样做就增加了"幸福"，那就大错特错了：科西嘉人[290]比大陆人享有更多的幸福。

108

以群氓而**不是**以少数个人为目的，这是一个**根本错误**！群氓是手段，仅此而已！然而现在人们试图**把群氓理解成个人**，并且赋予群氓高于个人的地位—— 此乃最严重的误解！！！把培养群氓的同情看成我们天性中**更有价值**的方面，同样是误解！

109

今日巴黎好奇的诗人和小说家都是嗅觉灵敏的狗，他们睁着兴奋的眼睛跟踪"女人"，刺探她的最不可告人的隐私与秘史。

110

居里[291]《道德神学概要》（雷根斯堡，1862）

斯泰因《静修士研究》[292]（1874）

布瑞德[293]《催眠术》（德译者为普赖尔，1882）

克雷默尔[294]《东方文化史》（1875/1877）

　　　　《伊斯兰教普遍观念史》（1868）

　　　　《伊斯兰教简史》（1873）

第六章
1886 年夏至 1887 年春

1

如果你有一颗勇敢而坚强的心，那么你就可以享用这个珍贵的非道德奢侈品[295]了。

尾声与终曲。

2[296]

好坏的彼岸？
一篇哲学檄文
（对新近出版的书《善恶的彼岸》的补充与解释）

弗雷德里希·尼采 著

3[297]

七篇前言

附录：《自由鸟公子的歌》

"我住在自己的屋子里，

从未模仿任何人任何事，

并且嘲笑每位大师，

那些从不自嘲的大师。"

弗雷德里希·尼采 著

莱比锡弗里茨施书局出版

4²⁹⁸

前言与后记

我的著作谈论的只是我自己的体验—— 幸好我的体验十分丰富—— 我全身心地体验生活，为何要隐瞒我的体验呢？我的书表现了"最本真的我"（ego ipsissimus），换一种高傲的说法，表现了"最特别的我"（ego ipsissimum）。但我总是需要几年的时间距离来感受那种专横的欲望和力量，这种欲望会促使我去描写所有的那种体验和所有的那种**幸存的**状态。就这点而言，我的所有著作—— 除了那个唯一的、重要的例外—— 都是对过去的**追溯**。有些著作如前三篇《不合时宜的沉思》²⁹⁹的构思甚至比此前出版的那本书《悲剧的诞生》的体验期与成形期还要早：一位比较细心的读者经过细致的观察和比较肯定会发现这一点。在第一篇《不合时宜的沉思》中，我怒斥老朽的大卫·**施特劳斯**³⁰⁰，抨击他的德意志狂、愚钝和自我欣赏，并借此发泄了我在大学时期对德国教育和"市侩文化"（Bildungsphilisterei）的强烈不满。在第二篇《不合时宜的沉思》中，我说了一些反对"历史病"的愤激之词，那时我已学会了从病中**痊愈**，因此我根本不愿意在未来放弃"历史学"〔这一点有待证明（Quod demonstratum est）——〕。当我在第三篇《不合时宜的沉思》中表达我对我的第一位和唯一的一位导师阿图尔·叔本华的感谢时—— 今天我还要对他表示更强烈的感谢—— 我本人正处于对道德主义的怀疑和消解之中，正如俗语所说，那时我"什么也不再相信了"，当然也不相信叔本华了。就在那时我完成了一本秘密的小书《论非道德意义上的真理与谎言》[301]，—— 然而早在《悲剧的诞生》及其宣讲的**酒神精神**中，叔本华的悲观主义显然已被克服了。我在首届拜罗伊特[302]歌剧节上为庆祝理查德·瓦格纳的胜利而发表的充满敬意的祝词—— 拜罗伊特意味着这位艺术家所夺取的最大胜利—— 同时又是一篇表示疏远和宣布脱离关系的文章。这一点瓦格纳本人绝不会弄错：只要作者还在爱，他就不会描绘出这种"肖像"，他就不会有距离地"观察"—— 作者在上述小书第46页中写道："每个认真进行自我反省的人都知道，观察本身都包含着一种神秘的**敌意**，一种**对视**的敌意。"为了能谈论经年累月内心最深处的孤独与缺乏，我需要沉着冷静，这种冷静终于出现在《人性的，太人性的》一书之中，书中流露出心理学家的快乐、好奇与冷酷，他独自查明了大量纯粹的事实、真实的"命运"（fata）、各种痛苦以及他的过去，并用针狠狠地**戳穿**了谎言—— 众所周知，人们在做这种工作时手指头肯定会扎出血来……最后我要说一说，这本书的读者在我刚给出的暗示的指导下必须做好什么样的心理准备：这本书的情况—— 其最后部分以此得到阐明—— 和迄今为止我的所有著作的情况一模一样，即它是**我过去的经历**的一幅画。作为本书基础的各种思想、最初的笔记和各种草稿都属于我的过去，即属于《查拉图斯特拉如是说》的神秘的形成时期。由于这种同时性，我可以给出一些有用的提示，以便读者更好地理解上述那本**难懂的**著作。我尤其要给出一些有助于理解其产生的提示：成书过程很重要。那时这些思想有利于我恢复健康，或者被我用在一种非常大胆而有责任感的冒险行为中的自我审问和自我辩护：但愿读者使用这本思想之书也能达到相似的目的！这本书也可以作为一条非常曲折的步行小路，它总是不知不觉地把读者引向那片危险的火山区，那片火山区就是查拉图斯特拉福音的发源地。尽管这首"未来哲学的序曲"确实没有也不应该为查拉图斯特拉的言论做出解释，然而它也许制成了一份暂时的词汇表，《查拉图斯特拉》最重要的概念创新和价值更新都出现在该词汇表中，并且得到了命名（《查拉图斯特拉》乃是世界文献史上一次史无前例的事件，它没有范本，不可比拟）。最后，各位尊敬的读者，如果这些概念名称不讨你们喜欢，不能诱惑**你们**，甚至如同**地面上的**"足迹"（vestigia terrent）……那么是谁告诉你们我另有所图？我请求你们尊敬我的儿子查拉图斯特拉；只有极少数人**可以聆听**他的教导。你们可以嘲笑我——他的"父亲"，正如我自己嘲笑自己那样：嘲笑他人和自嘲甚至会使我感到幸福。请允许我使用我房门上的一首诗来概括我已说过的一切：

> 我住在自己的屋子里，
>
> 从未模仿任何人任何事，
>
> 并且嘲笑每位大师，
>
> 那些从不自嘲的大师。

5

《诗人与旋律：关于希腊教会圣歌写作中的重音节奏之起源的研究》。艾德蒙·布韦[303]神父著。《全集》第16卷，共384页。尼姆，圣母升天书局1886年版。

威廉·迈尔[304]《拉丁与希腊节奏诗的开端与起源》。巴伐利亚王家科学院论文，1884年。

巴尔贝·多尔维利[305]《作品与人》第8卷：《历史感》。巴黎，1886年版。

6[306]

原则。

致逻辑学家。

关于力量感的学说。

反对理想主义者。

反对现实的信徒。

对天才的解释。

美德的可疑之处。

向恶致敬。

艺术家问题。

政治学。

女人与爱情。

各民族与"人民"。

音乐与乐师。

关于对宗教的批判。

有才智的人。

孤独。

7

论哲学家的心理。一个人长期沉溺于"抽象"（abstractis），其心情怎样？柏拉图感受到的清冷效果；印度人所追求的，或许也感受到了的催眠效果。印度教苦行僧通过一切可能的手段达到无感情的状态的愿望是否就是进入唵[307]的渴望？斯多葛派是否同样如此？——粗俗的感官快乐与思辨的玄想并存。

8

假如我们把我们感觉的灵敏度增加十倍或减少十倍，那么我们就会灭亡。感觉方式与自我保存可能性的中介相关。我们感觉到的大小和远近亦然。我们的"方式"（Formen）—— 只有我们人类才能以这种方式感知世界而其他的生物则无法感觉—— 我们的生存条件规定了最普遍的法则，在这些法则的范围之内我们能够看见、**可以**看见各种形式、形态和规律……

9

如果人类命运的整个历史没有目标，那么我们就必须设立一个目标：前提是我们**需要**一种目标并且我们已经识破了一种内在目的与目标的幻想。我们之所以需要目标，是因为我们需要一种意志——意志是我们的支柱。我们用"意志"取代"信仰"，即取代天命观：有一种**神的**意志，神意安排我们的命运……

10

如果我们不想败坏哲学的名声，那么我们就不要再说蠢话了。例如"世界进程"的概念：我们对它一无所知。"世界"概念乃是一个"极限概念"（Grenzbegriff）：我们用这个词来表达一个笼统的领域，我们把我们所有必然的无知全都打发进了这个领域。

11

虚构范畴的发明能力是为需要服务的，它服务于安全的需要，服务于快速理解的需要，基于符号和声音、采用简化手段的快速理解——"实体[308]""主体""客体""存在"和"变易"都和形而上学的真理无关。—— 是强者使事物的名称变成了法则，而强者中最伟大的抽象艺术家则创造了范畴。

12

群氓觉得强者的某个特性越危险，他们就会越彻底地排斥它。这是诽谤史的一条定律。今天他们也许还要给可怕的势力戴上各种枷锁。（参见《人性的，太人性的》下卷结尾。）

13

我们终将扔掉形而上学最古老的古董，倘若我们**能**扔掉它们——这些古董已并入语言和语法范畴之中，它们已变得如此不可或缺，以至于似乎会产生这种结果：倘若我们放弃了这种形而上学，我们就无法进行思维了。哲学家们恰恰很难摆脱对理性的信仰，他们认为理性的基本概念和范畴早已属于形而上学的确定性的王国。自古以来他们就相信理性乃是形而上学世界本身的一部分，——这种最古老的信仰犹如一种顽固的旧病，屡屡在他们心中发作。

14

质是我们无法超越的限制；我们可以排除一切障碍，把纯粹的量的差异感受为某种与量完全不同的东西，即感受为质，也就是再也无法相互还原的性质。然而使"认识"一词具有意义的一切事物都与量有关，量乃是可以计算、称量和测量的领域——与之相反，我们所有的价值感（我们的感知）恰恰附着于质，即附着于我们的、只属于我们的视角主义"真理"，而真理是绝对不能被"认识"的。很明显，所有与我们不同的生物感受到的是不同的质，因此它们生活在一个与我们生活的世界不同的世界里。质是我们人类真正的特异反应特性：要求我们人类的解释与价值就是普遍价值或基本价值，这种要求属于人类天生的自大狂，自大狂在宗教领域依然拥有稳固的根据地。与此相反，量"本身"并没有出现在经验中，我们的经验世界只是一个质的世界，因此逻辑学和应用逻辑学（如数学）都属于起到整理、征服、简化和缩略作用的权力的统治手段，这种权力就叫作生存，换言之，逻辑学和应用逻辑学都是实用性的和功利性的学科，其目的在于保存生命，因此它们根本不是什么"真实的东西"，这些道理还需要我补充说明吗？

15

千万不要在事物中寻找意义，而是要把意义**赋予**事物！

16

如果人们有理想，还要思想干什么？有美好的情感足矣。

17

我说的是愿望，不是理想。

18

我们不再吃道德菜了；这样一来我们也就不再从道德出发"行善"了。

19

现象狂（Phaenomeno-Manie）。

20

没有鼻子或患伤风鼻塞的思想家，我把这种思想家称作阉牛[309]。

21

有一种理想几乎排斥了有思想。在某个合适的场合有一双美目和美好的情感就够了，尤其重要的是，时而干一件不可原谅的蠢事。

如果人们有理想，那么思想还有何用？有美目、丰满的胸脯和时不时干一件最不理智的蠢事就够了。

22

置身于未来的艺术家之中。 —— 我看见这里有一位音乐家[310]，他说着罗西尼和莫扎特的语言犹如说自己的母语，也就是那种温柔的、放纵的、时而柔软时而喧闹的音乐"口语"

（Volkssprache），这种戏谑的音乐语言对一切事物包括对"粗俗的品位"都很宽容，—— 他没有看见一位未来艺术家的微笑，一位爱挑剔的、狡猾的晚辈的微笑，这位晚辈打心底里不断**嘲笑**美好的旧时代及其美好的、陈旧的老式音乐；但他的微笑充满了爱与同情……怎么了？难道这不是我们今人对过去的遗产的最好态度吗？—— 我们以这种方式充满感激地回顾过去，模仿"古人"，兴致勃勃地爱着祖辈的所有光荣与耻辱，爱着我们的文化源头，在尊敬中混杂着一丝微妙的蔑视，没有蔑视，所有的爱很快就会腐败、霉烂、变得"愚蠢"……也许我们可以期望和设想**词语**世界里也将出现类似的情况：未来将出现一位大胆的"诗人哲学家"（Dichter-Philosoph），他是一位过于狡猾、来得太迟的"晚辈"，但他能够说以往的大众道德家和圣人的语言，他说起话来如此无拘无束，如此淳朴，如此热情，如此诙谐和直接，仿佛他本人就是"粗人"中的一员；但他也可以给那些听觉异常灵敏的人提供一种空前的享受，即让他们听见和知道此时究竟发生了什么事，—— 现代思想最世俗的、最彻底的无神论形式在此是如何不断地被回译为远古时代淳朴的情感语言的，在他们知道了详情之后让他们来分享这位高傲的骑手隐秘的成功的快乐，该骑手曾面对着高高的障碍物，曾面临诸多困难，但他终于跳过了障碍，战胜了不可能本身。——

23

我认为下述两种说法都不重要。今天有一种人以哲学怀疑的谦虚态度或宗教的顺从态度说道："我不知道万物的本质。"而另一种更勇敢的、尚未完全学会批判与怀疑的人则说道："在某种程度上我不知道万物的本质。"对这两种人我必须直言，他们预先规定了无论如何他们都必须知道许多事情，他们想象自己应该知道得更多，好像他们所假设的那种区分是正当的，也就是那种"万物的本质"与现象世界之间的区分。为了能进行这种区分，我们就必须设想我们的理智具有一种矛盾性：一方面，理智必须为从视角出发的观察做好准备，以便我们人类的本质能够在生存中得到保持；另一方面，理智同时又具有一种能力，即把这种视角观察理解成视角观察、把现象理解成现象的能力。也就是说，理智拥有对"实在[311]"的信仰，好像它就是唯一的实在一样；同时理智又具有对这种信仰的认识，它认识到，就一种真实的实在而言，这种信仰只是一种受到视角限制的信仰。然而在具有这种认识的人看来，这种信仰就不再是信仰了，作为信仰它已破灭了。简言之，我们不可以如此矛盾地设想我们的理智，以至于它既是一种信仰，同时又是对这种信仰本身的认识。我们应该废除"自在之物"，并同时废除那个最模糊的概念，即"现象"概念！现象和本质的整个对立和那种更古老的对立，即"物质与精神"的对立一样，已被证明是无用的。

24

现在这种命运左右着欧洲：恰恰是那些最强大的欧洲之子难得春风得意，他们只能大器晚成，他们中的大多数在青年时代就已悲观厌世，心灰意懒，阴郁消沉，只是因为他们喝了失望之酒—— 它在今天就是**认识之酒**—— 他们以全部的强烈激情痛饮了失望之酒。假如他们没有经历过最大的失望，他们就无法成为最强者！因为这是对他们的力量的检验：只有彻底摆脱了时代病，他们才能获得**他们的健康**。**迟到的**春天乃是他们的标志；需要补充的是：还有迟到的痴呆，迟到的愚蠢，迟到的狂放！我们的**青春**出乎意料地来临，我们推迟了生命的四季。但愿我们能明白，谁和我们是同类，谁和我们一样对自己感到万分惊奇。因为今天的情况非常危险：我们青年时代所热爱的一切都欺骗了我们；我们最后的爱，我们对真理[312]的热爱，让我们承认了这个事实——我们要留神，不要让这种爱再欺骗我们！——

25

对迄今为止的悲观主义的批判。

拒绝幸福论的观点，对它的拒绝最终可以归结为这个问题：它有何**意义**？对阴郁[313]的还原。——**我们的**悲观主义：这个世界不值得我们信赖，——我们的信仰[314]本身大大提高了我们的认识欲，以至于我们今天**必须**说出这种观点。首先，与我们的信仰相比这个世界价值较低：我们首先对它有这样的**感觉**。——只是在这种意义上我们才是悲观主义者，即我们具有变革的意志，我们公开承认对一切价值的重估，我们不再以旧的方式对自己说谎，不再宣讲虚妄之说……恰恰因此我们找到了激情，也许能驱使我们去寻找**新价值**的激情。总之，这个世界可以有比我们过去所认为的价值更大的价值，即我们必须认识到**我们的理想的幼稚性**，也许在我们对这种理想做出最高解释的意识中，我们从未给予我们人类的生存一种适当的、合理的价值。

什么东西受到了我们的**崇拜**？**集体**内部的价值本能（使集体得

以延续的道德价值）。

什么东西遭到了**诽谤**？制造鸿沟的欲望，把高等人和低等人隔离开来的统治欲。

对因果论的批判。

因果论**根本不是**一种解释，它只是一种表述。

它只是一种描述；"前后相继"仍然**有待**解释。

对认识概念的批判。

反对"现象"概念。

我们非常知足：不崇拜未知物；我们刚开始限制认知。探讨纯属错误的、浪费精力的努力。

我们的"新世界"：我们必须认识到，在什么程度上**我们是我们的价值感的创造者**，即我们可以把"意义"放进历史里……

我们心中对真理[315]的信仰得出了它的最后结论—— 你们知道这个真理的内容是什么。—— 如果世上确实有需要崇拜的对象，那么它就是人们必须崇拜的假象。难道谎言—— **而非**真相—— 才是神圣的吗？

26

关于欧洲虚无主义的历史。

永恒轮回学说。

论等级。

对最高的价值感的批判。

其起源：

1. 来自病人和失败者领域。

2. 来自群氓和群氓的本能—— 快乐的和阴郁的宗教。

与之**对立的**价值的萌芽：——

为什么失败了？

批判"好人"（批判**上帝**）。

批判迄今为止的对激情的评价（等级）。

批判迄今为止的各种哲学（它们中有一部分是病态愿望的结果，另一部分则是群氓愿望的结果）。

追求真理的意志[316]

恐惧、懒惰、感性、统治欲、占有欲—— 以及它们的变形。

疾病，衰老，疲惫——

激情（Affecte）**形态学**：把各种激情还原为**权力意志**。

有机功能，被视作权力意志的扩大。

统治性构成物理论：有机体的发育。

群氓：一种过渡形式，一种为了保存**更多元的、更强大的**类型的手段。

"完善"：还原为**类型变强大**。

为何衰落和解体也是一种
"权力意志"？

条件：奴隶制，等级。

在人的有机体中最高的本质类型
表现为**超凡脱俗的激情，命令、
统治**。

什么是"精神性"？

宇宙学视角。

主人类型及其心理

男子汉（胜利的结果）

立法者

征服者

祭司

"牧人"是"主人"的对立面（前者是保存群氓的**手段**，后者
是**目的**，群氓为他而活着）。

高贵

什么是**美**？**胜利**和**主宰**的表现。

《权力意志》写作计划[317]提纲

权力意志

重估一切价值的尝试

1888年8月最后一个星期天

于西尔斯-玛丽亚

我们北极居民—— 此问题的奠基。

第一卷：什么是真理

第一章：谬误心理学

第二章：真理和谬误的价值

第三章：追求真理的意志（只有在生命的肯定性价值中才能得到辩护）

第二卷：价值的来源

第一章：形而上学家

第二章：宗教徒

第三章：好人与改善者

第三卷：价值之间的斗争

第一章：对基督教的思考

第二章：关于艺术生理学

第三章：关于欧洲虚无主义的历史

心理学家的消遣

第四卷：伟大的正午

第一章：生命的原则—— 等级

第二章：两条道路

第三章：永恒轮回

第七章
1886 年底至 1887 年春

〈第一卷：什么是真理？〉
〈第一章：谬误心理学。〉

1

谬误心理学

自古以来我们就把一种行为、性格和人生的"价值"（Wert）与意图和目的勾连在一起，我们为此目的而做事、而行动、而活着。这种古老的趣味之特异反应性最终将发生一种危险的转变，—— 如果事件的无意图和无目的性越来越受到意识的注意。由此看来，一种普遍的贬值即将来临："万事皆无意义"—— 这条忧郁的格言意味着"一切意义皆在于意图，如果全然无意图，那么事物就全然无意义"。按照这种评价，人们不得不把人生的价值寄托于一种"死后的生命"；或者把价值放进观念、人类或民族的持续发展中，或者把它放进超越人类的发展中。然而人们由此陷入了无限进步[318]的目的之中，最终必须确定自己在"世界进程"中的位置（也许在反神灵论者看来，它是一种进入虚无的进程）。

与此相反，"目的"必须受到严格的批判：我们必须认识到，一种行为**绝不是由一种目的引起的**；目的和手段都是解释，在解释时一个事件的某些要点得到了强调和选择，而其他的要点即大部分要点被淘汰了；每当我们为了一种目的而做某事时，往往会出现不同的乃至根本不同的结果。每种有目的的行为，和太阳发出热量的所谓合目的性情况相仿：太大的热量都被浪费了；只有很小一部分才有"目的"，有"意义"——。具有"手段"的"目的"乃是一个非常模糊的图像，虽然作为规定和作为"**意志**"它可以发号施令，但它以一个由服从者和听话的工具组成的系统为前提，这个系统用纯粹的定量取代了不明确性（换言之，我们想象出了一个由能够确定目的和手段的、**比较聪明**但比较狭隘的理智所组成的系统，以便让我们唯一熟知的"目的"能够发挥"一种行为的原因"的作用。其实我们根本没有这样做的权利，也就是说，为了解决一个问题，我们把问题的答案放进一个我们的观察难以达到的世界中了——）。最后，在引起那种合目的行为的各种作用力之变化的序列中，为什么"一种目的"就不能是一种**伴随现象**呢？——为什么它就不能是一个事先被抛入意识的模糊图像呢？这个图像有助于我们了解发生了什么事，它其实是事件的一个征兆，而不是事件的原因。——但借此我们又批判了**意志本身**：我们将作为意志行为而出现在意识中的现象视作原因，难道这不是一种幻觉吗？难道所有的意识现象不是最终现象吗？不是一根链条的最后环节吗？在一个意识平面之内的先后次序中，这些意识现象只是在表面上相互制约。原因有可能就是一种幻觉。——

反对所谓的"意识事实"。观察非常困难；总的来看，谬误也许是观察的条件。

我有意伸出我的胳臂。假如我是一个平民出身的人，关于人体生理学和人体运动的力学规律我所知甚少，那么恕我直言，与起意之后所发生的事情相比，还有什么比这种意图更模糊、更苍白，更不明确的东西呢？假如我是一位最聪敏的机械师，我特别熟悉人体运动力学的那些公式，那么我绝不会按照力学公式伸出我的胳臂。在这种情况下我们的"知"与"行"是截然分离的，似乎它们属于两个不同的领域。—— 另举一例，拿破仑实施一项远征计划——这意味着什么？在此属于计划实施的所有军事秘密都是**已知的**，因为所有秘密都必须被当作命令传达下去。然而实施这项计划也以下属为前提，下属必须解释普遍的命令并使它与眼前的困境以及自己的能力限度等因素相适应。

世界**不是**这样的：生物所看见的世界正如世界向他们所显现的那样。而是这样的：世界是由这些生物组成的，每个生物都有一个小小的视角，他从视角出发来进行测量、发觉、看见或不见。世界**没有**"本质"，"变易"和"现象"就是唯一的存在方式。

"事物在变化"，所有的变化都是有原因的。—— 这种变化观已经假定了某种隐藏在变化背后的东西。

"原因"和"结果"：从心理学角度考察，这是一种用**动词**来表达的信仰，主动与被动，行为与遭受。这意味着：事件被分割为行为与遭受，行为者的假定已经先行。因果论暗藏着对行为者的信仰：**仿佛假如去除了"行为者"的一切行为，还能剩下行为者**

本身。"自我观"总是在此提示台词：所有的事件都被解释成了行为，用神话来解释，一种适应"自我"的生灵———

〈第二章：真理与谬误的价值〉

2

真理与谬误的价值

价值评判的起源：源于我们的需求。

我们是否只能在**较古老的价值评判**中去寻找我们表面上的"认识"的起源呢？这些价值评判已被我们完全采纳，以至于它们已属于我们的基本储备了。那些**新近的需求**是否会和**最古老的需求的结果**发生冲突呢？

世界已被如此这般地观察、感知和解释，因此有机生命在这种解释的视角下得到了很好的保存。**人不仅**是一个个体，而且是某个世系中传宗接代的总体有机物。**人**的持存证明了某种解释（虽然它总是继续发展）也能够持存，而这种解释的体系从未发生过变化。"适应"。

我们的"不满"和我们的"理想"也许就是这种被采纳的解释和这种视角观点的**结果**，有机生命也许会因此而消亡——正如机体的分工同时导致各部分器官的萎缩与衰弱并最终导致整体的死亡一样。和个体的死亡一样，有机生命的**消亡**肯定具有其最高形式。

真理与谬误的价值

（19）[319]

价值评判

1. 作为结果（活力或衰弱）
2. 作为原因

容易误解的解释

化装

作为诽谤的艺术或自我赞美的艺术

受到等级的制约

受到种族的制约

高价值与普通价值

危机时，战争和危险时或和平时

产生于对一种理想的赞颂和对其对立面的谴责。

二者之间的**对抗**：增强与"改善"，

增强个人与增强种族，

增强种族与增强"人类"。

请注意。"创造性"有多深刻？

为何一切**行为**，包括一种**感觉**行为，都和快乐感相连？因为在行为发生之前存在一种阻碍和一种压力吗？或者因为一切行为都是一种征服和控制，都能够产生**力量感的增强**吗？—— 思维的乐趣。—— 最后，快乐感不仅是一种力量感，而且是一种创造的快感和对**创造物**的喜爱，因为一切行为进入我们的意识时表现为对"作品"的意识。

真理与谬误的价值

有位艺术家忍受不了现实，他掉转目光，他回顾，他非常严肃地认为，一个事物的价值在于那种影子般的余韵，在于他从颜色、形态、声音和思想中提取出的残余，他相信，一个物体或一个人越精细、越薄弱、越易逝，就**越有价值：越不实在，价值就越大**。这就是柏拉图主义；然而柏拉图主义者仍然有勇气，有颠倒黑白的勇气—— 他用价值的程度来衡量"实在性"（Realität）的程度，他说道：越接近"理念"，存在就越真实。他歪曲了"真实"概念，他大言不惭地说道："你们所认为的真实乃是一种谬误，而我们越接近'理念'，就越接近真理。"—— 各位明白了吗？这就是**最大的变换**：因为基督教已经接受了它，所以我们就看不见这件咄咄怪事了。柏拉图曾经是一位艺术家，其实他**更喜欢假象**而不是真相；确言之，他更喜欢谎言和虚构而非真实，更喜欢虚妄而非实存，—— 他如此坚信假象的价值，以至于他把"存在""原因""善"和"真理"等属性都赋予了假象，简言之，他把人们注重的所有好品质都给了假象。

价值概念本身被当作了原因：第一条认识。

所有令人尊敬的属性都给予了理想：第二条认识。

〈第三章：追求真理的意志〉

3

追求真理的意志

那些"**不可知论者**"，自在的未知物和神秘物的敬仰者，他们究竟是从哪里获得把一个问号当作上帝来崇拜的权利的？一位藏而不露的上帝也许令人恐惧，但肯定不值得崇拜！这种未知物为什么就不能是魔鬼呢？但"它必须受到崇拜"——讲礼貌的本能如此要求人们：这是英国式的礼节。

先验主义者[320]发现一切人类认识都不能满足他们的心愿，恰恰相反，认识违背他们的心愿并且令人抑郁，——他们天真地在经验之外设定了一个世界，该世界符合他们的愿望，但我们的认识恰恰无法抵达它：他们认为，这个世界就是**真实的世界**，与它相比我们的可认识的世界纯属幻觉。吠檀多哲学[321]早已如此，康德如此，某些美国人亦如此。——对于他们而言，"真实"意味着符合他们心愿的东西。而"真实"在过去则意味着符合理性。

现代最普遍的标志：人在自己的心目中已彻底丧失了**尊严**。长期以来人乃是生命的中心和生存的悲剧英雄；然后人至少开始努力证明自己和生存本身富有价值的决定性方面很相似——正如所有的形而上学家所做的那样，他们要维护**人类的尊严**，他们相信道德价值乃是基本价值。谁若放弃上帝，谁就会更严格地坚持对道德的信仰。

追求真理的意志
削弱激情

A. a. 意志、意图和强烈的欲望属于同一个方向。

b. 目的不太强烈，因为其间出现了手段和途径的观念。

c. "根据"是无欲望的：**根据律**[322]的心理可靠性在于对**意图**的信仰，即相信意图是每个事件的原因。

B. **区分性思维乃是追求占有的意志的恐惧与谨慎之结果。**

对客体的**正确**表象原本只是把握、抓住和**强占**之目的的**手段**。

后来这种正确的表象本身就被当作了一种把握和一种使**满足**得以出现的**目标**。

思维最终被视作**征服**与行使权力：作为组合，作为归类，即把新事物归入旧序列之中，等等。

C. **新事物令人恐惧**：另外，人必须有恐惧，以便把新事物理解为新的。

惊诧是减弱了的恐惧。

熟悉的事物引起**信任**。

"真实"就是给人以安全感的东西。

每当印象出现时，**惰性**（inertia）首先试图进行**混同**，即把新印象与回忆等同起来；惰性要重复。

恐惧教人区分和比较。

判断中残留着**意志**（它应该是这样的或那样的），残留着**快感**（肯定的**快乐**）。

请注意。**比较不是原始行为，混同才是！判断**原本不是信仰即相信某物是如此这般的，而是**意志**，即某物应该是如此这般的。

请注意。**痛苦**是一个否定性判断的最粗糙形式。

快乐是一种肯定。

关于"原因和结果"的心理起源。

追求真理的意志
解释
世界解释何以是一种统治性欲望的征兆。

艺术的世界观：直观人生。但此处缺乏对审美观照的分析，没有把审美观照还原为残酷、安全感、评判行为和置身局外等。我们必须研究艺术家本身和艺术心理学（批判作为精力发泄的游戏冲动，乐于变化，喜欢剖析自己的灵魂，艺术家绝对的利己主义，等等）。哪些欲望被艺术家升华了？

科学的世界观：批判对科学的心理需求。科学要把世界变得可以理解：它追求实用性和功利性，它要榨取大自然——在哪些方面科学是反审美的？只有能被计算、能被估量的事物才有价值。为何一种平庸类型的人想获得优势？如果科学家以这种方式掌控了**历史**，那将是很可怕的——优胜者和整顿者的王国。哪些欲望被科学家升华了？

宗教的世界观：批判宗教徒。宗教徒不一定是有道德的人，而是超尘拔俗和极度抑郁的人，他以感恩或怀疑的态度来阐释艺术与科学而不是从自己出发来推导它们（——道德家也没有——）。

宗教徒在本质上是感到"不自由的"人，他把自己的状态和顺从的本能升华了。

道德的世界观：社会的等级感被放入宇宙之中——坚贞、法则、适应和一视同仁，因为受到了最高评价，所以也在最高处被寻求，高于宇宙，或在宇宙背后，同样———

它们的共同点：这些统治性欲望也想成为最高的价值等级，也想被视作创造力和控制力。不言而喻，这些欲望要么相互敌视，要么相互制服（也有可能相互综合），要么轮流执政。然而它们的对抗性矛盾如此之大，以至于它们只有设想一种极其平庸的人，才能使它们全体得到满足。

对艺术家而言，"美"之所以是摆脱了一切等级制的东西，是因为在美之中所有的对立都被克服了，美是控制了对立面的权力的最高标志；此外紧张也消失了——不再需要暴力了，各种因素都愉快地听命、服从，都做出最可爱的服从的表情——这使艺术家的权力意志感到愉悦。

各种世界解释

及其共同点。

〈第二卷：价值的来源〉
〈第一章：形而上学家〉

4

形而上学家

天真汉：拉门赖斯[323]、米什莱[324]、维克多·雨果。

从对绝对权威的适应过程中最终产生了一种对绝对权威的强烈需要—— 这种需要如此强烈，以至于在一个批判的时代如康德时代它也表现出了对批判需要的优势，而且在某种意义上它善于掌控和利用批判性"知性"（Verstand）的全部工作。在下一代中—— 下一代人的历史本能必然把他们引向了每种权威的相对性—— 它再次证明了自己的优势，例如它利用了黑格尔的发展哲学，利用了改名为哲学的历史学本身，它把历史进步说成是道德观念的自我显示和自我超越。自柏拉图以降，哲学就处于道德的统治之下，即使在他的前辈那里道德解释也发挥了重要作用：阿那克西曼德[325]认为万物的毁灭乃是对它们脱离了纯粹存在的惩罚，赫拉克利特认为现象的规律性证明了整个变易的道德性与合法性。

道德行为的**标准**是什么？它的无私、它的普遍有效性，等等。但这是"学究的道德观"（Stuben-Moralistik）。我们必须研究民众，看看民众的标准每次都是怎样的以及它表达了什么。民众相信"一种道德行为属于我们的首要生存条件"。不道德的则意味着"导致毁灭的"。现在所有发现了这些定律的共同体都已经灭亡了，但个别的定律又重新得到了强调，因为每个新形成的共同体又需要它们了，例如"不可行窃"。在整个社会（如罗马帝国）无法要求共通感的时代，本能于是追求"灵魂的拯救"（宗教术语）或"最大的幸福"（哲学术语）。因为即使是古希腊道德哲学家对他们的"城邦"（πολις）也不再有感觉了。

斯宾诺莎的心理学背景少得可怜！

1. 享乐主义观点得到凸显：**持久的快乐**的本质是什么或快乐的情绪怎样才能长久地持续下去？

只要快乐和某个个别的事物相关，它就是有限的和短暂的；当快乐不再随着事物变化而是处于无变化的相互联系中时，它就变得完美；当我把宇宙变成了我的财产、变成了"我心中的一切"（omnia in mea）时，当我在任何时候都可以对这种"我的一切"（omnia mea）说"我携带着我的一切"（mecum porto）时，快乐就是永恒的。

斯宾诺莎在《知性改进论》（《全集》第2卷第413页）中写道："我已下定决心研究自然，看能否找到某种东西，拥有它将会使我永远享受持久的最高快乐。""对永恒的、无限的存在者的爱使我的内心充满了快乐，这种快乐消除了各种悲哀。""至善就是对我们的精神与宇宙的一致性的**认识**。"

2. 自然的、利己主义的观点：德行就是力量。德行不放弃，它渴求，它不反对自然，而是为自然而斗争；它不消灭而是**满足最强烈的**情绪。善就是增进我们的力量的东西，恶则相反。德行来自对自我保存的追求。"我们所做的一切都是为了保存和增加我们的力量。""我认为德行和力量是相同的。"

目的就是欲望（Finis＝appetitus）。德行就是力量（Virtus＝potentia）。《伦理学》[326]第四部分"界说"（七）（八）。

3. 这位特殊的"思想家"原形毕露。认识成了所有其他情绪的主宰；认识更强大。"我们真正的活动在于思维天性，在于理性思考。渴望活动=渴望合乎理性的生活。"

"我不尊重柏拉图、亚里士多德和苏格拉底的权威"；他把关于"实体形式"（经院哲学表达方式中的"目的"概念）的学说称作"千万句蠢话中的一句"。

费尔巴哈"健康的、生机勃勃的感性"。其著作《未来哲学原理》（1843）。反对"抽象哲学"。

古希腊罗马哲学关注作为自然**目的**的人。
基督教神学把人的拯救视作神意之**目的**。

斯宾诺莎的怪论："我把'痛苦的感觉'（conscientiae morsus）理解成由一个完全令人失望的过去事物的表象所伴随的悲伤。"《伦理学》第三部分，命题十八，附释一和附释二，第147—148页。情绪的界说第17条，第188页。

当期待的结果没有出现并且恐惧突然停止时，作为痛苦反面的快乐就产生了。尽管库诺·费舍[327]持有异议，斯宾诺莎在此"极有可能"（a potiori）选择了"恐惧"这个名称：他把所指对象视作各种"内疚"的客观本质。他肯定**在心中**否认了罪过：那么**剩下来的**"痛苦的感觉"这个事实在他眼里又是什么呢？

如果归根结底万物都是依靠神力产生的，那么万物的本性就是完美的，万物的本性中就没有恶；如果人都是不自由的，那么在人类意志的本性中就没有邪恶；祸害与恶不存在于事物之中，而只存在于人的想象之中。

上帝没有意志、理智、性格和目的。

有些人说上帝**按照**"善的理性"（sub ratione boni）创造万物，斯宾诺莎反对这种说法。这些人似乎假定了某种在上帝之外并且不依赖于上帝的东西，上帝按照善的理性行事犹如按照一种典范，上帝追求它犹如追求一种目的。这确实意味着上帝服从命运：这太荒唐了。参见《伦理学》第一部分，命题三十三，附释二。

每个事件的最后根据："上帝要它发生的。""愚昧的庇护所"（Asylum ignorantiae）。但上帝的意志是人看不透的。这种思维方式使人永远看不见真理，**如果不是数学**（数学不关心目的，它只研究数的本性与特性）**为人提供了另一种真理准则的话**。

笛卡尔说："我曾认为许多事情是真实的，现在我认识到了它们的谬误。"斯宾诺莎说："我曾认为许多事物是**善的**，现在我认识到了它们都是虚妄的和无价值的。""如果有一种真正的、永恒的善，那么我对它的满意同样是持久的和坚实的，我的快乐是永恒的。"

心理学上的错误结论：一物的持久性似乎保证了我对它的善意的持久性！

（"艺术家"彻底缺席。）一位逻辑学家**崇拜其欲求，**他极其迂腐，相当可笑。

斯宾诺莎认为他完全认识了万物。

因此他有**最大的**力量感。认识欲压倒和消灭了所有其他的欲求。

这种"认识"的意识在他身上经久不衰：由此产生了一种"对上帝的爱"，一种人生的快乐，而在一般情况下也就是对**众生**

的喜爱。

所有的不快、悲哀、恐惧、仇恨和嫉妒从何而来？来自同一个源泉：我们对**短暂**事物的爱。随着这种爱的消失，那些欲望的整个族类也就消失了。

"虽然我看透了世上财富的虚妄，但我还是无法彻底摆脱占有欲、感官快乐和虚荣心。但有一点我知道得很清楚：**只要我的精神生活在那种沉思之中，精神就摆脱了这些欲望——** 这给我带来了巨大的安慰。因为我从中发现，那些祸害不是不可救药的。开始时新生活都是奇异的短暂瞬间—— "

与清晰推理的价值相比，任何东西**都没有**价值。所有其他的价值只是不清晰思维的结果。轻蔑地拒绝人生的一切财富；不断地**诽谤**一切，为了把一致性推向最高地位，为了崇奉**清晰思维**。"所有的**怀疑**皆起因于对事物的研究没有条理。"！！！

和叔本华相似：在审美静观的统治下，所有的欲望都沉默了。

一种心理经验得到错误的、普遍的**阐释**。

莱布尼茨说："人们必须和我一样根据'效果'（effectu）来下判断：因为上帝选择了这个如其所是的世界，**所以它就是最好的世界**。"《神正论》第506页。

康德的神学偏见，他的无意识的教条主义，他的主导性的、控制性的、命令性的道德主义视角。

第一谎言（πρῶτον ψεῦδος）：认识这个事实是如何可能的？

认识的确是一个事实吗？

什么是认识？如果我们不**知道**什么是认识，那么我们就无法回答是否有认识这个问题。那好吧！但如果我不"知道"是否有认识和是否可能有认识，那么我就根本无法合理地提出"什么是认识"这个问题。康德**相信**认识之事实，他所追求的乃是一种幼稚：**对认识的认识**！

"认识就是判断！"然而判断是一种**信仰**，即相信某事是如此这般的，而**不是**认识！

"一切认识的本质是综合判断[328]"——不同的表象之间的一种必然的、普遍有效的结合——

综合判断具有普遍性特征（事情在所有情况下都是这样的，而不是别样的）；

具有必然性特征（断言的反面绝不可能出现）。

正如他假设了良心判断的情感的**合法性**那样，康德总是假设对认识的信仰的合法性。在此**道德本体论**乃是**主导性的**偏见。

结论如下：

1. 有一些断言，我们认为它们具有普遍有效性和必然性；

2. 普遍有效性和必然性的特征不可能来自经验；

3. 因此这种特征肯定是脱离经验的，它必须**从别处得到解释**，它肯定有另一种认识来源！

康德的推论：

1. 有一些断言，它们只有在某些条件下才有效；

2. 这种条件就是：认识的先天形式不是来自经验，而是来自纯粹理性[329]。

然而问题来了：我们对这些断言的真实性的**信仰是从哪里**获得其根据的？确言之，这种信仰是从哪里获得其判断的？但**一种信仰**

和一种强烈信念的**产生**乃是一个心理学问题：一种**非常**有限的狭隘经验往往就能完成一种这样的信仰！

他已经假定，不仅有"后天的材料"，而且有先天的[330]材料，即"先于经验的"材料。必然性和普遍性绝不可能由经验得出：我们究竟怎样才能弄明白这二者的存在是脱离经验的呢？

没有单个的判断！

单个的绝不是"真实的"，绝不是认识，只有许多判断相互**关联**、相互**联系**才能产生一种保证。

什么东西能把真信仰和假信仰区分开来？

什么是认识？他"知道"这一点，这妙极了！

必然性和普遍性绝不可能通过经验得出。也就是说，它们独立于经验，先于一切经验！

那种先天的、独立于一切经验发生的认识**来自纯粹理性**，它是"一种纯粹的认识"。

逻辑原理、同一律和矛盾律都是纯粹的认识，因为它们先于一切经验。但它们根本不是认识，而是**规范性的信条**！

为了说明数学判断的先天性（纯粹合理性），就必须把空间**理解成纯粹理性的一种形式**。

休谟曾声明："根本没有先天综合判断。"康德说：有啊！数学判断就是先天综合判断！如果有这种判断，那么也许就有形而上学，就有纯粹理性对事物的认识！但这是一个"问题"（Quaeritur）。

数学在一些条件下是可能的，而形而上学在这些条件下则完全不可能成立。

人类的一切认识要么是经验，要么是数学。

一个判断是综合判断，也就是说，它结合了不同的表象。

一个综合判断是先天判断，这意味着：那种结合是一种普遍的和必然的结合，该结合不能由感官感觉而只能由纯粹理性得出。

如果有先天综合判断，那么理性就必须有结合能力：结合是一种形式。理性必须**具有赋予形式的能力**。

时间和空间乃是**经验的条件**。

康德居然把法国大革命说成是从**机械**国家向**有机**国家的过渡[331]。

康德断言，科学领域有发明能力的开创性人物即那些所谓的"伟人"与**天才**判然有别：他们的发现和发明也是可以学习的，这些发现和发明已完全被人理解、被人习得。在牛顿的著作中没有什么是不可学的；荷马不像牛顿那样容易被人理解！**"在科学领域，最伟大的发明家和最辛苦的模仿者以及学徒只有程度上的差别。"**这纯属**心理学上的蠢话**！！

"音乐带有一定程度的缺乏教养""它似乎把自己强加给了他人""它损害了他人的自由"。[332]

音乐和色彩艺术形成了一个独特的门类，该门类被冠名为"感觉的美的游戏"。

绘画与园林艺术相互伴随。

人类是否有一种**向善的倾向**这个问题由另一个问题做好了准备：是否有一种事件，除用人类的道德天赋来解释它之外就完全无法用别的方式来解释它了？这种事件就是革命。"人类历史中的这种现象是令人难忘的，因为它揭示了人类天性中一种**变好**的天赋与能力，除我之外没有哪个政治家通过苦苦思索从迄今为止的历史进程中得出了这种结论[333]。"

如果人类变得越来越坏，那么其目标就是**绝对的恶：恐怖主义的**思维方式反对**幸福论的**思维方式或反对"千禧年主义"。如果历史在进步与退步之间来回摇摆，那么全部历史活动就是无目的的和无目标的，它们只是一种愚蠢的忙碌，以至于**善恶相互抵消，而整体则表现为一种闹剧**：康德称之为**市侩的观点**。

康德认为历史只是一种道德运动。

"一位认真的异端裁判官乃是一种'矛盾形容法'（contradictio in adjecto）[334]。"
心理学上的蠢话。

康德认为，没有"重生"（Wiedergeburt），人类的一切美德就是一些闪光的便宜货了。只有借助于"理智性格"（intelligibler Charakter）才有可能获得新生；没有它在世界中和在人的意志里就没有自由，也没有摆脱邪恶的自由。如果拯救的关键不在于新生，那么它只能在于**毁灭**了。在康德看来，经验性格的起源、作恶的倾向和重生都是理智性格的行为；经验性格必须获得根本的逆转[335]。
整个叔本华与他观点一样。

同情纯属浪费感情，它是一条损害道德健康的寄生虫。"增加世界上的痛苦，这不可能是我们的义务。"如果你只是出于同情而行善，那么其实你只是使你自己感到快乐，而不会使他人感到快乐。同情不是基于原则，而是基于感情；它是病态的；他人的痛苦传染给了我们，同情是一种传染。

卑躬屈膝的全部表情和话语。"在世界上的所有民族中德国人极其迂腐地把卑恭发挥到了极致。""难道这不是证明了人的谄媚习气流传得很广吗？""然而你若把自己变成了可怜虫，事后你就不能抱怨你遭到了他人的践踏。"

"有两个东西充实了我们的内心，我们越是经常地、持续地对它们进行思索，我们的心中就越充满新的、日益增长的钦佩和敬畏：它们是我们头上的星空和我们心中的道德法则。"

康德继续说道："首先我看见了无数世界的一个集合，这种景象**似乎否定了我作为一个动物性的人的重要性**，人是物质的产物，并且具有活力（人们不知道这是怎样发生的），在他生活了一段短暂的时期之后，他又必须把其物质还给这颗行星（宇宙中的一个纯点而已）。与此相反，第二种景象则**无限**提升了我作为**一个理智生物**的价值[336]。"

自由的可设想性基于"先验感觉论"（transcendentale Ästhetik）。如果时间和空间属于事物本身，那么现象就和自在之物相同，那么在这二者之间就不可能有现象了，也就不会有什么独立于时间的东西了，自由就是绝对不可能的了。自由只能被设想成某个"存在者"（Wesen）的特性，该存在者不受时间条件的制约，质言之，它不是现象，不是表象，而是自在之物。

为什么现象不是自在之物呢？因为现象在时间和空间中，而时间和空间则是纯粹直观[337]。

康德反对所谓的心理自由，他说道"如果我们的自由的本质在于我们作为一种'精神的自动机'（automaton spirituale）是由表象推动的"，那么"它其实并不比一把自动烤肉铲的自由更好，一旦烤肉铲上紧了发条，它也会自动完成其运动[338]"。

在现象世界里自由是不可想象的，无论是外在的自由还是内在的自由。

〈第二章：宗教徒〉

5

宗教徒（homines religiosi）

宗教改革：粗野本能最虚伪的爆发之一

一些强烈的、不可遏制的、完全粗野的欲望要得到释放：新教徒们什么也不需要，只需要一些借口来编造大话，在大话的掩盖下放出这些欲望野兽。

心理学类型路德：一个粗野的、假冒的农民，他打着"新教自由"的旗号发泄所有郁积在心中的暴力需求。

新教徒们要再次成为主人，他们要抢劫、咒骂、战胜敌人，要满足他们的感官需求：他们尤其贪图天主教会的巨大财富。

教士有时就是上帝本身，至少是上帝的代理人。

禁欲的习惯与修练原本无意彰显一种反自然的、敌视生命的思想，亦无意表现退化和病态。

通过编造各种冷酷而可怕的谎言来进行自我克制：克己乃是要求和拥有"自尊"（Ehrfurcht vor sich）的手段，禁欲主义乃是获取**权力**的手段。

教士是某种非凡的权力感的代表，他本人是一位神的好**演员**，他的**职业**就是扮演神，作为神的扮演者他本能地要抓住这类有效手段，借助这类手段他可以从自我克制中获得某种令人畏惧的权力。

教士是超凡力量的代表，他在认识、预知和损人利己的能力方面本领超强，在狂喜和幸福的种类方面亦然：——

——"众神"的演员面对着健康者、幸福者、希望者和强者。

——"救世主"的演员，首先面向病人和穷人，面向怨恨者和受压迫者，面向———

—— 教士们是某个超凡者的演员，他们必须通过表演使超凡者变得显而易见，无论超凡者是理想还是众神或救世主：他们的天职就是表演，他们的本能为表演服务；为了使他们所扮演的角色尽可能地可信，他们必须使自己尽可能地类似神；他们的演员智慧必须首先使自己做到问心无愧，只有**问心无愧**才能真正说服他人。

〈第三章：好人与改善者〉

6

好人
毫无顾忌的诚实

（9）[339]

道德理想的**胜利**和其他的胜利一样都是通过"不道德的"手段获得的：暴力，谎言，诽谤，不公正。

"你不应该说谎"：道德家要求人们诚实。但骗子们恰恰最承认事实（不让自己受骗），他们还认识到了这种流行的"诚实"之虚假。人们往往说得太多或说得太少。要求人们在说话时完全**暴露自己**，这纯属幼稚。

人们说出自己的所思所想，但人们的"真诚"是有**前提**的，这个前提就是：能**得到理解**（在同类之间），确言之，能得到善意的理解（再一次在同类之间）。对**异己者**人们会隐匿心迹。有人想达到某种目的，他所说的只是他过去的志向，而**不是**他现在的意图（"强者总是说谎"）。

一种想要捍卫自己或要得到实现的理想，往往通过下列途径来寻求支持：（1）通过一种**添加**的来源；（2）通过一种与现存强大理想的所谓的相似性；（3）通过对秘密的敬畏，似乎这里有一种不容置辩的力量在说话；（4）通过诽谤敌对的理想；（5）通过一种骗人的**利益**学说，据说这种理想能够带来利益，例如幸福、内心宁静、和平或一位强大天神的助佑，等等。

关于理想主义者的心理：卡莱尔，席勒，米什莱。

如果我们揭露了理想用来保全自己的全部防卫手段和保护手段，那么它就被**驳倒**了吗？理想采用了众生生存和发展的一切手段——这些手段全都是"不道德的"。

我的洞见：生存和发展所依靠的一切力量和本能都中了**道德的魔法**——道德是一种否定生命的本能。为了解救生命，必须摧毁道德。

好人

关于对群氓美德的批判

惰性（inertia）的活动领域：

1. 信任。因为怀疑需要观察、思索和紧张。

2. 尊敬。当权力的差距很大而需要服从时，为了不至于害怕，弱者就会试着去爱，去敬重，并把权力差异解释成价值差异，以使这种权力关系**不再扰乱人心**。

3. 热爱真理（Wahrheitssinn）。什么是真理？就是一种简单的说明，它能使我们的思想努力降到最低点。此外说谎是很费力的。（21）[340]

4. 同情。把自己和他人混同起来，尝试同感，轻松地**接受**一种现有的情感：采取一种被动的态度以避免"主动"（activum），被动态度维护并不断实现其特有的评判权。主动则使人得不到安宁。

5. 公正而冷静的判断。人们害怕情绪的紧张，因此宁愿袖手旁观，保持"客观"。（18）[341]

6. 规矩。人们宁愿服从一种现行的法律而不愿**创制**一种法律，不愿命令自己，不愿命令他人。害怕命令—— 宁可服从也不反抗。

7. 宽容。害怕行使权利，害怕进行审判。

权力意志的伪装类型

1. 要求**自由**和独立，还要求均衡、和平与**并列**；还有隐士与"精神自由"；最低级的形式：生存意志和"自我保存本能"。

2. **适应**社会，为了在更大的整体中满足其权力意志。**服从**上级，使自己成为在当权者心目中不可缺少的人和有用的人；把**敬爱**当作通向强者内心的秘密途径，为了控制强者。

3. 义务感，良心，想象的安慰，想象自己属于一个比实权派**更高的**等级；承认一种等级制度，该制度允许**审判**，包括审判较强者。发明**新的价值表**（犹太人是经典范例）。

道德乃是不道德的作品

A.为了让道德价值获得**统治**地位，全然不道德的力量与激情都必须发挥作用。

B.道德价值的**产生**本身就是不道德的激情与利益的作品。

道德是谬误的作品
道德逐渐自相矛盾

回报。

诚实，怀疑，悬置，审判。

道德**信仰**的"不道德性"。

步骤：

1. 道德的绝对统治。

   所有的生物现象都根据道德来衡量和**审判**。

2. 将生命与道德等同起来的尝试（一种觉醒的怀疑之征兆：道德再也不应该被视作生命的对立面了）。多种手段，甚至还有一种超验的途径。

3. **生命**与**道德**的**对抗**：从生命出发审判和谴责道德。

道德在哪些方面**损害了**生命：

a. 享受生活，感谢生命，等等。

b. 美化生命，提升生命。

c. 认识生命。

d. 生命的发展，因为生命力图把**最高的**生命现象与生存本身分离开来。

相反的估计：道德对生命的**益处**。

道德作为较大整体的自我保存原则，作为对单个成员的限制："工具"。

与激情对人的内在危害相比，道德作为自我保存原则："平庸者"。

道德作为自我保存原则以消除深重苦难和萎靡不振对生命的毁灭性影响："受苦者"。

道德作为对抗性原则以压制强者可怕的凶暴："低贱者"。

个别哲学家狭隘的高傲作为纯粹合乎**理性**的高傲

反对道德中的情感（康德）

反对同情

反对情绪

好人

谦虚的危险。——在我们的力量和我们的目标作为立法者尚未进入我们的意识之时，就过早地适应环境、社会、任务、日常规则和劳动规则；由于获得了过早的良心安宁、舒适感和共同感，这种过早的知足摆脱了内心不安和外部骚乱，它讨好感觉，使我们娇惯自己并以最危险的方式压制我们的个性；按照"同类"的方式学会尊重，似乎我们自己心中没有确定价值的标准和权利；**对趣味**（它也是一种良心）的心声做出和他人相同的评价，这种努力变成了一种可怕的严重束缚：如果最终没有发生爆炸，没有突然炸碎爱与道德的全部枷锁，那么这种谦虚者就会萎缩、矮化、女性化和物化。—— 作为对立面的高傲已经够糟的了，但它的情况还是较好的：受到环境的折磨，忍受环境对它的赞扬和对它的厌恶，受到伤害，伤口开始溃烂，但绝不泄露伤势；以无意的怀疑态度拒绝环境的爱，学会沉默，或者通过说话来隐藏沉默，找到一个隐僻处，获得猜不透的孤独，独处时可以松口气，可以流泪，可以好好地自我安慰——直到你终于足够强大，可以说："我与**你们**何干[342]？"然后走你**自己的**路。

美德和恶习一样危险，因为我们把来自外部的美德奉为统治自己的权威和律法，而不是采取正确的做法即出于本心地来制造美德，把美德当作最切身的正当防卫和生命必需品，当作我们认识到的和承认的**我们的**生存条件与行善条件，而别人的成长条件是否与我们相同或不同则是无关紧要的。这种非个人意义上的**客观**美德的危险性条例同样适用于谦虚：许多人杰就毁于谦虚。

谦虚的道德乃是对人杰的最严重软化，人杰只有及时**强硬**起来，其人生才有意义。

好人

只有极少数人能从我们生活于其中和自古以来我们就已习惯了的世界中看出问题，但我们的眼睛恰恰对此尚未做好准备：我认为，对我们的道德进行重估的行为迄今为止尚未发生。

"每个人都是他人关心的对象"，这个问题乃是给予最高荣誉的理由；为了个人自身——绝不是那么回事！

"你应当"这个问题："应当"是一种无法解释的癖好，它和性欲相似，它**不应该**谴责欲望，相反，它应该成为欲望的价值标准和法官！

平等问题，但我们大家都渴望成为优秀人物：恰恰在此我们应该对我们自己提出高要求，同样也允许他人追求优秀。

平等观很无聊，很明显它是一种疯狂的观念，却被看成一种神圣的、更高级的观念，它与理性的矛盾几乎没有被人注意到。

对健康与活力的忽视和放弃是很明显的，彻底放弃自己的价值设定，严格要求每个人都放弃自己的价值设定。"行为的价值是**确定的**，每个人都应该服从道德评价。"

我们发现有个权威在发言——谁在发言？——人类的骄傲是可以原谅的，因为他们尽可能地寻找最高权威，以便在最高权威的统治下尽可能少地感受到屈辱。果然如此——上帝在发言！

人们需要作为绝对的审判者的上帝，他就是最高法院，就是"绝对命令[343]"——只要人们相信理性的权威，人们就需要一种"统一的形而上学"（Einheits-Metaphysik），以使道德学说合乎逻辑。

如果对上帝的信仰破灭了，那么就必须重新提出那个问题："谁在发言？"——我不是从形而上学中，而是从动物生理学中得出了我的答案：**群氓的本能在发言**。它要成为主人，因此它说："你应当！"它只是在整体的意义上、只是为了整体的利益而承认个人，它仇恨脱离集体的个人主义者——它要所有人都仇恨个人主义者。

请想一想，这种道德规范（一种"理想"）让我们付出了多么昂贵的代价。它的敌人现在是利己主义者。

自我矮化的欧洲人忧郁的洞察力（帕斯卡尔、拉罗什福科）。

特立独行者内在的弱化、沮丧和自我折磨。

不断强调平庸的各种特性，把它们奉为最有价值的美德（谦虚、规矩、工具性）。

内疚侵害了自负与特立独行。

快乐荡然无存：强者的世界**变得阴郁**。

群氓意识渗透到了哲学和宗教领域，还有群氓的谨小慎微，群氓的———

一种纯粹无私行为在心理方面的不可能性遭到了忽视。

我的哲学考虑的是等级，而不是一种个人主义道德。群氓意识应该在群氓中占统治地位，而不应该超出群氓。群氓的领袖们必须对自己的行为做出一种与群氓意识完全不同的评价，独立不羁者与"猛兽们"亦然。

我远离个人主义和集体主义道德这两种运动，因为个人主义者也不主张等级制，他要给予某个人和所有人同等的自由。我的哲学思想的主旨不是自由的程度，不是给予这个人和那个人或所有人以相同程度的自由，而是**权力**的等级，即这个人或那个人对其他人行使权力的程度，确言之，牺牲自由和奴役本身是如何为创造一种**高等类型**奠定基础的。以世界眼光来看：为了创造和保存一种比人更高的类型，**可以牺牲人类的发展**吗？——

千万不要搞错了自己！如果你在心中听见了利他主义意义上的道德命令，那么你就属于**群氓**。如果你有与之相反的情感，如果你在你的不谋私利的无私行为中感觉到了危险和误入歧途，那么你就不属于群氓。

一个人应该认为他的利他行为比他的利己行为更高尚，另一个人也应该持相同观点：人们只应该赞成利他行为，因为行为者心中想到的不是自己，而是他人的幸福。这种看似疯狂的想法自有其意义：作为集体精神的本能，它基于这种评价——个人一点也不重要，但是所有的人合在一起则非常重要，前提是所有的人能形成一**个共同体**，该共同体具有共同的情感和共同的良心。这是一种视线方向一致的训练，一种采取同一个"视角"（Optik）的意志，这种视角要使个人看不见自己。

我的想法：生活缺少目的，因此**必须以个人为目的**！

我们看见了普遍的繁忙：每个个人都被牺牲掉了，个人只是充当了工具。我们走过大街，遇见的全都是"奴隶"。奴隶们为何奔忙？去往何方？

我研究了谜一般的道德现象。今天我也许可以给出一个答案了。对我来说邻人的幸福**应该**比我自己的幸福具有更高的价值，这意味着什么呢？然而邻人自己对他的幸福的价值的评估**应该**与我的评估不同，换言之，他应该把自己的幸福看得高于**我的**幸福，这又意味着什么呢？

一个人是否从童年起就习惯于———

与时代保持距离的好处。

把道德主义对世界的全部解释当作现象来观察，当作**谜**来研究。

这种甚至被一种哲学视作"客观的"（gegeben）义务"你应当"究竟意味着什么呢？

为了以巧妙的方式掩盖自己的不道德，人们最终需要许多道德观念。我想用一个比喻。

一位关注一种疾病的生理学家和一位想摆脱这种疾病的病人，二者的需求是不同的。我们可以假定那种疾病是道德—— 因为道德本身就是一种病—— 而我们欧洲人则是道德病患者：如果我们这些欧洲病人同时又是道德病好奇的观察者和生理学家，那么这会产生多么大的困难和烦恼啊！我们会真诚地希望自己摆脱道德病吗？我们愿意治好道德病吗？还有一个问题：我们**能**治好道德病吗？我们能被"治愈"吗？

知足（Bescheidung）对悲观主义问题很重要，无论是快乐占上风还是痛苦占上风。

知足对我们的认识的价值问题也很重要。

迄今为止什么东西受到了阻碍？我们的尝试欲。尝试的危险太大，它危及"灵魂的拯救"。

战胜古老的上帝其实就是战胜了一项**诽谤世界**的原则—— 这是异教的胜利—— 但世界重新露出了它的狰狞面目。

"需要的唯有一件事"[344]，"你若追求上帝之国，你就会得到其他的一切"[345]！（"其他的东西"当然包括博爱，还有今天我们所理解的道德。）

（8）[346]

请注意！**把问心无愧还给恶人**——这曾经是我不自觉的努力吗？还给那些本身就是**强者**的恶人吗？（在此我应该援引**陀思妥耶夫斯基**对囚犯的评价[347]。）

好人

内疚表明：性格不能胜任**行动**。完成**善行**之后也可能有内疚；内疚的独特性在旧环境中很显眼。

一种行为最近的"前史"（Vorgeschichte）与该行为相关，但如果**继续回溯**，这个前史还有一个更远的前史，更远的前史又指向**更加遥远**的过去。个别行为只是一个重大的、**后来的**事实的一个环节。**较短的**过程和**较长的**过程是分不开的——

7

关于艺术生理学
致艺术家

区分：要靠艺术谋生的艺术家与另一种类型的艺术家，例如但丁、歌德。

出于何种**需求**？从"作品"推论艺术家。

"成功"证明了什么？无论如何它都证明了人们对艺术家的**误解，在大多数情况下**也证明了人们对作品的误解。

高品位的**感觉——**这是什么意思？

缺乏**逻辑——**机智、题材。

缺乏诚实的**修养**。

"自然主义"意味着什么？首先它是一种**刺激剂——**丑和惊叹刺激人的情绪。

"浪漫主义"意味着什么？

各民族对"欧洲心灵"发展的态度。

艺术与宗教的关系。

美学理论中的悲观主义（"非功利的审美观照""帕尔纳斯派"[348]）。

我不够幸福，不够健康，因此无法消受整个浪漫主义音乐（包括贝多芬）。我所需要的是能让人忘记痛苦的音乐；是动物性的人感到自己已被神化和得意扬扬的音乐；是令人手舞足蹈的音乐；是有益于健康的音乐，听完这种音乐人们也许会以犬儒[349]的口吻问你："它好消化吗？"**轻快的**、明朗的、自信的、欢乐的节奏使生活变得轻松，**美好的**、温柔的、善意的和声美化人生——这就是我从全部音乐中得到的收获。其实我只需要几个欢快的节拍就够了。

自始至终我都接受不了瓦格纳，因为他连**走路**都不会，更别提跳舞了。

然而这些都是生理学判断，不是美学判断：只是我再也没有美学了！

瓦格纳会走路吗？

他会跳舞吗？

——借用勃拉姆斯的形式，门德尔松[350]的典型"模仿者"，还有有文化的新教（过去的"灵魂"被改写了……）。

——瓦格纳用道德和文学取代了音乐，这种艺术乃是用来弥补其他艺术领域的缺陷的权宜之计。

——"历史意识"，从虚构和传说中获得灵感，那种典型的转变最明显的例子就是法国的居斯塔夫·福楼拜和德国的理查德·瓦格纳。

在1830年至1850年这段时期里，他们对爱和未来的浪漫主义信仰转变成了对虚无的渴望。

如果当代取得了某些进步，那么这些进步包括一种对感觉的比较善意的态度，一种对"感性"（Sinnlichkeit）的更愉快的、更善意的、比歌德更友好的态度。

还有一种在认识领域的自豪感，以至于"单纯的傻瓜"很少得到信任。

艺术生理学

贝多芬：一位贫寒的伟人，耳聋，多情，怀才不遇的才子和哲学家，其音乐充满了大梦或痛苦之梦[351]。

莫扎特：表达了**德意志人的情感**，天真的单纯，忧郁的、沉思的温柔，微笑之波，羞怯的爱。

狂热而高雅的钢琴曲。门德尔松的钢琴曲飘荡着炽热的、细腻的、病态的梦。

痛苦的贪欲，精疲力竭的、愤怒的发作，现代的激情，出自梅耶贝尔[352]的全部和弦。

关于**画家**。

所有现代画家都是**诗人**，尽管他们的凤愿是想当**画家**。他们中的有些人在历史中寻找戏剧因素，另一些人则寻求风俗画面，这个人表达宗教，那个人则表现哲理。此人模仿拉斐尔，彼人则效法意大利早期的大师[353]。风景画家用树木和云彩来写颂歌和哀歌。**没有人**是纯画家，所有的人都是考古学家、心理学家、某种回忆的表现者或某种理论的演绎者。他们炫耀学识，喜欢哲学。他们和我们一样头脑里充满了太多的普遍观念。他们不是为了形式本身，而是为了形式所**表达**的内容而喜欢一种形式。他们是博学的、痛苦的、沉思的一代人的子嗣—— 他们和古代大师有天壤之别，古代大师们不读书，只想享受一场视觉盛宴。

我们的状况：富裕生活增强了我们的敏感性；小小的病痛就让

我们受不了；我们的身体得到了较好的保护，我们的心灵越来越病态。平等，舒适的生活，思想自由，——但同时还有充满仇恨的嫉妒，为了达到目的的疯狂，目前的焦躁，奢侈的需求，各国政府的不稳定，怀疑与追求的痛苦。

我们失去的和得到的同样多——

1850年的市民比1750年的市民更幸福吗？压迫减少了，教育程度提高了，生活安逸，更加富足，**但并没有因此更快乐**——[354]

在十七世纪没有什么东西比一座山脉更丑陋了；一提到野山，人们就想起各种灾祸。**那时的人厌倦了野蛮，犹如我们今人厌倦了文明。**今天的道路非常干净，国家有过多的警察，社会风气很平和，各种事件都在预料之中，桩桩小事不值一提，以至于人们喜欢**大事和意外**。风景和文学一样变幻不定；那时的文学提供了甜蜜的长篇小说[355]和风流文辞，**今天**的文学则盛产狂暴的诗和生理学家剧本。

裸露的山岩，生命的敌人，荒野与人势不两立——而我们的人行道、办公室和商店能使我们得到休息，**因此**我们喜欢它们。

关于德拉克洛瓦[356]：
用色彩歌唱
"维克多·雨果的声音之反响"
在战争期间，英国的诗意忧郁和德国的哲理诗潜入法国魂。
维克多·雨果的互补性灵魂。

在1830年至1840年的浪漫派中，**音乐**占优势。
德拉克洛瓦

安格尔[357]是一位狂热的音乐家，他崇拜格鲁克、海顿、贝多芬和莫扎特。在罗马时他对他的学生说道："如果我能使你们变成音乐家，你们就会作为画家成功。"

贺拉斯·韦尔内[358]也热爱音乐，他对《唐璜》情有独钟（1831年门德尔松的证词）。

司汤达同样热爱音乐，关于他自己他曾说道：———[359]

德布罗斯[360] 院长论"罗马平原"（campagna Romana）："罗穆卢斯梦想在这个如此丑陋的地方建城时，他肯定已喝得醉醺醺的。"

费内隆[361]比较了哥特风格和一场糟糕的布道。

夏多布里昂[362]在1803年致丰塔纳的信中道出了他对罗马平原的最初印象。

拉马丁[363]赞美索伦托和波西利普——

维克多·雨果向往西班牙，因为"它是一个带有最少的古代[364]文化烙印的国家，因为它没有受到古典影响的损害"。

德拉克洛瓦也不喜欢罗马，因为罗马使他感到恐惧。和莎士比亚、拜伦、乔治·桑一样，他醉心于威尼斯。厌恶罗马的还有泰奥菲尔·戈蒂埃[365]和理查德·瓦格纳。

我们的**民主**的可笑之处：黑制服……

乔治·桑、维克多·雨果、巴尔扎克（和瓦格纳）作品中的主人公：嫉妒，悲伤，无节制，不文雅[366]。

文艺复兴时期的审美观。

那时的家具：光亮，深色，风格华美而雕饰。

这是一个力量与努力、敢于创造、纵情欢乐、辛劳、好色而英勇的时代[367]。

亨利四世[368]的母亲让娜·达尔布雷[369]获得了欧比涅[370]的好评："女王只是在性别上是个女人，她内心坚强，全身心地从事男子汉的伟业，以卓异的才识干大事，身处逆境时勇敢顽强。"

行动，勇敢，享乐，不辞劳苦，耗费精力，沉醉于当下的感觉，总是激情四射，永远忙忙碌碌，忍受并寻求过度的反差，这就是十六世纪的生活[371]。

人们耽于享乐和暴力，却热忱地虔信宗教。那时的宗教不是一种道德，而是一种激情。人们去教堂犹如上战场或赴约会[372]。

十字军东征[373]时代的骑士们都是一些健壮的孩子（enfants robustes）。他们在吼叫和杀戮时就像一头猛兽。狂怒过去之后，他们又泪流满面，温柔地、热烈地相互拥抱。

对审美对象如音乐的判断"愉悦"或"不愉悦"—— 审美判断根据价值感而形成和变化，即根据那种我们感觉为"合法的"、理性的、有意义的、有意味的东西。

艺术生理学

对细微差别的感觉和乐趣（真正的**现代性**），即对非普遍事物的乐趣，与"本能"（Trieb）背道而驰，而本能的乐趣和力量在于把握**典型**，它和黄金时代的古希腊趣味相似。丰盈的生命令人陶醉，适度成为主宰，强大灵魂的**宁静**乃是审美的基础，强大灵魂缓慢地活动，它厌恶过于旺盛的生命力。普遍情况和法则得到**尊**

敬和**强调**；与此相反，特殊情况遭到忽视，细微差别被抹去。坚忍的、强大的、坚实的生命，宁静的、蕴藏力量的强大生命"**令人愉悦**"：换言之，这种坚如磐石的生命符合希腊人的自我评价。

〈第三章：关于欧洲虚无主义的历史〉

8

虚无主义

关于前言。

迄今为止我忍受了一种痛苦：我觉得生命发育的所有规律与那些价值相对立，为了那些价值我辈居然**苟活**于世。这似乎不是那种许多人**有意识地**忍受它们的状态，尽管如此我还是要把那些标志编排起来，从中得出一种看法：否定生命乃是我们现代世界的**基本特征**和真正**悲剧性的**问题，作为秘密困境它是现代世界所有困境的原因，它可以解释所有困境。**我已意识到了这个问题。**

虚无主义

A

从一种对当今人类热忱的**赞赏**出发：

不要被表面现象欺骗。当今人类不是那么"卓有成效"，但他们能**为持存**提供另一种保证，他们的发展速度较慢，但其节奏本身则较丰富。

他们增强了**健康**，认识到了并逐渐创造了身体强壮的现实条件，"禁欲主义"变成了"讽刺"（ironice）——

害怕极端，相信"正路"，没有幻想；有时适应那些比较狭隘的价值，例如"祖国"，还有"科学"，等等。

但他们的整个形象依然**模棱两可**：

其发展也许是一种**上升**运动，但也可能是一种生命的**下降**运动。

B

相信"进步"——智力较低的人把它看成上升的生命，但这纯属自我欺骗；智力较高的人则把它视作下降的生命。

对征兆的描述。

观点的统一：价值标准的不可靠。

害怕一种普遍的"徒劳"。

虚无主义。

C

所有的价值标准都取决于道德。

包括宗教的、美学的、经济的、政治的和科学的价值标准。

D

道德信仰中表露出来的没落迹象。

虚无主义

没有什么比一种与生命本质相矛盾的愿望更危险的了。

虚无主义的结论（相信人生毫无价值）乃是道德的价值评判之结果。

我们觉得利己主义很乏味（即使在认识到了非利己主义的不可

能性之后）。

我们失去了对必然性的兴趣（即使在认识到了一种评判自由和一种"思辨自由"的不可能性之后）。

我们发现，我们无法抵达我们所赋予价值的那个领域——与此同时另一个领域即我们的生活世界的价值**根本没有**得到提高。与兴致勃勃相反，我们已**厌倦**人生，因为我们已失去了主要动力。"迄今为止一切皆徒劳！"

道德对认识的阻碍。

例如道德化的尝试：使生命**符合**道德（使二者一致），在道德面前为生命辩护。

最初的利他主义。

没有责任（sans obligation）和未经认可（sanction）的无私的思维方式也是可能的。

在哪些方面道德阻碍了认识：

个体的价值，"灵魂永生"，纯属心理学的伪造；

反对因果性，因果性乃物理学的伪造；

反对《创世记》，上帝创世乃是历史学的伪造；

认识论的伪造。

〈第四卷：伟大的正午〉
〈第一章：生命的原则"等级"〉

9

方法论：内在现象学和外在现象学的价值。

A. **意识**是后来形成的，发育不健全的，为外在目的服务的，它容易产生最严重的错误，**在本质上**它具有伪造性、粗略性和概括性。

B. 与之相反，我们观察到的**感性**世界的现象要比意识现象复杂、细致、准确一百倍。外在现象学给了我们绝对最丰富的材料，它允许我们对外部现象进行更严格的观察；而各种内在现象则难以把握，它们近似于错误（一切内在过程在本质上是**制造错误的**，因为只有在这种狭隘化的、建立视角的力量的指导下人类才有可能生存下去）。

请注意。所有**活动**都是**内在事件的标志**—— 确言之，**绝大部分的内在事件只是作为标志而给予我们的**。

生命的原则

过去的生物学家的**基本错误**：〈重视物种〉。但真正重要的不是种类，而是能够**发挥更强大作用的个人**（庸众只是工具而已）。

生命**不是**内部条件对外部条件的适应，而是权力意志，权力意志来自内部，它不断征服和吞并越来越多的"外物"。

生物学家们**继续进行**道德的价值评判（利他主义本身就具有较高的价值，仇视统治欲、战争和非功利性，仇视等级和等级制）。

反对〈种族繁衍〉理论。单个的个人心中想到的是**种类**的利益和其子孙后代的利益，并因此放弃他自己的利益，这只是**假象而已**。

个人极为看重**性本能**，这并非个人重视种类的**结果**。生育其实是个人真正的**成就**和他的最大利益，是**他的最高的力量表现**（当然这不是从意识出发来评价的，而是从整个个体化[374]中心来评价的）。

生命的原则

意识发端于外部，它是对"印象"的协调和觉察。最初它就大大地远离个体的生物学中心，但它是一个不断接近这个中心的、逐渐深化和内化的过程。

关于**逻辑学的产生**。人们用利弊和**成效**来修正和控制**混同及视为相同**的基本癖好：于是形成了一种适应和一种比较温和的程度，处于这种程度中的基本癖好可以得到满足，同时又不至于否定生命或危及生命。这种过程完全符合那种外部的机械过程（后者是前者的象征）：**原生质**不断同化它的占有物并把占有物归入其形式与序列之中。

从进化论的角度判断，**个体化**证明了一分为二的持续分裂，还证明了许多个体的不断消亡**有利于少数**个体的继续进化：每次都有大量的庸众（"身体"）死亡。基本现象：**无数个体为了少数个体被牺牲掉了**，旨在为少数个体的发展创造前提。—— 我们千万不要受骗。各**民族**和**种族**的情况亦如此：民族和种族就是生育个别**有价值的个人**的"身体"，这些杰出的个人能够继续进行伟大的进化过程。

生命的原则

如果我们摆脱了一切道德的和宗教的目的论，那么我们肯定能够认识到**历史中的各种力量**。在有机生命的整个现象中发挥作用的肯定也是相同的力量。**植物王国**最清楚地说明了这一点。

人对**动物**的伟大胜利：动物作为奴隶或作为敌人。

男人对**女人**的伟大胜利：女人。

除在健康者和病人之间的巨大波动之外。

人的**尊严**被置于何处：

制服人身上的动物性

制服人身上的阴柔性　　} 古希腊的理想

与之相反的**基督教**的尊严：

制服人心中的高傲

制服———

生命的原则

———更大的复杂性，清晰的分离，已进化的器官和各种功能并存，而中间环节则消失了———如果这就是**完美**，那么在有机过程中就会出现一种权力意志，借助于权力意志那些**统治性的、创造性的、命令性的力量**就会不断扩张其势力范围并在该范围内不断进行简化：命令于是得到了**强化**。

———加速进化方面的有用性是另一种"有用性"，它不同于和尽可能地固定并保存已进化者相关的有用性。

精神只是一个为更高的生命服务和为提升生命服务的手段和工具。至于柏拉图（和其后的基督教）所理解的善[375]，我甚至认为它是一种危害生命、诽谤生命和否定生命的原则。

10

这种人迷上了"理解一切即原谅一切[376]"这句格言，我们了解他们。他们都是一些弱者，首先都是一些失望者。如果在一切事情中有一些事情可以原谅，那么在一切事情中也有一些事情可以鄙视吗？此乃失望哲学，它在此如此人道地披着同情的外衣，眼眸中闪着温柔的目光。

他们是浪漫派，其信仰已破灭。现在他们至少应该**看一看**，一切是如何进行的，世道是怎样的。他们把〈躲进象牙塔〉称为艺术而艺术[377]，称作"客观性"，等等。

11

难道它不是源于充实与空虚、牢固与松动、静止与运动、相同与不同的假象吗？这种最古老的假象难道没有被改造成形而上学吗？

上几个世纪的欧洲人的哲学研究故作庄重，相当平庸。

—— 什么是认识？我能认识吗？

12

大众化的理想，好人，无私者，圣人，智者，义人。哦，马可·奥勒留[378]！

13

我们必须睁大眼睛：如果某位未老先衰的青年总是把他的疲倦当作悲观主义智慧和美化来炫耀。

如果一位疲惫的、失败的、未老先衰的青年总是把他的疲倦当作一种深沉的、痛苦挣扎的内心生活和"酗酒生活"（Bierleben）

的结果——

或者如果一位爱管闲事的、躁动不安的蠢妇把她的虚荣心挥洒在印刷纸上。

我见过形形色色的、哲学上的伪币制造：那个疲惫的、从一开始就老弱的蠢驴把他的疲倦———

14

康德把哲学定义为"**关于理性之界限的科学**"！

据说有一种"真理"，人们可以以某种方式逐渐接近它——

如果我用一个**公式**来说明一个经常发生的事件，那么我就简化了和缩略了我对整个现象的描述。但我并没有断言"规律"，而是提出了这个问题：某件事情在此重复出现，这种重复性从何而来？一个由未知力量和力量的引发组成的复合体符合这个公式，这只是一种推测而已。这里的力量服从一种规律，以至于由于服从规律，我们每次总是看见相同的现象，这种想法纯属神话。

15

伦理学或"愿望哲学"。事情**应该**是另一番样子，它**应该**改变：对现实的不满大概是伦理学的萌芽。

我们也许可以通过下述方法来自救：首先要选择那种**没有**道德感的地方，其次要理解道德家的狂妄要求和胡说八道。因为要求某事与其本身不同，这意味着要求**万事**皆与其本身不同，—— 这种要求包含着对整体的谴责性批判—— 只要……**但生存本身就是一种高要求！**

弄清楚什么是现实和现实是怎样的，似乎比每种"事情应该是另一番样子"更高明、更严肃，因为作为人的批判和狂妄要求的愿望从一开始就注定是可笑的。这种愿望表达了人的一种需求，即要求世界的安排符合我们人类的幸福；它还表达了一种行动意志，即为了这个任务尽可能地多做善事。另外，"事情应该是这样的"这种愿望还引起了另一种愿望，即想查明什么是现实。对什么是现实的了解已经是下述问题的一个结论了："怎么回事？这是可能的吗？为什么事情恰恰是这样的？"我们的愿望与世事不一致会使我们感到惊讶，这种惊讶便促进我们去了解世事。也许世界仍然不符合我们的愿望，也许那种"事情应该是这样的"，也许我们征服世界的愿望——

16

我们的标志，例如对基督教的批判态度，参见《人性的，太人性的》第二篇[379]第182页。

我们划界的**界碑**

例如与理想主义者和浪漫主义者划清界限，他们都是戏子和自欺者

与沉思者划清界限

与民族主义划清界限

关于孤独的心理学。

向谬误致敬。

人性化与人的提升之间的对立。

丰富者和馈赠者与寻觅者和渴求者之间的对立。

审美状态是双重的。

书和人。

健康问题。

现代音乐。

古典教育。

大都市。

理智的恶习。

17

迄今为止我最厌恶精神的寄生虫。在我们病态的欧洲到处都有寄生虫，他们为害世界，居然心安理得。他们也许有点沮丧，做出"悲观主义的姿态"（air pessimiste），但在本质上贪食，肮脏，玷污，潜入人体，蜷伏在体内，偷窃成性，无比丑陋，—— 他们就像所有的小罪人和微生物一样无辜。他们靠其他人生活，其他人有精神，并且慷慨地付出。他们知道，丰富的精神的本质属性是什么：无忧无虑，恢宏大气，光明磊落，挥金如土—— 因为精神是一位坏管家，它没有注意到所有的寄生虫都在蚕食它、消耗它。

18

生理学家说："**每种行动**本身都能带来快乐。"为什么呢？

是因为积聚的力量能带来一种**冲动**和**压力**，能造成一种通过行动来**释放**压力的紧迫状态吗？**或者**因为每种行动都是对困难和阻力的**克服**？还是因为需要不断克服的许多小小阻力—— 犹如在一场轻快的、有节奏的舞蹈中—— 能够带来一种**对力量感的刺激**？

快乐作为**力量感的刺激**：总是以某种进行抵抗而最终被克服的阻力为前提。

所有快乐和不快乐现象都是理性的，都是对某些阻碍现象的总体判断，都是对阻碍现象的解释。

19

在意志薄弱的、比较多样化的时代，一种高度的退化和古怪不会立即造成危害，没有必要把退化者从社会躯体中剔除出去；另外，退化者也不会立即消亡，因为所有力量的**平均**量在本质上很专横、很**自私**，它向外阻止那种攻击性的、有统治欲的倾向。

在这种时代那些顽固的**意志坚强者**会面临危险，而在强盛的时代那些**不稳定者**则会遭受危险。

20

自苏格拉底以降的哲学家道德乃是一种堂吉诃德式的理想主义
十足的做戏
自我曲解
这种道德究竟是什么？
特异反应性：对辩证法充满热情，乐观主义—— 过度敏感的感性和由此而来的恐惧。

所有欺骗和自我欺骗中的最大骗局：把真善美等同起来，**表现**这三者的统一性。

苏格拉底反对诡辩派的斗争在心理方面难以理解。他必须与诡辩派**切割**，以防止和诡辩派相混淆（所有的因素都有可能导致混淆，因为诡辩派觉得自己和苏格拉底很相似）。**争夺青少年**——

苏格拉底的美德、反讽和机敏—— 柏拉图是一位爱者（鸡奸者），艺术家（？），寡头政治家——

独立宣言，离开城邦[380]，背离出身——

从道德和辩证法角度出发批判文化！！！

绝对缺乏"历史意识"——

颓废的征兆——

迄今为止**所有的道德运动**是否都是颓废的征兆？

21

愿望（**理想**）之视角主义

22

有人批判〈肉身性〉，他的激情却对此表示肯定。

精神的缺席常常使我们感到快乐。

23

请注意。在心理学方面我有**两种感受力**：

首先是**对赤裸裸的东西的感受力**；

然后是**追求伟大风格的意志**（少数几个主句，这些主句之间有最严密的联系；没有风趣，不用修辞）。

24

我认为道德所**赞扬的**所有欲望与力量在本质上和道德所诽谤所反对的那些欲望与力量是**相同的**，例如公正就是权力意志，追求真理的意志乃是权力意志的手段。

25

反对达尔文主义

——一个器官的功用解释不了器官的形成，恰恰相反！

——在漫长的时间中形成的一种性状保存不了个体，它对个体无用，至少在与外部环境和与敌人的斗争中它是无用的。

——究竟什么是"有用"？我们必须追问："**在哪方面有用**？"例如有益于个体**持存**的东西也许对它的强大和壮美是不利的；对个体有保存作用的变异同时可能固定住个体，使它停止进化。另外，器官的一种**缺陷**和一种**退化**有可能非常有用，因为它可以作为其他器官的刺激剂。一种**困境**也可以是生存条件，因为它把个体降低到一定限度上，在这个限度之内个体可以**积聚**力量而不至于浪费力量。

个体本身就是其各部分之间的斗争（争夺食物、争夺空间等）：个体的发展系于个别部分的**胜利**和**所占优势**，系于其他部分的**萎缩**和"变成器官"。

达尔文荒唐地高估了"外部环境"的影响；生命过程的本质恰恰在于那种巨大的、塑造性的、由内而外创造形式的力量，这种内部力量**利用**并**榨取**"外部环境"……

那些由内部力量创造的**新形式不是**为了一种目的而形成的，然而在各部分的斗争中，一种新形式若和一种局部功用没有关系，它就无法长期存在下去，然后它根据用途不断地完善自己。

如果只是那些能**持续**证明自己是有用的东西保存了下来，那么它们首先就是那些损害性的、破坏性的和瓦解性的能力，是那些无意义的偶然之物，———

26

我们对罗马平原有好感，这**意味着**什么呢？高山呢？我们的民族主义**意味着**什么？

理想主义或自我欺骗。

批判文明。

十字架的各种变形。

恐惧的升华。

性欲的升华。

蔑视的升华。

27

更完整的"生命"概念

陶醉的种类

现代的做戏（如"**祖国**"：当爱国者在哪些方面违背了我们的良知）

整个欧洲非常虚伪

鸿沟——

28

强者具有强健的本能，他消化他的行为犹如消化一日三餐，他自己就对付得了难消化的食物。但在本质上他受到了一种完好而严格的本能的指导，他不做他不愿意做的事情，正如他不吃他不喜欢的东西。

29

关于现代恶习的历史。

无政府主义。

30

古代哲学的幼稚，心理上的无辜；古代"智者"都很无聊。

古代人相信理性（理性来源于**神**），相信美德（作为最高的明智和精神的独立）。与古代相反，基督教则倡导**怀疑**：众生性本恶，不可救药，思想的骄傲乃是最大的危险，等等。

31

欧洲的悲剧时代：由与虚无主义的斗争决定。

32

完全缺乏为接受各种"真理"（Wahrheiten）而做的**准备**；教育没有分等级；盲目相信精神；现代的"善心"。

33

反对"**环境**"理论[381]。种族显得更重要。环境只是要求你"适应"；整个积聚起来的力量在适应的范围内起作用。

34

因果论。这种"相互关系"仍然需要**解释**："自然规律"是一种解释，等等。

"原因和结果"源于"**行为者**和**行为**"概念。**这种**区分从何而来？

活动乃是一种非机械事件的征兆。**停留**于机械论世界观——这种行为和一个聋子把音乐作品的总谱当作目标非常相似。

逻辑学——其本质尚未得到揭示。它是**清楚描述**的艺术吗？

35

对人类目标的批判。古代哲学有何意图？基督教意欲何为？吠檀多哲学呢？佛陀呢？——在这种意图的**背后**又**藏着**什么呢？

迄今为止的理想在心理学上的起源：理想究竟意味着什么？

36

假如流行的世界观是一种**误解**，那么我们可以构想一个连这种**误解**也得到认可的**完美**世界吗？

我对一个新的完美世界的构想：凡是不符合我们的逻辑、不符合我们的"真善美"的东西，都可以在一种较高的意义上是完美的，它们比我们的理想本身更崇高。

37

你明白，生命就是力量，是力量迫使我们做一切事情。

—— 卢奇利乌斯[382]

因为基于暴力的追求就是生活，所以它就叫作生命之火。

—— 米南德[383]

38

首要问题根本不是我们是否对自己感到满意，而是我们是否对任何事物都感到满意。如果我们对某个唯一的瞬间表示肯定，那么我们因此不仅肯定了我们自己，而且肯定了所有的"此在"（Dasein）。因为根本没有独立的东西，在我们体内没有，在事物之中也没有这种自为之物。如果我们的心弦幸福地颤动和鸣响了唯一的一次，那么为了引起这种唯一的幸福事件，所有的永恒都是必要的—— 在这个得到了我们肯定的、唯一的瞬间，所有的永恒都获得了赞成、拯救、辩护和肯定。

39

一个内心丰富的强者完全对付得了令人痛苦的可怕损失以及各种匮乏、剥夺和蔑视：他是从这种地狱中走出来的，困苦使他变得更加丰富、更加强大，质言之，他在爱的幸福中得到了一种新的成长。我相信，谁若猜到了在爱中成长的最低条件，谁就会"理解"但丁，关于地狱之门但丁写道："我也是永恒之爱创造的。"

40

世界获得了巨大的增长并且在不断地成长。我们的智慧终于有了自知之明，它认为我们很渺小；我们的学者们甚至开始**限制**我们的认识……

41

逻辑学是从欲望的土壤中长出来的：其背景是群氓本能，对相同情况的假设乃以"相同的心灵"为前提。**其目的是交流和统治。**

42

悲观主义所阐明的"真实世界"和一个可以生存的世界之间的对抗——我们必须检验**真理**的权利，只有以**生命**为尺度来衡量所有这些"理想冲动"的意义，才能理解这种对抗的本质，即病态的、绝望的、死死抓住彼岸的**生命**与更健康、更愚蠢、更虚假、更丰富的完整生命之间的斗争。确言之，这种对抗不是"真理"与生命之间的斗争，而是一种生命与另一种生命之间的斗争。——但生命要成为更高的种类！——在此我们必须证明我们需要一种等级制，——首要问题乃是**生命种类的等级**问题。

43[384]

虚无主义乃是道德的世界解释的结果。

等级制。

永恒轮回。

44

达尔文主义生物学意义上的"有用"指的是在与其他个体的斗

争中证明自己是有利的。但我完全不考虑斗争中的有利性，我认为"优越感"（Mehrgefühl）和**增强感**才是真正的**进步**：只有从增强感中才能产生斗争意志，——

45[385]

一

以生命为尺度对各种价值进行批判

二

价值的来源

三

作为权力意志的生命

四

被颠倒者

"永恒轮回学说"是打破偶像的锤子

46

我是这类人的传声筒：

这类人不是苦于未实现的理想，而是苦于已实现的理想！我们所**描绘**的和大肆宣扬的理想，现在却遭到了我们的蔑视，这就是我们的痛苦之所在——

一种危险的思乡，怀念心灵昔日的"荒野"，怀念成就伟业的条件，换言之，怀念暴行的条件——

我们享有更混乱、更狂野、更疯狂的瞬间，我们有能力犯罪，也许只是为了看一看，良心谴责究竟是怎么回事——

我们高傲自大，抵制"好人"的日常诱惑，抗拒良好社会制度的魔力，蔑视规矩的博学——

我们没有陷入"腐败"，我们与卢梭不同，我们并不怀念"善良的自然人"——

我们**厌倦了善**，但**没有**厌倦痛苦。我们对待疾病、不幸、衰老和死亡**不再那么认真**，至少不像佛教徒那样认真，佛教徒似乎已提出了对生命的异议。

47

批判爱国主义：有些人通过自己感觉到了那些超越祖国和种族的事物的价值，即国际价值，他们认为这些价值要比"祖国"的兴旺、社会的繁荣以及血亲和种族同胞的幸福要高一百倍，但如果他们要扮演"爱国者"的角色，他们就会成为伪君子。爱国主义是心灵的**洼地**，爱国者们心怀民族仇恨（甚至赞赏和美化民族仇恨）：帝王家族会利用这种人—— 还有一些商业阶层和社会阶层（当然包括可收买的小丑和艺术家）会获得他们的资助—— 如果这些民族硝酸重新掌握权力的话。事实上这个**低劣**的种类已获得了优势——

48

痛苦的理智性：痛苦本身表明的不是什么东西在此时受到了伤害，而是伤害对一般个体具有何种**价值**。

是否有这样的痛苦：承受痛苦的**不是**个体，而是"类属"——**主动**和**被动**意味着什么？它们其实意味着**制服**和**被制服**。

主体和客体呢？

49

价值问题比"确信"（Gewißheit）问题**更为根本**：只有在价值问题得到解答的前提下确信问题才会获得其重要性。

关于存在和假象：从心理学来考量，我们得不出什么"自在的存在"，也没有什么"真实性"的标准，而只有虚假性程度的标准，以我们对一个假象感**兴趣**的强烈程度来衡量。

50

真理、真实性和确信问题。

善良问题。

公正问题。

尺度问题。

等级问题。

51

伤害要么引起反应，要么导致**服从**。

52

基督教的阐释者例如卡莱尔[386]，在今天乃是一种**不诚实**的形式；对信仰时代的赞赏亦然。

53

观念和感觉之间的斗争不是一种生存竞争，而是争夺统治地位的斗争——失败的观念并**没有被消灭**，而只是**被压制**或**被征服**。在精神领域**没有消灭**……

54

给变易"打上"（aufprägen）存在的特性，这就是最高的**权力意志**。

来自感觉和来自精神的**双重伪造**，为了获得一个存在者的世界，一个持久者和等值者等的世界。

万物轮回，这就是**一个变易的世界对"存在的世界"**（Welt des Seins）的极度**接近：哲思的顶峰**。

从赋予给存在者的价值出发，人们产生了对变易者的不满和谴责：因为一个存在的世界已经被虚构出来了。

存在者的各种变形（物体、上帝、理念、自然规律、公式，等等）。

"存在者"乃是假象；价值的颠倒：假象成了**价值赋予者**——

在变易中认识原本是不可能的，那么认识怎样才可能呢？作为关于自己的谬误、作为权力意志、作为欺骗的意志它才有可能。

变易作为虚构、愿望、自我否定和自我克服：不是一种主体，而是一种行为，一种设定，一种创造性的行为，没有"因果"。

艺术作为克服变易的意志，作为"永恒化"，但它是目光短浅的，根据各自的角度：艺术仿佛通过小世界重现了整体的趋势。

众生的表现可以被视作表明整体趋势的简化形式，因此我对"生命"概念进行了重新确定，我把它确定为权力意志。

替代"因果"的是各种变易者之间的相互斗争，常常伴随着对敌人的吞并；变易者的数量变化不定。

我们已认识到了旧理想的卑鄙来源和功利性，因此旧理想已不适用于解释全部世界事件；此外，一切理想皆反对生命。

机械论的无用—— 它给人留下了**无意义**的印象。

前人的整个**理想主义**正在转变为**虚无主义**—— 转变为对绝对**无价值**即**无意义**的信仰……

理想的毁灭，新的空虚，旨在克服空虚的新艺术，我们是**两栖动物**。

前提：勇敢，耐心，绝不"回归"理想，绝不热衷于进步。

请注意。出于丰富，查拉图斯特拉对过去的一切价值一向采取戏仿的态度。

55

如果"只有一种存在即只有自我"而所有其他的"存在者"都是按照自我的形象制造出来的，—— 如果对"自我"的信仰最终取决于对逻辑的信仰即对理性范畴之形而上学真理的信仰，而另一方面，自我又表明自己是某种**变易者**，那么———

56

反对物理学的原子。为了理解世界，我们必须有计算的能力；为了能对世界进行计算，我们必须有恒定的原因；因为我们在现实中找不到这种恒定的原因，所以我们就**虚构出了**一种恒因—— 原子。这就是原子论的来源。

世界是可计算的，所有事件都是可以用公式来表达的—— 这种计算真的是一种"理解"吗？如果我们计算出了一首乐曲中所有可计算的、可用公式简化的元素，那么我们就理解了这首乐曲吗？—— 此后有了"恒定的原因"、事物和实体，即"无条件的东西"；**虚构出了**这些东西—— 人们达到了什么目的？

57

在一个忧郁的下午，斯宾诺莎对自己很不满意：一件小事使他不能忘怀—— 他因此事而自责。他突然自言自语："这就是'良心的谴责'（morsus conscientiae）！"但我怎样才能有良心的谴责呢？

58

批判基督教的理想：其前提是灵魂[387]的生存条件—— 这关系到**永生**，关系到罚入地狱或天国永福。

59

决定论只是损害那种〈唯心主义〉伦理学，该伦理学相信作为道德行为前提的选择自由[388]，相信"责任"。

60

实证主义停留于现象，它宣称"只有事实"，对此我必须予以反驳：恰恰没有事实，只有解释。我们无法查明"自在的"事实：追求这种东西，大概是瞎胡闹。你们说"一切都是主观的"，但这种说法已经是**解释**了，"主体"根本不是实存之物，而是某种虚构的东西，某种藏在背后的东西。—— 仍然把解释者放在解释的背后，有这个必要吗？这已经是虚构，是假设了。

只要"认识"这个词有意义，世界就是可认识的。但世界是可以以不同的方式来解释的，世界没有其背后的意义，而是有无数意义，此乃"视角主义"（Perspektivismus）。

解释世界的解释者是我们的各种需要，即我们的各种欲望和欲望的赞成与反对。每种欲望都是一种统治欲，每种欲望皆有其视角，每种欲望都想把它的视角作为标准强加给所有其他的欲望。

61[389]

各章的临时标题。

人的"改善"与人的"提升"之间的对立（或驯化与增强之间的对立）。

批判基督教的理想（谦卑，贞洁，贫穷，单纯）。

批判斯多葛学派的理想（包括"苦行僧"）。

批判伊壁鸠鲁学派的理想（包括"崇高"和"沉思者"）。

奴隶制的各种变形。

艺术家与征服者。美有何意图？

公正，罪恶，惩罚，责任——立法者。

批判浪漫主义理想，同样批判那种给予悲观主义者以仇恨和蔑视的力量的理想。

生命的解释特性。（虚无主义意味着什么？）"无目标"。

下一个世纪及其先驱。

批判行动（原因和结果，行为，目的）。

等级。

62

道德家们声称"事情应该是这样的，然而它不是这样的"，甚至声称"它本来就应该是这样的"，只有极少数人明白这种**愿望**的立场包含着什么：对事物总体进程的谴责。因为在总体进程中没有什么孤立事件：最小的部分承载着整体，在你的小小冤屈之上矗立着未来的整个大厦，如果你批评最小的事情，那么你就谴责了整体。如果道德规范——正如康德所认为的那样——从未得到完全实现，它只是作为一种彼岸高悬于现实之上而无法在某个时候进入现实，那么道德就包含着对整体的一种判断，而整体允许我们追问：**道德的这种权利从何而来？**作为部分的道德怎么能够充当整体的评判者呢？假如这种道德判断和对现实的不满——正如人们所断言的那样——实际上是一种根深蒂固的本能，那么这种本能难道不属于我们人类根深蒂固的愚蠢和非分要求吗？然而当我们这样说的时候，我们就是在做我们所谴责的事；愿望的立场，未经许可就扮演法官的立场，同样属于事物进程的特性，每种不公正和不完美亦然，——从中作祟的恰恰是我们的"完美"概念，这个概念在现实中根本站不住脚。每种要得到满足的欲望都在表达它对事物现状的不满：怎么回事？整体也许是由纯粹不满的部分组成的吗？所有部分的头脑中都充满着愿望吗？"事物的进程"也许就是"离开这里！远离现实"，就是永远不满本身吗？也许愿望就是推动力本身？它是上帝（deus）吗？

我认为有一种重要的力量、一种无条件的存在者能使人们摆脱**"这个宇宙"**（All）、这个统一体；我们不得不把这种力量奉为最高机构并把它命名为上帝。我们必须砸碎宇宙；忘记我们对宇宙的敬畏；我们必须收回我们给予这个未知的整体的敬意，把它给予最亲近者——我们的上帝。康德说过"有两件事物[390]永远令人崇敬"——今天我们宁愿说"消化更加令人崇敬"。这个宇宙总是带来老问题如"恶是如何可能的"等。就这样吧：**没有宇宙，没有伟大的感知力或"创造力"（Inventarium）或力量仓库；其中**

［+++］

所有的哲学最终都必须阐明**理性**活动的前提吗？这种前提就是我们**对自我的信仰**，即相信自我是一种实体，是唯一的实在，我们就是根据这种实在把实在性判给了事物。最古老的"实在论"终于出现了：它与灵魂说同时出现，那时人类的整个宗教史把自己确认为灵魂迷信的历史。**此处有一个障碍**：我们的思维本身包含着对自我的信仰（思维区分了本质和偶性[391]，区分了行为者和行为等），放弃这种信仰意味着再也不存在思维了。

虽然这种信仰对于保存人的本质是非常必要的，但是它和真理无关，这一点我们甚至可以从下述事实中看出：我们必须相信时间、空间和运动，但我们没有感觉到我们被迫把绝对〔+++〕

64[392]

权力意志
重估一切价值的尝试

第一卷
欧洲的虚无主义

第二卷
对最高价值的批判

第三卷

一种新的价值设定的原则

第四卷
培育与培养

1887年3月17日写于尼斯

每一种纯道德的价值设定（如佛教的价值设定）的**最终结果都是虚无主义**：对于欧洲而言这一点是可预料的！人们相信一种没有宗教背景的道德主义也管用，但虚无主义之路对此是**必要的**。宗教中缺乏把我们视为价值的设定者的强制性。

65

人们总是极其愚蠢地把成功和它的可怜起点混同起来！甚至对艺术家亦如此：我们怎么能够从作品倒推出艺术家的人格呢！例如**荷马**——你们没有感觉到这位悲观主义者和过于敏感的诗人与其笔下人物的差异吗？由于其痛苦，荷马虚构出了精力充沛而完美的"伟大人物"（Olympier）！哲学家的理论**要么**是对其敏感性经验的粗略概括，**要么**就是他用来克服其敏感性的手段，——克服精神性等。

逃避精神性，遁入精神冷酷和僵化顽固。

一

利己主义及其问题！拉罗什福科[393]体现了基督教的阴郁，他到处批判利己主义，他认为利己主义**降低了**事物和美德的价值！

和他相反，首先我试图证明，除了利己主义不**可能**有别的什么东西，——如果人的"自我"（ego）变弱了变贫乏了，那么大爱的力量就会变弱，——能奉献大爱的人首先是那些自我非常强大的人，——爱是利己主义的一种表现，等等。错误的价值评判实际上追求的是利益：（1）群氓的利益，利他主义有益于、有助于群氓；（2）利他主义包含一种对生命根基的悲观主义怀疑；（3）利他主义想否定最壮美和最成功的强者及对强者的恐惧；（4）利他主义要帮助失败者获得反对胜利者的权利；（5）利他主义带来了一种普遍的不诚实，它恰恰诱导那些最有价值的伟人欺世盗名。

二

音乐及其危险性，——它纵情享乐，为唤起基督教状态而实施的招魂术，首先它进行那种移植的感性和祈祷的发情的混合——它与肮脏的头脑以及狂热的心密切合作；它摧毁**意志**，过度刺激敏感的神经，淫荡的音乐家。

请注意。艺术得以发生的**原因**（内心状态）与艺术的**效果**迥异。

66

哪种人在读我的著作时感觉很糟？这要撇开——多么无聊的做法——那些完全"不懂"拙著的人（如那些有教养的蠢猪和大城市蠢妇，或者教士，或者"德国少年"，或者所有喝啤酒并散发出政治臭味的人）。其中有用精神做肮脏交易的文人，他们要靠他们的观点"谋生"——他们发现某些观点（至少某些特定的观点）能赚钱，——他们受不了我的著作中不断向他们吹来的极度蔑视的冷风。我也很难取得女作家们的欢心，正像她们所习惯的那样，她们用病态的性器和墨水写作，手指上总是沾着墨渍；我之所以把女作家们贬为墨鱼，是因为我原本把她们看得太高吗？同样我也理解为什么所有浮夸的宣传家都对我心怀怨恨：因为他们恰恰需要道德原则的大话和鼓噪，而我对这些大话——还有那些正人君子，一旦他们受到了讥刺，他们就暴跳如雷——

所有这些敌人我都不放在眼里，但有一种对手，他们的痛苦使我感到痛苦：他们就是从贱民中努力往上爬的贫寒子弟，他们心中充满着道德的渴望和奋斗的紧张，做着变成贵人的迷梦。他们肯定觉得我的著作中有一双讽刺的眼睛在盯着他们，这双眼睛从不放过他们小小的英雄行为——这双锐眼始终在看着他们所有的痛苦和小小烦恼，他们的疲劳，疲惫者所急需的虚荣心，蚂蚁般地往上爬和突然跌落。

67

最近莱比锡的特奥多尔·弗里茨[394]先生给我写了信。在德国再也没有比这些反犹主义者更无耻、更愚蠢的帮派了。作为答谢，我在回信中狠狠踢了他一脚。这个流氓居然敢把查拉图斯特拉的名字挂在嘴边！可恶！可恶！太可恶了！

68

请注意！！

在道德事务上，虔诚者和信神者比无神论者更开放、更倾向自由主义（如帕斯卡尔在道德问题上比叔本华更开放、更倾向自由主义）。

69

帕斯卡尔把爱比克泰德[395]和蒙田看作自己的真正诱惑者，他必须不断反驳这两个人以捍卫和保全自己的基督教。

70

在人类底层的污泥臭气之上生活着一种**更高级的、更清醒的人**，这种人在数量上是很少的——因为一切人杰地灵依其本性都是罕见的——少数人属于精英，并不是因为他们比底层的人更聪明或更有道德或更有英雄气概或更深情，而是因为他们**更冷漠、更清醒、更有远见、更孤独**，因为他们忍受和偏爱孤独，把孤独当作幸福和特权来追求，把孤独当作生存条件，因为他们生活在行云和闪电之下犹如生活在同类之中，但他们也生活在阳光、露珠和雪花中，生活在所有来自高空的自然物中，如果这些自然物要运动，它们就会永远按照**从上到下**的方向运动。**升天**的野心非我辈之抱负。——英雄、殉道者、天才和狂热者在我们看来还不够宁静、坚忍、高贵、冷漠和从容。

第八章
1887 年夏

〈第一卷："什么是真理"〉
〈第三章：追求真理的意志〉

1

真理问题。

对信仰的需要乃是**真实性的最大障碍。**

追求真理的意志

虚假性。无意识的虚假性。

每种**自主的本能**都把其他本能当作它的工具、臣仆和谄媚者：它不允许臣仆们说出它的**恶名**，它决不容忍那些没有**隐含着**对它的赞美的、**为他者**而唱的颂歌。

以每种自主的本能为中心，所有的赞美和指责最终凝结成了一个有固定秩序和礼节的晶体。

此乃虚假性的**一种**原因。

每种追求统治地位的但仍然受压迫的本能为了维护自己的自尊心和增强自己的力量，本身就需要所有的美名和**受到赞赏的**价值，因此它**往往**敢于以它所反对的并且想摆脱的"**主人**"的名义行事（如在基督教价值统治下的肉欲或权力欲）。

此乃虚假性的**另一种**原因。

这两种情况都**极其幼稚**：虚假性**没有**进入意识。如果人们发现内驱力及其"表现"（"面具"）处于**分离**状态，那么这就是**受挫的**本能的一个标志，即自我矛盾的标志，获胜的希望不大。表情、言语和情绪上的绝对**纯洁**，作假时的"问心无愧"，说最漂亮的大话和做出最美好的姿态时的沉着自信，所有这些因素对于争取胜利都是必要的。

还有**另一种**情况：若有**机敏过人**的观察者在场，为了获胜，作假者就必须有**演员的天才**和自我克制的最佳修养。因此教士就是最机灵的、有意识的伪善者；其次是王侯，他们的地位和出身使他们养成了一种表演的习惯；再次是社交界名流和外交家；最后是女人。

基本思想：虚假性表现得如此深刻、如此全面，而**意志**如此坚决地反对直接的自我认识和直呼其名，以至于下述**推测**具有了**很大的或然性**：**真理和追求真理的意志**其实是某种别的东西，它们也只是一种**伪装**而已。

伪装的感性：

作为理想主义（柏拉图），是青年人所特有的，正如情人在特殊情况下呈现美好形象那样，理想主义创造出凹面镜的那种镜像，它对每种事物进行放大和美化，赋予每种事物以表面华饰和无限性。

在爱的宗教中："一位年轻的美男子，一位美女"，莫名其妙地有了神性，一位新郎，一位心灵美好的新娘。

在**艺术**中作为"美化"力：当一个男人看他所爱的女人时，他把所有的优点都赋予了她，与此相似，一位艺术家的感性把他通常所尊重所珍视的优秀品质赋予了一个客体—— 于是他就完成了一个客体（对它进行了"理想化"）。

女人意识到了男性对女性的美妙感觉，她竭力**迎合男性对女性的理想化努力**，具体做法包括打扮自己，步态优美，舞姿曼妙，柔声细语，情思温婉，面对男人时**羞答答**，矜持沉稳，保持距离感—— 女性的直觉告诉她，这种做法能**提高**男性的理想化能力。—— 鉴于女性的直觉非常灵敏，这种羞涩绝非有意识的虚伪：她猜到，这种**天真的、真实的羞涩**对男人具有最大的诱惑力，它能引起男人对女性的高估。因此女人很天真—— 灵敏的直觉使她明白，天真无邪非常管用。因此她故意对自己的目的视而不见……

凡是在伪装有强烈效果的地方，无意识的伪装都会显得非常自然。

关于艺术的起源。那种**完美化和美化的眼光**是充满性力的大脑系统所特有的（夜晚与爱人幽会，最细微的偶然事件皆得到美化，生活被视作一系列高雅事物，"苦恋者的不幸比任何其他事物更有价值"）；另外，每种**完美和美好**都是对热恋状态及其观察方式的无意识回忆—— 两性接触（contiguity）和爱情的幸福重新唤起了**完美**感和所有事物的美。**生理学**上的起源：艺术家的创造本能与"精子"（semen）在血液中的分布……**对艺术和美的追求**乃是一种对性欲陶醉的间接追求，性欲把醉意传递给了大脑。**世界变得完美**，通过"爱"……

伪装状态下的"**群氓本能**"。

艺术家身上的**说谎**本能和**伪装**本能突然爆发。

伪装状态下的**沉思**本能。

伪装好的**残暴**。

伪装起来的**疾病和退化**。

伪装好的**衰老**:

作为虚无主义;

作为青年人价值和**遗传**价值的回归—— 理智和性格的活力遭到了摧毁,例如理查德·瓦格纳。

"**惰性力量**"(vis inertiae)的伪装。

〈第二卷:各种价值的来源〉

〈第一章:形而上学家〉

2

关于形而上学的心理学

这个世界是虚假的—— **因此**有一个真实的世界。

这个世界是有条件的—— **因此**有一个无条件的世界。

这个世界是充满矛盾的—— **因此**有一个无矛盾的世界。

这个世界是变易的—— **因此**有一个存在的世界。

这些说法纯属错误的推论(盲目相信理性:如果甲**存在**,那么其对立概念乙也必定**存在**)。

这些推论是由**痛苦激发**的:它们其实都是一些**愿望**,但愿有一个这样的世界。形而上学家对一个令人痛苦的世界的仇恨也表现在他们想象出了另一个世界、一个**富有价值的**世界：形而上学家对现实的**怨恨**在这方面是创造性的。

第二个系列的问题：为何受苦？……在此他们根据真实世界与我们虚假的、变化的、痛苦的、矛盾的世界之间的关系做出了一个推论：

1. 痛苦乃是谬误的结果：谬误是如何可能的？

2. 痛苦乃是罪孽的结果：罪孽是如何可能的？

—— 他们把自然领域或社会中的纯粹经验普遍化了并把经验投射到"自在"中。

然而如果有条件的世界在因果关系上是由无条件的世界决定的，那么**犯错和犯罪**的自由肯定也是由无条件的世界决定的：人们不禁又要问：**为何**？……虚假、变易、矛盾和痛苦的世界乃是真实的世界**故意**制造的：为何？

这种推论的错误：他们创造了两个对立的概念，—— **因为**有一种实在性与其中的一个概念对应，所以也必须有一种实在性与另一个概念对应。"否则人们**从哪里**可以获得一个概念的对立概念呢？"**理性**于是成为关于自在存在者的启示之源。

但那些对立面的**来源没有必要**追溯到一种超自然的理性之源：只要指出这些**对立概念的真实起源**就够了—— 真实起源来自实际领域，来自功利领域，它恰恰因此而有**强大的信仰**（如果人们不按照这种实践理性[396]来推论，那么人们就会**灭亡**；但实践理性的断言并没有因此得到"证明"）。

在形而上学家那里，**痛苦造成的偏见**是非常幼稚的。"永恒的极乐"：心理学上的荒谬。勇敢者和创造者从不把快乐和痛苦理解为终极的价值问题，—— 痛苦和快乐只是伴随状态，如果人们要**实**

现某种目的，就必定要有这两者。形而上学家和宗教徒非常重视快乐和痛苦问题，这一点表明了他们的疲惫和病态。**道德**之所以对他们非常**重要**，是因为他们把道德视作消除痛苦的重要条件。

假象和谬误造成的偏见亦然：他们把这二者当成了痛苦的原因，幸福与真理的联系其实是一种迷信（混淆：幸福在于"确知"[397]，在于"信仰"）。

〈第二章：宗教徒〉

3

关于"宗教徒"

禁欲的理想意味着什么？

尚未过时的、**沉思**的生活方式的雏形。极度静心的灵修，为了获得尊敬和**自尊**（克服无为的"内疚"）。寻找静心养性的条件。

用巴洛克术语来表达，禁欲就是对灵魂**纯净**的一种感觉。

一种**囚徒状态**（准备好了谨慎的态度和小心翼翼的言行），作为对一种狂热欲望的医治（欲望逃避了各种"诱惑"），—— 表现为对感觉、对生命的**仇恨**。

生命力衰退，需要冷漠和宁静。苦行僧的手段。"老年"。

一种**病态的脆弱**和敏感，逃避生活的老处女的怪僻：间或有一种受到误导的色情[398]和"爱"的歇斯底里。

批判**谦卑**（"绝对的服从"）。有时还应该批判权力本能：寻找绝对的"工具"或作为工具为达到目的无所不用其极。谦卑的明智，懒惰（清贫和贞洁亦然）。

批判**清贫**（虚假的放弃和竞争，作为获得统治地位的高明手段）。

批判**贞洁**。**有用性**：贞洁给予人时间和独立——纵容理智，女人们受不了过度的理智——家庭是闲聊的大鸟巢。贞洁能保存元气并防止某些疾病。没有女人和孩子，贞洁者能够抵抗许多诱惑（奢侈，对权力奴颜婢膝，适应）。

大自然神秘的多样性和丰富性对人产生了影响，人是自然之子，是可怕因素和可爱因素的综合体，一种大有希望的生灵，一种格物致知、博学多能的生物。但禁欲的理想总是表达了一种失败、一种贫乏和一种生理矛盾。发人深省的是，当代人其实只熟悉教士这种禁欲者类型：从总体上看，教士是人的退化与失败的一种表现。——正如我们谈论浪漫主义艺术家那样，我们也许可以说，我们其实只熟悉**浪漫主义教士**——而**古典主义**教士本来是可能的，或许他也曾经存在。我们可以根据这种古典主义教士的可能性来想象一下那不勒斯波旁博物馆[399]里的柏拉图：考古学家们无法确定画中人是否是一位大胡子狄俄尼索斯。这一点对我们不重要，可以肯定的是：人们在此假定了一种教士类型，而非禁欲者类型……

基督教的教士代表了反自然、智慧的力量和善良的力量，但它们也是反自然的力量、反自然的智慧和反自然的善良：敌视权力、认识和———

作为奇迹力量的力量

作为反理性的智慧

作为反性欲的爱

仇恨世上的强者，进行一种隐蔽的、原则上的竞争和竞赛——基督徒要灵魂，蔑视肉体——

仇恨思想、自豪、勇敢、自由和精神的放纵。

仇恨感觉，仇恨感官快乐，仇恨所有的快乐，极端仇视感性和性欲。

基督教的教士们犯了大错—— 他们保持着诽谤生命的卑鄙意志，故意误解古代崇拜和秘仪中的性行为的卑鄙意志……

基督教教士从一开始就是感性的死敌：教士们对雅典令人崇敬的女性崇拜采取了一种清白无辜的、故作庄重的态度，但他们明显感觉到了其中性象征的存在，我们无法想象出还有什么态度比这种假正经更敌视感性了。生殖行为在所有非禁欲的宗教中都是真正的奥秘：尽善尽美、神秘意图和美好未来的一种象征（新生，不朽）。

〈第三章：好人与改善者〉

4

好人与改善者

仇恨身心健康者：丑陋者和失败者反抗健美者、自豪者和乐观者。

丑陋者的手段：怀疑健美、自豪和快乐。

反自然具有较高
的价值 {
"没有功绩。"

"危险太大：人们应该害怕，应该感
觉不妙。"

"自然是邪恶的；反自然是正当的，
反'理性'也是正当的。"
}

教士们又来了，他们利用这种反自然状态，争取"民众"。与
"义人"相比，上帝更喜欢"罪人"。

这是一场反对"异教[400]"的斗争（良心谴责作为破坏内心和谐
的手段）。

庸人仇恨奇人，群氓仇恨独立自主者。

社会道德乃
是 真 正 的
"美德" {
反对"利己主义"：只有"利他的"行为才有价值。
"我们所有人都是平等的。"
反对统治欲，在总体上反对"统治"。
反对特权。
反对宗派主义者、自由思想家和怀疑论者。
反对哲学（哲学与工具本能和狡诈本能背道而驰）。
哲学家本身服从"绝对命令"，道德感的本质是
"普遍的、放之四海而皆准的"。
}

三条断言：

卑贱具有较高的价值（"贱民"的抗议）；

反自然具有较高的价值（失败者的抗议）；

平凡具有较高的价值（群氓和"庸人"的抗议）。

一种**权力意志**在**道德史**上的表现，通过这些人：

奴隶们和受压迫者

失败者和自我折磨者

平庸者

他们试图贯彻那些对他们最有利的价值判断。

从生物学角度来看，道德现象是最可疑的。迄今为止道德的发展是以这些人**为代价**的：

统治者及其特殊本能；

成功者和健美者；

任何一种意义上的独立自主者和特权人物。

道德是一种与**自然相反的运动**，它反对自然创造一种**较高类型**的努力。道德的结果：

对生命的彻底怀疑（道德家认为生命的倾向是"不道德的"）。

生命毫无意义，因为道德家认为最高价值与最高本能相对立——这种观点荒谬绝伦。

"高等人"的退化与自我毁灭，因为他们恰恰意识到了自然与道德的冲突。

道德领域的奴隶起义：怨恨具有创造性。真正的反应在被碾压者、被践踏者那里不起作用了。

因此首先出现了消极的价值（这和高贵道德的情况恰恰相反，高贵的道德源于一种充满胜利喜悦的自我肯定感）。

"恶人"（其实是强者）。

采用诽谤的方法，诋毁高贵的价值（自豪、健美、幸福、快乐、感性和富有）。

借助于（1）**无视**；（2）故意**错看**；（3）只想**看一眼**。

颠倒：试图把**怨恨**本身解释成美德（正义感）。

把事实上战战兢兢的低微解释成"谦卑"。

把防御性、"胆怯"和等待视作"忍耐""善良""爱仇敌"和"博爱"，还视作"服从上帝"，上帝命令信徒们服从"官方"。

把复仇欲视作"上帝对其仇敌的胜利"，把失败时目睹的暴行视作魔鬼"对上帝正义的胜利"。

把弱者的不幸视作对"选民"的考验、准备和表彰，甚至视作智慧（"不幸者将来会得到更丰厚的回报"）。

充满"信、望、爱"的生活（信仰穷人和受压迫者的上帝）。

把赞美贫穷视作"礼拜"。

总之，试图做到对自己满意，试图说服自己"不仅现在好些了"，而且"将来会更好"。"好人"其实就是**弱者**。

所有这些解释都极不诚实，极其虚假。——

人的**内向化**（作为疾病）。随着和平的建立和社会的调整，那些强烈的欲望无法向外发泄了，它们被迫与想象力结盟，试图向内取得补偿，于是产生了内向化。对敌意、残酷、复仇和暴力的需求向后转，"往后退"；认识的愿望包含着占有欲和征服欲；早已消退的伪装能力和撒谎能力在艺术家心中复活了；欲望被说成必须加以控制的恶魔，等等。

意识乃疾病

人一再置身于他对此还没有本能直觉的境况之中，也就是说，有时他在做实验，他根据"推理"行事，而不是按照本能行事。

"理性主义"事件，例如法国大革命。

> 新生事物总是带有**内疚**
> 例如婚姻
> 同情的、宽恕的温情（长期以来和自我毁灭紧密相连）
> 研究的意志（作为反权威的意志）
> 征服自然的壮举（作为不信神的表现）
> 和平
> 商人，海关官员
>
> 面对最高权力，高贵的家族放弃复仇。
> 也就是说，"法律意识"与内疚紧密相连。

5

每一种不公都是某种无意的行为，因此它是一种厄运：柏拉图在《法律篇》第9卷和第11卷中谈到盗窃神庙和杀害父母时做出了这样的解释。

6

个人责任感的发展受到了绷得很紧的家族组织的**抑制**（后果不由行为者来担当，每个人都承担所有人的后果—— 最奇特的大概是族长的"良心"，他必须为相关的一切赎罪）。

大事件：

男人战胜了女人（好战，主人的权利）

和平战胜了战争

7

撒谎的乐趣乃艺术之母，恐惧与感性乃宗教之母，"突破禁区"（Nitimur in vetitum）与好奇心乃科学之母，残酷乃无私道德之母，懊悔乃社会平等运动之源，权力意志乃公正之源，战争是诚实（问心无愧和快乐）之父，主人的权利是家庭之源，怀疑是正义和沉思的根源。

8

《**查拉图斯特拉**》。

这本书的每句话肯定会令人痛苦，使人受到伤害，但又会令人深深地迷醉：如果你不是这样理解的，那么你就根本没有读懂这本书。

第九章[401]
1887 年秋

第一卷

1

原则与三思

1. 关于欧洲**虚无主义**的历史。虚无主义是迄今为止的理想的必然结果：毫无价值。

2. **永恒轮回**学说：作为虚无主义的结束，作为**危机**。

（1）

3. 哲学的整个发展乃是**追求真理的意志**的发展史。求真意志的自我置疑。**社会价值感**被夸大为绝对的价值原则。

（2）

4. 生命问题：作为**权力意志**的生命（社会价值感暂时占上风是可以理解的和有用的：它关系到一个**基础**的建立，在此基础上一个**较强大的**种类最终有可能形成）。

强者的标准：能在**颠倒的价值评判**下生存并且永远需要这些价值评判。国家和社会作为基础；世界经济，观点，教育作为**培育**。

2

（3）

批判**好人**。（**不是**批判伪善：我只是把这种批判当作娱乐和休息罢了。）时至今日，道德一直在与可怕的激情做斗争，在削弱和遏制它们——道德对人的矮化。

3

（4）

康德使德国人有可能接受英国人的认识论的怀疑主义[402]：

1. 因为他使有道德和宗教需求的德国人对英国人的怀疑主义感兴趣（正如近代学者出于同样的动机把怀疑论用作圣奥古斯丁的柏拉图主义的准备一样，又如帕斯卡尔用**道德主义**的怀疑论来刺激人们对信仰的需求即为信仰辩护那样）。

2. 因为他以经院哲学的方式给英国人的怀疑主义加上了繁琐的花饰和波纹，从而使它符合德国人学术上的形式趣味（因为洛克和休谟本身太明朗、太清晰了，按照德国人的价值本能来判断他们"太浮浅了"—— ）。

康德是一个微不足道的心理学家，他没有知人之明；在历史大事的价值判断方面他犯了严重的错误（如法国大革命）；他是卢梭式的狂热的道德家，他的基督教价值观藏而不露；他是一位地地道道的"独断论者"（Dogmatiker），他笨拙地掩饰他对独断论倾向的厌恶，希望压制独断论，但怀疑论很快就把他搞得疲惫不堪；世界主义的趣味和古典美与他无缘……他是一位**迟到者**和**调和者**，他毫无独创性。〈他调和两种倾向〉，正如**莱布尼茨**调和机械论与唯灵论；

正如**歌德**调和十八世纪的趣味与"历史意识"的趣味（历史意识其实是一种舶来品）；

正如**德国音乐**调和了法国音乐和意大利音乐；

正如**理查大帝**[403]调和了罗马帝国（imperium Romanum）和民族主义。

康德调和，康德**中和**，—— 他是一位杰出的**迟到者**。

4[404]

最后："此人曾是他的老师"。

一个人如何才能万古流芳（come l'uom s'eterna）……

—— 但丁《神曲·地狱篇》第十五首第85行

5

（5）

关于**民族天才**的特性，在对待外国文化和借鉴他者方面。

英国天才使他所接受的一切都变得粗糙而自然。

法国天才稀释、简化、逻辑化和美化他所接受的外来元素。

德国天才调和、勾连、模糊化和道德化他所接受的一切。

意大利天才最为自由和巧妙地利用了移植来的外国元素，他投入进去的东西要比提取出来的东西多一百倍：他是**最富有**的天才，他给予得最多。

6

关于美学

（6）

感性 } 提高了的、常胜的生命形象及其美化力：
陶醉 } 以至于它把一种完美赋予给了事物。

反过来说，如果事物显得**完美**，那么感性和陶醉的世界也一起受到了激发，由于"**古老的结合**"（Verwachsenheit）。因此感性和陶醉属于**宗教幸福**。

艺术家感觉上的敏感也很重要。

"美"能激起快感；我们可以想一想"爱情"的美化力量。难道被美化的完美形象不可以反过来温柔地激发感性从而使生命充满快感吗？——

7

（7）

精神性中的**过剩力量**为自己确定了新的目标，**完全不是仅仅作为低等世界的指挥者和领导者或为了保存有机体**、保存"个体"而发挥领导作用。我们比个体更重要，我们是整个**链条**，始终肩负着链条的未来的全部使命。

8

关于计划

用纯**自然主义**的价值取代**道德价值**。道德的自然化。

统治性构成物的学说取代"社会学"。

情绪的视角主义（包括各种情绪的等级制）取代"认识论"。

已转变的各种情绪：它们的**较高秩序**与"**精神性**"。

永恒轮回学说（作为培育和选择的手段）取代形而上学和宗教。

（8）

"上帝"作为最高要素：生存是一种永恒的神化和非神化。**但其中没有价值极点**，只有权力巅峰。

完全**排除机械**和**材料**：这两者只是低等级的表现形式和情绪（"权力意志"）最非精神化的形式。

目标就是通过权力意志使世界**变愚昧**，权力意志尽可能地使各种成分相互独立：**美乃是常胜者的习惯和受宠的表现**，丑则是多次失败（有机体本身）的表现，没有遗传！作为**整体**的链条在不断**扩大**——

变易中的盛极而衰（极点就是在最具奴性的基础之上的权力之最高精神化）乃是这种最高力量的结果，最高力量开始自己**反对自己**，在它丧失了组织能力之后，它致力于**解体**……

a. 不断**战胜**各种"群体"（Societäten）并使他们臣服于较强的少数人。

b. 不断战胜特权人物和较强者，民主制度因此崛起，最后各种成分陷入**无政府状态**。

9

当代音乐
一部论战著作

弗雷德里希·尼采 著

10[405]

第二部论战著作

群氓的观察方式作为道德。

在道德家和道德哲学家中间。

对道德进行清算。

等级差异对道德有何贡献？

禁欲的理想对道德有何贡献？

群氓呢？

哲学家呢？

猛兽的情绪呢？

11

在道德家中。—— 伟大的道德哲学家。到目前为止，道德是哲学家们的灾星。

卢梭，康德，黑格尔，叔本华，利希滕贝格[406]，歌德。

格拉西安[407]，马基雅维利，加利亚尼[408]，蒙田，帕斯卡尔。

364

卡莱尔，乔治·艾略特[409]，斯宾塞。

圣伯夫，勒南，龚古尔兄弟，司汤达，拿破仑。

柏拉图，爱比克泰德，伊壁鸠鲁，塞内加，马可·奥勒留。

12

（9）

奥芬巴赫：法国音乐，洋溢着伏尔泰精神，自由，纵情欢乐，带有一丝讽刺性的嘲笑，但很明朗，风趣到了平庸的程度（他绝不**涂脂抹粉**），没有病态感性或维也纳金色感性的娇媚。

13

价值

"生命的价值"：但生命是一种个别情况，我们必须为一切"实存"（Dasein）辩护，而不只是为生命辩护，——辩护原则乃是一种说明性的原则，据此生命可以得到**说明**……

生命本身不是达到某种目的的手段，它是权力的增长形式的**表现**。

—— 我们不再使"愿望"成为审判**存在**的法官！

—— 我们不再把我们的发展的最终形式（如精神）作为"自在"放在发展的**背后**。

14

末章：最后的愿望。

本书的结尾（智慧本身就像生命一样：深刻而有诱惑力）。

15

（10）

德尔图良[410]说的关于魔鬼们的话也可以用在**禁欲的教士们**身上。

关于群魔，德尔图良（《护教篇》第二十二章）说道："在治病方面他们是真正的魔法师。首先他们折磨你；然后他们给你开一些灵丹妙药，这些药其实是有害的新药——但你还是相信他们帮了你，**因为他们不再折磨你了。**"

16

（11）

"你们不要判断人，免得你们受判断。"[411]"免得"这个词是卑鄙的、**不高尚的**……

1. 当我们有权判断他人时，我们根本不承认他人有权判断**我们**……

2. 对一位特别适合某项任务的人来说，这种令人不快的后果并**没有**作为反对这项任务的理由而被考虑到：它也许可以成为刺激剂。

没有什么比夸大道德（如爱仇敌）更愚蠢的了：通过夸大人们把**理性**从道德中清除了出去……把自然从道德中清除了出去。

绝对的信念：上层和下层的价值感是**不同的**，下层人**缺乏**大量**经验**，下层人对上层人的误解是**必然的**。

17

（12）

我们必须长期把人的**矮化**当作唯一的目标：因为只有创造一个广泛的基础，才能使一个**较强大的**人的类型站在该基础之上。迄今为止**每一种增强了的**人的类型何以**站在低贱者的水平之上**——

18

（13）

反对**基督教的理想**，反对把灵魂得救当作人生目标的"永福"[412]学说，反对天真者、心灵纯洁者、受苦者和失败者的至高地位。（—— 上帝和信仰上帝与我们何干！"上帝"在今天只是一个苍白的词语，它不再是一个概念了！）正如伏尔泰临终时所言："请您别对我提**那个人**[413]！"

何时何地何曾有一位我们所欣赏的人看起来**像**基督教的理想人物？至少是以一位心理学家和善于识人者的眼光来看！—— 你只需浏览一下普鲁塔克[414]笔下所有主人公的生平就会明白。

19

（14）

圣方济各：狂热，大众化，诗人，与**贵族统治**做斗争，为了贱民的利益而反对灵魂的等级制。

20

（15）

苏格拉底：反对高贵的本能，非常粗俗（以典型的科学态度**反对艺术**）。嘲笑勒南的错误本能，他把高贵和科学**搅和**在一起。

毫无疑问，**科学和民主**息息相关（无论勒南先生对此说了些什么），正如艺术和"好社会"关系密切。

21

向恶习致敬

（16）

古希腊文化	与鸡奸
德国音乐	与酗酒
科学	与
复仇欲	与

（17）

历史学的大**谎言**：

似乎异教的**堕落**为基督教开辟了道路！然而基督教兴起的真正原因是古代人的弱化和**道德化**！把自然欲望重新解释成**恶习**，这种事早就发生了！

似乎**教会的腐败**乃是宗教改革的**原因**。这只是宗教改革宣传家们的借口和自我欺骗而已—— 宗教改革者那时有各种强烈的需求，其暴虐的贪欲急需宗教外衣的掩饰。

23

（18）

对临终者的言辞、表情和状态的欺骗性解释：例如解释者从原则上混淆了对死亡的恐惧和对"死后"的恐惧……

24

《效法基督》^{416}乃是一本**诱惑**之书（对孔德而言）。

25

（19）

与永恒不变的实体的**价值**（**斯宾诺莎**很幼稚，**笛卡尔**亦然）相对立的是最短暂易逝的生命的价值，生命之蛇的腹部闪烁着诱人的金光——

26

四位伟大的民主主义者：苏格拉底、基督、路德和卢梭。

27

（20）

以实现目的的**意志，因此**就是以采取各种**手段**力求达到目的的意志**取代**道德。

以**自然命令**取代绝对命令[417]。

不愿意受表扬：我们做那些对我们有利的事或使我们感到快乐的事或我们**必须**做的事。

28

（21）

心理学家的大伪造：

1. 人类追求**幸福**；

2. **道德**是通向**幸福生活**的唯一道路。

基督教的"永福"概念无聊而空洞。

29

（22）

勒南先生完全缺乏直觉：他把科学与高贵混同了起来。科学是非常民主的，是**反寡头政治的**。

30

（23）

纠正一个**概念**

利己主义。如果我们理解了"个人"（individuum）为什么是一个错误，明白了每个个体恰恰是直系关系中的**整个过程**（这个生命过程不仅是"遗传的"，而且它本身……），那么这个个体就具**有很大的重要性**。**本能**的行为完全正当；如果这种利己的本能**衰退**了（—— 如果个人只是通过为他人服务来**寻求**自己的价值），那么我们就可以得出此人已疲乏、**已退化**的结论。彻底的、毫不伪善的思想上的利他主义是一种这样的本能：通过为**他人的**利己主义服务，它至少要为自己创造出**第二种价值**。但这种利他主义本能往往是**虚假的**：它其实是获得**自己的生命感**和**价值感**的一条**弯路**——

31

（24）

哲学犹如**战场**，关键在于内部防线。

32[418]

谁不曾加入拜罗伊特人丑陋的**蒙昧主义**队伍

33

（25）

缺乏纪律：未来需要大力推行禁欲以坚定意志，需要自愿地放弃享受。

34

（26）

工人应该向士兵学习，具有军人意识。有一份报酬或工资，但业绩不佳者拿不到报酬！**劳动和薪酬毫无关系！**资本家应该**按照每个人的特长**来用人，以使**他**做出其工作范围内的**最大业绩**。

35[419]

（27）

1. 虚无主义是一种常态

虚无主义：缺乏目标；无法回答"为什么"。虚无主义意味着什么？——**那些最高的价值贬值了。**

虚无主义有**两种意义**：

A. 作为**提高了的精神力量**的标志的虚无主义：**主动虚无主义**

（activer Nihilism）。

一方面，主动虚无主义可以是**强大**的标志：精神力量得到了巨大增长，以至于**过去的**目标（"信念"与信条）与它不相称。

—— 因为总的来看一种信仰表达了**生存条件**的强制性，它表明了人对状况权威的屈服，而一个人就是在各种状况下**生长**、**成长**和**获得力量**的……

另一方面，主动虚无主义又是力量**不够强大**的标志：由于力量不够强大，精神无法创造性地重新**确立**一个目标、一种目的和一种信仰。

精神达到了其相对力量的**最大值**，这种最大值表现为暴烈的**破坏力**：表现为**主动虚无主义**。它的对立面大概是不再**进攻**的、疲惫的虚无主义，其最著名的形式就是佛教—— 一种**被动**虚无主义。

虚无主义是一种病态的**中间状态**（对人生**毫无意义**的推论和惊人的概括就是病态的）：无论是创造力还不够强大，还是颓废仍在犹豫且尚未发明其辅助工具。

B. 作为精神力量衰退和下降的虚无主义：**被动虚无主义**。

被动虚无主义是虚弱的标志：精神力量疲乏了、**衰竭了**，以至于**过去的**目标和价值变得不适当了，不再被信仰了——

各种价值和目标的综合（综合乃强大文化之基础）消失了，以至于单个的价值相互冲突从而导致解体；

一切消除疲劳，具有治疗、安慰和麻醉作用的东西粉墨登场，披着各种**伪装**，宗教的、道德的、政治的或审美的伪装，等等。

2. 这种假说的前提

没有真理；没有事物的绝对性，没有"自在之物"。

—— **这本身就是一种虚无主义**，即**极端的**虚无主义。它恰恰虚设了事物的价值，而这种价值根本**没有**也不曾有任何现实性，它只是**价值设定者**力量的一种征兆，只是为了**生存目的**而进行的一种简化而已。

36

追求真理的意志作为权力意志

37

判断的本质（进行**肯定**）。

38

（28）

"我相信此事就是这样的"，这种**价值评判**乃是**"真理"的本质**。

这种**价值评判**表达了人类的**自我保存条件**和**发展条件**。

我们所有的**认识器官**和**认识感官**的形成只是为了满足我们的自我保存条件与发展条件。

相信理性及其范畴，相信辩证法，质言之，逻辑学的**价值评判**只是证明了被经验证明了的、逻辑学对生存的**有用性**，它并**没有**证明逻辑学的"真实性"。

我们必须有坚定的**信仰**，我们可以进行**判断**，**绝不可以**怀疑所有重要的价值：

这就是芸芸众生及其生存的前提。信仰是必要的，即我们必须相信某物是真实的，但相信**并不意味着**某物就**是真实的**。

"**真实的世界与虚假的世界**" —— 我把这种对立归结为**价值关系**。

我们已把**我们的**自我保存条件投射成了**对存在**[420]**的评价**。

为了发展我们必须巩固我们的信仰，由此我们得出这个结论："真实的"世界不是变易的和可变的世界，而是一个**存在的世界**。

39

（29）

价值及其变化与价值设定者的力量增长有关。

得到允许的"精神自由"的怀疑程度乃是**力量增长的表现**。

"虚无主义"乃是**最强大的精神和最充沛的生命**的理想：它有时是破坏性的，有时是讽刺性的。

40

（30）

有人完全撇开了解释和主观性，认为事物具有一种**自在的性质**，这种观点乃是**一种完全无用的假说**。该假说做出了下述假设：**解释与主观判断不是本质性的**，脱离了一切关系的一个事物仍然是事物。反过来看事物表面上的**客观**特性：难道它仅仅导致了主观性范围之内的一种**程度差别**吗？ —— 我们也许会把缓慢变化的事物视作"客观"持存之物、不变的存在者和"自在"之物。

—— 客观性只是主观性**范围之内**的一个虚假的种概念[421]和对立面吗？

41

（31）

何为**信仰**？它是如何产生的？每种信仰都是一种**信以为真**。

虚无主义的极端形式大概是：**每种信仰、每种信**以为真都必然是错误的，**因为根本没有一个真实的世界**。所谓真实的世界乃是**一种透视的假象**，其来源在我们心中（因为我们总**是需要一个狭小**的、缩略的、简化的世界）。

—— 为了避免灭亡，我们必须承认**虚假性**和撒谎的必要性，这就是**力量的尺度**。

作为对一个真实世界的否定，虚无主义大概是一种神奇的思维方式：——

42

（32）

临近1876年[422]，当我明白了瓦格纳此时在追求什么的时候，我害怕迄今为止我的全部愿望会因此受到**损害**。然而通过相同需求的所有纽带，由于我对他的感恩，由于我总是想到他不可替代，由于绝对的相互惦念，我已经被他牢牢地束缚住了。

在这个时期，我觉得我仿佛被**囚禁**在我的语文学和教学活动中——受制于偶然和我的生活的权宜之计——我不知道如何才能摆脱这种困境，我疲惫不堪，精疲力竭，非常烦恼。

在这个时期，我明白了我的本能追求与叔本华的追求截然相反：我力求为生命辩护，即使生命有最可怕、最暧昧和最欺罔的一面也要为它辩护——对此我握有"酒神精神"这个法宝。

——"事物的自在"必然是善的、幸福的、真实的、统一的，叔本华的观点与此相反，他把自在解释成意志[423]，这种做法迈出了关键性的一步。但他不知道把这种意志**神化**，他仍然停留在基督教的道德理想上。

叔本华受到了基督教价值的强烈影响，在他觉得自在之物不再是"上帝"之后，他认为自在之物肯定是邪恶的、愚蠢的和绝对卑劣的。他不明白世界可以有无数种变化的可能性，甚至有无数种"神性"（Gott-sein）的可能性。

我诅咒那种狭隘的二元[424]论：善与恶。

43

（33）

虚无主义的问题**"为了什么？"**是从过去的习惯出发的，而根据习惯，人生目的是由外部确立、给予和要求的，也就是由某个**超自然的权威**规定的。在人们忘记了对这种神圣权威的信仰之后，人们依然按照旧习惯来寻找**另一个权威**，这个权威**善于绝对地言说**，它**能够规定**目的和使命。现在**良心**的权威居于首位（越不受神学束缚，**道德**的命令就越严格），作为对一种**位格**[425]权威的补偿。或者**理性**的权威。或者**社会本能**（群氓）。或者具有内在精神的**历史**，历史有其内在目标，人们完全**可以沉浸**在历史之中。总之，人们想**逃避**意志，逃避确定目标的**意愿**，逃避给予自己一个目的的风险；人们想推卸责任（—— 人们宁愿接受宿命论）。最后结果：**幸福**，用有些虚伪的话来说就是**大多数人的幸福**。

各种个人目的及其冲突

集体目的与个人目的的冲突

每个人都加入冲突之中，哲学家也不例外。

人们认为：1. 根本不需要一种明确的目标

2. 根本不可能预见一种明确的目标

恰恰在现在，当**精力最旺盛者**非常**需要意志**的时候，他的意志却是**最薄弱的和最怯懦的**。

绝对怀疑意志对于整体的组织力。

在这个时代，所有"直觉的价值评判"依次走上前台，仿佛人们能从这些评判中**得到**以前没有的**指示**似的。

—— "为了什么？"要求答复者包括：

1. 良心

2. 追求幸福的欲望

3. "社会本能"（群氓）

4. 理性（"精神"）

—— 只是为了放弃意志，就必须为自己设定目的。

5. 还有**宿命论**，"**没有答案**"，但有"**某种发展方向**"，"人无法追求一种目的"，只有**顺从**命运……**反抗无效**……目标方面的不可知论。

6. 最后是否定生命，**否定**作为人生的**目的**；生活被**理解**成不值得一过，最终导致自暴**自弃**。

44[426]

关于第三部论著

（34）

主要观点：我们不应该把较高类型**领导**较低类型看作前者的**职责**（如孔德[427]就是这样认为的——　　），而应该把较低类型当作**基础**，在此基础之上较高类型能够献身于**自己的**使命，——　只有在此基础之上较高类型**才能立身行事**。

强大而**高贵**的类型自我保存（在精神培育方面）的条件与斯宾塞之类小商人的"工业大众"的生存条件截然相反。

那些最强大、**最多产**的人可以任意支配的东西，可以提高其生存能力的东西——　悠闲、冒险、不信教和放荡不羁——　肯定会毁了平庸之辈，假如他们对这些东西也有任意支配的权利。在现实生活中平庸之辈就是因此而毁灭的。勤劳、规矩、节制和"信念"坚定对他们是很合适的，——　简言之，群氓的美德：恪守群氓美德会使庸人类型变得完美。

虚无主义的原因：

1. **缺少较高类型**。较高类型的丰硕成果和力量能维护对人的信仰（我们缅怀拿破仑的丰功伟绩：十九世纪几乎所有崇高的希望皆归功于他）。

2. **较低类型**气焰嚣张。"群氓""大众"和"社会"忘了谦逊，他们把他们的需求夸大为**宇宙**价值和**形而上学**价值。全部生活因此被**庸俗化**了：只要**大众**统治全社会，他们就会对**特立独行者**施以暴政，以至于特立独行者丧失自信而变成**虚无主义者**。

构想出较高类型的所有尝试都**失败了**（"浪漫主义"、艺术家和哲学家；反对卡莱尔试图把最高的道德价值强加给英雄们）。

结果就是**抵制较高类型**。

所有较高类型的**没落**与**不稳定**；反对天才（"民间文学"等）；同情低贱者和受苦者，把这种同情当作**心灵高尚**的**标准**。

缺少哲学家，哲学家**不仅**是改写者，而且是行为的解释者。

$$45^{428}$$

（35）

总的来看，**一个事物价值的大小等于人们为此付出的辛劳**。但当我们孤立地看待个人时，这条原理就无效了；个人的巨大能力与他自己的努力、奉献以及他所忍受的痛苦无关。如果我们考察一下某个伟人的家族前史，那么我们就会发现一种巨大的力量储存和力量的资本积累的历史，确言之，通过各种放弃、斗争、劳作和克服阻力来积聚力量。一个人之所以能成为伟人，是因为他付出了巨大的**代价**，而**不是**因为他的出现是一个奇迹，即他是所谓的天降伟人和"偶然"的赠品。"遗传"是一个错误的概念。为了一个人能成为伟人，他的祖先支付了巨大的费用。

46

（36）

　　追求真理的意志

1. 作为与自然的斗争和征服自然

笛卡尔对学者的判断

2. 作为对**占统治地位的**权威的反抗

3. 作为对损害我们利益的行为的批判

47

奥古斯特·孔德几乎把**科学方法的历史**理解成哲学本身。

48

（37）

　　对"**真实**"和"**不真实**"进行**断定**即**查明**事实完全不同于创造性的**设定**，不同于建立、创造、征服和**追求**，创造才是**哲学**的本质。如果人生**毫无意义**，那么就应该为它**添加一种意义**—— 这个任务至今**尚未完成**。声音和民族命运的情况亦如此：我们可以**根据不同的目的**对它们做出完全不同的解释和定向。较高等级是一种**目标设定**，我们可以根据目标来塑造现实，目标设定乃是**对行动的解释**，它不仅仅是概念的**改写**。

49

（38）

人与其说是父母的产儿，不如说是他的祖父母和外祖父母的孩子。其中的原因在于：在父母生育我们的时候，他们的自我尚未定型。祖父辈类型的萌芽在我们体内逐渐成熟，我们父母的萌芽在我们孩子体内逐渐成熟。

50

（39）

《新约全书》绝非清白无辜。我们知道它是在什么基础之上成长的。这个民族以一种无情的意志对待自己，在它失去了所有自然依靠之后，在它早已丧失了生存权之后，它仍知道如何实现自己的目的，为了自保它必须把自己完全建立在非自然的、纯想象的前提（作为上帝的选民，作为圣徒团体，作为有希望的民族，作为"教会"）之上。这个民族心安理得地、非常完美地进行"善意的欺骗"（pia fraus），当它在宣传道德时，人们就会变得不够谨慎。当犹太人作为无辜本身出现时，危险就很大了：当我们阅读《新约全书》时，我们应该始终保持普通的基本理智，保持怀疑和恶意。

〈早期基督徒〉都是一些出身最低微的贱民，其中有一部分是地痞流氓，还有一些人是被良好社会和上流社会开除的恶棍，他们在远离文化**氛围**的环境中长大，不守纪律，没有知识，根本不知道在精神事物中可以有良知（贱民总是误解"精神"这个词：人们所称作"精神"的东西在贱民那里仍然是"肉体"）。但犹太人与他们不同：犹太人天性聪明，他们利用自己的无知，从所有迷信的前提中创造出了一种具有优越性和**诱惑力**的宗教。

51

（40）

为何**权力意志**作为唯一的和绝对的**不道德**而遭到排斥？参见斯图亚特·穆勒[429]论孔德：

"生活并非充满了快乐，以至于它无法照顾所有那些具有利己主义倾向的人。但我们不同意这种看法。恰恰相反，我们认为对利己主义倾向的足够满足——不是过分地满足，而是适度地满足，即**使人能够获得最充分的享受**——几乎总是能对善意的欲望产生有益的影响。我们认为，个人快乐的道德化并不在于把快乐限制在尽可能小的程度，而在于培养与人同乐的愿望，即与他人和**与所有的他人**分享快乐的愿望，在于鄙弃任何一种独享的快乐。**只有一种倾向或一种激情与这种前提永远互不相容，那就是统治欲**，即对权力的追求，它本身包含着对他人的相应贬低并以这种贬低为前提。"

52[430]

（41）

我们当中的最勇敢者没有勇气面对他所知道的真相……一个人在什么地方止步或继续前进，一个人在何处做出判断"真相[431]在此"，这是由他的勇敢的程度和强度决定的。无论如何，勇敢都比目光和精神的敏锐或迟钝更重要。

53

（42）

犹太人在艺术领域颇有才气，例如海因里希·海涅和奥芬巴赫。奥芬巴赫是一个最风趣和最放纵的萨提尔[432]，作为音乐家他忠实于伟大的传统，对不只是有耳朵的听众而言，他能使他们真正摆脱德国浪漫主义那些伤感的、彻底**退化的**音乐家。

54

—— 一个女人愿意受她所爱的男人的折磨……

55

（43）

根据一个人**对众人有何益处**或**害处**或有何**价值**来**估计**他的**价值**，这种做法和根据一件艺术品所产生的**效果**来评价它毫无二致。一件艺术品是可以和其他艺术品相比较的，但**把一个人与其他人相比较**的做法完全无法确定此人的**价值**。

"道德的价值评判"，就其是一种社会评判而言，完全按照行为的效果来衡量人。

一个趣味独特的人被孤独包围着和隐藏着，落落寡合，沉默寡言—— 一个**捉摸不透的**人，他属于一个较高的类型，至少可以归入**另类**：你们无法了解他，无法拿他做比较，你们怎么能够贬低他的价值呢？

就**这种另类**价值而言，我发现了一位**典型的庸才**、典型的迟钝，他就是英国人约翰·斯图亚特·穆勒。例如穆勒如此评说奥古斯特·孔德："早年的孔德愤怒地观察拿破仑的名声和人们对他的**怀念，这种愤怒给他带来了最高的荣誉**；然而后来他声称拿破仑是一位比路易·菲利浦[433]更令人尊敬的独裁者；——从这种评价中我们可以判断出他的**道德标准**已降到了低点。"

道德上的贬低导致了最严重的判断迟钝：人的价值本身被低估了，几乎被**忽视**了，几乎被**否定**了。

幼稚的**目的论**的残余：**只是以众人为目的**来评价人的**价值**。

56[434]

历史学家和其他的掘墓人，他们生活在棺材和锯末之间——

57

（44）

亚里士多德认为，哲学是发现真理的艺术。伊壁鸠鲁学派和他的观点**相反**，他们利用了亚里士多德感觉主义的认识论：他们以讽刺和否定的态度反对寻找真理；他们认为"哲学是**生活**的艺术"。

58

三大幼稚：

认识作为获得幸福的手段（似乎……）

作为获得美德的手段（似乎······）

作为"否定生命"的手段

—— 由于认识是导致失望[435]的手段（似乎······）

59[436]

（45）

—— 它们屹立在那里，来自远古的价值：这些沉重的花岗岩石夯，谁能推翻它们？

—— 它们的意义是一种荒谬，它们的机智是一种死板和疯狂。

—— 我们是急躁而热情的精灵，我们只相信猜出来的真理：所有论证的愿望只会激起我们的反抗，—— 倘若看见一位学者，看见他从一个推论到另一个推论的逐步爬行，我们就会逃走。

—— 顽固脑袋，正派而狭隘。

—— 住在你们周围的邻居很快就会适应你们的风尚。

—— 干燥的砂砾心灵，干涸的河床。

—— 长期的意愿充满深深的怀疑，上面长满了孤独的青苔。

—— 悄悄地焚书，不是因为信仰，而是因为他再没有勇气相信什么了。

—— 在小小的完整事实面前卑躬屈膝。

—— 当务之急你不愿意解决，事后你肯定想弥补；你必须"做好"你以前没有做好的事情。

60

（46）

深刻**反省**：不是作为个体，而是作为人类意识到自己。**我们应该反思，应该回忆，应该走我们的小路和大路。**

A. 人寻找"真理"：寻找一个不自我矛盾、不欺骗、不变化的世界，一个真实的世界—— 一个没有痛苦的世界。矛盾、欺骗和变化乃是痛苦的原因！他相信有一个应该如此的世界；他想寻找通向这个世界的道路。（印度人的批判：甚至"我[437]"也是虚假的，**不实在的。**）

人究竟是从哪里获得"**实在**"概念的？

为什么他从变化、欺骗和矛盾中得出的恰恰是痛苦，而不是幸福？……

他蔑视变易，仇恨一切短暂、变动和变化的事物—— 他对"不变者"（das Bleibende）的评价从何而来？

很明显，追求真理的意志只是对一个**不变者的世界**的渴望而已。

感觉欺骗人类，理性则纠正错误。**由此**人们得出结论：理性乃是通向不变者的道路；**最非感性的**理念肯定最接近"真实的世界"。—— 大多数不幸的打击皆源于感觉—— 感觉是骗子、迷惑者和毁灭者。

只有在存在者的世界里**幸福**才能得到保障：变化和幸福相互排斥。因此，最高的愿望就是与存在者合一。这是获得最高幸福的**特殊道路**。

总之，**本该**如此的世界是实存的，而我们的生活世界是错误的——我们的现实世界**不**应该存在。

对存在者的信仰只是一个结果：真正的"第一动因"（primum mobile）乃是对变易者的不信任、对变易者的怀疑和对一切变易的蔑视……

哪种类型的人如此思考问题呢？他们是一种非创造性的**受苦者类型**，一种厌世者类型。我们可以想一想相反的类型，〈生命的肯定者〉，他们根本不需要那种对存在者的信仰：他们甚至会蔑视存在者，把存在者看成僵死的、无聊的和惰性的……

相信本该存在的世界**存在着**、确实实存，此乃非创造者的一种信仰，**他们不想创造一个世界**——一个应该存在的世界。他们把存在者的世界假定为现存的，然后去寻找到达这个世界的道路和手段。——"**追求真理**的意志"的真实就是创造意志的无能为力。

知道事物是这样的或那样的 采取行动使事物变成这样 或变成那样	认知者和行动者 在力度上的对抗

厌世者**虚构出一个**符合我们的愿望的**世界**，为了把我们所尊重的、使我们感到愉快的一切美好事物与这个**真实的世界**联系在一起，他们采用了心理学的诡计和解释。

这种层次上的"追求真理的意志"在本质上乃是**解释的艺术**；解释力仍然属于这种艺术。

这同一种人又下降了一个层次，他们变得**更贫乏，不再拥有**

解释力，不再具有创造虚构之物的能力，他们最终变成了**虚无主义者**。虚无主义者是这样一种人，对于如其所是的世界[438]，他们断言它不应该存在，而对于应该存在的世界[439]，他们断言它并非实存。因此人生（行动、受苦、追求、感受）毫无意义："徒劳"的激情就是虚无主义者的激情——这种激情同时表现为虚无主义者的**不彻底**。

那些不能把他们的意志强加给事物的人，即那些意志薄弱者和软弱无力者，至少还可以把一种意义即一种信仰放入事物中，也就是说他们相信已有一种现存的意志，该意志要对事物进行安排或者应该安排。

在什么程度上人们能够忍受事物**意义**的缺失，在什么程度上人们能够在一个无意义的世界中坚持活下去，此乃衡量**意志力**的一个标准：**因为人们可以自己对这个世界的一小部分进行组织。**

因此**哲学的客观观察**可以是缺乏意志和缺乏力量的一个标志。因为力量能组织较近的和最近的事物；"认知者"只是要查明什么东西存在，但他们没有能力规定**事物应该怎样存在**。

艺术家是一种中间类型：他们至少确定了一个关于什么事物应该存在的比喻——他们具有创造力，因为他们确实在**改变**和改造事物；认知者则没有创造力，因为他们让万物保持如其所是的原状。

哲学家[440]**与悲观主义宗教的联系**：他们和宗教徒是同一类人（——他们都赋予那些**得到最高评价的事物以最高度的实在性**）。

哲学家与道德家及其价值标准的联系。（在宗教的意义没落之后，他们都把**道德**的世界解释看作**意义**——）

通过**摧毁**存在者的世界来**战胜哲学家**。虚无主义乃中间时期：在强力出现之前，强力旨在颠覆一切价值，把变易者即虚假的世界当作**唯一的**世界来崇拜和赞美。

B. 作为正常现象的虚无主义可以是越来越**强大**的征兆或越来越**虚弱**的征兆。

一方面，**创造**和**意志**的力量得到了非常大的增长，以至于它不再需要总体解释和**意义**置入了（"近期任务"、国家等）。

另一方面，甚至创造**意义**的创造力也衰退了，失望于是成为主导状态。衰退者没有能力**相信**一种"意义"，"无信仰"。

科学意味着什么？有两种可能性：

1. 作为强大和自我控制的标志，可以缺少具有治疗和安慰作用的幻想的世界；

2. 作为破坏性的、瓦解性的、令人失望的弱化因素。

C. **相信真理**是一种需求，即需要某种信以为真的东西作为心理支持：撇开迄今为止一切价值感的心理学上的"还原"（Reduktion）。恐惧，懒惰。

—— **无信仰**亦然：还原。如果根本没有一个真实的世界，那么无信仰如何才能获得一种**更新的价值**呢？（通过怀疑，那些曾经**浪费**在存在者世界上的价值感重新获得了自由。）

61

伟大的**方法论者**：亚里士多德，培根，笛卡尔，奥古斯特·孔德。

62

（47）

个别**认识论的基本态度**（唯物主义、唯心主义和感觉论）何以是价值评判的结果：最高的快乐感（"价值感"）的来源对于"**实在**"问题也是决定性的。

——**实证知识**的标准根本不重要或者只是次要的：我们只要看看印度文化的发展就会明白。

佛教对现实的**否定**（虚假性=痛苦）导致了一种严重的后果：一个"自在的世界[441]"是无法证明的、无法到达的和缺乏范畴的，**对错误程序的认识**也是无法实现的，而佛学家们正是按照这种错误程序获得这整套概念的。"绝对的实在[442]"即"自在的存在[443]"乃是一个矛盾。在一个**变易**的世界里，"实在"只是一种为了实际目的的简化或一种基于粗糙器官的**幻觉**，或一种变易**速度**的差别。

逻辑上对世界的否定与虚无化基于下述做法：我们必须用存在来对抗不存在，我们必须否定"变易"概念（"**某物**在变"），如果存在———

63

存在与变易

"**理性**"是在感觉论的基础上发展起来的，它是在**感觉之偏见**的基础上成长的，也就是说，它相信感觉判断的真理。

"存在"乃是"**生命**"概念的普遍化，而生命就是呼吸，就是"有灵魂""追求、活动""变易"。

它的对立面是"没有灵魂""不变""不追求"。换言之，"存在者"的对立面**不是**非存在者，**不是**虚假者，也不是死物（因为有生才有死）。

"灵魂"即"自我"被设定成了"原始事实"（Urtatsache）；哪里有一种**变易**，就给哪里添加一个灵魂。

64[444]

（48）

那些**废物哲学家**不是从自己的生活出发，而是在为某些论点所收集的证据的基础上来建构一种哲学。

切莫为观察而观察！作为心理学家，我们必须生活，必须等待—— 直到许多体验**经过筛选**的结果自动得出其结论。我们绝不可以知道我们的认识**从何而来**。

否则我们的认识只是一种糟糕的外表和人为的堆砌。

—— 哲学是对个别情况的无意**遗忘**，而**不是故意**遗忘，不是有意图的抽象：质言之，故意抽象乃是非哲学家的标志。

65

以前我很赏识瓦格纳，他的艺术和态度所代表的敌基督[445]风骨令人叹服（那时他多么睿智！—— ）

我是所有瓦格纳信徒中的最失望者；因为在最适合当异教徒的时候，他变成了基督徒……如果我们曾经在最严肃的事情上都非常较真，那么我们德国人现在全都是德意志无神论者和嘲讽者：瓦格纳过去也是。

66

（49）

重估一切价值—— 怎样进行呢？所有**自发的**运动都必须在场，新的、未来的、较强大的运动：然而它们还在使用错误的名称并且受到了错误的评价，它们还没有**自我意识**。

要勇敢地意识到和**肯定**已**取得的**成就。

要摆脱旧的价值评判的成规，在我们达到了最佳和最强状态时，旧的价值评判还在贬损我们。

67

（50）

拉罗什福科幼稚而不自知，他以为他说出了一些恶意的、俳谬的妙语—— 那时心理事物中的"真理"的确令人惊异—— 例如他口出箴言："与普通人相比，伟人们并非有更少的激情和更多的美德，他们只是有更多的崇高目的罢了[446]。"然而约翰·斯图亚特·穆勒（他把尚福尔[447]称作十八世纪**更高尚的**、更富于哲思的拉罗什福科）把他看成最敏锐的观察家，他认为拉罗什福科洞察人心，发现了所有的恶念皆源于"习惯性的自私自利"。对此穆勒补充说道："一位**高尚者**不会勉强决定让自己承担持续观察**卑鄙行径**和**恶劣行为**的义务，除非是为了证明崇高的思想和高尚的品性能够成功地战胜那些败坏道德的影响。"

68[448]

亨利四世复杂的性格：帝王般威严，丑角般乖张，忘恩负义而忠诚，慷慨而诡诈，才智过人，英勇无畏，行为荒唐。

"在腓特烈大帝的手稿上，例如在评论马可·奥勒留的稿纸上，人们发现了啤酒和烟草的污渍。"

海军上将科利尼[449]和大孔代[450]由于其母亲而成为蒙莫朗西[451]家族的成员。该家族的男人们都是精明强干的勇士，而不是**天才**。

伟大的统帅拿骚的莫里斯[452]和拿骚的海因里希在蒂雷纳[453]身上复活了，蒂雷纳是他们的外甥，他们的妹妹伊丽莎白的儿子。

亨利四世彻底爱上了大孔代的母亲夏洛特·德·蒙莫朗西[454]。他说她是一位奇女子，她不仅美艳绝伦，而且**英勇**无畏。

老米拉波侯爵[455]抱怨他的儿子喜欢"流氓**文人**和**平庸作家**的诗句"。

米拉波论其家族："都是一些热情洋溢的、傲慢的天才。"

拿破仑说："我有强健而执拗的神经；如果我的心不是以一种持续的慢速跳动的话，我就有发疯的危险。"

笛卡尔将一位学者的发现比喻成人向自然发动的战役的结果。

伏尔泰说他用八天的时间就完成了《喀提林》[456]："这种壮举既使我惊讶，又使我感到恐惧。"

69[457]

布封说："天才靠的是长期的耐性。"这句话适用于大多数情况，我们可以想一想天才的前史，想一想家族的耐性，一个家族靠着耐心不断地积累和节省力量资本——

70[458]

贝多芬在**步行时**作曲。所有天才的瞬间都有膂力过剩伴随。

这在任何意义上都意味着服从理性。每一次天才的兴奋都需要付出大量的肌肉能量，—— 兴奋能普遍地**增强**力量感。反之亦然，一次长途步行能增强精神能量，直至陶醉。

71

（51）

请注意。何谓有用？有用性完全取决于**意图**和目的，意图又完全取决于**力量**的强度。因此功利主义绝不可能是基础，它只是一种"**效果**学说"（Folgen–Lehre），它绝**不可能**对**所有人**都有**约束力**。

72[459]

（52）

知识作为**追求权力的手段**、"**成神**"（Gottgleichheit）的手段。

古《圣经》传说相信，**人有知识**；人之所以被逐出乐园，是因为上帝现在害怕人了，上帝要把人从伊甸园中赶走，那里有生命树[460]，长生不老之树；如果人也吃了生命树上的果子，那么人就会获得神一般的权力。除此之外，整个文化表现为人的可怕性在不断增长，这种可怕性以具有"通天"目的的巴别塔为象征。上帝于是分化人类：他分而治之；语言多样性乃是上帝的应急措施，单独的民族更容易对付，因为各民族相互混战，相互摧毁。

《旧约全书》的开篇就有关于**上帝的恐惧**的著名故事。人被描写成上帝的失策，动物亦然；人被视作上帝的竞争对手和上帝的最大危险；劳作、困苦和死亡作为上帝的紧急自卫，以压制其对手。

上帝的恐惧：人乃是上帝的失策，动物亦然。

教训：

上帝禁止知识，**因为**知识通向**权力**，通向神一般的全知全能。他原本愿意赐予人永生，前提是人永远蠢得要命。

上帝为人创造了动物，创造了女人，以便他有陪伴，有消遣（防止他心生恶念，防止他去思考，防止他去认知）。

然而魔鬼（古蛇）告诉人知识究竟意味着什么。

上帝觉察到了巨大的危险，现在他必须把人从生命树旁**赶走**，用劳作、困苦和死亡来**遏制人**。现实人生被描写成了**上帝的紧急自卫**，即一种**反常**状态……**尽管如此**，认知事业即文化仍然追求神一般的全知全能：文化成果堆积成山，冲向云天。战争于是被视为必要的手段（语言作为"民族"的起因），人类应该自我毁灭。上帝最终决定了人类的灭亡。——

我们居然信仰了一位这样的上帝！……

73

（53）

人们之所以需要**一个形而上学的世界**，是因为人们在现实世

396

界里找不到**意义**和**目的**。"由此人们做出推论：这个世界或许是**虚假的**。"

"**虚假**"和"**无意义**"即"**无目的**"之间的关系：从心理学角度来解释，虚假意味着什么？

非现实，**梦幻**，等等。

（通过什么来区别现实与梦？通过**意义**联系，通过非偶然性、非任意性和因果性。**然而**从大体上来看生活的整体，人生似乎是无意义的、任意的和无目的的，现有的目的纯属欺骗，等等。）

机械论的因果性本身也许还能彻底解释**虚假性**：因果性**引起虚假**。

74

启蒙运动时代。

紧接着的是**感伤主义**[461]时代。

叔本华在哪些方面属于"感伤主义"？

（黑格尔属于精神性）

75

（54）

古老的伪装和各种激情的道德掩饰皆令人厌恶，这样的一个时代必将到来：**赤裸裸的自然**[462]，强力的量作为**决定因素（决定等级）**得到了社会的直接承认，**伟大的风格**再次出现，它是**伟大激情**的结果。

76⁴⁶³

（55）

为后世创作者（他们很难被人理解；在某种程度上他们**从未被人理解**）

伊壁鸠鲁？

叔本华

司汤达

拿破仑

歌德？

莎士比亚？

贝多芬？

马基雅维利：

为后世创作的人比合乎时宜者更难懂，但更好听。确言之，他们从未被他人理解：这正是他们的权威之所在（理解即旗鼓相当）。

77

（56）

如果一切积聚的力量和所有易爆物尚未准备停当，那么任何学说都是多余的。实现对一切价值的重估的前提是：已出现了新需求和新需求者的一种张力，这些新需求者苦于旧的评价，他们没有意识到———

78

（57）

谁若知道一切**荣誉**是如何产生的，谁就会怀疑道德所享有的荣誉。

79

（58）

何为赞美？

丰收、天气好、胜利、婚礼与和平时的**赞美和感恩**——所有的节日都需要一个可以对之宣泄情感的**主体**。人们愿意把他们所遇到的所有好事，把他们所**接受**的所有恩惠归功于某个主体，人们愿意颂扬某个行为者。面对一件艺术品时亦然：人们不满足于欣赏艺术品，人们赞美行为者。——那么什么是**赞美**？它是对我们所接受的善行的一种补偿、一种回报和一种对**我们的**力量的证明——因为赞美者在进行肯定、判断、估计、**评价**：他给予自己**能够**肯定的权利，**能够**颁发荣誉的权利……增强了的幸福感和生命感也是一种增强了的**力量感**：由此出发人进行**赞美**（由此出发他寻找并虚构了一位**行为者**，一个"**主体**"——）。

感恩作为善意的报复：在平等和自豪应该同时得到维护的时候，在能够最好地进行报复的时候，人们最严格地要求和进行报复。

80

"我的不愉快的冬天。" [464]

"如今他成了一位新派人士

"他肯定会极其放肆。" [465]

"嘲讽与火焰合成的肮脏怪胎。" [466]

81

柏辽兹的序曲《罗马狂欢节》创作于1844年

（奥芬巴赫[467]）

82

第二种佛教

虚无主义灾难正在结束世俗文化。

预兆如下：

> 同情剧增

> 精神过度疲劳

> 把所有问题都归结为快乐和痛苦问题

> 战争的荣耀引起一种反击

> 正如民族界限引起一种相反的运动——最真挚的"博爱"

> 宗教的无能，它无法继续制造教条和谎言。

83[468]

论道德的谱系

第二部论战著作

弗里德里希·尼采 著

第四篇：道德中的群氓本能。

第五篇：关于道德非自然化的历史。

第六篇：在道德家和道德哲学家中。

跋。对道德进行清算（道德乃是诱惑哲学家的妖精）。我早已说过，道德至今仍然是哲学家们的妖精。它是**悲观主义**和**虚无主义**的**原因**……它表达了它们的**最高公式**。

使命。

步入欧洲的悲剧时代。

84

（59）

通过聪明地滥用道德价值，虚无主义完成了重大的伪币制造：

a. 爱就是失去个性，同情亦然。

b. 只有**非个性化的理智**（“哲学家”）才能认识**真理**、“真实的存在和事物的本质”。

c. 天才和**伟人**之所以**伟大**，是因为他们不寻找自我，不追求自己的事业：如果一个人否定自己，那么他的**价值**就会**增大**。参见叔本华《附录和补遗》[469]第2卷第440页及下页。

d. 艺术作为"**无意志的纯粹主体**"的行为。对"客观性"的误解。

e. **幸福**是生活的目的；**道德**是达到目的的手段。

叔本华的悲观主义对生命的谴责乃是一种**道德的**转化，即把群氓标准转化为形而上学。

"个体"毫无意义，因此他赋予个体一种源于"自在[470]"的起源（个体生存意味着误入歧途）；双亲只是"偶因"。

这种学说造成的恶果就是科学已无法理解个体了。**迄今为止的整个生命都在一条线[471]上**，个体并非生命的结果。

85

（60）

受到赞扬的状态和欲望：

温和，公正，节制，谦虚，敬畏，周到，勇敢，贞洁，诚实，忠诚，虔信，坦率，信任，奉献，同情，乐于助人，认真，简朴，宽容，正义感，慷慨，谅解，服从，不自私，不嫉妒，善意，勤劳。

请注意。我们应该具有辨别力：**这些品质何以被确定为实现某种意志和目的**（往往是一种"邪恶的"目的）的**手段**。

—— 要么作为一种主要情绪（如**精神性**）的自然结果。

—— 要么作为一种困境即**生存条件**（如市民、奴隶、女人等）的表现。

总之，所有这些品质**不是由于其本身而被视作善良的**，它们本身并非"善"，它们已经符合"社会"和"群氓"的标准，被当作实现群氓的目的的手段，以及维护和促进群氓的必要手段。具体说来，它们被视作一种真正的群氓本能的结果，它们是为**群氓本能**服务的，而这种本能**完全不同于**这些**道德状态**：因为群氓对外充满敌意，自私自利，残忍，充满统治欲，怀疑一切，等等。

"牧人"则**表现为对立**：他必须具有和群氓**相反的**品质。

群氓极端仇视**等级制**：群氓本能有利于**平均主义者**（基督）；群氓对**强大的个人**（统治者们）充满敌意，不公正，要求过分，不知足，粗暴无礼，肆无忌惮，欺诈，虚伪，残忍，阴毒，嫉妒，报复心强。

86

（61）

道德论的自然主义：把表面上独立的、超自然的道德价值还原为其"自然"，即还原为**自然的非道德性**、自然的"功利性"，等等。

我可以把这种思想倾向称作**道德论的自然主义**：我的任务就是把那些表面上独立的、已变得**非自然的**道德价值回译成其自然——确言之，回译成其自然的"非道德性"。

请注意。与犹太教的"**神圣**"及其**自然基础**的比较：**已获得独立的道德规律**亦如此，它脱离了其自然（直到成为自然的**对立面**为止——）。

"道德的非自然化"（所谓的"**理想化**"）之步骤：

作为获得个人幸福的途径

作为认识的结果

作为绝对命令，脱离了———

作为神圣化之路

作为对生命意志的否定

道德逐步**敌视生命**。

87

（62）

道德领域**受到压制和被抹去**的**异端邪说**

概念：异教

主人道德

阳刚（virtù）

88⁴⁷²

（63）

我从《新约》中，尤其是从四福音书中根本没有听见什么"**神性**"的言语；恰恰相反，我听见的是最极端的诽谤癖和破坏癖的一种**间接形式**———它是最不诚实的仇恨形式之一。

———《新约》缺乏对**高等人**的品质的**所有认识**。

——— 肆无忌惮地滥用各种市侩习气；充分利用并榨干箴言的整个宝库；一位上帝来到尘世，为了向那些税吏⁴⁷³说明纳税的道理，有这个必要吗？

耶稣用一种荒谬的、不切实际的虚假道德来和**法利赛人**[474]做斗争，这种斗争最平凡——民众就是爱看这种费力不讨好的"表演"（tour de force）。

谴责"伪善"！出自这张嘴！

他对待敌人的方式也最平凡——对高贵者而言这种方式最令人难堪，它是一种构陷他人的"标志"（indicium）或者**不是**……

如果他把谎话说了一百遍，那么他作为无政府主义者理应被处死。

彼拉多[475]是唯一的正直者，他"蔑视"（dédain）这个犹太人关于"真理"的废话，他认为在探讨真理问题时这种下等人根本没有发言权。他所写的[476]罪名和他的善意企图均证明了他的正直，他曾试图释放这位荒唐的政治犯，他除了把耶稣看成一个傻瓜之外别无他法……

耶稣说了一句应该备受谴责的话，即"我就是真理"，这使彼拉多感到厌恶。

89

（64）

为了能思维和推理，**存在者的假设**是必要的：逻辑学只对不变的事物运用公式。

因此这种假设对真实性尚无力证明："存在者"属于我们的观察方式。

"自我"是存在的（——变易和发展无法触动它）。

由主体、实体和"理性"等组成的**虚构的世界**是**必要的**——
我们心中有一种整饬的、简化的、伪造的、人为区分的力量。"真
理"——掌控各种感觉的意志。

——按照确定的范畴把各种现象**排列**起来。

——在此我们从对事物"自在"的信仰出发（我们把那些现象
看成**真实的**）。

变易的世界的特性被视作**无法表达的**、"虚假的"和"自相矛
盾"的。

认识与**变易**相互排斥。

因此"认识"必须是另一种东西：必须先有一种追求认识能力
的意志，一种变易本身必须制造**存在者的幻觉**[477]。

90[478]

在这些论战性文章中，我继续进行反对道德的战役，反对非哲
学的、后果严重的、对道德的**总体高估**———

91[479]

（65）

关于克服**决定论**[480]。

某事物经常出现、可预见地出现，这并不等于它**必然**出现。每
个确定的事件中一种定量的力以唯一的方式自我决定、自行运动，
这并没有使事件成为"不自由的意志"。"机械必然性"不是事
实：是**我们**把必然性穿凿附会地置入事件之中的。我们把事件的**可**

表达性解释成了一种支配该事件的必然性的结果。我做某件确定的事，这绝不意味着我被迫做这件事。事物中的**强制**是完全无法证明的：规则只是证明了这同一个事件不是别的事件。只是由于我们把主体即"**行为者**"穿凿附会地加进事物之中，才产生了所有事件都是一种施加在主体身上的**强制**之结果的假象——强制是由谁施加的？又是由一位"行为者"。原因和结果——一个危险的概念，只要你想到某种**引发性的东西**和某种**受到作用**后的结局。

A. 必然性不是事实，而是一种解释。

B. 如果你明白了"主体"并不是什么起作用的东西，而只是一种虚构，那么就会出现各种各样的情况。

我们只是按照主体模式发明了**物性**并把物性穿凿附会地置入感觉的混乱之中。如果我们不再相信**起作用**的主体，那么我们对**起作用**的事物、对相互作用和对因果的信仰，对我们称之为事物的那些现象之间的原因和结果的信仰就会随之崩溃。

那些**起作用的原子**的世界当然也会随之崩溃：原子世界的假设的提出总有一个前提，那就是我们需要主体。

"**自在之物**"最后也会崩溃：因为其实它就是"自在的主体"之构想。但我们都明白主体是虚构的。"自在之物"与"现象"的对立是站不住脚的；然而"**现象**"概念也会随之失效。

C. 如果我们放弃了起作用的**主体**，那么我们也就放弃了受到作用的**客体**。持久、自我同一性和存在既不内在于我们称之为主体的东西，也不内在于我们称之为客体的东西了。与其他的复合体相比，事件的复合体只是在表面上显得持久——例如通过一种事件发生速度上的差异（静止—运动，牢固—松散）：所有这些对立都是原本不存在的，事实上人们只是用它们来表达**程度的差异**，对某种视角的标准而言这些程度差异才显现出对立的样子。

根本没有对立："对立"概念只是来自逻辑学的对立——我们把逻辑学的对立错误地移置进了事物之中。

D. 如果我们放弃了"主体"和"客体"概念，那么我们也就放弃了**实体**概念——因此也就放弃了实体的各种变体，例如"物质""精神"和其他假设的本质即"物质永恒与不变"，等等。于是我们摆脱了**物质性**。

用道德术语来表达，**这个世界是虚假的**。然而因为道德本身是这个世界的一部分，所以道德是虚假的。

追求真理的意志是一种**固化**，一种真实化和**持存化**，一种对世界**虚假**特性的抹杀，它把虚假性重新解释成了**存在性**。

因此真理或许不是某种实存的东西，不是某种可以找到、可以发现的东西，——而是某种**必须去创造的东西**，某种为一个**过程**命名的东西，为一种本来就孜孜不息的征服意志命名的东西：置入真理乃是一种"无限的过程"（processus in infinitum），一种**积极的规定**，而**不是**一种对"自在的"固定者和确定者的意识。"创造真理"这个词是用来表达"权力意志"的。

生命建立在信仰持久者和定期回归者的前提之上；生命越强大，可猜到的、仿佛**已变成存在的**世界肯定会越广阔。逻辑化、理性化和体系化乃是生命的辅助工具。

人把他的求真欲、把某种意义上外在的"目标"投射为**存在的**世界、形而上学的世界、"自在之物"和已有的世界。

人作为创造者其需求已虚构了一个经过处理的世界，他预先推定了这个真实的世界：这种预知（对真理的"这种信仰"）乃是他的支柱。

一切事件、一切运动和一切变易都是一种对等级关系和力量关系的确定，都是一种**斗争**……

"个人的幸福"和"种类的幸福"一样都是幻想：**不能**为了后者而牺牲前者，从远处来看种类和个体一样都是某种流变的东西。"**种类的保存**"只是种类**增强**的一种结果，即通过变成一个更强的种类而**超越种类**自身的结果。

如果我们**想象**出了某个人（上帝或自然），他应该为我们如此这般的存在负责，他的**意图**决定了我们的生存、幸福和苦难，那么我们就败坏了"**生成之清白**"（Unschuld des Werdens）。按照目的论，肯定有某人要通过我们并且和我们一起实现某种目的。

表面上的"**合目的性**[481]"（"**无限优越于一切人类艺术的合目的性**"）只是那种在所有事件中起作用的**权力意志**的结果。

力量日益**壮大**带来了秩序，而秩序看起来就像一种合目的性的计划。

表面上的**目的**其实不是蓄意的，然而如果一种较大的力量取得了对一种较小的力量的优势，较小力量作为较大力量的功能而劳作，二者建立了一种**等级**制和组织制度，那么这种等级制肯定会造成一种手段与目的之秩序的假象。

反对表面上的"**必然性**"。

—— 必然性只是**表达**了一种力量不是某种他者。

反对表面上的"**合目的性**"。

—— 合目的性只是**表达**了各种"**势力范围**"（Machtsphären）及其相互作用的一种秩序。

唯理论把逻辑的确定性和明晰性当作真理的标准。（笛卡尔说："所有我**清楚和明晰地知觉到**的东西都是真实的。"[482]）因此机械论的世界假说是受欢迎的和可信的。

但这是一种严重的混淆，犹如"简单乃真理之标志"（simplex sigillum veri）。我们从何得知事物的真实性和我们的理智有**这种**关系？——难道它不能是另一种情况吗？难道不是那种最多地赋予理智以力量感和可靠感的假设最受理智**偏爱**和**重视**，因此被认为是**真实的**吗？——理智把它自己最自由、**最强大的能力和技能**设定为最有价值的东西的标准，即真理的标准……

"真实的"：

从情感方面出发：最强烈地激发情感的东西（"自我"）；

从思维方面出发：给予思维最大的力量感的东西；

从触觉、听觉和视觉方面出发：必须对它进行最强烈的抵抗的东西。

总之，对**客体**而言，**成效的最高程度**引起了人们对客体"真实性"即**现实性**的信仰。力量感、斗争感和抵抗感说服了人们：这里**有**某种东西正在遭到抵抗。

92

李普曼[483]《思想与事实》（1882年版）第11页

动力，"真实的行动倾向"，虽然受到了阻碍，但它力图实现自己

——"权力意志" "张力"

"经过储存和积累的运动趋势"

93

（66）

我要使禁欲主义再次**自然化**；以**强化**的意图来取代否定的意图；一种意志的体操；一种匮乏和各种附加的大斋节，在精神领域也要有所节制（在马格尼[484]餐馆吃晚餐：他们全都是一些精神上的甜食爱好者，把胃都吃坏了）；一种涉及我们对我们的力量的评价的行为的决疑学[485]；一种带有冒险和任意危险的尝试。—— 人们还应该发明一些**检验**方法，以查明守信能力的强度。

94

可怕性属于伟大：伟人总是特立独行。

95

各种论文

人们是用什么东西来制造"真实的世界"的？

道德的非自然化，还有良知的非自然化（还有禁欲主义、理性、经院哲学、国家）。

合目的性。

道德中的群氓本能。

引诱哲学家的妖精。

未来的强者。

悲剧时代：永恒轮回学说。

心理学上的伪币制造。

价值判断统治下的逻辑学。

美。作为**艺术**的虚无主义。

有某种**形而上学**吗？……

96

三种虚假：

    因果性

    合目的性

    必然性

价值的非自然化

对立取代了等级

邪恶的世界

97

（67）

我们无法既肯定又否定同一个思想：这是一个主观的经验定律，它表明的不是"必然性"，**而只是一种无能**。

如果按照亚里士多德的说法，**矛盾律**[486]乃是所有原理中最确凿的原理，如果它是最终和最根本的原理，是一切论证的基础，如果它是所有其他公理原则的母体，那么我们就应该严格地思考一下，**它究竟假设了哪些断言**。要么它对实物、对存在者做出了断言，似乎它从别处已经了解了这个存在者，也就是说，不可以把相反的

"谓项"⁴⁸⁷判给这个存在者。要么这个定律想说的是**不应该**把相反的谓项判给这个存在者。这样一来逻辑学大概就是一种命令，它不是为了认识真相，而是为了设定和构想一个**应该对我们意味着真实的**世界。

简言之，这个问题尚未解决：逻辑学公理符合现实吗？抑或它们只是用来为我们**创造现实、创造"现实性"**概念的标准和手段？……然而为了能够肯定前者，正如我已说过的那样，我们就必须已了解了存在者；可实际情况完全不是这样。这条定律包含的不是**真理标准**，而是一道**命令**，即关于**应该被视为真实的那个东西**的命令。

假如根本没有一个这样的与其自身同一的命题A，正如逻辑学和数学的所有定律所假设的那样，假如A已经是一个**虚假**命题，那么逻辑学就是以一个**虚假的**世界为前提了。我们相信矛盾律实际上是受了无限经验之印象的影响，经验似乎在不断**证实**这条定律。"物"是命题A的真正基础：**我们对物的信仰乃是我们对逻辑学的信仰的前提。逻辑学的命题A和原子一样乃是对"物"的一种重构……因为我们不明白这一点，因为我们使逻辑学变成了真实存在**的一个标准，所以我们已误入歧途，把那些本质、实体、谓项、客体、主体和行为等设定成事实，即设定成"真实的世界"（—— **但这个真实的世界乃是极其虚假的世界**……）

最原始的思维活动，肯定和否定，信以为真和不信以为真，因为它们不仅以一种习惯而且以一种"公理"（Recht）为前提，所以对它们必须"在总体上认定为真"（Für-wahr zu halten）或信以为不真。它们已被一种信仰所控制，即相信**我们有认识能力**，相信**判断的确可以切中真相**—— 简言之，逻辑学相信它可以说出自在的真实者的真相（相反的谓项根本**不可能**适合真实者）。

感觉论的粗糙偏见在此**占上风**：感觉向我们表明事物的**真相**，——感觉教导我，对于同一个实物我不可以同时说它既是**硬的**又是**软的**（直觉的证据"我不可能同时拥有两种相反的感觉"是非常**粗糙和错误的**）。抽象的矛盾禁令源于这种信仰：我们能够创造概念，概念不仅可以说明而且可以**把握**事物的真相……事实上**逻辑学**（正如几何学与算术）只适用于**我们所创造的虚构真理**。逻辑学乃是**按照一种我们所设定的存在模式来理解现实世界**的尝试，确言之，它试图使现实世界变得**可表述和可计算**……

98

（68）

我们的理性信仰之心理学探源

"实在"和"存在"概念源于我们的"**主体**"感。

"**主体**"：解释的出发点在我们自己，以至于自我被视作主体，被看成一切行为的原因，被视作**行为者**。

逻辑学和形而上学的假设、对实体的信仰、偶性[488]和属性等的说服力在于把我们的所有行为都视作我们的意图之结果的习惯——以至于作为实体的自我根本不进入变化的多样性之中。—— **然而没有什么意图。**

我们根本没有什么范畴可以用来区分一个"自在的世界"和一个作为现象的世界。我们的所有**理性范畴**都具有感觉论的来源：都拾取自经验世界。"灵魂""自我"——这个概念的历史表明最古老的区分（"气息""生命"）在此也———

如果没有物质，也就没有"精神"（Immaterielles）。"精神"概念再也没有**内涵**了……

　　没有主体"原子"。一方面，一个主体的范围在不断**扩大**或不断**缩小**—— 系统的中心在不断**改变**—— 如果系统没有能力组织它所占有的物质，那么它就会一分为二。另一方面，系统可以不消灭一个较弱的主体而把它改造成系统的职员，并且在一定程度上和它共同构成一个新的统一体。没有"实体"，只有某种本来要追求壮大的东西；这种东西只是要间接地自我"保存"（它要**超越**自我—— ）。

99[489]

　　请注意。作为心理学家我们不愿意当聪明人，我们绝不**应该**工于心计……谁若想凭其知识、凭其知人之明谋取小利（或者像政治家那样谋取大利），谁就会从一般原理回到最个别的情况；但这种观察方式与另一种观察方式相对立，与只有我们才会采用的观察方式相对立：我们从最个别的情况出发**向外**看——

100

（69）
　　"种类"———
　　向着更高权力发展的进程：种类只是**速度的相对降低**，它表明迅速壮大的前提开始缺乏可能性（种类不是目的："自然"最关心的最终目的竟然是种类的保存！！）

101⁴⁹⁰

请注意。这个人了解人们，—— 他想利用他们捞取小利（或者像政治家一样谋取大利）。那个人知人论世，—— 他要获得一种**更大的利益**即面对众人的优越感，他要蔑视庸众。

102

（70）

美学

我们把一种**美化和丰盈**赋予给事物并对事物进行虚构，直到事物反映出我们自己的丰盈与人生乐趣。这种快乐状态包括：

性欲

陶醉

膳食

春天

战胜敌人，嘲笑

辉煌的成就；残酷；宗教感之迷狂。

其中有**三种**因素尤其重要：性欲，陶醉，残酷。它们都属于人类最古老的**节日欢乐**；它们在原初"艺术家"身上都占有优势。

反之，如果我们遇到了那些显示出这种美化与丰盈的事物，那么兽性"此在"（Dasein）就会以**那个领域的兴奋**作为回答，该领域是所有那些快乐状态的总部与中枢—— 这些兽性快感和欲望的细腻层次的一种混合就是**审美状态**。审美状态只出现在那些生机勃勃、有给予能力的人身上，他们能够胜任肉体"活力"（vigor）的

416

充沛；活力永远是"原动力"（primum mobile）。冷静者、疲乏者、衰竭者和枯燥者（如学者）根本无法接受艺术，因为他们没有艺术家的原始力量，没有丰沛的强制力：没有给予能力的人也就没有接受能力。

"**完美**"：那些快乐状态（尤其是性爱的快乐状态等）单纯地向我们透露出最强烈的本能究竟把什么事物看成更高级的、更值得追求的和更有价值的，更有价值的事物就是类型的上升运动；它们还透露出本能究竟**追求何种**状态。完美：它是力量感的极大扩展，是丰沛，是越过所有边缘的必然漫溢……

艺术使我们想起兽性活力的状态。一方面，艺术是旺盛的肉体活力的过剩、流出和流入，流入形象和愿望的世界；另一方面，艺术通过提高了的生命形象与愿望激发了兽性功能，—— 艺术是生命感的提升，是生命感的兴奋剂。

丑何以也有这种力量？只要常胜的艺术家控制住了丑陋与可怕，只要丑传达了艺术家的常胜活力，它就能提升生命感；或者只要丑稍微激起了我们心中残酷的欲望（也许是自我折磨的欲望，自虐狂和由此产生的自我控制的权力感），它也能增强生命感。

103

请注意。如果某人生病了，那么他就应该爬进某个"洞穴"之中：如此他就独自拥有了理性，他就是一头非常孤独的动物。

104

"我要这种东西和那种东西""我想这件事情应该是这样的""我知道此事就是这样的"——三种力度：有**愿望**的人，有**要求**的人，有**信仰**的人。

105

（71）

关于计划

请注意：

1. 用一句话来概括所有**重要的**时代、民族、人和问题。

2. 一百来件有趣的**逸事**，也许是历史逸事。

3. 好战的，**冒险的，令人难堪的**——

4. 关于**忧郁的快乐**的若干段落——

5. 被曲解者和被诽谤者的代言人（——**臭名昭著者**的代言人……）

6. 缓慢的、迷惑性的迷宫

7. **弥诺陶洛斯**[491]，**灾难**（人们必须为这个观念献上**人祭**——多多益善！）

106

（71）

我们的心理学视角是由下述情况决定的：

1. **传达**是必要的，而为了传达某种东西就必须是固定的、简化了的和可以准确表达的（尤其是在**相同的**情况下……）。但为了让这种东西成为可传达的，它就必须被感知成**已整理好的**，感知成"**可以再认识的**"。感觉材料经过知性的整理，被简化为粗糙的主线，被类型化，被归纳为类似的范畴。质言之，感觉印象的模糊与混乱被**逻辑化了**。

2. "现象"世界就是整理好了的世界，我们把这个世界**感知为现实的**。"现实性"（Realität）就在于相同的、相似的、熟悉的事物的不断重现，就在于事物**已被逻辑化了的特性**，就在于相信我们在此可以计算、可以预计。

3. 这个现象世界的对立面不是"真实的世界"，而是无定形的、不可表达的混乱感觉的世界，即**另一种**现象世界，一种我们"无法认识的"现象世界。

4. 如果我们完全撇开我们感觉的感受性和知性的能动性来追问"自在之物"具有怎样的特性，那么我们可以用下一个问题来驳回上一个问题：我们从何得知**有事物**？"物性"（Dingheit）其实是由我们创造的。问题在于：是否还有许多方式可以创造一个这样的**虚假**世界——是否这种创造、逻辑化、整理、伪造就是最确实的**现实**本身。简言之，"事物的设定者"是否是唯一的实在者；"外部世界对我们的作用"是否也只是这种有意图的主体的结果……

"原因和结果"乃是对一种**战争**和一种相对**胜利**的错误解释。

其他的"存在者"（Wesen）对我们产生作用，我们**整理好了**的虚假世界乃是对他者行为的一种整理和**战胜**、一种**防御**措施。

唯有主体是可证实的：只有主体的假设——"客体"其实只是一种主体对主体的作用……只是**主体**的一种**存在方式**。

419

（72）

悲观主义发展成虚无主义

价值的非自然化。价值的经院哲学。脱离现实的、理想主义的价值不是去控制和指导行动，而是谴责和反对行动。

提出各种对立以取代自然的等级和地位。仇恨等级制。对立与暴民时代相称，因为比较通俗**易懂**。

邪恶的世界与一个人工建成的"有价值的真实世界"相对立。

人们终于发现了"真实世界"是用什么材料建成的。现在只剩下了这个邪恶的世界，于是人们**把最大的失望算在世界之卑劣的账上**。

于是出现了**虚无主义**：人们只是保留了**评判性的价值**——此外别无一物！

随之出现了**强大与虚弱的问题**：

1. 弱者因绝望而心碎

2. 较强者摧毁那些尚未破碎的东西

3. 最强者战胜评判性的价值

这三种情况共同造就了悲剧时代。

批判悲观主义

"**痛苦多于快乐**"或其反面（快乐论）：这两种学说本身就是好人的指南，**虚无主义**的路标……

因为这两种情况只关注快乐或痛苦现象，它们都没有设定别的最终**意义**。

然而悲观主义和快乐论的信徒都是一种弱者，他们再也不敢设定一种意志、一种意图、**一种意义**—— 对强健者类型而言，生命的价值根本不以这些小事为标准。在生活中痛苦有可能占**优势，尽管如此**，这种优势仍然可以是一种强大的意志，一种对生命的肯定；强者急需这种优势。

　　"人生不值得一过""听天由命""因何流泪[493]"—— 一种懦弱的、伤感的思维方式。"一个快乐的恶人要比一个令人厌倦的感伤者更有价值[494]。"

　　雄健者的悲观主义：在一场可怕的搏斗之后，甚至在胜利之后仍然牢记自己的目的。有某种东西要比我们是否感觉快乐或是否感觉痛苦这个问题**重要**一百倍，它就是所有强者的基本本能—— 出于权力意志，强者也不考虑**他人**是否感觉好或是否感觉很糟。简言之，我们有一个**目的**，为了这个目的我们毫不犹豫地**牺牲生命**，敢于冒险，敢于承担任何恶果和最坏的恶果：**伟大的激情**。

108

　　"主体"只是一种虚构，根本没有人们在谴责利己主义时所说的"自我"（Ego）。

109

（73）

　　请注意。在犹太人转入新的生存条件之后，我们应该鼓励**犹太人获得新品质**：正如这种做法只符合我的本能那样，在这条支持犹太人的道路上我也没有被一场有毒的相反运动（反犹主义现在正甚嚣尘上）迷惑。

110⁴⁹⁵

（74）

描绘与**诗情画意**乃是**虚无主义**的**征兆**（在艺术和心理学领域）。

不要搞**庸俗心理学**！千万不要为观察而观察！这种做法会产生一种错误的视角、一种斜视，会导致勉强和夸张。**体验**成了体验欲。如果人们只是观察自我，那是不会成功的；天生的心理学家和天生的画家一样，他们都避免为看而看；他们绝不"按照自然⁴⁹⁶"工作——他们把对体验、"事件"和"自然"的筛选与表达托付给自己的本能，——他们意识到的是**普遍性**本身，而不是对特定事件的任意抽象。如果人们另辟蹊径，就像那些猎奇的巴黎小说家那样，时刻准备着伏击现实，每天都把一些稀奇古怪的东西带回家，那么最终会有什么结果呢？其结果在最好的情况下就是一种马赛克，一种**拼合物**，一些耀眼的颜色，一种混乱的东西（正如在龚古尔兄弟那里那样）。——"**自然**"在艺术的意义上从来都不是"真实的"；自然夸张，扭曲，留下空白。"按照自然的仿真研究"乃是一种臣服的标志，一种软弱无能，一种宿命论，它会使一位艺术家倍感屈辱。**观察现实**——这种要求属于一种另类人物，属于较真者，属于查明者。如果某人大力提倡这种意识，那么他**原本就是反艺术的**。

描绘性的音乐；对现实**听其自然**……

422

所有这些种类的自然主义艺术都**更为容易，更加可模仿**；才力不足者都在搞这种艺术。呼唤本能，倡扬**暗示性的**艺术。

111

瓦格纳在世时有过一段迷信的时期，从那时起他就飘浮在云端，以至于关于他的一切只有荒谬才是可信的。

112

（75）

在**古典**和**浪漫**的对立的背后是否隐藏着**主动者**和**反应者**的对立呢？

113

请注意。人们必须把某些命运猛吞进去而不必细看：这会**改善**它们的味道，就像喝马黛茶[497]一样。

114

请注意**那种利己主义**，正是它驱使我们为了亲友做某事或不做某事。

115

（76）

必须再三**斟酌**：

这本完美的书

1. 形式，风格

一种**理想的独白**。吸收学者的学术性并使其具有深度。

强调强烈的激情、忧虑、弱点、缓和与**光明**面，—— 短暂的幸福，高雅的快乐——

克服论证，绝对是**个人观点**。没有"自我"……

一种回忆录；最抽象的事物最具体，最有血有肉。

整个历史犹如**亲身经历和亲自遭受**（只有这样它才会变得真实）。

犹如一场鬼魂之间的谈话；一种预先要求，挑战，召唤鬼魂。

尽可能地明显，明确，举例，对待当代事务要谨慎。

所有合乎时宜的事情。

避免使用"高尚的"言辞，绝对不使用所有有自我表演嫌疑的话语。

不"描写"；把所有的问题都转化为**感情**乃至激情。

2. 搜集**明确的**词语。优先选择军事术语。

使用哲学术语的**代用词**：尽可能使用德语词，打造术语。

再现**最有才智的人**的所有**状态**，以使他们的队伍进入全书。

（—— 立法者的状态

　　诱惑者的状态

被迫牺牲者和犹豫者的状态

担当重大责任的状态

苦于不可知的状态

苦于必须**装假**的状态

苦于必须害人的状态

有破坏欲的状态）

3. 根据一种灾难来建构全书

写一篇关于从**意志**到悲观主义的序言。**不是**作为受苦者和失望者来发言。"我们不相信美德，不相信美好心灵。"

最后是一部羊人剧[498]

干预：忒修斯[499]、狄俄尼索斯和阿里阿德涅之间的简短谈话。

—— 忒修斯变荒唐了，阿里阿德涅说道，忒修斯变善良了——忒修斯对阿里阿德涅的梦心生嫉妒。

这位英雄自我欣赏，变得荒唐。阿里阿德涅的抱怨。

狄俄尼索斯不嫉妒："我爱你是因为你的人品，忒修斯怎么可能因此爱你呢？"……

最后一幕。狄俄尼索斯和阿里阿德涅的婚礼。

"神是不会嫉妒人的，"狄俄尼索斯道，"神只会嫉妒众神。"

"阿里阿德涅，"狄俄尼索斯说道，"你是一座迷宫：忒修斯在迷宫中迷路了，他找不到线绳了；他没有被弥诺陶洛斯吃掉，这对他又有何用？吃掉他的东西比弥诺陶洛斯更坏。""你在恭维我，"阿里阿德涅答道，"但我已厌倦了同情，所有的英雄都应该因我而丧命，这是我最后一次爱忒修斯：我要毁了他。"

（77）

卢梭这个典型的"现代人"，集理想主义者和流氓于一身，而理想主义是为他的流氓行径服务的，为了活下去，他**急需**"道德尊严"和道德姿态，他同时患有两种病，即过度的虚荣症和过度的自卑症。这个坐在我们新时代门槛上的怪胎居然宣讲"返归自然"——他究竟要**返归**何处？

我也主张"返归自然"，但它其实不是一种"返归"，而是一种"上升"——上升到人的强大、阳光而可怕的天性与自然，这种强大的天性可以轻松地对待伟大的使命，因为它厌倦了琐碎小事。——在"谜阵战术"（rebus tacticis），尤其是在战略方面，拿破仑早已"返归自然"。

我们把我们十九世纪所有的辛劳和苦难都归罪于十八世纪：道德的狂热，有利于弱者、被压迫者和受苦者的情感的娇弱，对各种拥有特权的人的仇恨，相信"进步"，对"人性"偶像的信仰，荒唐的平民自豪感与渴望充满热情——这两者属于浪漫主义——

我们对革命的敌意针对的不是那场血腥的闹剧，不是革命发生和进行过程中的"非道德性"；其实我们反对的是革命者的群氓**道德**，还在起作用的革命"真理"，传染性的"公平与自由"的革命观念，这种观念迷住了所有的平庸者，我们反对的是革命对**较高等级**权威的颠覆。可怕而血腥的革命进程给予这种**平庸**的狂欢以一种**伟大的假象**，以至于庸人狂欢作为一种奇观甚至诱惑了那些最骄傲的智者。

117

当让步就是一种宽恕时，人们就会让步，也就是说，当人们足够富有而不必索取时。

118

他爱某物，只要他保留了权利并等待一个偶然事件来帮助他，——直到他**拥有了**权利。

119⁵⁰¹

（78）

"**趣味的净化**"只能是类型力量**增强**的结果。我们的当代社会只**代表**知识，**缺乏**有文化的人。缺乏伟大的**综合性的人**：在综合者身上各种力量为一个目标服务，它们无疑都受到了约束。我们所拥有的是**多重的人**，也许是迄今为止所出现的最有趣的混沌，但它**不是**创世之前的混沌，而是创世之后的混沌。多重的人——**歌德**就是这种类型的最佳表现。（他**根本不是什么奥林匹斯神**⁵⁰²！）

在非自我化与对"客观性"的崇拜也在认识领域创造了一种错误的等级制之后，我们应该为认识者重新赢得拥有伟大**情感**的权利！叔本华说，**只有摆脱了情感**和意志才能真正接近"真理"和获得认识；无意志的理智能够认识到事物真实的真正本质，它**必然认**识到本质。这种谬论简直登峰造极。

艺术领域存在同样的谬误：在无意志的静观下，似乎一切都是**美的**。

反对**艺术**之"目的"的斗争始终是反对艺术**道德化**倾向的斗争，反对艺术服从**道德**的斗争：为艺术而艺术（l'art pour l'art）意味着："让道德见鬼去吧！"—— 然而即使是这种敌视也显示出道德偏见的优势；如果我们把**道德说教的情感**和"改善人类"的情感从艺术中剔除了出去，那么我们仍然不能得出下述结论：没有"情感"（Affekt）、没有"目的"、没有一种非审美的需要艺术在总体上也是可能的。"反映""模仿"：这很好，但用什么方式？所有的艺术都赞美、颂扬、强调和美化——艺术总是**强化**某种价值评判：难道我们可以把这种做法仅仅看作一种附带现象，看作一种偶然作用吗？**或者它其实是艺术家"才能"的基础**？艺术家的情感只关系到艺术本身吗？在更大的程度上难道它不是与生命有关吗？不是与**生命的一种愿望**有关吗？

艺术描绘了许多丑陋、严酷与恐怖，不是这样吗？艺术要借此使生命**摆脱痛苦**吗？艺术要像叔本华所说的那样使人清心寡欲吗？然而艺术家首先要传达的是他的**状态**，他面对可怕的生活的状态：这种状态本身就是一种**愿望**，谁体验了它，就会非常尊重它，就会把它传达出来，只要他是一位善于传达者即艺术家。面对一个强敌、一种巨大不幸和一个可怕难题的**勇敢**—— 勇敢本身就是生命的**较高状态**，所有崇高的艺术都歌颂这种状态。好战者在悲剧中欢庆盛大的节日；战争与胜利的快乐，苦斗者所承受的极端残酷之幸福，所有这些品质都是习惯了痛苦的、**寻找**痛苦的勇敢者的特性。

120⁵⁰³

（79）

在我们的文明世界里，我们几乎只了解那些委顿的罪犯，他们被社会的惩罚和蔑视压垮了，他们怀疑自己，经常贬低和诬蔑自己的行为，他们属于一种**失败的罪犯类型**。我们厌恶这种观念：**所有的伟人都是罪犯**，只不过他们具有伟大的风格，而不是小气的作风；犯罪属于伟大（这种真话来自善于识人者和所有心理学大师的意识，大师们**下潜**到了伟人心灵的最深处）。由于摆脱了传统、良心和义务的束缚而有可能被社会"放逐"（Vogelfreiheit）—— 每位伟人都知道这种危险。但他也**需要**危险：他需要伟大的目标和达到目标的手段。

121

（80）

人们应该恢复拥有自然欲望的**勇气**。

人们应该克服**自我低估**（**不是**作为个人的人的自我低估，而是**作为自然的人**的自我低估）。

因为我们明白了是我们把对立放进事物之中的，所以我们应该把对立从事物中清除出去。

我们应该把**社会习性**（罪恶，惩罚，公正，真诚，自由，爱，等）从生活中清除出去。

暴露文明的问题。

向着"**自然状态**"（Natürlichkeit）前进：在所有的政治问题中，在政党之间的关系中，包括商业党派或工人党或雇主党，关键在于**权力**问题——"我们**能**做什么"，然后是——"我们**应该**做什么"。

在大政治的机制中，人们还在吹基督教的喇叭（如在胜利的战报中或在皇帝给人民的致辞中），这种宣传现在变得越来越不可能了：因为它违背了趣味。"皇储[504]的咽喉"与上帝无关。

与十八世纪相比，十九世纪取得了**进步**。

—— 我们健康的欧洲人其实在进行一场反对十八世纪的战争。——

1．我们越来越明确地理解了与卢梭相反的意义上的"返归自然"。**远离田园生活和胡说！**

2．我们越来越明确地反对理想主义，越来越具体、勇敢、勤劳和有分寸，越来越怀疑突变，越来越**反革命**。

3．越来越明确地把**身体健康**问题放在"心理"健康问题的前面：我们把后者理解成前者所导致的一种状态，前者至少是后者的先决条件———

122

（80a）

论基督教的谱系

—— 胆怯者的狂热，自从他们离开了自己的故国[505]之后，他们再也不敢回国了：直到他们出于恐惧和恐惧的折磨，竟然想毁了故国。

—— 与继续前进相比，停下脚步乃至掉头返回需要更多的勇气和**坚强**的性格。**毅然返回要比毅然前行更加艰难。**

123[506]

（81）

关于虚无主义的起源

人们直到很晚才有勇气面对人们原本知道的事情。直到最近我才承认，迄今为止我是一位彻头彻尾的虚无主义者：作为虚无主义者我精力充沛地、潇潇洒洒地向前进，这种洒脱在这个基本事实上欺骗了我。如果我们朝一个目的走去，那么"本无目的"似乎不可能是我们的信条。

124

（82）

作为诱惑手段的道德

"**自然**[507]是好的，因为一位明智的好上帝是自然的原因。那么谁应该对'人的堕落'负责呢？罪责在于他们的暴君和诱惑者，在于统治阶层—— 因此人们必须消灭统治者。"

这就是**卢梭**的逻辑（参见帕斯卡尔的逻辑，他从堕落推断出了原罪）。

我们可以比较一下**路德**的相似逻辑。

这两个人都找借口来鼓吹一种巨大的复仇欲，并把复仇欲当作**道德和宗教的义务。**对统治阶层的仇恨试图使自己**神圣化**……

（"以色列的罪孽"乃是犹太祭司权势的基础。）

我们可以比较一下**保罗**的相似逻辑。

道德永远是上帝的事业、正义的事业和人道的事业等，他们激烈的反应总是披着神圣的外衣。

（民众的欢呼似乎是**基督**被处死的原因；基督教从一开始就是一种反祭司的运动。）

（—— 连**反犹主义者**也总是采用同样的花招：用道德谴责来攻击敌人，而把**惩罚性的正义**角色留给自己。）

请注意。道德谴责乃是**获取权力的手段**。

A."引起**愧疚感**"，以使人们需要救世主和神父这一类人物。

或者：

B.引起问心**无愧**，以便把敌人当成恶人和打倒敌人。

125

反对卢梭：自然状态很可怕，人是猛兽，我们的文明是一次战胜猛兽的自然天性的巨大**胜利**，这就是**伏尔泰的推论**。伏尔泰感受到了文明状态的温和、精美和精神快乐；他蔑视狭隘，包括以道德形式出现的狭隘；他鄙视粗俗，包括苦行僧和修道士的粗俗。

人的**道德败坏**似乎使卢梭很烦恼；被压迫者往往处于被"禁止"（vetitum）和被嫌弃的状态，卢梭可以用"不公正"和"残酷"这类词语来激发他们的本能，但最后**他们的良心会遏制叛乱的欲望**。卢梭之类的解放者首先追求一个目的：给其党派**高等人**的姿态并让他们出人头地。

（84）

悲观主义的主要征兆

在马格尼咖啡馆共进晚餐。

俄国悲观主义。托尔斯泰，陀思妥耶夫斯基。

审美悲观主义。为艺术而艺术，"描绘"，浪漫派和反浪漫派的悲观主义。

认识论的悲观主义。叔本华，现象论。

"同情的宗教"，佛教之先驱运动。

文化悲观主义（异国情调，世界主义）。

道德论的悲观主义：我自己。

各种**"消遣"**（Distraktionen），暂时**摆脱**悲观主义。

大战，强大的军事组织，民族主义

工业竞争

科学

娱乐

我们在此进行区分：

悲观主义的强大——强**在哪里**？在于悲观主义逻辑的能量，在于无政府主义和虚无主义，在于分析学。

悲观主义的衰弱——弱在哪里？在于娇弱化，在于世界主义的感觉、"完全理解"和历史主义。

127[509]

虚无主义的兴起
虚无主义的逻辑
虚无主义的自我克服
战胜者和被战胜者

128

（85）

危急关头的紧张：极端势力出现并取得了优势。

129[510]

新教的衰落：新教在理论上和历史上都是不彻底的。天主教实际上占优势；新教情感消失殆尽，以至于最强大的**反新教**运动不再被感知为它本身（如瓦格纳的歌剧《帕西法尔》）。法国整个较高的智慧在本能上忠于**天主教**；俾斯麦明白德国再也没有新教了。

130

（86）

批判**现代人**

（及其道德主义的虚伪）

"好人"只是受到坏制度（暴君与神父）的诱惑与败坏。

434

理性作为权威；历史作为对错误的克服；未来作为进步。

基督教国家，上帝是"万军之神[511]"。

基督教的性事或婚姻。

"正义"王国，崇拜"人性"。

"自由"。

现代人的**浪漫主义**态度：

高尚的人（拜伦，维克多·雨果，乔治·桑）；

高尚的愤怒；

热情使人神圣（作为真正的"自然"）；

捍卫被压迫者和失败者——历史学家和小说家的座右铭；

义务方面的斯多葛主义者；

"无私"作为艺术和认识；

利他主义（作为利己主义最虚伪的形式）；

功利主义是最富于情感的利己主义。

131

（87）

所有这一切就是十八世纪。与之相反，**不是**十八世纪的遗传因素有：无忧无虑（insouciance），快乐，优雅，思想敏锐；精神的速度已发生了变化；对思想精致与清晰的欣赏让位给了对色彩、和谐、大众与现实的欣赏。精神领域的感觉论。简言之，它是**卢梭**的十八世纪。

132

勇士与**善人**。

133[512]

没有良心的科学乃是灵魂的毁灭—— 拉伯雷。没有科学的良心则是灵魂的得救——

134

（88）

1814年奥古斯坦·蒂埃里[513]读了蒙洛西埃[514]在其著作《论法国的君主制》中所说的那段话：他用一声怒吼来回答蒙洛西埃，然后开始写他的书。流亡者蒙洛西埃说过："获得自由的民族、摆脱了我们的控制的奴隶民族、臣服的民族和新民族，放纵给予你们的是自由的生命，而不是高贵的生命，对我们而言一切都是权利，而对你们而言一切都是恩赐，我们的共同体与你们的共同体完全不同；我们是由我们自身构成的一个整体。"

135

（90）

"新教自由""对自己的良心负责"，**路德**漂亮的伪善其实就是"权力意志"最胆怯的形式。因为这就是他的三个等级：（1）

自由；（2）公正；（3）爱。

136

信仰是一种"神圣的疾病"、一种癫痫症：赫拉克利特[515]早已知道了这一点。信仰是一种使人愚蠢的内在强制，即**某事应该是真实的**⋯⋯

137

（91）

反对**伟大**人物的斗争出于经济动机是非常合理的。伟人们是危险分子、偶然现象、奇人和雷雨，他们足够强大，能危害缓慢建成的房屋和制度。人们不仅应该去掉这种易爆物的引信从而使它变得无害，而且应该尽可能地**防止**它的产生[516]⋯⋯这是文明社会的基本本能。

138

（92）

请注意。逐个地、逐步地、试验性地**使用**一切可怕事物，这就是文化的使命和目的。然而在文化还没有**强大到足以**完成这个使命之前，它必须反对、削弱、掩盖，甚至诅咒一切可怕事物⋯⋯

只要一种文化**规定了邪恶**，它就以此表达了一种恐惧的态度、一种虚弱⋯⋯

论点：所有的善都是一种被利用的、以前的恶。

标准：一个时代、一个民族和一个人允许自己拥有的激情越强烈就越可怕——因为它可以把激情**当作手段**来使用，**它的文化水平就越高**。（恶的王国越来越小……）

一个人越平庸、越虚弱、越卑贱、越胆小，他所规定的**恶**就越来越多：在他眼里恶的王国最广大，最低贱者举目所见都是恶的王国（对他怀有敌意、被他视为禁忌的事物的王国）。

139

（89）

总之，我们应该控制激情，而**不是**削弱或消灭激情！

意志的控制力越大，激情所获得的自由就越多。

"伟人"之所以伟大，是因为他拥有欲望的自由活动空间，是因为他具有较强的控制力，即他善于驾驭这些壮丽的欲望猛兽。

在文明的每个发展阶段上，"好人"**既是无害者又是有益者**：中庸之辈。"好人"是公众意识的表现，公众了解这种人：**他们不必怕他，但他们不可鄙视他**……

教育在本质上是**毁灭**"奇人"（Ausnahme）的手段，它通过一种改造、诱惑和疾病来摧毁奇人以维护常规。

这很冷酷：但从经济学角度来看又是完全合理的。至少对那个漫长的时代是合理的，——

修养在本质上是消灭高贵趣味的手段，它宣扬一种大众趣味以反对奇人和维护庸人。

一种大放异彩、大胆尝试、充满危险、有细微差别的文化乃是一种巨大的**力量财富**的结果：**每种**贵族文化都有这种**倾向**。

只有当一种文化拥有过剩的力量的时候，才能在它的基础上建起一座"高级文化"（Luxus-Cultur）的温室———

140

（93）

我试图理解社会判断和价值评判的**绝对合理性**：在此过程中我自然摆脱了要算出道德结果的那种意图。

心理学上的谬误和模糊的程度，是为了把那些对于自我保存和权力增强至关重要的情绪**神圣化**（为了让有这些情绪的人获得**良心安宁**）。

愚蠢的程度，是为了让一种共同的调节和评价成为可能（因此就有了教育、对教育环节的监督和管教）。

审问、怀疑和不宽容的程度，是为了把奇人异士当作罪犯来对待并压制他们，—— 为了让他们良心不安，最终使他们患上"卓异性"（Ausnahmhaftigkeit）心病。

道德在本质上乃是**防卫和防御**手段：就这点而言它是发育不良者的一个标志，第123页[517]。

（无动于衷；斯多葛派的心态）

充分发育者首先有**武器**，他具有**攻击性**。

然而战争工具变成了和平工具（由鳞片和平板、羽毛和毛发[518]组成）。

总之，道德和世界上的其他事物一样恰恰是非常"不道德的"；道德性本身乃是不道德性的一种形式。

这种认识带来了**巨大的解放**，事物中的对立消除了，所有事件的同类性**得到了拯救**———

141

（94）

劳累过度、好奇心和同情——我们的**现代恶习**。

142

（95）

文化的巅峰和文明的巅峰是彼此**分离**的，关于这两个概念的对立我们千万不可糊涂。

用道德术语来说，**文化**的伟大时刻发生在**道德败坏**的时代；对人进行故意的和强迫的**驯化**（"文明"）的时代乃是不宽容的时代，其对最勇敢的才智卓异者及其最深刻的敌手极不宽容。

143

（96）

题材不重要！只有精神才能赋予题材以生命！《新约全书》大谈"拯救"、爱、"永福"、信仰、真理和"永生"，所有这些激动的废话都散发着病态的霉味！我们可以拿一本真正属于**异教**

的书来与它对照，例如佩特罗尼乌斯[519]的书，书中人物的言语、行为、愿望和评价按照基督教伪君子的价值标准来看其实都是罪孽，甚至是大罪。尽管如此，书中的纯净空气、敏捷的优越智慧和自由自在、信心十足的过剩力量还是给我们带来了巨大的愉悦感！整本《新约全书》没有出现任何滑稽场面：一本书若无风趣就无法卒读……与佩特罗尼乌斯的书相比，《新约全书》就是没落文化和**腐朽**的征兆—— 它作为腐朽之书而发挥作用，作为导致腐烂的酶。

144

（97）

关于"**逻辑的虚假性**"

"个体"概念和"种类"概念同样都是错误的，它们只是看似正确。"种类"只是表达了这个事实：许多相似的事物同时出现，其继续发展和变化的速度在一段长时间之内变慢了，以至于实际上的小变化和小增长被人们忽略了（—— 一个发展阶段，在这个阶段发展变化一点儿也不明显，以至于**似乎**实现了一种平衡，于是错误的观念得以产生：**一个目标在此已达到了**—— 而发展肯定是有目标的……）。

形式[520]被看成某种较持久的和较有价值的东西；但形式只是由我们虚构出来的。如果"同一个形式经常得到了实现"，那么这并不意味着它是**同一个形式**—— **恰恰相反，总是有某种新事物出现**—— 只要这种新事物和旧事物相似，我们这些比较者就会把新事物也归入"形式"的统一体之中。仿佛一种**原型**应该得到实现，这个原型似乎存在于事物的形成过程之前，寓于形成过程之中。

形式、**种类**、**规律**、**理念**、**目的**—— 人们在此犯了相同的错误，即把一种虚假的真实性强加给一种虚构：似乎事件本身就含有某种服从，—— 人们对事件做了一种人为的区分，即把行为的**实施者**和这种行为的**依据**区分了开来（然而行为的实施者和依据都是由我们出于服从而设定的，即我们必须服从我们的形而上学和逻辑学教条：被区分的这两者都不是"事实"）。

我们不应该这样来理解我们创造概念、种类、形式、目的和规律（**"一个相同情况的世界"**）的**强制性**，好像我们能借此把握**真实的世界**似的；而应该把它理解成必须整理好一个世界的强制性，这种整理好了的世界有利于**我们的生存**—— 我们靠逻辑学创造了一个世界，一个对我们而言可计算的、简化了的、可理解的世界。

这种强制性的本质在于受到理智支持的**感官的主动性**，——这种简化、粗略化、强调和虚构乃是一切"重新认识"和所有交流能力的基础。**我们的需要**已经使我们的感官变得如此精确，以至于"相同的现象世界"不断重现并由此而获得了**真实**的外观。

我们必须相信逻辑这种主观强制性只是表明了下述事实：早在我们意识到逻辑本身之前，我们已经**把逻辑假设置入事件之中了**，除了置入假设我们什么也没做。现在我们在事件中就发现了逻辑—— 我们只能如此—— 我们误认为这种强制性能够保证某种"真实性"。在我们早已进行了**同化**、**粗略化**和**简单化**之后，我们于是创造了"物"、"相同的物"、主体、客体、谓项、行为、实体和形式。

世界逻辑性地向我们**显现**，因为**我们**首先把世界逻辑化了。

145

（98）

关于权力的"马基雅维利主义"

（无意识的马基雅维利主义）

权力意志的表现形式：

A.在被压迫者和各种奴隶那里表现为追求"**自由**"的意志：仅仅**摆脱**奴役被看成目的（道德和宗教的目的："对自己的良心负责""新教自由"等）。

B.在一种较强大的、朝着权力发展的类型那里表现为追求优势的意志；如果追求优势的努力失败了，那么它就变成只是追求正义的意志，即追求与其他的统治者类型相同的**同等权利**（争取权利的斗争……）。

C.在最强大者、最富裕者、最独立者和最勇敢者那里表现为**爱**"人类"、爱"人民"、爱福音、爱真理、爱上帝；表现为同情和"自我牺牲"等；表现为征服、吸引、利用；表现为在本能上与一种伟大力量的混同，而领袖能为这种力量**指明方向**：英雄，先知，恺撒，救世主，牧人（—— 性爱也属于这个范畴：它**要**征服，要占有，但它**表现**为自我奉献……）。这种爱其实只是对他的"工具"的爱、对他的"马儿"的爱……他坚信这种东西或那种东西**属于**他，他能够**利用**它。

这就是"自由""正义"和"爱"！！！

没有能力获得权力：其伪善与**聪明**

作为服从（适应，履行义务的自豪感，道德感……）

作为顺从、奉献和爱（把对命令者的崇拜和理想化当作赔偿和间接的自我美化）

作为宿命论和心灰意懒

作为"客观性"

作为自虐（斯多葛主义，禁欲，"失去自我"，"神圣化"）

（——这种需要随处可见：尽管低贱也要行使一种权力或者暂时为自己制造一种**有权的假象**并**陶醉**于这种假象）

作为批判、悲观主义、愤怒和纠缠

作为"美好心灵""美德""自我崇拜""远离是非"和"世界的纯洁"等（——把对自己没有能力获得权力的认识伪装成对权力的蔑视）

有些人为了权力所带来的幸福的**利益**而追求权力（政党）；

另一些人通过明显的**吃亏**和**牺牲**自己的幸福与福利来追求权力，即野心家；

还有一些人之所以追求权力，只是因为他们不愿意让权力落入他们所不想臣服的他人之手。

关于问题："权力意志"中的权力是否只是**手段**。原生质占有和**组织**某些物质，它强化自己，它行使权力，旨在壮大自己。

原生质占有和组织物质时的行为是我们了解这些物质之间的化学行为的关键（斗争和确定权力）。

146

（99）

反对卢梭：可惜人已不再那么邪恶了。卢梭的敌人们说"人是一头猛兽"，很遗憾，他们说错了：不是人的堕落，而是人的娇弱和道德化才是真正的灾难；卢梭最激烈地反对的领域恰恰是那种**相对**强大和发育良好的人的类型（—— 这种人仍然拥有未被削弱的伟大激情，即权力意志、追求享受的意志、命令他人的意志和能力）。我们必须比较一下十八世纪的人和文艺复兴时期的人（还有十七世纪的法国人），以便看清问题的关键：卢梭乃是自我蔑视和极度虚荣的征兆—— 这两种迹象表明他缺乏主导意志：作为一位怨恨者，他进行道德上的解释，他将其不幸的**原因**归结到**统治者**阶层身上。

147

（100）

一种美德是靠什么手段获取权力的？

正是靠政党的手段：诽谤，怀疑，损害与之相反的、有权势的美德，给自己改名，系统地迫害和嘲笑敌人，即通过完全"**不道德的行为**"。

为了变成**美德**，一种**欲望**该如何对待自己呢？改头换面：在原则上否认自己的真实意图；演练自我误解；和当今受到公认的美德结盟；假装反对这些美德的敌人。尽可能换取神圣势力的保护；使人入迷，鼓舞人心，惯用理想主义的伪善；争取到一个**一荣俱荣、一损俱损**的死党……装作**无意识**，装作**天真**……

445

148

（101）

变形论

性欲的**变形**

残酷的变形

胆怯的变形

复仇欲和愤怒的变形

懒惰的变形

统治欲的变形

悍勇的变形

谎言和嫉妒的变形

诽谤的变形

占有欲的变形

仇恨的变形

这些秉性都是遭到一个时代蔑视或仇恨的**退化**的品质，它们被看成一个过去时代的理想的残余，但具有萎缩的形式（"罪犯"……）。

149

（102）

人们是如何使**敌视生命**的倾向获得好评的？

例如贞洁

贫穷和乞讨

愚蠢和粗野

自我蔑视

厌世

150

（103）

关于价值评判的视角

目的的量（大、小）的影响。

手段中的**智慧**的影响。

行动中的**方法**的影响。

成功或失败的影响。

敌对力量及其价值的影响。

被允许和**被禁止**的事情的影响。

对价值评判的视角有影响的**目标**的量：**大罪犯和小罪犯**。被追求的**目标**的量对追求者本人也有决定作用，它决定了追求者是否有自尊，是否感到怯懦和可怜。——

然后是对价值评判的视角有影响的手段中的**智慧**的程度。哲学的革新者、尝试者和"暴徒"（Gewaltmensch）与强盗、野蛮人和冒险家相比显得多么不同啊！——"无私者"的假象。

最后是高贵的风度、姿态、勇敢和自信—— 这些品质会大大地改变人们对要以这种方式实现的目的的评价！

禁令的作用：每种发布禁令、善于引起被禁止者的恐惧的权力，都会引起被禁止者"良心不安"（也就是说，他在追求某物时意识到了满足欲望的**危险性**，他被迫采取秘密行动、选择秘密途径和谨慎从事；对不是自愿而是被迫服从禁令的人们而言，每种禁令都会败坏他们的性格）。

151[521]

（104）

权力意志只有在遇到**抵抗**时才能表现出来；它寻找抵抗者，——原生质伸出伪足[522]四处摸索，这就是它的原始倾向。占有和吞食首先是一种征服欲，一种塑造、组织和改造，直到被征服者最终与进攻者的势力融为一体从而壮大了进攻者为止。——倘若这种吞并没有成功，那么这个构成物肯定会解体；构成物**一分为二**乃是权力意志的结果，即为了不放弃被征服者，权力意志分离为两个意志（它们也许不会完全放弃彼此之间的联系）。

在追求权力的基本本能获得了更有智慧的形态之后，"饥饿"就只是一种狭隘的适应了。

152

道德偏见能使一个有才智的人降低自己的等级：从此他就丧失了特权的本能，失去了"出类拔萃者"（a parte）的本能，他缺乏创造者的自由感、"天之骄子"（或魔鬼之子）的自由感。至于他是宣讲现行道德还是用他的理想来**批判**现行道德，这两者都是无关紧要的：由于道德偏见他已属于群氓——即使他是群氓所急需的最高领袖，即使他是"牧人"……

153

（105）

未来的强者

在有些地方有时由困苦、有时由偶然所奠定的基础就是产生一个**较强大的类型**的条件：我们现在已能够理解这一点并且有意识地**追求**它，我们能够创造可以实现这种增强的条件。

迄今为止"教育"只看到社会利益：不是最有可能的未来利益，而恰恰是现存社会的利益。人们要为现存社会培养"工具"。假如**力量更巨大**、**更丰富**，那么就可以**释放出一些力量**，其目标不在于有利于社会，而在于有利于未来。

如果人们更深刻地理解了当今社会形态何以处于强烈的变化之中，以至于有朝一日它**再也不能为了它自身而存在了**，即它只是被当作一个更强大的种族手中的工具，那么我们就可以提出面向未来的那种任务了。

对人的不断贬低恰恰是可以培育一个**较强大的种族**的推动力：较强大的种族恰恰可以借此（意志、责任感、自信和设定目标的能力）提升自己，而被贬低的类型则变得越来越弱小。

成为强者的**手段**是历史教给我们的：通过与当今平常的自保本能完全不同的自我保存兴趣而与庸人相**隔绝**；学会相反的价值评判；把距离感当作激情；对今天最受低估的和最受禁止的事物保持自由的良知。

欧洲人的**对峙**是一个不可阻止的伟大进程，我们还应该加速它。

撕裂族群、保持**距离**和建立**等级制**的必然性已经出现：**不是延**

缓那种进程的必然性。

这种**被削弱的**类型一旦形成就需要一种**辩护**：它必须为一种自主的高等类型服务，高等类型骑在它的肩膀上，只有骑着它才能履行高贵的使命。

高等类型不仅是一个其使命仅限于统治的主人种族，而且是一个有**自己的生活领域**的种族，它精力过剩，有创造美、英雄壮举、文化、风格和最精神性的事物的能力；一个**肯定**生命的种族，它可以挥霍巨大的财富……它足够强大，根本不需要道德命令的专制，它足够富有，根本不需要节约和迂腐，它超越善恶；它是一座培育精选的特殊植物的温室。

154

（106）

人是**野兽**和"**超兽**"（Überthier）；高等人是非人和"超人"（Übermensch）：残酷和超越紧密相关。随着人向大处和高处生长，他也会变得强横而可怕：人们要了此物，就必须同时要彼物——确言之，人们越是彻底地追求此物，就能越是彻底地获得彼物。

155

（107）

美德现在得不到信任了，它的魅力已消失了；必须有某个人懂得营销，把它当作冒险和放纵的一种独特形式重新投放到市场上。

它向它的信徒要求了太多的古怪和狭隘，以至于它今天再也没有面对自己的良心了。当然啦，对丧尽天良者和毫无顾忌者而言，这一点恰恰是它的新的魅力——现在它就是它过去所不是的东西：它就是一种**恶习**。

156

（108）

心理学的伪造

心理学领域的**大错**：

1. 所有的**痛苦**与**不幸**都被错误地归因于不义（罪孽）：痛苦遭到了玷污。

2. 所有**强烈的快感**（放纵、淫乐、胜利、骄傲、大胆、认识、自信和幸福本身）都被打上了罪恶、诱惑和可疑的烙印。

3. **虚弱感**、最内在的胆怯和缺乏面对自己的勇气居然获得了神圣的名声，它们被宣扬成值得追求的最高品质。

4. 人的所有**伟大品格**被曲解成了无私和自我牺牲，为他人、为他事而牺牲；**非个性化**甚至在认识者和艺术家身上被伪造成了其最高认识和能力的原因。

5. **爱情**被曲解成了奉献（和利他主义），爱其实是一种“额外索取”（Hinzu-Nehmen）或一种出于过于丰富的人格的给予。只有**最完整**的人才能爱；无个性者和“客观者”乃是最次的情人。（这一点你可以问一问女人！）这个原理也适用于爱上帝或爱“祖国”：你的出发点肯定是自我。

利己主义就是**自我化**，利他主义就是**“他者化”**（Ver-

Änderung）。

6. 生活作为惩罚，幸福作为诱惑；激情被看成疯魔，自信被视作渎神。

请注意。**这类心理学是一种阻碍的心理学**，一种出于恐惧的**封堵**。一方面大众（失败者和平庸者）要用这种心理学来抵御强者（并且**摧毁**处于发展阶段的强者），另一方面他们善于把所有那些最有利于其成长壮大的欲望神圣化，他们只尊崇这类欲望。各位可以比较一下犹太人的祭司和大众。

157

（109）

I. 他们从原则上**伪造历史**，以便让伪史为道德评价提供**证据**。

a. 一个民族的衰落与腐败有关。

b. 一个民族的兴盛与美德相连。

c. 一个民族的顶峰（"其文化"）乃是道德高尚的结果。

II. 他们从原则上歪曲**伟人、伟大的创造者和伟大的时代**。

a. 他们坚称**信仰**是伟人的标志，而实际上毫无顾忌、怀疑、放弃一种信仰的大胆行为和"非道德性"都属于伟大（恺撒、腓特烈大帝和拿破仑如此，荷马、阿里斯托芬、莱昂纳多·达·芬奇和歌德亦如此—— 他们总是隐瞒最重要的事情，即伟人的"意志自由"——）。

158

我反对下述行为：一种例外类型[523]拼命攻击常规，他们不明白常规的持存乃是例外者价值的前提。例如那些不规矩的妇女没有觉察到其异常需求[524]的出格，她们居然想改变女人的地位……

159

（110）

谁的权力意志是道德？

自**苏格拉底**以来的欧洲历史的**共同性**在于道德家们的尝试，他们都试图使**道德价值**掌权以统治其他的价值，以至于道德价值不仅应该成为生命的领袖和法官，而且应该成为：

1. 认识；

2. 各门艺术；

3. 国家行为和社会事业的领袖和法官。

唯一的任务就是"变善"，其余的一切都是变善的**手段**（或干扰、阻碍和危害：因此这些危险因素必须受到压制直至消灭……）。

类似的运动也发生在**中国**。

类似的运动也发生在**印度**。

道德势力方面的权力意志迄今为止在世界上已获得了巨大的发展，这种权力意志意味着什么？

答案——藏在它后面的有三股势力：（1）反对强者和独立不羁者的**群氓**本能；（2）反对幸福者的**受苦者**与失败者本能；

（3）反对奇人的**庸人**本能。——**这种运动获得了巨大利益**，它的成功靠的是残酷、虚伪和狭隘的帮助（因为**道德与生命的基本本能的斗争**史本身就是迄今为止世界上最大的不道德……）。

160

（111）

认识论本身中的道德价值

相信理性——为何不怀疑？

"真实的世界"应该是善的世界——为什么？

把虚假、变化、矛盾和斗争贬为不道德：渴望进入一个没有这些缺陷的世界。

虚构出超验的世界，以便为"道德自由[525]"留下一个空间（康德的学说）。

辩证法作为通向美德之路（这一点在苏格拉底和柏拉图那里非常明显，因为诡辩术[526]乃是通往不道德之路）。

时间与空间非常理想：因此事物的本质是"统一的"，因此没有"罪孽"，没有邪恶，没有不完美，—— 一种为上帝存在而做的**辩护**。

伊壁鸠鲁**否定**认识的可能性，为了维护作为最高价值的道德价值（或享乐主义的价值）。圣奥古斯丁做了同样的事情，后来帕斯卡尔（"堕落的理性"）也这样做，以有利于基督教的价值。

笛卡尔蔑视一切变易之物，斯宾诺莎亦然。

161

（112）

道德价值对审美价值的统治（或**优先地位**或敌意与**极端仇视**）。

162

（113）

悲观主义兴盛的原因：

1. 迄今为止最强烈的和最有前途的生命本能遭到了**诽谤**，以至于生命开始自我诅咒。

2. 不断增强的勇敢、诚实和大胆的怀疑使人明白了**这种生命本能的不可替代性**，这些优秀品质于是掉转矛头反对生命。

3. 只有那些完全**感觉**不到那种冲突的**最平庸者**才能兴旺发达，较高的类型则惨遭失败并作为退化的产物而自暴自弃，—— 另外，被吹捧成目标和意义的平庸令人**愤愤不平**（再也没有人相信"**天生我材必有用**"了）。

4. 矮化、痛苦、焦躁、匆忙和拥挤不断增强，—— 对工作繁忙和所谓的"文明"的**再现**变得越来越容易，个人面对这台巨大的机器感到**怯弱**，不得不**屈服**。

163

（114）

在**道德价值**统治下的大**伪造**：

1. 在历史里（包括政治）

2. 在认识论中

3. 在对艺术与艺术家的评价中

4. 在对人与行为（**民族**与**种族**）的价值评估中

5. 在心理学领域

6. 在哲学的结构中（"道德的世界秩序"以及诸如此类）

7. 在生理学和进化论中（"完善""社会化""物种选择"）

164

权力意志
重估一切价值的尝试

第一卷：

虚无主义作为迄今为止最高价值的结论。

第二卷：

对迄今为止最高价值的批判，对最高价值所表达的肯定与否定
的认识。

第三卷：

虚无主义的自我克服，尝试肯定过去被否定的一切事物。

第四卷：

克服者与被克服者。一种预言。

165

（115）

现代精神的放荡

穿着各种道德盛装

华丽辞藻如下：

宽容（其实是"没有能力进行肯定和否定"）

广泛的同情＝三分之一的中性＋三分之一的好奇＋三分之一的病态过敏

客观性＝缺乏个性＋缺乏意志＋没有爱的能力

违反规则的"自由"（浪漫主义）

反对伪造和谎言的"真实性"（自然主义）

"科学性"（"人类的文献"），直言之，就是低级趣味小说和加法取代了结构

"热情"取代了无序和无节制

"深刻"取代了混乱和象征的纷乱

论**"现代性"**

a. 精神的放荡

b. 做戏

c. 病态的敏感（把环境当成"命运"）

d. 五光十色

e. 劳累过度

对**"现代性"最有效的抑制和医治**

1. 实行普遍的**兵役制**，进行严肃的真实战争

2. 狭隘的**民族主义**（简化，集中，暂时也表现为劳累过度和筋疲力尽）

3. 改善**营养**（吃肉）

4. 住处日益**整洁**，越来越讲卫生

5. **生理学**优先于神学、伦理学、经济学和政治

6. 像军人一样严格要求和严格履行"职责"（不再**表扬**……）

166

（116）

美学

为了成为**古典**[527]作家，

你必须具有强大的、看似矛盾的才能和欲望，但这些才能和欲望必须受到控制方可携手并进；

你必须**及时**到场，以便把一个文学、艺术或政治的**种类**推向其高峰和顶点（不要在此事已发生之后才来到……）；

你必须在内心最深处反映一种**总体状况**（无论它是民族还是一种文化），就在它还存在的时候，就在它尚未被模仿、尚未被异族文化污染的时候（或尚未独立的时候……）；

你不是一位快速反应的敏感者，而是一位**粗狂**的先锋，在任何情况下你都**肯定**人生，即使在仇恨时也肯定。

"难道最高的个人价值不属于古典风格吗？"……也许我们应该考虑一下：道德偏见是否在此扮演了其角色，伟大的**道德**高度本身是否就是古典风格的**敌人**？

使音乐"**地中海化**⁵²⁸":这就是**我的**口号……

那些道德怪胎是否必然就是言行上的**浪漫主义者**?……一种特征对其他特征的"优势"(Übergewicht)恰恰是处于平衡状态的古典力量的敌人。如果你既有道德高度又是一位古典作家,那么我们就可以大胆地做出推论:你也具有同样高度的非道德性——莎士比亚也许就属于这种情况(如果他确实是培根⁵²⁹勋爵———)。

167

(117)

 商人和**中间人**占优势,在精神领域亦如此

 文人

 "代理"

 历史学家(过去和当代的联系人)

 通俗作家和世界主义者

 自然科学和哲学的中间人

 半吊子神学家

168

(118)

关于**现代性**的特征

 中间产物的过度发展

 各种类型的萎缩

 传统和学派的中断

各种本能占上风（在**意志力**以及追求目的和手段的意愿出现**衰弱**之后……）（哲学上的准备：无意识**更有价值**）

169

（119）

叔本华作为"后倚音"⁵³⁰：革命前的状况

同情，感性，艺术，意志薄弱，充满最精神性的渴望的天主教——实际上（au fond）这就是虔诚的十八世纪。**叔本华**对**意志**的基本误解（似乎欲望、本能和冲动就是意志的**本质**）非常典型：意志的价值被贬低到了萎缩的程度。此外他还痛恨追求；他试图把不再追求，把"**无目的**、无意图的主体性"（"无意志的纯粹主体"）看成某种更高的东西，看成较高的、富有价值的存在者。**疲乏**或**意志薄弱**的大征兆，是因为意志原本就是欲望的主人，它为欲望指明道路和限度……

170

（120）

美学

现代艺术中的**伪币制造**：我认为它是**必然的**，它符合**现代心灵**的**最本真需求**。

人们要弥补其**天赋**的缺陷，还要弥补**教育**、传统和**训练**的缺陷。

第一，人们寻找一群**缺乏艺术天赋**的受众，他们的爱是无条件的（他们立即拜倒在这个**人物**面前……）。我们这个世纪的迷信、对**天才**的迷信有助于艺术家崇拜……

第二，人们迎合民主时代的不满者、爱慕虚荣者和自我掩饰者的阴暗本能：**姿态**的重要性。

第三，人们把一门艺术的程式搬进另一门艺术之中，并且把艺术的意图和认识的意图或教会的意图或种族利益（民族主义）的意图或哲学的意图混同起来——人们突然敲响所有的钟从而引起模糊的猜测：这位艺术家也许是"神"。

第四，人们奉承女人、受苦者和愤懑者；人们也让麻醉剂（narcotica）和鸦片制剂（opiatica）在艺术中占优势。人们讨好那些"有教养的人"，即诗人和旧故事的读者们。

171

（121）

请注意。"公众"与"圈子"（Coenakel）的区分：在今天的公众中，你肯定是个江湖骗子；而在小圈子中，你**唯愿成为技艺大师**！我们这个世纪的特殊"天才们"的确打破了这种区分，他们在这两个领域中都很伟大。维克多·雨果和理查德·瓦格纳的伟大骗术都具备真正的**精湛技巧**，他们甚至能满足艺术行家的精美品位。

因此他们**缺乏**真正的**伟大**：他们经常变换视角，时而照顾最粗俗的需要，时而又照顾最精致的需要。

172

（122）

在墨西拿[531]城外的**冈萨加堡**[532]。

关于前言。最深刻的沉思状态。我已竭尽全力使我远离人群，我不再受爱或恨的约束了。独立于古堡。周遭都是战争的遗迹和地震的遗迹。遗忘。

173

（123）

种族和等级评价中的道德

鉴于每个种族和每个等级的**情绪**与**基本欲望**都表达了他们的生存条件（至少是他们能长期实现自己的意愿的条件），这就要求所有的情绪和欲望都是"善良的"：它们必须改变自己的特性，脱胎换骨，抹去它们的过去；

这就意味着它们应该放弃相互区别；

意味着它们在需要和要求方面应该相似——确言之，**它们应该走向寂灭**……

追求**一种道德**的意志于是表现为**暴政**，即这一种道德对它特别合适的那个类型对其他类型所实施的暴政。这种暴政就是毁灭或一律化以有利于统治者类型（无论是为了让它不再害怕，还是为了被它利用）。

"废除奴隶制"——这在表面上承认了"人的尊严"，实际上却**毁灭了**一个根本不同的类型（毁灭其价值和幸福）。

一个**敌对**种族或一个敌对等级的强大被解释成了**最邪恶**和最糟糕的品质，因为强大的等级损害我们（其"美德"遭到了诽谤和改名）。

如果强大的等级**损害我们**，那么它就是人类和人民的**敌人**，但从它的角度来看，**我们**是受欢迎的，因为它可以利用我们。

"人性化"的要求（要求者天真地认为他掌握了"什么是人性"的公式）是一种伪善，在伪善的帮助下一个特定的人的类型试图爬上统治者的宝座：确言之，它是一种特定的本能，即**群氓本能**。

"人人平等"的原则**掩盖了**这种倾向：把越来越多的不同的人**视为相同**。

对公共道德的"关注"（**手段**：把强烈的欲望即统治欲和占有欲变成美德的保护者）。

各种放贷和利用贷款谋利的**商人**和贪婪者何以都**必须**要求相同的品性和相同的价值概念：各种类型的世界贸易和世界**商品交易**可以说都在劫夺和**收买**道德。

国家亦然，有各种统治欲的官僚和军人亦然；科学界亦然，为了以信赖的态度和节省精力的方式工作。

神职人员亦然。

在此大家都在劫持公共道德，因为有了它就可以取得优势；为了让道德大获全胜，人们就动用暴力和战争来打击不道德—— 根据什么"权利"？人们根本没有权利，只是遵从自我保存本能罢了。只要不道德对那些阶层有利，他们就利用**不道德**。

174

（124）

增强力量，不管个人暂时的没落

—— 为一种**新水平**奠基

—— 注重积聚力量的方法，以保持小小的成就，反对不经济的浪费

—— 暂时压制破坏性，使它成为未来经济的**工具**

—— 保护弱者，因为大量的**平凡**工作必须由他们来做

—— 维护一种使弱者和受苦者**可以**生存下去的意识形态

—— 培植**团结**的本能，反对恐惧与奴性的本能

—— 与偶然做斗争，并且压制偶然出现的"伟人"

（125）

道德的庇护

占有欲
统治欲
懒惰
天真
恐惧

所有这些品性都对道德的事业感兴趣。因此道德的地位非常稳固。

176

（126）

关于斯宾诺莎，歌德[533]说道："我感觉我和他很接近，虽然他的思想比我的思想更深刻、更纯洁。"有时他把斯宾诺莎称作圣人。

177

（127）

周游现代心灵的整个王国，观察它的每个角落，这就是我的雄心、我的痛苦与幸福。

真正**克服**悲观主义——其结果就是充满爱意与善意的歌德式的目光。

请注意。我的著作应该包括对十九世纪的**总览**、对整个现代性和对**业已实现的**"文明"的统观。

178

（128）

三个世纪

它们各自不同的感受力的最佳表达如下：

笛卡尔的**贵族主义**，**理性**的统治，**意志**自主的证明。

卢梭的**女性主义**，**情感**的统治，**感觉**自主的证明（虚伪）。

叔本华的**兽性主义**[534]，**欲望**的统治，兽性自主的证明（更诚实，也更阴郁）。

十七世纪实行**贵族统治**，井井有条，高傲地反对兽性，严格对待心灵，"不重感情"，甚至冷酷无情，"非德国式"，厌恶粗俗滑稽和自然素朴，有概括力，对过去表现出优越感：因为它相信自己。为了保持主人的地位，贵族阶层其实很凶猛，习惯于禁欲。十七世纪是**意志坚强**的世纪，也是激情燃烧的世纪。

十八世纪由**女人**统治，它狂热，风趣，肤浅，其思想为愿望和心灵服务，在享受最精神性的事物时非常放荡，打倒一切权威；陶醉，快乐，清晰，人道，对自己也很虚伪，它其实经常耍流氓，具有社会性……

十九世纪**更具兽性**，更隐秘，**更丑陋**，更现实，更粗俗，因此"更好""更诚实"，在各种"现实"面前更卑微，更真实，无疑它**更自然**；但它意志薄弱，悲观，阴暗，贪婪，相信宿命论；它既不害怕也不尊重"理性"和"心灵"；它深信欲望的统治（叔本华说欲望就是"意志"，然而无意志和对真正**追求**的绝对否定才是叔本华哲学的最大特色）；它甚至把道德归结为一种本能（"同情"）。

奥古斯特·孔德是**十八世纪的延续**（心统治脑，认识论中的感觉主义，利他主义的狂想）。

科学已经很独立了，这一点表明十九世纪已**摆脱了理想**的统治。愿望方面的低要求使我们能够具有科学的好奇心与严谨——我们的这种美德……

浪漫主义乃是十八世纪的**后倚音**；它是一种堆积起来的渴望，渴望实现十八世纪的伟大梦想（实际上它是一种十足的表演和自我欺骗：他们要表现**强大的自然**和**伟大的激情**）。

十九世纪本能地寻找某些**理论**，有了这些理论它就会觉得它**对现实的宿命般的服从**是完全合理的。黑格尔卓有成效地驳斥了"感伤主义"和浪漫派的理想主义，其成功的原因就在于他的宿命论的思维方式，在于他相信胜利者拥有较大的理性，在于他为现实"国家"的辩护（而不是为"人类"等）。叔本华认为，我们都是一些蠢货，充其量不过是一些自暴自弃者。决定论成功了，对过去被视为绝对的**约束力**在谱系学上的溯源成功了，适应环境的学说大行其道，意志被归结为反射动作，否定作为"作用因"的意志；最后意志遭到了真正的改名：人们几乎看不见意志，以至于"意志"这个词获得了自由，可以用来指称某种别的东西。

其他的理论："无意志的"**客观**观察学说作为通向真理的唯一道路，**也是通向美**的唯一道路；机械论，机械过程可计算的僵化性；所谓的"自然主义"。从原则上清除选择性的、判断性的、解释性的主体——还有就是相信"**天才**"，以便获得一种**屈服**的权利。

鼓吹"实践理性"、具有**道德狂热**的康德完全属于十八世纪；他完全站在历史运动之外；他看不清其时代的现实，例如他对大革命毫无洞察力；古希腊哲学对他毫无影响；他是义务概念的幻想家；具有独断论隐秘倾向的感觉主义者——在我们这个世纪发生的**回到康德的运动**[535]乃是一场回到十八世纪的运动：人们要重新获得拥有**旧理想**和旧幻想的权利，——因此提出了一种认识论，它"设定极限"，换言之，它允许人们**随意规定一种理性的彼岸**……

黑格尔的思维方式与**歌德**的思维方式很相似。我们可以听一听歌德关于**斯宾诺莎**的言论[536]。歌德具有神化宇宙与生命的意志，以便在静观与研究中获得**安宁**与**幸福**；黑格尔认为理性无处不在，—— 人们应该**服从**理性并感到**满足**。歌德持有一种快乐的、**充满信赖的宿命论**，这种宿命论不反抗，不疲倦，它试图从自身出发建构一个整体，因为他相信，只有在整体中万物才能得到拯救，才是善的与合理的。

歌德大力促进并**克服**他的十八世纪：他反对革命者的感情用事、崇拜自然、非历史性、理想主义、不切实际和不现实；他求助于历史学、自然科学和古希腊罗马文化，求助于斯宾诺莎（作为最高的实在论者）；他尤其重视具有固定领域的实践活动；他从不脱离生活；他从不畏缩，尽量承担重任，尽可能地吸纳新知，超越自我，—— 他追求**整体**，反对理性、感性、情感和意志的分离，他**塑造自己**……他肯定一切伟大的现实主义者（拿破仑是歌德最崇高的经历）。

179⁵³⁷

（129）

歌德是**克服十八世纪**的一次伟大尝试（**回归到一种文艺复兴时期的强人**），一种对十八世纪的自我超越：他在自己心中激起了这个世纪最强烈的本能与欲望，并使它们结出了成果。但他本人所取得的伟大成就**没有**被我们的十九世纪继承……

他构想了一种有高度文化修养的、能够控制自己的、自尊的人，这种自尊者允许自己拥有**完整而丰富的心灵与自然**（包括粗俗与滑稽），因为他足够强大；他宽容大度，不是出于虚弱，而是出于强大，因为他善于利用导致普通人毁灭的不利因素，能够化弊为利从而促进自己的发展，他把自己塑造成了**最博大精深的人，但并不因此变得混乱**。他的互补者乃是**拿破仑**（其次是腓特烈大帝），拿破仑也**与十八世纪做斗争**。

请注意。十九世纪所追求的一切正是**歌德独立完成的事业**：一种普遍的理解、赞成和观望态度是他本人所特有的；一种大胆的现实主义，一种对事实的尊重——令人惊讶的是，十九世纪的总体结果不是歌德，而是一种**混乱**，一种**虚无主义**，一种**不成功**，这种不成功可以不断地**追溯到十八世纪**（如浪漫主义、利他主义、女权主义和自然主义都可以追溯到十八世纪）。

180

（130）

亨德尔、莱布尼茨、歌德和俾斯麦是**德意志强者类型**的代表。他们坚定地生活在各种对立之间，充满灵活的力量，巧妙地提防各种信念与教条，他们利用一种教条来反对另一种教条，从而为自己保留了自由。

181

（131）

一位**建立体系者**，一位哲学家，他始终不愿意承认他的精神是**有生命的**，精神像一棵树一样贪婪地向四周蔓延，强有力地扩张，不停地生长。他束缚住他的精神，使它死亡，变成木头，变成一块正方形的枯木，然后把枯木雕刻成一种"体系"。

182

（132）

帕斯卡尔曾说："如果**没有基督教信仰**，你们就会和自然与历史一样变成"怪物和混沌"（un monster et un chaos）。"在懦弱的、乐观主义的十八世纪把人**美化和理性化**之后，我们终于**实现了**帕斯卡尔的预言。

叔本华和**帕斯卡尔**。在一种本质性的意义上，**叔本华**是重新**接受帕斯卡尔**运动的第一人：怪物和混沌，因此是某种应该被否定的东西……否定历史、自然和人本身！

帕斯卡尔说："**我们没有能力认识真理**，原因在于我们的**腐败**和我们的道德**堕落**。"其实叔本华也持这种观点："理性败坏得越严重，救赎学说就越有必要。"——用叔本华的术语来说就是：必须否定生命。

（133）

十七世纪**因人而苦恼**犹如苦于**一堆矛盾**，我们就是一堆矛盾（l'amas de contradictions），它试图发现人，**整理人**，发掘人。十八世纪则遗忘关于人性的知识，以便让人适应其乌托邦。"肤浅，纯良，人道"——十八世纪崇拜的就是"这种人"。

十七世纪试图抹去个人的痕迹，以使作品尽可能地与生活相似。十八世纪则试图通过作品使读者**对作者感兴趣**。

十七世纪试图在艺术中寻找艺术，它弘扬文化；十八世纪用艺术来宣传社会性和政治性的改革。

"乌托邦"，"理想的人"，自然崇拜，爱出风头的虚荣，艺术屈从于**社会目标**的宣传，江湖骗术——这就是我们看见的十八世纪。

十七世纪的风格：清晰，准确，灵活（propre，exact et libre）。

强大的个人，自得其乐或为上帝而努力——和那种现代作者的出名狂与急功近利——这两者相互**对立**。"爱表现自己"，这与波尔罗亚尔[538]的学者们形成了鲜明对比。

阿尔菲耶里[539]对**伟大风格**有感受力。

十七世纪的特色还有仇恨**滑稽**（有失体面），**缺乏自然感受力**。

184

（134）

卢梭：规则基于情感

自然[540]是公正之源

人通过**接近自然**来达到自我完善

（伏尔泰则认为，人通过**远离自然**来实现自我完善。）

同一个时代，对这个人意味着进步和**人道**的时代，对那个人则意味着不公正和不平等的恶化时代。

伏尔泰仍然在文艺复兴的意义上来理解"**人道**"（humanità）和美德（"高度发展的文化"），他为"诚实者"（honnêtes gens）和"高尚者"（de la bonne compagnie）的事业而斗争，为趣味、科学和艺术的事业、为进步和文明的事业而斗争。

1760年前后斗争爆发了：那位日内瓦市民与图尔内[541]的"主人"（le seigneur）展开了论战。从此伏尔泰成了十八世纪的名人、哲学家、宽容的代言人和无信仰的吹鼓手（而此前他只是**一位才子**）。对卢梭的成功的嫉妒和仇恨促使他前进，登上"高峰"。

伏尔泰说：一个奖赏和复仇的上帝是为"下等人"设立的[542]。

他批判了两种有关**文明的价值**的观点。

对伏尔泰而言，**社会的创造**就是现存事物中最美好的创造，人类的最高目标就是维护和改善社会；尊重社会习俗恰恰就是"善"（honnêteté）；美德就是服从，服从某些有助于保护社会的、必要的"偏见"。

伏尔泰是**文化传教士**，贵族，胜利的统治阶层及其价值评判的代表。但卢梭始终是平民，即使作为"作家"（homme de lettres）他还是平民，这一点颇**令人惊诧**；谁和他不同，他就极端鄙视谁。

人们最欣赏和喜欢模仿卢梭的**病态**。（拜伦勋爵与卢梭相似：他性格拧巴，自命不凡，满腔怨愤；卑鄙无耻；后来**威尼斯**的经历使他平静了下来，他终于明白了什么能使他变得**更轻松、更愉快**……无忧无虑。）

尽管他出身卑微，他还是对他的作家身份感到自豪；然而如果

472

有人提到他的出身，他就会怒不可遏……

卢梭肯定有**精神病**，伏尔泰则非常健康，无忧无虑。**病人仇恨一切**；他疯疯癫癫的时期也是他厌恶人类和怀疑一切的时期。

卢梭捍卫**天意**（反对伏尔泰的悲观主义）：为了能诅咒社会和文明，他**需要**上帝；万事万物原本都是善良的，因为万物是上帝创造的；然而**人使人类堕落了**。作为自然人的"好人"纯属幻想；然而有了上帝的作者身份之信条，自然人就是完全可能的和有根据的。

卢梭的影响

把愚蠢看成伟大，浪漫主义（首例**并非最好的榜样**）

"热情的优先权"

可怕的"自我"膨胀

"自然情感"

"一百年以来人们都把一位病人当作政治领袖"

卢梭式的浪漫主义

激情

"纯朴"

疯癫的魅力

以贱民的怨恨来**审判一切**

弱者荒唐的虚荣心

185

（135）

我重新提出这些尚未解决的问题：

文明问题，1760年前后卢梭与伏尔泰之间的论战。

人变得更深刻，更怀疑，"更不道德"，更强大，更自信，因而"**更自然**"，这就是"进步"。

（与此同时，通过一种劳动分工，变坏的阶层与变弱的驯良阶层相互分离，以至于**总体事实**很难引起人们的注意。）……这个较强大的阶层的**优点**、自制和强大的魅力表现在他们拥有高超的技巧，能使人们把他们的变坏当作某种**高贵品质**来接受。把增强的成分重新解释成"善"，这也是一种"进步"（换言之，——）。

（136）

十九世纪的问题。这个世纪的优点和缺点是否息息相关？它是否是浑然一体的？它的各种理想之间的矛盾是由一种较高的目的决定的，这些理想之间的差别是否是某种较高的东西呢？—— 因为在激烈的紧张关系中成长也许就是**成为伟人的前提**。不满意与虚无主义**也许是一种吉兆**。

贝尔[543]生于1783年1月23日。

一本引人深思的书，别无其他：此书属于爱思考的读者，只有思考才能给他们带来**快乐**……

此书是用德语写成的，这一点至少是不合时宜的。我真希望用法语来写这本书，法语版本表明此书不支持任何德意志帝国的野心。

我写的各种书都发人深省—— 它们只属于那些以思考为乐的读者……今天的德国人再也不是思想者了：别的东西给他们带来快乐和疑虑。作为原则的权力意志对他们而言是难以理解的[545]……正是由于不被理解，我真希望我的《查拉图斯特拉》不是用德语写成的。

我怀疑所有的体系和体系建立者，我竭力避开体系：也许人们还能在这本书的背后发现我所**回避**的体系……

一位哲学家的追求体系的意志：用道德术语来说就是一种更精细的堕落，一种性格毛病；用不道德的话来表达，就是装傻的意志，他假装比普通人更愚蠢—— 更愚蠢意味着：更强横，更简单，更居高临下，更粗鲁，更爱发号施令，更专制……

我不再重视读者了：我怎么会为读者写作呢？……我只是记录自己，为自己而写。

189

今天的德国人恰恰最不喜欢思考。但谁知道将来会怎样！两代之后，德意志民族就不再需要浪费力量的牺牲品了，不再需要变蠢的德国人了。

190

我读《查拉图斯特拉》：我怎么会把这颗明珠献给德意志蠢货呢？

第十章
1887 年秋

1⁵⁴⁶

宁静
一位幸福者的午后

弗里德里希·尼采 著

2

（137）

我的五个否定

1. 我反对**罪恶感**，反对"**惩罚**"概念对自然世界和形而上学世界的干涉，反对它对心理学和历史解释的干涉。我认识到了所有过去的哲学与价值评判的**道德化**。

2. 我重新认识并提取出了**传统**理想即基督教理想，包括在基督教的教条形式破产的地方。**基督教理想的危险性**隐藏在它的价值感中，隐藏在那些可以缺少抽象概念的事物中：因此我反对**潜伏的基督教**（如在音乐中，在社会主义事业中）。

3. 我反对**卢梭**的十八世纪，反对他的"自然""好人"和他对情感统治的信仰——反对人的软化、弱化和道德化：卢梭的理想源于他**对贵族文化的仇恨**，这种理想其实就是过度的怨恨感的统治，它被想象成战斗的旗帜。

基督徒的罪恶感道德观念；

平民的怨恨感道德观念（一种贱民的姿态）。

4. 我反对基督教理想与卢梭理想合流的**浪漫主义**，然而浪漫主义还渴望回到僧侣和贵族文化的**旧时代**，渴求"美德"（virtù），爱慕"强者"——它是一种极端的杂种；它伪造了一种虚假的、**较强大的人**，这种人普遍重视极端状态并把极端状态视作强大的征兆（"崇拜激情"）。

盼望较强大的人，渴求极端状态。

模仿富有表现力的形式，**"表现欲"**（furore espressivo）不是来自丰富，而是来自贫乏。

（在文学家中，施蒂夫特和戈特弗里德·凯勒[547]是真正的强大和心灵健康的代表，他们比——）

5. 我反对**群氓本能的统治**，而科学已与群氓本能同流合污；我反对平民心中的仇恨，他们仇恨所有的等级制和贵族的距离感。

在十九世纪相对地从丰富性中诞生的事物，它们令人**愉快**……

技艺，欢快的音乐等
伟大的技术和发明
自然科学
历史学？ } 强大而自信的十九世纪的相对成果

3

（138）

我的通向"肯定"的新路

我对悲观主义有新的理解，我把它理解成对人生的可怕与可疑方面的自愿寻找：这样我就弄清楚了过去的类似现象。"一个人能承受和敢于直面多少真相？"这个问题与他是否强大有关。这种悲观主义**可以通向**一种狄俄尼索斯对如其所是的世界的**肯定**形式，直到想望这个世界的绝对轮回与永恒：如此便树立了一种哲学和感受力的新理想。

我把人生在过去**遭到否定**的方面不仅理解成必要的，而且理解成值得追求的；就过去受到肯定的方面而言，这些遭到否定的方面不仅是值得追求的（如作为前者的补充和前提条件），而且由于其本身也是值得追求的，因为它们是人生较强大、较有益、较真实的方面，它们更清楚地表现了生命意志。

我要对过去一直**受到肯定**的人生的方面做出评价；要把在此真正表示肯定的东西抽取出来（其一是受苦者本能，其二是群氓本能，其三是大多数人反对奇人的本能）。

我构想了一种**较高的**人的类型，按照过去的概念这种类型乃是一种"不道德"类型：历史上就有这种类型的萌芽（异教众神和文艺复兴时期的理想）。

4

（139）

人们是如何克服**文艺复兴理想**的？十七世纪的人，十八世纪的人，十九世纪的人。基督教**复活**（=宗教改革），**耶稣会主义**[548]与**君主制**结盟。

5

（140）

十九世纪所发现的不是卢梭的"自然人"，而是一种**更真实**的"人"的**形象**，—— 它有**勇气**这样做……基督教的"人"的概念大体上得到了恢复。人们**没有**勇气去做的事，就是对**这种**"本真的人"表示赞同，并在他身上看到人类的未来。同样人们也不敢把人的**可怕性的增强**视作文化的增长；人们依然遵从**基督教**的理想并且支持基督教反对异教，支持它反对文艺复兴的"阳刚"（virtù）概念。因此人们还没有掌握创造文化的秘诀：实际上十九世纪仍然在进行历史的伪币制造以有利于"好人"（似乎只有好人才是人类的**进步**），并且它依然坚持**社会主义理想**（非基督教化世界里的社会主义乃是基督教和卢梭理想的**残余**）。

反对十八世纪的斗争：歌德和拿破仑就是这个世纪的**最大克服者**。叔本华也反对这个世纪，但他被迫退回到了十七世纪，—— 他是一位现代的帕斯卡尔，他持有帕斯卡尔的价值判断，但**没有**基督教信仰……叔本华不够强大，因此无法做出一种新的肯定。

拿破仑明白了高等人和可怕者的必然一体性。"男子汉"恢复了雄风，女人从蔑视和恐吓中重新获得了应有的赞许。"整体性"就是健康和最高的积极性；他重新发现了直爽和行动的伟大风格；最强烈的本能就是生命本身的本能，就是统治欲，它肯定人生。

6

（141）

只要某人在情感上还残留着一丝基督教思想并且不以为耻反以为荣，那么他就不属于我们的阵营。**旧的理想在我们这里问心有愧**……

7

（142）

我们应该**反思**：那种对**神意**的危险信仰为何还继续存在——这种信仰能阻止人的行动、**麻痹人**的理性；基督教的前提和解释为何依然长存，它甚至影响了"自然""进步""完善"和"达尔文主义"这类术语，并促使人们迷信幸福与美德、不幸与罪孽之间的某种相关性。那种对事物进程、"生命"和"生存本能"的荒**谬信赖**，那种庸人的**听天由命**，即相信只要人人各尽其责就会**万事**顺遂——只有从"善的角度"（sub specie boni）假设有一个引导万物的神，这类信仰才有意义。甚至**宿命论**即哲学敏感的现代形式也是**最长期地**相信神意安排的结果，它是一种无意识的结果：似乎万物的发展根本不取决于**我们**（似乎我们对事物的发展**只能**听之任之，而每个**个人**本身只是绝对实在的一种样式而已——）。

下列现象应**归咎于基督教**：

"罪与罚"概念对所有概念的干涉

面对道德的胆怯

愚蠢地相信事物的进程（"变好"）

心理上的自我欺骗。

8

（143）

在社会内部实行各种**情绪**的**分工**，以至于个人和阶层都去培养那种**不完整的**但**更有用的**人的类型。在社会内部的每种类型那里，有几种情绪几乎已**退化了**（与另一种情绪的顺利发展相比）。

关于对道德的辩护：

经济学上的辩护（旨在尽可能地利用个人力量，反对浪费一切特殊能力）

美学上的辩护（塑造固定类型，喜欢道德类型）

政治上的辩护（作为维持的艺术，维持各种权力等级之间严重的紧张关系——）

生理学上的辩护（对弱者进行虚构的优势评价，以有利于失败者和平庸者——旨在保护弱者）

9

（144）

每种理想皆以**爱与恨、尊重与蔑视**为前提。理想的"原动力"

（primum mobile）要么是积极的情感，要么是消极的情感。例如所有怨恨性的理想的原动力就是**仇恨**与**蔑视**。

10

（145）

对以往理想的**经济学**评估

立法者（或社会本能）选择了一些状态和情绪，其活动可以确保一种正常的效率（一种机械论，作为这些状态和情绪的正常需求之结果）。

如果这些状态和情绪含有痛苦的成分，那么就必须找到一种有效的手段，通过一种价值观来克服痛苦，即使人感觉痛苦是有价值的，在更高的意义上是快乐的。用公式来表达就是："**不快感如何变成快感？**"例如，当不快感能证明力量、权力和自制时。或者当我们对法律的服从和适应得到称赞时。或者当不快感能证明集体精神，博爱，爱国主义，我们的"人性化""利他主义"和"英雄主义"时。

让人们乐意做那些令人不快的事情，这就是**理想的意旨**。

11[549]

（146）

我尝试为道德做经济学上的辩护。——道德的任务在于：尽可能地利用人，并尽量使人变成一台从不犯错误的机器。为此目的，人必须具备**机器的优良品质**（他必须学会把那些他像机器一样做有用功的工作状态视作最有价值的状态：因此必须尽可能地使他对**其他人**不感兴趣，尽可能地让他觉得其他人很恶劣、很危险……）。

此处的第一块绊脚石就是所有机械工作带来的**单调**和**无聊**。要学会忍受**无聊**，不仅忍受，而且要学会看到有一种较高的刺激在无聊周围嬉戏，这就是迄今为止所有高等教育事业的任务。学一些与我们毫不相干的东西，恰恰把这种"客观"活动看作我们的"义务"，学会把兴趣和义务分割开来加以评估，这就是高等教育无比珍贵的任务和巨大成就。语文学家是迄今为止**真正的**教育家，因为他的工作本身为一种了不起的单调活动树立了榜样：年轻人在他的麾下"死记硬背"，这种用功乃是未来能够机械地履行义务的首要前提（将来作为国家官员、丈夫、文员、报刊读者和士兵）。这种人也许比其他任何人更需要一种哲学的辩护和美化：**愉快的**感觉肯定会遭到某个从不犯错的机关的贬低，被贬为低级的感觉；"自在的义务"，也许还有对一切令人不快的事物的敬畏之情，还有那种超越一切功利性、愉悦性和目的性的要求，都是雄辩的和命令式的……自我崇拜的、机械的生存方式乃是最崇高的、最令人尊敬的生存方式（典型：康德作为"你应当"这个形式概念的狂热信仰者）。

12^{550}

哲学家和其他的高级乳母，青年人趴在他们的胸上喝智慧之奶。

13[551]

（147）

嘲笑生物学中虚假的"**利他主义**"：变形虫的增殖[552]表现为扔掉负担，表现为纯粹的利己。排除无用的物质。

14[553]

人们是如何使道德获得统治地位的
一篇"政治论文"（tractatus politicus）

弗里德里希·尼采 著

15[554]

（148）

连续性（continuum）："婚姻、财产、语言、传统、家族、家庭、民族与国家"都是低级的和高级的连续统一体。连续统一体的经济状况包括持续劳动所创造的利益的过剩以及弊害的激增：更换或维护零件需要付出较大的费用（有效零件增多，但它们经常闲着，也就是说购置费用较大，保养费用也很大）。这样做的好处在于：可以避免中断以及由中断带来的损失。**没有什么比重新开始更昂贵的了。**

"生存的利益越大，自我保存和创造的费用也就越大（进食与繁殖），生命盛极而衰以至于灭亡的危险和可能性也就越大。"

16[555]

（149）

"低等生物和高等生物的区分在**技术上**根本站不住脚，因为每种动物和每种植物都以尽可能完美的方式去完成其任务；笨拙甲虫的飞行与蝴蝶为完成蝴蝶任务[556]的飞舞同样完美。低等和高等的区分是一种经济学的区分；因为那些复杂的生物能够完成更多的、更完美的工作，它们从它们的成就中得到的**利益**非常大，以至于利益盖过了业已提高的保养成本和工作成本。"

17

（150）

必须证明的**必然性**：随着人和人类的消费越来越经济，随着利益和绩效的"机器"越来越紧密地纠结在一起，必然会出现**一种相反的运动**。我把这种运动称作**人类奢华和过剩的分离**运动：在这场分离运动中应该有一个**较强大的**种类、一个较高的类型脱颖而出，这种较高类型的产生条件和自保条件与普通人完全不同。众所周知，我用来表示这种类型的概念和**比喻**就是"超人"（Übermensch）一词。

在现在已经一目了然的第一条道路上出现的是适应、平均、较高的中国人特性、本能的谦逊和对人的缩小的满意—— **人的发展水平**的一种**停滞**。如果总体世界经济管理必然来临，那么人类作为机器就可以在为世界经济效力中找到其最佳意义：作为一个由越来越小的、越来越紧密"啮合"的齿轮组成的齿轮体系；作为一种所有优势因素和支配因素变得越来越多余的过程；作为一个拥有巨大力量的整体，而其单个要素只有**最小力量**和**最小价值**。为了与这种人的缩小和人类对一种专业化功用的适应相对应，就需要一种相反的运动——创造一种**综合的**、**集大成的**、**辩护性的**人，而机器化的人类则是这种人的生存前提和底座，只有在这个底座上他才能为自己创造一种**较高的存在形式**。

他同样非常需要大众和"平庸者"的**敌意**，需要对庸众的距离感；他骑在大众身上，他靠大众而活。这种"**贵族统治**"（Aristokratism）的较高形式乃是未来的形式。——用道德的术语来说，那台总体机器即所有齿轮的团结合作就是**人类被压榨**的最大值，但这种贵族统治以总体机器为前提，在此前提下压榨才有了**意义**。若无机器化的人类，贵族统治只会在事实上出现总体萎缩，只会表现为人这个**类型**的**价值降低**，——一种最大的衰败现象。

——人们会发现，我反对的是**经济学上的**乐观主义：似乎随着**所有人**支出的增长所有人的利润也必然会增长。我认为情况恰恰相反：**所有人的支出会累积成一种总体损失，人会变得更渺小**——以至于人们不再知道这种巨大的过程是为什么服务的了。一种"为何"，一种**新的**"为何"，这就是人类必须搞清楚的问题……

18

（151）

我用食物和消化的比喻来说明"**现代性**"。

感受刺激的能力越来越敏感（敏感披着道德主义的外衣，表现为**同情**的增强），大量的、各种不同的印象以前所未有的规模迎面而来——菜肴、文学、报刊、形式、趣味，甚至风景等方面的**世界主义**。

涌入的**速度**为最"**急速**"（prestissimo）；各种印象转瞬即逝；人们本能地拒绝吸纳、深化和"消化"。

其结果就是消化能力**减弱**。一种对大量堆积的印象的**适应**出现了：人忘记了**行动**，他只是对外界的刺激**做出反应**。他分散力量，部分用于**占有**，部分用于**防御**，部分用于**反击**。

自发性受到了严重削弱——历史学家、批评家、分析者、阐释者、观察家、收藏家、读者——他们全都是一些**反应性的**才子：**万事**皆学问！

人的天性被人工**整理**成"镜子"；对新事物感兴趣，但只是对表面感兴趣；一种原则上的冷静，平衡，薄薄表面下的一种固定的**低温**，表面上则有热量、运动、"风暴"和波浪起伏。

外表上的灵活与**内心深处的忧郁和厌倦**相对立。

19

（152）

"**实体**[557]"概念乃是"**主体**"概念的一种结果，而**不是相反**！如果我们放弃了心灵，放弃了"**主体**"，那么"**实体**"就彻底失去了前提。人们得到了**存在者的等级**，却失去了存在者。

对"**实在性**"（Wirklichkeit）的批判："**较多或较少的实在性**"，即我们所相信的存在的等级，通向何方？

我们的**生命感和力量感**的程度（我们亲身经历过的事情的逻辑与关联）给了我们衡量"存在""实在"和非假象的标准。

主体：它只是我们对所有那些具有最高实在感的各种因素之**统一性**的信仰的术语——我们把这种信仰理解成一种原因的**结果**——我们如此相信我们的信仰，以至于我们为了它而虚构出了"真实性""实在性"和"实体性"。

我们虚构出了"主体"，似乎我们身上的许多**相同**状态乃是一种基质[558]所产生的结果，然而**我们**首先创造了这些状态的"相同性"；把这些状态**等同**起来并对它们进行**整理**，这种操作是**事实**，而**不是**相同性（这种相同性理应遭到**否定**——）。

20

（153）

有时候，人们向我们表示的同情会使我们感到**愤怒**：例如在我们结束了一种本身颇有价值的非凡行为之后。〈尽管行为受挫〉，人们却向我们表示祝贺："好在事情已经过去了。"

我的批评者们往往给我留下了无赖的印象：不是他们说了些什么，而是**我说了一些话，我**竟敢说这种话——这似乎是他们唯一的兴趣，例如他们在犹太人问题上纠缠不休，其实我不必回答他们，只需猛踢他们一脚就能赶走这些无赖。他们批评我，说我和我的著作毫无关系：他们只是说明我的著作的产生史——他们以为这样做就足以**解决**问题。

（154）

宗教

在**原始人**内在的心理状态中，对**恶**的**恐惧**占了上风。何为**恶**？恶有三种：偶然，不确定，突发。原始人如何克服恶？——他把恶构想成理性、力量和人格本身。因此他就可以与恶缔结一种契约并事先对恶施加影响，即先发制人。

另一种解决办法就是，断言恶毒性和有害性的纯粹虚假：人们把偶然、不确定和突发事件的结果解释成**善意的**、有意义的……

——人们首先把恶果解释成"罪有应得"：人们为恶辩护，将它视作对罪的惩罚……

——总之，**人们屈服于恶**：整个道德和宗教的解释只是一种屈从于恶的形式。

——相信恶含有一种好的意义，这意味着放弃与恶做斗争。

整个文化史于是表现为对**偶然**、不确定和突发事件的恐惧心理的消退。文化恰恰意味着学会**算计**，学会因果思维，学会先发制人，学会相信必然性。随着文化的发展，那种**原始的**、对恶的屈从形式（又名宗教或道德），那种"对恶的辩护"，在人的心目中就变得可有可无了。现在他对恶开战——他要废除恶。随后有可能出现一种安全感和相信规律与可预见性的状态，但这种状态会作为**厌倦**而进入人的意识，——**对偶然、不确定和突发事件的兴趣**会作为刺激而令人兴奋……

让我们在这种**最高**文化的征兆那里停留片刻——这个时刻我称为**强者的悲观主义**。

现在人**不再**需要"为恶辩护"了，他断然拒绝这种辩护：他纯粹欣赏恶，直接（cru）享受恶，他发现**无意义的邪恶**乃是最有趣的事情。过去他需要上帝，而现在一个没有上帝的无序令他着迷，一个偶然的世界令他欣喜，这个偶然世界的本质包括可怕性、模糊性和诱惑性……

在这种状态下，**善**恰恰需要一种"辩护"，换言之，善必须有一种危险的邪恶基础，或者善必须包括一种大愚：只有这样**善才差强人意**。

现在兽性不再令人恐惧了；一种富有才智的、幸福的高傲有利于人中兽，在这种时代这种高傲乃是最得意扬扬的智慧形式。

现在人已足够强大，他能够以**信仰上帝**为耻了：现在他可以重新扮演"魔鬼的代言人"（advocatus diaboli）的角色了。

如果他实际上支持维护道德，那么他这样做的原因就在于他从道德中发现了一种心机、狡诈、利欲和权力欲的形式。

这种强者的悲观主义也以一种**神正论**告终，它指的是对世界的绝对肯定，但肯定世界的理由恰恰是人们曾经否定世界的那些理由：如此我便构想了这个强者的世界，它实际上**实现了人的最高理想**……

22

（155）

总体认识

事实上每次巨大的增长也会带来惊人的**崩裂**和**消亡**：

痛苦和衰落的征兆**属于**取得了巨大进步的时代。

人类的每种富有成果的强大运动同时创造了一种虚无主义运动。

极端的悲观主义形式即真正的**虚无主义**的出现也许是一种影响深远的、最重要的增长和向新的生存条件过渡的预兆。

我已经明白了这一点。

23

（156）

总体认识：我们的**现代**世界具有**模棱两可**的特性，—— 同样的征兆既可以预示**衰落**，也可以表明**强盛**。强大和已经成年的标志也许会由于传统的（**落后的**）感觉贬值而被**误解**成**虚弱**。简言之，**作为价值感的感觉并非领先于时代。**

一般而言，价值感总是落后的，它表达的是一个很早的时代的自我保存与增长条件：它压制新的生存条件，它不是在这些条件下成长起来的，因此它必然会误解这些条件，并且教导人们用怀疑的眼光审查它们：它唤起人们对新生事物的猜疑，它阻碍新变……

例子：——

24

（157）

各门艺术的道德化。艺术作为自由力量，摆脱道德的矮化与狭隘视野；或者作为嘲讽者，嘲笑褊狭的道德。逃进大自然，自然的**美与恐怖**合为一体。**伟人**之构想。

——脆弱而无用的华丽心灵，一阵微风就能使他变得忧郁。

"美好心灵"。

——唤醒那些**苍白的理想**，使它们现出冷酷无情和野蛮的原形，露出华丽巨兽的真面目。

——在心理学上认识到了所有道德化艺术家的婉曲与违心的做戏，并为这种认识而欢呼雀跃。

——揭露艺术的**虚伪**和非道德性。

——阐明"理想化的基本力量"（感性，陶醉，丰盈的兽性）。

25

（158）

虚假的"增强"

浪漫主义的强化：这种持续的"表现力"（espressivo）不是强大的标志，而是一种缺乏感的征兆。

诗情画意的音乐即所谓的戏剧音乐的主要特征是**比较轻松**的消遣性（自然主义野蛮的低俗读物以及自然主义小说中事实与特点的并置亦如此）。

"激情"发自神经和疲惫的心灵；对高山、荒漠、雷雨、欢宴和丑陋的欣赏亦如此，——还有对巨量和粗暴的欣赏（如在历史学家那里）。

浪漫主义者**的确崇拜情感的放纵**。为什么那些强大的时代都有一种相反的艺术需求呢——一种超越激情的需求呢？

色彩，和声，野蛮而神经质的管弦乐；小说中刺眼的颜色。

偏爱刺激性的素材（色情、社会主义或病理学：所有这一切都表明了当代艺术家是为谁创作的，为**劳累过度者、精神涣散者**或**病弱者**）。

为了产生效果，艺术家必须对受众施暴政。

26

（159）

到此结束。—— 我们终于敢于为**规则**辩护了！

27

（160）

科学，它的两方面：

在个人方面

在文化综合体方面（ "水平" ）

—— 从这方面和从那方面对科学的评价是相反的。

28

（161）

不是 "社会" ，而是**文化综合体**才是**我的**主要兴趣（文化是一个整体，其各部分相互关联）。

29

（162）

人们必须采用各种手段对付粗野的民族，人们不能任意和随心所欲地单纯采用"野蛮"手段。当你们这些娇弱的欧洲人在刚果河[559]畔或任何其他地方统治野蛮人并意识到维持殖民统治的必要性时，你们在实践中就会明白这个道理。

30

（163）

对**总体力量增长**的认识：可想而知，这种增长也**包含**对个人、阶层、时代和民族的评价。

一种文化的**重心**转移。

每种巨大增长的**费用**由谁来承担！

现在这种费用为何如此巨大？

31[560]

大革命成就了拿破仑，这就是对大革命的辩护。由于付出相似的代价〈就可以为开创伟业创造前提〉，因此我们肯定希望我们的整个文明以无政府主义方式崩塌。拿破仑扶持民族主义，这是他的局限性[561]。

完全不考虑道德性和非道德性，这多么合理啊：因为这类概念完全无法说明一个人的**价值**。

人们开始———

一个人的价值不在于他的有用性：因为即使他对任何人都没有用处，他还会继续存在下去。为什么产生了最有害的影响的那个人就不能是人类的领袖呢？他如此高贵，如此优越，以至于所有的人都嫉妒得要死。

32[562]

（164）

A.**获取权力之路**：以旧道德之名推行新道德；

激起人们对道德的兴趣；

采用诽谤术打击反抗者；

利用各种有利条件和偶然事件来赞扬自己；

通过牺牲和区分使其信徒成为狂热的道德信仰者；

伟大的象征手法。

B.**业已获得**权力：

1. 道德的强制手段；

2. 道德的诱惑手段；

3. 道德的礼节（君臣之礼）。

33

（165）

艺术家**不是**拥有**伟大**激情的人，尽管他总是对我们和对他自己说这种他有激情的假话。关于这一点有两条理由：艺术家缺乏对自身的羞耻感（**他活着**时喜欢观察自己；他窥伺自己，他太好奇……），他还缺乏对伟大激情的羞耻感（作为艺术家他榨取激情，其天赋的占有欲……）。

第二条理由：（1）他的吸血鬼即他的天赋往往不愿意他浪费被称作激情的力量；（2）他的艺术家**吝啬**习气保护他，使他免遭激情的伤害。

有了一种天赋，人们也会成为这种天赋的牺牲品：艺术家受制于其天赋的"吸血鬼迷信"（Vampyrism），他活在———

通过表现激情，人们无法消化自己的激情：确言之，**当人们表现激情时，人们会被激情搞得晕头转向。**（歌德的说法与此不同，在激情方面他**故意**误解了自己：诗宗歌德其实认为艺术家应该节制激情。）

34[563]

两种虚无之间的一道裂缝。

35[564]

（166）

恶习总是与某种不快感联系得如此紧密，以至于人们最终逃离恶习，以摆脱与恶习紧密相连的不快感。这就是著名的汤豪瑟[565]事件。在瓦格纳的音乐中，汤豪瑟失去了耐心，他再也无法忍受在维纳斯那里的荒淫生活了：道德突然展现了它的魅力；一位图林根少女涨价了；为了表达最强烈的决心，他甚至赞扬埃申巴赫的沃尔夫拉姆⁵⁶⁶的歌曲……

36⁵⁶⁷

（167）

我们这些今天的宿命论者认为，摩尔人舞蹈那淫荡的忧郁比德国圆舞曲维也纳式的感性更动人心弦，—— 后者是一种过于平淡的、过于乏味的感性。

37

（168）

现代艺术乃是一种**暴虐**的艺术。—— 一种粗鲁而强暴的**线条逻辑**；动机简化成了公式，公式施行暴政。巨量的、杂多的线条令人眼花缭乱；野蛮的颜色、素材和欲望。例子：左拉，瓦格纳，还有思想领域的泰纳。简言之，**逻辑，巨量，粗暴**……

38

（169）

人们往往根据他们为此付出的费用来评价一件事物。为了使他们珍视一种美德，道德家必须强迫他们或者诱惑他们为它付出大量费用。

我们如何使某人失去对一种令人愉快的恶习的兴趣呢？唯一的

做法就是要让他讨厌这种恶习。我们如何让酒鬼相信酒是令人恶心的呢?我们**使**醇酒变味,我们调制龙胆酒[568]。必须使恶习变得令人厌恶:道德家的首要手段。

39

(170)

群氓本能把**中庸**和**中等**评价为最高和最有价值的东西:大多数人都处于中间位置;居中的大多数人采取折中的处世方式;因此群氓本能是所有等级制的敌人,它把从下至上的上升视作从大多数到极少数的下降。群氓把**特殊者**(低于他们和高于他们的人)看作他们的敌人和损害者。他们对付往上爬的特殊者、较强者、有权者、智者和成功者的手段就是:说服他们去扮演守卫者、守护者和牧人的角色——使他们成为群氓的**优秀仆人**,如此群氓就做到了变害为利。居中的群氓不再恐惧;人们在此一点儿也不孤单;此处几乎没有误解的空间;此处只有平等;古怪的存在在此不被谴责,而是被视作**正当的**存在;此处的群氓知足常乐。特立独行者遭到怀疑;特立独行被视作罪过。

40[569]

(171)

如果缺了女人,缺了**女人的作品**,艺术和科学的整个链条就会缺少一个环节吗?我们应该承认例外,例外证明了常规。女人在所有非创造性的活动中都能够做到尽善尽美,例如女人写的书信和回忆录令人叹为观止，女人的手工刺绣也极其精美，简言之，女人在所有非职业的领域中都能够达到完美境界，这是因为她在其中能够圆满地实现自我，因为她能够服从她所拥有的唯一的艺术冲动：她**要讨人喜欢**……但女人与真正艺术家的极其"冷淡"（Indifferenz）又有何干？真正的艺术家非常重视一种声音、一丝气息和一次蹦跳，而不太重视自己；他努力获取他人的秘密和内心想法；他只承认那些能够成为形式的事物具有一种价值（这些事物暴露自己，公开自己）。艺术，真正的艺术家所从事的艺术——难道**你们**不明白它是什么吗？艺术是对所有羞耻感的谋杀[570]……只是在十九世纪女人才冒着失败的风险转向文学（用老米拉波侯爵的话来说就是，写一些"流氓文人和平庸作家的诗句[571]"）：女人写作，女人搞艺术，女人丧失了其本能。我们不禁要问：女人搞创作，目的何在？

41

两位天才兄弟已经登上了现代抒情诗的顶峰，他们是海因里希·海涅和阿尔弗雷德·德·缪赛。

我们没有太多的不朽人物。我们的不朽天才：阿尔弗雷德·德·缪赛，海因里希·海涅。第267页[572]。

席勒是一位戏剧大师，但戏剧与我们何干！

42

（172）

基本原理。彻底的虚无主义何以是以往理想的必然结果？

—— **不完全的**虚无主义及其形式：我们生活于其中。

—— 不对那些价值进行重估而**试图避免虚无主义**：这会产生反面的效果并使问题尖锐化。

43

（173）

彻底的虚无主义者—— 虚无主义者的眼睛，它**否定理想，丑化现实**，它不忠于自己的回忆（它放弃回忆，任凭回忆凋谢；它让回忆变得像死尸一样苍白，微弱的记忆力把苍白的回忆洒在遥远的和过去的事物上；虚无主义者对自己不作为，同样他对人类的整个过去也不作为，—— 他抛弃人类的过去）。

44

（174）

再也没有理由自卫和进攻的人会变成什么呢？如果人失去了作为防御型和进攻型武器的情绪，那么他还剩下什么情绪呢？

45

（175）

我们应该逐步缩小和限定道德的王国；我们应该澄清那些真正在此效力的本能的名称并向它们表示敬意，因为它们长期匿名工作，虚伪的道德褫夺了它们的真名；我们应该出于对越来越专横的

"正派"说教的羞愧而忘记那种想否认和抹杀自然本能的羞耻心。只有以力量为标准，才能够衡量我们摆脱道德的程度；还必须有一个思想的高度，只有站在这个高度上才能对"美德"这个概念进行重新感知，使它听起来像"阳刚"（virtù），阳刚乃是文艺复兴时期的美德，毫不虚伪的美德。然而暂时—— 我们离这种理想何其遥远！

道德领土的缩小标志着道德的进步。无论在哪里，只要人们还不能够进行**因果**思维，人们就只能进行**道德**思维。

46

（176）

关于道德的非自然化[573]。人们使行为与人相**分离**；人们把仇恨或蔑视的矛头转向"罪恶"；人们相信有一些行为本身就是善的或恶的。

47

（177）

恢复"自然"。一种行为原本就是毫无价值的：关键在于谁做出这种行为。同样的"罪行"在某种情况下可以是最高的特权，在另一种情况下则是罪恶的标记。事实上在此起作用的是判断者的利己主义，判断者根据自己的利益或损失（或者根据与自己相似或不相似）来解释一种行为**或**其行为者。

48

在古代，人们向神祈雨，人们相信对神的祈祷有一种**利尿**剂的作用！

49

（178）

论自我蔑视者的唯心主义

"信仰"或"**善功**[574]"？——一种明确的价值评判即**信念**是为了"善功"、为了某些善功的习惯而额外形成的，这种说法与"善功"源于一种纯粹的价值评判的说法一样既是自然的，又是不自然的。人们必须练习，**不是**练习增强价值感，而是练习行动；人们必须首先有某些行为**能力**……路德表现出了基督教的**半吊子作风**。信仰是一种备忘记号。背景是一种深信和一种本能意识，即路德和他的同类意识到了他们没有能力做基督教善功，这种无能是一种个人事实，蒙上了一层极端的怀疑，他们怀疑每种行为是否都是罪恶，都来自恶魔：结果生存的价值被归结为个别高度紧张的**无为**状态（祈祷，抒发感情，等等）。——最后也许他说得对：在宗教改革家们的整个行为中所表现出来的本能乃是前所未有的、最野蛮的本能。只有通过绝对的**背离**自我，只有堕入**对立面**，只有把人生视作**幻觉**（"信仰"），他们才能忍受人生。

503

（179）

犯罪属于"反对社会制度的起义"这个概念。人们不"惩罚"一位起义者：人们**镇压**他。起义者有可能是一位可怜而可鄙的人：一场起义其实不应该遭到蔑视——由于我们社会的弊端而起义，这种行为根本不能降低一个人的价值。在某些情况下我们必须尊重一位这样的起义者，因为他感觉到了我们社会的尖锐矛盾，而这种矛盾必须用战争加以解决：此时他用犯罪把我们从昏睡中唤醒。

罪犯对某个人实施了个别的犯罪行为，这一点并不能驳斥下述事实：他的整个本能与整个社会制度处于战争状态。他的罪行就是战争状态的纯粹表征。

我们应该把"惩罚"概念还原为"镇压"概念：镇压一次起义，对被镇压者采取安全措施（完全监禁或半监禁）。但我们不能用惩罚来表达我们对罪犯的**蔑视**：无论如何罪犯都是一个人，一个拿生命、荣誉和自由来冒险的人——一位勇士。我们也不应该把惩罚当成赎罪，或者当成一种还债，似乎在罪与罚之间存在一种交换关系，——惩罚不能净化心灵，**因为**犯罪并没有污染心灵。

我们不应该阻断罪犯与社会和解的可能性：如果他不属于**黑社会**。如果他是黑社会成员，在他做出某种敌对行为之前，我们就应该向他开战（一旦人们控制住了他，就对他施行甲级手术：阉了他）。

我们不应该把罪犯的粗野举止与低智商看作他的缺点。罪犯误解自己乃是最寻常之事：他往往意识不到自己的反叛本能和"落魄者的怨恨"（rancune de déclassé），这导致了他对自己的"误读"（faute de lecture）；在恐惧和失败的印象的影响下，他诽谤和贬低自己的行为。还有一些情况我们完全没有考虑到：从心理学上看，罪犯屈从于一种未被他人理解的本能，他通过某种次要行为把一种虚假的动机强加到他的罪行上（如通过一种抢劫行为，其实根本原因在于他的反社会天性……）。

我们应该避免根据一种个别行为来看待一个人的价值。拿破仑曾如此告诫人们。那些所谓的"高尚行为"（Hautrelief-Thaten）尤其不重要。如果我们当中的某个人犯了罪例如杀了人，但他并不感到内疚—— 那么他问心无愧的原因何在？我们规矩人往往缺少犯罪的有利条件。假如我们犯了罪，这对我们的价值又有何影响呢？如果我们实施了几次犯罪行为，那么我们的价值会因此降低吗？恰恰相反，并不是每个人都有能力犯罪的。如果人们不相信我们有在紧急状况下以暴制暴的能力，那么我们肯定会遭到蔑视。几乎所有的犯罪行为都同样表现了男子汉所应有的品质。陀思妥耶夫斯基言之有理，他说那些西伯利亚监狱的囚犯乃是俄罗斯民族最坚强和最有价值的组成部分。如果我们这里的罪犯个个都营养不良，都萎靡不振，那么这就是我们的社会状况的耻辱。在文艺复兴时期罪犯飞黄腾达，他们获得了自己特有的美德—— 当然是文艺复兴风格的美德，毫不虚伪的美德—— 阳刚（virtù）。

我们只能推戴这种不被蔑视的人；道德的蔑视乃是一种比任何犯罪更大的侮辱和危害。

51

（180）

理想的大色鬼们，被误解的具有变态性欲的圣人们，那些典型的"爱"的信徒（如阿西西的圣方济各和帕奥拉的圣弗兰西斯[576]）：出于无知，他们落空的性欲仿佛已误入歧途，直到它在幻象身上得到满足为止，即在"上帝"、在"人类"、在"自然"身上。〔这种性欲满足本身不只是一种虚假的满足：它发生在"神人合一"（unio mystica）的极乐者们身上，即使它超出了他们的意愿和"理解"；满足时出现了最性感和最自然的性满足的生理伴随征兆[577]。〕

52

（181）

艺术家的虚无主义

大自然因其明朗而残酷，以其日出挖苦。

我们敌视感动。

我们逃进自然，在那里我们的感知和想象力受到了激发；在那里我们一无所爱，在那里我们忘记了北国道德的虚假和敏感；——在艺术领域中亦如此。我们偏爱那些不再使我们想起"善与恶"的事物。道德主义的敏感和痛感在可怕而幸运的自然中、在感觉与力量的宿命论中得到了救治。生活本身无善意。

看见自然对善与恶极其**冷漠**，这就是一种享受。

历史无正义，自然无善意：因此悲观主义艺术家走进历史深处，在那里无正义本身以伟大的天真方式出现，在那里**完美**恰恰得到了表现……

同样，艺术家也走进**自然**深处，在那里自然毫不掩饰其邪恶性和冷漠性，在那里自然表现出了**完美**的特性……

虚无主义艺术家追求和偏爱冷酷的历史和冷酷的自然，于是他就暴露了自己。

53

（182）

十九世纪的人的自然化

（十八世纪是优雅、精致和宽容的时代）

不可能"返归自然"，因为从未有过一种自然的人类。常规和开端乃是宣传不自然和**反**自然价值的经院哲学；只有经过长期斗争之后人才能走向自然—— 他从不"返归"……自然意味着：人敢于像自然一样不道德。

我们更粗暴、更直接并以讽刺的态度对待宽容感，即使我们屈从于这种情感。

我们的上流**社会**比十八世纪的更为自然，富人和闲人的社会：人们相互追猎，性爱是一种体育运动，婚姻发挥了一种阻碍和刺激的作用；人们喜欢消遣，活着就寻欢作乐；人们最重视身体的优先权，人们好奇而大胆。

更自然的是我们对**认识**的态度：我们单纯率直，在精神上放荡不羁，我们憎恶慷慨激昂和僧侣作风，我们喜欢闯入禁区，倘若我们在认识之路上感到无聊，我们就会失去认识的兴趣。

更自然的是我们对**道德**的态度。原则已成为笑料，人们往往用讽刺的口吻谈及自己的"义务"。然而人们重视一种有益的、善意的信念（人们把**本能**视作道德，对其余的一切则嗤之以鼻）。此外人们头脑中还有几个荣誉概念。

507

更自然的是我们的**政治**态度：我们正视权力问题，一种定量的权力反对另一种定量的权力之问题。我们不相信任何一种没有权力基础却要实现自己的意愿的权利：我们认为一切权利皆征服。

更自然的是我们对**伟人和伟业**的评价：我们把激情看成优势，我们认为任何伟业都包含大罪；我们把一切伟大都设想成对道德的无视。

更自然的是我们对**自然**的态度：我们不再因其"纯洁""理性"和"美"而热爱自然，我们已在很大程度上把自然"妖魔化"和"愚蠢化"了。但我们并没有因此而蔑视自然，我们觉得我们和自然很相似、很熟悉。自然从**不**谋求道德，因此我们尊敬自然。

更自然的是我们对**艺术**的态度：我们不要求艺术言说美丽的虚假谎言；当今盛行残酷的实证主义，它冷静地查明事实。

总之，所有的迹象表明，十九世纪的欧洲人大都不以其本能为耻；他们都承认自己无条件的自然性即非道德性，他们迈出了人之自然化的关键一步，**没有怨恨**：恰恰相反，他们足够强大，能独自承受这种非道德的世相。

这在某些人看来纯属道德堕落，似乎人类越来越**腐化**了：可以肯定的是，人类并没有接近卢梭所说的"**自然**"，而是在他所**拒绝**的文明进程中向前迈了一大步。我们**增强了**自己的力量，我们更贴近十七世纪，尤其贴近十七世纪末的趣味（当古[578]、勒萨日[579]和列雅尔[580]）。

54

（183）

　　新教是一种精神上的污物和颓废的无聊形态，迄今为止基督教就是以这种形态在平庸的北方存续的。作为半成品和复合物，新教对认识颇具价值，因为它把不同级别和不同来源的经验汇集到了那些相同的脑袋中。

　　复合型构成物的价值，心灵马赛克的价值，乃至荒疏而混乱的智力状况的价值。

　　采用顺势疗法[581]**的基督教**，新教乡村牧师的基督教。

　　不知足的新教，宫廷牧师[582]的新教，反犹主义投机商的新教。[583]

55[584]

（184）

　　当一位哲学家沉默时，他也许登上了精神的**顶峰**；当他自相矛盾时，他有可能在**爱**；认识者在说谎时或许就有了一种**神性**……

　　有人曾口出雅言："高尚的心灵把他所感受到的骚乱流露出来是不体面的[585]。"但我必须补充一句：**不怕做出最不体面的事**亦堪称心灵高尚……一位恋爱中的女人献出了她的贞操，一位"热爱"真理的认识者牺牲了他的诚实，一位爱的上帝变成了犹太人……

56[586]

　　在德国学界，闷闷不乐的沉郁、麻木、湿气、睡衣和"啤酒"

何其多！德国青年学者们的酗酒几乎就是一种对智慧的亵渎，无论如何都是一种对才智的彻底损害；啤酒能导致缓慢的智力退化：在一个臭名昭著的事件中我曾指出了酒浆的危害（大卫·施特劳斯退化成了《旧信仰和新信仰》的作者）。有"精神"的德国学者在任何时候都是屈指可数的（光有精神还不够，我们还必须使自己失去精神，**切除**自己头脑里的精神……）：其余的学者有理智，其中的几个学者幸好拥有著名的"童心"，童心充满**预感**……这是我们的特权：德国学界凭借"预感"发现了一些别人难以把握的、也许根本不存在的事物。为了消除**预感**，我们德国人必须变成犹太人[587]。

57

（185）

道德化与非道德化的历史

定理一：根本没有什么道德行为，道德行为完全是想象的。

道德行为不仅是不可证明的（如康德就承认这一点，基督教亦然），而且是**完全不可能的**。通过一种心理学的误解，人们虚构出了驱动力的一种**对立面**，并且相信以此说明了另一种驱动力；人们虚构出了"第一推动力"（primum mobile），其实它根本不存在。有一种评价传播了"道德"与"不道德"的对立，根据这种评价我们必须说：

世上只有**不道德的意图和行为**。

定理二。"道德"和"不道德"的整个区分基于下述命题：道德行为和不道德行为都是自由行为，——简言之，存在着自由行为；换言之，道德评价只针对一种意图和行为，即**自由的**意图和行为。

但这种自由的意图和行为纯属想象；建立道德标准[588]所依据的那个世界根本不存在。

世上既没有道德行为，也没有不道德行为。

心理学的谬误导致了"道德"和"不道德"的**对立概念**的产生。

"无私""不自私""自我牺牲"——所有这些品质都是**不真实的**、虚构的。

关于"自我"的错误的教条主义：自我被看成原子论的原子，它与"非我"形成了一种虚假的对立；同样，自我脱离了变易，成了某种"存在者"（Seiendes）。**自我虚假的实体化**：尤其是在**宗教和道德教育**的压力下，自我的实体化（相信个人不朽）变成了信条。在人为地使自我脱离了变易和把自我解释成自在自为的存在者之后，人们面对着一种不可辩驳的价值对立：**个体自我**与巨大的**非我**之间的对立。很明显，个体自我的价值只能在于和巨大的非我相关联，或者自我从属于非我并**为非我**而活。—— **群氓本能**在此是决定性因素：没有什么比个人自主更违反群氓本能了。然而如果自我被理解成一种自在自为的存在者，那么它的价值必定在于**自我否定**。

由此可见：

1. 个人独立为**原子**是虚假的。

2. 群氓的评价反对个人保持原子状态的意愿并把这种意愿视作敌意。

3. 作为结论：通过改变个人的目标来战胜个人。

4. 于是就有了**自我否定**的行为：围绕着这种行为，人们想象出了其对立面的整个领域。

5. 人们追问：在哪些行为里人最强烈地**肯定自己**？围绕着这些行为（性行为、占有欲、统治欲、残暴行为等）禁令、仇恨和蔑视日积月累：人们**相信**有不自私的欲望，人们**谴责**一切私欲，人们**要求**公心。

6. 结果：人们做了什么？人们摈斥了最强烈的、恰恰**唯一真实**的自然欲望—— 此后为了找到一种值得赞扬的行为，人们必须**否认**这种懿行受到了自然欲望的驱使。

心理学里的巨大伪造。甚至任何一种"知足"只有通过下述途径才有可能实现：人们从"善的角度"（sub specie boni）误解和编造知足。

反过来看：那种使人不再知足并从中渔利的人精（群氓本能的代表，如教士和哲学家）变得聪明透顶，他们在心理方面目光敏锐，他们能够证明利己主义无所不在。基督教的结论："**一切**皆**罪**，包括我们的美德。人绝对邪恶。无私的行为是**不可能的**。"原罪。简言之，在人把他的本能与一个纯想象的善良世界对立起来之后，他最终不得不自我蔑视，因为他**没有能力**行"善"。

请注意。基督教以此表明了它在心理洞察力上的一种**进步**：拉罗什富科和帕斯卡尔。它基本上理解了**人类行为**的**本质相同**及其价值相同（所有的人类行为都是**不道德的**）。

于是人们**认真**了起来，要培养根除了利己主义的人—— **教士**和**圣徒**。即使人们怀疑成为"**完人**"的可能性，人们也不怀疑他们知道什么是完善。

当然啦，教士、圣徒和好人的心理学肯定会像纯幻影那样破灭。人们把**真实的**行为动机宣布为**邪恶的**：为了还能够行动，为了能规定行为，人们必须把那些根本不可能的行为描述成可能的，并且把它们**神圣化**。人们曾**错误**地诽谤了那些自我肯定的行为，现在人们又错误地尊敬和理想化这些利他主义的行为。

摧毁生命本能被看成"神圣的"和令人敬仰的。

教士的理想：绝对贞洁，绝对服从，绝对清贫。

平信徒[589]的理想：施舍，同情；舍己为人，骑士精神；否定美、理性和感性；厌恶人所具有的一切强大品质。

人们继续前进：那些**遭到诽谤的本能**也力图谋求某种权利（如路德的宗教改革：打着"福音自由"旗号的道德谎言的最粗野形式）—— 人们用神圣的名称来给这些本能改名。

遭到诽谤的本能试图证明自己是**必然**的，以便**善人**能生存：人们必须活着，为他人而活（pour vivre pour autrui）。利己主义乃是达到目的的**手段**……

人们继续前进，人们试图既给予利己主义"冲动"（Regungen），也给予利他主义冲动一种生存权：这种冲动和那种冲动权利**平等**（从利益的角度）。

人们继续前进。与无效的利他主义观点相比，利己主义观点受到了偏爱，人们试图在这种偏爱中寻找**较高的功利性**以增进大多数人的幸福或促进人类的发展。也就是说，人们给予自我的权利一种优势，但角度却是一种极端的利他主义（"人类的总体利益"）。

人们试图调和**利他主义**的行为方式与**自然性**，人们在生命的基础上寻找利他主义；人们寻找其根据都在生命和自然的本质中的利己主义和利他主义。

人们梦想着这种对立在未来消失：通过不断地适应，利己主义同时是利他主义……

最后人们明白了：利他主义行为其实只是一种利己主义行为而已——人们爱他人和浪费自己的程度恰恰证明了一种个人**力量**和**人格**的程度。简言之，**通过使人变恶，人们可以使人变善，**——人的善恶是相互依存的……幕布于是拉开了，**迄今为止道德心理学的巨大伪造终于大白于天下。**

结论：世上只有不道德的意图和行为；

所谓的道德行为都被证明是**不道德行为**。

（这是政治学论文的任务。）

（——所有的情绪皆源于唯一的权力意志：本质相同。）

（——生命概念——"善与恶"的表面对立表达了**各种本能的权力等级**，建立了暂时的等级制，在这种等级制下某些本能受到了抑制或被利用。）

（——为道德**辩护**：从经济学角度，等等。）

反对定理二。决定论[590]：**拯救**道德世界的尝试。它采用以下方式：人们把道德世界**移置**到未知的彼岸。决定论只是一种掩盖我们的价值评判的方式，因为我们的价值评判在这个机械论所设想的世界中不再起作用了。因此我们必须**攻击**和**摧毁**决定论，同样我们也必须**否定**我们有权区分一个自在的世界和一个现象世界。

58

（186）

第一卷中：**虚无主义**是理想价值的结果。

文明问题。

十九世纪，其**模棱两可性**。

迄今为止缺乏**摆脱**道德的行为。悲观主义者是**道德激情的反叛者**。

道德是悲观主义的原因。

悲观主义是虚无主义的雏形。

第二卷中：道德化的历史。

人们是如何使道德获得统治地位的。

道德是引诱哲学家的妖精。

第三卷中：**真理问题**。

第四卷中：在我们对世界进行了无神论化后**高等类型**的历史。

制造鸿沟的手段：**等级制**。

最肯定世界的学说之理想。

悲剧时代。

"**上帝**"理想之心理学幼稚。

59

（187）

人的价值的等级

A. 我们不应该根据个别行为来评价一个人。**皮相行为**。一种**有人格的**行为最为罕见。一种等级、地位、种族、环境、偶然——所有这一切都比一种"人格[591]"在一种功业或行为中得到了更好的表现。

B. 我们不应该假设众人都是"人格"。有些人有**多重**人格，大多数人**没有**人格。凡是在平庸的品性占上风的地方—— 一种类型的持存取决于平庸性——人格的存在就是一种浪费、一种奢侈，渴求一种"人格"毫无意义。平庸性乃是载体和传动工具。

C. "人格"是一种相对**孤立**的事实；由于平庸和持存具有较大的重要性，因此人格几乎就是某种**反自然的东西**。人格的形成需要一种较早的孤立，一种防御和进攻型生活的压力，一种筑墙防卫，一种与世隔绝的较大力量；它首先需要一种**较小的"敏感性"**（Impressionabilität），比常人（常人的人性是**传染的**）所具有的敏感性要小得多。

关于**等级**的**第一个问题**：某人有多么**独立**或某人有多么**合群**？

（在合群的情况下，他的价值在于确保其群体和类型持存的那些品性；在独立的情况下，他的价值在于那些凸显、孤立和保卫他的特性，在于那些使他**能够独立**的特性。）

结论：我们不应该根据合群的类型来评价独立的类型，也不应该根据独立的类型来评价合群的类型。

从高处看，这两种类型都是必然的；它们之间的对抗也是必然的，——那种从这两者中衍生出某个**第三者**（雌雄同体的"美德"）的"愿望"是最应该摈弃的。这种衍生物和两性之间的接近与和解一样都是"不值得追求的"。**继续发展各自的典型特征，不断加深鸿沟**……

这两种情况的"**退化**"概念：如果群氓接近独立者的特性而独立者也接近群氓的品性，——简言之，如果这两者相互**接近**，〈那么他们都会退化〉。"退化"概念脱离了道德判断。

（188）

与音乐相比，所有通过**言语**的传达都具有无耻的特性；言语具有稀释和蒙昧化的作用；言语使表达失去个性；言语把非凡变成了平凡。

（189）

人们在哪里能找到较强者

独立类型的退化和毁灭**更严重**、更可怕：群氓本能和价值传统都反对特立独行者；特立独行者的自卫工具和防护本能从一开始就不够强大，不够可靠，—— 他们的**兴旺发达**有赖于偶然的良机。（在最低微的和被社会抛弃的下层人中，他们往往能够成长壮大：如果我们要找**人格**，那么我们在下层人中就能找到它，在那里找到人格的可靠性要比在社会中层大得多！）

阶层斗争和阶级斗争的目标在于"权利平等"。如果这种斗争大体上已完成了，那么**斗争**的矛头就会对准"独立人格"（Solitär-Person）。在某种意义上**独立人格在民主社会中最容易自我保存和发展**。还有一种有利情况：当较粗暴的防御手段不再必需时，当某种对秩序、诚实、公正和信任的习惯非常普遍时。

群氓本能的愿望如下：**最强者**必须受到最严厉的约束，受到监督，戴上镣铐，受到监视。必须为他们建立一种自我控制、禁欲而守规矩的制度，或者一种疲劳工作的"义务"制度，劳累过度会使他们失去自我。

62

用道德套语来掩饰他们对犹太人商业才干的嫉妒，这种人就是卑鄙的反犹主义者，无耻的流氓。

63

主要观点：拉开**距离**，但**不制造对立**。

替换掉**中间产物**[592]，降低其影响，这就是保持距离的主要手段。

64

（190）

荒唐而卑鄙的理想主义类型，他们想**不平庸地**拥有平庸，他们对胆怯、虚假、狭隘和不幸感到**愤怒**，但感觉不到特立独行的**优势。我们不应该追求这种平庸的理想！我们应该扩大鸿沟！——我们应该**通过高等类型为其存在所必须做出的牺牲，逼迫他们脱离群氓。**

65

（191）

请注意。具有悲观主义色彩的、**基督教的**许多个世纪为何都比十八世纪**更强大**

—— 相当于古希腊人的**悲剧**时代——

更虚弱，更科学以及———

十九世纪**反对**十八世纪——
遗产何在
与十八世纪相比的退步何在：更无"精神"，更无趣味
超越十八世纪的进步何在（更阴郁，更现实，**更强大**—— ）

66[593]

（192）

我很了解您所介绍的易卜生。由于他拥有"追求真理的意志"，因此他不敢放弃道德幻想，这种幻想家宣讲"自由"，但不愿意承认什么是自由：此乃缺乏权力者的"权力意志"之变形的第二阶段。在第一阶段，人们向当权者要求正义。在第二阶段，人们宣讲"自由"，换言之，人们要**摆脱**当权者。在第三阶段，人们主张"**平等的权利**"，也就是说，只要人们还没有优势，人们就要阻止其竞争者增强自己的权力。

67

我从未误判**新教**及其神学家和布道家们可耻的平庸。

68

（193）

不要改善人类，**不要**以任何一种方式对人们进行道德说教，似乎"自在的道德观念"或一种理想的人的确实存；而是要**创造一种需要较强者的局面**，这些较强者本身需要并**拥有**一种能够**增强自己**的**道德**（确言之，一种**身心的纪律**）！

切莫被金发碧眼或丰满胸脯诱惑：**心灵的伟大不带任何浪漫色彩**。很遗憾，伟大**根本不可爱！**

69[594]

（194）

我们发现，"真正的基督徒"所做的一切都有违其洁净本能：他们怀疑和玷污俊美者、杰出者、富有者、自豪者、自信者、认识者和强大者——总之，玷污**整个文化**：他们企图使文化**感到良心不安**……

读完《新约全书》之后，紧接着我们可以读一下佩特罗尼乌斯：他的书一扫基督教的乌烟瘴气，顿时令我们神清气爽[595]！

70

（195）

有一种信念自称为"理想主义"，它不同意平庸者才能平庸，不同意女人当女人。千万不要搞什么一律平等！我们明白，一种**道德会让人付出多么沉重的代价**：道德不是平均值，也不是值得想望的好东西，而是一种**高尚的疯狂**，一种华丽的例外，它妄图给予弱者发出**强音**的特权……

71

（196）

女人们期待着婚礼，届时神父或市长将允许她们满足自己的性欲，在婚礼上她们还许诺永远只通过一个男人来满足自己的性欲。

满足**性欲**和养育**后代**是两种完全不同的事情，涉及完全不同的利益。"婚姻"和所有制度一样都**非常虚伪**……

72[596]

（197）

早期基督徒的狡猾的犹太人智慧

我们万万不可上当受骗：他们说"不要判断人[597]"，但他们把所有不符合他们信仰的人都送进了地狱。他们让上帝来审判世人，实际上是由他们自己来审判；他们赞颂上帝，实际上他们是在赞颂他们自己；他们**要求**他们能胜任的美德即他们为了忍受屈辱所必须具有的美德，由此他们制造了他们**为善而斗争**而**奋斗**的巨大假象，其实他们只是在为了保存他们的种类而斗争。他们相互之间很和气、温厚、宽容、友好、愉快，借此他们可以服从他们最内在的群氓需求；但他们的智慧的本意是，他们也必须**要求**自己具有这种品质。于是连最必然的行为也表现为服从和功劳—— 这增强了他们的**自信心**……

—— 他们**不断地赞颂自己，但从来不承认这一点**。这绝对是**派系伪善**，这些伪君子为自己保留了道德和为道德而斗争的权利，还为自己保留了认识、"真理"、未来的统治和对所有敌人的复仇。

—— 这种谦卑、贞洁、和善的谎言！谁受得了这种欺骗！……
"我们的道德、我们的幸福、我们的知足可以为我们做证！"

—— 使自己在世界上**有可能达到自己的目的**：我们发现，早期基督徒具有犹太人的气质和智慧。（1）明显地，他们必须与异教徒相分离；（2）隐秘地，他们必须自视为"选民"；（3）他们不必建立一种价值的等级制，而必须制造**对立**："我们"与"世界"的对立。

73

（198）

我们可以读一读作为**诱惑之书**的《新约全书》：

它独占了**道德**，它本能地利用道德来赢得社会舆论对自己的好感。

它利用了最朴素的**道德**，只被羊群（包括牧人）承认的道德：一种狭隘的、温柔的、善意的、乐于助人的、快乐而狂热的道德，这种道德对外绝不苛求，—— 它与"俗世"划清了界限。

最荒唐的狂妄，似乎人类的命运完全围绕着基督教道德旋转：正确在信众这一边，而错误、邪恶和堕落则在俗世那一边。

最愚蠢的仇恨，仇恨一切当权者，但不敢冒犯权力！一种**内在的超俗**，它丝毫不改变外部世界的一切（奴役与臣服，它善于把万事万物都变成为上帝和道德服务的手段）。

74

女人：一个小小的欲火炉灶，在烟幕和谎言之间。

75

基督教**培养群氓**，它把狭隘的群氓品德当作**道德**（它把最渺小的人的类型的状态和自保手段改称为美德；《新约全书》乃是**最佳的诱骗之书**）。

76

婚姻的价值和结婚者的价值是一样的：婚姻通常没有多少价值—— "婚姻本身"毫无价值—— 此外，任何制度[598]同样毫无价值。

77

（199）

基督教是群氓道德的一种**非自然化**：在绝对误解和自我蒙蔽的情况下。

民主化是群氓道德的一种**比较自然**的形态，一种不太虚伪的形态。

事实：被压迫者、低贱者和大量奴隶与半奴隶都**想掌权**。

第一阶段：他们争取自由，——他们摆脱当权者，首先是在想象中；他们相互肯定，他们竭力实现自己的意愿。

第二阶段：他们开始斗争，他们要获得承认，他们追求"平等的权利"和"正义"。

第三阶段：他们要特权（——他们把权力的代表争取过来）。

第四阶段：他们要**独占**权力，最后他们**掌握了**权力……

基督教可以分为**三种成分**：

a. 各种被压迫者；

b. 各种庸人；

c. 各种不满者和病人。

基督教利用**第一种**成分来反对政治权贵及其理想。

它利用**第二种**成分来反对各种奇人和（精神的、感性的）特权人物。

它利用**第三种**成分来反对健康者和幸福者的**自然本能**。

当基督教行将获胜时，**第二种**成分就受到了重视；因为此时基督教已说服了健康者和幸福者来归顺它（作为为基督教事业而斗争的战士），还说服了强者（强者对制服大众感兴趣），——现在基督教就是**群氓本能**，就是在任何方面都有价值的**平庸性**，平庸性得到了基督教的最高认可。这种平庸性终于有了非常强烈的自我意识（获得了面对自己的勇气），以至于它**在政治上**也给予自己**权力**……

民主制是**自然化**的基督教；是一种"返归自然"，因为一种极端的反自然已经克服了相反的评价。—— 后果：从现在起，**贵族的理想开始非自然化**（"高等人""高贵""艺术家""激情""认识"，等等）。浪漫主义崇拜例外和天才。

78

塔列朗[599]对年轻的公使馆秘书们说道："要当心最初的念头，它总是慷慨的[600]。"

79

（200）

犹太教的祭司们善于把**他们**所要求的一切都描述成**上帝的法令**，描述成遵从上帝的诫命……同样地，他们还把有助于**保存以色列**的事物，把以色列的生存根基（如一系列**善行**—— 割礼，作为民族意识核心的祭礼）说成"上帝"，而非自然。—— **这个过程继续进行**；在犹太教**内部**，有一批人感觉不到"善行"的必要性（作为与外族相分离的必要手段），他们构成了一种祭司般的类型，他们像"高贵人物"一样对待贵族；他们没有等级观念，他们拥有自发的、祭司般的心灵，为了表明他们与他们的对立面的明显区别，他们重视"信念"，而非"善行"……

其实事情的关键在于**实现一种确定的精神**，基督教堪称一个祭司民族**内部**的一场**人民起义**，—— 一场下层民众（罪人、税吏、妇女和病人）的虔信运动。他们在拿撒勒的耶稣这个标志上认出了他们自己。为了能够相信自己，他们需要一种**神学上的转变**：为了获得自己的信仰，他们急需"上帝之子"……

80

（201）

这些渺小的群氓美德根本不可能导致"永生"：大张旗鼓地宣扬这些美德，凭这些美德使自己出风头，这也许很聪明，但对在此还睁着眼睛的人而言，基督徒们的表演始终是所有戏剧中最可笑的滑稽剧。如果人们使一种渺小而可爱的绵羊般的温顺达到了完美境界，那么人们在地上在天上根本得不到特权；在最好的情况下，人们始终只是一头可爱而荒唐的、长角的小绵羊—— 假如人们不是像宫廷牧师那样狂妄自大并摆出令人反感的法官姿态的话。

用缤纷的色彩来美化这些渺小的美德，使它们光鲜亮丽—— 犹如神性的反光。

他们**隐瞒了**各种美德的**自然**意图与功用，只是在一种**上帝的**诫命和一种上帝的楷模方面美德才是有价值的（太了不起了：仿佛美德关乎"**灵魂的得救**"。但这些只是一个手段，其目的在于用尽可能多的美好情感来"忍受"人生的苦难）。

关于道德的**非自然化**。

81

新德国明显缺乏羞耻感；迄今为止，甚至皇室也表示了一种恶意，他们要使自己免遭基督教伪善的最卑鄙和最丢人现眼的怪物的玷污：所有的好品质都要求人们抵制虚伪—— 体面、良好趣味和智慧。

（有谁比宫廷牧师[601]更损害朝廷呢？）

82

（202）

个人主义是"权力意志"的一个朴素的无意识种类，个人在此觉得他已有足够的能力**摆脱**一种社会优势（无论它是国家的优势还是教会的优势……）。个人主义者**不是作为人格**而只是作为个人与社会相对立，他代表所有的个人反对全体。换言之，他本能地把自己**等同于每个个人**，他不是作为人格而是作为反对全体的**个人**争取自己的利益。

社会主义只是**个人主义者的**一种**宣传手段**：社会主义者明白，为了达到某种目的，人们必须组织起来，成为一股"势力"，去进行一次总体行动。但他想要的不是作为个人目的的集体，而是作为手段的集体，即以集体为**手段**来**扶持许多个人**，这就是社会主义者的本能，在本能问题上他经常自我欺骗（除此之外，他为了达到自己的目的，还必须经常欺骗他人）。利他主义的道德说教是为个人利己主义服务的：**十九**世纪最常见的虚伪之一。

无政府主义又只是**社会主义**的一种**宣传手段**；它用无政府主义来引起恐惧，它用恐惧来吸引暴民并对人民实行恐怖统治：首先它把勇敢者和冒险家拉到自己这边来，它还争取勇敢的思想家。

尽管如此，**个人主义仍然是权力意志最朴素**的阶段。

如果人们获得了某种独立，那么人们就会要更多的东西：群体中会出现一种按照力量等级的**分化**，个人不再不假思索地把自己与他人等量齐观，**他会去寻找他的同类**，—— 他会脱离那些与他地位不同的人。紧接着个人主义出现的是**肢体的形成**和**器官的形成**：相似的倾向结合在一起，作为权力开展活动，在这些权力中心之间出现了摩擦和战争，还有对双方力量的认识，平衡，接近，对**交换成果**的规定。最后出现的是一种等级制。

请注意：

1. 所有的个人都追求自由。

2. 他们开始斗争，他们就"权利平等"达成一致（公平作为目标）。

3. 如果这个目标实现了，事实上的**力量不对等**就会产生**更大的作用**（因为总的来说天下太平，许多微小的力量量子已经形成了差异，而它们在过去几乎等于零）。现在那些个人结成了**团体**，各种团体都在追求特权和优势。斗争以较温和的形式重新开始。

请注意。只要人们还没有掌权，人们就会要**自由**。有了权力，人们就会要优势；若无法获得权力（尚处于弱势，不可能当权），人们就会要"**正义**"即**同等的权利**。

83

（203）

首先，你们这些有道德的先生，你们在我们面前并没有优越性。我们要让你们把**谦虚**牢记在心上：一种卑鄙的自私和机智促使你们推行你们的道德。假如你们拥有更多的力量和勇气，你们就不会使自己降格为有道德的庸人。你们可以使你们自己成为你们能够或必须成为的东西——你们的状况迫使你们成为这种东西。一方面，当庸人能给你们带来快乐；另一方面，这对你们有利。然而如果你们做了符合你们的爱好的事，或你们的必要性要求你们去做的事，或对你们有利的事，那么你们就**既不应该自夸，也不应该受到赞扬**！……如果你只是**有道德**，那么你肯定是一个**完全渺小的人**：这一点是毋庸置疑的！在某个领域有所成就的人杰从来都不是这种道德蠢驴：人杰最内在的本能，他们增强力量的本能，从不考虑道德；而你们最弱小的力量表现不出任何智慧，唯有道德才暴露出你们的心机。然而你们数量庞大：只要你们实施道德的**暴政**，我们就会向你们开战……

84

（204）

虚伪的假象粉饰了所有**公民制度，**似乎它们都是**道德观念的畸形产物**……例如婚姻、劳动、职业、祖国、家庭、规章、法律。然而所有这些制度都是为**最平庸的**人的类型而建立的，是为了防止特立独行者及其特殊需求，因此如果这些制度充满了谎言，那么人们也会觉得说谎是合理的。

85

（205）

一位**有道德的好人**之所以是一种**较低级的**类型，乃是因为他没有"人格"，他按照一种一劳永逸建立的人的模式来生活，从而获得他的价值。他并没有"独立的"（a parte）价值：他可以与另一个人相比较，他有他的同类，他**不应该**是孤单的……

我们可以列举一下**好人**的品质，为什么他会使我们感到愉快呢？因为我们不需要战争了，因为他不令人怀疑，不需要小心提防，不必严肃对待，不需要我们集中精力加以防范：我们的惰性、好心肠和轻率可以使我们**舒舒服服地过日子**。我们把**我们体内的舒适感投射出来**，把它算作好人的特性和价值。

86

（206）

我根本不喜欢拿撒勒的耶稣或他的使徒保罗，他们**给小人物的头脑灌输了太多的东西**，好像他们那些朴素的美德非常重要似的。人们必须为此付出昂贵的代价：因为他们已使美德和人的更有价值的品质变得声名狼藉，他们使内疚和高贵者的自尊心对立了起来，他们使强者**勇敢**、**慷慨**、**大胆**、**无节制**的倾向误入歧途，直至自我毁灭……

动人、天真、忘我，热恋中的女人般羞涩；少女般热情的前感性（Vorsinnlichkeit）之魅力——因为贞洁只是感性的一种形式（它的先在形式）[602]。

87

（207）

纯属**力量**问题：在何等程度上可以坚决反对社会的自保条件和社会偏见？—— 在何等程度上可以激起毁灭大多数人的、**他的可怕性**？—— 在何等程度上可以接近**真理**并把真理最可疑的方面牢记在心？—— 在何等程度上可以带着"我能够克服它们吗"的问号直面**痛苦**、自卑、同情、疾病和恶习？……（杀不死我们的东西，会使我们变得**更强大**[603]……）—— 最后：在何等程度上可以承认普通人的规则、平庸、狭隘、善良和正派而不因此把自己庸俗化？……刚强性格的最大考验：不让善的诱惑毁了自己。**善**作为奢侈、狡诈和**恶习**……

88

（208）

婚姻是姘居的一种形式，不言而喻，公民社会之所以同意婚姻制度，是由于自私自利，而**不是**出于道德心……婚姻是公民社会**偏爱**的姘居形式，因为本能在此不可以肆无忌惮地、为所欲为地行动，它必须首先申请一种许可证……社会感激这种缺乏勇气和缺乏自信，它**尊重**婚姻，因为婚姻是一种向社会表示**屈服**的形式……婚姻是一种姘居的形式，在原则上它做出了许多承诺：婚姻承诺了人们无法保证的东西——"永久的爱"。在婚姻中，性功能被规定为"义务"，人们可以要求对方做爱……但这已是"现代婚姻"。

89

（209）

迄今为止道德价值始终是最高价值：有谁会怀疑这一点呢？……如果我们动摇了道德价值的最高地位，那么我们就会改变所有的价值：迄今为止的价值**等级制**原则于是被推翻了……

90

（210）

我们应该把至善从"上帝"概念中清除出去：至善对上帝而言是有失体面的。同样，我们还应该清除掉最高的智慧—— 哲学家们在虚荣心的驱使下制造了全知的上帝这种荒唐的智慧大怪物；上帝应该尽可能地和他们相似。不！上帝是**最高权力**—— 仅此而已！最高权力创造万物，创造"世界"！我们可以用一个识别性的"符号"（Symbolice）来表示上帝：D.O.（万能的上帝），有无限权力的（omnipotens）上帝。

91

（211）

基督教是**解放了的犹太教**（其解放自己的方式和一种受地域和种族条件限制的高尚性相同，这种高尚性最终摆脱了这些条件，开始去**寻找**其同类……）

1. 作为国家基础之上的教会（堂区），一种非政治的组织。

2. 作为生活、教育、实践和生活艺术。

3. 作为**罪孽之宗教**（**背弃上帝**是**唯一**的犯罪，是一切痛苦的唯一原因），它有一服赎罪的万灵药。只有对上帝犯下的罪；他人所犯的过错，人不可妄自评断，亦不可要求他人做出解释，除非以上帝的名义。同样，一切诫条（爱）和所有善事都与上帝紧密相连，为人所做的所有善事都是因为上帝。这其中隐藏着一种高明的智慧（—— 只有拥有最温和、最宽厚的信念才能忍受如同身处困境的爱斯基摩人那样的艰难生活：犹太教和基督教的教义反对罪孽，是为了"罪人"的利益）。

92[604]

（212）

使徒保罗所宣传的、作为他心中理想的**基督教**生活其实就是**犹太人**的生活，虽然不是统治者家族的生活，但是是小人物们的生活，尤其是流散在外的犹太人的生活。这种生活是最令人尊敬的、最受人爱戴的使徒亲身经历和亲眼所见的—— 这种理想：它被视作异族人的楷模，如果他们也生活在相似的条件下。这就是保罗的业绩：他认识到了**犹太人的私生活**对世界各地小人物的私生活的**适用性**。从犹太教那里他知道，一种无权也不可以有权力企图的人是如何实现自己的愿望的。一种对绝对优先权的信仰，被拣选者[605]必将获得的幸福，这种幸福可以使任何不幸与贫苦显得高尚—— 被当作回报和鼓舞；家庭和小宗教团体的美德与绝对的严肃性都归结于一点，都在于他们的道德纯洁，即他们的生活绝不会遭到身边敌人的抨击—— 所有的安慰、缓和与舒爽，祈祷，音乐，共同进餐，倾述衷肠，忍耐，宽容，互助和相互服务，尤其是灵魂**保持宁静**，以平息愤怒、怀疑、仇恨和复仇等各种情绪……禁欲主义**不是**这种基督教生活的本质；只有在他们不断接近赎罪和脱罪状态时，他们才明显意识到他们有罪（由此看来这种罪已是犹太教意义上的罪：一位犹太人完全克服得了罪恶，对此他恰恰有他的信仰）；他凭信仰就可以独自战胜罪恶；如果所有的不幸都和罪恶（或邪恶）相关，那么就有一种药物能够救治不幸本身——此外不幸是完全**合理的**，而不是**无意义的**……

93

（213）

读完《新约全书》之后手不释卷地阅读佩特洛尼乌斯，这种经历多么令人神清气爽！我们又恢复了健康！健全、快乐、自信和讽刺的智慧与我们多么贴近！——最后我们不禁要问："这部古罗马色情小说难道不比整个渺小而狂妄的传教徒的智慧与虚伪更有价值吗？"

94

（214）

实际上欧洲的君主们应该好好想一想，他们是否需要我们的支持。我们非道德主义者——今天我们是为了获胜而不需要盟友的唯一力量，因此我们绝对是强者中的最强者。我们根本不需要谎言：除了我们，有哪种势力不经常说谎呢？一种强大的诱惑在为我们而战，它也许是有史以来最强大的诱惑——真理的诱惑……真理吗？是谁让我说出这个词的？但我不接受这个词；我鄙弃这个傲慢的词：不，我们也不需要真理，没有真理我们也能获胜，也能掌权。为我们而战的魔力，迷住我们的敌人并使他们魂不守舍的是维纳斯之眼，这就是**极端的魔力**，就是无所不用其极的诱惑：我们非道德主义者——我们就是**爱走极端的人**……

95

"哦，阿里阿德涅，你本人就是一座迷宫：我被你迷住，再也走不出来了"……

"狄俄尼索斯，你在恭维我，你可是神啊"……

96[606]

（215）

基督教－犹太教的生活：此时怨恨还**不**占上风。后来大迫害[607]才点燃了基督徒的激情——**爱的火焰**与**仇恨**的火焰。

当人们看见自己的亲友因为信仰而牺牲时，人们就变得具有**攻击性**；基督教的胜利应归因于其迫害者。

请注意。基督教中的**禁欲主义**并不是它所特有的：叔本华误解了这一点。禁欲主义只是长入基督教中的：即使在那些过去没有基督教的地方，也有禁欲主义。

请注意。**患疑病**的基督教，像虐待动物一样对良心进行折磨和拷问，同样只属于某块基督教价值已扎根了的土地：它不是基督教本身。基督教吸收了腐朽土地的各种疾病：唯一可以指责基督教的是，它不善于抵抗传染病。但这恰恰就是它的本质：基督教是一种颓废类型。

基督徒在高贵的古代世界里所遭到的**极度蔑视**和今人对犹太人的本能反感属于同一个范畴，它就是自信的自由阶层对下贱者的憎恶，**他们委曲求全**，把胆怯的笨拙姿态和一种荒唐的自我感结合了起来。

《新约全书》乃是一种**低贱的人**的类型的福音；他们要求拥有更多的价值和一切价值，这种诉求其实很令人气愤，——今日亦然。

97[608]

（216）

尽管我们已完全适应了市民的规矩，然而我们还是为我们的**不道德**需求打开了一扇门。

作为认识者，为何我们今天利用了我们所有的**邪恶欲望**，而远远没有达成将道德和认识结合起来的愿望？

一切邪恶欲望都已变得睿智、好奇而科学。

谁觉得做善事很容易，谁就会嘲笑善良。善良中的严肃是无法保持的：严肃赶上了善并跃过善——它跳向何方？跳进恶。

当严肃赶上善时，它就越过了善，——它从善中想出了一个小小的恶念，它像上帝的小丑一样赞美它的上帝。

在此期间我们所有的恶劣癖好与邪恶欲望变得多么睿智啊！多么强烈的科学好奇心在纠缠它们啊！纯粹的认识钓钩！

98

（217）

我抗议什么？我抗议人们把这种狭隘的、温和的平庸，把这种心灵的平衡（平庸的心灵不了解巨大的力量积累的伟大动力）当作某种崇高的东西，甚至当作**人的标准**。

请注意。**维鲁伦男爵培根**[609]曾说："民众赞美最低的德行，叹赏中等德行，对最高的德行则毫无感觉[610]。"作为宗教的基督教属于民众；对最高种类的德行即"阳刚"（virtù），基督教毫无感觉。

99[611]

（218）

叔本华对**天才**的**非自然化**："一种不忠于其使命的智性。"

100[612]

在与黑社会和危病族群（如针对所有的梅毒病人）的斗争中，我们也许可以采用阉割术，但这又有什么用呢？我们的想法应该**更经济一些**!

101

（219）

生活作为惩罚和赎罪。叔本华说："就是**原罪**神话使我和《旧约全书》和解了。"[613]

102

（220）

请注意。我**肯定的主要事情**有哪些？

—— 我最主要的"否定"（negativa）有哪些？

—— 我的**新问题**和**怀疑**的领域—— 有哪些？

103

（221）

我希望那些**与我有关的人**受苦、孤独、患病、受虐待、受辱，—— 我希望他们知道强烈的自卑、自我怀疑的折磨和失败者的痛苦。我不同情他们，因为我对他们的唯一希望就是：今天他们能够证明，无论一个人是否有**价值**，他都能够**忍受**痛苦……

我尚未结识理想主义者，但认识了许多说谎者——

104[614]

（222）

叔本华希望阉割**恶棍**，把**蠢女人**关进修道院：从哪种观点来看这是值得想望的？恶棍有一点胜过了庸人[615]，即他不平庸；蠢人有一点胜过了**我们**，即他无法忍受平庸的样子……更值得想望的则是，鸿沟变得越来越大，即无赖行径和愚蠢行为不断增多……于是人性得到了**扩展**……但最终这也是必然的事；它必然发生而且不期待我们是否希望它发生。愚蠢行为和无赖行径在增多：这属于**属于**"进步"。

105

（223）
关于十九世纪的优点

我们比十八世纪**更中世纪化**；我们不仅对陌生事物和罕见事物更好奇或更敏感，而且我们坚决反对革命……

我们摆脱了**对理性的敬畏**这个十八世纪的幽灵，我们又敢于赋诗言情、举止荒唐、幼稚行事了……简言之，"我们是音乐家"。

—— 我们既不**害怕可笑**，也不害怕**荒谬**。

—— **魔鬼**得到了上帝的宽恕和恩宠；更重要的是，魔鬼有自己的利益，但自古以来他遭到了贬低和诽谤，—— 我们是魔鬼名誉的拯救者。

—— 我们不再使伟大与可怕相分离。

—— 我们把具有复杂性的**好事**与**最坏**的事联系起来考虑：我们已**放弃了**以前的荒唐"愿望"（以前我们只希望善增长而不希望恶增长—— ）。

—— 对文艺复兴理想的**怯懦**减弱了—— 我们敢于追求文艺复兴的**品德**。

—— 同时我们结束了对教会和教士们的**不宽容**。"信仰上帝是不道德的"，但我们认为这恰恰是为这种信仰进行辩护的最佳形式。

我们给予所有这一切一种**权利**。我们不害怕"好事"的**反面**

（我们寻求反面……对此我们已足够勇敢和好奇），例如对古希腊文化，对道德，对理性，对良好趣味（我们计算拥有这些珍品所带来的损失：得到一个这样的珍品**几乎使我们变穷了**）。同样我们也不对自己隐瞒**坏**事的反面……

106

拿破仑说过："意见是人性的一半。"

107[616]

（224）

我是否伤害了道德？……几乎没有，和无政府主义者没有伤害君主一样：无政府主义者开枪打伤了君主之后，他又稳稳地坐在了王座上面……因为过去总是这样，将来也会这样：助长一件事的最好做法就是跟踪并攻击它……我就是这样做的。

108

（225）

反对**懊悔**[617]。我不喜欢这种对自己行为的胆怯；我们不应该背弃自己，让自己承受突如其来的耻辱和困窘。一种极端骄傲对此更合适。懊悔又有什么用呢！对某种行为感到后悔是无法收回这种行为的，"原谅"某种行为或做出"补赎"同样无法取消这种行为。只有神学家才相信一种赎罪的力量，而我们非道德主义者则倾向于不相信"罪恶"。我们认为，各种各样的行为在根源上是等值的，——同样，从经济学角度来看，那些**反对**我们的行为也许是有益的、**普遍值得想望的**行为。——在个别情况下我们会承认，我们本来可以轻松地不做某种行为，然而事态促使我们做了它。——我们当中有谁不曾在事态的驱使下实施了各种犯罪行为呢？……因此我们绝不应该说"你本不该做这事和那事"，而只是应该说"多么奇怪啊，这种事情我居然没有做上百次"。——最后只有极少数行为才是**典型**行为，它们确实是一种人格的缩写；鉴于大多数人都没有人格，因此一种个别行为是无法**表明**一个人的**性格**的。迫于情势的行为只是表面的和反射的行为，它是一种刺激所引起的反应，而我们存在的深层尚未受到触动，尚未得到询问。一次愤怒，一次盗窃，一次持刀伤人：这些行为与人格何干！——行为带来的往往是一种目光呆滞和不自由，以至于行为者被行为的记忆迷住了，他觉得自己只是行为的**附属物**。这种精神错乱乃是着魔的一种形式，是我们应该首先加以克服的：一种个别行为无论它是何种行为，与人们所做的所有事情相比，几乎**等于零**，可以忽略不计，而计算绝不会因此出错。社会也许有一种无聊的兴趣，它喜欢只是从某方面来推算我们的整个生存，好像生存的意义在于做出一种个别行为似的，这种兴趣绝不可以传染给行为者本人：遗憾的是，此事几乎经常发生。问题在于，在具有异常后果的每次行为之后都会立即出现一种精神错乱，而后果是好是坏则是无关紧要的。我们可以观察一位热恋者，对方给他许下了一种诺言；或者一位剧作家，观众对他报以热烈的掌声；就"理智的麻木"（torpor intellectualis）而言，他们和一位突然遭到抄家的无政府主义者毫无区别。——有一些行为会使我们**失去体面**：那些被当成典型行为的行为会把我们降低到一种低等类型。在此我们必须避免这种错误，必须防止人们把个别行为看成典型行为。还有一些相反的行为，**我们**普通人是配不上的，即一种特殊的无比幸运和健康所催发的特立独行，一场风暴和一次偶然事件所掀起的人生高潮：这样的行为和"作品"不是典型的。我们绝不应该用其作品的标准来衡量一位艺术家。

109

（226）

人们应该捍卫美德，反对道学家；道学家们是美德最凶恶的敌人。因为他们把美德说成**所有人的**理想；他们使美德失去了其非凡的、独特的、例外的和超卓的魅力，—— 其**高贵的魅力**。人们还应该反对那些顽固的理想主义者，他们勤奋地敲击所有的瓦罐，当瓦罐发出空洞的声音时，他们就感到心满意足：他们**要求**伟大和非凡，但当他们发现伟大不在场时，他们就满腔愤怒，蔑视人类，这多么幼稚啊！—— 例如，很明显，**婚姻**和已婚夫妇一样都没有多大价值，确言之，婚姻在总体上都是不幸的和不合适的：神父和市长都不能把婚姻变成某种非凡之物。

美德与庸人的所有本能为敌：它是无益的，不明智的，它使人孤立，它类似激情而为理性所难以接近；以庸人的中等标准来衡量，它败坏性格、思维和感觉；它敌视秩序，仇恨谎言，仇恨隐藏在每种秩序、制度和现实中的谎言，—— 如果我们按照美德对**他人**的影响的有害性来评价它，那么美德就是**最糟糕的恶习**。

我从下述几方面认出了美德：（1）它不要求被认识；（2）它不以善为前提，而恰恰以别的东西为前提；（3）它**不苦于善的**

缺席，而是恰恰相反，它把这视作一种距离关系，由于这种距离关系，善才受到人们的尊重——它不与人推心置腹；（4）它不搞宣传……（5）它不允许任何人充当法官，因为它始终是一种**独立的**美德；（6）它所做的一切恰恰是通常**被禁止的**事情——我所理解的美德乃是所有群氓立法中的真正"禁律"（vetitum）；（7）简言之，它就是文艺复兴风格的美德，就是毫无虚伪的美德，就是"阳刚"（virtù）……

110

（227）

最后，我取得了什么成果？我们不可以隐瞒这个最奇异的成果：我给美德赋予了一种新的**魅力**，——它起了某种**禁令**的作用。它与我们最规矩的正派为敌，它在科学的内疚的"限制"（cum grano salis）中腌了很久；它古色古香，散发着旧式的气息，现在它终于吸引了一批狡诈者，引起了他们的好奇心；——总之，美德成了恶习。在我们认识到了一切都是谎言和假象之后，我们又得到了许可，可以去揭穿这种最美好的虚伪即美德的虚伪了。再也没有什么机关可以禁止我们揭露美德了：因为我们已经把美德阐明为**非道德的**一种**形式**，所以它再次得到了**辩护**，——根据"美德"一词的原意[618]，它被重新归类，获得了原有的地位，它分享了所有此在（Dasein）的基本非道德性，——作为头等的奢侈形式，它是恶习的最高傲、最珍贵和最罕见的形式。我们给美德脱掉了僧衣，使它恢复了青春活力，我们使它摆脱了庸众的纠缠，我们使它去除了蠢笨的呆板、空虚的眼神、僵硬的发式和僧侣的肌肉。

（228）

论等级

典型的人在什么方面是**平庸的**？在于他不把**事物的反面**理解成必然的：他反对弊端，似乎人们可以缺少弊端；他只愿意接受这一方面，而不愿意接受那一方面，——他想消除和抹去**一个事物**、状态、时代和一个人的**典型特性**，他只赞成事物属性中的一部分而要**废除**另一部分。我们这些另类都反对庸人们的"愿望"：庸人们把**理想**理解成某种纯洁的东西，它不应该具有任何有害性、邪恶性、危险性、可疑性和毁灭性。我们的认识则与庸人们相反：随着人的善的每次增长，其反面也会增长，**最高等的人**——如果允许有这种概念的话——是这种人，他最强烈地体现了**人生的对立性**，他是人生的荣光和对人生的唯一辩护……普通人只是这种自然性的一个小小角落：如果要素的多重性和对立面的紧张（此乃**人的伟大**的前提条件）增强了，那么普通人就会立即灭亡。人必将更善和更恶，这就是我表示这种必然性的公式……

大多数人把人描述成构件和碎片：只有把这些部分合计起来，才能得出一个人。所有时代和所有民族都具有这种意义上的碎片性；人是逐步发育的，这也许属于人的发育的经济学。因此我们应该完全承认，尽管如此人的发育只关系到综合性的人的产生，低等人和绝大多数人只是前奏和练习，这些前奏相互配合有时就会产生**完整的人**、里程碑式的人，这种人表明迄今为止人类已进步到了什么程度。人类的进步**不是**一帆风顺的，已经获得的类型经常会再次消失……

——例如我们努力了三个世纪还没有再次成为**文艺复兴时期的人**；另外，文艺复兴时期的人又落后于**古代人**[620]……

——我们必须有一种**尺度**：我分辨**伟大风格**；我区分**主动性**和反应性；我区分**精力过剩的挥霍者**和受苦受难的狂热者（"理想主义者"）。

112

（229）

每个社会都倾向于把它的敌人贬为**漫画**，并试图饿死他们，——至少在社会的**观念**上。例如我们的"**罪犯**"就是一种这样的漫画。在古罗马贵族的价值制度中，**犹太人**被贬低成了漫画。在艺术家们眼里，"市侩和市民"成了漫画；在虔诚的信徒们眼里，无神论者成了漫画；在贵族们眼里，平民成了漫画。在非道德主义者眼里，道德家成了漫画：例如柏拉图在我这里就成了漫画。

113[621]

（230）

进行宣传是不正派的，但很聪明！聪明透顶！

无论人们追随何种不寻常的理想（如作为"基督徒"、作为"自由思想"、作为"非道德主义者"或作为德意志帝国国民），人们都不应该要求这种**理想**具有普遍性：因为这种要求会使理想失去特权和优先权。人们拥有理想是为了让自己出众，而**不是**为了把自己混同于他人。

然而大多数理想主义者立即就为他们的理想做宣传，仿佛他们无权拥有这种理想，如果**大家**不承认它的话。怎么会这样呢？……例如所有那些勇敢的小女子，如果她们获得了许可，可以学习拉丁文和数学，她们就会大肆宣传。是什么东西迫使她们这样做呢？我认为，是群氓本能，是她们对群氓的畏惧心理：她们为"妇女解放"而斗争，因为她们以一种**高尚的行为**方式，打着**"为他人"**的旗号，最聪明地贯彻其狭隘的个人分裂主义……

理想主义者非常**聪明**，他们只做一种理想的传教士和代表：他们借此"美化"自己，在那些相信无私和英雄主义的人们的眼中〈他们的形象很高大〉。然而真正的英雄主义在于：人们**不是**打着舍己为人、奉献精神和无私的旗号而斗争，而是**根本不斗争**……

"我就是这样，我就愿意这样——见**你们**的鬼去吧[622]！"

114

（231）

向懦弱的"高尚"观开战——一定程度的野蛮是不可避免的，勇武与犯罪不搭界。其中也没有"知足"；人们对待自己也应该有冒险精神，采取一种诱惑者和败坏道德者的态度——蔑视"美好心灵"的说教——我要为一种**比较粗暴的理想**张目。

115

关于**古希腊人**和**异教**的即兴奇想。

116⁶²³

（232）

美学

论我们的**现代音乐**：旋律的衰微与"理念"、辩证法和精神活动的自由的衰萎是一回事，—— 一种笨拙和膨胀变成了新的冒险，甚至变成了原则—— 最后音乐家只有其才华的原则了，只遵循其**才华之狭隘性**的原则了。

就天才的基本条件而言，奥芬巴赫比瓦格纳更有天才……

"戏剧音乐"，瞎胡闹！这简直就是糟糕的音乐，确定无疑——

替代手段就是一个笑话，会遭到舞蹈的智慧的嘲笑。

如果艺术家无法达到高度的智慧，无法获得智慧的**幸福**（如伏尔泰的智慧），那么"情感"和"激情"就成了代用品。从技艺上看，"情感"和"激情"更容易—— 它以思想比较贫乏的艺术家为前提。转向戏剧表明：艺术家掌握了**虚假**的手段，而没有掌握真正的手段。我们已有**戏剧画**、**戏剧诗**，等等。

117

（233）

我已向贫血的基督教理想（包括那些与它相似的事物）宣战，我的意图不是要毁灭它，而是要结束它的**暴政**，从而为新理想、为**更强健的**理想腾出位置……基督教理想的**延续**属于有史以来最令人想望的事情：为了那些想和它竞争并且想超过它的理想，〈基督教理想必须继续存在〉—— 为了**变强**，它们必须有对手，必须有**强大的**对手。因此我们非道德主义者需要**道德的强力**：我们的自我保存本能希望我们的**对手**始终有力量，它只想**主宰对手**。

118^624

（234）

叔本华把高度的理智性解释成对意志的**摆脱**；他厌恶天才典型的**非道德性**，不愿意看见激发伟大精神所导致的对道德偏见的摆脱；他人为地把他个人所尊敬的东西，把"非自我化"的道德价值设定为最精神性的活动即"**客观**"观察的**条件**。在消除了**意志**之后，"真理"就出现了，在艺术活动中亦如此……

突破所有的道德特异反应性，我看见了一种**根本不同的评价**。叔本华把"天才"和道德与非道德的意志世界区分了开来，我可不管这种荒唐的区分。与不道德的人相比，有道德的人是一种较低的类型、一种较弱的类型；当然啦，按照道德他是一种类型，但他不是他自己的类型；他是一个翻版，一个善的翻版，—— 其价值标准外在于他。我按照其**意志的强力和充沛的量**来评价一个人，而不是按照意志的衰弱和寂灭；我把一种**教导**人们否定意志的哲学视作一种损害和诽谤生命的学说……

—— 我评价一种**意志之强力**的根据就是：它能够忍受住多少反抗、痛苦和折磨，它是否善于化不利为有利。按照这种标准，我绝不会把人生的险恶性和痛苦性看成对人生的谴责，相反我希望人生在未来变得比现在更险恶、更令人痛苦……

叔本华所想象的精神的**极致**就是能够认识到一切都毫无意

义，即**认识**到好人本能地会**做**什么……他否认可能有**更高的**理智类型—— 他认为他的洞见是"不可超越的"（non plus ultra）……在此智慧的地位远远低于善；智慧（如作为**艺术**）的最高价值在于建议道德皈依和为悔改做准备：**道德价值**的绝对统治。

除了叔本华，我还要描述**康德**学说的特色（**歌德**对极端邪恶的论述）：与古希腊思想无关，绝对反历史（康德论法国大革命），道德的狂热信徒。**神圣性**也是他的学说背景……

我需要一种对**圣人**的批判……

黑格尔的价值："激情"。

斯宾塞[625]先生的小商贩哲学：除了庸人的理想就完全没有别的理想了。

所有哲学家、历史学家和心理学家的**本能原理**：人、艺术、历史、科学、宗教和技术中的一切都必须证明是**有道德价值的**、**受到道德制约的**，是在目标、手段和结果上有道德价值的。必须参照最高价值来理解一切：例如卢梭提出的文明问题。"文明会使人变得更好吗？"—— 这个问题很可笑，因为反面的答案很明显，这种提问恰恰**有利于**文明。

119[626]

（235）

我们"客观者"

为**我们**打开通向最遥远和最陌生的存在与文化种类之大门的不是"同情"，而是我们的平易近人和毫无偏见，我们的这种客观态度恰恰**不是**"同情[627]"，而是愉悦，我们现在对过去许多令人痛苦的陌生事物（过去我们会愤怒，或感动，或冷酷地敌视）感到赏心悦目。具有各种细微差别的痛苦现在让我们觉得很有趣：因此我们肯定**不是**更富于同情心了，即使痛苦的景象使我们感到震惊并让我们泪流满面——此时我们绝对没有乐于助人的心情。

在**自愿**观看各种困苦与消亡的意愿方面，我们比十八世纪更坚强更有力了；这证明了我们的力量增长（——我们接近了十七世纪和十六世纪[628]……）。但把我们的"浪漫主义"理解成我们的"美好心灵"的明证是一种严重的误解……

像所有**比较粗犷的**时代和阶层一样，我们要拥有**强健的**感觉……这种感觉迥异于神经衰弱者和颓废者的需要：颓废者需要胡椒，甚至需要残暴……

我们**大家**追求非道德状态，在这种状态下市民道德**不再有发言权**，更别提教士道德了（——每本沾染了教士和神学家习气的书籍都会给我们留下一种令人怜悯的愚蠢和贫乏的印象……）。"好社会"是这样一种社会：其实它只对市民社会所**禁止的**东西和蒙受恶名的事物感兴趣，它对书籍、音乐和政治的态度以及对女人的评价亦如此。

120

应该追问他们的**价值**：

柏拉图，爱比克泰德，马可·奥勒留，伊壁鸠鲁，圣奥古斯丁，帕斯卡尔，边沁，孔德，黑格尔。

书籍：

罗伊特尔[629]《奥古斯丁与中世纪的宗教启蒙》；

圣伯夫《波尔罗亚尔女隐修院》；

泰西米勒[630]《古希腊哲学》。

121[631]

（236）

道德敏感是如何可能的呢？有些人只尊重道德价值，与善、恶、改善和灵魂得救相比，所有其他价值都遭到了低估，都被置于**从属**地位。例如艾米尔[632]就是这种人。何谓**道德的特异反应性**？—— 我是从心理学和生理学角度来提这个问题的，例如帕斯卡尔在道德方面就特别敏感。在不缺乏**其他的**伟大品质的情况下，〈道德品质受到了重视〉；叔本华亦如此，他明显重视那种他没有的和**不可能**有的东西……难道这就是仅仅出于习惯对真实的痛苦状态和不快乐状态进行**道德解释**的结果吗？有一种特别**敏感**的人，他们**不理解**其诸多不快的原因，但他们**相信可以用道德假说来解释**这种原因。在"良心安宁"、上帝临近和救赎意识的相态下总是会立即出现一种偶然的幸福感和**力量感**……总之，"**道德特异反应者**"（Moral-Idiosynkratiker）有两种情况。

1. **要么**他通过接近社会的美德类型真的有了他自己的价值："老实人""正直者"。—— 一种颇受人尊敬的中等状态：在所有的能力上都很**平庸**，但在所有的意愿上都很正直，认真，坚定，令人尊敬，非常可靠。

2. **要么**他相信他有自己的价值，因为他认为他只能这样来理解他的所有状态……其实他不了解自己，他错误地解释自己。

道德乃是人赖以忍受自己的唯一的**解释模式**……它是一种自

豪吗？

122

（237）

  怎么可以使庸人失去对其平庸性的兴趣呢？众所周知，我所做的恰恰相反：〈我要让庸人保持平庸〉，因为离开平庸的每一步——按照我的学说——**都走向非道德**……

123

（238）

  经院哲学最持久——善、恶、良心和美德纯属想象出来的"实体"（Entitäten）。

124

（239）

  对最普遍的事物的沉思总是落后的：例如哲学家们从不认为关于人的最终"愿景"是有问题的。所有哲学家都天真地设定了人的"改善"，似乎我们通过某种直觉摆脱了这个问题：**为什么**偏要"改善"人呢？人变得**更善良**为何是**值得想望的**呢？为什么不是**更聪明**呢？或**更幸福**呢？如果人们**不知道**人的这种"为何"（Warum），那么任何一种这样的意图都毫无意义；如果人们要这一个，那么就不可以要那一个了吗？……善良的增长同时能与聪明和认识的增长协调一致吗？对此我表示"怀疑"（Dubito）：我有太多的机会可以证明"更善良就是更聪明"这种说法与事实相反。作为严格意义上的目标的善良迄今为止在事实上不是一直与幸福相矛盾吗？另外，善良难道不需要把不幸、贫困和自虐当作必要手段吗？假如**最高的认识**是人的目标，那么人们就不必因此而反对增进幸福吗？难道我们就不能选择危险、冒险、怀疑和诱惑，并把它们当作获得认识的途径吗？

如果人们追求**幸福**，也许人们就必须与"思想贫乏者"为伍。

125[633]

（240）

好意的、乐于助人的、善良的信念绝**不是**由于这种信念所带来的利益而获得好评的，而是因为它乃是**丰富心灵**的状态，这些富有者能够给予，他们拥有作为生命之丰盈感的价值。我们可以看一看慈善家的眼睛！慈善乃是自我否定的对立面，乃是自我憎恶[634]和"帕斯卡尔主义"的反面。

126[635]

（241）

出自虚弱、自我怀疑和心灵病态的一切事物都毫无用处，即使它表现为彻底抛弃财产[636]也不管用。因为作为**榜样**的禁欲主义毒害生命……教士的目光和他苍白的"幽居生活"（Abseits）给生命造成的损害要远远大于他的所有奉献所带来的益处：这种幽居禁欲是对生命的**诽谤**……

127

（242）

专注于自己和自己的"永福"**不是**一种丰富而自信的强者的表现：因为强者根本不关心他是否能获得天堂的极乐，——他对任何形式的幸福都不感兴趣，他是力量、行动和欲望，他在各种事物上留下自己的印记，他对事物**施暴**……基督教是根基不稳者的一种浪漫主义疑病。——凡是在宣扬**享乐主义**远景的地方，我们都可以从中推断出痛苦和某种**失败**。

128[637]

（243）

拙著的**主要章节**：在禁欲主义**非自我化的道德**的压力下，恰恰这些情感例如爱、善良、同情、正义、慷慨和英雄主义必定会遭到**误解**。

大牺牲和大爱源于**人格的丰富**、内在的充盈、富足者的给予、本能的健康和自我肯定：强大的、神性的"自我"（Selbstigkeit）就是这些高尚的情感赖以生长的沃土，主人意志、扩张欲、内心的自信和拥有一切的权利肯定也在这片沃土上生长。那些普通人所认为的**相互对立的**信念其实是**一种**相同的信念；如果我们不坚定而勇敢地保持自我和自强，那么我们就没有给予的能力，就无法对他人伸出援助之手，就不能保护和支持他人……

道德家们怎么能够如此**曲解**这种自强者的本能呢？曲解的结果就是：人会认为只有违背他的自我的东西才是有价值的，他会为了他人的自我而放弃自己的自我！

哦，我讨厌这种心理学上的卑鄙和谎言，迄今为止教会和像教会一样病态的哲学界里的卑鄙者一直在说大话！

如果人是完全有罪的，那么他只能憎恶自己了。严格来说，他也会用对待自己的憎恶感来对待别人了，博爱需要一种辩护—— 博爱的根据在于**上帝下了博爱的命令**。—— 由此得出的结论就是：人觉得他的所有自然本能（爱的本能等）本身都是非法的，只有在对它们进行了**否定**之后，在服从上帝命令的基础上，这些本能才再次得到了重视……基督教令人钦佩的**逻辑学家**帕斯卡尔已达到了这种境界！我们可以考察一下他和他妹妹之间的关系，他在第162页上写道"使自己不爱[638]"，他觉得这才符合基督教。

129

请注意。证明假设和基于假设的解释—— 不要把这两者搞混了！

132[639]

—— 因为我们的迄今为止的价值的结论就是虚无主义。

133

（245）

　　所有的情绪都是**有用的**，有一些情绪直接有用，另一些情绪则间接有用；在用处方面完全不可能确定一种价值次序，—— 从经济学上来衡量，情绪和自然力一样有用，即使自然力造成了许多可怕的、无可挽回的灾难，自然界里的所有力量也都是好的即有用的。至多我们可以说，最强烈的情绪是最有价值的，因为我们没有比它们更大的力量源泉了。

134

（246）

　　平庸狭隘的道德评价及其"有益性"与"有害性"原则有其积极意义；道德是社会必然采取的视角，这种视角只能观察到近处的和最近的事物并**估计其后果**。—— 国家和政治家则必须运用一种**超道德的**思维方式，因为国家的视野更宏大，它必须考虑整体的效果。同样也许有一种世界经济，它规划着远大的前景，以至于所有当下的个别要求会显得不公正和专横。

135[640]

（247）

　　基督教作为**最私人的**生存方式是可能的；它以一个狭隘的、抽象的、完全非政治的社会为前提，—— 它属于秘密结社。相反，一个"基督教国家",一种"基督教政治",——它们只是那些有**理由**说出感恩和祈祷之言的人,经常挂在嘴边的感恩和祈祷的话罢了。这些祈祷者也谈到了作为总参谋长的"万军之神[641]":他们并没有骗任何人。实际上基督教诸侯也实行马基雅维利的强权政治,前提是他不瞎搞政治。

136

（248）

随着**自我**遭到道德的贬低,在自然科学领域也出现了对"**种类**"（Gattung）的高估。但种类和自我一样都是某种虚幻之物。人们做了一种错误的区分。自我比环节链条中的一个单元要重要一百倍;自我全然就是**链条**本身;种类只是对这些链条的多样性及其部分相似性的一种纯粹抽象。经常有人声称,个体为种类做出了**牺牲**,这种说法根本不是事实:其实它只是一种错误的解释模式。

137

（249）

一种客观的**价值设定**的必要性

鉴于相互支持和相互对立的非凡性和多样性,正如每个有机体的总体生命所表现出来的那样,其情感、意图和价值评判的**意识**世界只是一个小小的片段而已。这部分意识可以作为目的和原因吗?我们根本没有权利把意识设定为生命总体现象的目的:很明显,意识只是生命的发展和权力扩张的一种手段。因此把快乐、精神性、道德感或意识领域的任何一个个别部分设定为最高价值乃是一种幼稚行为：为由它们所组成的"世界"进行辩护同样极其幼稚。这就是我的**基本异议**，我对所有哲学的和道德的宇宙正义论与神正论、我对迄今为止的哲学和宗教哲学中的所有**原因**与**最高价值**的基本抗辩。**一种手段已经被误解成了目的；相反地，生命及其权力增强**则被贬低成了**手段**。

如果我们要把生命的目的的设定得足够广大，那么它就不应该与有意识生命的任何范畴相符合；相反，它必须把每个意识范畴**解释**成自己的手段……

"否定生命"作为生命的目的和发展的目标，生存作为大蠢事：这种**荒谬的解释**乃是用**意识因素**（快乐与痛苦，善与恶）来**衡量**生命的畸形产物。手段在此起了反对目的的作用：这些"非神圣的"、荒唐的、特别**令人厌恶的**手段—— 使用这些手段的目的又怎么可能管用呢！然而错误在于，我们没有去**寻找**那个能说明这些手段的**必要性**的目的，而是从一开始就假定了一种目的，而该目的恰恰**排除了**这些手段：换言之，我们把关于某些手段（适意的、理性的、善良的手段）的一种愿望当成了标准，按照这种标准，我们开始确定哪个**总目的**才是**值得想望的**……

基本错误始终在于，我们不是把意识当作工具和总体生命中的个别部分，而是把它设定为生命的标准和最高的价值状态：简言之，我们采取了"从部分到整体"（a parte ad totum）的错误视角。因此所有的哲学家都本能地努力设想一种总意识，一种对所有事件的有意识的共同经历和共同意图，一种"精神"，一个"上帝"。但我必须对他们说，**此在恰恰因此**而变成了一个**怪物**；"上帝"和"总知觉"（Ge samtsensorium）简直就是使人生**遭到谴责**

的罪魁祸首……幸好我们已**清除了**设定目的和手段的总意识：于是我们**倍感轻松**，——从此我们**不必**当悲观主义者了……**上帝的实存**曾经是我们对人生的**最大指责**……

138

（250）

维持"上帝"概念的意义的唯一可能性也许就是：上帝不是作为推动力，而是作为**最高状态**，作为一个**时代**……作为**权力意志**发展中的一个点，它之前、它的时代和继续发展都可以从这个点中得到解释……

从机械论的角度来看，总体变易的能量保持恒定；从经济学上看，这种能量上升到顶点，然后又从顶点下降，如此永恒循环；这种"权力意志"表现在**解释**中，表现在**力量消耗**的**方式**中——因此能量转化为生命、转化为具有最大潜力的生命作为目标得以显现。这种定量的能量在其发展的不同阶段上具有不同的含义：

——促成生命增长的因素乃是越来越节省和越来越精打细算的经济学，它总是用越来越少的力获得越来越多的收益……最小的费用原则作为理想……

——世界并**不**谋求一种持久状态，这是**已得到证实的**唯一事实。因此我们必须这样来设想世界的顶点状态，即它不是平衡状态……

——一种"世界过程"（Weltauf）中的相同事件的绝对必然性永远和所有其他世界过程中的相同事件的绝对必然性一样，这种必然性**不是**笼罩在事件之上的一种决定论，而只是说明了下述情况：不可能的事情就是不可能的……一种确定的力量只能是这种确定的力量；这种力量只能按照它的强度在一定量的抵抗力上来释放自己——事件和必然事件乃是一种**同义反复**。

139

宁可在罗马城当凤尾也不在外省做鸡头，这也是一种**自负**。

140

最渺小形式的生命首先能达到完美：例如，歌德说过……然而最渺小的生命中的最优秀者是———

141

（251）

我爱那些有**羞愧感**的不幸者；他们绝不会把他们那盛满痛苦的便壶倒在小街上；他们的心灵和口舌上留有如此之多的良好趣味，他们对自己说："我必须尊重我的不幸，我必须掩饰我的不幸"……

142

我们肯定经历了比今天的悲观主义者们更糟糕的、更令人痛苦的事情，这些瘦猴子将来也不会遭遇厄运和极度的痛苦，因此我们不必尊重其悲观主义。

143

（252）

　　没有什么比明智、忍耐、自负、宽恕、容忍和同情更容易的了；我们在一切事情上都非常荒唐地异常公正，我们宽恕一切。宽恕恰恰是**我们的**强项。因此我们应该稍微严厉一些，至少我们应该时不时地培养一些小情绪，培养一种情绪的小恶习。这有可能会使我们生气——私下里我们会嘲笑我们所持有的这种宽容观，但这于事无补！除了宽容我们再也没有别的自我克制的方式了……

144

（253）

　　人们把残酷改善成了悲剧性的同情，以至于残酷本身遭到了**否定**。以爱的激情形式出现的性爱亦如此；奴隶意识变成了基督教的服从；可怜变成了谦卑；"同情的神经"（nervus sympathicus）病变成了悲观主义、帕斯卡尔主义或卡莱尔主义，等等。

145[642]

（254）

　　我的价值观的角度：看人们是出于丰富还是出于愿望……人们是旁观还是帮助……或是掉转目光，走到一边去……是出于积聚的力量"自发"行动还是仅仅**反应性地**受到刺激、受到引诱⋯⋯是少数因素的**简单还是**对许多复杂因素的征服和统治，如果统治需要这些因素就会利用它们⋯⋯人们是**问题**还是**解答**⋯⋯是在完成小任务时很**完美**还是在实现一个非凡目标时**不完美**⋯⋯人们是**真实的**或只是一个**戏子**，人们是真正的演员或只是一个冒牌演员，人们是"代表"还是被代表者本身——是"人格"还是"乌合之众"（Rendez-vous von Personen）⋯⋯是出于疾病的**病态**还是出于**过度**健康的病态⋯⋯是作为牧人走在前面还是作为"奇人"（第三种类型是逃跑者）⋯⋯人们需要**尊严**还是需要"小丑"？人们寻求抵抗还是逃避抵抗？人们是因为"太早了"而不完美还是因为"太晚了"⋯⋯人们生来就是一位肯定者还是生来就是一位否定者，或者是一个用彩色孔雀羽毛做的拂尘？人们是否足够自豪而不为其虚荣心感到羞耻？人们是否还能受到良心的谴责[643]（内疚者类型变得很少见：良心在过去咬了太多的人，现在看来它再也没有足够的牙齿咬人了）？人们是否还能履行"义务"？（——有这样一种人，如果人们**剥夺了**他们的"义务"，他们就会失去其余的人生乐趣⋯⋯尤其是女性和天生的奴才⋯⋯）

146[644]

（255）

请注意。我把从此处继续进行论证的任务交给一种与我辈完全不同的人。我的头脑不够狭隘，无法建立一个体系——我完全不能建立**我的体系**⋯⋯

147

"思维必然性就**是**道德必然性。""一条原理的真实性的最后试金石就是对其真实性的否定的不可理解性。"—— 赫伯特·斯宾塞的胡说。

"使一个**精神**产品变成**客观**真理的**试金石**；使一个信条的抽象表达成为其真实性的证据，成为对它的辩护。"

148

有一些生性柔弱而多病的人即所谓的理想主义者，最后他们除了犯罪就干不出什么更高级的事情了。粗暴（cru）、激烈（vert），这就是对他们的苍白而渺小的人生的大辩护，对他们长期怯懦和虚伪的一次清偿，一个至少有强度的**时刻**；然后他们会因犯罪而灭亡。

149

过去良心咬了太多的人，现在它显然再也没有足够的牙齿来咬人了。

150

道德作为最高的贬值

要么我们的世界是上帝的作品和表现（存在方式）：因此世界

是极其**完美的**（莱布尼茨的推论⋯⋯）—— 而且人们相信自己知道什么属于完美—— 因此邪恶和灾祸只能是**虚假的**了（斯宾诺莎的"善恶"概念**更极端**），**或者**必须从上帝的最高目的中推导出善恶（—— 如作为一种特殊的上帝施恩的结果，他允许人们在善与恶之间做出选择：人类获得了不当机器人的特权；尽管有拿错和选错的危险，人们还是有选择的"自由"⋯⋯如辛普里丘[645]在对爱比克泰德的注释中就持这种观点）。

要么我们的世界是不完美的，灾祸与罪恶是真实的，是决定了的，完全是世界的本质所固有的；因此世界不可能是**真实的**世界：认识恰恰只是否定世界的途径，认识是一种歧途，并且它能够认识到自己就是歧途。这就是叔本华根据康德的前提所获得的见解。太幼稚了！这也许恰恰是另一个"奇迹"（miraculum）[646]！帕斯卡尔更绝望：他认为认识肯定是堕落的和伪造的—— 即使把世界视作值得否定的，我们也需要**天启**[647]⋯⋯

（256）

叔本华的虚无主义为何依然是那种创造了基督教一神论的理想的结果？

最高愿望、最高价值和最高完美的可靠性的程度是如此之大，以至于哲学家们以此为出发点，正如他们**先验地从一种绝对的确定性出发**那样：至高无上的"上帝"乃是**实然**真理。"酷似上帝""与上帝合一"，这就是几千年来最幼稚和最有说服力的愿望（然而一种令人信服的事情绝不会因此而具有真实性：它只是**令人信服**而已。为蠢驴而做的说明）。

人们已经忘了，也给予那种设定的理想以**人格的真实性**：人

564

们变成了无神论者。但人们真的放弃了理想吗？——最后的形而上学家们其实仍然在理想中寻找真正的"实在"或"自在之物"，与自在之物相比，所有其他的东西都是虚假的。他们的信条是：因为我们的现象世界显然**不是**那种理想的表现，所以它不是"真实的"，——它根本不可以回溯到作为原因的那个形而上世界。作为最高完美的"绝对"（Das Unbedingte）不可能是有条件的万物的根据。别出心裁的叔本华必须把那种形而上学的根据设想成理想的对立面，设想成"邪恶的盲目意志"：只有这样，意志才能是"显现者"，它在现象世界中显示自己。但即使如此他也没有放弃那种理想的"绝对性"（Absolutum）——他偷偷地达到了目的……（康德认为"理智自由"的假设是必要的，它可以免除"完美的本体"（ens perfectum）对**这个**世界如此这般的存在的责任，质言之，可以解释邪恶与祸害：此乃一位哲学家骇人听闻的逻辑……）

151⁶⁴⁸

（257）

旨在**为上帝辩护**的**道德假说**在辛普里丘的《爱比克泰德注释》中得到了很好的描述。该假说大意如下：恶必须是自愿的（因此人们可以相信**善的自愿**），另外，所有的灾祸和痛苦都有一种救赎目的。

"罪恶"概念**不可以**追溯到生存的终极原因⁶⁴⁹，"惩罚"概念是一种有教育意义的善行，因此是一位**善**神的行为。

道德评价拥有**对**所有其他评价的绝对统治地位：人们相信上帝不可能是邪恶的，他绝不可能做坏事，换言之，一提到完美，人们想到的就是道德的完美。

152

（258）

　　如果人们设定了一种神性的、彼岸的**较高领域**，而所有的人类制度都必须首先得到该领域的**认可**，那么我们就应该考虑一下这些人类制度所造成的**损失**了。因为人们已习惯于把这种认可（如上帝对婚姻的认可）看作价值，所以人们就**贬低了**事物的**自然尊严**，或许否定了其尊严……通过使上帝的反自然得到好评，自然于是受到了恶评。自然变成了"卑鄙的""邪恶的"……

　　把最高道德品质的实在性看作上帝并对它坚信不移，这带来了灾难性的后果：所有真正的价值都遭到了否定，并在原则上被视作**无价值。反自然**于是登上了帝位。凭借一种无情的逻辑，道德家们终于满足了**否定自然**的绝对要求。

153

（259）

　　道德超验性所造成的**自然贬值之残余**：

　　非自我化的价值，崇拜利他主义；

　　相信在因果游戏范围内的一种**报应**；

　　相信"善意"，相信"天才"本身，仿佛这两者都是**非自我化的结果**；

　　教会权威的延续：公民生活必须得到教会的认可；

　　对历史的绝对故意误解（把历史当作道德化教育的范本）或历史观中的悲观主义（——后者乃是自然贬值的一个结果，那种**伪辩**

护亦如此，它不愿意正视悲观主义者所**看见**的历史事实……）。

154

（260）

　　我的意图在于说明所有事件的绝对同质性，在于指出道德区分的应用纯粹是**由视角决定的**，在于揭示道德所赞扬的一切和所有的非道德行为在本质上是相同的，在于揭露道德的每次发展都是利用不道德的手段和为了不道德的目的而得以实现的；相反，从经济学上看，所有声名狼藉的不道德行为都是更有高度更有原则性的行为，朝着更丰盈的生命的发展也必然决定了**非道德性的进步**……"真实性"就是认识的程度，就是我们**允许**我们洞察**这种**事实的程度……

155[650]

（261）

　　即使在非音乐家群体中，今天也有一种音乐悲观主义。谁没有体验过这种悲观主义，谁没有骂过它呢？——骂的就是那位不幸的少年，他折磨他的钢琴直到它发出绝望的叫喊，他亲手调弄最灰暗的和声之烂泥。由此我们可以**看出**他是悲观主义者。——但他是否也有音乐才华呢？我根本不相信他懂音乐。纯粹的瓦格纳信徒毫无音乐天赋，他屈服于音乐的暴力，大略如女人屈服于其催眠师的意志——为了能够屈服，他不可以有严格而精致的良知，不可以怀疑音乐和"音乐家的事业"（rebus musicis et musicantibus）。我说"大略如"——但这也许不只是一个比喻。我们可以认真考虑一下瓦格纳喜欢用的、追求效果的那些手段（其中相当大的一部分是他自己发明的）——对动作和对乐团音色的选择，卑鄙地逃避节奏的逻辑与求积分，潜行，绵延，神秘莫测，歇斯底里的"无终旋律"——这些手段以一种奇怪的方式类似于催眠师用来达到催眠效果的手段。例如《罗恩格林序曲》使听众尤其是女性听众进入的那种状态在本质上与梦游者的迷狂又有什么区别呢？——有位意大利女人听完了这首序曲，她用瓦格纳女信徒所擅长的陶醉的眼神看着我，对我说道："这种音乐的确可以**使人们入睡！**"[651]——

156[652]

（262）

　　"自由婚姻"荒谬绝伦；离婚已变得越来越容易了。质言之，离婚率上升的根本原因在于：在建立婚姻时人们给予了个人太多的权利，而社会又放弃了它对婚姻成功所负的责任。

　　婚姻是一种优秀的、无偏见的强制性机构，它是人们非常"理性地"（bon sens）、毫不伤感地设想出来的，它是粗糙的，像正方形一样合乎规矩，它是为普通人的自然需求而设置的，所有主要制度都应该考虑这些自然需求。但我认为，我们没有理由以一种迷信的惊恐目光来看待出轨。恰恰相反：在婚姻制度最有可能保持长久方面，出轨打开了一个自然的阀门以免婚姻这个闷罐子发生爆炸，为此我们应该感谢这个阀门。此外，一桩好婚姻经受得住一场小意外，出轨本身可以检验婚姻的质量。从原则上看，在出轨和离婚之间前者———

婚姻是**自然的剧本**，社会用最高价值来表彰它：因为婚姻本身是从受到社会保护和保障的制度的土壤中长出来的。在婚姻中，没有什么东西比一种荒唐的理想主义更不合适了：那种被奉为原则的"爱情婚姻"就是这种理想主义。

关于婚姻，亲人们**应该**比"心心相印"的两个恋人更有发言权。

人们无法使爱情成为一种制度。但人们可以把性欲和其他自然欲望搞成一种制度，婚姻制度能满足这些自然欲望。

因此人们在婚姻问题上还应该排除教士的干涉：如果人们授权给教士这种坚定的反自然主义者，让他来为婚姻的幸福做出某种贡献，或者让他来对婚姻幸福**做穿凿附会的解释**[653]，那么人们就**侮辱了婚姻中的自然**[654]。

157[655]

（263）

道德的阉割术—— 阉人的理想

一

律法乃是对一个集体的某些自保条件的彻底现实主义的表达，一方面它禁止某些行为，尤其是当这些行为反对集体的时候，但它**不**禁止引起这些行为的信念，因为在另一方面集体需要这些行为，需要它们对付集体的**敌人**。这时道德的理想主义者出现了，他说道："上帝看的是我们的心，行为本身无关紧要；我们必须根除那种引起敌对行为的、充满敌意的信念……"在正常情况下人们会对这种说法一笑置之；而在特殊情况下，在一个集体**绝对**没有必要为其生存而战的情况下，人们就会听信这种说法了。人们终于放弃了一种不再**有用**的信念。

例如佛陀的出现就属于这种情况，佛教诞生于一个非常和平的、精神过度疲乏的社会。

早期基督教团体[656]同样属于这种情况（犹太教团体亦如此），其前提乃是绝对**非政治的**犹太人社会。基督教只能在犹太教的土壤上生长，换言之，它只能在犹太民族内部成长，该民族已放弃了政治身份并在罗马帝国的事物秩序之内过着一种寄生生活。基督教比犹太教**前进了**一步：基督徒们可以"阉割"自己，—— 当时的情况允许他们这样做。

请注意。当人们说"爱你们的仇敌"[657]时，人们就把**自然**从道德中驱逐了**出去**：因为此时的**自然**，即"你应当**爱**你的邻人，**恨你的仇敌**"[658]在律法（本能）中已毫无意义了；此时人们必须重新解释**对邻人的爱**（把它解释成一种**对上帝的爱**）。到处都有**上帝**的影响，**"有用性"**被清除了。到处都在否认一切道德的真正**来源**：人们彻底**摧毁了对自然的尊重**，而尊重自然的本质恰恰在于**对一种自然道德的承认**……

这种被阉割了的人类理想的**迷人魅力**从何而来？人们讨厌阉人的观念，但为什么不讨厌这种被阉割了的理想呢？答案恰恰在此：阉人歌手的声音**不令人厌恶**，尽管残酷的阉割是其存在条件，—— 其声音已变得更甜美了……同理，通过切除美德的"阳物"，美德就拥有了一种它从前所没有的、女性化的声音。

另外，如果我们想起一种充满阳刚美德的生活所带来的极端冷酷、危险和不可捉摸—— 例如今天科西嘉人的生活或异教徒阿拉伯人的生活（阿拉伯人的生活和科西嘉人的生活甚至在细节上都很相似；阿拉伯人的歌曲有可能是科西嘉人创作的）——那么我们就会明白，这种最坚强的人的类型为何会受到"善良"和"纯洁"这类淫声浪语的魅惑和感动了……一支牧人的曲子……一首田园牧歌……"好人"：这种柔美的东西在对立异常尖锐的时代最有效（——罗马人发明了牧歌[659]，也就是说，他们**需要**牧歌）。

二

但我们也认识到了，"理想主义者"（——理想的阉人）是从一种完全**确定的**现实中走出来的，他不只是幻想家……他恰恰悟出了一个道理：对他所面对的现实而言，律法以粗暴的通俗方式对某些行为所颁布的一种如此粗暴的**禁令**是毫无意义的（因为恰恰能引发自然行为的本能受到了**削弱**，由于长期缺乏训练和缺乏训练的强制而受到了削弱）。阉割主义者[660]表达了一系列新的、适合于一种完全确定的人的类型的自我保存条件，在这方面他是现实主义者。他的立法**手段**与更早的立法者相同：呼吁各种权威，吁求"上帝"，利用"罪与罚"概念，换言之，他利用了旧理想的所有附属物，即他只是对旧理想做出了一种新的解释而已，例如他使惩罚更内在化了（他把惩罚解释成良心的谴责）。

实际上，一旦其特殊的生存条件终止了，这种类型的人就会**走向灭亡**——一种塔希提岛[661]和岛国的幸福，和罗马行省[662]里渺小的犹太人的生活一样。他们唯一的**天敌**就是他们得以生长的那片土壤：他们必须反对它，他们必须再次增强自己的**攻防情绪**以反对它。他们的敌人就是旧理念的信徒（——保罗和路德是新理想的杰出代表，保罗仇视犹太教，路德仇视神父的禁欲理想）。佛教是道德阉割术的最温和形式，因为它没有敌人，就这点而言它可以把它的全部力量用于根除仇恨的情感。反对怨恨[663]几乎成了佛教徒的首要任务：消除了怨恨就能保证内心的**宁静**。获得解脱，但没有怨恨；然而这是以一种极其温和的、非常可爱的人性为前提的—— 圣人六根清净……

三

道德阉割术的机智。道德家们是怎样进行一场反对男性情绪与评价的战争？他们没有物质的暴力手段，他们只能进行一场采用诡计、媚惑与谎言的战争，质言之，一场"精神"的战争。

方法一：他们为了他们的理想利用美德，他们**否定**旧理想并把它说成**一切理想的对立面**。为此他们采用了诽谤术。

方法二：他们把他们的类型设定为普遍的**价值标准**；他们把该类型投射到事物之中，投射到事物背后和事物命运的背后—— 作为上帝。

方法三：他们把其理想的敌人设定为上帝之敌，他们为自己发明了获得伟大激情和权力的**权利**及诅咒和祝福的权利。

方法四：他们把人生的所有痛苦、阴暗、恐惧和灾难都归因于对**其**理想的敌视，即所有的痛苦都是**惩罚**，即使对其信徒亦如此（—— 除非痛苦是一种**考验**，等等）。

方法五：他们竟然贬斥作为其理想之对立面的自然。他们把长期持守自然视作一种对耐心的巨大考验和一种深重的苦难，他们练会了蔑视的表情和态度，傲然蔑视一切"自然事物"。

方法六：他们把反自然和理想的阉割术的胜利，把纯洁、善良、无罪和幸福世界的胜利投射到未来，作为终局、结局和大希望，作为"上帝之国的来临"。

——我希望，我们还可以**嘲笑**这种渺小的类型，他们居然把自己拔高为衡量万事万物的绝对价值尺度……

158

（264）

"正在思维，故而存在思维者"：这就是笛卡尔[664]所做的论证的结果。但这意味着，他已把我们对"实体"概念的信仰设定为"先验地真实"了——如果正在思维，那么肯定就有某个"思维者"，然而这只是我们的语法习惯的一种表达，语法习惯总是会为一种行为设定一个行为者。简言之，他在此已经做出了一个逻辑学和形而上学的假设——而**不只是做了断言**……以笛卡尔的方式我们**无法**获得某种绝对确定的东西，而只能得到一种强烈信仰的事实而已。

如果我们把这条原理还原为"正在思维，故而有思想"，那么我们就会发现这纯属同义反复：它恰恰没有涉及那种有问题的存在，没有涉及"思想的**实在性**"，也就是说以这种方式是无法消除思想的"虚假性"的。但笛卡尔**想要**的东西是，思想不仅有一种**虚假的实在性**，而且有一种**自在的**实在性。

159

（265）

"伪装"的增强与上升的生物**等级制**相适应。无机界似乎没有伪装，有机界开始采用诡计：植物已经是伪装大师了。最高等的人如恺撒和拿破仑（司汤达论拿破仑[665]），和高等种族如意大利人和古希腊人（奥德修斯）一样诡诈；狡猾属于高等人的**本质**……戏子问题。我的酒神理想……一切有机功能和一切最强烈的生命本能的视角：众生皆有**要犯**错误的力量；谬误甚至是思想的前提。在开始"思想"之前，肯定已进行了"虚构"；把不同的情况**整理**成相同的情况，整理成**虚假**的相同者比**认识相同者**更原始。

160

凶神恶煞，道德的絮絮叨叨，悲惨的闹剧。

161[666]

可以**按照其节奏跳舞**的真理，即能使我们手舞**足蹈**的真理……

162

此地的上空乌云密布，但这是我们这些轻松愉快的自由思想家不好好享受一天的理由吗？

163[667]

（266）

请注意。他们摆脱了基督教的上帝，但他们认为他们必须继续坚持基督教的道德理想。这是一种英国人的逻辑；乔治·艾略特[668]式的女道德家是这种逻辑的代表（—— 在英国，为了每一次神学上的小小解放，人们必须以一种可怕的方式作为**道德的狂热信徒**来为自己恢复名誉……）。这就是英国人为此所支付的罚金……

如果人们放弃了基督教信仰，那么人们就失去了进行基督教的道德价值判断的权利。道德的价值判断绝对不是自明的：今天我们必须向无聊而肤浅的英国自由思想家们阐明这一点。基督教是一种综合考虑的、**完整的**世界观。如果人们把信徒对基督教上帝的信仰从基督教中拆除了出去，那么人们就摧毁了基督教评价的整个体系：整幢大厦于是分崩离析！基督教是从下述前提出发的：人**不**知道并且不**可能**知道对他而言何为善、何为恶。他相信知善恶的上帝；基督教道德乃是彼岸发出的一道命令，作为上帝的命令它**超越于人**的判断[669]。——现在英国人认为，他们自己就知道什么是善、什么是恶，因此他们不再需要基督教了，这种观点本身乃是基督教价值判断之统治的**结果**——他们忘记了基督教价值判断的起源，忘记了这些判断的生存权完全**取决于**上帝。

164

（267）

请注意。世界上有一些幼稚的民族与个人，他们相信，持续的**好天气**是值得想望的。在道德事务（rebus moralibus）上，他们今天仍然相信，"好人"并且只有"好人"才是值得想望的——人类发展进程的目标恰恰也是好人，最后只剩下好人（人们的所有意图都必须指向好人——）。这种想法极**不经济**，正如我所说过的那样，它幼稚到了极点。人们喜欢"好人"所带来的**安逸**（他不令人恐惧，它使人放松，他给予其他人所索取的东西；———）。

（268）

教会通过各种滥用**毁灭了**人的自然本能：

1. **禁欲**：几乎没有人敢阐明为**意志教育**服务的禁欲之自然功利性与必要性。我们荒唐的教育界（浮现在他们眼前的乃是作为规则模式的"有用的国家公仆"）相信"讲课"和"脑力培训"（Gehirn-Dressur）；他们不知道受教育者**首先**需要另一种东西——**意志力**的教育；人们参加各种考试，就是不做最重要的事情：人们是否能够**意欲**，是否可以**许诺**。对其天性的这种最高价值问题年轻人没有好奇心，没有提出疑问，就糊里糊涂地**完成了**学业。

2. **斋戒**：在任何意义上斋戒都是保持对所有美好事物的良好享受能力的手段（如暂时不读书，不再听音乐，不再可爱；对于善良人们也必须有斋戒日）。

3. **"修道院"**：暂时与世隔绝，例如严格拒绝通信；一种深刻的内省和重新发现自我，这种内省要逃避的不是"诱惑"，而是"义务"：逃离环境的轮舞，逃离有害的普通习俗与常规的暴政；反对纯粹反应式的浪费精力；试图给予我们时间用来积聚力量并恢复力量的**自发性**。我们可以仔细观察一下我们的学者们：他们的思维依然是**反应式的**，换言之，为了能够思维，首先他们必须阅读。

4. **节日**：为了不把基督教和基督教价值的"在场"感受为一种**压力**，人们必须有粗糙的神经，这种压力会使每一种真正的节日气氛彻底消失。节日气氛包括：自豪，狂欢，兴高采烈；滑稽；嘲笑各种严肃和庸俗；由于动物般的精力充沛和完美而绝对自我肯定——纯粹的佳境，肯定会遭到基督徒的否定。

节日是地地道道的**异教**。

5. **害怕自己的天性：把自然装扮成"道德"——**

为了**赞成**自己的一种情绪，我们根本不需要任何**道德公式**。

衡量一个人能够在何种程度上肯定自然的尺度，即他在多大程度上或者多小程度上必须求助于道德……

6. **死亡**。

166⁶⁷¹

（269）

对道德主义诽谤术的检验

迄今为止道德是生命最大的诽谤者和毒害者。

我们可以想一想，此人被道德损害到了何种程度才能写出下列句子：

"每种巨大的痛苦，无论它是肉体痛苦还是精神痛苦，都表明它是我们罪有应得的；因为假如我们不应该遭受巨痛，巨痛就不会降临到我们身上。"——叔本华《作为意志和表象的世界》第2卷第666页

167

（270）

美学

关于**美**和**丑**的产生。在审美上引起我们本能的**反感**的东西，已

由我们的长期经验证明是对人有害的、危险的和值得怀疑的：突然发言的审美本能（如在厌恶时）包含着一种**判断**。就这点而言，**美**处于有用的、令人愉悦和增强生命的生物学价值的普遍范畴之内：但美是这样表现的，即十分遥远地使我们回忆和联想到有用事物和状态的大量"刺激"（Reize）会给予我们美感，也即力量增强感（—— 不仅包括有用的事物，而且包括对这些事物的伴随感觉或事物的象征）。

由此我们认识到了美和丑的**局限性**；确言之，美和丑受到了我们底层的**自我保存价值**的制约。无视这一点而企图设定美和丑是毫无意义的。**真善美**都不是实存的。具体来说，美与一种确定的人的类型的**自我保存条件**紧密相关：**群氓**的审美观和**奇人**与超人迥异，群氓会在其他的事物那里获得**美的价值感**。

美的价值（还有真的价值和善的价值）来自"浅陋视角"（Vordergrunds-Optik），这种视角只考虑到**最近的结果**。

在结果链条方面，所有的本能判断都是**近视的**；它们建议人们**首先**该做什么事。理智在本质上乃是一个**制动器**，它阻止人们对本能判断采取迅速反应：它阻碍，它深思，它更长远地看待结果链条。

美的判断和**丑的判断**都是**短视的**—— 它们总是与理智为敌——但它们具有**高度的说服力**；就在理智发言之前，它们抢先做出决定并最快地表示肯定或否定，为此它们总是诉诸我们的本能……

那些最惯常的美的肯定**相互刺激，相互激励**；一旦审美冲动开始工作，一系列其他的和来自别处的"完美性"（Vollkommenheiten）就会围绕着"个别的美"结成晶体。保持**客观**是不可能的，确言之，摆脱那种解释、添加、填补和虚构的力量是不可能的（—— 虚构力乃是各种美的肯定之关联本身）。欣赏一位"美女"……

由此可见：

1. 美的判断是**近视**的，它只看见最近的结果。

2. 美的判断**赋予**引起判断的对象一种**魅力**，这种魅力是由各种不同的美的判断之结合决定的，但它迥**异于那个对象的本质**。

感觉一物是美的，意味着：必然错误地去感觉它……（—— 顺便说一句，爱情婚姻因此是社会上最不理智的婚配方式—— ）。

168⁶⁷²

（271）

美学

是否运用和**在哪里**运用"美"的判断，此乃**力量**问题（一个个人或一个民族的力量）。充沛感，**积聚起来的力量感**（有了力量感就可以勇敢地、满怀信心地接受许多事物，而懦弱者则对这些事物**感到恐惧**）—— **力量**感还能对可怕的事物和状态做出"美"的判断，而软弱的本能只能把它们评价成**可憎的**和"丑陋的"。当可怕的事物作为危险、问题和诱惑切实出现在我们面前时，我们会预感到，凭力量感我们大概对付得了它，—— 这种预感也决定了我们的审美肯定（"它很美"就是一种**肯定**）。

由此可见，**偏爱可疑的和可怕的事物**在大体上乃是**强大**的表征，而弱者和敏感者则对**秀美和娇小**感兴趣。喜欢悲剧乃是**强大的**时代和刚强的性格的标志：其顶峰（non plus ultra）也许就是《神曲》（Divina Commedia）。**英雄**人物在残酷的悲剧命运中肯定自己：他们足够坚强，能把痛苦感受为**快乐**……而如果**弱者**想要欣赏一种不是为他们创造的艺术，那么为了使悲剧变得合乎他们的口味，他们会做些什么呢？他们会用**自己的价值感**对悲剧作穿凿附会的解释：例如"道德的世界秩序的胜利""人生毫无价值"的学说，或者听天由命的要求（—— 还有半医学半道德的、亚里士多德式的情绪宣泄）。最后，**惊悚艺术**，只要它能够刺激神经，它就会作为催化剂而受到弱者和疲乏者的重视：这就是当今瓦格纳的艺术受到**好评**的原因。

一个人在多大的程度上能承认事物的可怕性和可疑性，此乃**愉悦感**和**力量感**的一个标志；还有，他最后是否需要"答案"——

这种**艺术家的悲观主义**恰恰是**道德和宗教**的悲观主义的对立面，后者受到了人的"堕落"和人生之谜的折磨。道德和宗教的悲观主义要寻求答案，至少要有得到答案的希望……受苦受难者、绝望者、自我怀疑者，简言之，病人们，他们在所有的时代都需要迷人的**幻象**，有了幻象就能忍受人间苦难（这就是"永福"概念的起源）。

有一种类似的情况：那些从根本上对人生持**虚无主义**态度的颓废艺术家**遁入形式美**之中……遁入**精选的**事物之中，那里的自然已变得完美，自然显现出中性的[673]**伟大和美**……

"热爱美"因此可以是某种不同于审美**能力**的东西，不同于**欣赏**美和**创造**美的能力：它只能是审美**无能**的表现。

而那些伟大的艺术家们都可以使一场冲突发出一种**协和和音**，他们还可以使他们自己的强大和自救有益于事物：他们用每部艺术作品的象征手法来表达其最内在的经验，—— 其创作就是对其存在的感谢。

悲剧艺术家的深度在于：其审美本能能够综观远期结果，他不会突然停留在最近的事物那里，他赞同**宏观经济学**，赞同为**可怕**、**邪恶**和**可疑**辩护的宏大视野，不只是辩护……

169

有一种**伟大的诽谤性文献**（《新约全书》属于谤书，教父们[674]，伪造，帕斯卡尔，叔本华），和它狼狈为奸的有一种诽谤性艺术（瓦格纳的《帕西法尔》属于后者）。

170[675]

（272）

请注意。**崇拜基督教道德理想的更隐蔽的形式。**—— 自然崇拜者提出的**柔弱**而**怯懦的"自然"概念**（撇开了对可怕、冷酷和犬儒特性[676]的一切直觉，包括犬儒学派"最美好的"方面）。他们试图从自然中**看出**那种道德的和基督教的"人性"，即卢梭的"自然"概念，似乎"自然"就是自由、善良、纯洁、公平、正义和**田园牧歌**……其根基始终是**对基督教道德的崇拜**……

—— 搜集一些段落，搞清楚诗人们真正崇拜什么东西，例如在高山中。—— 歌德有什么样的自然观，他为何尊敬斯宾诺莎——他完全不了解卢梭的"自然"**崇拜**的前提……

孔德和斯图亚特·穆勒提出的**柔弱**而**怯懦的"人"的概念**，穆勒甚至把这种人当成了崇拜对象……这种概念仍然崇拜基督教道德，只是用了一个新名称而已……自由思想家，例如居约[677]。

柔弱而**怯懦的"艺术"概念**，作为对一切受苦受难者和失败者

的同情（**历史学**亦如此，如蒂埃里[678]），仍然是对基督教道德理想
的崇拜。

现在竟然设计出了整个**社会主义理想**：它只是一种对基督教道
德理想的愚蠢误解而已。

171

自由思想家（Freigeister）幼稚地相信**谬误**的数量减少了。

进步作为**明显**改善的生活

作为**逻辑学的胜利**

作为**爱**的胜利（居约和菲叶[679]）

获得了对自己和事物的完全认识，进而获得了一种较大的

思维**自身的前后一致性**。

我发现，人们把绝对君主制、神圣的权利、种姓制度和奴隶制

当成了**严重的错误**。

172

书籍：伪造（imitatio），基督教道德。

173

叔本华论《奥义书》的所有作者："他们也许不是凡人。"

174

欲望**放大了**我们想要拥有的东西；由于未得到满足，欲望本身会增强，—— **最伟大的理念**乃是最强烈、最持久的欲望所创造的理念。我们对事物的欲望越增强，我们就会赋予事物越多的价值。如果"道德价值"已成为**最高价值**，那么这表明，**道德理想是最实现不了的理想**。因此道德理想**被视作一切痛苦的彼岸**，被当作进入永福天堂的手段。人类以不断增强的情欲拥抱了一朵云：人们最终把他们的绝望和无能称作"上帝"……

175

仇恨平庸有失一位哲学家的身份：这几乎会引起人们对他是否有**权利**研究"哲学"的怀疑。正因为他是奇人，所以他必须捍卫常规，他必须使所有的平庸者都保持自信和好心情。

176[680]

（273）

当今社会非常流行顾忌、礼节和宽容，还有对他人权利甚至对他人要求的善意和不干涉；更重要的是，当今盛行一种人的价值的善意本能，这种本能表现为各种信任与信誉；**尊重**所有的人而不只是尊重善良的人——这也许是把我们这里与基督教评判最严格的地区分开来的要素。当我们听见有人还在进行道德说教时，我们肯定会大加讽刺；如果你宣传道德，你就会在我们心目中降低了身份，你会变得十分可笑。

这种**道德上的大度**堪称我们这个时代的最佳标志。如果我们发现了一些明显缺乏道德宽容的情况，那么我们就会觉得这些人有病（如英国的卡莱尔，挪威的易卜生，风行于全欧洲的叔本华悲观主义）。如果有某种东西与我们的时代和解了，那么它显然就是大量的**非道德性**，时代允许非道德行为，但没有因此鄙视自己。恰恰相反！—— 文化对粗野所具有的优越性究竟何在？例如文艺复兴对中世纪的优越性何在？—— 永远只在于一点：大量**得到承认的**非道德性。由此得出的必然结论就是，人类发展的所有**高峰**都必须展现在道德狂热信徒的眼前：作为腐败的顶峰（—— 我们想到了柏拉图对伯里克利[681]的雅典的评价，萨沃那洛拉[682]对佛罗伦萨的评价，路德对罗马的评价，卢梭对伏尔泰社交圈子的评价，还有德国人对歌德的**恶评**）。

177

（274）

人们必须计算一下一切事物积累起来的总和，作为**最高的道德理想性**的结果；必须考虑到几乎所有其他的价值是如何围绕着道德理想而结晶的。

这证明了道德理想**受到了最长久和最热烈的追求**，—— 它尚未实现；否则它会**令人失望**的（或者会引起一种更一般的评价）。

〈道德完美〉乃是人的最高荣誉和力量：即使是最强者也是这么认为的。

唯一的、真正的幸福种类。

〈最道德的人〉有接近上帝的特权，获得永生的特权，也许还有"神人合一"（unio）的特权。

有控制自然的权力——"创造奇迹的人"（帕西法尔）

有影响上帝的力量，有控制灵魂的永福[683]和永罚[684]的权力，等等。

圣徒乃是**最强大的**人的**类型：这种**观念把道德完美的价值抬得如此之高。

人们必须努力运用全部认识来证明**最道德**的人乃是**最强大**和**最神圣**的人。

—— 克服感觉，克制欲望—— 所有这一切都引起**恐惧**……反自然表现为**超自然**，表现为**彼岸**……

178

（275）

以犹太人的聪明大肆宣扬"**基督教的理想**"。

心理上的基本动力，这种理想的"天性"：

反对占统治地位的宗教势力的起义；

试图把作为**最低贱者的幸福**之前提的品德变成评判一切价值的理想——并把这种理想称作**上帝**：赤贫阶层的自我保全本能；

绝对**放弃**战争和抵抗，并从这种理想出发来为和平与不抵抗辩护，——同样也为服从辩护；

互爱作为爱上帝的结果。

手段：否定一切自然"动机"（mobilia），并把它们逆转成

宗教和彼岸的动机……自私地彻底利用**美德**及其**崇拜**，逐步**否认**所有非基督教文化拥有美德。

179[685]

（276）

怨恨的布道类型
神圣的无耻之样板

人类必须为**这些小人物的自我崇拜**付出高昂的代价：保罗的布道**重复**了犹太教。

"选民"；敌视世界，仇视罪孽；神圣的上帝作为"执念"；罪孽是痛苦的唯一原因；所有的非罪孽只是虚假的痛苦。有一种随时准备好的轻巧手段[686]可以赎罪……

180

（277）

这种狂妄而虔诚的对**历史**的解释方式（为了证明教士法规的有效性，保罗进行了绝对的伪造）是否也对**耶稣历史**的犹太－基督教解释者与叙述者完全有效呢？

保罗编造了：a. 耶稣因为我们的罪而死；b. 复活的意义。

（278）

基督教得以产生的现实乃是流散在外的**犹太人小家庭**⁶⁸⁸，家庭充满温暖和柔情，作为少数民族的犹太人在整个罗马帝国乐于互助（罗马人也许不理解这种不寻常的乐于助人），相互担保，他们怀着隐藏起来的、伪装成谦卑的"选民"的骄傲，他们在内心最深处毫无妒意，彻底否定上层社会，否定名誉和权力。**把这种骄傲当作力量**，认识到这种内心状态的感染力和诱惑力以及对异教徒的感染力——此乃保罗的天才。利用潜能的资源和聪明之福的宝藏以建立一个"信仰比较自由的犹太人教会"，充分利用犹太人在异族统治下的全部经验和**集体自保**的高超技巧，动用犹太人的宣传手段——他以此为己任。他所找到的类型恰恰是那些绝对非政治的、被边缘化的**小人物**：他们的自我保全和自我实现的艺术在一些品德中得到了培育，这些品德表现了美德的唯一意义（"某种确定的人的类型的保存与提升之手段"）。

爱的原则来自犹太人的小集体：一种**更富于激情**的心灵在谦卑和可怜的灰烬中燃烧，这种低贱的爱既不是希腊式的也不是印度式的，更不是日耳曼式的。保罗创作的《爱德颂》⁶⁸⁹根本不是基督教歌曲，而是闪米特色彩的永恒火焰的一种犹太式的熊熊燃烧。如果基督教在心理方面做了某种重要事情，那么此事就是：它**提高**了那些当时占上风的、比较冷酷和高贵的种族的**灵魂温度**；通过提高温度，最不幸的生命可以变得丰富和珍贵，这是一个重大发现……

不言而喻，这种爱的感染在统治阶层那里**无法**发生。犹太人和基督徒对统治者的恶劣态度非常反感，态度恶劣的、充满激情的坚强心灵是令人反感的和令人厌恶的（——当我读《新约全书》时，我**发现了**这种恶劣的态度）。只有通过卑贱和困苦接近下层民众的鲜明类型，才能感受到爱的魅力……检验人们是否具有某种**古典趣味**的方法就是看人们对待《新约》的态度（参见塔西佗[690]）：谁不厌恶《新约》，谁不完全而诚实地觉得它在散布一种"可恶的**迷信**"（foeda superstitio），它在制造臭气熏天、污染环境的垃圾，谁就不知道什么是古典趣味。我们必须像歌德那样来感受"苦难"——

183[691]

（279）

如果我们承认《新约全书》留给我们的第一印象——令人厌恶和令人反感的恶劣趣味，一种伪君子的伤感，全书充斥着令人厌恶的象征，角落和秘密集会的污浊空气——那么我们就**不会**同情耶稣及其使徒。彼拉多，法利赛人[692]——

184[693]

（280）

关键在于某物是如何产生效果的，而不在于**某物是否是真实的**——这种观点完全**缺乏理智的诚实**。所有手段都是正当的，撒谎，诽谤，最厚颜无耻的编造，只要它们有助于提高那种灵魂的温度，直到人们"相信"——

一种**诱惑手段**的正规训练，诱惑人们相信一种信仰。基督教在原则上**蔑视**那些有可能产生矛盾的领域（如理性，哲学与智慧，怀疑，谨慎）；厚颜无耻地赞扬和歌颂自己的学说，不断地引用圣言，坚称上帝就是该学说的传授者——使徒毫无价值——绝对不可以批评基督教学说，只能相信和接受；接受这种救赎学说乃是接受最特殊的恩惠和宠爱；信徒们必须以感恩和谦卑的态度来接受这种学说……

基督教不断地诉诸地位低贱者对所有尊贵者所怀有的怨恨：传教士们向低贱者布道，把这种学说描述成与世俗智慧和世俗权力相对立的学说，从而诱骗低贱者相信了这种学说。他们说服各种失败者和被驱逐者，他们向最低微者和最谦卑者允诺永福、优先权和特权；他们在可怜而愚蠢的小人物的心中煽起一种荒唐的自大狂，仿佛这些小人物就是世界的意义和世上的盐[694]——

我再说一遍，所有这一切都令人鄙弃：我们完全可以不去**批判**这种**学说**；只要看一看它所采用的手段，我们就知道我们应该怎样对待它了。——但它和美德达成了一致，它无耻而自私地利用**美德的全部魅力**……它与悖论的力量协调一致，它迎合古老文明对刺激和荒谬的需求；它吓唬人，激怒贱民，煽动贱民去迫害和虐待高贵者——

——不断的夸张，饶舌

——缺乏冷静的智慧和反讽（没有糟糕的幽默，更没有美妙的幽默）

——所有本能的非军事性

——以教士的偏见反对男子汉的骄傲，反对感性，反对科学和艺术。

185

（281）

《新约全书》完全缺乏精神性："精神"本身只是作为误解而出现的。

"精神与肉体"这种对立非常重要。在此，"精神"在一种教士的意义上被解释成了灵魂。

186

基督徒也做了和犹太人一样的事情，他们借主耶稣之口说出了他们自己所认为的生存条件和革新，并因此修饰了耶稣的生平。同样他们把整个格言智慧还给了耶稣——简言之，他们把他们的实际生活与行为描述成了一种**服从**，并为了宣传而把这种服从者的生活神圣化了。

重大转变出现在保罗那里：肉体无关紧要，〈拯救的关键在于灵魂圣洁〉。另一件事情就是用基督徒所认为的神圣品德塑造出一种圣人类型。

整个"奇迹学说"，包括"复活"说，乃是信众自我赞扬的结果，基督徒们相信，他们自己所具有的能力也是主耶稣在更高程度上所具有的能力（换言之，他们从耶稣那里推导出了自己的能力……）

（282）

"主人们"是如何成为基督徒的

这是由**集体**（部族、家族、群体、团体）的本能决定的：把一个集体赖以自我保存的状态和愿望视作**本身富有价值的**，例如服从、互助、顾惜、适度、同情—— 并因此**贬低**所有妨碍或违背这些状态的东西。

同样，这也是由**统治者**（无论他们是个人还是统治者阶层）的本能决定的：保护和表扬那些能够使被征服者变得**顺从**和**忠诚**的美德（这些状态和情感迥异于统治者自己的状态和情感）。

在赞扬某些特性和状态方面，**群氓本能**和**统治者本能**取得了**一致**，但两者的动机有所不同，前者出于直接的利己主义，后者出于间接的利己主义。

主人种族皈依基督教在本质上乃是下述认识的结果：基督教是一种**群氓宗教**，它教导人们**服从**，简言之，更容易统治。

还有一点也很重要，基督教理想的诱惑力或许能对勇敢者产生最强烈的影响，他们喜欢危险、冒险和对抗，喜欢所有**有风险**但能够带来"最大的"（non plus ultra）**权力**感的事业。我们想到了勇敢的圣德肋撒⁶⁹⁶，她和她的兄弟们都有英雄的本能—— 基督教在此表现为一种意志放纵和意志坚强的形式，表现为一种堂吉诃德式的英雄主义……

189

保罗：具有宣传家过度的、疯狂的野心；拥有狡诈的智慧，他从不承认他真正想要的是什么，他本能地进行自我欺骗，把自欺当作迷惑人的手段。他贬低自己，悄悄地给基督徒喂拣选[697]的迷人毒药……

190[698]

（284）

在佛教中占上风的是这种思想："所有的欲望，所有引起情绪和血性的东西，都会导致行为[699]。"——就这点而言，佛陀**警告**人们提防邪恶。因为行为毫无意义，行为执着于"生存"（Dasein）；但所有的生存都毫无意义[700]。佛教徒把恶看成导致某种不合逻辑的行为的动力，看成肯定手段的动因，其目的遭到了彻底否定。他们寻找一条通向"非存在"（Nichtsein）的道路，**因此**他们断然拒绝**所有**出于情绪的冲动。例如佛教主张不可复仇，不可怀有敌意！——疲惫者的享乐主义在此充当了最高的价值标准。犹太人保罗的狂热信仰与佛教徒无关：他们本能地拒绝宗教信徒的紧张、激情和心绪不宁，他们尤其反对基督教以"爱"的名义所崇尚的那种感性形式。有教养的乃至最有才智的阶层也反对所有这一切，他们在佛教中找到了精神寄托：一个智者族群，长达几个世纪的哲学家的争斗使他们变得疲惫而冷漠，但他们都有高度的文化修养，而促使基督教产生的社会阶层**文化水平都很低**……在佛教的理想中，摆脱善恶[701]也很重要。他们构想出了一种精致的道德彼岸性，这种彼岸性与完美的本质相吻合——旨在摆脱一切行为。

191

（285）

我把基督教视作迄今为止后果最严重的诱惑性谎言，视作巨大的**非神圣谎言**。我要揭穿基督教理想所有通常的伪装，拔掉它的嫩芽和新枝，我要防止人们对它采取半心半意或三心二意的迁就态度，——我要迫使人们向它开战。

小人物的道德观念被当成了衡量事物的尺度：此乃迄今为止文化所具有的最恶心的退化。这种理想作为"上帝"居然始终凌驾在人类的头顶上！！

192[702]

（286）

关于提纲

如果涉及人们所赞许的最高价值，那么**极端的虚无主义**就是一种相信人生绝对"不坚牢"（Unhaltbarkeit）的信念，再加上这种认识：我们根本没有权利设定一个彼岸或一种事物的自在，而这种自在是"上帝"，是真正的道德。

这种认识乃是被夸大的"真实"（Wahrhaftigkeit）的结果，因此它本身就是相信道德的结果。

此乃自相矛盾：只要我们相信道德，我们就会**谴责人生**。

悲观主义的逻辑最终会走向极端的虚无主义：忙碌一生究竟是

为了什么？——"无价值""无意义"的概念。为何道德评价总是在所有其他的高级价值背后垂帘听政？

——结果：**道德的价值判断总是谴责和否定生命，道德是对生存意志的背弃**……

问题：**然而道德究竟是何物？**[703]

193

（287）

异教的与基督教的

异教的特色在于对自然事物的肯定，面对自然事物的无罪感，落落大方的"自然性"。

基督教的特性则在于对自然事物的否定，面对自然事物的受辱感，反自然性。

例如佩特罗尼乌斯就是"天真无邪的"；与这位幸福者相比，基督徒永远失去了纯真。

但**基督教的状态**最终必须表现为一种自然状态，而非基督徒不承认它是一种自然状态，所以"**基督教信仰**"就是一种升格为原则的、**心理学解释的伪币制造**……

194

（288）

"为道德而道德"——道德非自然化过程中的一个重要阶段：道德本身成了终极价值。在这个阶段道德与宗教相互渗透：例如犹太教就是这样。还有一个阶段，此时道德与宗教再次**分离**，在道德家看来任何一位神都不够"道德"：因此道德家偏爱非人格化的理想……现在就是这种情况。

"**为艺术而艺术**"——这是一种同样危险的原则：唯美主义者借此制造了一种虚假的对立，——其结果就是诽谤现实（艺术的"理想化"导致现实的**丑化**）。如果人们树立了一种脱离现实的理想，那么人们就会贬斥现实生活，使生活变得贫乏并诽谤它。"**为美而美**""**为真而真**""**为善而善**"——此乃糟贱现实的**邪恶目光**的三种形式。

——艺术、认识和**道德**都是**手段**：其目的在于提升生命。但人们没有认识到这三者的目的，反而把它们与**生命的对立面**勾连在一起，也就是使它们与"上帝"相关联，——仿佛它们是一个较高世界的启示，这个较高世界通过这些启示时而显现自己……

——"美和**丑**""**真和假**""**善和恶**"——这些**区分**和**对立**表明了某种复合体的生存与发展条件，但这些条件根本不是人的生存与发展条件，而是某种固定而长久的复合体的条件，这种复合体与其敌人相互隔离。因此引发的**战争**非常重要：作为**强化**孤立的**隔离**手段……

195

（289）

斗争的结果：斗争者试图把他的敌人改造成他的**对立面**——当然是在想象中。

——他试图相信自己，直到他有勇气拥有"好东西"（仿佛他本身就是**好东西**）：仿佛他的敌人反对理性、趣味和美德……

—— 他所需要的信仰作为最强大的攻防手段，其实是一种**对自己的信仰**，但这种信仰会被自己误解成对上帝的信仰。

—— 从不设想胜利的好处和功利性，而永远只是想到为胜利而胜利，作为"上帝的胜利"——

—— 每个处于斗争中的小集体（个人也一样）试图说服自己："**我们有良好的趣味、良好的判断和代表我们的美德**"……斗争导致了一种**自我高估的夸大**……

196

（290）

为支持悲观主义者同时为**反对**悲观主义者而写的**序言**……**对**那些**不被人生的可疑性困扰的今人**，我实在无话可说：他们可以读报，可以琢磨邪恶的犹太人。关于绝对的孤独我要说一句话：谁对我没有百分之一的激情和爱，谁就不会理解我……迄今为止我一直在艰难度日……

197

（291）

有人向我们这些复杂的、不可思议的"善于识人者"（Nierenprüfer）提出了一个要求："要简单！"这种要求简直愚蠢透顶……要自然！如果我们恰恰都"不自然"，那该怎么办啊？

198

（292）

"别那么孩子气"：哦，我们离这种心理幼稚何其远！

199[704]

（293）

基督教的**心理前提：无知识，无文化**，不知羞耻的愚昧无知——我们想到了雅典[705]城中厚颜无耻的圣徒。

犹太人的**"选民本能"**：他们毫无顾忌地霸占**一切美德**，而把剩下的世界看成他们的对立面。此乃**灵魂卑鄙**的明显标志。

完全缺乏现实目标和现实**任务**，而为了完成现实任务所必需的品德不同于这些伪君子的德行——**国家替他们做了现实工作**，但这个厚颜无耻的民族仍然装作好像他们不需要国家似的。

虚构的对立

"肉所生的是肉，灵所生的是灵。"——《约翰福音》第三章第6行。

"尘世的"与"天国的"对立

真理，光明，黑暗，审判：谁作恶，谁就会仇恨光明，就会躲在黑暗中，以免他的恶行受到惩罚。而谁奉行真理，谁就会走入光明，以彰显其善行……审判就是光明朗照世界，但以往的人们爱黑暗胜过了爱光明[706]。

可怕的滥用未来：

审判是一种基督教观念，而**不是**一种犹太教观念：它是一切暴动者表达怨恨的基本思想。

基督徒对基督教生活之外的所有生活都给了差评，他们对非基督教生活表示了**强烈的蔑视**：他们不仅把他们的真正敌人都想成卑鄙小人，而且对所有**非基督徒**都进行了一种总体诽谤……

201

（295）

整个灾难之所以能发生，是因为**世界上已存在**一种类似的自大狂，即**犹太人的**自大狂。因为在犹太人和犹太基督徒之间已经出现了鸿沟，而后者只有通过前者才能获得**生存权**[707]，所以犹太基督徒**必须**再次使用犹太人本能所发明的自保程序，并且把这种程序用在其自我保存的最后提升过程中；另外，古希腊的道德哲学已竭尽全力向希腊人和罗马人灌输了一种**道德狂热**并激起他们对道德感的兴趣……柏拉图是腐败的伟大中介，首先他故意误解了道德的本性，他把道德视作意义和目的———，他已经用他的"善"概念贬低了希腊众神，他已**沾染了犹太人的虚伪**。（在埃及[708]？）

202

（296）

"自在之物"是荒谬的。如果我设想一物没有任何关系、任何"特性"、任何"活动"，那么此物就空空如也了：因为物性只是

由我们**虚构**出来的，出于逻辑需要，出于指称和相互交流的目的，
而**不是**———（为了束缚关系、特性和活动的多样性）。

203[709]

（297）

　　关于**上帝**的理想化，近代人大多把他们的理想化力量用在了**对上帝**不断**进行道德化**方面——这意味着什么？这不是什么好事，它意味着人的力量的衰退——

　　其实道德化的反面也是可能的：现在已经出现了非道德化的迹象。我们已把上帝[710]设想成摆脱了道德的存在者，他敞开心胸接纳人生的全部矛盾，以神性的痛苦**化解**矛盾，为充满矛盾的人生**辩护**——上帝作为超越者，作为超越了可怜的二流子"善恶"道德的高迈者。

　　这些近代人只希望有"好天气"，他们也只希望有"好人"，且人只有好品德，——至少他们希望善的统治不断增强。我们则恰恰相反，我们睁着有优越感的双眼渴望**恶的统治**不断强大，希望强者逐渐摆脱小气而狭隘的道德束缚，渴求力量的增强，以便利用最大的自然力即人的各种激情……

204

（298）

　　尽管我们对他人的智力要求非常低，然而在接触《新约》时我们还是感到一种无法克制的、无法形容的厌恶：因为这些最无资

格的人卑鄙无耻，狂妄自大，他们竟然要对重大问题发表意见，他们对这类事物的评判权要求超过了任何限度。他们厚颜无耻，轻率从事，在此妄自谈论这些很难解决的问题：生命、世界、上帝和人生的意义。这些渺小的伪君子高谈阔论，仿佛这些难题根本不是问题，而是他们所**熟知**的简单小事。

205[711]

（299）

康德在总体上断言我们所不知道的那些事物的**实存**，恰恰因为他的断言具有一种优势，即我们无法认知自在之物。这种断言表明了康德的幼稚，它是迎合我们的需求的结果，尤其是道德和形而上学的需求[712]……

206

（300）

道德的不宽容乃是人之**虚弱**的一种表现形式：人害怕自己的"非道德性"，他必须否定自己的最强烈的欲望，因为他还不善于利用这些欲望……大地上最富饶的地带于是长期处于未开垦的荒芜状态——道德消灭了能够使人成为主人的动力……

《权力意志》附录

1[713]

生存意志？但我总是发现权力意志，而非生存意志。

2[714]

论战胜自我

凡有生命之处，我都发现了权力意志；我还从仆人的意志中发现了要当主人的意志……这个秘密是生命本身告诉我的。"瞧，"生命说，"我就是自我超越者，我总是必须战胜自我……认知者啊，你也只是我的意志的一条小路和足迹而已：确实如此，我的权力意志就是在用你的求真意志的脚走路！把'生存意志'之言辞射向真理的那个人肯定射不中真理：这种意志根本不存在！因为不存在的东西是不能追求的，而已存在的东西又怎能还去追求生存呢！但凡有生命的地方，就有意志，但它不是求生存的意志，而是……权力意志！人的许多东西都被高估了，高于生命本身，但评估本身的原动力就是权力意志！"

3[715]

有机体功能中的**权力意志**。

快乐和痛苦及其与权力意志的关系。

所谓的利他主义和权力意志。例如母爱和性爱。

基本情感衍生出**各种情感**。

意志的不自由与自由。

惩罚与**奖赏**（作为较高类型的强者排斥弱者，吸引强者）。

义务与权利。

4

世代的形成可以归因于权力意志（被吞食的**无机物**肯定也有权力意志！）：如果原生质的重心平均分布在两个节段从而出现了一种势均力敌的形式，那么原生质就会解体。每个节段都会产生一种紧缩的**凝聚力**，从而导致这个过渡物的**分裂**。质言之，力量对比的**旗鼓相当**乃是世代的起源。一切继续发展也许和这种力量等值紧密相关。

5

快乐有一种些微痛苦及其**程度**情况前后相继的节奏，是一种连续的增强和减弱所造成的**刺激**，与神经兴奋和肌肉兴奋相似，它在总体上是一条向上运动的曲线：其中主要有紧张，也有放松、兴奋。

不快乐是一种阻碍感：因为只有在遇到阻碍时力量才会有自我意识，所以不快乐是**一切行为的必要成分**（一切行为都试图**克服**障碍）。由此可见，权力意志**寻求**抵抗，寻求痛苦。在所有有机生命的心底都有一种追求痛苦的意志（反对以"幸福"为"目的"）。

$$6^{716}$$

某物是不容辩驳的，因此它还不是真实的。

人类用虚构的小世界把自己周围的各种生物串联在一起构成了整个有机界：人类把自己的力量、欲望和经验中的习惯向外投射，从而把人化的自然确定为人的**外部世界**。创造力（塑造、发明、虚构）是人的基本能力：人类对自己的看法当然也是错误的、虚构的和简化的。

"一种有习惯的生物在梦中把习惯变成了一种规则"，这就是活灵活现的人。大量这样的习惯最后变得非常顽固，以至于它们成了生物**种属**的生存基础。也许习惯和生物的生存条件之间的关系很好。

我们的世界是**假象**和**谬误**—— 但它怎么可能是假象和谬误呢？（真理指的不是谬误的对立面，而是某些谬误对另一些谬误的态度，前者更古老，更深入人心，以至于没有它们我们就活不下去。）

何为每个有机体的创造性？

—— 每个人的"外部世界"乃是他的价值评判之总和，绿、蓝、红以及软、硬都是传统的**价值评判及其符号**。

—— 价值评判肯定和人的生存条件有某种关系，但人的价值评判早已不**准确**、不**真实**了。其本质恰恰是不精确和不明确，从而造成了一种**外部世界的简化——** 这种不精确的智力恰恰有利于人类的自我保存。

—— 无机界的指挥者也是权力意志，确言之，没有无机界。"对远处的影响"是无法消除的：**某物拉近另一物，另一物觉得受到了吸引。** 吸引力是基本事实；与之相反，机械论的压力和撞击力概念只是一种基于**表面现象**和**触觉**的假设，但愿我们可以把它看成一种适合于表面现象世界的、具有调节作用的假设！

—— 为了能表现出来，权力意志必须感知到它所吸引的那些物体，它可以**感觉到**正在接近的、可以被同化的事物。

—— 所谓的"自然规律"乃是"力量对比"的公式———

机械论的思维方式是一种肤浅的哲学。它教导人们做出公式化的断言，它造成了一种巨大的简单化。

—— 各种哲学体系可以被看成精神的**教育方法**：它们精心培养了一种特殊的精神能力，它们片面地要求人们只能这样而不能那样观察事物。

7[717]

论环中环。

请注意。变化而保持其同一性的力量有一种"**里面**"（Innenseite），它有一种普罗透斯[718]和狄俄尼索斯的特性，它在变化时善于伪装，能自我欣赏。我们可以把"个性"理解成假象。事实上**遗传**是对这种理解的主要异议，因为过去的许多塑造力造成了个性的持存。实际上这些塑造力在个性中相互斗争，它们受到了控制并被制服——一种权力意志贯穿了个人，它需要**缩小视角**，需要把**利己主义**当作**暂时的生存条件**；它在每个阶段都展望一种较高的阶段。

作用原理被缩小成了"个性"，缩小成了个人。

8^719

由于食物短缺，弱者于是投奔强者；他要避难，要尽可能地和强者达成**一致**。然而强者赶走了弱者，他不愿意被弱者拖累至死；与死亡相反，他不断成长壮大，最终分裂成两个个体，并不断繁衍后代。某物越渴望结合，我们就越能推断出它很虚弱；而某物越渴望多样性，越追求差异，越渴求内部分裂，我们就越能断定它的力量很大。

接近的冲动和排斥的冲动是相互关联的，无机界和有机界皆如此。对吸引和排斥的严格区分乃是一种偏见。

每种力量组合中的权力意志都是**正当的**：**弱者抵抗强者，强者攻击弱者**。请注意，**过程就是"本质"**。

9^720

我们的物理学家用常胜的"力"的概念创造了上帝和世界，但这个概念还需要一种补充：力的世界必须有一个内在的基质，我把这种基质称作"权力意志"。权力意志就是永不知足的渴望，渴望显示权力、应用权力并行使权力，它是一种创造欲，等等。物理学家们在原则上摆脱不了"力对远处的影响"，同样他们也摆脱不了斥力或引力。真拿他们没办法。我们必须把一切运动、一切"现象"和一切"规律"理解成一个内在事件的表征，我们必须运用人类的类推法并把它贯彻到底。类推法对动物是可行的，我们可以从权力意志中推导出动物的所有本能；同样，我们还可以从这个唯一的源头推导出有机生命的所有功能。

10[721]

你们是否知道，我心目中的"世界"是什么？我应该用我的镜子[722]向你们展示它吗？这个世界是一个充满力量的庞然大物，它无始无终，它是一个坚硬的、钢铁般的巨无霸，其数值既不会变大，也不会变小，它没有损耗，只是在变化，作为整体它有恒定的大小，它的财政没有支出，没有亏损，同样也没有收入，没有增长，"虚无"犹如它的边界包围着它，它不会变模糊，不能被挥霍，不会无限膨胀，作为一种定量的力，它进入一个确定的空间之中，该空间没有什么地方是"空的"，因为力量无所不在，作为力量和力量波浪的游戏，它既是"一"又是"多"，这里在增加，同时那里在减少，它是一片大海，自身充满汹涌澎湃的力量，它永远变动，永远退回原状，千年万载地轮回，其形态犹如涨潮和退潮，最简单的形态能变成最丰富的形态，它从最宁静、最僵化、最冰冷的状态进入最热烈、最狂暴、最自相矛盾的状态，然后它又从丰富回归简单，从矛盾的游戏回归协调的欢乐，尽管岁月和路径相同，它仍然肯定自己，作为必然永恒轮回的世界，它赞美自己，作为不知满足、不知厌烦、不知疲倦的变易，它歌颂自己—— 这就是我的**酒神**世界，永远自我创造和永远自我毁灭的世界，双重快乐的神秘世界，超越善恶的世界，它没有目的，如果目的不在于循环的幸福，它没有意志，如果一个环不对自己怀有善良意志，—— 你们想知道这个世界的**名字**吗？想知道所有谜团的**谜底**吗？想要一道**光**来照亮你们吗，你们这些最隐秘、最阴暗、最无畏的强者？—— **这个世界就是权力意志，而不是什么别的东西**！你们本身也是这种权力意志，而不是什么别的东西！

11[723]

权力意志

对所有事件进行一种新解释的尝试

弗里德里希·尼采 著

12[724]

章节。与真正的**推动力**和**控制力**相比，意识的**次要地位**。

章节。时间顺序的颠倒：包括胎儿生长期（当有机发育储存在记忆中时，发育被颠倒了：最古老的被当作了最强壮的）。最古老的谬误仿佛成了所有其他知识的支柱。

章节。逻辑的发展。

13

有机体的特性。

有机体的发育。

有机物和无机物的联系。

"认识"与生存条件的关系。"视角"。

"自然规律"乃是对权力关系的断定。

"原因和结果"表达了这种权力断定的必然性和冷酷无情。

意志自由与权力。

快乐和痛苦与权力意志的关系。

"人格"和"主体"乃幻觉。一种受控制的共同体。在身体的指导下。

逻辑的产生。"解释"。

反对自我观察。数学。

肉体世界和灵魂世界都是虚假的，二者都是长期的谬误。

艺术家和权力意志。中立的印象能迷惑群氓。皮蒂宫和菲狄亚斯[725]。根据道德来评价艺术，群氓道德或领袖道德：———

驳倒上帝，其实被驳倒的是道德的上帝。

权利和义务。

惩罚。

出发点。对笛卡尔的嘲讽：如果万物的始基是某种欺骗性的实体，而我们也来自这个实体，那么"怀疑一切"（de omnibus dubitare）又有何用呢！怀疑也许是自我欺骗的最佳手段。另外，怀疑是可能的吗？

"追求真理的意志"就是"我不愿受骗"或"我不愿骗人"或

"我要相信并坚信"，它是权力意志的表现形式。

"追求正义的意志"
"追求美的意志" ｝ 都是权力意志。
"求助的意志"

无善意。

14

关于前言。

人类的**理解**最终只是一种按照我们和根据我们的需要的解释，知性与人在万物秩序中所占据的地位有关。对此我可以举例说明：钢琴家用手指弹奏一首作品时，手指对整首作品知晓多少？手指只能感觉到机械过程并合乎逻辑地把这些过程组合起来。人类中的低贱者也运用他们的体力，但他们不知道在巨大的整体中他们究竟在为谁效劳。整个物质世界的因果性是**可解释的**，它有上百种解释方式，这要看是人还是其他生物在解释而定。—— 对粗人而言，善良、正义或智慧的**人性**从天性中就是**可以证明的**。但较有才智的聪明人现在否定这种可证明性，他们特立独行，因为他们的"善良、正义和智慧"概念已得到了发展。无神论是**人的提升**之结果：无神论者其实更羞愧、更深刻了，他在丰富的整体面前更谦虚了；他**更好地**理解了他的等级。我们对世界的认识**越深广**，人在其**角落**里的优越感就越强。我们心中所怀有的最无耻的、最坚定的信条来自最愚昧无知的时代，例如我们坚信我们的**意志**是**原因**。我们多么幼稚地把我们的道德评价带进事物之中，例如当我们谈论**自然规律**时！尝试一种**完全不同的**解释方式也许对我们有益：通过一种激烈的对立，我们就会明白，**我们的道德法则**（真理、规律和理性的优先权）在不知不觉间竟然统治了我们**整个所谓的科学**。

通俗地说，上帝被驳倒了，但魔鬼没有被驳倒：所有神圣的功能应属于魔鬼的本性，反之绝对不行！

魔鬼欺骗成性，他创造了欺骗性的智力；

他喜欢毁灭；

他败坏人性，因为他督促人杰登上高贵的极顶；

在林中，他让人们崇拜他的无罪；

最后，我们为什么要恨这个催人向上的精灵呢？

15

关于序言。

巨大的危险不是悲观主义（享乐主义的一种形式）。悲观主义者对快乐和痛苦进行了结算，结果发现人生造成了一种痛苦感的过剩。真正的危险在于所有事件的**无意义**！随着宗教解释失效，道德解释也就失效了：那些浅薄的人当然不明白这个道理！他们越不信神，就越顽固地、本能地坚持道德评价。无神论者叔本华咒骂那些缺德者，他们消除了世界的道德意义。有些英国人竭力使道德和物理学结合在一起，冯·哈特曼先生则试图促成道德与生存的无理性之间的联姻。但真正的巨大恐惧在于：**世界已毫无意义**。

为何随着"上帝死了"迄今为止的道德也就被废除了？因为上帝和道德相互依存。

现在我带来了一种新的解释，一种"非道德的"解释，在非道德论者看来，我们迄今为止的道德只是不道德的一个特例。直言之，上帝被驳倒了，但魔鬼坚不可摧。——

16[726]

权力意志
对所有事件进行一种新解释的尝试

（前言论述危险的"毫无意义"。悲观主义问题。）
逻辑学。
物理学。
道德。
艺术。
政治。

17[727]

《权力意志》这本危险的书应该阐述一种新哲学，确言之，它**应该阐明对所有事件进行一种新解释的尝试**。平心而论，我只是做一些尝试性的准备工作，预先提出一些问题，事先准备好资料，我只是对一部严肃作品进行"试演"，而这部作品需要懂行的优秀知音，正如一位哲学家**公开**发表的所有言论需要优秀听众一样，这一点是不言而喻的，至少**应该**是不言而喻的。然而当代相信"权利平等"，由于时代精神的肤浅和狂妄，事态居然发展到了这种地步，以致我们再也找不到——— 就这点而言，每位哲学家都应该具有教育家的良好素质，在他从事说服工作之前，他必须掌握说服人的技巧。在进行证明之前，诱惑者必须削弱和破坏旧事物，在当先导和下命令之前，他还必须擅长诱惑术。

18[728]

反对"**现象**"一词

请注意。正如我所理解的那样，**假象**乃是事物唯一真实的"实在"（Realität），—— 所有现存的评价都适宜于这种实在，所有相反的评价也可以描述这种实在。"假象"一词毫无意义，它只是表达了事物"**难以进入**"（Unzugänglichkeit）逻辑程序和逻辑区分：确言之，"假象"是与"逻辑真理[729]"相对的—— 但逻辑真理本身只能存在于一个想象的世界里。我不把"假象"当作"实在"的对立面，恰恰相反，我把假象当作真相，这种现实的真相拒斥一个想象中的"真实的世界[730]"。我把这种真相定名为"权力意志"，我是从内部来说明权力意志的，而不是从其不可思议的流变性出发的。

19[731]

自然的规律性是一种人道的错误解释。自然秩序取决于权力关系的完全确定，它关系到整个斗争的残酷无情，其中没有精神带来的仁慈，没有对有机生命的未来预言，没有谨慎、狡猾和聪明所造成的缓和局面。权力意志绝对的"现时性"（Augenblicklichkeit）控制着自然；在人类社会（在细胞世界中早已如此）这种权力关系的确定乃是一个过程，随着所有参与者的发展，这个过程会持续发生变化—— 权力关系的确定乃是一种斗争，如果我们把"斗争"这个词理解得很深刻很宽广，那么我们就能把统治者和被统治者的关系理解成一种对权力的争夺，把服从者和统治者的关系理解成一种对权力的反抗。

20[732]

关于计划

我们的理智、我们的意愿和我们的感觉都取决于我们的**价值评判**，而价值评判符合我们的欲望及其生存条件。我们的各种欲望都可以归结为**权力意志**。

追根究底，权力意志乃是最终事实。

$$\left.\begin{array}{l}\text{我们的理智是一种工具}\\\text{我们的意愿}\\\text{我们的不快感}\\\text{我们的情感}\end{array}\right\}\text{都取决于价值评判}$$

21[733]

提纲

第一个问题是："**追求真理的意志**"对事物的渗透究竟有多深？人们用人类自我保存的手段来判断无知的整个价值，来衡量各种简化和各种调节性功能的价值，例如逻辑功能的价值，人们首先考虑的是解释的价值，人们重视的不是"这是"，而是"这意味着"——

于是我们找到了问题的答案：通过为"权力意志"服务，"追求真理的意志"得到了发展。确言之，追求真理的意志的真正使命在于帮助某种谎言获胜并使谎言得以持存，它把一系列相互关联的伪造物当作某个特定的生物物种的自我保存之基础。

问题：**追求善良的意志**进入事物的本质之中，其程度究竟有多深？在植物界和动物界，我们到处看见的是善良的反面：冷漠、严酷或残暴。"正义"与"惩罚"何在？暴戾之发展。

答案：只有社会性的形态（人类属于社会性动物，其个体相互同情）才有同情心，同情乃是人类自保本能的结果，面对整个猛兽世界的威胁，作为整体的人类**要自我保存**。而在整个世界，所有物种几乎不可能消失和灭绝，于是在世界的总体财政中善良成了一条**多余的**原则。

问题：理性进入事物的根基中究竟有多深？根据对目的和手段（不是事实上的关系，而只是对事物的一种穿凿附会的解释）的一种批判，在总体财政中浪费和荒唐的性质乃是正常的。"理智"（Intelligenz）其实是无理性的一种特殊的表现形式，它几乎是对无理性最恶毒的讽刺。

问题："追求美的意志"的有效范围有多大？各种形态肆无忌惮地发展：最美者乃是最强者，作为常胜者他们持盈保泰，他们喜欢自己的类型，并且不断繁殖。（柏拉图认为，哲学本身就是一种升华了的性欲和生殖欲。）

"真""善""美"和"理智"，这些迄今为止得到我们最高评价的事物最终证明自己是那些**相反的**力量的特例——我明确指出了这种从**视角**出发的巨大**伪造**，人类正是靠伪造才获得成功的。人类只对自己感兴趣，此乃其生存条件（人类喜欢自己的自保手段：人不愿意受骗，人们相互扶助，愿意相互理解，这些都属于人类的自我保存手段；总的来说，成功类型的美好生活是以失败者为代价的）。所有这些受到我们好评的事物都是权力意志的表现，〈为了实现自己的权力意志〉，人类毫不迟疑地采取了欺骗的手段：我们可以设想一下，当上帝看见自我欣赏的人时，他肯定会发出**恶毒的嘲笑**。

原动力：权力意志。

结论：如果这种观念是我们的**敌人**，那么我们为什么要受它驱使呢？还是让我们保持美好的幻觉吧！让我们继续当骗子，继续当人类的美化者吧！**一位哲学家**究竟是**什么**？事实上他是一个骗子。

22[734]

逻辑学的误解：它对现实世界没有做出任何说明。

历史发展的误解：前后相继只是一种描述。

我们的因果感相当肤浅。

"认识"——在一个变易的世界里，认识为什么是不可能的呢？

随着有机世界的出现就产生了一种视域。

世界的可知性——这原本是对人的一种苛求。

本能被废除了，变成了公式——有各种本能的人变成了公式化的人。反对自然主义和机械论。世界的"可计算性"是值得想望的吗？创造性行为也是"可计算的"吗？

力学是一种**理想**，它只是一种制定规则的方法。

嘲笑理想主义者：当他们觉得自己"善良"或"崇高"时，他们就相信"**真理**"。典范：勒南、布尔热经常引用它。

否定虚空的空间，力学可归结为视觉和触觉的暴政。

否定作用力 "对远处的作用"（actio in distans）。反对压力和撞击力的概念。

世界的**形态**乃是其循环过程的原因。球体**不是**原因！

力是持续的。

反对拉普拉斯[735]和康德。

原子之间的斗争，粒子[736]之间的斗争。但在某种实力差异的情况下，两个原子会合并成一个统一体，两个粒子也会合为一体。相反则会一分为二。如果内部状态导致了一种力量中心的解体，一个粒子就会变成两个粒子。—— 总之，我反对"原子"和"粒子"的绝对概念！

一个原子争取保持其状态，但其他的原子攻击它，为了增强自己的力量。

解体的过程与吞并的过程，这**两个**过程都可以被理解成权力意志的作用。无论如何权力意志都想增强自己的实力。但它**被迫**到某一个地方去**增强**自己的实力，而在另一个地方则削弱了自己的实力。

天体和原子只是大小不同而已，但它们都遵循**相同的法则**。

《权力意志》（上册）注释

1. "镜子"作为标题屡屡出现在 1885 年尼采的手稿中。

2. 我的出版商（mein Verleger）：指开姆尼茨的出版商恩斯特·施迈茨纳（Ernst Schmeitzner，1851—1895），此人出版了尼采的著作《人性的，太人性的》（1878）等书。

3. 理智直观（intellektuelle Auschauung）：后康德哲学，尤其是谢林的概念。指不通过感觉而得到理智的直观知识的能力。这个概念遭到了叔本华的驳斥。

4. 善意的欺骗（pia fraus）：这个用语源于奥维德《变形记》第 9 卷第 771 行。第 9 卷中有"伊菲斯女变男身"的故事。

5. 绝对命令（kategorischer Imperativ）：康德的伦理学用语。指人的行为必须绝对遵守的道德规律。

6. 洛克（John Locke，1632—1704）：英国经验主义哲学家。提出"白板说"，反对笛卡尔的"天赋观念说"。认为心灵像一张白纸，一切知识都来源于由感觉和反省所获得的经验。著有《教育漫话》等书。

7. 拉图卡（Latuka）：尼罗河源头地区的一个部落。

8. 贝克（Samuel White Baker，1821—1893）：英国探险家，尼罗河赤道地区总督。曾在埃塞俄比亚考察尼罗河支流，发现了艾伯特湖。拉图卡酋长的话出自贝克的书《艾伯特湖、尼罗河大流域与尼罗河源头考察》（伦敦 1866 年版）。

9. 参见科利版《尼采全集》第 11 卷第 619 页，编号 39[1]：《权力意志》的第一个写作计划（1885 年 8 月制订）。"权力意志"这个术语已比较频繁地出现在 1885 年夏秋之际尼采的残稿中，参见本书"附录"。

10. 理解一切即原谅一切（tout comprendre c'est tout pardonner）：尼采经常引用的这句格言大概出自斯塔尔夫人的小说《柯丽娜》（1807）第 18 卷第 5 章中的一句话："理解一切就会使你变得很宽容。"

11. "一种未来哲学的序曲"（Vorspiel zu einer Philosophie der Zukunft）这个副标题经常出现在 1884—1885 年尼采的笔记中，最后它成了《善恶的彼岸》

（1886）一书的副标题。"一种未来哲学"指权力意志哲学，它是征兆学、类型学、谱系学的结合。

12. 永恒的女性（das Ewig-Weibliche）：出自歌德《浮士德》中"神秘的合唱"。指以圣母为代表的无私与仁爱。

13. 属于《权力意志》的写作计划，参见本章第 35 节。

14. 最高存在者（Das höchste Wesen）：指"上帝"。这句话的意思是：上帝死了，人于是成了上帝，而在伟人和小人物之间的各种差异也就变得明显了。

15. 圣奥古斯丁（St. Augustin, 354—430）：基督教神学家，拉丁教父的主要代表。早年求学于迦太基等地，一度沉溺于放荡的生活。在安布罗斯的启发下皈依基督教。著有《忏悔录》等书。

16. 参见本章第 82 节。

17. 正标题"新启蒙"（Die neue Aufklärung）出自 1884 年，参见科利版《尼采全集》第 11 卷第 228 页，编号 26[293]：《新启蒙："永恒轮回哲学"的一种准备》。副标题参见本章第 45 节。

18. 1883 年夏尼采曾计划写一篇文章《对道德家的教诲》（*Eine Moral für Moralisten*），参见科利版《尼采全集》第 10 卷，7[1]。

19. 伊壁鸠鲁（Epikur, 前 341—前 270）：古希腊哲学家，唯物主义者、无神论者和享乐主义者。保存下来的著作有《主要学说》《致希罗多德的信》等。

20. 批判哲学家（kritische Philosophen）：指康德和康德主义者。康德批判了沃尔夫唯理论的理性反映自然的方法，转而采用从主观到客观的方法，因此康德哲学被称作批判哲学。康德认为，人们在建立哲学体系之前，必须首先确定人类认识能力的可能性、有效性、规律和界限。认识能力的界限在于：人只能认识现象世界，而无法认识自在之物。

21. 原生质（Protoplasma）：人、动物或植物的活细胞物质。

22. 正标题"快乐的科学"（Gai saber）有时出现在 1885 年尼采的笔记中，参见科利版《尼采全集》第 11 卷，编号 34[1]，34[213]，35[84]，36[1]，36[6]。

23. 美好心灵（schöne Seele）：出自歌德小说《威廉·迈斯特的学习年代》第六部《一个美好心灵的自述》。"美好心灵"指的是善与美合一的人，他不仅外表美，而且心灵更美，他内心纯洁，只想行善。

24. 亨胡特兄弟会（Herrnhuter Brüdergemeinde）：得名于萨克森州小城亨胡特。起源于新教虔敬主义的一个独立教会，活动在摩拉维亚和德国。该会反对天主教会的权威，反对等级制度，提倡财产公有。

25. 伊壁鸠鲁主义的幸福（das epikureische Glück）：伊壁鸠鲁认为，人生的目的和最高的善是幸福，幸福和快乐是同义的，人应该保持身体的健康和灵魂的宁静。斯宾诺莎认为，对知识的占有就是幸福，就是善。

26. 波尔罗亚尔（Port Royal）：法国巴黎附近的天主教西多会女隐修院，17 世纪詹森主义者的活动中心。詹森主义者中最著名的学者是法国数学家、宗教哲学家帕斯卡尔（Blaise Pascal，1623—1662）。

27. 我们是幸福的蜥蜴（wir Eidechsen des Glücks）：参见 1881 年 1 月 8 日尼采于热那亚致奥韦贝克的书信："几乎每天都如此，午后我坐在或躺在海边偏僻的礁石上，像蜥蜴一样沐浴着阳光，准备进行精神的冒险……"

28. 参见本章第 96 节。

29. 什么是高贵（Was ist vornrehm？）：《善恶的彼岸》第九章的标题。

30. 灵缇（Windhund）：一种身体细长、善于奔跑的狗。

31. 勒南（Ernest Renan，1823—1892）：法国历史学家，以历史观点研究宗教，著有《耶稣的一生》。

32. 诗歌残篇。

33. 尼采诗歌的标题，参见本书下册第十一章第 52 节。

34. 阿里阿德涅（Ariadne）：古希腊神话传说中的人物，克里特王弥诺斯之女。曾爱上希腊英雄忒修斯，但被他遗弃在纳克索斯岛上。后来酒神狄俄尼索斯将她带到莱姆诺斯岛并娶她为妻。

35. 阿里斯托芬（Aristophanes，约前 446—前 385）：古希腊喜剧诗人，柏拉图的朋友。著有喜剧《鸟》《云》《蛙》等。

36. 布罗肯山（Blocksberg）：哈尔茨山脉的最高峰。据民间迷信，女巫们于瓦尔普吉斯之夜在布罗肯山上和群魔跳舞、苟合。

37. 拉伯雷（Francois Rabelais，1493—1553）：法国小说家、人文主义学者。著有长篇小说《巨人传》（四卷）。

38. 没有手的拉斐尔（Raffael ohne Hände）：这句名言出自莱辛的悲剧《爱米丽娅·迦洛蒂》第一幕第四场："亲王，也许您认为，假如拉斐尔出生时不幸地没有手，那么他就不是最伟大的绘画天才了吗？"

39. 天真的、百折不挠的利己主义（ungebrochener，naiver Egoismus）：1883年年初，尼采在致梅森堡的信中将女作家莎乐美动物般本能的利己主义称作"天真"的利己主义。

40. 《新美露茜娜》（die neue Melusine）：歌德于 1807 年创作的童话，1829年收入长篇小说《威廉·迈斯特的漫游年代》第三部第六章。这个童话讲述了一段不知节制的爱情故事。美露茜娜是中世纪传说中的一位美女，一位骑士向她求婚，她答应了骑士，但提出了结婚的条件：不许偷看她的真身（她原本是一个蛇身水仙）。但骑士打破了禁忌，最终失去了美露茜娜。德语文学中最早的文本为图林（Thüring von Ringoltingen）的诗作《美露茜娜》（1456）。

41. 宽恕他们吧（vergieb ihnen）：参见《路加福音》第二十三章第 34 行。

42. 耶稣会主义（Jesuitismus）：耶稣会的思想和行为。耶稣会是天主教修会之一，1534 年由西班牙人依纳爵·罗耀拉创立于巴黎。耶稣会要求会士绝财、绝色、绝意，绝对效忠教皇。18 世纪一些欧洲国家因它搞阴谋诡计和介入政治而予以取缔。1814年教皇庇护七世曾派遣大批耶稣会士到亚、非、拉等地传教。

43. 尼采计划对自1885年夏以来所写的残篇进行整理。第187节、第188节、第189节亦属于该计划。

44. 反对拉加德的民族自大狂。

45. 拜罗伊特（Bayreuth）：巴伐利亚城市，瓦格纳在此创建拜罗伊特音乐节。1874年瓦格纳搬入拜罗伊特新居瓦恩弗里德，在那里完成歌剧《众神的黄昏》。1876年8月拜罗伊特歌剧院落成，首届拜罗伊特音乐节举行，四部《指环》歌剧由汉斯·里希特指挥演出。1882年瓦格纳完成歌剧《帕西法尔》，同年7月在拜罗伊特上演。

46. 对德意志民族的演讲（Reden an die Deutsche Nation）：德国文化哲学家、帝国主义者拉加德（Paul de Lagarde，1827—1891）于1853年所作的演讲《保守吗？》《论德国政治的当下任务》。

47. 吧嗒吧嗒，吧唧吧唧（Buatschleli batscheli）：大概是尼采醉酒后的谵语。

48. 真理（Wahrheit）：尼采认为人生的真相是痛苦，悲观主义是真理，艺术能拯救痛苦的人生。

49. "有我"，即"我存在"的意思，与笛卡尔"我思故我在"中"我在"意义相近。

50. 莱比锡（Leipzig）：1865年至1867年，尼采在莱比锡大学攻读古典语文学。

51. 整体主义（Totalismus）：给予整体以绝对优先地位的思想观念。整体主义者认为整体高于局部和个别，集体高于个体，国家高于个人。

52. 关于圣伯夫，参见本书第十一章第9节，另参见《偶像的黄昏》第九章"一位不合时宜者的漫游"第3节。

53. 圣伯夫（Sainte-Beuve，1804—1869）：法国作家、文学评论家。著有诗集《安慰集》、小说《情欲》和文学评论集《月曜日漫谈》《新月曜日》。其评论用细腻深刻的文笔勾勒出了古今作家的内心世界。

54. 路易十四（Ludwig XIV，1638—1715）：法国国王。在其执政期（1643—1715），法国盛行典雅的古典主义建筑艺术和形式严谨的古典主义文学（高乃依、拉辛和莫里哀）以及矫揉造作的贵族沙龙文学。

55. 龙沙（Pierre de Ronsard，1524—1585）：法国"七星诗社"的代表。著有诗集《龙沙的情歌》《情歌续集》《给爱兰娜的十四行诗》等。其诗作格律工整，辞藻华丽。

56. 无终旋律（unendliche Melodie）：瓦格纳在他的乐剧中采用的一种音乐手法。在以这种手法写成的乐剧中，音乐没有咏叹调和宣叙调之分，自始至终不停向前发展。

57. 喀提林（Catilina，约前108—前62）：罗马共和国贵族，因竞选执政官失败而策动武装政变，被执政官西塞罗镇压。

58. 杜林（Eugen Dühring，1833—1921）：德国哲学家、经济学家。著有《国民经济学和社会主义批判史》《哲学教程》和自传《事业、生活和敌人》（卡尔斯鲁厄与莱比锡 1882 年版，尼采藏书）。

59. 第 229 节大概是尼采计划中的诗集的诗歌标题。

60. 平静之歌（Halkyonische Lieder）：平静之歌与阿里阿德涅大概是诗歌标题，应该属于上文尼采计划中的诗集。

61. 等级问题（Das Problem der Rangordnung）：《善恶的彼岸》第九章的标题。

62. 吃亏使人变聪明（Der Schaden macht klug）：类似于汉语成语"吃一堑长一智"。

63. 《善恶的彼岸》第九章的提纲。

64. 参见《人性的，太人性的》第 1 卷前言第 7 节。

65. 《如是语经》（*Iti vuttakam*）：德国梵语学者温迪施（Ernst Windisch，1844—1918）翻译出版的一部巴利文佛经。《如是语经》是巴利文经藏《小部》第四经。经首皆用 vuttam（曾如是言）起始，经末则以 iti（如是）结束。汉译本有玄奘译的《本事经》，英译本有 *Sayings of Buddha*。

66. 平静的插曲（Halkynische Zwischenreden）：尼采计划中的诗集。参见第一章第 229 节和第 230 节。

67. 政治家（Staatsmann）：指德意志帝国宰相俾斯麦（1815—1898）。

68. 1815 年，普鲁士和英国军队在滑铁卢战役中彻底击败拿破仑，各民族的民族意识战胜了拿破仑"一统天下"的思想。同年，德国大学生在耶拿成立德意志大学生协会，掀起了德国统一和政治自由主义运动。

69. 巴洛克风格（Barockstil）：1600 年至 1750 年在欧洲盛行的艺术风格，其特色为奇异、富丽堂皇和充满激情。巴洛克建筑的主要代表作有德累斯顿的茨温格宫和圣母教堂。德国巴洛克音乐的主要代表是巴赫和亨德尔。这一时期的哲学家有莱布尼茨、克里斯蒂安·沃尔夫等。

70. 致友人（An meine Freunde）：尼采为《人性的，太人性的》一书而写的前言。

71. "德国，德国高于一切"（Deutschland, Deutschland über Alles）：德国诗人法勒斯雷奔（Hofmann von Fallersleben，1798—1874）创作的颂歌《德国人之歌》（1841）的首句。这首颂歌是德意志帝国时期的爱国歌曲之一，1922 年 8 月 11 日它被魏玛共和国总统艾伯特宣布为国歌。

72. 参见《善恶的彼岸》第 242 节和第 257 节。

73. 斯芬克斯（Sphinx）：古希腊神话中的带翼狮身人面女妖，栖身于忒拜附近的山中，凡过路者猜不出她的谜语就要被她吃掉。俄狄浦斯猜中了斯芬克斯之谜，它羞愧难当，跳进深渊。

74. 什么是高尚（Was ist vornehm？）：《善恶的彼岸》第九章的标题。

75. 符木（Kerbholz）：中世纪时刻痕计数的木签，分作两半，双方各执一半为凭。

76. 司汤达（Stendhal，1783—1842）：法国小说家，著有《阿芒斯》《红与黑》《巴尔修道院》等长篇小说。司汤达终身未婚。巴尔扎克（Balzac，1799—1850）于 1850 年 3 月 14 日在波兰与汉斯卡结婚，五个月后即去世。

77. 神经症（Neurose）：一类伴有心理障碍和躯体症状的疾病。包括焦虑症、强迫症、恐惧症、疑病症、神经衰弱等。

78. 天才是一种神经病（le génie est une neurose）：参见《龚古尔兄弟日记》第2卷第279页，巴黎1887年版。

79.《善恶的彼岸：一种未来哲学的序曲》一书最终于1886年冬由尼采自费出版，发行者为莱比锡的瑙曼出版社。

80. 世界的本质（Wesen der Welt）：叔本华认为，世界的本质是生命意志，生命意志乃痛苦之源。艺术表现了人对生命意志的放弃。

81. 我们的美德（Unsere Tugenden）：尼采计划创作的《善恶的彼岸》续篇中的一章之标题。参见本书第二章第66节。

82. 未来的哲学家（Die Philosophen der Zukunft）：大概是《善恶的彼岸》续篇中的一章之标题。据德勒兹所论，未来哲学家是一种三位一体：医生—哲学家（医生解释症状），艺术家—哲学家（艺术家塑造类型），立法者—哲学家（立法者确定等级和谱系）。

83.《快乐的科学》一书的章节标题。《快乐的科学》（新版）于1887年面世，书后的附录为组诗《自由鸟公子之歌》（Lieder des Prinzen Vogelfrei），共十四首诗。

84. 参见本章第41节。

85. 参见本章第41节。

86. 密史脱拉风（Mistral）：地中海北岸的一种干冷的西北风或北风。

87. 西尔斯–玛丽亚（Sils-Maria）：瑞士圣莫里茨附近的山村，那里有尼采故居。1883年7月尼采在此完成了《查拉图斯特拉如是说》第2卷。

88. 圣马可（San Marco）：威尼斯的圣马可广场。

89. 阿摩尔（Amor）：古罗马神话中的小爱神，又名"丘比特"，爱神维纳斯与战神玛尔斯之子。爱欲的象征。

90. 本节为《善恶的彼岸》的创作提纲。尼采后来把蒂雷纳的格言用于《快乐的科学》第5卷。

91. 蒂雷纳（Viscount de Turenne，1611—1675）：法国杰出的军事家，路易十四时期的陆军大元帅。蒂雷纳的格言原文为法文。

92. 参见本章第47节。"一位心理学家的独白"为副标题。

93. 参见本章第47节和第51节。

94. 阿尔昆（Alkuin，735—804）：英国神学家和教育家。约781年应查理大帝之聘，赴法兰克福宫廷传授修辞学、天文学和神学等，对加洛林王朝"文艺复兴"有较大贡献。著有拉丁文《神职著作》。

95. 菲罗克忒忒斯（Philoctetes）：古希腊神话传说中的英雄，在特洛伊战争中用赫拉克勒斯所赠之弓和毒箭杀死了特洛伊王子帕里斯。

96.在生活中（In media vita）：尼采试图为后来出版的著作《瞧这个人》起的

书名。

97. 此节大概是《善恶的彼岸》续篇的写作计划。

98. 海因里希·许茨（Heinrich Schütz，1585—1672）：德国作曲家、管风琴家。著有清唱剧《复活》《临终七言》等。

99. 李斯特协会（Liszt-Verein）：匈牙利－奥地利作曲家李斯特（1811—1886）等人于1861年在魏玛成立的"全德音乐协会"，该协会于1937年被纳粹解散。

100. 门德尔松（Felix Mendelssohn，1809—1847）：德国作曲家、钢琴家、管风琴家、指挥家。著有喜歌剧《卡马乔的婚礼》、戏剧配乐《仲夏夜之梦》、轻歌剧《儿子与陌生人》和未完成歌剧《罗蕾莱》等，并为歌德、海涅和艾兴多夫等人的诗歌谱曲。门德尔松兼有古典主义修养和浪漫主义情怀，他的音乐技巧精湛，充满诗情画意。

101. 拉结（Rahel）即拉结·法恩哈根（Rahel Varnhagen von Ense，1771—1833）：德国启蒙主义女作家，柏林文学沙龙的女主持人。著有《拉结——一本给友人留作纪念的书》《拉结的内心生活》等。

102. 公牛（Stier）：尼采完成《善恶的彼岸》一书之后，于1886年4月21日写信给彼得·加斯特："我觉得我似乎抓住了某种东西的'角'——这东西肯定不是'公牛'。"

103. 单子（Monas）：莱布尼茨认为，单子是万物的本原，它是一种物质性和精神性的实体。单子有以下四种：（1）构成上帝的单子；（2）精神单子，是构成人的灵魂的单子；（3）普通单子，是构成人以外其他动物灵魂的单子；（4）构成植物以及构成无机物的单子。

104. 大概是尼采对《善恶的彼岸》续篇的一些想法。

105. 一部关于查拉图斯特拉著作的创作计划。

106. 卡林纳（Calina）：意大利坎帕尼亚区卡塞塔省的小镇，位于那不勒斯西北45公里处。

107. 正午与永恒（Mittag und Ewigkeit）：尼采计划创作的一部关于查拉图斯特拉著作的书名。参见本章第71节。

108. 属于关于查拉图斯特拉著作的创作计划。参见第71节和第72节。

109.《权力意志》一书的写作计划。数字（28）指的是第五章第50节第28条"论权力的生理学"。这个计划在大八开版本的《尼采著作集》（1894年及以后几年相继面世）中已被肢解。《权力意志》的书名最早出现在1885年夏尼采的笔记本（WI7a和NVII2a）中。

110. 组织（Gewebe）：机体中构成器官的单位，由许多形态和功能相同的细胞按一定方式结合而成。高等动物体内有上皮组织、结缔组织、肌组织和神经组织。

111. 属于《权力意志》一书的写作计划。

112. 简单的真理（simplex veritas）：影射叔本华的格言"简单是真理的标志"

（simplex sigillum veri）。

113. 主题（Themata）：《权力意志》一书的各种主题。

114. 解释，不是说明（Ausdeutung, nicht Erklärung）：尼采认为，迄今为止的各种哲学只是对世界的解释性假说(现象产生的原因和事物发展的规律性等)，而不是对世界的正确说明。他的这种思想影响了后来逻辑实证主义的说明理论。

115. 序言（Einleitung）：《权力意志》的序言。

116. 罗马平原（campagna Romana）：罗马城郊外的平原和丘陵地带，位于第勒尼安海和亚平宁山脉之间，平原上有古墓和古罗马高架渠遗迹。

117. 数字（15）指的是第五章第 50 节第 15 条"强者是如何产生的？"。

118.《善恶的彼岸》续篇的写作计划。

119. 阴郁（Verdüsterung）：指悲观主义。

120. 印张（Bogen）：计算印刷型出版物篇幅的单位。例如，对 16 开书而言，1 个印张一般包括 16 个书页。

121. 数字（7）指的是第五章第 50 节第 7 条"反对因果论"。

122. 主体（Subjekt）：Subjekt 一词在哲学上指主体，在语言学上指主语，在逻辑学上指主项。

123. 休谟（David Hume，1711—1776）：英国哲学家，著有《人类理智研究》等书。休谟认为，自然科学和历史科学的理论都建立在因果关系上，两个物象之间在时间和空间上的接近和前后相继及其恒常会合，会导致心理习惯产生一种前因后果的推论，因此因果关系只是人心依据习惯而确立的主观心理联系。

124. 斯宾诺莎（Spinoza，1632—1677）：荷兰哲学家，著有《伦理学》等书。斯宾诺莎认为，具体事物之间存在必然的因果联系，因果联系与目的无关，他反对神学目的论。

125. 数字（30）指的是第五章第 50 节第 30 条"解释，不是说明"。

126. 数字（32）指的是第五章第 50 节第 32 条"'自在之物'"。

127. 数字（30）指的是第五章第 50 节第 30 条"解释，不是说明"。

128. 数字（33）指的是第五章第 50 节第 33 条"反对机械论"。

129. 数字（31）指的是第五章第 50 节第 31 条"关于逻辑"。

130. 数字（30）指的是第五章第 50 节第 30 条"解释，不是说明"。

131. 种质（Idioplasma）：在雌雄两性生殖细胞中等量存在的、作为遗传特性载体的基本物质，与营养质（Ernährungsplasma）相区分。

132. 数字（34）指的是第五章第 50 节第 34 条"辩证法信仰中的道德偏见"。

133. 数字（35）指的是第五章第 50 节第 35 条"理想具有诽谤性"。

134.《权力意志》的写作提纲，带有新的、最终的（直到 1888 年都有效的）副标题"重估一切价值的尝试"。

135. 数字（2）指的是第五章第 50 节第 2 条"反对虚无主义的斗争决定了欧洲的悲剧时代"。

136. 锤子（Der Hammer）：指尼采的权力意志学说和永恒轮回哲学。他用锤子进行哲学思考，来打碎理性和道德的一切偶像。详见尼采的著作《偶像的黄昏或人们如何用锤子来研究哲学》（莱比锡1889年版）。

137. 布伦希尔德（Brünnhilde）：瓦格纳歌剧《众神的黄昏》中的人物，女武神之一，齐格弗里德之妻。其使命就是让众神毁灭。

138. 入籍（Einbürgerung）：瓦格纳在1849年的德累斯顿起义中站在革命者一边，因此他遭到警方通缉并被萨克森王国开除国籍。1862年萨克森实行大赦，瓦格纳得以重新入籍。后来他投靠了巴伐利亚国王路德维希。

139. 关于新版《悲剧的诞生》前言的一些想法。新版指的是1886年由弗里茨施书局推出的《悲剧的诞生或希腊文化与悲观主义。带有自我批判的尝试的新版》。

140. 世界逻辑化（Logisirung der Welt）：亚里士多德（前384—前322）建立了形式逻辑体系并把逻辑学看成研究一切科学知识的工具。而在公元前4世纪上半叶，由于希腊各国屈服于波斯以及各国之间的频繁战争，古希腊城邦制彻底衰落了。

141. 关于新版《悲剧的诞生》新前言的一些想法。

142. 《尼伯龙根的指环》（Der Ring des Nibelungen）：瓦格纳的歌剧四部曲，最后一部为《众神的黄昏》。整套歌剧于1876年年初演于拜罗伊特。

143. 关于新版《悲剧的诞生》新前言的一些想法。

144. 数字（38）指的是第五章第50节第38条"做戏"。

145. 弗罗芒坦（Engène Fromentin，1820—1876）：法国画家，擅长人物画与风景画，画作有《林中小憩的阿拉伯骑士》等。

146. 数字（37）指的是第五章第50节第37条"现代阴郁"。《关于现代阴郁的历史》是尼采计划创作的一本新书的书名。阴郁（Verdüsterung）指悲观主义。

147. 七本已出版的尼采著作新前言的总体计划。

148. 数字（7）指的是第五章第50节第7条"反对因果论"。

149. 《权力意志：重估一切价值的尝试》第二卷"价值批判"的写作提纲。参见本书第二章第100节。数字（37）指的是第五章第50节第37条"现代阴郁"，数字（36）指的是第五章第50节第36条"科学需求的心理学"。

150. 《权力意志：重估一切价值的尝试》第1卷"危险中的危险（对虚无主义的描述）"的写作提纲。参见本书第二章第100节。数字（2）指的是第五章第50节第2条"反对虚无主义的斗争决定了欧洲的悲剧时代"。

151. 这四部分分别与《权力意志：重估一切价值的尝试》的四卷相对应。参见本书第二章第100节。

152. 一部关于查拉图斯特拉著作的写作提纲。参见第二章第71节。

153. 最大的危险（die größte Gefahr）：指虚无主义。

154. 《权力意志：重估一切价值的尝试》四卷的写作提纲。参见第二章第100节。

155. 灵知（Gnosis）：诺斯替教的核心概念，指少数精英对上帝的认识。

156. 起因（Ursprung）：尼采把善恶框架的形成归因于犹太人的奴隶道德，而奴隶道德则源于不道德（怨恨和报复等心态）。

157. 数字（36）指的是第五章第 50 节第 36 条"科学需求的心理学"。

158. 第一因（causa prima）：亚里士多德用语，即"第一推动者"。指纯形式的初始因、至善、神。

159. 数字（39）指的是第五章第 50 节第 39 条"艺术中的煽动性"。

160. 谬误比真理更简单（error veritate simplicior）：与叔本华的格言"简单乃真理之标志"针锋相对。

161.《善恶的彼岸》续篇的计划。思想指南（Gedankenwegweiser）参见第 137 节。

162. 数字（7）指的是第五章第 50 节第 7 条"反对因果论"。

163. 数字（30）指的是第五章第 50 节第 30 条"解释，不是说明"。

164. 同类只能被同类认识（es kann das Gleiche nur vom Gleichen erkannt werden）：古希腊恩培多克勒提出的"同类相知说"。他认为客观对象的流射粒子进入人的感官，与主体中成分相同的元素相遇，进入合适的孔道就形成感觉。简言之，每一元素都由我们体内的相同元素予以认识。

165. 同类只能被异类认识（es kann das Gleiche nur vom Ungleichen erkannt werden）：古希腊阿那克萨戈拉提出的"异类相知说"。他认为在感知中，客观物体同主体感官所包含的成分必须是相异的，因此发生物理变化产生感觉。

166. 数字（30）指的是第五章第 50 节第 30 条"解释，不是说明"。

167. 数字（40）指的是第五章第 50 节第 40 条"当代基督教中的享乐主义"。

168. 最明智之举（klug im höchsten Sinne）：指"帕斯卡尔赌注"。法国哲学家帕斯卡尔（1623—1662）提出了下列论点表明基督教信仰的合理性：倘若上帝是不存在的，不可知论者就会因相信它而没有什么损失，也会因不相信它而所获无几；倘若上帝是存在的，不可知论者就会因相信它而得永生，也会因不相信它而失去至善。

169. 行为就是痛苦（jedes Tun ein Leiden）：指佛教的苦谛和集谛。贪嗔痴的行为导致人生的痛苦。

170. 变化（Veränderung）：指佛教所说的"诸行无常"（宇宙万有皆变化无常）。万物皆"因缘和合"而成，缘起缘灭。

171. 精子变态（Werden der Samenzelle）：动物精子发生和成熟的过程。一个初级精母细胞生成四个精子细胞；精子细胞经过剧烈的形态变化，包括细胞核浓缩变形、顶体形成和大部分多余细胞质的丢失，转变成能够运动的精子。

172. 数字（30）指的是第五章第 50 节第 30 条"解释，不是说明"。

173. 数字（36）指的是第五章第 50 节第 36 条"科学需求的心理学"。

174. 自在之物（Dinge an sich）：自行存在的事物。康德哲学中的自在之物有三种不同的含义：（1）指形成现象的外在事物。（2）理性所试图达到的三个理念：灵魂、世界和上帝。这三者是无条件的全体的统一。（3）不可知的本体。

175. 这本书（dieses Buch）：指尼采的著作《朝霞：对道德偏见的思考》（1881年开姆尼茨版）。1887年莱比锡的弗里茨施书局推出了带序言的新版《朝霞》。

176. 数字（41）指的是第五章第 50 节第 41 条"道德的基本判断"。序言（Vorrede）指的是《朝霞》序言。

177. 批判（kritisieren）：指康德的批判哲学。康德认为以沃尔弗为代表的唯理论不了解理性的源流、范围和界限，而他的先验唯心主义从事理性批判，能以此说明人的认识原理。他认为知识是由经验材料与时间空间的感性形式以及知性的十二范畴结合而成。知性只能认识现象世界，而无法认识自在之物。"工具"（Werkzeug）指的是知性或人的认识能力。

178. 独断论（Dogmatik）：指经验论和唯理论。经验论片面夸大感性经验的重要性，唯理论则把理性认识看作唯一可靠的认识。

179. 道德史学家：道德史学（Moral–Historie）指的是描述伦理学。描述伦理学与比较伦理学相近。它根据具体的历史材料，描述和判定道德事实，再现人类道德的历史，解释各民族道德观念产生和发展的主客观方面的原因。

180. 这本书（Dies Buch）：指尼采的著作《朝霞：对道德偏见的思考》（1881年开姆尼茨版）。

181. 数字（41）指的是第五章第 50 节第 41 条"道德的基本判断"。

182. 上帝（Gott）：康德认为人类社会中的道德与幸福往往不能两全，有道德的人不一定得到幸福，幸福的人不一定有道德，因此必须设定灵魂不灭与上帝存在，以保证今生得不到幸福的人可以在死后得到幸福，罪人可以得到惩罚。

183. 自然（Natur）：黑格尔认为绝对精神的自我发展会经历三个阶段：逻辑阶段、自然阶段和精神阶段。自然是从精神派生出来的，自然界是绝对精神的"外化"。

184. 拉罗什福科（Larochefoucauld，1613—1680）：法国伦理学家，著有《箴言录》等。

185. 未被采纳的《快乐的科学》序言草稿。此书有两个版本：1882 年的开姆尼茨版共四卷，没有序言；1887 年的莱比锡版共五卷，增写的第五卷题为"我们无畏者"，全书收录了 383 条格言，正文前有一篇序言，书后的附录为组诗《自由鸟公子之歌》。尼采大胆挑战理性，在此书中大量注入诗性成分，开创了西方诗性哲学。此书结束了尼采的"自由思想"时期，预告了具有"新质"的《查拉图斯特拉》之面世。

186. 基本原理（Hauptsatz）：此处是指释迦牟尼在菩提伽耶所悟出的佛法。世俗娱乐（weltliche Vergnügungen）指的是群魔的诱惑与扰乱。

187. 数字（42）指的是第五章第 50 节第 42 条"对快乐和讽刺的误解"。

188. 普罗旺斯语（Provenzalisch）：《快乐的科学》的德语书名 Fröhliche Wissenschaft 乃是对古普罗旺斯语 Gai Saber 的翻译。"快乐的科学"（Gai

Saber）是最后的游吟诗人科尔内（Raimon de Cornet，约1300—约1340）等人于1323年在法国图卢兹成立的诗社，该诗社的宗旨为维护普罗旺斯吟游诗人的诗歌传统，弘扬诗艺术，主张诗歌的教育性。"快乐的科学"（Gai Saber）的原意为诗艺术与智慧的结合。

189. 数字（34）指的是第五章第50节第34条"辩证法信仰中的道德偏见"。

190. 数字（44）指的是第五章第50节第44条"道德判断的反转"。反转（Umdrehungen）指颠倒事实。

191. 数字（43）指的是第五章第50节第43条"'内疚'"。

192. 米拉波（Honoré Gabriel Mirabeau，1749—1791）：法国大革命前期的革命领袖，主张君主立宪，著有《论专制主义》。切利尼（Benvenuto Cellini，1500—1571）：意大利雕塑家，代表作为《帕尔修斯雕像》。卡尔达诺（Hieronymus Cardanus，1501—1576）：意大利医生、数学家和哲学家，著有《论赌博游戏》《我的生活》。

193. 杜丹（Ximénès Doudan，1800—1872）：法国记者、作家。

194. 谢勒尔（Edmond Scherer，1815—1889）：法国文学批评家、政治家。著有八卷本《当代文学研究》（巴黎列维出版社，1885年版）。尼采书斋收藏了此书。

195. 数字（45）指的是第五章第50节第45条"环境论"。

196. 数字（46）指的是第五章第50节第46条"大众化的理想"。

197. 圣方济各（Franz von Assisi，1181—1226）：天主教托钵修会方济各会创始人。其"清贫福音"影响广远。

198. 前言（Vorrede）：尼采计划中的著作《权力意志》的前言。

199. 这本书（dieses Buch）：指尼采的著作《朝霞：对道德偏见的思考》。"自由思想"（freier Geist）即非道德的思想，也就是尼采提出的非道德主义（Immoralismus）。

200. 数字（42）指的是第五章第50节第42条"对快乐和讽刺的误解"。

201. 数字（10）指的是第五章第50节第10条"道德导致了人的平庸化和水平的降低"。

202. 序言（Einleitung）：指尼采著作《朝霞：对道德偏见的思考》新版序言。问号（Fragezeichen）指的是尼采对道德的怀疑。

203. 数字（47）指的是第五章第50节第47条"'我们非道德主义者'"。

204. 混淆（Verwechslungen）：例如，有人将尼采的超人哲学误解为卡莱尔的英雄崇拜。

205. 而宁静的天宇也为你发出灿烂的光彩（placatum que nitet diffuso lumine coelum）：卢克莱修《物性论》第1卷第9行，方书春译，商务印书馆2007年版。

206. 赫尔德（Johann Gottfried Herder，1744—1803）：德国思想家，历史主义者。著有《关于人类历史哲学的思想》《关于促进人性的通信》等。

207. 数字（47）指的是第五章第50节第47条"'我们非道德主义者'"。

208. 形而上世界（metaphysische Welt）：上帝的天国（彼岸世界）或康德的"自在之物"。

209. 数字（7）指的是第五章第50节第7条"反对因果论"。

210. 数字（23）指的是第五章第50节第23条"何谓音乐的统治？"司汤达的自白出其自传《亨利·勃吕拉传》（*Vie de Henry Brulard*）。

211. 《唐璜》（*Don Juan*）：莫扎特创作的二幕歌剧，达·蓬塔撰脚本，1787年首演于布拉格。帕齐尼等人亦作有同名歌剧。

212. 《秘婚记》（*Matrimonio Segreto*）：奇马罗萨（Cimarosa，1749—1801）作曲的二幕意大利喜歌剧，剧情取自英国剧作家科尔曼的喜剧《秘密婚礼》（*The Clandestine Marriage*）。

213. 数字（41）指的是第五章第50节第41条"道德的基本判断"。

214. 脱离者（Losgerissener）：指布鲁诺（Bruno，1548—1600）等脱离天主教会的异端分子。布鲁诺创立了自然主义泛神论的哲学体系，发展了哥白尼的日心说，把英雄的热情视作道德的最高理想，最后被宗教裁判所烧死。

215. 我执（Eigenwille）：执着于自我，因贪嗔痴而导致无明。

216. 犹太教的两个后裔（beide Abkömmlinge der jüdischen Religion）：指受犹太教影响的基督教和伊斯兰教。

217. 参见1887年版《朝霞》序言第3节。

218. 强制力（Zwang）：英国哲学家约翰·斯图亚特·穆勒认为，功利主义有两种强制力：一种为外部强制力，即法律；另一种为内部强制力，即良心，良心是一切道德的主要制裁力和标准。

219. 新版《快乐的科学》第五卷的写作提纲。1882年版《快乐的科学》共四卷；1887年新版共五卷，增写的第五卷印刷本标题为"我们无畏者"。

220. 对快乐的误解（Mißverständnis der Heiterkeit）：参见第二章第166节。

221. 数字（48）指的是第五章第50节第48条"自由感"。

222. 爱德华·冯·哈特曼（Eduard von Hartmann，1842—1906）：德国悲观主义哲学家。他把叔本华和黑格尔的哲学综合在一起，建立了一种无意识哲学。主要著作有《无意识哲学》《道德意识论》。

223. 参见《快乐的科学》（1887年莱比锡版）第377节。

224. 故土（alter Boden）：指道德。

225. 朋友们（Freunde）：尼采的挚友彼得·加斯特和尼采的妹妹于1901年编辑出版了尼采遗著《权力意志》，丹麦友人勃兰兑斯于1909年出版了传记《尼采》，这些出版活动奠定了尼采作为独创性哲学家的名声。

226. 驶向新的大海（Nach neuen Meeren）：参见《快乐的科学》（1887年版）附录的组诗《自由鸟公子之歌》中的同名诗歌。

227. 我们的美德（unsere Tugenden）：尼采计划中的著作《善恶的彼岸》第四卷的标题。《善恶的彼岸：一种未来哲学的序曲》于1886年在莱比锡面世，全书共九章，第七章为“我们的美德”。
228. 新版（Neue Folge）：《人性的，太人性的》一书初版于 1878 年，新版《人性的，太人性的》于 1886 年在莱比锡面世。“照镜子”指自恋。
229. 曼佐尼（Alessandro Manzoni，1785—1873）：意大利诗人、剧作家、小说家。代表作为历史小说《约婚夫妇》。作品具有浪漫主义和基督教倾向。施蒂夫特（Adalbert Stifter，1805—1868）：奥地利小说家，代表作为教育小说《晚年的爱情》。戈特弗里德·凯勒（Gottfried Keller，1819—1890）：瑞士小说家，代表作为教育小说《绿衣亨利》。
230. 参见《善恶的彼岸》第二章第 27 节。梵文 gangasrotogati 的意思是“像恒河那样快速流动”，kurmagati 的意思是“像乌龟那样慢腾腾”，mandeikagati 的意思是“像青蛙那样停停走走”。
231. 古希腊意义（im griechischen Sinne）：“哲学家”（philósophos）一词在古希腊语里的意思是“智慧之友”。尼采认为哲学家应该是独立的思想家。
232.《拿破仑传》（*vie de Napoléon*）：司汤达于 1875 年写作《拿破仑传》，但始终未完成，这部未完成的作品于 1918 年面世。司汤达的原文为法文。
233. 圣赫勒拿岛（Sankt Helena）：南大西洋岛屿，隶属于英国。1815 年拿破仑战败后被流放于该岛，1821 年在此病逝。拉斯卡斯根据拿破仑的口述写了《圣赫勒拿岛回忆录》。关于个人崇拜，尼采认为拿破仑在说谎。
234. 死寂的深夜（intempestiva nocte）：参见卢克莱修《物性论》第 5 卷第 986 行。
235. 在夤夜（εν αωρονμχτι）：参见埃斯库罗斯的悲剧《奠酒人》第 525 行。
236. 最高的智慧（der Weisheit letzter Schluß）：参见歌德《浮士德》第二部第 11574 行。亦译“智慧的最后断案”。
237. 相互满意（Wohlgefallen an einander）：参见《路加福音》第二章第 14 行。
238.参见科利版《尼采全集》第11卷，40[59]：“交往中的人”结尾。《人性的，太人性的》上卷（1886年莱比锡版）的第六章标题为“交往中的人”。
239.齐格勒（Theobald Ziegler，1846—1918）：德国哲学家，代表作为两卷本《伦理学史》，第一卷《希腊人和罗马人的伦理学》出版于1881年，第二卷《基督教伦理学的历史》出版于1886年。
240. 保罗·雷（Paul Rée，1849—1901）：德国经验主义哲学家、犹太裔新教徒，自 1875 年起成为尼采的好友，1882 年两人因莎乐美而绝交。尼采藏书中有保罗·雷的著作《道德感的起源》（开姆尼茨 1877 年版）。尼采在《人性的，太人性的》第 37 节中引用了这本书。关于此书，亦参见尼采《论道德的谱系》前言第 4 ～ 7 节。
241. 我的“彼岸”（mein “Jenseits”）：指尼采的著作《善恶的彼岸》。尼采在此书中提出了他的非道德主义和超人哲学，要求人们超越善恶框架。
242. 绝对知识（absolute Erkenntniß）：谢林用语。关于“绝对”的知识。指完整的、无所不包的、独立的知识。“绝对”是超自然的宇宙精神，是存在于主体与客体之上的"绝对的同一性"。在绝对中不包含有差别和对立，只有通过理性直观才能把握绝对。

243. 相互联系（Zusammenhang）：指因果联系。

244. 火焰（die Flamme）：这行诗句参见尼采《酒神颂歌》中的诗歌《火的信号》。第 20 节是尼采一首诗的残稿。

245. 模式（Schema）：指逻辑。

246. 无限（Unendliches）：无条件的、在时间和空间上没有限制的、无始无终的东西。神学家如托马斯·阿奎那认为上帝就是绝对的积极的无限，唯物主义者如恩格斯认为宇宙在时间和空间上都是无限的。

247. 这本书（dies Buch）：指《善恶的彼岸》。参见尼采手稿 W I 8 的前言。

248. 八种自由（8 Freiheiten）：指摆脱职业、女人、孩子、朋友、团体、祖国、家乡和信仰。第 38 节的残篇被诺伯特·米勒等人伪造成尼采于 1887 年 6 月写给他的妹妹伊丽莎白·福斯特的信件，参见 Norbert Miller u.a.（Hg.），*Friedrich Nietzsche–Briefwechsel. Kritische Gesamtausgabe*. Berlin： Walter de Gruyter，2004。

249. 论道德的谱系（Zur Genealogie der Moral）：尼采的著作《论道德的谱系：一篇檄文》于 1887 年由莱比锡的瑙曼出版社出版。这本书包括前言与三篇论文。第一篇论文："善与恶""好与坏"。第二篇论文："罪""良心不安"及其他。第三篇论文：何谓禁欲的理想？

250.《帕西法尔》（*Parsifal*）：瓦格纳作曲的三幕宗教节日剧，作曲家自撰脚本，剧情取自中世纪圣杯骑士的故事。1882 年该剧首演于拜罗伊特。

251. 新教徒（Protestant）：1813 年 8 月 16 日，刚出生不久的婴儿瓦格纳在莱比锡托马斯教堂接受了路德宗新教洗礼。

252. 蒙特卡洛（Montecarlo）：摩纳哥公国城市。

253. 雷耶尔（Ernest Reyer，1823—1909）：法国作曲家，著有歌剧《西古尔德》（1883）和《萨朗波》（1890）。《西古尔德》取材于史诗《尼伯龙根之歌》。

254. 勒南（Ernest Renan，1823—1892）：法国历史学家，著有《耶稣的一生》。引语原文为法文。第 43 节参见 1887 年 2 月 23 日尼采写给神学家弗朗茨·奥维贝克的书信。

255. 西比尔（Heinrich von Sybel，1817—1895）：德国历史学家和政治家，支持德国统一的小德意志方案，著有五卷本的巨著《1789 年至 1795 年大革命时代的历史》。西比尔的原话为法文。九月大屠杀（massacres de Septembre）发生在 1792 年 9 月 2 日至 6 日的法国，在丹东和雅各宾派巴黎市府的暗中指使下，革命者屠杀了约 1400 名囚犯、反抗派教士、贵族和妇孺。

256. 弗里茨（Theodor Fritsch，1852—1933）：德国出版商和政论作家，反犹主义者，反犹民族党的创建者之一。著有《反犹主义者问答手册》《照明弹：全德意志反犹主义格言集》等书。尼采在 1887 年的回信中狠狠地讥刺了他。参见本书第七章第 67 节。

257. 参见尼采著作《敌基督者》第 1 节。题记中的诗行为古希腊诗人品达《皮托竞技胜利者颂》第 10 首颂歌第 29 行至第 30 行。北极居民（Hyperboreer）即许佩玻瑞人，古希腊人认为居住在极北乐土的一个民族。

258. 前言（Vorrede）：《朝霞：对道德偏见的思考》（1887）的前言。

259. 狂热的绵羊（schwärmerisches Hornvieh）：指瓦格纳的信徒。

260. 尼采在完成《善恶的彼岸》、1886 年至 1887 年著作的前言和《快乐的科学》第五卷之后，还有一些未使用的残稿。本节对这些残稿进行了分类。

261. 卡莱尔（Thomas Carlyle, 1795—1881）：英国作家、历史学家。著有《法国革命》《论英雄、英雄崇拜和历史上的英雄事迹》等。

262. 罗马平原（campagna Romana）：罗马城郊外的平原和丘陵地带，总面积约 2100 平方公里。亚壁古道贯穿全境，平原上有古墓和古罗马高架渠遗迹。

263. 何为高贵？（Was ist vornehm？）：《善恶的彼岸》第九章的标题。

264. 针对反犹主义者弗里茨等人。参见本书第七章第 67 节及注释。

265. 《权力意志》第一版（1901 年版）全文发表了这条重要的残稿，但未注明日期。《权力意志》第二版（1906 年版）则分解了这条残稿（按第 4 条、第 5 条、第 114 条、第 55 条的顺序）。

266. 伦策海德（Lenzer Heide）：瑞士格劳宾登州的一个山村，附近有红角山与海德湖。

267. 绝对价值（absolute Werte）：此处指上帝和永生的彼岸。

268. 最终目的（Schluß-Ziel）：指永生。生命不断地繁衍，代代相续，人于是获得了永生，这种永生其实就是无意义的人生的"永恒轮回"。

269. 一个"超越善恶的"上帝（ein Gott "jenseits von Gut und Böse"）：指权力意志。尼采认为，权力意志就是世界灵魂，宇宙万物都有权力意志，他用权力意志取代了泛神论的实体——神或自然。因此，海德格尔称尼采的权力意志学说为形而上学。同一个东西（das Gleiche）即权力意志。

270. 主动虚无主义（aktiver Nihilismus）：具有破坏性的精神冲动，其本质为攻击和毁灭，它会消耗个人和民族的有限能量，会使地球上出现从未有过的战争和大政治。被动虚无主义（passiver Nihilismus）则指物质生活高涨引起的精神衰落，其标志为否定基督教的道德和彼岸世界，认为人生毫无意义，这种悲观的被动虚无主义必将被主动虚无主义取代。

271. 参见第二章第 82 节。

272. 格言与箭（Sprüche und Pfeile）：两年后出版的尼采著作《偶像的黄昏》（1889 年莱比锡版）第一章的标题为"格言与箭"，该章共收录了 44 条格言。

273. 第 77 节的异文。

274. 罗德（Erwin Rohde, 1845—1898）：德国古典语文学家。尼采在莱比锡大学时期的同学和好友，博士毕业后担任基尔大学副教授，曾撰文《诽谤性的语文学》为尼采辩护。1886 年尼采把《善恶的彼岸》寄给罗德，罗德未予答复，自此两人断交。1886 年秋罗德担任海德堡大学教授，1894 年升任副校长。著有《普叙赫：古希腊人的灵魂崇拜与不朽信仰》等书。

275. 审美状态（der aesthetische Zustand）：即"审美"，人欣赏美和创造美的心理活动与实践活动。

276. 静观状态（der contemplative Zustand）："静观"在哲学上指摆脱一切欲念、用哲学思维对世界和人生进行沉思。在美学上指审美观照，即对象非功利的、保持适当心理距离的凝神观照和审美判断。

277. 与计划中的《权力意志》有关。

278. 贝都因人（Beduine）：在阿拉伯半岛、叙利亚和北非沙漠中游牧的阿拉伯人。

279. 原文为法语。出自孟德斯鸠的著作《苏拉与欧刻拉底的对话》（1745）。

280. 塔西佗（Tacitus，约 55—120）：古罗马历史学家。著有《日耳曼尼亚志》《编年史》《历史》等。

281. 德布罗斯（Charles de Brosses，1709—1777）：法国法学家和语文学家，百科全书派成员。著有《物神崇拜》等书。自 1741 年起担任第戎最高法院院长。

282. 罗德尔（Pierre-Louis Röderer，1754—1835）：法国政治家和政论文作家，拿破仑皇帝的顾问。拿破仑所说的话原文为法文。

283.《两世界评论》（Revue des deux mondes）：法国最早的文学和哲学月刊，1829 年 8 月 1 日创刊并延续至今。两世界指法国和美国。

284. 泰纳（Hippolyte Taine，1828—1893）：法国文艺理论家和史学家，实证主义者，曾在法国宣传尼采的学说。著有《英国文学史》《艺术哲学》等书。史学巨著《现代法国的起源》共六卷，第四卷为《拿破仑·波拿巴》。尼采复述的泰纳引文混用了德语和法语。引文中的"他"指拿破仑。泰纳文章的全名为《拿破仑·波拿巴》（1887 年 2 月）。

285. 梅尼普斯式讽刺（Satura Menippea）：由诗体和散文体混合而成的讽刺杂文。该文体得名于古希腊犬儒学派哲学家梅尼普斯（Menippos，公元前 3 世纪）。

286. 对古希腊人的一些看法（Gedanken über die Griechen）：尼采计划撰写的十本书之一。参见第二章第 73 节。

287. 大概与第 96 节"对古希腊人的一些看法"有关。

288. 叫兽（Schreiteufel）：尼采创造的新词，指大叫大嚷、诽谤生命、蛊惑人心者。这段文字影射的是德国哲学家杜林（Eugen Dühring，1833—1921），自 1864 年起，杜林在柏林大学教授历史、哲学和国民经济学。参见《论道德的谱系》第三篇第 26 节。

289. 原文为意大利语。大概是尼采在尼斯（Nizza）听某人说过的一句话。

290. 科西嘉人（Corsen）：法国民族之一，说意大利语的一种方言，主要分布在科西嘉岛。科西嘉人有血亲复仇的习俗。

291. 居里（Jean Pierre Gury，1801—1866）：法国天主教道德神学家。其专著《道德神学概要》首版于 1850 年，德译本于 1862 年在雷根斯堡面世，译者为魏瑟拉克（Wesselak）。

292. 斯泰因（Franz Joseph von Stein，1832—1909）：德国道德神学和实践神学家，维尔茨堡大学道德与实践神学教授，维尔茨堡主教。静修士（Hesychasten）：14 世纪由希腊正教圣山修士发展而来的一种神秘主义教派的修士。

293. 布瑞德（James Braid，1795—1860）：苏格兰催眠术研究者、外科医生。

294. 克雷默尔（Alfred von Cremer，1828—1889）：奥地利东方学家和政治家。

295. 非道德奢侈品（Luxus von Immoralität）：指尼采的著作《善恶的彼岸》。

296.《善恶的彼岸》的续篇计划。参见本书第二章第 82 节。

297. 参见第二章第 124 节。"附录"下面的小诗被用作 1887 年新版《快乐的科学》扉页题词。

298. 为计划中的《善恶的彼岸》续篇所写的前言，后来尼采对这篇前言略加删改，把它用作《人性的，太人性的》下卷前言的第一部分。

299.《不合时宜的沉思》（*Unzeitgemäße Betrachtungen*）：这本书共有四篇。第一篇《大卫·施特劳斯：信仰者与作家》出版于 1873 年，第二篇《论历史学对人生的利与弊》出版于 1874 年，第三篇《作为教育家的叔本华》出版于 1874 年，第四篇《理查德·瓦格纳在拜罗伊特》出版于 1876 年。《悲剧的诞生》则首版于 1872 年。

300. 大卫·施特劳斯（David Strauß，1808—1874）：德国新教神学家、青年黑格尔派哲学家，以《耶稣传》名世。

301.《论非道德意义上的真理与谎言》（*Über Wahrheit und Lüge im außermoralischen Sinne*）：尼采的语言哲学论著，完成于 1873 年，1896 年由尼采的妹妹正式出版。2018 年雷克拉姆出版社重印了这本小书，共 93 页。

302. 拜罗伊特（Bayreuth）：德国巴伐利亚城市，瓦格纳在此建成节日剧院，用以上演他的歌剧四部曲《尼伯龙根的指环》。首届歌剧节于 1876 年举行，由汉斯·里希特任指挥。1882 年《帕西法尔》在此首演。1869 年尼采结识瓦格纳并成为他的好友和崇拜者。1876 年尼采开始疏远瓦格纳，他称瓦格纳为"颓废者"和基督教皈依者。

303. 布韦（Edmond Bouvy，1847—1940）：法国学者，研究东方基督教的专家。

304. 迈尔（Wihelm Meyer，1845—1917）：德国古典语文学家，中古拉丁语学者，巴伐利亚科学院院士。

305. 多尔维利（Barbey d'Aurevilly，1808—1889）：法国小说家。著有小说《中了魔的女人》、短篇小说集《魔鬼》和文学评论集《作品与人》。1887 年 5 月 4 日，尼采在致奥维贝克的信中评论了多尔维利："在同一天我读了一位有不满情绪的法国人，一位独立思想家（因为他的天主教信仰比自由思想更加独立）……

读读他的书吧，我对此负责……（作为一位小说家他让我无法忍受）。"

306. 参见第二章第 137 节"思想指南：认真研究我的著作的辅助工具"。

307. 唵（Om）：印度教的咒语。

308. 实体（Substanz）：独立的、不依赖于他物的存在者。实体是万物的本原和真正本质，例如柏拉图的理念、基督教的上帝、斯宾诺莎的神或自然以及狄德罗的物质。

309. 阉牛（Thierochs）：已被阉割的公牛，无生育力，因驯顺可用于耕地。此词的另一个意思是蠢货。

310. 一位音乐家（ein Musiker）：指理查德·瓦格纳。瓦格纳的歌剧如《纽伦堡的名歌手》受到了莫扎特的喜歌剧、巴赫的复调音乐和路德的众赞歌的影响，他也熟悉罗西尼（Rossini，1792—1868）的喜歌剧。

311. 实在（Realität）：在现象背后的真实存在的事物。例如柏拉图的理念世界、基督教的上帝和康德的自在之物。

312. 真理（Wahrheit）：尼采认为悲观主义是真理，但强者必须以权力意志克服悲观主义。

313. 阴郁（Verdüsterung）：指悲观主义。

314. 信仰（Glaube）：指基督教信仰，基督徒对三位一体、上帝的天国以及天国的永福的信仰。

315. 真理（Wahrheit）：指基督教真理。其"最后结论"指末日审判：现实世界将最后终结，上帝将审判一切活人和死人，获救者升天堂享永福，受罚者下地狱。

316. 追求真理的意志（Der Wille zur Wahrheit）：指哲学。哲学追求真理。

317. 计划（Plan）：参见科利版《尼采全集》第 13 卷第十八章第 17 节：《权力意志》的最后计划。根据该计划的章节标题尼采对本书第七章和第八章的一部分残稿进行了分类。

318. 无限进步（progressus in infinitum）：人类历史、认识活动、理论理性或实践理性的过程是不断进步的，不可结束的。"无限进步"观的一种表现就是"至善"论：托马斯·阿奎那、库德华兹和克里斯蒂安·沃尔夫等人认为人生的最高目的就是追求至善。

319. 数字(19)指的是第五章第 50 节第 19 条"作为原因和作为结果的价值评判"。

320. 先验主义者（Transcendentalisten）：先验主义是从某种先于经验的观念出发推论出事实的唯心主义原则和方法，包括先验唯心主义和新康德主义。

321. 吠檀多哲学（Vedanta-Philosophie）：古印度哲学派别，创始人为跋达罗衍那，主要代表为商羯罗（Sankara，788—820）。

322. 根据律（Satz vom Grunde）：叔本华用语，指人先验就有的认识客体的那些形式。根据律分为四种形态：存在的根据律，即时空必然关系；变化的根据律，即知性和因果性；行为的根据律，即自我意识和动机；认识的根据律，即认识的根据和逻辑。

323. 拉门赖斯（Robert de Lamennais，1782—1854）：法国哲学家。在神学上主张三位一体。这三位是权力、理智、爱。主要著作有《宗教上的无差异文集》。

324. 米什莱（Jules Michelet，1798—1874）：法国历史学家。著有《法国史》《法国革命史》。

325. 阿那克西曼德（Anaximander，约前611—前546）：古希腊米利都学派哲学家。认为"无定限性"是万物的本原。著有《论自然》。

326. 《伦理学》（*Ethik*）：斯宾诺莎泛神论的主要著作，1677年出版。第四部分的"界说"，参阅斯宾诺莎《伦理学》，贺麟译，商务印书馆2009年版，第171页。斯宾诺莎认为神即自然（指宇宙），善就是对人有益的东西，至善是人的心灵与整个自然相一致的知识，人的最高幸福或最大快乐就是求得至善。尼采遗著《权力意志》第七章第4节引用了斯宾诺莎、莱布尼茨、休谟和康德的文字，这些引语也许和尼采在瑞士格劳宾登州库尔图书馆的阅读经历有关（1887年5月中旬至6月初尼采在库尔）。

327. 费舍（Kuno Fischer，1824—1907）：德国哲学家和哲学史家，新康德主义者。主要著作有八卷本《近代哲学史》《斯宾诺莎的生平与性格》。

328. 综合判断（synthetisches Urteil）：康德用语。指判断中宾词概念不包含在主词概念之内，例如"物体是有重量的"的宾词概念不能用分析方法从主词中抽绎出来。综合判断是通过判断使主词原来没有的意义增加进去，使知识有所扩展。这里指先天综合判断（synthetisches Urteil a priori），即具有普遍性和必然性，又能提供真实知识的判断。先天综合判断兼具认识的先天形式与后天经验，因此是知识的基础。

329. 纯粹理性（reine Vernunft）：独立于经验的理性。康德认为，纯粹理性指感性形式的时间空间与知性的十二范畴。

330. 先天的（a priori）：独立于经验的。康德认为先天的形式指不来自经验而独立于经验的形式，例如时间空间的感性形式与十二范畴的知性形式。后天的（a posteriori）指只能从经验中获得的知识。

331. 参见康德《学科之争》第二部分：哲学系与法学系之争。学院版《康德著作全集》第7卷第91页，柏林1968年版。

332. 参见康德《判断力批判》第53节：各种美的艺术相互之间审美价值的比较。学院版《康德著作全集》第5卷第330页。"音乐带有一定程度的缺乏教养"指音乐家演奏音乐影响了邻居的休息和工作。

333. 参见康德《学科之争》第二部分第5～7节。引语出自第7节，学院版《康德著作全集》第7卷第88页。

334. 有所变动的引语出自康德《纯然理性界限内的宗教》第四章第二部分第4节：论信仰事物中良心的指导。学院版《康德著作全集》第6卷第186页。异端裁判官（Ketzerrichter）指异端裁判所（宗教裁判所）的法官。

335. 尼采对康德《纯然理性界限内的宗教》第一章"第二章的总说明与引论"那部分内容的概括。学院版《康德著作全集》第 6 卷第 44 ~ 60 页。重生（Wiedergeburt）是基督教教义之一，参见《以弗所书》第四章"脱去旧人穿上新人"。

336. 参见康德《实践理性批判》第二部分之结束语。学院版《康德著作全集》第 5 卷第 161 ~ 162 页。"第二种景象"指人心中的道德法则。

337. 尼采对康德《实践理性批判》第一部分第 1 卷"对纯粹实践理性的分析论的批判性阐明"部分内容所做的概括。学院版《康德著作全集》第 5 卷第 89 ~ 106 页。

338. 同上。学院版《康德著作全集》第 5 卷第 97 页。

339. 数字（9）指第五章第 50 节第 9 条"一种道德品质的荣誉是如何形成的"。

340. 数字（21）指第五章第 50 节第 21 条"不可知论者"。

341. 数字（18）指第五章第 50 节第 18 条"自哥白尼以来人类遭到了矮化"。

342. 我与你们何干？（was habe ich mit euch zu schaffen）：参见《约翰福音》第二章第 4 行。

343. 绝对命令（kategorischer Imperativ）：康德用语。指人的行为所必须遵守的道德规律。

344. 需要的唯有一件事（Eins thut not）：参见《路加福音》第十章第 42 行。"一件事"指崇奉上帝。

345. 你若追求上帝之国……（trachte nach dem Reiche Gottes...）：参见《路加福音》第十二章第 31 行。

346. 数字（8）指本书第五章第 50 节第 8 条"教育的谎言"。

347. 陀思妥耶夫斯基对囚犯的评价（Urteil Dostoijewsky's über die Verbrecher der Gefängnisse）：陀思妥耶夫斯基认为，西伯利亚囚犯是俄国人中最坚强、最卓越的人。参见他的作品《死屋手记》《地下室手记》和他写给哥哥米哈伊尔的书信。另参见尼采《偶像的黄昏》第九章"一位不合时宜者的漫游"第 45 条。

348. 帕尔纳斯派（les Parnassiens）：1866 年在巴黎成立的法国诗人团体，以诗歌丛刊《当代帕尔纳斯》得名。代表人物有李勒、埃雷迪亚、邦维尔、孟载斯、苏利·普吕多姆等。他们反对浪漫派的多愁善感，强调客观严谨、形式完美，主张"为艺术而艺术"。

349. 犬儒（Cyniker）：犬儒学派成员。犬儒学派是古希腊小苏格拉底学派之一，其主要代表西诺帕的第欧根尼被称为"犬"。第欧根尼认为动物是人类生活的典范，他要求人回归自然，以最简单的方式满足人的自然需求就能获得幸福。

350. 门德尔松（Felix Mendelssohn，1809—1847）：德国作曲家，作有交响序曲《美丽的梅露西娜》《苏格尔山洞》《吕伊·布拉斯》和清唱剧《圣保罗》等。他兼具古典主义修养和浪漫主义志趣，其文学造诣赋予他的作品以诗意的风雅。尼采认为瓦格纳是门德尔松的模仿者。

351. 原文为法语。

352. 梅耶贝尔（Giacomo Meyerbeer，1791—1864）：德国作曲家，主要在巴黎工作。与剧作家斯克里布合作，创作法国大歌剧。作有歌剧《恶魔罗勃》《胡格诺教徒》《非洲女郎》等。尼采对莫扎特、门德尔松和梅耶贝尔的评论混用了德语和法语。

353. 意大利早期的大师（die ersten italienischen Meister）：指前文艺复兴画家契马布埃、杜乔和乔托（Giotto，1267—1337）等人。尼采对现代画家的评论混用了法语和德语。

354. 尼采对欧洲人现状的分析同样混用了德语和法语。

355. 甜蜜的长篇小说（zuckersüße Romane）：指 17 世纪的田园小说，著名的有法国作家于尔菲的《阿丝特蕾》和德国作家泽森（Philipp von Zesen，1619—1689）的《罗泽蒙德》。尼采的今昔对比亦混用了德语和法语。

356. 德拉克洛瓦（Eugene Delacroix，1798—1863）：法国浪漫主义画家，画作有《沙尔丹纳帕勒之死》《自由女神领导人民》等。尼采论德拉克洛瓦的原文为法语。

357. 安格尔（Dominique Ingres，1780—1867）：法国画家。画作有《皇帝宝座上的拿破仑》《土耳其浴室》《泉》等。

358. 韦尔内（Horace Vernet，1789—1863）：法国浪漫主义画家。画作有《奴隶市场》《耶拿战役》等。

359. 省略的部分可由本书第二章第 194 节司汤达的原话补充。

360. 德布罗斯（Charles De Brosses，1709—1777）：法国法学家、语文学家，百科全书派成员。自 1741 年起任第戎高等法院院长。著有《偶像崇拜》等书。德布罗斯说的话是法语。罗穆卢斯（Romulus）乃传说中罗马城的创建者，罗马王政时代的第一位国王。

361. 费内隆（François Fénelon，1651—1715）：法国文学家，天主教大主教。著有小说《泰雷马克历险记》。

362. 夏多布里昂（René Chateaubriand，1768—1848）：法国浪漫主义作家，著有《墓畔回忆录》。

363. 拉马丁（Alphonse de Lamartine，1790—1869）：法国浪漫主义诗人，代表作为《沉思集》。索伦托（Sorrent）为意大利南部小城。波西利普（Posilipp）为那不勒斯海滨的丘陵地带。

364. 古代（antiquité）：指古希腊罗马时代。雨果说的话为法语。

365. 戈蒂埃（Théophile Gautier，1811—1872）：法国诗人，其创作由浪漫主义转向唯美主义。著有小说《模斑小姐》和诗集《珐琅与玉雕》。

366. 原文为法语。

367. 原文为法语。

368. 亨利四世（Heinrich IV，1553—1610）：法国波旁王朝第一代国王（1589—

1610），1598 年颁布南特赦令，结束胡格诺战争，使法国走上繁荣。

369. 让娜·达尔布雷（Jeanne d'Albret，1528—1572）：纳瓦拉王国女王
（1555—1572），胡格诺教徒的精神领袖和政治领袖。

370. 欧比涅（d'Aubigné，1552—1630）：法国作家。在胡格诺战争中追随
新教领袖亨利四世。著有诗集《悲歌集》和史书《1500 年至 1601 年世界史》。

371. 原文为法语。欧洲在 16 世纪进入近代，其总特征是生活节奏加快。

372. 原文混用法语和德语。

373. 十字军东征（Kreuzzüge）：西欧封建主、意大利商人和天主教会对东
部地中海沿岸地区发动的侵略性远征，前后共八次，历史近两百年（1096—
1291）。

374. 个体化（Individuation）：世界意志客体化为个别存在者。

375. 善（das Gute）：柏拉图认为道德是神把"善的理念"安放到人们灵魂中
的结果，他把灵魂中的理性称作善，贬低激情和欲望。基督教认为善是上帝意
志的表现，其伦理观基础是登山宝训和平原说教。

376. 理解一切即原谅一切（tout comprendre c'est tout pardonner）：大概出
自斯塔尔夫人的小说《柯丽娜》。参见本书第一章第 42 节。

377. 为艺术而艺术（L'art pour l'art）：唯美主义者主张艺术没有明确的意图，
艺术不追求社会目的，艺术以自身为目的。尼采在此想到的是戈蒂埃和波德莱
尔等法国颓废派。

378. 马可·奥勒留（Mark Aurel，121—180）：古罗马皇帝（161—180），
斯多葛派哲学家，著有《沉思录》。

379.《人性的，太人性的》第二篇（MA2）：参见《人性的，太人性的》下卷
第二篇《漫游者和他的影子》第 350 条。

380. 离开城邦（Auswanderung aus der Polis）：柏拉图出身于雅典亲民主政体
的贵族世家，后来他开始批判民主政体。苏格拉底于公元前 399 年被处死后，
柏拉图离开雅典去麦加拉和埃及等地讲学，并先后三次去叙拉古，试图在叙拉
古实现其政治理想。

381. "环境"理论（Theorie vom "milieu"）：法国文艺理论家泰纳（1828—
1893）认为，艺术创造和审美趣味的发展取决于种族、环境、时代三种因素。
环境指社会环境和自然环境。

382. 卢奇利乌斯（Lucilius，约前 180—前 102）：古罗马讽刺诗人，著有《闲谈集》
30 卷，现仅存 1200 余行。卢奇利乌斯的诗句为拉丁语，参见 Marx 编辑的《闲
谈集》第 1340 条。

383. 米南德（Menander，约前 342—前 291）：古希腊新喜剧诗人，流传下来
的完整剧本有《恨世者》《萨摩斯女子》以及残剧《公断》等。米南德的单行
诗为古希腊文，参见 Siegfried Jaekel 编辑的《米南德单行诗与格言集》第 66 条。
首先将卢奇利乌斯与米南德的诗句加以对照的是意大利学者斯卡利杰（Scaliger，

1484—1558）。

384.《权力意志》的写作计划。

385.《权力意志》的写作计划。

386. 卡莱尔（Thomas Carlyle，1795—1881）：英国历史学家和作家，加尔文宗教徒，深信上帝赋予的使命和"神圣的理念"。著有《法国大革命》《论英雄、英雄崇拜和历史上的英雄事迹》等。

387. 灵魂（Seele）：基督教所相信的一种先于人的肉体存在的、能主宰人的肉体的超自然体。据《创世记》，人的灵魂来自上帝的吹气。人死后灵魂继续活着，得到基督救赎者可升天堂享永福，未得救赎者下地狱。

388. 选择自由（liberum arbitrium）：即意志自由，人有选择行善或选择作恶的自由。亚里士多德认为，人的意志有能力选择和决定自己的行为，人必须为自己的行为负道德责任。康德、黑格尔和萨特等人的观点与此类似。

389. 关于《权力意志》。

390. 两件事物：我们头上的星空和我们心中的道德法则。

391. 偶性（Accidens）：偶有属性，与"本质属性"相对。指一类中的某些对象所具有而不为该类对象都具有的属性。例如"有语言、有理性、能制造和使用工具的动物"是人类的本质属性，不同的肤色、毛发、语言和风俗习惯则是偶有属性。

392. 这个计划是尼采的妹妹伊丽莎白和霍尔内费尔编纂的《权力意志》第一版（1901）与伊丽莎白和加斯特编纂的《权力意志》第二版（1906）的根据。

393. 拉罗什福科（La Rochefoucauld，1613—1680）：法国伦理学家。他认为自爱是导致种种恶习的根源，自私会瓦解美德。著有《回忆录》《箴言录》。

394. 特奥多尔·弗里茨（Theodor Fritsch，1852—1933）：德国作家，反犹主义者，与尼采的妹夫伯恩哈德·福斯特关系亲密，1924 年成为帝国议会议员，为一个民族社会主义党团代言。主编了宣传品《反犹通信》，著有《犹太人问题手册》（1887年首版）。1887 年 3 月 23 日和 29 日，尼采给弗里茨写了两封义正词严的回信，驳斥了他的反犹主义主张。于是弗里茨开始公开抨击尼采。

395. 爱比克泰德（Epictet，约 55—135）：古罗马哲学家，晚期斯多葛派代表之一。著有《手册》《爱比克泰德谈论集》。

396. 实践理性（praktische Vernunft）：亚里士多德认为，实践理性是人与生俱来的认知能力，它是与人的生存选择和决定相关的认知，它决定人的道德活动，确定人的价值判断。康德亦有类似表述。

397. 确知（Gewißheit）：对美德的知识的确知。苏格拉底和柏拉图认为，美德本身就是幸福，美德即知识，知识是领悟神的训示（苏格拉底）或对善本身的回忆（柏拉图）。基督教认为，人具有信仰、希望和博爱的美德就得到了幸福。

398. 受到误导的色情（falsch geleitete Erotik）：指某些修女把耶稣想象成新郎。

399. 波旁博物馆（museo Borbonico）：即那不勒斯国家考古博物馆，由波旁王族的查尔斯在 18 世纪后期建造，富藏古希腊雕塑与庞贝、赫库兰尼姆两座古城的出土文物，其中有柏拉图画像。

400. 异教（Heidentum）：此处指基督教以外的宗教。

401. 与第九章相应的尼采手稿代号为 WII 1，该手稿全名为《四开本笔记本。142 页。计划、段落和残稿》（1887 年秋）。尼采对绝大部分残稿进行了逐一编号，共编定了 136 个号数。正文中的数字（1）指的就是尼采的编号。

402. 怀疑主义（Scepticismus）：对客观世界和客观真理能否被人们认识表示怀疑的哲学学说和体系。古代的怀疑主义者以皮浪为代表，近代以伊拉斯谟为代表，现代以休谟和康德为代表。独断论（Dogmatismus）则武断地认为人可以认识现实世界和真理，主张单凭理性认识就可以发现宇宙的真相，它在现代的代表就是莱布尼茨和沃尔夫。

403. 查理大帝（Karl der Große，742—814）：法兰克王国国王（768—800），查理帝国皇帝（800—814）。身为法兰克人被教皇利奥三世加冕为"罗马人的皇帝"。在位期间出现加洛林王朝的文艺复兴。

404. 此节被尼采本人删掉了。

405. 《论道德的谱系》的续篇计划。

406. 利希滕贝格（Lichtenberg，1742—1799）：德国物理学家、作家，著有《格言集》《博物学讲稿》。

407. 格拉西安（Baltasar Gracián，1601—1658）：西班牙作家、道德神学家。著有《谋略书》《批评家》。

408. 加利亚尼（Ferdinando Galiani，1728—1789）：意大利经济学家。著有《货币论》。

409. 乔治·艾略特（George Eliot，1819—1880）：英国女作家。著有长篇小说《亚当·比德》等。

410. 德尔图良（Tertullianus，约 155—240）：古罗马基督教神学家。著有《论基督的肉体》等。

411. 参见《马太福音》第七章第 1 行。判断（richten）指评价。

412. 永福（Seligkeit）：信基督的义人的灵魂得到基督的拯救升入天堂，获得永生。

413. 那个人（der Mensch）：指基督。

414. 普鲁塔克（Plutarch，约 40—120）：罗马帝国时期希腊传记作家。著有《希腊罗马名人传》《道德论集》。

415. 在尼采妹妹编纂的《权力意志》第二版中被任意分割为第 150 条和第 381 条。

416. 《效法基督》（*Imitatio Christi*）：肯姆彭（Thomas von Kempen，1380—1471）撰写的灵修著作。孔德（Auguste Comte，1798—1857）是法国哲学家、实证主义创始人。第 24 节被尼采本人删掉了。参见《偶像的黄昏》第九章"一位不合时宜者的漫游"第 4 节。

417. 绝对命令（kategorischer Imperativ）：康德用语。指人的行为所必须遵守的道德规律。第27节在《权力意志》第二版中被任意分割为第880条和第946条。

418. 此节中断了。参见本书第九章第65节。拜罗伊特人（Bayreuther）指瓦格纳及其信徒。

419. 在《权力意志》第二版中被任意分割为第23条、第2条、第22条和第13条。

420. 存在（Sein）：一切物质现象和精神现象的实存。唯心主义哲学家认为，存在乃是与变易的现象世界相对立的本体。色诺芬尼在运动变化的现象世界之外，另设了一个不动的神作为宇宙的本原。柏拉图认为，存在就是不变的理念世界，以此和变易的可感世界相对立。亚里士多德认为，哲学的研究对象是"作为存在的存在"，即最一般的不变的存在。斐洛认为，真存在仅限于上帝。托马斯·阿奎那认为，世界的本质或实体就是神。

421. 种概念（Artbegriff）：下位概念。如果有这样两种概念，其中一个概念为另一个概念所包含，那么前者称为种概念，后者称为属概念（Gattungsbegriff），例如"诗人"是"文学家"的种概念，"文学家"则是"诗人"的属概念（上位概念）。

422. 1876年首届拜罗伊特歌剧节举行，此时的瓦格纳已成了一个颓废者，而尼采已经在思想上与瓦格纳彻底告别了。早在1873年，尼采就宣称他要为自己"选择一种自由"，准备脱离瓦格纳。

423. 意志（Wille）：作为自在之物的"宇宙意志"，即"生命意志"。叔本华认为生命意志是世界的本质，它是"不能遏止的盲目的冲动"，是不断的欲求。

424. 二元（Zweiheit）：《权力意志》第二版第1005条将"二元"误写成"自由"（Freiheit）。

425. 位格（Person）：人格化的神性实体，例如基督教的三位一体（圣父、圣子、圣灵）。

426. 这篇残稿在《权力意志》第二版中被任意分割为第901条和第27条。第三部论著（dritte Abhandlung）指的是《论道德的谱系》续篇，参见本书第九章第10节。

427. 奥古斯特·孔德（Auguste Comte，1798—1857）认为，在工业阶段资本家和银行家是社会的经济领袖和政治领袖，实证主义哲学家则是精神领袖。

428. 参见《偶像的黄昏》第九章"一位不合时宜者的漫游"第33节。

429. 斯图亚特·穆勒（Stuart Mill，1806—1873）：英国哲学家，实证主义者和功利主义者。穆勒认为，功利主义的目的在于实现一种尽量免除痛苦、尽量享受感性和理性快乐的生活。著有《功利主义》等书。本节中穆勒的言论出自他的著作《奥古斯特·孔德和实证主义》。

430. 参见本书第九章第123节，另参见《偶像的黄昏》"格言与箭"第2条。

431. 真相（Wahrheit）：指人生毫无意义。

432. 萨提尔（Satyr）：古希腊神话中好色的森林之神，酒神的侍从。

433. 路易·菲利浦（Louis Philippe，1773—1850）：法国国王（1830—

1848）。1830年七月革命后登基，建立七月王朝，镇压工人和民主运动，1848年二月革命后逃亡英国。

434. 参见本书第二十章第90节和第130节。

435. 失望（Enttäuschung）：悲观主义者认识到人生是痛苦的和毫无意义的，因此对人生感到失望。

436. 按照第十二章第1节的分类，本节属于"好的表达方式"。参见第二十章第92节、第93节、第140节、第138节、第139节、第95节、第137节。这些格言是尼采从他早期的《查拉图斯特拉》笔记本中收集的（参见科利版《尼采全集》第10卷，1883—1884年）。

437. "我"（Ich）：此处是指精神实体、个体灵魂。

438. 如其所是的世界（die Welt，wie sie ist）：指现实世界即变易者的世界。

439. 应该存在的世界（die Welt，wie sie sein sollte）：指理想世界或理念世界即存在者的世界。

440. 哲学家（Philosophen）：指柏拉图和康德那样的形而上学家。

441. 自在的世界（Welt an sich）：指常住不变的自体和整个宇宙现象界的本原。

442. 绝对的实在（Absolute Realität）：指绝对不变的永恒真理或本体。

443. 自在的存在（Sein an sich）：指法界常住不变的真实相状。

444. 参见《偶像的黄昏》第九章"一位不合时宜者的漫游"第7节。

445. 敌基督者（Antichrist）：基督的敌人（魔鬼），指基督教的反对者。此节文字被伊丽莎白·福斯特-尼采伪造成尼采致伊丽莎白的书信，参见尼采《书信集》第五卷，1888年5月3日尼采致伊丽莎白·福斯特-尼采。

446. 原文为法语。

447. 尚福尔（Nicolas Chamfort，1741—1794）：法国作家，曾为西哀士等人代笔，法国大革命时期属于吉仑特派。著有喜剧《印度少女》和悲剧《穆斯塔法和泽安吉尔》。

448. 摘录自亨利·朱利（Henry Joly）的著作《伟人心理学》（巴黎1883年版）第79页、第66~67页、第64页、第245~246页。尼采藏书。

449. 科利尼（de Coligny，1519—1572）：法国海军上将，宗教战争初期胡格诺派的领袖，在圣巴托罗缪惨案中被查理九世处死。

450. 大孔代（der grosse Condé，1621—1686）：第四代孔代亲王，法国军事领袖，路易十四时代最伟大的将领之一，在西班牙、德国和佛兰德斯赢得多次战役的胜利。

451. 蒙莫朗西（Montmorency）：法国贵族世家，最著名者为蒙莫朗西公爵（Anne de Montmorency，1493—1567）。

452. 拿骚的莫里斯（Moritz von Nassau，1567—1625）：沉默者威廉一世之子，拿骚伯爵，荷兰和西兰执政，奥兰治亲王。指挥荷兰北方联军战胜西班牙总督法尔内塞，于1609年赢得荷兰独立。拿骚的海因里希（Heinrich von

Nassau）是他的弟弟。

453. 蒂雷纳（vicomte de Turenne，1611—1675）：法国军事领袖，路易十四时代的大元帅，采用大胆战略屡次打败德国军队，受到拿破仑的尊敬。

454. 夏洛特·德·蒙莫朗西（Charlotte de Montmorency，1594—1650）：蒙莫朗西公爵亨利一世的女儿，法国国王亨利四世的情妇。

455. 老米拉波侯爵（Der alte Marquis de Mirabeau，1715—1789）：本名维克托·里克蒂，法国经济学家。法国大革命初期政治家和演说家米拉波（comte de Mirabeau，1749—1791）的父亲。老米拉波的怨言原文为法语。

456.《喀提林》（Catilina）：全名为《被拯救的罗马或喀提林》。伏尔泰创作的五幕悲剧，1752 年首演于法兰西喜剧院。伏尔泰的话原文为法语。

457. 摘录自亨利·朱利的著作《伟人心理学》第 240 页。布封（comte de Buffon，1707—1788）是法国博物学家，著有《自然史》。布封的话原文为法语。

458. 摘录自亨利·朱利的著作《伟人心理学》第 260 页。尼采于 1888 年夏增补。

459. 参见《敌基督者》第 48 节，尼采于 1888 年夏修改。

460. 生命树（Baum des Lebens）：据《创世记》记载，生命树和知善恶树是伊甸园中两棵最重要的树，吃了生命树上的果子可以永生。亚当、夏娃吃了知善恶树上的禁果之后有了知识，上帝不愿意他们再去吃生命树上的果子，于是把他们永远逐出伊甸园。

461. 感伤主义（Empfindsamkeit）：18 世纪起源于英国的欧洲文艺思潮，其特征为感情充沛、感时伤世、悲观厌世。代表作品为斯特恩的《感伤旅行》、理查逊的《帕梅拉》和歌德的《少年维特之烦恼》。

462. 自然（Natur）：指人的自然本性和自然欲望，与道德相对。

463. 参见《偶像的黄昏》第一章"格言与箭"第 15 条。为后世创作者（Die Posthumen）指伟大的、不合时宜的文学家、艺术家或政治家，他们的作品或功业不被时人理解，但也许能得到后人的理解。

464. 莎士比亚的历史剧《理查三世》第一幕第 1 行。

465. 歌德的悲剧《浮士德》第二部第 6687～6688 行，梅菲斯特对瓦格纳教授的评价。尼采的引用不太准确。

466. 歌德的悲剧《浮士德》第一部第 3536 行，浮士德对梅菲斯特的评价。尼采的引用不太准确。

467. 不可靠的衍文。

468.《论道德的谱系》的续写计划。1887 年出版的《论道德的谱系》共三篇。第一篇："善与恶""好与坏"。第二篇："罪""良心不安"及其他。第三篇：何为禁欲的理想？

469.《附录和补遗》（Parerga und Paralipomena）：叔本华的哲学论文集，共两卷，首版于1851年。尼采引用的是弗劳恩斯泰特（Julius Frauenstädt，1813—1879）编辑的版本Parerga und Paralipomena. Kleine Philosophische

Schriften. Berlin：Hahn. 1862。

470. 自在（An-sich）：作为自在之物的宇宙意志（生命意志）。宇宙意志直接客观化为理念，然后间接客体化为个体或事物。

471. 一条线（Eine Linie）：指叔本华唯意志论的基本构架，即宇宙意志—理念—个体。

472. 参见《敌基督者》第 46 节。

473. 税吏（Zöllner）：罗马统治犹太时，设税吏征税。犹太省的税吏是罗马帝国的征税人，例如耶稣的使徒马太就是税吏。耶稣认为纳税是犹太人的世俗义务："该撒的物当归该撒，上帝的物当归上帝。"

474. 法利赛人（pharisäer）：犹太人中的律法师和文士，主张恪守律法。《圣经》称他们为伪善者。

475. 彼拉多（Pilatus）：罗马皇帝提比略派驻犹太的巡抚，任职时间在公元26—36 年。犹太祭司捉拿到耶稣之后，把他押解到彼拉多那里，彼拉多把他交给了加利利王希律，希律戏弄了耶稣之后，又把他交给了彼拉多。参见《约翰福音》第十八章第 37 ~ 38 行，第十九章第 22 行。此节的最后两段在伊丽莎白编纂的《权力意志》第二版中被任意删除了。

476. 所写的（α γεγραφα）：彼拉多在一个木牌上写下了耶稣的罪名："拿撒勒人耶稣，犹太人的君王。"参见《约翰福音》第十九章第 19 行。

477. 存在者的幻觉（Täuschung des Seinenden）：由于某种变易者变化非常缓慢，因此我们把它看成不变者（存在者）。

478. 关于续写《论道德的谱系》。参见本章第 83 节。

479. 第 91 节在《权力意志》第二版中被任意划分为第 552 条和第 533 条。

480. 决定论（Determinismus）：认为世界上一切事物普遍存在着因果制约性、必然性和规律性的哲学学说。培根、霍布斯、斯宾诺莎和霍尔巴赫等人坚持以因果关系为基础的唯物主义决定论，尼采则持非决定论。

481. 合目的性（Zweckmäßigkeit）：事物本身具有的符合其目的的性质。合目的性在生物世界表现为生物有机体对环境的适应性，在人类活动领域则表现为人通过有目的的活动自觉地改变环境。生物世界的合目的性曾被目的论用来证明造物主的存在。

482. 原文为拉丁语 omne illud verum est， quod clare et distincte percipitur。出自笛卡尔的著作《第一哲学沉思集》的第三沉思。

483. 李普曼（Otto Liebmann，1840—1912）：德国哲学家，新康德主义的奠基者，著有《康德及其模仿者》《论哲学传统》等书。

484. 马格尼（Magny）：19 世纪末巴黎的一家文人咖啡馆，许多文学家、艺术家、科学家和记者在此聚会清谈，其中有戈蒂埃、圣伯夫、莫泊桑、龚古尔兄弟、福楼拜和屠格涅夫。

485. 决疑学（Casuistik）：伦理学的分支，它根据一种戒律体系来规定实际生活中的正确行为。

486. 矛盾律（Satz vom Widerspruch）：在同一思维过程中，一个思想的存在及其否定，不可能都是真的，其中必有一个是假的，换言之，思想必须首尾一致，不允许自相矛盾。

487. 谓项（Prädikat）：一个判断中用于断定主项属性的概念或词语。例如在"科学技术是生产力"这一判断中，"科学技术"是主项，"生产力"是谓项，"是"则是联项。

488. 偶性（Accidens）：事物的偶有属性，与"固有属性"相对。

489. 参见《偶像的黄昏》第九章"一位不合时宜者的漫游"第15节。

490. 参见《偶像的黄昏》第九章"一位不合时宜者的漫游"第15节和本章第99节。

491. 米诺陶洛斯（Minotauros）：古希腊神话中一牛首人身魔怪，被克里特王弥诺斯关在代达诺斯建造的迷宫中，雅典人每年必须送七对童男童女供其食用，后被雅典王忒修斯杀死。

492. 本节在《权力意志》第二版中被任意分割为第37条、第35条和第26条。

493. 因何流泪（warum sind die Tränen？）：一首著名的德语歌曲，词作者为奥维贝克（Christian Adolph Overbeck，1755—1821），曲作者为舒尔茨（Johann Philipp Schulz，1773—1827）。

494. 伏尔泰所说的话，原文为法语。出自加利亚尼（Ferdinando Galiani，1728—1787）的通信集《致埃皮奈夫人、伏尔泰、狄德罗和格林等人的书信》（欧仁·阿瑟编，两卷本，巴黎1882年版）。

495. 参见《偶像的黄昏》第九章"一位不合时宜者的漫游"第7节。

496. 按照自然（nach der Natur）：龚古尔兄弟要求艺术家客观地描摹自然，以自然规律尤其是生理学规律来解释人的现实生活。参见《龚古尔兄弟日记》前言第VIII页："我们不再是我们的乐器的主人，也就是说，我们只是按照自然对音符进行极不完善的编辑而已。"

497. 马黛茶（Maté）：用巴拉圭冬青叶煎制的饮料。巴拉圭冬青是一种灌木，叶子常绿，叶缘有锯齿。

498. 羊人剧（Satyrspiel）：古希腊戏剧中由森林之神萨提尔担任合唱队领唱的滑稽剧，作为悲剧三部曲后的附加剧。

499. 忒修斯（Theseus）：古希腊神话中的阿提卡英雄，雅典王。曾前往克里特岛迷宫，得到公主阿里阿德涅之助，循着线团之线找到魔怪弥诺陶洛斯并把它杀死。他允诺把阿里阿德涅带回故乡，娶她为妻，途经纳克索斯岛时又把她抛弃。后来酒神狄俄尼索斯娶她为妻。

500. 参见《偶像的黄昏》第九章"一位不合时宜者的漫游"第48节。

501. 尼采于1887年秋所写的论艺术的文字，1888年夏被改写为《偶像的黄昏》第九章"一位不合时宜者的漫游"第24节。

502. 奥林匹斯神（Olympier）：古希腊神话中奥林匹斯山上的十二神之一，指伟人或巨匠。多重的人（der vielfache Mensch）指多面手。

503. 参见《偶像的黄昏》第九章"一位不合时宜者的漫游"第 48 节。

504. 皇储（Kronprinz）：皇帝威廉一世的独生子腓特烈三世（Friedrich III,1831—1888）患有喉癌，1888 年 3 月 9 日继承皇位，在位仅九十九天即去世。

505. 故国（Land）：指人的天性和自然欲望。

506. 参见本章第 52 节，另参见《偶像的黄昏》第一章"格言与箭"第 2 条。

507.自然（Natur）：卢梭认为，远古时代人类的天性是纯洁的，原始人处于淳朴、天真、平等和自由的自然状态。私有制和富人对穷人的统治摧毁了这种美好的状态。

508. 在《权力意志》第二版中被任意分割为第 82 条和第 10 条。

509.《权力意志》的写作计划。参见本章第 164 节。

510. 指文化斗争（Kulturkampf, 1871—1887）：即普鲁士新教国家和天主教会之间的权力斗争，斗争的起因是 1869 年梵蒂冈公会议宣布"教皇永无谬误"。俾斯麦在民族自由党和新教徒的支持下颁布了《五月法令》，力图加强现代国家权力，由于天主教徒和教士的抵抗而失败。

511. 万军之神（Gott der Heerscharen）：《旧约》对上帝的称呼。表示上帝是万物的主宰和邪恶势力的征服者。

512. 原文为法语。

513. 奥古斯坦·蒂埃里（Augustin Thierry, 1795—1856）：法国历史学家，圣西门的学生。著有《第三等级的形成和发展史概论》等书。

514. 蒙洛西埃（Reynaud de Montlosier, 1755—1838）：法国政治家和历史学家，著有《法国大革命、执政府、帝国和波旁王朝复辟回忆录》。蒙洛西埃所说的话原文为法语，出自保尔·阿尔贝的著作《19 世纪的法国文学》（巴黎 1876 年版），第 17 页及下页，尼采藏书。

515. 赫拉克利特残篇第 46 条，参见狄尔斯（Hermann Diels）编辑的《前苏格拉底哲学家残篇集》第 68 页，魏德曼书局 1906 年版。

516.尼采的原文为"产生"（Entstehung），《权力意志》第二版错误地把它改成"爆发"（Entladung）。

517. 征引不明，不知何书。《权力意志》第二版第 727 条略去了这一点。

518. 鳞片和平板（Schuppen und Platten）：指铠甲中的鳞甲和板甲，羽毛和毛发（Feder und Haare）指骑士头盔上的头饰。

519. 佩特罗尼乌斯（Gaius Petronius, ？—66）：古罗马作家，尼禄的廷臣。著有长篇讽刺小说《萨蒂利孔》。

520. 形式（Form）：在柏拉图哲学中，形式指理念（作为原型的一般概念）。亚里士多德认为，形式不仅是事物的普遍本质，而且是事物所要达到的目的，是诱发事物趋向目的的动力因，而质料只是实现目的的潜能，一个完全没有质料的纯形式就是神。

521. 参见埃曼努埃尔·赫尔曼（Emanuel Hermann）的著作《文化与自然》（柏林 1887 年版）第 81 ~ 87 页，尼采藏书。

522. 伪足（Pseudopodien）：不具硬性表膜的原生动物细胞质的暂时性突起，有运动和摄食等功能。

523. 例外类型（Ausnahme-Art）：特立独行者和奇人。常规（Regel）指普通人和庸人。

524. 异常需求（abnorme Bedürfnisse）：指女权主义者的各种不正常需求。在《权力意志》第二版第 894 条中，伊丽莎白·福斯特-尼采添加了"对于博学"（zur Gelehrsamkeit）这一衍文，将它篡改为"对于博学的异常需求"。

525. 道德自由（moralische Freiheit）：人们独立自主地进行道德选择（选择行善或选择作恶）和道德决定的能力。康德认为在现实生活中道德与幸福不能两全，有道德的人不一定幸福，幸福的人不一定有道德，因此必须假设灵魂不朽和上帝存在，从而在超验的道德世界中实现至善（道德与幸福的统一）。

526. 诡辩术（Sophistik）：普罗泰戈拉和高尔吉亚等智者派所传授的能言善辩的本领，包括修辞学、演说术和政治法律等方面的实用知识。柏拉图骂趋向诡辩的智者派为贩卖知识的商人。

527. 古典（Classisch）：古典与浪漫的对立源于歌德："古典是健康的，浪漫是病态的。"古典文学的艺术特征是肃穆宁静，清晰明朗，优雅庄重，和谐完善。它塑造的是肉体与灵魂和谐平衡的"完整的人"。

528. 地中海化（mediterranisiren）：法国化（法国属于地中海国家）。尼采喜欢比才和奥芬巴赫等人的音乐，其作品充满了活力与欢乐。

529. 培根（Francis Bacon, 1561—1626）：英国哲学家，著有《论科学的价值和发展》《新工具》等。19 世纪中叶有些学者鉴于莎剧反映的知识面之广，因而认为莎士比亚剧本的作者是培根。

530. 后倚音（Nachschlag）：任何一个或数个附加在另一音符之后的装饰音符。喻指叔本华哲学乃是 18 世纪思想的余波。革命(Revolution)指的是 1848 年革命。

531. 墨西拿（Messina）：意大利港口城市，位于西西里岛东北岸。尼采曾在此创作了组诗《墨西拿牧歌》（1882）。

532. 冈萨加堡（Fort Gonzaga）：墨西拿城外西西里王国时期的古堡，建成于 1545 年，作为军事要塞沿用至 1973 年。

533.1784 年 11 月 11 日歌德致克内贝尔的信件。

534.兽性主义（Animalism）：一种主张人不过是兽的理论，它突出人的动物性（食欲、性欲等）的运动。

535. 回到康德的运动（Rückbewegung auf Kant）：19 世纪下半叶流行于德奥英法等国、以复活和重新解释康德哲学为特征的新康德主义。影响最大的是以柯亨为代表的马堡学派和以文德尔班为首的弗赖堡学派。他们都肯定康德提出的主体创造客体的理论，反对对自在之物做唯物主义解释，而把它当作认识"设定极限"（Grenzen setzen）的极限概念。自在之物处于人所认识的现象界的彼岸，它是不可认识的。

536. 歌德关于斯宾诺莎的言论（Goethe über Spinoza）：参见本章第 176 节。

537. 1888 年夏修改。参见《偶像的黄昏》第九章"一位不合时宜者的漫游"第49 条和第 50 条。

538. 波尔罗亚尔（Port Royal）：法国巴黎附近的天主教西多会女隐修院，17 世纪詹森主义者的活动中心，最著名的学者为帕斯卡尔。"爱表现自己"（Sich-produzieren）指的是卢梭等人。

539. 阿尔菲耶里（Vittorio Alfieri，1749—1803）：意大利诗人、剧作家。著有悲剧《克莉奥佩特拉》《腓力》等。

540. 自然（Natur）：远古时代人的自然天性。卢梭认为原始人（自然人）淳朴、天真、无知、平等而自由，没有受过文明的污染。

541. 图尔内（Tourney）：1758 年，伏尔泰在毗邻瑞士的法国边境购买了两处庄园，一处叫作图尔内，另一处就是费尔奈（Ferney）。

542. 原文为法语。

543. 贝尔（Marie-Henri Beyle，1783—1842）：法国作家司汤达的原名。司汤达为笔名。

544. 为《权力意志》前言而写的笔记，其中的一部分修改于 1888 年夏。

545. 难以理解的（schwer verständlich）：大八开本《尼采著作集》的文字已是"难以理解的"。尼采的妹妹伪造了 1888 年 10 月底尼采给她的书信，其中的核心句子为"作为原则的权力意志对他（皇帝）而言是可以理解的"。

546. 关于一部诗集？参见《瓦格纳事件》第 2 节。

547. 施蒂夫特（Adalbert Stifter，1805—1868）：奥地利小说家，著有教育小说《晚年的爱情》和历史小说《维提科》。戈特弗里德·凯勒（Gottfried Keller，1819—1890）是瑞士小说家，著有教育小说《绿衣亨利》。这两位小说家都继承了歌德的古典文学传统。

548. 耶稣会主义（Jesuitismus）：耶稣会的思想与行为。耶稣会是天主教新制修会之一，1534 年由西班牙人依纳爵·罗耀拉创立于巴黎。会规包括绝财、绝色、绝意，并要求会士绝对效忠教皇。会士们深入社会各阶层传教，反对宗教改革，介入政治斗争。

549. 参见《偶像的黄昏》第九章"一位不合时宜者的漫游"第 29 节。

550. 参见本书第十五章第 27 节和《偶像的黄昏》第八章"德国人缺少什么"第 5 节。

551. 参见埃曼努埃尔·赫尔曼的著作《文化与自然》（柏林 1887 年版）第 83 页，尼采藏书。

552. 增殖（Fortpflanzung）：变形虫是单细胞生物，通过细胞分裂来增殖（繁殖）。

553. 参见本书第十一章第54节。

554. 参见埃曼努埃尔·赫尔曼《文化与自然》第 74 ~ 75 页，第 85 页。

555. 参见埃曼努埃尔·赫尔曼《文化与自然》第 86 页。

556. 蝴蝶任务（Schmetterlingsaufgaben）：蝴蝶以显花植物为食，并为之授粉。

557. 实体（Substanz）：能够独立存在的、作为世界本原的存在者。柏拉图认为理念是实体，整个现实世界是理念世界的摹本。斯宾诺莎认为，永恒的实体是神或自然。贝克莱只承认精神实体，一类是有限的精神（人的心灵），一类是无限的精神（上帝）。

558. 基质（Substrat）：持恒者，即作为万物本质的实体。

559. 刚果河（Congo）：非洲第二长河，发源于扎伊尔沙巴高原，往西南流入大西洋，全长 4640 公里。

560. 1888 年夏修改。

561. 局限性（Einschränkung）：《权力意志》第二版第 877 条误写成"辩解"（Entschuldigung）。

562. 与本书第十一章第 54 节相关联。

563. 参见《酒神颂歌》"最富有者的贫穷"。

564. 被尼采删掉了。参见《瓦格纳事件》第 3 节。

565. 汤豪瑟（Tannhäuser）：瓦格纳三幕歌剧《汤豪瑟》的主人公。图林根少女指瓦特堡领主的侄女伊丽莎白。

566. 埃申巴赫的沃尔夫拉姆（Wolfram von Eschenbach，1170—1220）：德国诗人，著有宫廷史诗《帕西法尔》和少量骑士爱情诗与破晓歌。

567. 参见《瓦格纳事件》第 2 节。

568. 龙胆酒（Enzian）：用龙胆草的根制作的烧酒，有苦味。

569. 修改于 1888 年夏。

570. 对所有羞耻感的谋杀（ein Attentat auf alle pudeurs）：参见《偶像的黄昏》第一章"格言与箭"第 16 条。

571. 参见本书第九章第 68 节。

572. 出处不明。

573. 非自然化（Entnatürlichung）：摆脱人的自然本能和自然欲望。类似于阳明心学的"存天理，去人欲"。

574. 善功（Werke）：基督教恩宠论用语之一，指善行。

575. 1888 年夏修改。参见《偶像的黄昏》第九章"一位不合时宜者的漫游"第 45 节。

576. 帕奥拉的圣弗兰西斯（François de Paule，1416—1507）：意大利方济各会修士，创立小兄弟会，以谦卑为最高美德。

577. 结尾处删掉了"也许伴随着勃起和射精"。

578. 当古（Carton de Dancourt，1661—1725）：法国剧作家，著有《高贵的公民》《三个表姐妹》等剧作。

579.勒萨日（Le Sage，1668—1747）：法国小说家和剧作家，著有长篇小说《吉尔·布拉斯》和讽刺喜剧《杜卡莱先生》。

580.列雅尔（Jean-Francois Regnard，1655—1709）：莫里哀之后的法国喜剧大师，著有《中国人》《继承人》等喜剧。

581.顺势疗法（Homöopathie）：用同样的制剂治疗同类疾病的疗法。为了治疗某种疾病，需要使用一种能够在健康人中产生相同症状的药剂。简言之，以毒攻毒。

582.宫廷牧师（Hofprediger）：影射德国反犹主义宫廷牧师施托克（Adolf Stöcker，1835—1909）。

583.在《权力意志》第二版第88条中，尼采的妹妹把后三段删掉了。

584.参见《偶像的黄昏》第九章"一位不合时宜者的漫游"第46节。

585.原文为法语。

586.参见《偶像的黄昏》第八章"德国人缺少什么"第2节。

587.犹太人（Jude）：犹太人务实，德国人喜欢玄思。

588.道德标准（der moralische Maaßstab）：判断和评价人们行为是非、善恶、荣辱的尺度。中世纪基督教神学认为道德起源于上帝的意旨，因此把上帝的意志作为判断善恶的标准，把善解释为上帝意志的表现，把恶解释为不信仰上帝。

589.平信徒（Laien）：基督教中没有授"神职"或"圣品"的普通信徒。

590.决定论（Determinismus）：上帝的理性决定世界的道德秩序和人类历史的进程。

591.人格（Person）：自我。尼采推崇思想独立和特立独行。

592.中间产物（Mittelgebilde）：从独立类型与合群类型中衍生出来的第三者。

593.关于1888年1月11日和3月7日勃兰兑斯（Georg Brandes，1842—1927）的来信。

594.参见《敌基督者》第46节。

595.《权力意志》第二版第250条删去了这一段。

596.参见《敌基督者》第44节。

597.不要判断人（richtet nicht）：参见《马太福音》第七章第1行。

598.制度（Institution）：按照稳定模式建立起来的人类共同生活的形式，例如婚姻、家庭。

599.塔列朗（Maurie de Talleyrand，1754—1838）：法国外交家。1797年起历任督政府、执政府、第一帝国和复辟王朝初期的外交大臣。受路易十八任命出席维也纳会议，为法国谋利。

600.原文为法语。

601.宫廷牧师（Hofprediger）：此处同样影射新教宫廷牧师施托克。

602.第二段在《权力意志》第二版第205条中被删掉了。

603. 参见《偶像的黄昏》第一章"格言与箭"第 8 条。

604. 1888 年夏修改。参见本章第 181 节。

605. 被拣选者（Auserwählte）：拣选即"上帝的选择"。上帝以其恩宠选择一部分人将他们从罪恶中拯救出来，并使他们获得永生（永福）。

606. 1888 年夏修改。

607. 迫害（Verfolgungen）：罗马帝国曾因基督徒不信奉罗马旧神，不崇拜皇帝而加以镇压。

608. 在《权力意志》第二版第 321 条中被任意编排了。

609. 维鲁伦男爵培根（Bako von Verulam，1561—1626）：英国哲学家培根，著有《新工具》等书。

610. 引文出自叔本华《作为意志和表象的世界》第二卷第 451 页。原文为拉丁文。

611. 参见叔本华《作为意志和表象的世界》第一卷第 36 节。叔本华认为，天才的使命在于直观永恒的理念。

612. 在《权力意志》第一版和第二版中被删掉了。"更经济一些"（ökonomischer）大概指的是除去惯犯和传染病人。

613. 引文出自叔本华《附录和补遗》第二卷第 323 页。

614. 1888 年夏修改。

615. 庸人（den Mittelmäßigen）：《权力意志》第二版第 746 条错误地将它改成"许多人"（vielen Menschen）。

616. 参见《偶像的黄昏》第一章"格言与箭"第 36 节。

617. 懊悔（Reue）：在基督教神学中指对自己罪孽的懊悔。产生懊悔的原因是害怕上帝的惩罚或羞愧。它表明罪人已开始了摆脱罪恶的进程，它被看成忏悔之前的一个步骤。

618. 原意（Grundbedeutung）：拉丁文"美德"（virtus）一词的原意为"雄强""男子汉气概"。

619. 1888 年夏修改。

620. 古代人（antiker Mensch）：古希腊人和古罗马人。

621. 1888 年夏修改。

622. 结尾删掉了一句话："坦率地说，而且是用基督教的措辞！"

623. 在《权力意志》第二版第 837 条中被任意编排了。

624. 1888 年夏修改。

625. 斯宾塞（Herbert Spencer，1820—1903）：英国哲学家，实证主义和功利主义的主要代表之一。著有《第一原理》《伦理学原理》等。

626. 1888 年夏修改。

627. 同情（mit leiden）：直译为"共同受苦"。

628. 17 世纪的重大事件有三十年战争（1618—1648），16 世纪的重大事件有德国农民战争（1524—1525）。

629.罗伊特尔（Hermann Reuter，1871—1889）：德国新教神学家和教会史学家。

630. 泰西米勒（Gustav Teichmüller，1832—1888）：德国哲学家，巴塞尔大学哲学教授。

631.1888 年夏修改。

632.艾米尔（Henri Frédéric Amiel，1821—1881）：瑞士作家、哲学家，以一部自我分析的《私人日记》而名世。

633.1888 年夏修改。

634. 自我憎恶（Haβ auf das moi）：暗示尼采经常引用的帕斯卡尔格言"自我总是令人憎恶的"。

635.《权利意志》第一版第 344 条发表了这个由尼采编号和归类的残篇，《权力意志》第二版则未收录。

636. 抛弃财产（Wegwerfung von Hab und Gut）：修道士必须发誓绝财（拒绝拥有财产）、绝色、绝意。

637.1888 年夏修改。

638. 使自己不爱（sich nicht lieben machen）：引文出自帕斯卡尔《思想、残篇和书信集》（1865 年莱比锡版），尼采藏书。

639.上下文缺失。可参见本书第九章第 164 节。

640.1888年夏修改。《权利意志》第二版第211条不准确地发表了第一稿。第一稿原文如下：在最狭隘、最抽象和最非政治的社会中，在秘密结社中，一种基督教的思维方式才有意义。一个基督教国家和一种基督教政治乃是一种无耻的谎言，一个基督教统帅部亦如此，它最终把"万军之神"当作总参谋长。就是教皇统治也从来没有能力搞什么基督教政治……有些宗教改革家如路德搞政治，我们知道，他们和任何非道德主义者或暴君一样恰恰都是马基雅利的信徒。

641.万军之神（Gott der Heerscharen）：参见注释 511。

642.参见《偶像的黄昏》第一章"格言与箭"第 29 条，第 37 条，第 38 条，第 40 条。

643.良心的谴责（Gewissensbiß）：由"良心"（Gewissen）和"咬"（Biß）合成，意思是"内疚"。

644.参见本书第九章第 188 节。另参见《偶像的黄昏》第一章"格言与箭"第26条。

645. 辛普里丘（Simplicius，活动时期在 530 年前后）：古罗马哲学家，新柏拉图主义者。著有《亚里士多德注释集》《爱比克泰德注释》。

646.太幼稚了……奇迹：《权利意志》第二版第411条错误地把这句话删除了。

647. 天启（Offenbarung）：上帝的启示。上帝与人类之间所发生的超自然的直接沟通，以表明上帝的本性或意愿。

648.1888 年夏修改。

649. 终极原因（die letzten Gründe）：基督教认为上帝是人和万物存在的终极因，即亚里士多德所说的"第一推动者"。

650. 1887 年秋尼采对原稿进行了修改，然后又把它删除了。

651. 原文为意大利语。

652. 参见《偶像的黄昏》第九章"一位不合时宜者的漫游"第 39 条。

653. 穿凿附会的解释（hineinlegen）：天主教强调婚姻的神圣性与不可分离性："上帝配合的，人不可分开。"

654. 自然（Natur）：人的自然欲望（性欲、财产欲和支配欲）。

655. 1888 年夏修改。《权力意志》第二版第 204 条把尼采的两个稿本混杂在一起。

656. 早期基督教团体（die erste Christengeimeinde）：圣彼得和圣保罗时期的基督教教会。

657. 爱你们的仇敌（Liebet eure Feinde）：据《马太福音》第五章，耶稣在登山宝训中提出了博爱乃至"爱仇敌"的新律法。

658. 你应当爱你的邻人，恨你的仇敌（du sollst deinen Nächsten lieben, deinen Feind hassen）：出自《旧约·利未记》第十九章第 18 行。犹太教所说的"邻人"指的是犹太人，而耶稣所说的"邻人"指的是全人类，不分种族和宗教，不分朋友和敌人。在《路加福音》第十章第 25～28 行中，耶稣指出，承受永生的条件是爱上帝和"爱邻人如同自己"。

659. 牧歌（Hirtenstück）：古罗马诗人维吉尔（Vergilius，公元前 70—前 19 年）写有《牧歌》十章，抒发了他对当时社会政治情况的真实感情，并在第四章中宣告一个婴儿的诞生将带来未来的黄色时代。

660. 阉割主义者（Castratist）：原稿为理想主义者（Idealist）。

661. 塔希提岛（Tahiti）：南太平洋法属波利西亚最大岛屿。原为王国，1842 年成为法国保护国，1880 年沦为殖民地。

662. 行省（Provinz）：公元前 37 年，屋大维扶植希津一世为犹太王。公元 6 年，奥古斯都（屋大维）剥夺了希津·亚基老的犹太王位，把犹太划归罗马帝国的叙利亚行省管辖。135 年，皇帝哈德良镇压了西门领导的起义，屠杀了 58 万犹太居民，并把犹太人逐出巴勒斯坦。

663. 怨恨（ressentiment）：佛教名词为"嗔"。贪、嗔、痴为一切痛苦的根源。

664. 笛卡尔（Cartesius，1596—1650）：法国哲学家，近代理性主义的创始人。他在《沉思集》一书中提出了"我思故我在"的第一哲学原理，并将作为一个在思想的东西的"自我"确定为精神实体。

665. 司汤达论拿破仑（Stendals Wort über ihn）：参见司汤达《拿破仑传》前言第 15 页："我有一种近乎本能的信念，那就是所有权贵在说话的时候，尤其是在写作的时候，都在撒谎。"另参见本书第十一章第 33 节。

666. 参见本书第二十章第 151 节。

667. 参见《偶像的黄昏》第九章"一位不合时宜者的漫游"第 5 条。

668. 乔治·艾略特：参见注释 411。她原本笃信福音教，1841 年结识了自由思想家布雷与海纳尔并阅读了海纳尔的著作《基督教起源的调查》，1842 年年初她宣布不信基督教上帝，但仍宣扬个人的高尚道德。

669. 基督教……超越于人的判断（Das Christentum…Beurteilung）：原稿为："基督教上帝是一位发布命令的神；基督教道德是一道命令；倘若没有上帝人们还能认识善恶，那么人们就不需要上帝了。"

670. 1888 年夏修改。《权力意志》第二版第 916 条以不准确和任意的方式编排了尼采原稿。

671. 参见《偶像的黄昏》第六章"四大谬误"第 6 条。

672. 1888 年夏修改。

673. 中性的（indifferent）：指唯美主义艺术家不关心政治、道德和宗教，只追求艺术的形式美。

674. 教父们（Kirchenväter）：基督教神学上具有权威的早期作家。查士丁、克雷芒和奥利金等被称作希腊教父，他们把哲学当作为基督教教义辩护的工具。德尔图良、哲罗姆和奥古斯丁等被称作拉丁教父，他们把新柏拉图主义融合进基督教教义。

675. 1888 年夏修改。

676. 犬儒特性（das Cynische）：早期犬儒学派主张返归自然，像动物一样生活，强调克制欲望和人格独立。卢梭的"返归自然"则指的是回到原始社会自由平等的自然状态。

677. 居约（Jean-Marie Guyau，1854—1888）：法国哲学家，著有《无义务的道德》《当代美学问题》等书。

678. 蒂埃里（Augustin Thierry，1795—1856）：法国历史学家，曾任圣西门的秘书，其阶级斗争观受到了马克思的称赞。著有《墨洛温王朝时代记事》《第三等级的形成和发展史概论》。

679. 菲叶（Alfred Fouillée，1838—1912）：法国哲学家，著有《力量观念的进化论》。

680. 1888 年夏修改。

681. 伯里克利（Pericles，前 495—前 429）：古雅典政治家，民主派领导人。从公元前 443 到公元前 429 年伯里克利任首席将军的这十五年，史称"伯里克利时代"，为雅典的鼎盛期。

682. 萨沃那洛拉（Savonarola，1452—1498）：意大利宗教改革家，抨击罗马教廷和美第奇家族的统治，于 1494 年领导佛罗伦萨人民起义，后被教皇判处火刑处死。

683. 永福（Seligkeit）：灵魂得到基督的拯救升入天堂同上帝相结合。

684. 永罚（Verdammnis）：犯大罪者和不信福音者，死后灵魂将下地狱受各种极刑，永远不得赦免。

685. 参见《敌基督者》第 45 条。

686. 轻巧手段（leichtes Mittel）：指基督的救赎。

687. 1888 年夏修改。

688. 家庭（Familie）：比喻用法。指流散在外的犹太人形成了一个亲密的集体。

689. 《爱德颂》（*Lied zu Ehren der Liebe*）：保罗创作的歌颂"信、望、爱"的诗歌，其主题为上帝是爱，爱是诸德的灵魂。参见《哥林多前书》第十三章。

690. 塔西佗（Tacitus，56—120）：古罗马历史学家，著有《历史》《编年史》。

691. 在《权力意志》第一版和第二版中被删掉了。

692. 法利赛人（Pharisäer）：公元前 2 世纪至公元 2 世纪犹太人的一个重要派别，其成员以文士、经师和中产阶级为主。宗教上严守律法，维护犹太教传统，政治上不与罗马占领者合作。耶稣批评他们是只说不做的伪君子。

693. 《权力意志》第二版第 172 条发表了这篇遗稿，但做了删节。

694. 世上的盐（Salz der Erde）：参见《马太福音》第五章第 13 行"你们是世上的盐"。指基督徒是防腐剂和社会中坚。

695. 1888 年夏修改。

696. 圣德肋撒(heilige Theresa，1515—1582)：西班牙天主教修女，神秘主义者，倡导加尔默罗会改革运动，在阿维拉建立圣约瑟女隐修院，著有灵修自传《生活》《内心的城堡》等。德肋撒有九个兄弟，其中的几个兄弟后来去了美洲，成了中美洲和南美洲的征服者。

697. 拣选（Auserwähltsein）：上帝的选择。确言之，上帝以其恩宠选择一部分人将他们从罪恶中拯救出来，并使他们获得永生。

698. 1888 年夏修改。

699. 行为（Handlungen）：佛教术语为"业"（Karma）。泛指一切身心活动，包括身业、口业、意业。

700. 所有的生存都毫无意义（alles Dasein aber hat keinen Sinn）：佛教的苦谛。烦恼业因导致众生皆苦。

701. 摆脱善恶（Loskommen von Gut und Böse）：禅宗六祖慧能从"无所住而生其心"的经文中悟出，只有不沉溺于善恶之境，才能保持自性清静，从而见性成佛。

702. 在《权力意志》第二版中被肢解成第 3 条、第 6 条和第 11 条。

703. 这个句子在《权力意志》第二版中被删掉了。

704. 1888 年夏修改。

705. 雅典（Athen）：约 50 年，使徒保罗从马其顿来到雅典，在雅典的亚略巴古山向人们传道，使狄奥尼削和达马黎等人信仰基督教。

706. 此段参见《约翰福音》第三章第 20 ~ 21 行和第 19 行。

707. 而后者只有通过前者才能获得生存权（und...konnten）：在《权力意志》第二版第 202 条中被删掉了。

708. 埃及（Ägypten）：据说柏拉图到过埃及，在那里学习天文学。

709. 1888 年夏修改。参见本章第 164 节。

710. 上帝（Gott）：指超越善恶、充满权力意志、注定成为统治者的超人。

711. 1888 年夏修改。

712. 道德和形而上学的需求（moralisch-metaphysische Bedürfnisse）：康德认为在人世间道德和幸福不能两全，因此必须假定上帝存在与灵魂不灭，从而在来世得到今生善恶的奖赏与惩罚。

713. "权力意志"这个术语第一次出现在尼采笔下，写于 1882 年秋。译自科利版《尼采全集》第 10 卷，第 187 页。

714. 这段文字是尼采对权力意志首次详细说明，写于 1883 年夏。参见科利版《尼采全集》第 4 卷，第 147 页及下页。译自科利版《尼采全集》第 14 卷，第 383 ~ 384 页。

715. 第 3 节、第 4 节、第 5 节写于 1884 年，均未被收入《权力意志》第二版。第 3 ~ 22 节译自科利版《尼采全集》第 11 卷，编号为 26[273]，26[274]，26[275]，34[247]，35[68]，36[21]，36[31]，38[12]，39[1]，39[12]，39[13]，39[14]，39[15]，40[2]，40[50]，40[53]，40[55]，40[61]，43[1]，43[2]。

716. 写于 1885 年夏，尼采在此用自然科学"力"的概念来解释"权力意志"。从此尼采开始比较频繁地论述"权力意志"。

717. 写于 1885 年夏。尼采在此阐明了他早期的权力意志学说：个性化只是一种假象，其背后的真相乃是权力意志。

718. 普罗透斯（Proteus）：古希腊神话中的海神，善于变形。

719. 写于 1885 年夏。尼采借鉴了恩培多克勒的"爱争"说，将权力意志的内部结构看成一种吸引和排斥的游戏。

720. 写于 1885 年夏。此时尼采的权力意志学说已带有形而上学色彩：权力意志成了斯宾诺莎意义上的作为万物内因的神或叔本华意义上的作为世界本质的世界意志。

721. 写于 1885 年 7 月。作为第 1067 条格言，它成了《权力意志》第二版的终曲。尼采在此用形而上学的形象化语言描绘了"作为伟大的世界游戏的权力意志"（萨弗兰斯基语）。参见《善恶的彼岸》第 36 节。

722. 镜子（Spiegel）：喻指心灵。心灵作为世界之镜，从世界内部反映这个世界。

723. 《权力意志》的第一个写作计划，1885 年 8 月制订。

724. 第 12 ~ 15 节都是对《权力意志》第一个写作计划的展开。

725. 菲狄亚斯（Phidias，约前 490—前 430）：古希腊雕塑家，主要作品有雅典卫城的雅典娜铜像和奥林匹亚的宙斯像。

726. 与《权力意志》的第一个写作计划相关。参见第 11 节。

727. 与第 16 节相关。计划中的《权力意志》乃是对世界进行非道德主义解释的尝试。

728. 写于 1885 年 9 月，这个残篇未被收入《权力意志》第二版。尼采在此把权力意志理解成内在于世界的基质（持恒者）。

729. 逻辑真理（logische Wahrheit）：仅依靠一定逻辑系统的逻辑推理即可判定其必然为真的真理。与经验真理相对。

730. 真实的世界（Wahrheits-Welt）：柏拉图的理念世界、康德的自在之物或基督教的彼岸。与我们生活的现象世界相对。

731. 写于 1885 年 9 月。尼采坚称权力意志在自然界和人类社会中的"现时性"（随时在场），权力意志启动了"斗争的游戏"，导致了瞬息万变的权力斗争。

732. 写于 1885 年 9 月，参见第 16 节。尼采在此表达了一种实证主义观点：我们的精神是为我们的价值评判服务的，而价值评判必须符合我们的生存条件，生存条件又可以归结为权力意志。

733. 写于 1885 年秋，参见第 16 节。尼采认为，真善美和理智都是人类权力意志的表现形式。

734. 写于 1885 年秋，参见第 16 节。尼采在此用物理学语言描述了原子之间的权力斗争：权力意志导致了原子的解体与合并。

735. 拉普拉斯（Simon de Laplace，1749—1827）：法国数学家、天文学家和物理学家。著有《概率论的解析理论》《天体力学》。1796 年独立于康德提出了太阳系起源的星云假说。1812 年提出拉普拉斯决定论，其可预见性被当代混沌理论否定。

736. 粒子（Individuum）：原意为"不可分者"。指原子和分子等物质微粒。

图书在版编目（ＣＩＰ）数据

权力意志：全二册 / （德）弗里德里希·尼采著；
贺骥译. -- 上海：上海文化出版社, 2025.6
　　ISBN 978-7-5535-2955-4

　　Ⅰ. ①权… Ⅱ. ①弗… ②贺… Ⅲ. ①尼采(
Nietzsche, Friedrich Wilhelm 1844-1900)－哲学思想
Ⅳ. ①B516.47

中国国家版本馆CIP数据核字(2024)第072157号

Friedrich Nietzsche.

权力意志 下册

1887—1889年遗稿

［德］弗里德里希·尼采 著

贺 骥 译

上海文化出版社

SHANGHAI CULTURE PUBLISHING HOUSE

果麦文化 出品

目　录

第十一章　1887年11月至1888年3月　　　　　　　1

第十二章　1888年初　　　　　　　202

第十三章　1888年初至1888年春　　　　　　　220

第十四章　1888年春　　　　　　　224

第十五章　1888年春　　　　　　　409

第十六章　1888年春夏　　　　　　　493

第十七章　1888年5月至6月　　　　　　　535

第十八章　1888年7月至8月　　　　　　　547

第十九章　1888年9月　　　　　　　556

第二十章　1888年夏　　　　　　　565

第二十一章　1888年秋　　　　　　　610

第二十二章　1888年9月至10月　　　　　　　615

第二十三章　1888年10月　　　　　　　632

第二十四章　1888年10月至11月　　　　　　　648

第二十五章　1888年12月至1889年1月初　　　　　　　668

尼采生平与著作年表　　　　　　　679

《权力意志》（下册）注释　　　　　　　683

第十一章
1887 年 11 月至 1888 年 3 月
1887 年 11 月 24 日于尼斯

1

（301）

如果我是无能之辈，那么我就不应该苛求自己。我们扪心自问：你想**走在前面**呢还是想**为自己而前行**？在第一种情况下我最多只能成为一名牧人，这是群氓最迫切的要求。在第二种情况下我必须与众不同，自觉自愿地为自己而行进，独树一帜，奔向他方。在这两种情形下我都得表现出身手不凡。然而鱼与熊掌，二者不可兼得。

2

（302）

与人凑合，热情好客，这是一种宽宏大量然而很不高贵的行为。从许多遮蔽的窗户和关着的百叶窗那里我认识了那些具有高贵的好客品质的人的灵魂。他们腾出了**最好的**房间，期待着**贵宾**莅临……

3

（303）

我们成为艺术家的代价是：将所有非艺术家称为"形式"的东西视作**内容**和"事情本身"。如此，我们便隶属于一个**颠倒的世界**，因为对我们来说内容（包括我们的生活）从此就成为纯粹的形式了。

4

有一封信使我想起了一些德意志青年，他们是头上长角的[1]齐格弗里德和其他的瓦格纳崇拜者。我对德国人的知足常乐真是钦佩之至！北德的知识分子真是虚怀若谷，《铁十字勋章报》报社的文人也必须对他们百般逢迎。一位局外人有时也会怀疑这个渴望拥有殖民地和非洲之类的土地的年轻帝国是不是已经骤然吞并了霍内欧和婆罗洲[2]这两个闻名遐迩的棕黑色岛屿……

5

如果我和过去的哲学家一脉相承，那么我对过去和未来就没有正确的判断力，我只看到存在者。然而因为没有存在者，所以留给哲人的只是想象中的"世界"。

6

如果我们老是**寻根究底**，那么我们就会走向毁灭。

7

两个春季之间的一条毛虫已经长出了小巧的翼翅。

8

"**向善的动机**"意味着"下台"。

9

（304）

　　圣伯夫³：他一点儿也不像个男子汉。他对一切男性雄杰都怀有一种虚伪的憎恨。他四处游荡，无聊而好奇，诋毁他人。他从骨子里就是一个女人，具有女性的报复欲与感性。女性的感性将他羁留于寺院和其他神秘主义的发祥地附近。有时还使他跻身于圣西门⁴主义者的行列。他还是一个真正的诽谤天才，他极尽诽谤之能事，甚至还会**捧杀人**。只要时机合适，也就是说在所有惴惴不安的听众面前，他会心甘情愿地、优雅而精湛地施展他的本领。当然啦，事后他会对他的听众偷偷地进行报复，这纯属心胸狭隘、卑鄙龌龊的行为。一切极其高尚的人在特殊的情况下肯定会因为自我畏惧而忏悔。而他**从不**畏惧自我！男子汉气概、高傲、完整性和自信心刺激着他的心胸，使他躁动不安。按照今日法兰西精神的要求来看，他真是一位出色的**心理学家**。而法兰西精神也和他一样是一个迟到、病态、好奇、贪婪和"包打听"的角色。法兰西精神和他一样喜欢打探秘密，凭着本能到处结识他人，这种行为方式和狗没有多大的差别（狗以狗的方式也是心理学家）。从根本上来说，圣伯夫是一个贱民，他有着卢梭似的天性，**因此**他也是一个浪漫主义者。——贱民在浪漫主义的旗帜下嘟嘟囔囔，渴求"高贵"。他是一位革命者，可是由于恐惧不得不自制。他在一切强大的事物（诸如舆论、科学院、宫廷和波尔—罗亚尔修道院[5]）面前丧失了自由。他确实对自己感到了厌倦，因此不相信他有存在的**权利**。他是一个从青年时代起就浪费自己的人，他自己也**觉得**浪费了自我而日渐羸弱和衰老。只是由于胆怯，他还日复一日地苟延残喘；他对一切伟大的人与物都怒不可遏，并且反对一切**相信自己的人**。只可惜这种诗人和阴阳人一样并不觉得伟大是一种**强力**。这种人就像那条臭名昭著的蛆虫，不断地蜷缩起来，因为他们时常感到有种伟力正在践踏着他们。他们是毫无标准、没有脊梁和坚定信仰的批评家，他们对林林总总的事物鼓动着世界主义的不信教者的如簧之舌，可是又没有**勇气**承认他们不信教，因此他们臣服于某种不明确的古典主义。他们是一些没有哲学头脑和判断力的历史学家，本能地拒绝接受**整顿**一切大事的任务并给自己戴上了**客观**的面具（这是现代法国最糟的典型）。然而他们在小事上拥有高雅而极致的鉴赏力，这时他们有勇气相信自己并对自己感兴趣（在这一点上圣伯夫和巴那斯派[6]诗人很相似，他们都是蔑视自我、抛弃自我、狡诈而虚荣的现代人）。"法兰西第一帝国皇帝圣伯夫只见过一次。那是在布洛涅[7]，当时他正在撒尿。从此，他是否都在这种姿态下看待和评价所有伟人？"（摘自《龚古尔日记》第二卷第239页）圣伯夫的死敌龚古尔兄弟如是说。

10

颓废派类型

浪漫派

"自由思想家"圣伯夫

戏子

虚无主义者

艺术家

残酷的人

敏感的人

11

在爱情方面，唯一的胜利就是逃跑。——拿破仑

12

狗返回原地来吃自己的呕吐物。

13[8]

哲学家不是生来就是为了相互爱戴的，鹰从不结伴飞行，山

鸫和椋鸟才这样。在高空翱翔，张牙舞爪，这才是伟大天才的一生。——加利亚尼[9]

14

偶然性是命运之父，而且往往是美德之岳父。——加利亚尼

15

既非爱情又非神灵，而是这双重苦恼置我们于死地。——絮利·普吕多姆[10]

16[11]

在乔治·艾略特[12]这个小村姑蹩脚的道德说教中，我总是听到所有初登文坛的女作家激动的声音："我观察自己，我阅读自己，我喜不自胜。然后我说道：'我才智过人，这可能吗？'"[13]

17

报纸上的清晨呕吐。

18

假如我拥有花园与图书馆，那么我就不会迷路。——西塞罗

19

"众所周知，火狂怒而凶猛。"（引自维吉尔[14]《埃涅阿斯纪》第6行）

20

令人愉快的魔鬼胜过使人厌恶的多愁善感者。

21

一个人如何才能万古流芳？（但丁《神曲·地狱篇》第十五首第85行）

22

我就像洛卜·德·维迦[15]剧本中的那个老者一样微笑着说："我就是如此。"因为我根本不知道我现在多大年纪，也不知道我将活多久……

23

即使我们像那个与爱人幽会之后兴高采烈地回来的老情人一样，我们也有充分的理由自鸣得意，心中充满着感激之情。这个老情人用圣人的口吻自言自语道："虽然我韶华已逝，但是饮食对于我仍然是一件值得称道的**乐事**。"

24

（305）

乔治·桑[16]。我阅读了《旅行者信札》的开篇。这些书信和卢梭的著作一样从根本上来说全都是谬误。乔治·桑这个"女艺术家"散布了彻头彻尾的、虚伪的道德主义。我忍受不了这种光怪陆离的裱糊匠风格，更无法忍受装腔作势的贱民僭用"高贵的"热情、英雄气概与英雄思想。在写这些书信时，她肯定异常**冷漠**，如同维克多·雨果、巴尔扎克和所有真正的浪漫派作家一样冷漠。这头肥美多产的母牛沾沾自喜地躺在那里，她和卢梭本人一样略具德意志风骨，但是德意志风骨只有在他们的法兰西趣味和法兰西精神发扬光大之后才有存在的**可能性**……然而埃内斯特·勒南[17]对她推崇备至。

25

（306）

那些背负自我与命运、命途多舛、**英雄般的**负重者多么希望让自己歇一会儿啊！他们渴望拥有强健的心脏和脖颈，以便能在数小时之内背走压在他们身上的重负。然而，他们的渴望何其徒然！他们在等待，眼睁睁地看着所有人与他们擦肩而过。没有人与他们同甘共苦、同舟共济，没有人猜得出他们会等**多久**……他们终于学到了第一条处世之道：不再等待。随即又学会了第二条处世之道：

谦虚随和，为人处世宽宏大度。简言之，**肩负起比**以往**更多的重担**……

26[18]

（307）

如果我们毫无成见地审查地球上一种完美事物的形成条件，那么我们就会发现有许多奇异而令人不快的东西就属于这类条件。我们目睹了各种粪便和肥料对植物生长发挥了巨大的作用。举一个荒谬的例子吧，近代法国经验最丰富的、"经历不凡的"妇女问题专家德·莫尔尼公爵[19]（在尴尬的妇女研究领域他也许是一位不可低估的行家）声称：一名现代女性为了达到完美，必须经历一种恶行即同性恋。他说："使女人文雅，才能使其完善，使其完美。"[20]

1887年11月25日于尼斯

27

（308）

科西玛·瓦格纳是我所结识的唯一的伟大女性。可是，我发觉她**毁害了**瓦格纳。这是怎么回事？瓦格纳消受不了这种女人，出于感恩他**迷恋**科西玛。瓦格纳的歌剧《帕西法尔》从一开始就显示出他的审美趣味在下降。他极力迎合他的妻子即李斯特的女儿的天主教本能，以此表明他对科西玛的恭顺与感激之情。这个软弱、复杂、受苦受难的男子对一个心胸狭隘、懂得保护与鼓励他的女强人卑躬屈膝。归根结底，这是男性在"永恒的女性"面前永恒的**怯**

懦。迄今为止，所有伟大的艺术家是否都被崇拜他们的女人**毁掉了**呢？如果这些穷极无聊、爱慕虚荣的好色之徒（他们可以说是一丘之貉）首次在最近处观赏这些具有最高尚和最卑鄙的欲望的女人所从事的**偶像崇拜**，那么这些男人就会全线崩溃：他们身上仅存的最后一点批判精神、自我蔑视、谦虚和在伟大事物面前的相形见绌之感都消失殆尽，从此他们就自甘**堕落**了。这些艺术家在他们个人发展最苦涩和最强盛的时期完全有理由蔑视所有的追随者，可是他们沉默不语，不可避免地成了**才女们**初恋的牺牲品（说得更确切一些，这些才女完全懂得**运用**她们的聪明才智来影响这类艺术家的个性，她们"理解"他们的苦难，"爱"他们）。

28

如果男人无福消受某个女子，他就会迷恋她。女人是天生的偶像崇拜者，她会毁了她的偶像——夫君。

29

我们不能通过研究发展来寻求事物发展的原因，不能将这种原因理解成"正在生成的"，也不能理解成"已经生成的"……"权力意志"不可能是已经生成的。

30

当我们理解了事物发展的**可能性**和事物发展的现状时，当我们认识到各种"缺憾"以及对"缺憾"的苦恼是**最令人向往的事物**之后，我们就获得了观察的高度，就能鸟瞰万物……

31

（310）

　　未来欧洲人的全貌如下：他们是聪慧过人的奴隶，勤勤恳恳、性情谦和、十分好奇，具有多重性格，娇气十足、意志薄弱，胸怀世界主义的情感，昏聩无能。这种人怎么能成为**强者**呢？他们能成为**古典主义**的强者吗？所谓的古典主义趣味即简化的意志、强化的意志、窥见幸福的意志、成为可怕之人的意志与敢于**坦露**内心的勇气（简化是强化的意志之结果，幸福的一目了然与内心的坦露是成为可怕之人的意志之结果……）。消除这种昏聩状态而建立一种**完形**需要**强制**手段：我们必须进行选择，要么走向毁灭，要么**获得成功**。统治者只能产生于强大而可怕的发轫之初。问题是：二十世纪的**野蛮人**何在？他们显然会在巨大的社会主义危机之后出现并发展壮大。他们是**严于律己**、**意志顽强**的分子……

32

（311）

"牧人"的心理与伟大的庸人

　　我们能否对自己隐瞒下述见解：为了获得广泛而深远的、受大众欢迎的影响，一个具有思想和趣味的人就必须是**平庸之辈**？特吕布勒修士[21]曾经振振有词地称伏尔泰为"完美的庸人"。这种称谓难道不会使伏尔泰蒙受耻辱？如果伏尔泰不是一个庸人，如果他像那不勒斯人加利亚尼一样属于例外的话（加利亚尼是那个乐观的世纪的产儿，他是一个最深沉和最喜欢思考的小丑），那么我们将他的活力**归于**何处呢？他对同时代人的优势又来自何方呢？此外，我们还可以把这种评价运用到一个更受大众欢迎的例子上：基督教的创始人肯定也是一个"完美的庸人"。让我们来洞察载有登山宝训[22]的著名的《马太福音》之精髓吧。从此，我们再也不会怀疑一个如此的牧人和登山布道者为什么对形形色色的**群氓**具有巨大的诱惑力了。

33

（312）

"我有一种近乎本能的信仰，那就是：所有权贵在说话的时候，尤其是在写作的时候，都在撒谎。"——司汤达

34

（313）

福楼拜无法忍受梅里美和司汤达。如果有人当着他的面提起"贝尔[23]先生"，他就会勃然大怒。他与贝尔的区别在于：贝尔承袭伏尔泰，福楼拜则承袭维克多·雨果。

"1830年的男人们"（他们是男人吗？）充满着**爱心**、放荡与罪恶，他们荒唐地崇拜阿尔弗雷德·德·缪塞[24]和理查德·瓦格纳。

福楼拜说："我生于1830年！我从阅读雨果的悲剧《欧那尼》开始学会了阅读，我想成为莱拉[25]！我憎恶当代所有的软弱无

能，厌恨生存的平淡和来之极易的可耻的幸福。"

35

（314）

性欲、统治欲、对假象和欺骗的喜爱、对生活及其典型状态充满了极度的欢欣和感激之情，这些都是异教文化的本质，异教文化从来都是问心无愧的。**不自然**作为道德和辩证法在古希腊时代就开始了对异教文化的攻击。

1887年12月15日于尼斯

36

你的力度决定了你的等级，剩下的就是胆怯了。

37

谁本能地追求等级，谁就憎恨中庸之物与中庸之才。凡是**中等**的东西都是他的敌人。

38

（315）

在充盈的压力下，在我们体内不断产生而尚未释放的力的紧张之中出现了一种暴风雨之前的状态，我们的天性变得**阴沉**起来。这也是一种悲观主义……有一种学说在**指挥着**对一切价值进行重估，为集聚的力量指明了出路和方向，是这些力量骤然爆炸，成为闪电和行动，从而结束了阴沉的状态。这种学说根本不必成为幸福论。它由于指明了聚集和压缩成痛苦的力量而为我们**带来了幸福**。

39

我对某种人毫无同情心，我称他们为螃蟹。如果我们动一动他们，他们首先是躲起来，然后向后退。

40

像刚挤出的牛奶一样的热心肠。

41

狗狂吠着迎接疲倦的浪游者。

42

一个长期囚禁于监狱、害怕看守的逃犯正在战战兢兢地逃亡，即便是棍棒的影子也吓得他一个趔趄。

43

文艺复兴的风骨就是"阳刚"（virtù）与毫不虚伪。

44

（316）

　　我们将我们的生命、健康与荣誉孤注一掷，这是高傲的精神和挥霍、泛滥的意志所产生的结果。这并不是因为我们热爱人类，而是因为每种巨大的危险都在向我们的好奇心挑战，它想试一试我们的力量和勇气究竟有多大。

45[26]

（317）

　　爱默生[27]是一个非常开朗、城府颇深、狡诈多端的有福之人，他属于那种本能地喜欢美味珍馐而厌弃不易消化的食物的美食家。卡莱尔[28]非常喜欢他。尽管如此，他却说："爱默生留给**我们**的、能啃的东西实在太少了。"虽然他言之有理，但是这句话丝毫也不会有损于爱默生的形象。

　　卡莱尔是一位急中生智的雄辩家，他口若悬河，举止怪僻，时常渴望拥有坚定的信仰，却力不从心（由此观之，他是一位典型的浪漫主义者）。渴望拥有一种坚定的信仰并不能证明已经拥有了坚定的信仰，还不如说这恰恰证明了相反的事情。**如果我们具有坚定的信仰**，那么就**应该允许**人们对这种信仰进行彻底的怀疑和轻率的非议。人生来就具有**足够的**怀疑能力。卡莱尔对具有坚定信仰的人推崇备至而对老成持重者怒不可遏，这实际上是自我麻醉。为了进行道德说教，他自始至终对自己**极不诚实**，这使我感到厌恶之至。可见英国人偏偏欣赏他的诚实，这正好说明了英国人的民族性格，因为英国人是一个地地道道的假正经的民族，他们对卡莱尔的欣赏不仅是可以理喻的，而且是合乎情理的。从根本上说，卡莱尔是一个无神论者，尽管他本意并非如此。

46

在这些战斗性的论著中，我对迄今为止最严重的价值评判和对道德的**高估**进行了讨伐——

我在这些战斗性的论著中向我们最糟糕的价值评判即迄今为止对道德的估价和**高估**宣战。"和平"这个词在这些论著的末尾显得多么虚妄。

47

潮湿的理想恰似融雪时的和风。

48[29]

（318）

立志干一番伟大的事业并且掌握了成就伟业的方法的雄杰肯定是怀疑论者。这并不意味着他表面上是一位怀疑论者。在任何一种信仰面前保持独立即保持独立观察的**能力**是他的强项。他的存在的巨大激情、根基与力量比他本人更开朗、更专横。这种存在的激情不仅占有而且役使了他的全部才智，使他毫无顾忌，采取卑劣乃至圣洁的手段；它赋予他信念，它需要信念并且耗费信念，但是决不屈服于信念。这说明它自知自己的独立地位。与此相反，对信仰与绝对的是与非的需求恰恰是弱者的愿望。一切软弱都是意志薄弱，意志薄弱的根源则在于缺乏激情和没有绝对命令。具有**信仰**的人即各式各样的"信徒"肯定都是依赖性很强的人。也就是说，他们都是一些不把自己作为目的，并且不能从自我出发而确定目的的人，他们只能作为手段**为人所用**……这种依赖性很强的人本能地赋予丧失自我的道德以最高的荣誉。这种人的智慧、经验、虚荣心和其他一切品质都会劝导他们抛弃自我。**信仰**也是抛弃自我的一种表现形式。

49[30]

（319）

比才[31]的音乐来自强大的反德意志艺术传统，德国青年包括长了角的齐格弗里德和其他的瓦格纳崇拜者都与这种艺术永无瓜葛。比才辉煌的成就使一种新的（其实是很古老的）、敏感的音乐名声大噪。这种敏感的音乐此前在欧洲的**高雅**音乐中一直没有发言权，它自然不被北方"潮湿的"理想主义所理解。比才的音乐是非洲式的幸福和命中注定的乐观开朗，宛如有人睁着深沉、骇人而充满诱惑力的双眼。它酷似阴郁而淫荡的摩尔人[32]的舞蹈；它充满了激情，像一把锋利的匕首猛然扎过来；它是从午后的沧海飘过来的气味，我们的心脏一嗅到这种气味就大为惊骇，从而使我们回想起被遗忘的岛屿。我们曾经拜访过这些心爱的岛屿，我们本该永驻不归的……

歌剧丑角和摩尔人的舞蹈都是反德意志的。其他审美享受的珍品也是反德意志的。

50

迄今为止，我们所构想出的"真实的世界"**其实**一直是虚假的世界。

51

为了作恶，我们必须鼓起勇气；然而大多数人都是胆小鬼。

52

"海盗中的恺撒"。

53

在这帮作家中我们总可以发现一些发出贞洁的嘶鸣的牡马。

54

（320）

论道德的统治

人们是如何使道德获得统治地位的

一篇政治论文

尼采 著

前言

　　这篇政治论文不是每个人都能接受的，它论述的是道德的**政治**以及道德获取**权力**的手段和途径。谁能阻止道德追求统治权呢？可是大家都不相信道德获取统治权的方法……因此，这篇政治论文就成了逆耳忠言。我谨将该论文献给那些轻视道德而重视道德的**所作所为**和用道德攫取统治权的方法的人。我还要证明二者不可兼得，即为了使道德获得统治地位，人们必须彻底放弃道德的行为。这种牺牲是巨大的，可是也许值得为获得统治权这个目标做出牺牲，甚至做出更大的牺牲！有些伟大的道德论者曾屡次为此而冒险。他们早已认识到甚至实践了我在这篇论文中首次公之于世的真理。这条真理就是：为了**使道德获得统治地位**，人们绝不能**采用**道德的方法，而只能采用篡权者惯用的伎俩……

　　综上所述，拙作论述的是道德之政治。在本文中，我为道德政治树立了一种理想，我描述了道德政治的真面目，虽然它的目的是在尘世中追求完美。现在该没有任何一位哲学家会怀疑政治中的完美是什么东西了。这种完美的类型就是马基雅维利[33]主义。然而，马基雅维利主义是纯粹的、不混杂的、露骨的、激烈的、争权夺势的、倾向粗暴的、超人的、神圣的和超验的，常人达不到这种境界，最多只能与它擦肩而过……在狭义的政治即道德政治中，这种理想境界似乎也从未达到过，即便是柏拉图也只是稍稍触及而已。假设我们对隐蔽的事物包括对那些最无拘无束和最清醒的**道德论者**（这是我给那些道德政客和所有道德新政权的创始人所起的雅号）能够明察秋毫，那么我们就会发现这些道德论者对人类的弱点表示赞许。他们疲惫不堪，**为自己而追求道德**。这是道德论者的头等大错，他们**在行动上是非道德论者**。至于这些道德论者**不能表现**出他们的疲惫与自私则属另一回事。更确切地说，这不是另一回事，这种原则上的自我否定（伦理学术语即伪装）是道德论者及其最为独特的义务学说中的信条。没有伪装他们就永远达不到他们所说的完美。为了实现那个需要牺牲品的目标，就必须抛弃道德与**真理**。主导思想就是：实现**道德的统治地位**。道德论者需要道德与真理来装潢门面。如果他们向道德**让步**，如果他们丧失了对道德的控制，如果他们本人采取**道德的方法**，如果他们变**诚实**了，那么他们就会铸下大错。此外，一位伟大的道德论者必然是杰出的戏子。如果有一天他的伪装突然变成了自然（他的理想就是将他的存在与行动巧妙地区分开来），那就十分危险了。他必须戴着一个美丽的面具来行动。这个华丽的外表就是他崇高而远大的理想，他的**神圣的**理想！事实上众人皆说道德论者是以上帝本人为榜样的。上帝是迄今为止最大的、行动上的非道德论者，尽管如此他却懂得保持他的**模样——善良的上帝**……

55

（321）

我们绝不能原谅基督教，因为它毁了帕斯卡[34]这类人。基督教立志毁灭这类高贵的强者，所以我们应该坚持不懈地与基督教作斗争。只要基督教树立的人的理想没有彻底被消灭，我们就永无宁日。基督教的谎言、概念体系及神学这堆荒谬的残渣与我们毫无关系；这堆残渣即使荒谬绝伦，我们也绝不会动它一根指头。但是我们必须攻击基督教关于人的理想，这种理想以病态的美、女性般的诱惑力和诽谤者的如簧之舌劝说那些怯弱、虚荣与疲倦的强者。最坚强的人也有疲倦的时候，信任、善意、知足、耐心、同类之爱、忠诚与献身上帝这些抛弃自我和废黜自我的品质在这种情形之下看起来是最有用的和最希望得到的，实际上它们似乎也是强者最想望的和最有裨益的。由此观之，谦和的小人物、规矩的庸人和随大溜的群氓似乎不仅比邪恶、贪婪、顽强、挥霍无度因而屡遭摧残的强者更优越，而且这种庸人为我们人类树立了一种理想、目标、尺度和最高希望。**这种**理想是迄今为止我们人类所遭受到的最可怕的诱惑，因为它会使人类中拥有最坚定的权力意志与增长意志的强者、日益壮大的雄杰与幸运儿走向毁灭。这种理想的价值观会将生命力旺盛的强者连根拔除从而阻止他们的生长，要知道他们都是一些为了更高的要求与使命而心甘情愿地过一种比较危险的生活（用经济学的术语来说就是增加企业成本和使成功更加无望）的人。我们应该攻击基督教中的什么东西？应该猛攻它的庸人理想，这种理想旨在打垮强者，使强者气馁，利用强者的疲倦与不幸，将其高傲的自信变为内心矛盾与不安，毒化和侵蚀强者高贵的本能，直到他们的力量、他们的权力意志向后倒退，掉转矛头针对自我，直到强者由于过于轻视自我和虐待自我而走向毁灭为止。这是一种令人恐惧的毁灭，最著名的事例就是帕斯卡。

56

（322）

论**左拉**：左拉肯定在与泰纳[35]竞争，他学会了泰纳将一个充满怀疑的环境变成一个独裁的环境的方法，他还故意使各种原则变得像命令一样**粗暴**。

57

理解意味着赞同吗？

58

（323）

　　理想主义者的聪明之处就在于**不去**认识自我。理想主义者是一种有理由不去理解自我和善于忽视这种理由的人。

59[36]

（324）

　　这个女作家[37]心怀怨艾，十分激动，内心空虚，具有一切时代痛苦的好奇心，窃听着从时代结构的深层发出的绝对命令："要么选择儿女，要么选择著作（aut liberi aut libri）。"她素有文化教养，即使自然说的是拉丁语，她也能听懂天籁；另外，她追求功名，暗自说起了法语："我观察自己，我阅读自己，我喜不自胜。然后我说道：'我才智过人，这可能吗？'"

　　这个完美的女人在尝试文学创作，犹如犯下微不足道的罪孽。在飘然而过之时，她环顾四周，看是否有人在注视她。对了，**确实**有人瞩目于她。她自知，一个完美的女人身上若有微小的暗斑该有多么恰到好处；她更明白，为了给女性**惯有的**羞涩打上一个问号，一切文学活动对女性有多么大的**影响**……

60 [38]

（325）

现代的困惑

我看不出我们要把欧洲的工人阶级变成何物。工人的境遇实在是太好了，以至于他们再也不会逐步地提出要求了，他们竟会漫天要价。他们终于掌握了自己的命运。有人希望这里会产生出一种谦虚知足的人，用最缓和的语气来说奴隶阶层或一成不变的阶层，这种希望现在已经破灭了。我们已使工人阶级变得精明强干了，我们赋予他们投票权与结社权。我们千方百计地消泯工人阶级那种奴性，以至于他们现在感到他们的生存正处于一种危急状态（伦理学术语即**不公正**状态）。其他阶级也感觉到了工人阶级的这种危急状态……我再问一遍：我们有何意愿？如果我们要达到某种目的，那么就必须采取相应的手段。如果我们需要奴隶（我们**的确**需要他们），那么我们就不应该将奴隶培养成主人。

61

（326）

"痛苦的总和超过了快乐的总和，因此世界的不存在优越于世界的存在。"这样的废话今日自称为悲观主义。

"世界是某种不太理智的东西，因为它给从事感觉活动的主体带来的主要不是快乐，而是痛苦。"

快乐和痛苦是次要的，因为它们不是原因，它们只是二等的价值判断，它们只是从某个占统治地位的价值中引申出来的，这个价值就是带有感情色彩的"有益"与"有害"。"有益"与"有害"这个价值是极其肤浅和具有依赖性的，因为对于每种"有益"或"有害"，人们总要提出成百上千个不同的问题：这对什么有益或对什么有害？

我对这种**敏感的悲观主义**嗤之以鼻，因为它本身就是生命匮乏的表现。我绝不允许像哈特曼[39]这样的瘦猴子谈论什么"悲观主义哲学"。

62[40]

（327）

塔尔玛[41]说："是的，我们应该敏感些，应该体验激情，但是要通过研究和思考才能更好地模仿，才能更准确地抓住特点。我们的艺术要求我们深入地研究和思考，在舞台上没有任何即兴表演可言，否则就会失败。一切都经过计算，一切都必须事先估计到，而激情似乎是突发的，慌乱似乎不是情愿的。——语调、动作和眼神似乎都是自然而然的，而实际上则排练过上百次。梦幻诗人搜寻美丽的诗句，音乐家寻找优美的旋律，几何学家寻找理想的答案：他们中没有人比我们更热衷于寻找最恰当的动作与语调，后者可以更好地表达每句诗的含义。所有热爱艺术的演员在任何地方都会这样不断求索。——还有什么要对你们说呢？瞧，当我们热爱我们的艺术的时候，我们自己就成了观察的对象。我曾遭受非常惨重的损失，我常感到无限的哀伤。经历过这些只有叫喊和眼泪才能表达的痛苦之后，我觉得我又情不自禁地回到痛苦之中，**不知不觉**地体验到自然的感受。我们就是要这样来体验激情，以便以后能将它还原出来；但绝不是即兴，绝不是在舞台上当所有人的目光都注视着我们的时候，没有比这更容易使我们处于危险境地。还有，最近在《愤世嫉俗与悔恨》[42]一剧中我和一位出色的女演员同台演出。她那深思熟虑而又极其自然、极其真实的表演吸引了我。她意识到了这一点。演出大获成功！可是她悄悄地对我说：'当心，塔尔玛，您激动了！'实际上，只有激情才会引起慌乱，嗓子不听使唤，记忆消失了，动作虚假了，效果破坏了。啊！我们不是自然，我们只不过是艺术，只能求助于模仿。"

63

莱辛认为德图什[43]的成就大于莫里哀。莱辛的剧本《敏娜·封·巴尔海姆》是一出经过推理的马里佛[44]式喜剧。

64[45]

"因为我的爱人在我心中，所以我要避免吃热东西，热东西会使他难受的。"

"即使你看到你的母亲快要饿死了，你也不能做有损于道德的事情。"

"如果你像只将头与四肢缩回壳中的乌龟一样隐藏你的五种感官，那么你死后也会获益匪浅，你将得到天国的极乐。"

65

"我们对蒙田[46]著作中的犹豫不决颇为惊诧。但是因为他的著作被梵蒂冈列为天主教的禁书，还因为所有派别都早已对他表示怀疑，所以他也许出于自愿在他危险的宽容观和屡遭诽谤的非党派性上加了一个充满疑问的弱音器。他说：人性即**怀疑**。这种观点在他那个时代已是相当进步的了……"

66

梅里美[47]是一流的文学家，他像一名珠宝匠一样善于克服材料的缺陷，他犹如一位雕刻匠，能够剔除材料的丑陋。他之所以属于1830年的文学运动，不是因为激情（他缺乏激情），而是因为他的思维方式异常新颖，他对素材的选择也非常大胆。

67

我以瓦尔莫夫人[48]式的庄重说道："我在净心。"

68

"没有什么比一个女仆的奋斗更不幸的了。"

69

（328）

　　圣伯夫说："青年人太热情奔放了，因此缺乏品位。要培养品位，仅仅具备体味心灵中美好而温柔的事物的能力是不够的，还需要有闲暇。自由自在的心灵，复归纯真，不沉湎于情欲，不忙忙碌碌，不过分操心，不杞人忧天；大公无私，不为肆无忌惮的狂热所煎熬；需要休息、忘怀、沉默与空间。为了能享受细腻的事物，得具备多少条件啊！"

70

　　大仲马[49]的剧本《克里斯蒂娜》演出时的一幕：若阿利持有女王签署的护照。他原本准备使用这本护照，可是他突然改变了想法，合上了护照。他说："应该保存效力以满足更大的需求。"

71

（329）

　　痛苦和快乐是价值评判最愚蠢的**表达方式**，当然这并不意味着由此而引申出的所有评判都是愚蠢的。抛弃理由与逻辑性，是非分明，把一切都简化为充满激情的欲求或舍弃，一个缩写的、具有明显功利性的命令式，这就是痛苦与快乐。快乐和痛苦这对价值评判来自智力大范畴，其前提是飞速的感觉、整理、概括、复核与推断。快乐和痛苦永远是结论，而不是"原因"……

快乐与痛苦能引起什么结果，这取决于力的大小。当我们以微弱的力量来尽快地抵御危险和强制的时候，只要我们充分意识到力的充盈，我们就会体验到一种淫乐般的刺激和快感。

所有的快感与不快感都以**总体益处和总体害处的衡量**为前提。也就是说，以一种目的（状态）及其为实现这个目的而采取的手段的范围为前提。快乐和痛苦绝不是什么"原始事实"。

快感和不快感都是**意志的反应**（**情绪**），在意志的反应过程中，智力中枢将变化了的价值确定为总价值，同时采取相应的行动。

72[50]

（330）

如果世界的运动有某种目的，那么这种目的就应该早已实现了。唯一的基本事实却是：它根本**没有**什么目的。各种认为世界运动必须有一种目的的哲学或科学假设（如机械论）都被这唯一的事实所**否定**……我在寻觅一种与**此**事实相符合的世界观：应该阐释变易，而不应该乞灵于目的论。变易应该理直气壮地（换言之，**不可贬值地**）出现在每一瞬间，绝不允许因为未来而为现在进行辩护，也不允许因为现在而为过去进行辩护。不能以一种统摄万物的总体力量或一种第一推动力来说明"必然性"，为了制约某种非常有价值的事物而设定"必然性"也是没有必要的。为了使事变不至于处在一个具有同情心、知晓内情，却无所**欲求**的存在者的观察角度之下，我们必须否定那种能够从总体上意识到变易的实体，即否定"上帝"。如果上帝无所欲求，那么他就是无用的；另外，如果我们乞灵于目的论，那么就会出现一种**痛苦和无逻辑的累积**，这种累积会贬低"变易"的总价值。这种有统合能力的力量幸好没有出现（一个受苦受难、通观全局的上帝，一个"总意识"和"泛神"是存在最大的敌人）。更严格地说，我们根本**不能容忍任何一种最高存在者**，因为假如有一种最高存在者，那么变易就会失去它的价值而成为多余和毫无意义的了。因此，我们不禁要问，关于存在者的幻想是如何产生的呢？同样我们也要问，所有建立在有最高存在者这个假设之上的价值判断是如何作废的呢？由此可知，**关于存在者的假说**乃一切**谤世**说之滥觞。

存在者是"一个更好的世界、真实的世界、彼岸世界和自在之物"。

1. 变易**毫无目的**，它并不归于某种"存在"。

2. 变易**并非一种虚假的状态，存在者**的世界也许才是假象。

3. 变易在每一瞬间的价值都是相同的。变易的价值数额永远保持不变。**换言之，变易根本没有价值**，因为即使价值这个词有意义，还是无法找到衡量变易的尺度。

世界的总价值是无法贬低的，因此悲观主义哲学低估了宇宙万物的价值。

73

（331）

"价值"观就是关于处在变易之中、相对恒久的生命复合物的**保存与增强之条件**的观点。

根本没有恒久的、最终的统一体，也没有原子和"单子"[51]；"存在者"只是我们出于实际的、功利的、视角的考虑而**穿凿附**

会的。

"统治的产物"：统治者的势力范围持续增长或者在有利与不利的营养条件下阶段性地缩小或扩大。

"价值"从本质上来说是用来观察这种统治中心的扩大或缩小的（无论如何统治中心都是一种多元体，处于变易之中的自然毫无"统一体"）。

这是一种**权力的量**和一种变易，一切流变之物都不具有"存在"的特性。

语言的表达手段无法描述变易。借助于语言来建立一种比较粗糙的、不变的"物"的世界，这属于我们**不可替代的自我保存需求**。我们可以有条件地谈论原子与"单子"。**最小的世界从时间上来说是最持久的世界**，这是确凿不移的事实……

根本没有意志，只有不断增加或者丧失力量的意志草案。

74

（332）

因为根本没有（被视为体系的）总过程，所以在"**总体的过程**"中就**不必考虑人类的劳作**。

根本没有"总体"，**人类生存的贬值**以及人的各种目的的贬值不可能与某种子虚乌有之物发生联系……

必然性、因果性与目的性纯属有用的**假象**。

意识的提高不是目的，真正的目的乃是力量的增强；意识的功利性是力量增强的结果，快乐和痛苦也如此。

我们不可将**手段**视作最高的价值标准（如果意识本身就是一种

手段，那么意识的状态如快乐和痛苦也属于手段）。

世界根本不是一个有机整体，而是一团混沌，"精神性"的发展只不过是使人体组织相对恒久的一种手段罢了……

就存在的总体特性而言，一切愿望都毫无意义。

75[52]

（333）

意志的满足**并不是**快乐的原因。我坚决反对这种极端肤浅的理论。这种理论是对最亲近的事物所进行的心理学上荒谬绝伦的伪币制造……

意志要勇往直前，它总是要制服那些阻挡它前行的障碍。快感恰恰在于意志的未满足之中。没有限制与抵抗，意志就不会彻底满意……

"幸福的人"，这是群氓的理想。

76

（334）

通常我们的欲望如食欲、性欲与行动欲**未得到满足**，这根本不会使我们神情沮丧；这种未满足只会刺激我们的生活情感，就像令人痛苦的微小刺激的每次律动都**强化了**生活情感一样。悲观主义者在我们面前的长篇大论纯属无稽之谈；这种未满足乃是生命的重要兴奋剂，它丝毫也不会使生活索然无味。

我们也许可以将微小的痛苦的刺激之律动称为快乐……

77

（335）

力量正在寻求抵抗并统治抵抗，抵抗力的大小不同而引起的失败与厄运的程度也就有所不同。只要每种力量是针对抵抗者而释放的，那么每次行动就必然含有**痛苦的成分**。这种痛苦只会刺激生活并强化**权力意志**！

78

（336）

大无畏的**思想家**最能体验无比惨痛的悲剧；他们之所以尊重生活，是因为生活是他们**最大的对手**……

79[53]

（337）

儒略·恺撒用以治疗虚弱与头痛的方法如下：长途行军、简朴的生活方式、长期露宿与持久的劳顿。这些伟大的方法就是天才自我保存的条件。

80

（338）

当心道德：道德会降低我们自身的价值。

当心同情：同情会用他人的困厄来加重我们的负担。

当心灵性：灵性会使我们极其孤独，孤独意味着毫无义务感与没有约束；灵性会败坏我们的性格⋯⋯

81

难道我们只感觉到了变易而没有感觉到必死吗？

82

变易的意义必须在每一瞬间得以实现，圆满完成。

83

（339）

人们所说的善行只不过是一个误解，这样的行为是不可能的。

"自私"与"无私"一样纯属哗众取宠的虚构，个人与灵魂也如此。

在有机体内纷繁多样的生成变化中，我们所意识到的那部分只是沧海一粟。"道德""无私"与其他类似的虚构纯属微不足道的谎言，它们受到了总体事件的揭露。我们理应研究我们的有机体彻底的非道德性⋯⋯

人类的兽性从原则上来说要比所有美好的状态与意识高度重要得多。只要后者尚未成为人类兽性的工具，那么它就是多余的。

整体意识的生活，包括精神、灵魂、心灵、善良与道德，是为谁效劳的呢？它的所作所为都是为了尽量完善人类兽性的基本功能之手段（营养与增强之手段），首先是为了**生命的增强**。

我高度重视人们所说的"身体"与"肉体"，其余的东西只不过是一个很小的附件罢了。我们的任务就是不停地纺织完整的生命线以**使它越来越强盛**。现在我们却目睹心灵、灵魂、道德与精神正在共同密谋以期**颠覆**这个原则性的任务，它们妄图自成目的……生命的退化从本质上来说取决于意识的特殊误导，幸好生命又为本能所控制并因此而最长久地**绽放**。

我们是否能以**意识的快感或不快感**为标准来衡量人生有无价值呢？我们还能臆想出另一种更自负的标准吗？这只不过是一种手段，快感或不快感同样也只是手段！那么**价值**的客观标准何在？唯一标准就是**增强了的与组织起来的**力量的大小，就是导致一切事件得以发生的原因，即追求扩张的意志……

84

"精神"被确定为世界的本质，而"逻辑性"则被称作根本。

85[54]

（340）

通过饮用酒精与吸食药物，我们又返回到了我们所克服的（至少是**摆脱了**的）文化阶段。所有的食物都给予我们关于过去的启示，我们**来自**过去。

86

即便是智者也经常效法那些不把牛奶而把萝卜当作食物的蠢妇人。

87

（341）

我要收回我们赋予所有真实的与幻想的事物的美好与崇高，并将美好与崇高视作人类的财产与主观产物、视作人类最美的辩护词。作为诗人、思想家、神、拥有爱与力量的人，他对人对事犹如国王一般慷慨大方，**他越变越穷**，以至于**感到**贫乏。哦，这种慷慨真令人五体投地！他善于欣赏与崇拜，善于隐瞒**他**就是他所欣赏之物的创造者这个事实，这就是迄今为止他最大的无私。

88

（342）

在德国音乐的情感大杂烩中有多少藏而不露和尚未被意识到的宗教需求未被满足啊！又有多少祈祷、道德、膏礼、贞洁、薰香、卑怯与忏悔在此聒噪啊！音乐已放弃了言辞、概念与意象，奸诈的"永恒的女性"多么善于从中渔利啊！如果这种宗教本能业已得到满足，那么即便是最诚实的人也不必感到惭愧了。然而，这种本能尚未得到满足。只要最诚实的人在所有可怜的宗教判断面前感到羞愧难当，那么他就是健康的聪明人，这也就是一个好征兆……尽管如此，这一切仍属答尔丢夫式的伪善。

我们可以确定，瓦格纳在他的晚期相当虚伪。他还运用了宗教性的象征手法，譬如，在歌剧《帕西法尔》中他暗示了对最后的晚餐的迷信，他不只是在进行暗示。这样的音乐只能激起我的愤怒……

89[55]

（343）

人们经常误解了爱情。坠入情网的人认为他们是无私的，因为他们要为对方谋取利益，与此同时又时常违背了自己的利益；他们要以**占有**对方来作为一种补偿……在另一种情形下，爱情则表现为一种较微妙的寄生性，即一个人的灵魂肆无忌惮地躲进另一个人的灵魂之中，有时甚至钻进另一个人的肉体……哎！寄生虫的生活完全是由"宿主"来负担的！

人的贡献何其多，他又是多么"无私"啊！他所有的情绪与激情都在争取其权利，然而他的情绪又远离他聪明的私欲！

我们不追求幸福。为了能够相信人总在捞取好处，我们必须成为自私的英国人。我们的欲望充满激情，要占有他物。积聚起来的欲望的力量在寻找抵抗。

90

只有利用了理查德·瓦格纳的价值的人才能说清楚瓦格纳的价值何在。与此同时，我们竭力使自己相信瓦格纳具有某种价值，他也非常希望自己有某种价值……

91

（344）

卖淫**并没有**被取消，只是改良了……

许久以来婚姻就是问心有愧的。我们应该相信这种观点吗？对，我们应该相信。

向老妪表达敬意——

92

现在我允许自己忘乎所以。后天我又变成了我自己。

93

（345）

"生存之粪" 以及迄今为止我们人类对付不了和消化不了的事物对智慧而言至少是最佳的肥料……

94

（346）

那位皇帝[56]不断地责备万有短暂易逝，因此他**轻视**尘世万物，并且心安理得。恰恰相反，我觉得万物很有价值，因此它们也就不是短暂的了。我在寻觅每件事物的永恒性，难道我们可以将珍贵的油膏和葡萄酒倒进大海吗？令人宽慰的是，过去存在的万物都是永恒的。大海会将过去存在的万物重新冲洗出来。

95[57]

（347）

众所周知，就在伏尔泰临终之际还有人对他纠缠不休。本堂神父问他："您相信我主耶稣吗？"伏尔泰告诉神父，他现在需要的是安静，神父大为不满，因此又问了一遍。这位临终者最后的愤怒终于爆发了。伏尔泰怒火冲天，将这个擅自提问的神父顶了回去。"去你的！"他冲神父嚷道，"我决不谈论此人！"这是他不朽的遗嘱。这句话概括了这位最勇敢的思想家反抗基督教的斗志。

伏尔泰下了一个断语："这位拿撒勒的犹太人身上没有丝毫的神性。"这个断语洋溢着强烈的**古典趣味**。

古典趣味与基督教趣味关于"神性"这个概念的理解截然不同。谁拥有古典趣味，谁就会认为基督教是一种"卑鄙的迷信"（foeda superstitio），谁就会认定基督教的理想是对神性的贬低与嘲弄。

96

（348）

在人们把行为者从行为之中抽象地抽走和使行为变空之后，人们又把行为者置于行为之中。

在把**某事**、目标、意图和目的从行为中人为地抽出和使行为落空之后，人们又把目的放回到行为之中。

所有的目的、目标和意图只不过是一种意志，即寓于万物之中的权力意志的表达方式和变形。目的、目标、意图与**要求**意味着求强大、求增长和要求获得达到此目的的**手段**。

这种寓于所有的行为与要求之中的最普遍、最深层的本能之所以是未知的和最隐秘的，是因为实际上我们总是遵循着它的命令，是因为我们本身**就是**这道命令……所有的评价只不过是**为这种意志服务**的各种观点与结果罢了，评价本身就是权力意志。从某种价值观出发的对存在的批评是荒谬而易被误解的；假设存在中有一种衰亡的过程，那么这种衰亡过程也是**为权力意志服务**的……

评价存在本身，可是评价本身就是存在。当我们说"不"的时候，我们还是我们自己……我们必须认清这种以生存为鹄的思想的荒谬性，然后我们应该努力猜度这里到底发生了什么事。这才切中肯綮。

97

（349）

哲学上的虚无主义者相信万事万物都是毫无意义与徒劳的，

而存在本不应该是毫无意义与徒劳的。这是怎么回事呢？难道存在应该是有意义的吗？可是这种"**意义**"与**标准**何在？虚无主义者的基本观点是，从哲学家的角度来看，这种无聊而无用的存在非常乏味，令人绝望与**不满**。这种观点并不符合哲学家细致而敏感的性格。结果出现了一种荒诞的评价：如果存在以另一种方式来表明它的理由，那么生存的性质就应该**使哲学家感到快乐**……

现在就很容易能够理解生成变化的世界中的快乐与痛苦只能具有手段的意义。剩下的问题就是，我们究竟**能否**发现"意义"与"目的"，能否解决生存的无意义或有意义这个难题。

98

（350）

论短暂易逝的价值。不持久和自相矛盾的事物是没有什么价值的。然而，被我们视为恒久的事物实际上**纯属虚构**。如果一切皆流，那么短暂性就是一种质（"真理"），持久与永恒只是**假象**而已。

99

（351）

批判虚无主义

一

第一点。如果我们在生成变化的世界之中寻找一种意义，结果却发现万事万物都毫无意义，以至于我们这些探索者终于丧失了勇气，那么**作为心理状态的虚无主义**就会出现。虚无主义的内涵是，对长期**浪费**精力的认识，"徒劳无功"所引起的痛苦，毫无把握，没有任何休息与自我安慰的机会以及似乎是由于长期自我**欺骗**而引起的内心惭愧。……那种意义可以是在生成变化的世界之中实现了最高的伦理准则即伦理的世界秩序，也可以是在人与人的交往之中爱与和谐的不断增长，也可以是接近一种普遍的幸福状态，甚至也可以是遁入一种普遍的空无。——一种目标总还是某种意义。所有这些想象的共同之处就在于通过过程本身应该**达到**某种目标。现在我们就可以理解通过变易什么也**达不到**，什么也**实现不了**……虚无主义的根源就在于对所谓的**变易之目的**的失望，也许这种目的是确定的，也许总的说来人们已经认识到了迄今为止阐释整个人类"发展"史的所有目的论的不足之处（人类**不再是**合作者了，也不是变易的中心了）。

第二点。如果我们在生成变化的世界中和在每个事物中设立一个**整体**、一个**系统**或者一个**组织**，以至于渴望欣赏与尊敬的心灵沉醉于对某种至高无上的统治与管理形式的总体幻想之中（如果这是一个逻辑学家的心灵，那么绝对的逻辑性和真正的辩证法就可以使它与万物和解了），那么作为心理状态的虚无主义就会出现。这是一种统一体，是一元论的某种形式。如果人类相信了这种统一体，那么它就会对一种高不可攀的整体、对一种神的模式产生深切的关联与依赖感……"普遍的幸福要求个体献身。"可是请你睁开眼睛看看吧，这样的普遍性是不**存在**的！如果一种价值连城的整体根本不起作用，那么人类就会从根本上怀疑它的价值，这也就是说，**为了相信整体的价值**，人类构想出了这样一个整体。

作为心理状态的虚无主义还有**第三种**，也就是**最后一种**形式。

上述两种观点表明，变易是不会有任何目的的，在变易的世界中根本没有一个个体可以隐匿于其中的、伟大的、类似最高价值的统一体。剩下的只有一个**借口**了，那就是将处于变易中的整个世界贬为假象，再虚构出一个彼岸的、**真实的**世界。一旦我们明白了这个彼岸世界只是由于心理需求而建立的，而且我们根本无权建立这样一个世界，那么虚无主义的最后一种形式就出现了，这种形式包含着**对一种形而上的世界的怀疑**和对**真实**世界的否定。基于这种观点，我们承认变易的世界是唯一的现实，摒弃任何一种通往死后世界和虚妄之神的秘密道路。然而，我们又**无法忍受这个我们不想否定的世界**……

究竟发生了什么事？当我们认识到既不能用"**目的**"这个概念，也不能用"**统一体**"或"**真理**"这个概念来阐释存在的总体特性时，我们就会感到价值的沦丧。运用这些概念达不到任何目的：在纷繁复杂的世界之中根本没有一种无所不在的统一体，实存的特性是不"真实的"、**虚假的**……我们绝对没有理由来使自己相信有某种真实的世界。

简言之，我们用"目的""统一体"和"存在"这些范畴赋予世界以某种价值，而现在我们又把这些范畴**抽了出来**，因此世界就**毫无价值了**……

二

假如我们已经认识到用以上**三种**范畴再也不能阐释这个世界了，世界因此开始变得毫无价值了，那么我们必然会问：我们对上述三种范畴的信仰**又从何而来**呢？让我们来试一试，看有没有可能抛弃对这**三种范畴**的信仰。如果我们否定了这三种范畴，那么这三种范畴不适用于万有这个事实并不能使我们**贬低万有的价值**。

结论：虚无主义的根源在于**相信理性的范畴**。我们已用**涉及纯粹虚构的世界**的范畴衡量了世界的价值。

最终结论：迄今为止，我们曾用所有的价值来评价这个世界，最后又因为这些价值是站不住脚的而**贬低**这个世界。从心理学的角度来看，所有这些价值都是人类为了维护和增强其统治产物而从功利主义的角度出发来观察的结果，只不过人类把这种统治错误地**投射**到事物的本质上。人类总是**极其天真**，它将人本身视为意义和价值标准……

100

（352）

尤其是当人类应该遵循的最高价值很难支配人类自身的时候，为了**强调**这些恰似神谕的**社会价值**，我们就将它们视作高于人类的"现实""真实的"世界、希望与**来世**。现在我们已经了解了这些价值不光彩的来历，因此万有就显得贬值了、"无意义"了……但这只是一个**过渡阶段**。

101[58]

我根本不希望与他们一起合演那可耻的喜剧，这喜剧首先在普鲁士迄今还被称作**悲观主义哲学**。我认识不到谈论这出喜剧的必要性。我们早就应该厌弃这出由冯·哈特曼先生这个瘦猴子导演的戏了。每个不愿提起哈特曼和叔本华的名字的人在我的眼中都是人杰。

102

（353）

我们对自己的行为不必感到怯懦，我们不应该鄙弃自己的行为……良心上的谴责是不成规矩的。

103

（354）

我终于又把人类的价值赶到了墙角，它们在这里适得其所，因为它们本是被罚立墙角的价值。已经有多种动物消失了；假如有一天人类也消失了，世界依然毫发无损。我们只有成为真正的哲学家才能欣赏**这种**虚无（这不必大惊小怪[59]）。

104

（355）

如果我们已经弄清楚了我们"为什么"活着，那么我们不禁要问：我们的生活又怎样呢？如果快乐与痛苦这对价值引起人们的关注，享乐主义与悲观主义的学说获得人们的首肯，那么这表明人们已不再相信原因、目的与意义，而且**缺乏意志**。了却尘缘、听天由命、美德与"客观"至少表明了主旨的阙如。

我们很善于树立一种目标······

105

请注意：一个贱民，一个充满怨恨的人，一个**怨魂**······

106

不要将完全**没有信仰能力**的无信仰和**再也不能**相信某种世界观的无信仰混为一谈。后一种情形一般来说是一种新的信仰的前兆。

无力反驳是无能的无信仰所特有的。这种无能的无信仰根本不知道怎样反对某种是非观······

107

闲散乃哲学之源。那么请问：哲学是一种罪恶吗？

108

哲学家的休养方式与方法与众不同，例如，他在虚无主义中得到休养。相信毫无真理即虚无主义者的信仰可以使一直与丑陋的真理进行斗争的斗士舒展四肢，得到休整。真理的确是丑陋的。

109

如果我们将戏剧音乐从音乐的整体中抽出来，那么这根本无损于美好的音乐。

110

我们也相信美德，但是这是一种文艺复兴式的美德，一种阳刚的、不虚伪的美德。

111

（356）

为什么心理学的基本信条全都是极其恶劣的歪曲与伪造呢？例如，"**人类追求幸福**"这个信条究竟有哪一点是真实的呢？这个公式应该既适用于动物，也适用于树木和植物，这样才能理解什么是生活、生活是何种形式的追求与紧张。"植物追求什么呢？"——此外，我们已经虚构出了一个错误的、根本不存在的整体。如果我们首先提出"植物"这个笨拙的整体，那么我们就隐瞒和否认了各式各样的生长是主动的和半主动的这个事实。最终的、最小的个体并不是所谓"超验的个体"或原子，它们的势力范围是不断变化的，这一点显而易见。如果每种最小的个体是如此变化的，那么它们是在**追求"幸福"**吗？扩张、吞并和增长就是与阻力对抗，运动在本质上是和痛苦状态联系在一起的。如果这些生长着的个体就是这样不断地寻求痛苦，那么它们无论如何是为了达到另一种目的。

原始森林里的树木之间为何目的而争斗呢？难道它们是为了"幸福"吗？不，它们是为了**权力**……

人类能够控制自然力，能够控制它自己的野性与放纵，人类的欲望已学会了服从，具有了功利性。与原始人相比，人类显示出了更加巨大的**力量**，而**不是**显示出了更大的"幸福"。我们怎么能说人类**追求**的是幸福呢？

112

（357）

高贵者与卑贱者的区别在于：高贵者英勇无畏并因此造成自己的不幸。如果幸福论的价值标准开始成为最高价值（这纯属心理疲乏与意志衰退），那么这就是一种**倒退**的信号。基督教的幸福观就是受苦受难、意志衰弱的这类人典型的思维方式。一种充满着力量的人要创造、受苦和痛苦地毁灭，他们认为基督教为胆小鬼树立的幸福观恰似一首糟糕的乐曲令人心烦意乱，僧侣们的装腔作势只会使他们满腔愤怒。

113

（358）

关于心理学与认识论

我还把握住了内心世界的现象性；我们所**意识到的一切**都已经完全整理好了、简化了、程式化了，已被解释得一清二楚。而内心"感觉"的**真实**过程、思想与感情和欲求之间的**因果联系**以及主体与客体之间的因果联系都隐藏得严严实实的，也许这种因果联系纯属幻想。人们以与"外在世界"完全相同的程序和形式来处理"虚假的**内心**世界"，这样我们永远也接触不到"事实"。快乐与痛苦只是后来才有的、派生的精神现象……

"因果性"从我们身边溜走了，像逻辑学所做的那样在各种思想之间建立起一种直接的因果联系是最粗糙和最愚笨的观察结果。所有可能的情绪都在两种思想**之间**游戏。然而，运动快得使我们**误判**运动，甚至**否定**运动……

认识论哲学家所确定的"思维"根本不可能出现。这完全是随心所欲的虚构，他们从完整的过程中抽出一种要素并排除所有其他的要素，他们为了把事情说明白而进行了人为的整理……

"精神"即思维，或许"精神是绝对、洁净与纯正的"，这种观点是相信"思维"的、错误的自我观察的第二个派生结果。**首先**，一种根本不存在的行为即"思维"被幻想了出来，**其次**，又虚构了一种主体基础，每种思维行为都起源于这种主体基础。这意味**着行为与行为者都是虚构的**。

114

"意志"不是"欲望"、追求或要求，它们的显著不同在于意志带有**命令的情绪**。

根本没有"意欲"，只有"**意欲某物**"。我们不必像认识论哲学家那样从状态中找出一种目的。他们所理解的"意欲"与思维一样是不存在的，二者纯属虚构。

下达某种命令属于意志的范畴（当然这并不是说正在"履行"

意志……）。

那种引起力量释放的、普遍的**紧张状态**并不是"意志"。

115

（359）

真实性在一个根本虚假的世界中实属一种**反自然的趋势**，它只有作为为了臆造出某种特殊而**更高的虚假"能力"**（Potenz）而采取的手段时才具有意义。为了虚构出一个真实的、存在的世界，必须首先创造出真实的上帝（其中，包括上帝"真正"相信自己）。

简单、透明、没有自我矛盾、恒久不变、没有褶皱、诡计、帷幕与形式，这种人按照自己的形象构想出了一个存在的世界（"**上帝**"）。

为了使真实成为可能，人的整个环境必须非常洁净、狭小和受人尊敬，各种意义上的优点都必须集中到真实者身上，谎言、狡诈与伪装只会使人诧异……

对谎言的伪装的憎恨来自**自豪感**与敏感的荣誉观念，另一种憎恨则源于胆怯，因为撒谎遭到禁止。"你不该撒谎"这种道德说教对**另一种**本能地不断撒谎的人根本不起作用，《新约全书》就是明证。

116

（360）

总有一些人在注意有没有什么事情是不道德的。如果他们做出一个判断"这是不公正的"，那么他们就是在想：必须改变和废除这种不公正。恰恰相反，只要我还没有弄清楚一件事的**非道德性**，我就永不安宁。如果我明白了它是不道德的，那么我就重新获得了心理平衡。

117[60]

有一种纵情欢乐的人，他们认为舞蹈是最自然的运动，他们只喜欢用脚尖来接触各种现实。他们憎恶沉溺于伤心事之中。

118

（361）

我们是北极居民

我的结语如下，**真实的**人的价值比迄今为止任何一种理想所"期望的"人的价值要大得多。所有对人的"期望"纯属荒谬而危险的苛求，某类人正是利用这种苛求将**他们的**自我保存与增长条件作为法则强加给人类；到目前为止，这种获得了统治地位的"期望"已**降低了**人的价值，削弱了人的力量及其对未来的确信。如果有人在**期望**，那么他的可怜与阴险在今日就会暴露无遗。目前人确立价值的能力是很低的，因此他不能正确对待真正的而不仅仅是"期望中的"**人的价值**。理想本来就是一种诽谤世界与诋毁人类的力量，是笼罩在现实之上的毒气，是一种**诱惑人类走向虚无**的巨大力量……

119

（362）

关于前言

我所描述的是即将发生的事即虚无主义的来临。我在此可以描述一番，因为这里发生了某种必然的事。征兆随处可见，只是缺乏观察这些征兆的**眼睛**。对于虚无主义的到来，我不加褒贬。我认为存在着一次最大的**危机**，存在着人类必须进行**最深刻的**自我反思的一瞬。人类能否从危机中恢复过来，能否控制住这次危机，这是他们的能力问题，但这是**可能的**……

现代人像在做试验似的，一会儿相信这种价值，一会儿又相信那种**价值**，然后又把它们取消了，以至于过时的和被取消的价值越来越多。人们越来越感觉到**价值的匮乏和空无**。虽然有人企图大规模地拖延这场运动，但这场运动是不可阻止的。

虚无主义者终于敢于批判一切价值了。他**了解**这些价值的来源，他对它们太了解了，他再也不会相信它们了。**热情已经出现，新的战栗即将来临**……

我所讲述的是下两个世纪的故事。

120

（363）

在主体和客体之间存在着某种相应的关系，客体**从内部来看**就是主体，这种观点只是一种善意的主观臆造。我认为，该观点的时代已经一去不复返了。我们所意识到的事物的标准完全取决于意识粗浅的功利性，这种狭隘的意识怎么会允许我们对主体和客体做出符合实际的陈述呢？

121

（364）

我们不能从生物的自我保存意志中引申出原生质最深层的和最原始的行为，因为原生质以一种异乎寻常的方式吸收了比自我保存所要求的还要多的东西。最重要的是，原生质**并不是**在"保存自己"，而是在**解体**……在此居统治地位的欲望正好可以解释这种不愿自我保存的现象。从林林总总复杂的有机体来看，食欲的确是一种掠夺（实际上食欲是欲望的一种后起的、专业化的形式，它表现了欲望的劳动分工，它是为一种凌驾于食欲之上的、更高的欲望服务的）。

122[61]

（365）

我们在历史之中、在自然之中和自然之后都没有**发现**上帝，这个事实并没有将我们与其他人分隔开来；使我们与其他人产生隔阂的原因是，我们认为受人尊崇的上帝根本没有"神性"，它只不过是神圣的面具，是一种盲从，是荒谬而可怜的蠢物，是诽谤世界和诋毁人类的原则。总之，我们否定上帝是神。人类按照自己阴险狡诈的标准将他们认为是善良、智慧、强有力和有价值的现象视作万物之源与"物自体"，与此同时又对引起某种善良、智慧、力量与价值的**整个因果联系**视而不见，人类心理的虚伪简直达到了登峰造极的地步。总之，人类将最迟和最受限制的因素看成不是生成的，而是"自在"的，甚至看成生成的世界之根源……如果我们从经验出发，从一个人明显超越了人性的标准这个事实出发，我们就会发现，每种权力都超出了"善恶"与"真假"，每种权力都不考虑善良的目的。这种观点是一种大智。善良、真诚、正义、美德和其他大众化的、苍白无力的价值标准在权力中都被扬弃了。现在终于轮到高度的善良了，难道我们看不出善良是以精神上的短视与鄙俗为前提的吗？难道我们看不出人类没有能力从更远处出发来区分真与假、利与弊吗？难道我们不可以说被至善所控制的力量会带来最严重的后果（"取消恶"）吗？实际上我们看到的是"充满了爱的上帝"向他的信徒们灌输了为了向善而毁灭整个人类的思想倾向。事实上，这同一个上帝在世界的真实状况面前只是一个**极其短视、卑鄙和无能的上帝**。由此可见，这种世界观究竟有多大的价值。

知识、智慧与善良一样，本身并没有什么价值。我们总得有一种使这些性状获得价值或非价值的目标。也许**有一种目标**可以使达到极限的知识成为毫无价值的垃圾。（当极端的错觉成为生命增强的前提之一的时候，或者当善良能折断强大的欲望的弹簧的时候……）

我们人类的真实生活表明：迄今为止，基督教中的一切"真理""善良""神圣"与"神性"只不过是一个巨大而危险的陷阱。直至今日，人类还处于被否定生命的理想所毁灭的危难之中。

123

（366）

虚无主义的来临

虚无主义不只是对"徒劳无功"进行反思，不只是相信万物都应该走向毁灭，它还要求我们助一臂之力，动手**毁灭**一切……如果我们愿意承认，那么这种见解是**不符合逻辑**的。可是虚无主义者并不相信逻辑思维的必要性……虚无主义是坚强的思想与意志的一种状态。对意志坚强的人来说，仅仅停留在对于"判断"的否定上而不再前进是不可能的，**从行动上进行否定**是他们的天性。动手来毁灭支持了通过判断来否定。

124

（367）

如果我们是"失望者"，那么我们并不是对生活感到失望，我们只是看破了各式各样的"期望"。我们带着一丝嘲笑对被称为"理想"的东西怒目而视。我们之所以自我蔑视，是因为我们不能随时镇压被称为"理想主义"的荒谬运动。对理想主义的**纵容**压倒了**失望者**的愤怒……

125

（368）

道德论者非常幼稚，他们竟然要求人类多重而隐秘的自我保持淳朴。他们胡说什么"现出你的本性",似乎为此我们不必首先是某种"存在"（ist）者……

126

（369）

请注意！选择同类，"精英"，孤独。

127

（370）

请注意，我反对公正……我反对约翰·斯图亚特·穆勒[62]。我非常厌恶他那句卑鄙无耻的格言："适用于甲者也适用于乙；己所不欲，勿施于人。"他把整个人类交往建立在**行为的相互性**上，致使每种行为看起来只是一种对已被证实了的行为的回报。这种**前提**简直是**卑贱**之至。穆勒在你我之间确立了人类**行为的等值**这个前提，他轻率地取消了人类行为**最富于个性**的价值（这种价值是没有什么东西可以平衡和偿付的）。"相互性"是极其卑鄙的。**我**所做的事情是**不能**也**不允许**他人来做的，**不可以有均衡**，除非在"**同类中**"（inter pares），在"我的同类"**最优秀者**的范围里。从深层的意义上来说，我们的行为是绝不会重复的，因为我们是**唯一的**，我们的**行为是一次性的**，这个基本信念包含着**贵族区别于庸众**的原因，因为庸众相信"平等""平衡"与"相互性"。

128

（371）

　　将一个民族的子孙联系起来的是**亲缘感**。这种亲缘关系从生理学上来说要比通常人们所估计的要强得多。相同的语言、习俗、利益与命运，所有这一切都足以说明拥有共同祖先的一个民族的成员为什么能够**和睦相处**。

129

　　与爱国主义和民族主义一唱一和的**德意志精神**正在走向**没落**。

130

　　我们不应该和女人谈论诚实。"现出你的本性"这句格言对女人来说，可以说是它对男人所提出的要求的反面。

131

　　他们用绿色的木柴烧死他并不是因为他的信仰，而是因为他再也没有勇气相信他的信仰了。

132

　　"人应该成为这样的人"这句话听起来就和"树应该成为这样

的树"一样乏味。

133

请注意，我们承认古希腊人和文艺复兴时代的人的**优越性**。我们想成为古希腊人，但是我们抛弃了古希腊人的条件与原因。迄今为止，我们仍然缺乏对古希腊人的深刻认识。

134

"事物本来就具有某种性质"，我们必须与这种教条主义的观点彻底决裂。

135

对大话的批判。 我深深地怀疑和仇视被称为"理想"的东西，我是一个**悲观主义者**，因为我认识到"高尚的情感"是不幸的根源，即人类被贬值、被缩小的根源。

如果我们期望理想会带来"进步"，那么我们肯定是在欺骗自己。迄今为止，理想的胜利每次都是一种**倒退**。

基督教、革命、废除奴隶制、平等的权利、博爱、热爱和平、正义与真理，所有这些作为旗帜的大话只有在斗争中才有价值。这些大话**并不是**现实，而只是一些为某种与现实完全不同的（甚至完全对立的）事物而发的**豪言壮语**。

136

对大话的批判

代表**权力意志**的"自由"

"正义"

"权利平等"

"博爱"

（宗派主义者的）"真理"

137

巴黎的哲学家如富耶[63]之流大谈什么"个体不断增强的自主"。他们本该观察一下那些盲从者。他们自己就是盲从者……

你们这些放眼未来的社会学家，睁开你们的双眼吧！

"个体"在与理想**完全相反**的条件下成长壮大了，你们却在描述人类的极端衰弱与萎缩，你们是在利用古老理想的整套谎言来削弱人类！你们**如此**虚伪，你们真的将你们的群氓需求当成了**理想**！

这是一种全然缺乏心理诚实的行径！

138

（372）

理想的由来。对理想得以产生的基础的调查：

1. 从把世界**看成**较为丰盈、较为圆满和**较为完美**的"审美"状态出发。

异教的理想：从歌剧丑角开始，所有的人都在吟唱自我肯定的主调。

——至高无上的类型：**古典的**理想表现了所有主要本能的茁壮成长。

——其中又有最高贵的风格：伟大的风格表达了"权力意志"本身（这种时常令人恐惧的本能敢于**自我表白**）。

他们在奉献。

2. 从**看成**较为空洞、苍白和薄弱的世界的状态出发。在这种状态下，"精神升华"和理性沾取了美名，残酷性、动物般的直接性和亲密感时常遭到禁绝。理想主义者的生理学特性是"智者"与"天使"（教士=处女=无知）。

贫血的理想：这也许是**表现**第一种理想即异教理想的人的理想（比如，歌德就将斯宾诺莎[64]视为"圣人"）。

他们在**算计**与**选择**。

3. 从感觉较荒谬、恶劣、贫乏和虚假的世界的状态出发。这样的世界比我们猜测与希望的还要糟得多。这种理想体现在反自然、反事实与反逻辑上。这是断言世界之荒谬的弱者的状态（受苦受难的结果就是世界之"贫乏"；**他们在索取，再也不奉献了**）。

反自然的理想。

他们在**否定**与**毁灭**。

（**基督教的**理想是第二种理想与第三种理想的**混合物**，它时而偏重第二种理想，时而又偏重第三种理想。）

三种理想

1. 异教的理想：**强化生命**，其"神化"表现在力的无比充盈之中。

2. 贫血的理想：**淡化生命**，其"神化"表现在细致入微的选择之中。

3. 反自然的理想：**否定生命**，其"神化"表现在毁灭与蔑视生命之中。

139

紧张、抵抗、危险与有根据的怀疑；付出生命的代价；失败的可能性很大，尽管如此还是勇于冒险——

140

群氓的理想现在已登峰造极，成了"社会"的**最高价值**。人们试图赋予社会性以一种宇宙的、形而上的价值。

我抨击群氓的理想，捍卫**贵族主义**。

一个**关怀**与**顾惜**自由的群体必须觉得自己与众不同，它的对面必须有一种迥异的力量，它仇恨并且傲视这种对立的力量。

我放弃的权利越多、越随和，我就越沦于庸人和大众的统治之下。

贵族社会的每个成员获得高度自由的前提就是一种极端紧张状态，这种紧张状态源于所有成员都具有的那种与自由相**对立**的欲望：追求统治的意志……

141

如果你们要消弭尖锐的对立和不平等，那么与此同时你们就会废除伟大的爱、高贵的思想和自为的情感。

142

论自由与平等的社会的**真实**心理

在自由与平等的社会中**何物会衰退**？**对自己负责**的意志衰退了，它表明了自主原则的没落；肉体与精神上的**自卫力**与**战斗力**衰退了，指挥能力丧失了；敬畏感、隶属感和沉默感衰退了；**伟大的激情**、伟大的使命、悲剧与乐观开朗衰退了。

143

对大话的批判

论理想的由来

群氓的理想：人们是如何使道德获取统治地位的，诱惑哲学家的女妖。

苦行僧的理想：宗教理想，第一种、第二种和第三种理想的生理学。

主人的理想：政治理想，"科学"。

精神性的理想：……

群氓的理想

主人的理想

反自然的理想

精神性的理想

异教的理想

隐士的理想（斯多葛等）

感性化的理想

标题：论理想的来源

一、群氓的理想

　　主人的理想

　　隐士的理想

二、异教的理想

　　反自然的理想

三、感性化的理想

　　精神升华的理想

　　占优势的情绪的理想

对大话的批判

真理、正义、爱情、和平、道德、自由、善良、诚实、天才、智慧。

144

帕斯卡尔说："最大的伤害乃是出于善意产生的伤害。"

145

意识的作用

我们千万不要误解了"意识"的作用。意识指的是我们与"**外部世界"的关系，是外界发展了我们的意识**。我们绝**不会**意识到有什么东西在**指挥**，更确切地说，在照料和事先协调我们身体的各种功能之间的合作；我们也不会意识到精神是如何**储存**起来的。毫无疑问，存在一种最高机构、一个起领导作用的委员会，在这个委员会里各种不同的**主要欲望**正在发号施令并行使它们的权力。"快乐"与"痛苦"是这个委员会发出的暗示……**意志行为**与**观念**也如此。

总之，我们所意识到的事物并不处于因果联系之中。诸多思想、感情和观念在意识中的先后次序并不表明这种次序是一种前因后果的次序。但是，它看起来是一种因果次序。我们就是在这种**假象**之上建立起了精神、理性与逻辑的完整概念（所有这些东西纯属子虚乌有，它们只是虚构的综合与单元）……我们却把这些虚构的单元投射到事物之中和事物之后！

通常我们把**意识**当成了感觉中枢与最高机构，然而实际上它只是一种**传达手段**。意识是在交往中发展起来的，它旨在符合交往的利益……"交往"在这里指的是外界的影响和我们的必要反应以及我们对外界的影响。意识**不是**指挥者，而是指挥者的一个**器官**。

146

强者类型自我保存的手段如下：

1. 赋予自己特别行动的权利，尝试战胜自我与享受自由。

2. 进入野蛮的状态。

3. 通过各种禁欲的方式使自己具有坚强的意志，从而获得优势与自信。

4. 绝不向他人表明心迹，缄默无语，保持对优雅的警惕。

5. 服从现实的安排，让现实来考验自己的自我维持能力，保持对荣誉的高度敏感。

6. 绝不做出如下结论："适用于甲者也适用于乙。"而是做出相反的结论！

7. 将报复与回报作为一种特权和嘉奖。

8. 不觊觎他人的美德。

147

性欲论："两个渴望生活的小精灵，将它们对生活的渴望化为一种集体性的要求，它们意识到了这种集体性的要求，并且利用它来满足**自己的**需要。"

——勒南语录，哈特莱[65]，富耶《当代社会学》第217页

148

现在是为做了两千年的**基督徒**而**付出代价**的时候了。我们失去了赖以生存的**重心**，因此会暂时束手无策。我们蓦然采取**相反**的评价，充满着反对基督教价值观的活力，恰如我们曾经充满着基督徒的活力。我们这些基督徒曾经全身心地沉醉于下述荒唐的妄语之中：

1. "不朽的灵魂"，"人"的永恒价值。

2."彼岸"之出路、方向与评价。

3.道德价值即最高价值,"灵魂的拯救"乃根本利益。

4."罪恶""人世""肉体""情欲"——作为"尘世"而遭到谴责。

现在这一切全错了,它们只是一些混乱、软弱或夸张的"辞藻"。

1.我们试图找到一种**尘世的解决办法**,但是同样求助于真理、仁爱与正义的**最后胜利**。社会主义的宗旨就是"人人平等"。

2.我们还试图树立牢固的道德理想(我们推崇无私、否定自我与否定意志)。

3.我们试图把握住"彼岸世界",尽管它只不过是一个反逻辑的未知数;然而,我们极力粉饰彼岸世界,并且从中引出一种古老的、形而上的慰藉。

4.我们试图从事件中看出一种**老式的上帝引导**,看出一种奖赏、惩罚、教育和使人**向善**的万物之秩序。

5.我们自始至终相信善与恶,并将善的胜利与恶的毁灭作为我们的任务(这纯属英国式的思维方式,其典型就是约翰·斯图亚特·穆勒这个白痴)。

6.我们蔑视"天性"、欲望与自我,试图将最高尚的精神与艺术看成丧失个性与大公无私的结果。

7.我们一直允许**教会**干涉所有重大事件和我们的个人生活,以赋予它们以一种**庄严**和**更高的意义**;我们拥有一个"基督教国家"和基督教的"婚姻"。

149

彻底的虚无主义

彻底的虚无主义的特征如下：伟大的**蔑视**、伟大的**同情**与伟大的**毁灭**。

其顶点是，出现了一种激发生命，激起厌恶、同情与破坏欲的**学说**，它传授**绝对**与**永恒**的创造与毁灭。

150

欧洲虚无主义的历史

在**暧昧的时代**，人们千方百计地维护旧的价值观，但又不放弃新的价值观。

在**明朗的时代**，人们明白旧的价值观和新的价值观是根本对立的。旧的价值来自没落的生命，而新的价值则源于上升的生命，我们对自然和历史的认识再也不允许我们产生"希望"了，因为**一切旧理想**都是与生命为敌的（它们源于颓废，决定着颓废的方向；不管道德穿着多么华丽的盛装，它也是反对生命的）。我们**理解**旧的价值观，然而我们长期意志薄弱，无法建立新的价值观。

三种伟大情绪的时代：蔑视、同情与破坏。

灾难的时代：出现一种遴选人杰的学说……这种学说迫使弱者和强者一样做出决定。

151

"自由思想家"**缺乏**如下认识：使强者更加强大和投身于伟业的"自律"（Disziplin）品格会**摧残和毁灭平庸者**。这种自律品格包括怀疑、心胸开阔、大胆试验和独立人格。

152

我辈之"未来"

接受严格的综合性科技大学教育；服兵役，使较高等级的每个男人都成为军官，无论他以前从事什么职业。

153

罪人和**浪子**对**欲望的价值**产生了令人气馁的不良影响。可怕而野蛮的习俗首先在中世纪迫使人们结成真正的"道德联盟"。与此同时，人们还过分夸大了人的价值。战斗中的"文明"（**驯化**）需要各式各样的镣铐与刑具来约束人类过分强大的猛兽天性以维护自身。

这是一种很自然，但是很糟糕的混淆：**拥有权力与意志的人**对自己提出的要求同样也是他们赋予自己权利的标准。实际上这种人是罪人与浪子的对立面，尽管他们有时也像微不足道的罪人与浪子一样做一些证明自己染有恶习和放荡不羁的事情。

"在上帝面前所有人都具有同等价值。""等值"这个概念害人不浅。持这种观点的人禁止本属于强者特权的思想与行为，似乎强者的思想与行为有损于人的尊严。他们将最弱者（无自律能力的最弱者）的自我保护手段确立为价值标准，从而使强者的思想倾向声名狼藉。

这种过分的混淆匪夷所思，以至于众人都恶毒攻击生活**大师**（生活大师们的独断专行成了他们与罪人和"浪子"的鲜明对立）。时至今日，人们还认为应该反对切萨雷·博尔吉亚[66]，这简直太可笑了。教会列数德意志皇帝的罪状并将他们逐出教会，好像一位僧侣或牧师有权力对弗里德里希二世[67]的自律评头论足似的。唐璜也被罚入地狱了，这也太天真了。难道我们没有觉察到所有有趣的人物都不在天国中吗？教会这是在暗示小女子们能在哪里找到她们的幸福……如果我们稍微保持思维的一贯性并对伟人的品行进行深思，那么教会就会毫无疑问地将所有"伟人"都打入地狱。教会**反对**的是一切"人的伟大"。

154

"荣誉观念"建立在相信"良好的交往"、骑士般的侠肝义胆和不断自我表现的义务之上。荣誉的本质是，人们并不重视自己的生活，只注重必恭必敬的举止（尽管这种举止会感动自己，但是它并不是人"本身"所特有的）；人们并非非常亲密、善良、快乐或谦和，只有一些同类之间的虚情假意罢了；人们**总在表演**……

155

《新约》

《圣经·新约》中所进行的反对贵族与强者的战争是一场采用

狡猾手段的**列那狐**[68]式的战争，只不过这些教士总是那么一本正经地坚决反对强者并且自知自己的狡诈罢了。

156

大家都在谈论社会契约的"极端不公正"，好像此人出身高贵而彼人出身卑贱或者这人天生具有这种性格而那人天生具有那种性格这个事实是一种不公似的……我们必须坚决反对这种观点。"个体"这个错误的概念导致了这种胡言乱语，它将人与人生长于其中的环境隔离开来并且把人作为一种"灵魂的单子"简单地**放进**社会或使其自行落入社会之中，这是可怜的灵魂形而上学造成的结果。人的特性既不是上帝，**也不是**父母**赋予**的；他**存在**，他如此存在，他在这样的环境中存在，对此没有任何人能够负责……他现在所描绘的生命之线不能脱离整体的现实。因为人不是一种长期的主观意图的结果，他根本不想成为一种"人的理想""幸福的理想"或者"道德的理想"，所以人要朝着某个方向（似乎那儿存在着某种**责任**）"移动"的观点是十分荒谬的。

反抗神、社会、自然、祖先与教育等事物的"受难者"虚构出了根本不存在的**责任**与**意志形式**。因为根本不存在**公正与不公正的前提**，所以我们就不应该妄谈什么公正。**每个人的灵魂**本来就是或者应该是一样的，这是一种糟糕透顶的乐观主义者的幻想。恰恰相反，人与人之间的巨大**差异**、摩擦、矛盾与斗争才是我所想望的。幸好我所想望的恰恰是**现实**！

157

商业与政治上选票等值的文明带来了一种几乎不可避免的恶果，即**权利平等**与**需求平等**的愿望，这种平等的愿望导致了一种较为高贵、危险和奇异的新人濒临灭绝。冒险性的**试验**似乎终止了，代之而起的是一种停滞状态。

158

反贼的悲观主义（而不是"愤怒的悲观主义"）。

159

论"极度厌恶"：令人厌恶的作品纯属文人自作自受，例如，神经过敏的天主教激情文学、法国悲观主义文学（福楼拜、左拉、龚古尔与波德莱尔）。

在马格尼餐馆[69]用晚餐。

论"**伟大的同情**"：托尔斯泰、陀思妥耶夫斯基以及理查德·瓦格纳的《帕西法尔》。

160 [70]

波德莱尔认为真正的文明即原罪之减低。

161

法国是饲养场。如此驯服的动物，连一个栅栏也不敢逾越。这种动物属拉丁种：在窝里，垃圾并不讨厌；在文学上，它是食粪动物，对粪便情有独钟⋯⋯

——波德莱尔

162 [71]

波德莱尔说，莫里哀的《答尔丢夫》不是喜剧，而是一本谤书。如果一位无神论者恰巧受过良好的教育，那么他读过这个剧本之后就会认为莫里哀不应该给答尔丢夫这个流氓出一些难题。

163

波德莱尔谈到了佩特罗尼乌斯[72]那可怕的淫秽与令人悲伤的滑稽。这纯属一派胡言，但至少说明了佩特罗尼乌斯的特点⋯⋯

164

容易激动的先知之出身。

165

特里马西翁[73]将他的双手放在奴隶的头发上擦干净了。

166

真实的书，真实的诗。

167

拜伦喋喋不休："正是下述高尚的缺点造就了伟大的诗人：与审美观总是形影不离的忧郁和热情似火的、魔鬼般的性格以及蝾螈精神。"

168

"只有在诗人、神父和士兵中才有伟大可言。他们是为他人歌唱的人，为他人祝福的人和为他人牺牲一切乃至牺牲生命的人，其余的人都为鞭子而生……"

169

"只有贵族政治才有理性与自信。建立在民主基础之上的君主制或共和制同样是荒谬和软弱的。"

170

"为了成为伟人与圣人首先应该为自己而活。"

171

"上帝是唯一不需要存在而统治世界的存在者。"

172

论"奉献"。爱情乃对放浪之嗜好。世上没有什么高尚的快感不与此相联系。最甚者，要数至高无上的上帝。演出中，舞会上，每个人都享有所有人。艺术是什么？是放浪不羁。

爱情可以从一种慷慨的情感中产生，那就是对放浪的嗜好。但是它很快就被占有欲所侵蚀。

173

教会的女性特征是其无所不在的理由。

174

爱情恰似一场刑讯或一次外科手术，两人中的一个必然是刽子手或手术师。

有人当着波德莱尔的面问道："爱情的狂喜何在？"甲答曰："在于索取。"乙答曰："在于奉献。"丙答曰："在于骄傲的快感。"丁答曰："在于谦卑的快感。"这些淫棍似乎在模仿耶稣基督。终于来了一位恬不知耻的幻想家，他声称爱情的极乐在于教育公民爱国。

〔波德莱尔答道：〕"至于我，我要说：爱情的独特和极度的感官享乐隐藏在坚信作恶的思想中。因为男人和女人生来便知一切感官享乐均在罪恶之中。"

175

我们爱女人，是因为她们与我们不同。

176

瘦削比丰腴更不加掩饰和粗野。

177

热情不用于沉思就是软弱和病态的表现。

178

论祈祷：懂得享受艰难的生活，并且祈祷，不停地祈祷。祈祷是力量的源泉。

179

庸众想方设法取缔伟人。伟人为了生存必须具备比由个体组成的百万大军的抵抗力还要强大的攻击力。

180

打瞌睡就是黄昏时的冒险行为。我们可以说：有人勇敢地睡着了。这种勇敢是难以理喻的，大家并不明白这种勇敢来自没有意识到危险。

181

坚固而华丽的大船在平静的水面上缓缓地漂荡，它们悠游自在，满怀乡思，似乎在无言地发问："我们何时启航驶向幸福的彼岸？"

182

在政治上，真正的圣人是那些鞭打人民、屠杀人民而又为人民谋福利的人。

183

波德莱尔（还有理查德·瓦格纳）认为，美即炽情与悲伤，它不太确定，给人留下猜想的空间。

184

美丽而迷人的女人的脸使人懵懵懂懂地渴望感官享乐，使人忧愁，其中夹杂着一丝忧郁、倦怠甚至满足——或者相反，一丝热烈，一丝对生活的渴望，混杂着似乎因为剥夺了什么或者因为绝望而产生的苦涩。神秘与遗憾也是美的特征。

185

一个美男子没有必要怀有放浪的念头（女人也许持相反的观点）。女人觉得这种邪念既是一种普遍的忧郁，又是一种诱人的挑逗。但是这个男子必须拥有炽热与悲伤的情感，必须拥有精神需求、藏而不露的雄心壮志和轰然作响但尚未实施的权力观念，间或拥有复仇的冷漠，最有趣的是拥有秘密与**灾难**。

186

自我崇拜是达到性格之诗意和谐的一种手段。我们应该协调性格与能力，保持和增强我们的一切能力，方法就是**崇拜**。

187

女人的魅力与**美之所在**：麻木不仁，神情烦躁，漫不经心，恬不知耻，态度冷淡，藏而不露，目空一切，心甘情愿，气势汹汹，病病歪歪，温柔妩媚，稚气可掬，懒洋洋而又恶作剧。

188

有两件东西对于一个受过良好教育的男人的幸福是必不可少的，那就是殷勤与崇拜；但是新教国家恰恰缺乏这两件东西。

189

坏口味的魅力：贵族般乐于**挑剔**。

190

斯多葛主义[74]只有一件圣事，那就是自杀……

191

女人是自然的，也就是说是可恶的。因此，女人总是粗俗的，即与高雅背道而驰。

192

任何变化中都蕴藏着卑鄙与惬意、不忠与疯狂。

193

有些人只能成群地游乐，真正的英雄却自娱自乐。

194

我们必须工作，如果不是出于兴趣，那么至少是出于绝望，因为一切都经过慎重的考虑，因为工作比娱乐更有趣。

195

孩提时代的我就感觉到了我心中存在着两种矛盾的情感：生活既可憎，又令人欣喜若狂。这正是神经质的懒汉之作风。

196

波德莱尔在评论自己时说："德·迈斯特尔[75]和埃德加·爱伦·坡教会了我发牢骚。"

197

死刑是我们迄今为止尚未理解的一种神秘观念的产物。死刑的目的并不是从物质上来拯救社会，而是从精神上来拯救社会与罪犯。为了使牺牲完美无瑕，牺牲品必须表示同意，必须显示出快乐。用氯仿来麻醉死刑犯是不敬神的行为，因为这会使死刑犯意识不到他的伟大与献身并使他丧失了升天堂的机会。

刑讯则起源于人类心灵的卑劣部分，因为刑讯者渴望获得快感。残忍与快乐就像酷暑与严寒一样，属于相同的感觉。

198

任何职务都有卑劣的一面。

浪荡子无所事事。你能想象浪荡子对人民说话吗？除非是为了嘲弄他们。

只有三种令人尊敬的人：神父、战士与诗人。认知、屠杀与创造。

其他的人只有任人奴役，被人剥削，命中注定当牛做马，即从事所谓的职业。

199

乔治·桑这个女人是个道德家。

她运用了一种了不起的、流畅的文体以迎合资产阶级的趣味；

她愚蠢、笨拙而饶舌，在谈论道德问题时她的评价一直是同样的深刻，感情一直是同样的细腻，她酷似长舌妇或阔佬的情妇；

她是一个天真的、不愿离开舞台的老妪；

她以古道热肠和通情达理为荣，她还极其愚蠢地劝别人也这么做；

一想起这只笨鹅，我就浑身战栗，厌恶之至。

200

在法国我感到无聊至极，因为那里的人都酷似伏尔泰。伏尔泰（爱默生将他遗忘了）是一个毫无诗意的人，他最爱看热闹，浅薄之至，反艺术，像一个絮絮叨叨的传教士。

201

伏尔泰嘲笑了怀胎九月中栖身于屎与尿之间的不朽的灵魂。波德莱尔则从分娩的部位中发现了"上帝对爱情的戏弄或讽刺。在传宗接代的模式上，这是原罪的标志。实际上，我们只能跟排泄粪便的器官做爱"。

202

教会对爱情进行消毒的结果就是婚姻。

203

纨绔子弟问道："高贵者何许人也？"这些花花公子全属外行。高贵者是拥有闲暇时间和受过全面教育的人，他们是喜欢工作的富翁。

204

爱情的无聊之处在于：它是一种不得不找一个帮凶的犯罪行为。

205

如果你是耶稣会会员，是革命派，那么所有真正的政治家简直都应该是或命中注定是……

206

独裁者现在只是人民的仆人；荣誉只是适应的结果，它适应于国民愚蠢的思想。

207

爱情是什么？它是一种走出自我的需求。人是兽性的崇拜者。这里，崇拜就是牺牲生命，就是放浪不羁。这才是坚不可摧的、永恒的、包罗万象的、天才的人类之残酷。嗜血的人类。狂热的民众皆陶醉于血。

208

请注意，不要轻信人民及其理智、感情、灵感以及显而易见的事实。

我们为什么要让妇女进教堂呢？她们想和上帝进行一场什么样的对话呢？

永恒的维纳斯（任性、歇斯底里、想入非非）是魔鬼迷人的外表之一。

209

在爱情这个领域由于误会而达成了真诚的协约。这种误会是令人愉快的，然而这里的鸿沟则是无法逾越的。

210

圣马克·吉拉尔丹[76]高呼："平庸万岁！"他满怀着对高贵者的刻骨仇恨。

211

我们不应该将民众的功罪归于管辖民众的统治者身上。民众的功罪似乎应该归于**上届**政府的环境。

路易十四接收了路易十三的人，结果是无上荣光。

拿破仑接收了共和国的人，结果也是无上荣光。

拿破仑三世接收了路易·菲利普[77]的人，结果却是声名扫地。

212

人的心中怀有无法消除的放浪癖，并且他还害怕**孤独**。

他喜欢两人在一起。

天才喜欢独处，所以天才是孤独的。

荣誉，就是始终如一，并且以特殊的方式出卖自己。

213

正是这可恶的孤独，在外在肉欲中忘记自我的需要，人类美其名曰"爱的需要"。

214

论殴打女人的必要性。

215

商业在本质上是邪恶的。商业即一报还一报，是包含如下暗示的借贷：还给我的千万别少于我给你的。

每个商人的思想都是污秽不堪的。

商业是自然的，**因此是卑鄙的**。

声名狼藉的奸商中名声稍好一点的商人说：为了比那些邪恶的傻瓜挣更多的钱，我们必须规规矩矩地做人。对商人而言，诚实只是为了利润而进行的投机。

商业是邪恶的，因为它是自私的表现形式之一。

216

世人都是由于误解而处于和谐状态的。如果我们不幸了解了我们的自我，那么我们就绝不会与他人和睦相处了。

一个不愿与他人和睦相处的思想家应该训练自己与蠢才聊天并

阅读劣等书籍。他由此得到的巨大快乐会充分弥补他对蠢才和劣等书籍的厌倦。

217

官员与部长可能是一些令人尊敬的人，但他们绝不是奇人。这些没有个性与特色的人天生就是为了履行行政职能的，也就是说他们是公仆。

218

从每份报纸上都可以读到可怕的、变态的人性，报纸惯于刊载一系列恐怖事件。文明人一边喝这杯令人恶心的开胃酒，一边用早餐。尘世间的一切都散发着罪恶：报纸、城墙与男人的脸。一个爱干净的人接触到这样一份报纸怎能不倍感恶心呢？

219

毫无仁慈，我只不过是一对响亮的钹。

220

我遭受的屈辱乃是上帝的恩赐。

221

我还没有体验到完成计划的欢欣。

222

任何意志的衰退都是损失。

223

有一天波德莱尔觉得柔弱的风的翼翅掠过自己的身体。

224

要医治一切，医治贫困、疾病与忧郁，缺的只是**对劳动的爱好**。

225

"笑兽性之毁灭"，这就是他在肖像上的题词。

226

一

人类作为一个整体需要完成一项总任务，人类必定走向某个目标，这种暧昧而武断的观点现在还很有影响力。也许就在它成为一种"固执观念"之前它就被人们抛弃了……人类不是一个整体，而是一个无法解释、充满着上升与下降的生命过程的多元体。人类根本没有什么青年、壮年与老年时代。这种年龄层次是混乱而重叠的，几千年之后还会有我们今天所能目睹的年轻人。另外，人类的任何时期都会有颓废现象。渣滓与衰亡随处可见，这是一种生命过程，没落者与废物必然被淘汰。

二

在基督教偏见的胁迫下，**这个问题已荡然无存**。生命的意义在于拯救个人的灵魂，人类历史中的丰盈或匮乏根本不在考虑之列。最善良的基督徒们希望能尽快结束人与人之间的强弱差异，至于这会给个体带来什么害处则**没有人表示怀疑**……拯救灵魂的任务现在属于每个人，将来也会属于来者，价值、意义与价值的范围是固定的、绝对的、永恒的，是与上帝的一致……所有偏离这种永恒类型的行为都是有罪的、邪恶的和应受谴责的……

对每个人而言，价值的重心在于灵魂本身，在于灵魂的拯救或永罚！不朽的灵魂之幸福！这是**自我化**极端的表现形式……对所有灵魂而言，只有一种完善、一个理想和一条拯救之路……这是**平等**的极端的表现形式，与此相连的还有荒唐地从视觉上夸大个人的重要性……自视甚高的灵魂战战兢兢地围绕着自我旋转……

三

现在再也没有人相信这种荒唐的妄自尊大了，我们已用蔑视之筛过滤了我们的智慧。尽管如此，从**理想的人**这个观念出发来寻觅人的价值的**视觉习惯**依然未被动摇，从根本上来说人们仍然在维护自我化的视角和在理想面前人人平等的观念。总之，众人都觉得自己明白何为理想的人与何为最终愿望……

这种信仰是基督教理想不断纵容人类所产生的恶果。每当我们仔细审查"理想的类型"时，我们就会立即搬出基督教的理想来。首先我们知道与这种类型接近肯定会大受欢迎，其次我们明白这种类型究竟是何许人，最后我们懂得偏离了这种类型就是倒退与阻碍，就是人的力量与威力的丧失。

现代人幻想这种完美的人会赢得绝对的多数票，我们的社会主义者和功利主义者就是如此。由是观之，人类的发展是有目标的。对于理想的信仰无疑是现代人为人类历史树立一种目标的唯一形式。总之，人们将"天国"的来临置于未来、置于大地、置于人性之中，但是从根本上来说依然抱着旧理想不放……

227

可以理解的是：各式各样的衰败与疾病不断参与总体价值判断，颓废甚至在重要的价值判断中占据了优势，我们不仅要同所有由于退化而造成的匮乏状态作斗争，而且要同迄今为止所有顽固的，也就是说尚未毙命的颓废作斗争。人类在其基本本能上的总偏离、在价值判断上的总颓废乃是一个大问号，是"人"这种动物留给哲学家的真正的谜。

228

悲观主义的主要类型：

敏感的悲观主义（带有巨大痛感的神经过敏）；

"非自由意志"的悲观主义（缺乏对刺激的抵抗力）；

怀疑的悲观主义（害怕定型，害怕把握与触摸）。

与此相关的心理状态我们都可以在疯人院里观察到，只不过在疯人院里这些状态有些夸张罢了；在那里，我们也可以目睹虚无主义（看破红尘的"虚无"感）。

帕斯卡的**道德悲观主义**、吠檀多派[78]哲学**形而上的悲观主义**、无政府主义者（或者雪莱）的**社会悲观主义**与托尔斯泰和阿尔弗雷德·德·维尼[79]的**同情**的悲观主义又属于哪种类型呢？

难道这一切不也是衰败与疾病现象吗？……这纯属过分重视道德价值、"彼岸"的幻想、社会困境与**痛苦**。对某种**个别**观点加以如此的**夸张**，这本身就是病态的表现。**否定**胜过了**肯定**也是如此！

在此，我们**不应该**将悲观主义对生命的否定与由于肯定的巨大威力和张力而进行的"毁弃"（Neinthun）**混为一谈**，后者是一切精力充沛的强者和朝气蓬勃的强盛时代所特有的。后者可以说是一种浪费、一种面对可怕事物的勇猛和对令人恐惧与声名狼藉的事物的同情，因为我们就是令人恐惧与声名狼藉的强人，我们的意志、思想与趣味都充满着**酒神**[80]**精神**。

229

莱奥帕尔迪[81]总是抱怨，他有理由抱怨，但是他并不因此而属于真正的虚无主义者。

230

我为十来个也许我永远也见不着，但是即使没有见过我也欣赏的人写作。

——司汤达

231[82]

1844年，波德莱尔的言辞中充满了对圣伯夫（约瑟夫·德洛尔姆）的依恋。……圣伯夫也对他说："您说得对，我的诗与您的诗息息相关。我品尝了同样的苦果，里面充满了灰烬。"

232[83]

波德莱尔的诗歌（《情欲》阿莫里的故事）：

在镜子前，我用恶魔出生时
传授给我的血涤除罪戾，
使揭去伤痕的残酷技艺日臻完美，
用痛苦换取真正的沉醉。

233[84]

为诙谐的抒情诗构思提纲，然后将它译成严肃小说。将一切都融入反常与冥思的气氛之中，融入**盛大节日**的气氛之中。但愿这一切能成为激情中的平静与安恬。——这属于**纯诗**范畴。

234[85]

波德莱尔关于人类历史发展前景的观点如下。

我们再也不会接近南美洲那样的狂野状态了。在南美的共和国中存在着可笑的混乱状态，南美人手握钢枪，在人类文明的废墟之间搜寻食物。

南美洲的状况是以某种生命能量为前提的。机械制造学会使我们美洲化，技术进步会使我们心中的唯心主义成分萎缩、衰亡，从而导致社会主义者疯狂的梦想远远落在实际存在的现实之后。社会主义者幻想将不存在宗教、私有财产与革命，在政治机构中也不会出现普遍的堕落（只有普遍的进步，用什么名称无关紧要）。必须指出的是，社会主义政治中剩下的只有费力地辩论如何压制人类普遍的兽性了。政治领域的统治者们为了维护自己的统治和建立一种幻想的秩序而被迫采取我们人性本原中令人不寒而栗的兽性手段，**事实上这是极其冷酷的**（令人毛骨悚然的）！然后十二岁的子嗣就会愤然出走，他由于永无餍足的早熟而变得自由放任，想发财致富，与卑鄙的父亲竞争，梦想成为一家传播光明的报社的股东和创立者，如此等等。就是那些妓女也会冷静地意识到所有的罪人除了钱的多少有所不同之外全都是一丘之貉，他们都犯下了**肉欲的错误！**然后所有被称为道德的东西和所有非金钱欲的企望全都会遭到无情的嘲笑。正义将禁止无能的市民采取卑鄙的手段飞黄腾达。

我有时也会感到我作为一名预言家的可笑。我明知我的预言绝无神父般的仁慈。我迷失在这个悲惨的世界之中，接触了许多人，我已经疲惫不堪了。我回首瞻望，一无所见，心中仅存大彻大悟与年深日久的苦涩；我的前面则是一场亘古不变的风暴，它不能带来任何教训、痛苦与新意。薄暮时分，那位智者夺走了命运短暂的欢乐。

他在消化食物中得到平息，尽量忘记过去，满足于现状，顺应未来，陶醉于冷静与放荡，为没有和眼前的过客一样卑微而自豪。望着手中的雪茄燃起冉冉的青烟，他思忖道："良知安在，它与我何干？"

235

我们需要清新的空气！欧洲这种荒唐的状态再也不能持续下去了！难道没有人冷静地思考这种愚蠢的民族主义吗？现在大家都在谋求共同的、较大的利益，那么激起这种粗暴的民族自尊心又有什么价值呢？……然而我们的国家竟然自称为"基督教国家"！卑鄙的宫廷牧师[86]竟然流窜在社会最上层！……而"新帝国"又是建立在最陈腐和最低级的思想上，建立在权利和选票平等的基础之上……

这种愚蠢的民族主义又是在缺乏**精神独立**，在丧失了民族特性的情形之下出现的。现代文化真正的价值与意义竟在于相互融合、互相促进之中！

欧洲经济的一体化势在必行；政治上亦然，作为反应，必将出现**和平党**……

我们处在软弱无能的状态下，却企图争夺优胜地位。这种孱弱状态就是大都市的、报刊的、狂躁而"无目的"的文化。

拥护**和平**的党派严禁自己及其苗裔进行战争，他们反对诉诸公堂。这种善人反而会招来矛盾、斗争与迫害。这个党派至少在一段时期之内是被压迫者的派别，不久它就会成为一个大党。它反对**复仇心理**与**耿耿于怀**。

拥护战争的党派对自己同样严厉，同样讲原则，它朝着与前者相反的方向挺进。

237

佛教与基督教都在同**怨恨**作斗争。

238

取消"**惩罚**"。取消一切暴力手段而代之以所谓的"平衡"。

239^{88}

原始基督教主张**废除国家**：它禁止誓约，禁绝兵役、法院、自卫、捍卫集体、本民族与外族的差异以及等级制度。

作为楷模的基督，他不反抗害他的人（严禁自卫）；他从不自卫，更有甚者，他声言："有人打你的右脸，连左脸也转来由他打。"（有人问他："你是基督吗？"他答道："从现在起你们就会看见我是不是基督了。"如此等等。）

他禁止他的门徒保护他；他让众人都知道他可以得到帮助，然而他不**愿意**接受帮助。

基督教还提倡**废除社会**：它偏爱被社会所厌弃的一切事物，它的社会基础是声名狼藉的歹徒、罪犯与社会渣滓，诸如"罪人"、"税吏"、娼妓和愚民（"渔夫"之类）；它诽谤富人、学者、贵族、德高望重者与"君子"……

240[89]

关于基督教的心理学难题

基督教的**动力依然存在**，其动力就是民众的怨恨、人民起义与失败者的反抗（佛教则不同于基督教，它并非**源于**民众的**怨恨**的反抗运动，它反对怨恨，因为怨恨会使人采取**行动**）。

信仰基督教的和平主义者都知道**在思想与行动中放弃仇视**是自我保存和区分善恶的条件之一。如此看来，我们就很难理解基督教了，这就是基督教的心理学难题。

缔造基督教的原动力反过来要求从原则上来克制自己。

信仰基督教的反抗者是一个**和平而清白的派别**，他们获得成功的可能性只有一种，即通过极端的温和、媚态与柔情。他们的直觉如此告诉他们。

基督教的**绝招**：否定并谴责人欲，在言语与行动中标榜欲望的对立面。

241⁹⁰

我们有生存权、工作权和追求幸福的权利！！！

242⁹¹

论勒南："迷人的博士"做了一场黄粱美梦。

243⁹²

基督徒们从未遵循耶稣的训诫而行动。他们之所以厚颜无耻地空谈"信仰"，空谈"用信仰来为自己辩护"，空谈信仰至高无上的唯一的意义，是因为教会没有勇气，也不愿意拥护耶稣所制定的**行为**准则。

244⁹³

佛教徒的行为与非佛教徒的行为截然不同；**基督徒的行为则与世人的行为毫无二致**，基督教只是仪式与**气氛**的宗教。

245

欧洲基督教的虚伪是极其恶劣和可耻的。我们的确应该遭到阿拉伯人、印度教徒和中国人的蔑视……我们听到的是德国第一个政治家关于困扰了欧洲四十年的问题的演讲……我们听到的是伪善的宫廷牧师的谈话。

246

不要抗拒"恶"……但如果我们不相信善与恶，那么这句格言又该怎样写呢？

247

旧律法要求人们反抗邪恶并以其人之道还治其人之身；新律法要求人们不要报复，不要反抗。

248[94]

如果我们以德报怨，消弭人与人之间的差异，那么情形就会大为好转。

249

耶稣**否定**教会、国家、社会、艺术、科学、文化与文明。**所有的**智者都同样地否定他们那个时代的文化与国家机构的价值，柏拉图与佛陀就是范例。

250⁹⁵

我们必须拆毁圣殿，三天之后再重建一座新的圣殿。

251

我一生之中从未做过基督徒。我将我所目睹的一切都称为基督教，基督教即卑鄙的、模棱两可的言语和害怕一切统治力量的真正**胆怯**……

拥有普遍义务兵役制、议会选举权与报刊文化的基督徒在这种社会中却妄谈什么"罪恶""拯救""彼岸"与十字架上的死亡，我们怎能忍受这种极端的混乱状况呢！

252⁹⁶

汝等皆无勇气杀人、鞭笞他人或戕害他人。疯狂的国家观念占据了个体的内心，以至于他**拒绝**为他自己的行为负责（他向国家宣誓，服从国家，诸如此类）。

一个人以国家的名义所**做**的一切皆违反其本性……

同样地，他为了将来能为国家效力而所**学**的一切也违反其本性。

个人责任的丧失是由于**社会分工**造成的，有了社会分工之后就无人来承担全部的责任了。

立法机构与执法机构形成了分工，纪律的教育者与严守纪律的受教育者也形成了分工。

国家即有组织的暴力……

耶稣说了些暧昧而神秘的话，目的就是使人相信这些话的真实性。

254[97]

"人所**崇尚**之事，在上帝看来就是暴行。"

255

欧洲的精神状态可以名之为**野蛮**，因为欧洲人信仰上帝。这种信仰是关于个人的延续性的可鄙而可怜的无稽之谈，印度人、犹太人与中国人早已抛弃了这种迂阔之论。

256[98]

进入**真实**的生活。

他们过着一种普遍的生活，从而拯救了个人的生命，免去了死亡。

257[99]

耶稣生前所反对的、他教导他的门徒所抗拒的恰恰就是**教会**。

258

相互性与企望回报的隐念是最令人难堪的人之贬值的表现形式之一。这种相互性导致了"平等"观念的产生，而平等观念又将差异视作**不道德的**……

259

所有的人与低等的蛆虫没有什么不同，我们根本没有生存、工作与追求"幸福"的权利。

260[100]

"我们应该做些什么才能使自己相信某种信仰呢？"这个问题荒谬绝伦。

261

基督教所犯的错误就在于它放弃了耶稣关于**行为**的所有诫命。耶稣蔑视生命，标榜平庸的生活。

262[101]

上帝创造了幸福、闲散、清白与不朽的人，而我们的现实生活则是错误的、不理想的和罪孽深重的，是一种受到惩罚的生活……

痛苦、斗争、劳作与死亡成了怀疑与反对生活的证据，成了不合理与不自然的现象。我们需要并且**拥有**医治这种痛苦生活的良药！

263[102]

从亚当直至今日人类一直处于一种不正常的状态之中，为了结束这种不正常状态并赎亚当的罪，上帝甚至献出了圣子耶稣。生活的自然属性就是**不幸**；耶稣基督会把正常状态还给信他的人，他会使他的信徒获得幸福、闲散与清白。然而，如果我们不劳动，土地依旧会荒芜，女人生产依旧痛苦，我们依旧患病，最虔诚的信徒与毫无虔心的人同样处境艰难。教会断言，如果我们信仰上帝，我们就会被免去**死亡**与**罪恶**。教会根本不允许我们对这种说法进行审查。"他无罪了"——他不是通过自己的行为，不是通过严酷的斗争而免罪的，而是通过基督的救赎行为赎罪的，因此他是完善的、清白的，他可以进天堂……

基督教的真实生活只是一种信仰（自我欺骗与疯癫）。整个充满冲突、斗争、光明与黑暗的现世生活在基督徒眼中只是一种虚假而恶劣的存在。我们的任务就是：**脱离**现世生活。

264[103]

宗教伪造了一种人生观，科学与哲学永远只是宗教的仆从……

我们信不信上帝、基督和亚当并不太重要，重要的是我们在下述认识上达成了一致：生活只是一种**假象**，它毫无真实性与实在性。

265[104]

生活是不美好的，生活的改善却不取决于我们自己。生活的改变是由我们之外的法则决定的。科学上的决定论与宗教上对基督的救赎行为之信仰这两者的理论基础是一致的。

两者的共同之处还在于：它们承认人类有**追求幸福的权利**并用幸福这个标准来谴责现实生活。

266[105]

大家都在问："为什么生活不像我们所希望的那样呢？生活究竟何时才能如我们想象的那样呢？"

267[106]

请注意，请高度注意，"清白、闲散、不朽与幸福的人"。我们首先应该批判这种关于"最高愿望"的构想。

为什么罪恶、劳作、死亡与痛苦（还有基督教所说的**认识……**）**违背了**我们的最高愿望呢？

"永福""清白""不朽"这些基督教概念是值得怀疑的——

268[107]

"人类的和平"作为想象中的至善就是天国。

269[108]

你们要与所有的人和平共处，不要审视他人，好像他人纯属子虚乌有或十分荒诞似的！如果和平遭到戕害，那么你们就应该千方百计地重建和平。对上帝的崇奉不折不扣地表现在消除人与人之间的敌意上。当你们之间发生了细小的争论时，你们要力争和解，不要丧失了内心的和平，因为内心的和平才是**真实的生活**。什么东西会损害和平呢？第一种诱惑就是性欲：为了对付性欲，人类建立了坚不可摧的一夫一妻制。第二种诱惑就是誓言：誓言将人类拽入罪恶的泥淖；在任何情形之下你们都不要对别人发誓，这样你们就只有一个唯一的主人——上帝。第三种诱惑就是自称为正义的复仇：你们应该忍受不愉快的事情，不要以怨报怨！第四种诱惑就是本族同胞与异族的区别：不要因为你们的国籍与种族不同而破坏与外族的和平！

这五条诫命的实施会带来人心所向的状态：四海之内皆兄弟，众人和平共处，人人皆可享用寰宇的财富直至生命的终结……

270[109]

人没有任何权利，他只有义务来回报他所得到的恩惠；他不应该与他人争什么是非曲直。即使他献出了自己的生命也不能补偿他所获得的一切，因此上主绝不会对他不公正。但是，如果有人提出生存的权利，如果有人与万物之理念、与人的生命之源发生争执，那么这只证明了一点：他不理解生命的**意义**。人们在获取了某种恩惠之后就会**要求**得到另外一些东西。寓言中的工人闲散无聊，极不幸福，因此家主给了他们人生的最大幸福——劳动。他们接受了这恩德，然而还总是不满意。他们有一套错误的理论，即人有劳动的权利和按劳**取酬**的权利。他们不明白劳动这笔最大的财富是白得的，他们本该感谢家主赋予他们工作，而**不应**索要报酬。（参见《马太福音》第二十章第1行与《路加福音》第十七章、第五章、第十章）

"雇工的比喻"的寓意在于规劝人们放弃个人生活，你们却要求得到个人荣誉和个人报酬……世上有尊荣与个人的权利；诸位门徒，你们应该懂得生活的真正意义不在于个人的幸福，而在于为他人服务和屈从于他人……基督规劝你们不要盲从，他教导你们如何真正区分善与恶、主与次。

使徒彼得不明白这个寓言的道理，因此他缺乏信仰。**按劳取酬**只是在个人生活中才有意义。注重**个人生活**的理论导致了按劳取酬原则的产生。

$$271^{110}$$

我们并不是因为相信某人所说的话才产生了信仰，信仰只能来自**对我们处境的认识**。我们并不能通过许下关于奖赏与惩罚的诺言来树立一种信仰。如果我们不接受可能的救援，那么能够产生"移山"般力量的信仰只能建立在我们必遭沉船之灾这个清醒的意识之上……

我们应该过一种**符合主的意志**的生活……

272

当他清晨再次朝城里走去之时，他感到饿了。他看见路边有一棵无花果树，就径直朝它走去，但他发现那树只有叶子，没有什么果实。他对那树说道："你永远不再结果子了！"那棵无花果树立即枯萎了。他的门徒目睹了这个异象，大为惊诧，问道："怎么这无花果树立即干枯了？"（参见《马太福音》第二十一章第18行）

273[111]

基督教的五戒为：不可发怒，不可通奸，不可起誓，不可武力自卫，不可进行战争。你们可以暂时违反上述诫命，正如你们违反民法典与世俗法典的条款一样。但是当你们安静下来的时候，你们就不会去做你们现在所做的傻事了，你们就不会去**安排**一种随意违反五戒的生活了。

我劝你们最好还是过**一种截然相反的生活、一种难以遵循五戒的生活**！

274

在论及此岸生活时，托尔斯泰对我们这些哲学家即不信教者说道："除了那些由你不欣赏的人所制定的和由警察所实施的规则之外，现在你没有任何规则。耶稣的教义赋予你这些规则，它们肯定与你的法则相一致。因为你的利他主义或与众不同的意志法则只不过是对耶稣教义的蹩脚注释。"（引自托尔斯泰《我的宗教》，

1884年1月22于莫斯科）

275[112]

我主基督不是为了替我们赎罪而死的，因信不能得救，死后也不能复活——所有这一切都是对原始基督教的歪曲，那个不幸的怪人应该对此负责。

典范的生活内容如下：充满爱与谦卑；有一颗敏感的心（使最低贱的人也有一颗敏感的心）；彻底放弃权利观念，放弃自卫，放弃个人成功与获胜；尽管世界上还存在着困苦、反抗与死亡，依然坚信世间有幸福；与他人和解，摒弃嗔怒与蔑视；不要报酬；不与他人结党营私；保持宗教与精神上的平等观念；过着贫穷、为他人服务和安贫乐道的生活。

自从教会全盘放弃了基督教的生活实践而完全赞同耶稣曾经反对和谴责过的国家生活之后，它就必须相应地改变基督教的**意义**，指明基督教的意义就在于**相信**一切不可信之事即相信祈祷、礼拜和节日等仪式。"罪恶""宽恕""惩罚""奖赏"，所有这些在原始基督教中微不足道和几乎**遭到排斥**的概念现在却获得了重视。

现行基督教是由希腊哲学和犹太教组成的可怕的大杂烩，它包括苦行主义、不断地批判与谴责以及等级制度。

276[113]

许多人都不明白教会不仅对基督教进行了嘲讽，还**对基督教进行了一场有组织的战争：——**

104

277[114]

"耶稣教义无论如何也不能阻止本世纪的人们以他们的方式观察世界；首先它与他们的形而上学相一致，但是它赋予他们以他们所没有的，对他们不可或缺的和他们所追求的东西：它给他们指明生活之路，不是陌生的而是已探明的和人人都熟悉的道路。"（引自托尔斯泰《我的宗教》第243页）

"被视作信念，我们这一代人的真正信念和服从于社会与国家法律的教会解释矛盾重重，并且已经进入尖锐化阶段。为了支配他们的生活，大多数文明人只有相信警察。如果事情果真如此，那将是骇人听闻的；然而幸运的是，有一批人即我们这个时代最杰出的人物并不满足于这种宗教。但是他们和另一批人相比，有着截然不同的信仰。后者被认为是最凶恶、最危险和最无宗教信仰的一群人。然而他们是我们这个时代唯一信仰耶稣教义的人，即使不是全部，至少也是部分……他们甚至时常憎恨耶稣……迫害他们、羞辱他们将是徒劳的，他们是唯一毫不抗议地服从任何偶然遇到的人的命令的人，因此他们是我们这个时代唯一过着理性生活而不是动物般生活的人；他们是唯一有信仰的人。"（引自托尔斯泰《我的宗教》第236页）

278[115]

请注意。有种人善于排除万难、坚持不懈、充分利用环境击败对手，然而我们对这种人并没有满怀敬慕之情；另一种人心中总是充满**愿望**，这种人实际上是荒唐绝顶的怪兽……请睁眼看看人类的**愿望**与"理想"吧！我们会觉得弱者似乎需要一座能维持他的胆怯、懒惰、软弱、媚态与屈从性格的疗养所来恢复自己坚强的男子汉本性。怀有**愿望**的弱者在虚无、荒谬、幼稚和毫无价值的理想的帮助下摆脱了永恒的价值，放弃了行动。这个具有创造才能与无限智慧的动物实则毫无创造性，并且思想贫乏。"理想"似乎是对人类为完成所有紧迫的现实任务而付出的巨大精力的一种补偿。现实一旦消失，就会出现梦想、疲惫与软弱。"理想"恰恰就是一种梦想、疲惫与软弱的状态……

当理想征服了人类时，最强者与最弱者的表现毫无二致：他们**神化懒惰**，放弃劳作，放弃斗争、激情、紧张、对立与"**现实**"，放弃为获得认识而做出的**努力**与奋斗。他们将愚昧的理想状态称为清白，将懒惰的理想状态称为幸福，将不愿树敌的庸人的理想状态称为爱。如此，他们便把一切贬低人与侮辱人的弱点统统吹捧为**理想**。

279[116]

耶稣建设了一种真实的生活、一种追求真理的生活以对抗日常生活。他从未提出个人的永恒持存如"永生的彼得[117]"这类妄念。他反对的正是"个人"的妄自尊大，他又怎么会想使个人升入永恒呢？

他还反对信众中的等级制度。他从未许诺过什么按劳取酬，他又怎么会说彼岸存在着赏罚呢？

280[118]

如果耶稣所发起的起义不是针对犹太教会的（教会的意思

就如我们今天所理解的那样），那么我就看不出它是针对何人的了。……这次起义的矛头直指"正人君子""以色列的圣人"与社会的等级制度，它反对的**不是**社会的堕落，而是等级制度、伦理、程式、秩序、特权、傲慢的神学与宗教严谨作风的残暴统治。这些起义者不相信宗教意义上的"高尚的人"，奋起反抗一切祭司与神学家。然而，遭到如此怀疑的等级制度是犹太民族赖以生存的基础，是犹太民族历尽千辛万苦才得到的苟且偷生的**最后**一次机会，是犹太民族古老而特殊的政治生命的残留物；攻击等级制度就是攻击犹太人强烈的民族生存本能，就是攻击犹太民族的自我保存意志。这个神圣的无政府主义者号召贱民、"罪人"与社会渣滓起来反抗"统治阶层"，他的讲话今天真应该在西伯利亚播放；他是一个政治犯，他在那个时代所犯下的政治罪行真是罄竹难书。政治罪使他被钉上了十字架，十字架上的题词"犹太王"可以为证。保罗之流根本没有理由断言耶稣是"替他人赎罪"而死的……事实上耶稣是因为他自己有"罪"才死的。假如我们将这种无政府主义者置入另一种环境之中，例如，放到今日的欧洲，那么这种人就会作为虚无主义者在欧洲生活、讲演和教导他人；在这种情形之下，我们也会听到虚无主义者的信徒之声，他们会断言其领袖是为了正义与人间之爱而死的，他的死并不是因为他有罪，而是因为**我们**有罪（也就是说现在的统治阶级有罪，因为在无政府主义者眼中统治他人就是犯罪）。

281[119]

保罗[120]凭他的直觉把握住了非犹太人的需求，他将原始基督教运动中的伟大象征转变成清晰的非象征性事物；他将**真实**生活与**虚假**生活的对立转变成尘世生活与彼岸的天国生活的对立，而死亡则成为到达彼岸的天国生活之桥梁（他使这座桥梁在任何时代都有效，无论是现在还是未来）。出于此目的，他吸收了异教的内容，采纳了**个人灵魂不朽**这种反犹太教与反原始基督教的观念。然而，寰宇之内所有存在神秘崇拜的地方人们都相信一种带有赏罚色彩的个人之延续性。罪人在彼岸世界里会得到报应这种观点给异教蒙上了一层阴影，它正是伊壁鸠鲁所反对的……保罗的绝招如下：他将死而复活的耶稣被人看见这种信仰（此乃**集体幻象**）夸大成神学逻辑学，好像不朽与复活是**重要的事实**，是耶稣的救世学说这座建筑的最后一块砖石似的。（原始基督教信众的全部**学说**与**实践**遭到了保罗的歪曲与颠倒。）

这正是事物的幽默之处，它是一种悲剧性的幽默：保罗大张旗鼓地重建了耶稣毕生所反对的一切。最后终于形成了教会，而教会甚至承认了**国家的存在**。

282[121]

请注意：从怨恨的发源地里长出了类似佛教的**和平运动**的天真的萌芽……保罗却将这种处于萌芽阶段的和平运动变成了一种异教的神秘学说，他的神秘学说最终学会了与整个**国家机器**友好相处……并进行战争、宣判、刑讯、起誓与仇恨。

保罗是从充满宗教狂热的广大信众的神秘主义需求出发的。他寻觅一个**牺牲品**，寻找一种通过神秘崇拜的画面来坚持斗争的血腥幻觉：十字架上的神、饮血以及保持与此牺牲品的神秘联系。

他试图将复活了的**延续生命**（个人灵魂幸福而无罪的延续存在）与那个**牺牲品**置于因果联系之中（他采用了酒神狄俄尼索斯、光明之神密特拉[122]与冥王奥西里斯[123]的原型）。

他必须突出"**罪孽**"与"**罪恶**"这两个概念；他强调的**不是**一种新的实践（耶稣本人指明与谆谆教诲的那种实践），而是一种新的崇拜、新的信仰，一种对奇迹般的变化的信仰（"因信得救"）。

他理解**异教徒的巨大需求**，他对基督的生与死的事实进行了任意的选择，改写了基督的一切，改变了所有事件的重点……他从原则上**废除了**原始基督教。

猛烈抨击**祭司**与**神学家**的原始基督教经过保罗之手已变成了一种新的神学，并由此产生了新的教士阶层、新的**统治阶层**与**教会**。

严厉谴责"**个人**"的妄自尊大的原始基督教终于变得面目全非，它竟然相信了"永恒的个人"（并且关心"永福"），荒谬绝伦地夸大个人主义。

我们看清了**保罗**这个不祥的恶魔在基督死于十字架这个史实上玩弄了什么样的花招……

283

人性的**恶**已成了**否定人的价值**的依据……好像推动生活向前发展的伟人中根本没有伟岸的罪犯似的！

我们对动物界与自然界都不寄予任何希望，对人则截然不同……

假如产生一位卓然不群的雄杰需要有一种意志、一种决定与一种表决，那么这种雄杰就绝不是大众所追求的目标。

我恍然大悟：即使我们认为罕见的伟人之产生取决于大众的意志（大众也许**知道**何等品质才算伟大以及伟大性格的产生需要谁来付出代价），那么这丝毫也不会阻止一位巨擘的出现……

正因为事物的进程**不取决于**庸众的意志，所以世上才会发生一些令人惊诧的事件……

284

在摩洛哥我们可以了解中世纪，在科西嘉岛我们可以知悉犹太人与阿拉伯人鼎盛时期的历史，在阿拉伯我们则可以认识宗法制时代。

285

自觉强大或者说快乐的感觉总是以比较为前提的（不一定要与他人比较，也可以是与自己比较，人们自以为处于一种增强的状态，但是并不**知道**是在哪些方面与自己做比较）。

通过服用令人兴奋的化学药品或者通过令人激动的错误判断（"幻想"）而产生的增强感都是**人为的**。比如，基督徒的**安全感**。基督徒由于具有忠信、忍耐和镇定的品质而自觉强大，这种人为的强大感源于受到上帝庇佑的幻想。

比如，**优越感**。当摩洛哥的哈里发目睹别人送给他的地球仪上他的三个联合王国竟然占了地球总面积的五分之四时，他就会感到无比优越。

再如，**出类拔萃**的感觉。当欧洲人幻想文化只出现在欧洲时，当他们认为他们就是世界历史进程的缩影时，他们就会妄自尊大；或者当基督徒认为万物都是为了"人的幸福"而存在的时候，他们也会产生一种夜郎自大的感觉。

关键在于压力与约束来自何方，压力的来源不同，**强大**感也就不同。如果一位哲学家沉浸在最冷静和最严格的抽象思维中，那么他就会有如鱼得水的感觉；如果他处于声音与色彩的包围之中，他就会闭口不谈那些隐约的希望即他人称之为"理想"的东西。

286

自信心的形态

第一种角度：

1. 现在个体还不可能具有个人的自信心与价值观念的首创精神，因此我们必须具有处于较低的准备阶段的**同情心**与**集体主义精神**。

2. 只要集体自信心迫使个人来**代表**高傲的集体，那么**强烈的集体自信心**，部族的优越感与骄傲，部族对调停、平等与和解的鄙夷就还是培养**个人自信心**的学校……只要个人是集体的代言人，他的言行就会表现出极度的自尊。同样，当某个个体觉得他是**神的"传声筒"**与**工具**时，他也会表现出极端的自信。

3. 只要更高的力量利用了上述**丧失自我**的形式，那么这种自信心就会赋予个人以巨大的重要性，例如，预言家和诗人对自己都怀有一种宗教般的敬畏之情……

4. 对集体的责任感会使个人**养成**高瞻远瞩、雷厉风行、深思熟虑、冷漠无情与气宇轩昂的特质；如果是因为自己，他是不会具有这种品质的。

总之，集体自信心是培养个人优越感的一所预科大学校。高贵的阶层肯定会接受这种集体主义的训练。

287[124]

"权力"这种概念（不管它是神的力量还是人的力量）总是包括**施惠**之力与**戕害**之力，例如，阿拉伯人与希伯来人既广施恩惠，又进行破坏，一切强大的种族都如此。

有人采取**二元论**的方法将施惠力与破坏力**割裂**开来，这种做法非常恶劣……由是观之，道德就是毒死生命的投毒犯……

288

朋友们，现在我不得不在这个"国家"里用四肢爬行，像蠢驴一般叫唤；完全有必要让患了流行病的庸众明白我是一头蠢驴。装傻是不被这种荒唐的流行病传染的唯一办法。

289

爱娃就是那条古蛇，她处于《圣经》谱系的最上方（希伯来人通常以蛇为专名来给人命名）。

290

行割礼是对最伟大的男子汉气概的一次检验（它是男子结婚前的**性成熟明证**）。阿拉伯人将割礼称为"剥皮"。剥皮礼在露天举行。男孩子的四周伫立着他的父亲及其友人。动手术的人拔出刀来，首先割掉包皮，然后剥去整个阴部（**阴茎**）的皮连同从肚脐到髋骨部位的皮。男孩子右手持刀在手术之人的脊背上挥舞，并且高声呐喊："别怕，割吧！"如果对方犹豫不决并且手在发抖，那可就糟了！假如男孩子疼得大叫起来，那么他的父亲就会立即杀死他。剥皮礼结束之后，男孩子终于发出了一声欢呼："谢天谢地！"他迈入帐篷，疼得跌倒在地。有些人死于严重的化脓，十人中至多只有八人能存活。死里逃生的少年没有阴毛，他们的肚子上只有一层苍白的皮肤（此风俗盛行于沙特阿拉伯的阿西尔省）。

291

犹太人与阿拉伯人都认为"野蛮"即未受割礼。

292

基督教圣餐的含义如下：通过食用面包、肉和饮用葡萄酒而与神交流，酒与面包自然而然地变体为耶稣的血与肉。然而，基督教并没有理解圣餐的真实含义。

一切集体都是通过血缘关系而结成的集团。血缘集团不只是先天的，也可以是后天达成的，正如血液不仅是天生的，也可以是后天获得的一样。同在一起吃喝的人会从同一个来源得到血液，会将相同的血液注入他们的血管之中。如果一个陌生人或者一个仇人（即使在没有征得我们同意的情况下或者在遭到我们反对的情况下）与我们共进晚餐，那么他至少在一段时期内会成为我们这个血缘集团中的一员。

293

歃血为盟是最古老的结盟方式。食肉饮血的集团乃宗教集团。为结盟提供鲜血的牲畜被称为牺牲，人们通过此牺牲而结成联盟。

294[125]

基督教已成为一种与其创始人的行为和主旨截然不同的宗教。

基督教是古代轰轰烈烈的**反异教运动**，耶稣的后继者们利用了这位基督教创始人的生平、学说与"言语"，却对其思想进行了**随心所欲的**诠释，以图迎合各种**迥然不同的需求**；耶稣的思想已被转译成一切现存的**秘密宗教**的语言。

耶稣想给上帝的羔羊带来和平与幸福，这表明了悲观主义的来临；更确切地说，这是弱者、失败者、受苦受难者与被压迫者的悲观主义。

拥有性格、思想与趣味的**权力**即"世俗力量"是基督教的死敌；**古希腊人**与**古罗马人**也是它的死敌，因为古希腊人与古罗马人享有古典的"幸福"，他们举止高贵，胆大妄为，用怀疑的目光审视一切，坚韧不拔，傲岸不屈，言行奇伟，放浪形骸，冷静而睿智，自得其乐，拥有优美的语言、神情与风格。

反异教的基督教试图从哲学上来自我阐释、站稳脚跟。耶稣的后继者们继承了欧洲古代文化中暧昧不明的人物的思想，首先是柏拉图的思想。柏拉图从本能上来说就是一个闪米特人，他敌视古希腊人……同样，他们还吸收了斯多葛主义的思想，斯多葛主义从本质上来说是闪米特人的创造物（斯多葛学派将"尊严"视为严格的律法，将道德视为伟大的品格、自我负责、权威与至高无上的个人优越感，所有这一切都具有闪米特文化的特征，斯多葛主义者是用希腊文化的概念包裹起来的阿拉伯酋长）。

295[126]

基督教从一开始就使其象征性变得**粗俗**不堪：

1. 它将"真实的生活"与"虚假的生活"的对立误解为"此岸生活"与"彼岸生活"的对立。

2. 它引入了与短暂的个人生活相对抗的概念——"个人之不朽"即"永生"。

3. 它将依照希伯来人与阿拉伯人的习惯，即将通过共同享用膳食和饮料而结成盟友的风俗视作"变体[127]之奇迹"。

4. "复活"意味着进入"真实的生活"与"重生[128]"，由此推断出：人死之后在某个时期会出现一种历史的可能性。

5. 它将关于人子的学说变成了关于人子与"圣子"的学说，确立了人与神在生活中的关系，由此得出"神的第二位格"，从而**废除了**每个人（包括最低贱者）与上帝之间的父子关系。

6. 信徒们应该相信只有基督所教导的**生活实践**才是使自己成为神之子的唯一道路，只有通过这种信仰才能获得拯救；但是因信仰得救变成了人们应该相信某种奇异的**赎罪**，这种赎罪不是由人本身，而是由基督的行为来实现的。因此，对"十字架上的耶稣"必须进行新的阐释。耶稣之死变得**不再**那么重要了，它只表明了人们对官方与世俗法律应采取何等态度，这种态度就是**不反抗**……不反抗的耶稣乃基督徒之**楷模**。

不反抗的基督教只是在与**古典的**理想和**高贵的**宗教相对峙时才进行斗争。

事实上所有这些**改造**都为了满足当时**广大信众**的需求与理解力。那时的信众信仰丰饶女神伊西斯[129]、光明之神密特拉、酒神狄俄尼索斯与"伟大的母亲"，他们需要一种兼具下列要素的宗教：

1. 彼岸之希望。

2. 关于牺牲的血腥幻觉以及"神秘性"。

3. 救赎行为与关于圣人的传说。

4. 禁欲主义、厌世与迷信"净心"。

5. 一种等级制度与一种教民的组织形式。

简言之，基督教适应了当时蓬勃发展的**反异教**运动，适应了伊壁鸠鲁所抨击的各种崇拜……更确切地说，它迎合了**下层群众**的宗教需求，满足了**妇女**、**奴隶**与**非贵族阶层**的需求。

基督教的**谬误**如下：

1. 个人之不朽。

2. 所谓的**另一个**世界。

3. 荒谬的"惩罚"概念与"赎罪"概念处于生活阐释的中心地位。

4. 以人的非神化来代替对人的崇拜，如此便掘出了一条深不可测的鸿沟，只有奇迹，只有最深刻的自我蔑视才能填平这条鸿沟。

5. 整个基督教世界充满着颓废的幻想与病态的情绪，它放弃了天真可爱的生活实践，不再追求在尘世可以实现的佛教式的幸福……

6. 基督教重建了拿撒勒的耶稣所**反对**的一切，重建了拥有教士、神学、崇拜与各种圣事的教会秩序。

7. 基督教迷信万事万物中的**奇迹**，犹太教与原始基督教的卓异之处恰恰在于：它们**厌恶**奇迹，这表明了它们相对的**理性**。

296

龚古尔兄弟[130]日记第一卷

"美国式的上帝很有人情味，他戴着眼镜，小报会对他进行追踪报道。"这是上帝的肖像。

她想获悉关于您的灵魂的新消息。她问道："您有慈悲心吗？"恰如她在问："您感冒了吗？"

论儒贝尔[131]：他的思想缺乏法国式的明确。他态度暧昧，毫无率真，这使人觉得他酷似狭隘的日内瓦学派（内克尔夫人、特拉西与茹弗鲁瓦之流）。**恶人**圣伯夫也出自日内瓦学派。儒贝尔肆意歪曲他人的思想，宛如转动黄杨木。

我们偶尔也有精神堕落的需求。

论圣伯夫：他的谈话中只有一些纤细、秀丽而腼腆的东西，他缺乏大刀阔斧的气概。

古人是为了某种美好的现实而劳作吗？也许他们根本不是什么"理想主义者"。

他们寻找**零**，目的是使其价值增加十倍。

青年人如果感到寂寞难耐，那么他那四处扩张的蓬勃生机就会**衰竭**。

"犹太教堂里的氛围十分惬怀，我们发觉东方的犹太教是一种令人幸福的宗教。犹太教徒从不祈祷，他们与上帝亲密无间；而在基督教教堂中，教徒们总想祈求宽恕……"

伦勃朗的《四位代表》与**丁托列托**[132]的《拷打圣马可》对龚古尔兄弟而言乃是世上最美的图画。

讲求舒适的英国人非常理解身体的安逸，然而这种安逸是盲人所需要的幸福，拥有明眸的健康人对此是不会满意的。

请注意：没有什么比漂亮话更糟糕的了。

福楼拜的创作风格在他的历史小说《萨朗波》中暴露无遗：浮泛而臃肿，夸夸其谈，慷慨激昂，迷恋浓墨重彩。

唯一发掘出能够描述古代历史的语言的艺术家就是创作了《半人半马怪》的莫里斯·德·盖兰[133]。

民众厌恶真实与简朴，他们只喜欢虚构的小说与江湖骗子。

波德莱尔、福楼拜、爱德蒙·德·龚古尔和朱尔·德·龚古尔这四个完全相信技巧与形式、彻底献身于艺术创作的文学家恰恰登上了轻罪法庭被告席，这真是一件咄咄怪事。

我们使所有交通工具的速度增加了十倍，但是与此同时又使我们对速度的需求增长了一百倍……

加瓦尔尼[134]说："我所憎恨的就是将我内心的想法写在纸上并印刷出版。"

古代文明的腐败之处在于：只欣赏人类的杰作而厌恶神的事业。

我们这个世纪是一个绝不崇奉代表作的时代。

阿尔及尔人奉承的方式使人感到无比幸福，他们开朗乐观……

现代法国的忧郁是一种非**自杀性的**、不亵渎神灵的、没有一丝绝望的忧郁，是一种温柔而带有讽刺意味的哀伤。而哈姆雷特、莱拉、维特与勒内式的忧郁则属于我们**北方**民族。

虽然1830年[135]的那些人充满了活力，但是他们的行为非常温和，时常对人报以温柔的微笑；他们习惯于规模宏大的战役、崇高的斗争、炽热的同情心与年轻观众的大声喝彩；然而，他们满怀悲戚与悔恨，心碎欲裂，无人能抚慰他们。1848年的政治观念又使他们暂时狂热起来，随之而来的就是百无聊赖、精神空虚、毫无抱负。这帮卓而不群的人以和平的方式苦苦追求政治、文学与艺术的理想，柔声细语地抱怨，并且因为事物的不完美而自我折磨。

荣誉与命运在现代法典中被遗忘了。法典中竟没有一个论述荣誉与决斗之类的词。今天几乎只能在交易所的业务中发现命运的踪迹，运气只存在于经纪行业、投机行为与证券的场外交易市场即证券经纪业务，其中根本没有任何庇护人的好运之规定，没有关于日常交易的规章制度；管理交易所的所有业务并不属于法院的权限，汇票代理人也不能保证你走运。

拉布合耶尔[136]说："我们可以利用无赖，但是要偷偷地。"

谁又有勇气朝观众说话呢？该剧的评论者是一群乌合之众，是一帮蠢材……（人只有在孤独时才能了解剧本。）

"善良的人时常表现出胆怯；为了成为勇士，我们必须心地邪恶。"这是关于拿破仑三世的话题。

"当我看到一幅美景时，一种赏心悦目的感觉就油然而生；与之相比，置身于莽原与密林中的感觉则大为逊色。"我们太文明了，太衰老了，终日沉迷于人造的非自然之中，以至于我们对苍翠的大地和湛蓝的天宇竟然毫无心旷神怡之感。福楼拜就是如此，他站在里吉山脉[137]上竟然感到十分恐怖。

二十世纪文学的前景如下：既疯狂又具有数学般的精确，充斥着冷静的分析与狂热的幻想，现象重于本质，爱情也泯灭了（例如，在巴尔扎克的作品中金钱就处于显要位置），讲述的是头脑中的而不是心灵中的故事。

这些失望、疑虑，不是对我们自己，也不是对我们的雄心，而是对时运、对能力的失望与疑虑，不但没有令我们退缩，反而使我们的文学意识更完美、更执着、更曲高和寡。而且，有时候，如果我们不需要绝对为自己思考和写作，把喧闹、出版商与公众留给他人，我们就兴奋不已。然而正如加瓦尔尼所言："人无完人。"（引自《龚古尔兄弟日记》第一卷第147页）

咖啡馆处于一种发育不良的病态：一种令人发笑的气体也许会使人获得四十克拉的乐观，一小杯咖啡就能使人升上极乐世界。

加瓦尔尼说："生活非常残酷，然而现实就是如此。我对人生没有丝毫的崇敬之感。"（他这人肯定十分神经质。）

福楼拜说："泰奥菲尔·戈蒂埃[138]认为形式来自理念，这一说法是该学派的最高纲领。"

像我们这样的男人需要的是没有教养的女人，只要她们性情愉悦，淳朴自然，因为她们会像我们喜欢的可爱的动物一样使我们愉快，令我们陶醉。

所有的男人都读书和所有的女人都弹钢琴的时代一旦来临，世界就会分崩离析。人们肯定忘记了红衣主教黎塞留[139]的遗嘱中的一句话："正如长满眼睛的身体是畸形的，国家亦如此，如果它的臣民都是智者，他们将不再是顺民，傲慢与自负将大行其道。"

真正的画家不复存在，只有一群机敏的思想探索者，他们只是在精神上进行探索，没有细腻的笔法，只是单纯地对题材进行选择，这纯属绘画领域的文学化。

拉斐尔[140]创造了一种古典主义少女的典型形象。他使粗野的人物与两位红衣主教臻于完美，使极丑转化为至美，莱昂纳多·达·芬奇也在**优雅**的人物与**罕见**的表现手法中追求这种粗野。这是一种开朗的性格、一种完美，也可以说是朱诺[141]女神般丰满的健康。这种丰满的少女形象将永远受到大众青睐。

伏尔泰是旧法兰西的最后一位思想家，狄德罗则是新法兰西的

122

第一位思想家。伏尔泰埋葬了史诗、寓言、诗歌与悲剧，狄德罗则开创了现代小说、戏剧与文艺批评。

作为一个信奉怀疑主义的怀疑论者很难使自己飞黄腾达！怀疑的手段就是反讽。反讽这种表达方式至少会被笨拙、迟钝、愚蠢和幼稚的群众所接受吧？然而，这种否定一切和怀疑一切的做法会打破庸众的幻想，至少会打消人们自我炫耀的心理。以个人的志得意满为前提的、人类的自鸣得意就会丧失殆尽，资产者人为地制造出来的人类心灵的宁静以及资产者个人内心的安宁就会灰飞烟灭。

对这种形而上学的独白我感到深深的忧虑。——"宗教教育给最开放的心灵带来阴曹地府的忧虑与恐惧。"

加瓦尔尼说："男人向女人奉献他所有的诗歌，从而创造了女人。"

小丑与走钢丝的杂技演员的职业就是他们的义务。就像数学家的天才或者翻空中筋斗的杂技师的天才一样，这类演员的天才是绝对的和无可争议的，因为此处不容虚假的天才：他们要么会走钢丝，要么就从钢丝上跌下来。

没有比外国人的法兰西精神即加利亚尼[142]精神、利涅亲王[143]精神和海因里希·海涅精神更迷人、更美妙的了。

福楼拜说："总之，劳动仍是逃避生活的最佳方式。"

维克多·雨果立志做一个思想家。使我们大为惊诧的是，他所缺乏的正是思想。他根本不是一位思想家，而是自然界中的一个生物（福楼拜称他为自然主义者）。他的血管中流的是树汁。

时髦情人存在于不同的年代。在《安东尼》[144]一剧的影响下，1830年风行阴郁的情人。大仲马这个名噪一时的戏子为爱的诱惑定下了基调。1860年是闹剧演员受宠的年代，格拉索[145]成为大众的楷模。

农业劳动大军已不复存在，教育取缔了劳动者**阶层**，消灭了农耕……

只有在尚未加入文明社会的条件下个人才有真正的自由。个人在文明社会中会丧失自我，丧失他的财富与**长处**。从1789年开始国家就恶毒地褫夺了每个人的权利。我扪心自问：在国家的完美统治的名义下未来是否会出现另一种暴政？他们在为法国官僚的专制统治效力。

297

片面的优异或善良的人

认为神没有邪恶的品质与意念的主张导致了下述企图：有些人试图将人缩减为整体的一半，认为人只应该具有**善良的**品质，人绝不应该伤害他人，也不应该有伤害他人的**意图**……

获致全善的途径是：剪灭**敌意**，根除**怨恨**，将**安宁**视为唯一的和唯一得到赞同的**内心状态**……

这种理论的出发点完全脱离了现实。他们将"善"与"恶"看成一对矛盾，认为好人彻底抛弃邪恶并且反对邪恶的行为是合乎逻辑的，好人因此返归完美、一体与优胜状态，从而结束了由于相反的价值动力之对抗而产生的内心迷惘与混乱。

世人视**战争**为邪恶，却在进行战争！换言之，迄今为止人类尚未放弃仇恨、敌视与反抗。比如，基督徒就仇恨罪恶（而不是罪人，基督徒用善意的诡计将罪恶与罪人割裂开来）。正是这种"善"与"恶"的错误区分使世界越来越值得憎恨并且应该被永久地否定。实际上"好人"总是觉得他被恶人包围，他从每件事情中都能窥见邪恶；最终他会认为自然是邪恶的，人类是堕落的，善良则是神恩。

如此便产生了一种满腔仇恨与充满蔑视的人，但他们**取消了**战争手段，在行动上不许自己动用武力来进行战争。这是一些被仇恨所吞噬的"选民"与和平的使徒。

一、十足的"蠢材"

斯多葛学派类型，或名之曰十足的"蠢材"。斯多葛学派意志坚定，具有自制力，毫不动摇，其不屈不挠的、持久的意志造就了心灵的平和；他们宁静淡泊，处于一种自卫的状态，稳如泰山，像战士一般满腹狐疑；他们拥有坚定的原则性，**意志**与**知识**达到了统一，尊重自我。这是一种隐士类型。

始终如一的类型。这种类型的人不应该憎恨和反抗邪恶，也不应该与自我作战，他们应该忍受这种生活实践所带来的痛苦，应该完全生活在**积极的情感**之中，应该在言行上袒护对手；他们应该精心培育一种和平、善良、宽容、乐于助人与仁爱的内心状态，从而使与之对立的状态丧失其根基……他们应该不断坚持这种生活**实践**。这样做的结局是什么呢？

只有在消灭了道德狂热的前提下才会出现佛教的人生观，也就是说佛教徒并不憎恨邪恶本身，佛教之所以贬低邪恶，只是因为邪恶造成了一些使我们感到痛苦的状态（诸如不安、劳作、烦恼、纠纷与依恋）。**佛教的人生观**并不憎恨罪恶，在佛教思想中没有"罪恶"这个概念。

二

前后矛盾的类型。这种类型的人向邪恶宣战，但是又认为**出于善良的目的**而进行的战争并不能带来合乎道德的结果（因此他们视战争为**邪恶**，并且厌恶战争）。实际上反对邪恶的战争要比人与人之间的敌意更能败坏人类的道德；作为对立面的"个人"（诸如魔鬼、恶鬼等）通常出现在他们的幻想世界中。他们满怀敌意地观察、刺探和对待人们心中的邪恶和出于邪恶所犯下的一切罪过，这样最终会使他们在精神上受到极大的折磨，会使他们焦虑不安，因此他们盼望出现"奇迹"、奖赏、狂喜与彼岸之拯救……这是基督教类型或称之为不折不扣的**胆小鬼**。

298

我们对于我们内心世界的基本事实的看法总是那么虚假和充满

欺罔！我们对这些事实总是视而不见，闭口不言。是开口说真话的时候了！

299

豪言壮语，伟人，伟大的时代。

300

哲人的"客观性"如下所述：哲人漠视道德，对好结果和坏结果都视而不见；他会肆无忌惮地采用危险的手段；他视性格的多样与反常为优点，并且善于利用这种优点。

我对自己漠不关心，我不想从认识中获益，也不回避认识带来的害处；我的认识包括性格**败坏**之研究。本人的言外之意是：我只是运用我的性格，从未想理解它或改变它。我从未企图利用道德来谋取个人利益。我认为只要我们只对自己的堕落抑或只对灵魂的"拯救"感兴趣，我们就会关闭认识之门……我们不应该过分重视道德，要坚决维护自己反道德的权利。

如此行事的前提也许是**道德遗产过于丰富**。我们会觉得我们可以尽情地浪费道德遗产并将它掷出窗外，即便如此我们也不会变得囊空如洗。我们不应该欣赏"美好的灵魂"。我们要保持对美好的灵魂的优越感，要从内心深处嘲笑道德这个泥足巨人，要明智地对待道德。这就是本人私下的乐趣。

我们应该围绕我们自己旋转，不要希望自己变得"更加善良"，不要渴求"改变"自己；我们应该只关心自己，不要将道德的罗网与触手伸向世间万物。

301

　　耶稣这个人物并非浑然一体。他们给他穿上了妙语连珠的智者和正人君子的外衣，几乎将他庸俗化为一个"道德家"；最糟糕的是，他们阉割了耶稣。他们明白，耶稣这个人物从一开始就应该为各种不同的目的服务。这样在短时间之内他们就创造出了这个经过美化的人物的传承关系：古代以色列典型的先知摩西[146]似乎对这个人物形象产生了巨大影响。耶稣的言行违背福音，他怒火冲天，诅咒他人，令人难以置信地预言末日"审判"，如摩西一般穿越沙漠，肆无忌惮地攻击法利赛人[147]与文士，且将商人逐出圣殿。

　　耶稣还诅咒了无花果树，在此他尤其不该显示奇迹。他不应该诅咒，不应该施展法力，不应该报复，也不应该撒谎（因为众人皆信以为真的、貌似真理的事物实际上只是谎言。我们时常可以体验到此事的荒诞）。

302

　　此处的每句话均为象征，现实已荡然无存。对这些象征产生误解的危险是很大的。几乎所有教会的概念与评价都让人迷惑。我们对《新约圣经》的误解要比教会对它的误解小得多。教会缺乏一切理解的前提，这个前提就是历史学家的客观性；教会甚至让魔鬼都相信"灵魂的拯救"取决于书籍中的言辞。

　　教会从来也没有要理解《新约》的善良愿望，它只是想利用

《新约》来证明自己。过去和现在它一直在同一本书中寻觅一种神学体系。十九世纪是一个不敬神的世纪，只有在这个世纪我们才能重新拥有最重要的前提，才能将《圣经》作为书籍（而**不是**作为真理）来阅读，才能重新认识基督教的**真相**，才能理解基督教的历史根本不是什么"圣史"，而是一个充斥着虚构、美化、歪曲、篡改与混乱状态的大杂烩……

我们没有很好地阐明我们欧洲人至今还生活在一个概念粗糙的世界之中。

请注意，昔日人们相信"灵魂的拯救"取决于一本书！众人告诉我，对此他们依然坚信不疑。

教会坚持不懈地对《圣经》进行荒谬绝伦的诠释。如果它对此并不感到羞赧，那么科学对人的教育和所有的批评与阐释又有何用呢？

303

爱情

对女人的爱情与同情我们应该洞烛其奸。还有比女人的爱情更自私的东西吗？如果女人富于牺牲精神，那么她们将她们的荣誉、她们的名声与她们自己奉献给谁呢？难道不是奉献给某种奢靡无度的需求吗？

这正是女人自私自利的欲望之所在。难道这种私欲有益于他人并使他人感恩戴德吗？

这种放纵的欲望又怎能使建立在爱的基础之上的其他价值**神圣**不可侵犯呢？

304[148]

我们完全有理由感到震惊。从原则上来说，我们无论如何也不能对苔克拉[149]的激情表示赞许。作家的天才可以使我们对剧中遭遇激情的每个人物产生同情，但是这种激情并不能作为一种普遍体系的基础。在法国，我们只喜欢放之四海而皆准的东西。

法国的戏剧道德比德国的戏剧道德要严格得多。其原因在于德国人把情感视作道德的基础，而法国人则把理性视作道德的基础。对德国人来说，真诚、完整、无限的情感不仅可以宽恕它引起的后果，而且可以使其高贵而神圣——如果我斗胆使用"神圣"这个词。我们有更为严格的原则，在理论上我们从不背离这些原则。误解了某种义务的感觉只是一种错觉。我们会宽宥我们的兴趣，因为兴趣在其僭越行为中带有很大程度的机敏灵活与高贵得体。感觉勇敢地向舆论挑战，舆论则被激怒了；而兴趣试图通过关心舆论来达到**欺骗**舆论的目的，即使舆论发现这是一种欺骗，它也会因为兴趣对它的尊敬而表达它对兴趣的感激之情。

305[150]

我们只将爱情视作人类的情欲，因为爱情使我们丧失理智，给我们带来享乐。——邦雅曼·贡斯当[151]

306[152]

统一的规则使艺术塑造举步维艰：三一律将悲剧，尤其是历史悲剧限制在一定的时空之内，它使作家时常忽略历史事件与人物性格中的真实的层次变化与细微差别。如此便造成了空白，过渡也显得过于突然。

法国人习惯于描绘一个事实抑或一种激情，他们有一种要求整一的愿望。他们消除文字中所有不利于突出他们所要描绘的情感的东西，他们剔除他们笔下的主人公先前生活中所有与他们选择的事实没有必然联系的东西。

法兰西体系时常孤立地表现事实、形式、主题与激情。法国人追求**兴趣**与**观点**的统一。观众观赏完了一出三一律戏剧之后就会意识到剧中人并不是历史人物，而是一个人造的主人公和一个虚构的人物。

307

爱情充满着不安与恐惧吗？它需要嫉妒做催化剂吗？它轻柔地飘向纯洁而和平的梦幻世界吗？机敏而**冷漠的利己主义**或许是爱情中至高无上的道德吧？爱情在要求责任这一点上是非常理智的。

308[153]

环境实在微不足道，个性才是一切。

309[154]

我们可以改变环境，但是我们不能在人生之旅中改善自我。

我们错误领会了**激情**的地位，因为我们认为只有理性的指导才是正常的、合理的，而激情则是不正常的、危险的、半兽性的，从目的上来看，激情只不过是一些**追求快乐的欲望**罢了……

我们之所以贬低激情，是因为它是非礼的、不必要的和永远变幻不定的，是因为其鹄的为快乐，它所期待之物没有很高的价值……

我们关于激情与**理性**的认识纯属谬说，因为我们认为理性乃自为之物，而不是各种激情之间与各种愿望之间的一种关系；因为我们还认为每种激情并不包含一定量的理性……

311[155]

他们通过描述一种激情（而不是一种富于个性的、完整的性格）来达到悲剧化，而那些**复杂的**、富于个性的性格肯定会**损害**印象的统一性；然而与此同时真实性也就消失殆尽。我们扪心自问：这些悲剧英雄除了拥有这种激情之外还具有什么品质呢？显然他们**几乎一无所有**了……性格是无数的，戏剧表现的激情则是有限的。"莎士比亚的历史剧《理查三世》中性格复杂的暴君是一种类型。暴君理查三世是一个有个性的人物。"

关于未来

——驳斥胸怀伟大"激情"的浪漫派

可以理解的是：冷漠、清晰与残酷皆属于"古典"趣味。古典主义首先指的是逻辑性、令人幸福的理智、三一律与集中，它仇视情感、心灵与精神，憎恶错综复杂、犹疑不决、漂浮不定、预感、简洁、犀利、俊美与善良。

我们不应该玩弄艺术表现手法，而应该从生活中发掘新意并使之得以表达……

赫尔德[157]、温克尔曼[158]、歌德与黑格尔的同时代人竟然要求**重新发现古典理想**。与此同时，还要求重新发现莎士比亚，这真是一出快乐的喜剧，直到现在我们才看出它是一出喜剧并且学会了去嘲笑它。

就是这类人可耻地宣布脱离法国古典主义流派，似乎从法国古典主义那里学不到艺术之本色，而从古希腊文化那里可以学到艺术之本色……

然而他们要求获取"自然"与"自然性"，这真是愚钝之至！他们以为古典就是一种自然性！

我们应该毫无偏见、意志坚定地深思古典趣味是在什么样的土壤中成长起来的。

人的简单化、冷酷化、强化与恶化是融为一体的。古典主义就是逻辑学与心理学的简单化，它轻视细节、多重性与不确定性。

德国浪漫派抗拒的**不是**古典主义，而是理性、启蒙运动、趣味与整个十八世纪。

敏感的、浪漫主义的瓦格纳音乐的对立面乃是**敏感的古典音乐**……

追求统一性的意志（因为统一性是一个虐待观众与听众的暴君）在大局上却无法虐待统一性自身，因为它要顾及作品本身（它采取了舍弃、缩减、澄清与简化的方法）。

瓦格纳、维克多·雨果、左拉与泰勒以庞大的数量取胜，而不是以伟大的品格去征服读者。

313

歌德笔下的普罗米修斯[159]对宙斯说："你也许妄想我会厌弃人生、遁入荒漠，因为花一般的美梦没有全告实现？"

314[160]

瓦格纳的艺术是三种最时髦的需求相互妥协的产物，即病态的需求、残酷的需求与清纯（痴呆）的需求。

315

为什么德国音乐在德国浪漫派盛行之时达到了巅峰呢？德国音乐中为什么没有歌德的思想呢？恰恰相反，贝多芬的音乐中又包含有多少席勒，更确切地说又包含多少苔克拉的成分啊！

舒曼本人具有艾兴多夫[161]、乌兰德[162]、海涅、霍夫曼[163]与蒂克[164]的精神。

理查德·瓦格纳集《魔弹射手》[165]、霍夫曼、格林兄弟、浪漫的传说、神秘的天主教本能、象征主义、"充满激情的自由思想"与卢梭的企图于一身。他的歌剧《漂泊的荷兰人》颇具法国味。在1830年的法国，"阴郁的人"成了诱惑者的典型。瓦格纳集德国与法国浪漫派之**大成**。

德国音乐**崇拜**在艺术形式上革故鼎新的浪漫派。

316

大话："灵魂的安宁""爱""古典主义趣味"。

317

法兰西的民族主义败坏了法国人的性格，德意志的民族主义则戕害了德国人的精神与趣味。我们只有比胜利者更年轻、更健康才能经受住一次彻底的大失败。

318

德意志民族性的狂热信徒居然能忍受瓦格纳的异国情调。

319

欧洲文化的幽默之处就在于言行不一。欧洲人认为，这一套是正确的，做的却是另一套。例如，如果我们自始至终都坚决维护教会（新教教会与天主教教会乃一丘之貉）对《圣经》的诠释，那么所有阅读与批评的技艺又有何用呢？

320

瓦格纳的崇拜者过于轻率地欣赏瓦格纳的作品中一切并不美妙的东西，即崇拜所谓的"瓦格纳风格"。

321

保尔·布尔热[166]说，他的作品中充斥着过多的、毫无意义的细节，他强调细小的线条，追求马赛克般的拼接效果。

他胸怀实践伟大风格之雄心，与此同时却不愿放弃其特长：他擅长于描写细枝末节，其作品中的细节的洪流漫溢。他的著作宛如过于精细的雕刻品，观众**绝不会**瞩目于这种雕刻品的细碎之处。我们在阅读其大作时，双眼得不到安宁，一会儿得适应其拼接风格，一会儿又得去适应他那一挥而就的壁画风格。

每当我聆听瓦格纳的音乐时，我就会感到痛苦不堪。这种痛苦的根源在于：瓦格纳的音乐酷似某种绘画，这种绘画总是使我心绪不宁……为了能看懂这类绘画，我必须不断地调节我的双眼，我必须时而在近处观察这种精细的、马赛克般的雕刻品，时而又必须从远处瞻望这种大胆而残酷的壁画。视觉上的无法把握正是瓦格纳音乐之风格，这种风格实际上就是毫无风格。

322

论瓦格纳

1. 诸位不要被瓦格纳的德意志倾向所蒙蔽。

瓦格纳的敏感不是德国式的，他的精神与理智（包括风格）却是德国式的。

他对**中世纪**欧洲的伟大象征怀着深切的同情并且寻觅这类象征的"载体"。

他作品中的主人公的类型都不是德国式的，诸如唐豪瑟、漂泊的荷兰人范德迪肯、黎恩济、罗恩格林、埃尔萨、特里斯坦、齐格弗里德与帕西法尔。让我们再来审视其余的作品，只有"名歌手"瓦尔特是德国式的。

他对"激情"的崇拜不是德国式的。

他对"戏剧"的崇拜也不是德国式的。他的作品借助于强烈而可怕的表情获得了巨大的成功。

2. 什么是德国式的呢？

瓦格纳朦胧的象征手法，模糊的思想，假"深沉"，随心所欲，缺乏热情、风趣与优雅，无法把握**大的线条**和必然性，这些都是德国式的。

3. 在大局上我们不应该被迷惑。瓦格纳的音乐剧是一种严重的倒退，是一种颓废的音乐形式。

他牺牲了一切音乐要素和整个音乐，他将音乐变成了一种表达的艺术，一种强化、暗示和心理领域中的诗情画意之艺术。

他那杰出的、演员般的做戏本能同样也不是德国式的（如果我们从中无法看出瓦格纳的主宰能力与控制他人的本能，那么我们就根本不理解瓦格纳）。

瓦格纳具有德国式的深刻、复杂、专横、丰盈与朦胧。他运用了伟大的象征与谜语，这些象征犹如遥远天际的闷雷由远及近、越来越响。他描绘了一幅德国式的、恶劣的灰色天空，在这种阴天的氛围中，好天气只不过是一种讽刺与愿望罢了。

323

瓦格纳的追随者是何等人物呢？他们都是一些不懂音乐抑或对音乐一知半解的人和一些可称为"半瓶醋"的男女文化人。能够理解瓦格纳正好满足了这些半吊子的虚荣心。

不懂音乐和对音乐似懂非懂的文化狂大获全胜，能够理解瓦格纳的宏大气势满足了他们的自尊心，好像能"理解"瓦格纳证明了他们智力超群似的。

瓦格纳唤起了观众的美好情感，他使观众昂首挺胸。他激起了观众对大自然的狂热感受，这是德国式的返归自然。

他对那些神秘的风流女子施行了催眠术。这个催眠术士借助音乐将他的思想灌输到了这类女子的脊髓之中（我们可以审查一下《罗恩格林》序曲，序曲的音乐对观众的分泌施加了生理学上的影响）。

他每每迸发高昂的激情，这种激情持久不衰，这使他站到了一切呼吸短促者与只具有短暂激情的剧作家的对立面。

教会对基督教的误解如下："圣餐""圣子"，相信耶稣死于十字架是为了替全人类**补赎**原罪。

批判义人

"正直""尊严""义务感""正义感""人道""诚实""耿直""良知"这些动听的词语所表达的品质是由于其本身的缘故受到赞许，还是这些原本属于中性价值的品质与状态只是由于从某种角度来观察才获得了价值呢？这些品质的价值是在于其自身，还是在于它们所带来的（表面上的抑或人们所期望的）益处与功利呢？

在此类评价中，我指的当然不是自我与他人的对立。我提出的问题是，这些优良品质之所以受到赞许，是因为它们带来了好的**结果**吗？（不管这些结果是针对优良品质的所有者而言还是针对环境、社会与"人类"而言。——这些品质正是因为社会才具有价值。）还是因为它们本身就具有价值？

这个问题换个提法就是，优良品质之所以受到褒扬，是不是因为它们谴责、反对和否定那些与之相反的品质（不可靠、虚假、古怪、反复无常与不人道），是不是因为它们具有**功利性**呢？应该受到谴责的是这些坏品质的本质，还是这些坏品质所带来的后果呢？

换言之，人们是否希望应该消灭具有坏品质的人呢？**肯定有人赞同这种做法**。然而这种观点隐含着谬误、短见与狭隘而**狡诈的利**

己主义。

换句话说，人们是否希望创造一种所有的利益都集中到正直者身上的环境，从而使人类的不良天性与本能遭到挫败并逐渐消亡呢？

从根本上来说这是一个**审美**与趣味的问题。人们是否希望世界上只剩下"最令人尊敬的"，也就是最无聊的人呢？只剩下一些刚正不阿者、善人、老实人、驯服的小绵羊、直性子与"蠢猪"呢？

即使我们对拥有庞大数量的"另一类人"即具有恶劣品质的人视而不见，"义人"也根本没有生存的权利，他们没有必要存在。现在我们终于恍然大悟：正是粗俗的功利性才使**讨厌的道德**获得了无上的荣光。

我们的愿望也许正相反。我们希望创造一种环境，"义人"在这种环境中遭到贬抑，只是一种"有用的工具"，只具有卑微的地位，他们只是"理想的群氓"，至多不过是羊群的牧人罢了。总而言之，"义人"不再处于社会的上层，上层社会要求的是与正直迥然**不同的品质**。

326

专栏

1. 批判"好人"

2. 强者的学校

3. 大话

4. 批驳"基督教观念"

5. 人们是如何使道德获取统治地位的

6. 审美价值及其来源与未来

7. 虚无主义的来临

8. 论"现代性"

327

虚无主义者的日记

当虚无主义者觉察到信仰的"虚妄"之后，他感到万分震惊。

他内心空虚，头脑一片空白，对那些丧失了价值的事物产生了强烈的情绪。他观察着这种荒谬的情绪波动，并且思虑是赞成还是反对这种情绪；他倨傲无礼，嘲笑一切，对自己也异常冷漠；这种最强烈的否定情绪乍看起来是虚假的，它似乎在诱骗我们，好像我们本来就应该相信这种情绪的对象似的；我们心中最强大的力量丧失了其目标；万物依然存在，只是没有了目的；丧失了理想的无神论出现了。

充满激情的否定与毁弃之阶段：在否定的激情中蕴藏着正在释放的追求肯定与崇拜的欲望……

蔑视否定之阶段：同样蔑视怀疑、蔑视讽刺、否定蔑视本身……

灾难性的打击：谎言是神圣的；万物的价值在于其虚假；绝望的原因在于不再相信真实的上帝；**撒谎**与**作假**（伪造）是为了给存在赋予意义，撒谎本身就是价值、意义与目的；我们之所以不应该信仰上帝，不是因为上帝是真实的（**而是因为上帝是虚假的**）。

328

虚无主义的概念
论虚无主义者的心理
欧洲虚无主义的历史
批判"现代性"

大话
强者的学校
好人
基督教观念

理想的谱系
诱惑哲学家的女妖167
美学价值的来源及批评

对艺术与艺术家提出新的疑问

329

请注意：对**爱国主义**的批判（论"现代性"）。

330

温克尔曼与歌德心目中的古希腊人，维克多·雨果笔下的东方人，瓦格纳所采用的史诗《埃达》[168]中的人物以及瓦尔特·司各特[169]塑造的十三世纪的英国人，所有这些人物都不符合历史事实，**却**是现代的与真实的！总有一天人们会发觉这一切乃是一出喜剧。

331[170]

群魔

不谴责任何人。

愿望并不能指挥我的行为。

我嫉妒这些否定者，嫉妒他们的**希望**，嫉妒他们竟如此认真地对待仇恨！

"使用力量的目的何在？"

不是害怕出洋相的心理——我已克服了这种心理——而是对他们的仇恨与蔑视阻止我与之为伍。尽管我有各种缺点，我还是一个有教养的人，我有良好的习惯，我讨厌与他们打交道。

"如果我对他们产生了更多的嫉妒与仇恨，那么我也许会与他们和睦相处的。"

"我害怕自杀，因为我不愿表现灵魂之伟大……我明白自杀是一种欺骗，对过去所有的谎言而言自杀是最后一个谎言！欺骗自己，为了高尚的理想而孤注一掷又有何益？因为我从不感到羞惭与愤恨，所以我永远也不会绝望……"

您也许会发觉我对您毫无同情心，我可能不去叫您；我根本不尊敬您，我也可能不会等您的……尽管如此，我还是招呼您一起走并等着您。

过去与现在我都有行善的愿望并以此为乐；此外，我也希望作恶，并对此感到十分欣慰。这种印象十分罕见，却很容易产生……

"我们是走在一座大桥上而不是走在一块碎木屑上横穿大河的。"我尝试过荒淫无度的生活并因此耗尽了我的精力，但是我不喜欢放荡的生活，它不是我的人生目的。

如果我们不再与自己的祖国紧密联系在一起，那么我们的心中就没有奉若神明之物了，我们的生存也就毫无目的了……

人们可以对万事万物高谈阔论，可是我的心中只有一种无以名状的、**无力的否定**。我以一种否定的口吻来说话，这使我得意扬扬。所有的一切都是那么软弱无力！

一种怪念头战胜了高尚的基里洛夫[171]，他开枪自杀了。我认为他的灵魂的伟大之处在于：他丧失了自制力。我永远也不会采取如此的行动，不会被这种怪念头纠缠……我重申我的态度：我绝不会产生这种念头，我永远也不会开枪自杀……

我明知我本该自戕，我应该清除我身上肮脏的泥土，宛如一只可怜的昆虫抖落身上的尘土。

332[172]

虚无主义者的心理

歌德认为人类最值得敬仰的品质是逻辑性，虚无主义者就具备有逻辑性。

此时他[173]力劝自己放浪形骸。我们可不要低估了其中的逻辑性，我们只有成为哲学家才能领悟此理。观念是骗人的花招，只有感受才是最终的现实……促使虚无主义者放荡不羁的乃是他心中对"真实"的最终渴望，而不是所谓的"爱"。必须揭开所有的面纱，抛弃一切美化与歪曲，随之而来的必然就是放浪、痛苦以及二者的联合体。

更进一步地说，痛苦比快乐要真实……快乐中的肯定因素带有尊重、欺骗与夸张的色彩……

痛苦很难令人陶醉，它只会使人清醒……我们要**小心**提防那种令人陶醉和使人神志不清的痛苦。

他人给自己带来的痛苦要比自己给他人带来的痛苦更真实。

333[174]

自从上帝被否定之后就发生了巨变。

再也没有统治我们人类的上主了，旧神学的价值世界已被颠覆。

简言之，在我们之上再也没有统治机构了。上帝曾是这种统治机构；而现在，我们自己就是上帝……

我们应该把曾经赋予上帝的特性赋予我们自己……

334[175]

无神论之逻辑

当存在上帝时，一切都取决于上帝的意志；如果我不服从他的意志，那么我就一无是处。当**不存在**上帝时，一切都取决于我自己，我必须证明我的独立性。

自杀是证明人的独立性最为圆满的方式。

上帝是必要的，因此它必须存在；然而并不存在上帝，所以我们再也不能苟活下去了。

这种念头也在折磨斯塔夫罗金[176]："当他信上帝时，他并不相信他信上帝；当他不信上帝时，他也不相信他不信上帝。"

陀思妥耶夫斯基笔下的基里洛夫有一种**经典表述**：我有义务肯定我的**怀疑**。我的目光中除了流露出否定上帝的意念之外就空空如也了。何为人类史？人类除了发明了上帝之外一事无成。发明上帝的目的就在于不自杀。我是第一个否定虚构的上帝的人……

杀死他人是最低级的自我独立性之表现。我所追求的是最高级的独立性。

过去的自杀者总是有理由自我毁灭。我却没有理由自杀，唯一的原因就是：我要证明我独立不羁。

335[177]

虚无主义之发端

虚无主义与故土决裂，实行新旧交替。虚无主义发端于**反故土**，其结局则**令人恐怖**。

336[178]

如果自然本身并不顾惜自己的杰作，如果自然让耶稣生活在谎言之中并为谎言（大地应将大地上的一切生命偿还给耶稣）而活，如果没有耶稣我们这个星球以及这个星球上的一切都是荒诞的，那么我们这个星球就是由一句谎言和一个愚蠢的笑话来支撑的，自然的法则也因此成为一个骗局与一出恶作剧。如果你是人，你为什么要活着呢？

"如果你失望了怎么办？如果你明白了一切谬误均在于信仰旧的上帝又如何是好？"

人类的幸福就取决于能否向自己表白这种思想。

我不明白昔日的无神论者既然知道了上帝并不存在，他们为什么不立即自杀……

"我们感觉到了上帝的非存在，与此同时我们又感觉不到我们本身正是因此才成了上帝，如此的感觉是荒谬的，否则我们就会自杀。如果你明白了这一点，你就是一位伟人；如果你还能做到不自杀，那么你就登上了荣誉的巅峰……"

"我被迫成为上帝；我很不幸，因为我**必须**证明我的自由。大家都很不幸，因为大家都害怕证明自己的自由。时至今日，人是如此不幸、如此可怜，因为他不敢表现出最高的自由，因为他满足于幼稚的反抗……我非常不幸，因为我非常害怕证明自己的自由。**惧怕是人类恶运之所在。**"

"独立与自由将拯救人类并将从体力上来改造下一代，因为据我看来，人类以其目前的**体格**而言仍然需要旧的上帝……三年以来我一直在寻觅我个人神性的特质，现在我终于找到了：它就是**独立性**。为了证明我不服从上帝，证明我新的、可怕的自由，我将自杀。"

337[179]

这种状态只持续了五六秒钟，在这五六秒钟之内你们突然感觉到了永恒的和谐之存在，披着短暂易逝的躯壳的人根本无法忍受这种状态，他要么从体格上改变自己，要么就死去。这是一种清晰而不容思考的情感。看来你们已与整个自然界合为一体，你们说："这是真的！"上帝在创造出世界之后，每天傍晚他都说："这是真的，这很好！"这句话表达的不是感动，而是欢乐。你们无所宽恕，因为根本没有什么值得宽恕的事情。你们的心中再也没有爱了——哦，这种情感比爱更高贵。最可怕的是：这种情感是千真万确的，而且它使你们心中充满了欢乐。如果这种状态持续得更久，那么你们的灵魂就再也无法忍受了，最后它会溘然而逝。在这五六秒钟之内我经历了真正的人生，为了这五六秒钟我会献出我的全部生命，这种代价并不高。为了能更久地承受这种状态，我们必须改造我们的身体。我觉得这种状态下的人已经停止了生育。**如果实现**

了永恒和谐这个目标，子嗣又有何用？

复活之象征的含义如下："我们复活之后就不再生育了，我们将成为天使。"这就是说：**目标业已实现**，子嗣又有何用？生孩子仅仅表达了女人的不满……

338[180]

如果人的身体内有逻辑性，那么人的头脑中也应该有逻辑性。然而人是一种大杂烩……

339[181]

什么事情使我最为恼火？那就是当我目睹人们没有勇气**进行彻底的思维**的时候……

340[182]

大动乱的先兆如下：大众依据他人的命令大发愤世嫉俗之词，他们渴望聚众闹事，充满着愤懑、恼怒与厌倦。他们神经衰弱，再也认识不到自己已误入歧途。

危机四伏之时，我们看见有一大群人从社会的最底层挺身而出，他们毫无目标，没有思想；他们与其他人的区别就在于他们喜欢骚乱。他们几乎总是被一小撮"进步人士"所驱使，这些进步人士对他们可以为所欲为……

这些微不足道的贱民骤然变为显要人物。他们大声地批评一切令人尊敬的事物。这帮人在过去从来也不敢开口说话。而现在，即便是最聪明的人也必须默默无语，只管听他们胡说八道，并且不时地点头微笑以示赞许。

341[183]

密探组织是在寻觅一种犯罪团伙的团结精神以便控制住每个密探吗？

刺探行为乃无耻之尤。在密探体制中，每一个密探都会严密监视他的同伴，他们的义务就是告密。每个密探都隶属于整个密探组织，整个密探组织也属于每个密探。所有密探都是奴隶，都具有同样的奴隶身份。在极端情况下会出现诽谤与暗杀，但是在平时随处可见的是"**平等**"。首先必须降低自己的文化水准、贬低自己的才能！只有比较高级的知识分子才具备文化水准，但是较高级的知识分子在密探组织中是不允许存在的。能力非凡的人总具有无比的威力，他们都是专制者。他们只能成为专制者，他们作的恶要比他们行的善更多。民众应该将他们驱逐，抑或对他们施以酷刑。应该割掉西塞罗[184]的舌头，剜去哥白尼的双眼，用乱石砸死莎士比亚……奴隶们可以平等。只有在没有专制主义的情形之下才会出现自由与平等，**在群氓中是允许平等存在的**……民众肯定会将高山夷为平地，打倒课堂与知识！千百年来民众一直厌恶知识。他们必须**学会服从**，服从是世上唯一缺少的东西。只有贵族才有求知欲。随着家庭或者爱的出现，占有欲就会消失。民众会消灭占有欲，倡导酗酒、喧哗与告密。他们会放纵不羁、肆行无忌，并将天才扼杀在摇

150

篮之中。"将人人都降到同一水平，达到完全的平等！"

英国工人最近宣称："我们学会了一门手艺，我们都是正派人，除了手艺之外我们再也不需要其他东西了。"只有必要之物才是必需的，从现在起这句话应该成为全球的座右铭。但是民众也需要动乱，这一点由我们来办，我们这些领导者与指挥者会煽动动乱……奴隶们必须有主人，他们应该彻底驯服，完全丧失个性。每隔三十年总会有人发出动乱的信号，众人就会突然开始相互撕咬，试图吃掉对方，这种撕咬的目的自然只有一个，那就是不感到无聊。**无聊**是贵族才有的情感。在社会主义制度下大家再也没有**欲望**了。我们会为自己保留痛苦与欲望，只有奴隶才需要社会主义……我曾想过将世界交给教皇。教皇会赤足走出他的宫殿，对民众宣谕："他们已将我降低到与你们同等的地位！"此时此刻，万民包括军队都会拜倒在教皇的脚下。教皇在上，万民众星捧月地围绕着他，社会主义思想在万民心中沸腾……第一国际肯定会与教皇达成一致，教皇也会立即赞成第一国际，因为他别无出路……

您十分俊美！有时您竟然忘记了您的卓异之处，那就是淳朴与天真！您无疑在受苦，正是由于淳朴您才苦难深重。我是一个虚无主义者，但是我喜欢美。难道虚无主义者不爱美吗？虚无主义者所不喜欢的是偶像。但是我喜欢偶像，您就是我的偶像！

您没有侮辱任何人，却遭到普遍的憎恶；您待所有的人一如您的同类，但是所有的人都惧怕您，这就是公理。没有人敢上前去拍您的肩膀。您是一位令人敬畏的贵族，如果一位贵族混迹于民主派中，那么他就是一位颇具诱惑力的人。对您这样的贵族而言，牺牲自己的生命与牺牲他人的生命毫无二致。您正是我们所需要的人……

我们步入民众之中，现在我们就无比强大了！那些杀人放火、大打出手的人可以算作我们的同类，但是他们更会妨碍我们……我所重视的是纪律。下面的人才是我们真正的同类：教儿童嘲笑上帝与讥讽摇篮的教师；为一位受过良好教育的刺客做辩护的律师，该律师声称——被告比其牺牲品更有教养，为了挣钱，他只有杀死被害人，除此之外他别无选择；为了体验某种感觉而杀死一位农夫的大学生；有计划地宣判一切罪犯皆无罪的陪审官；由于限制个人自由而惧怕法庭追究的行政长官……我们的同类遍及行政部门与学者群！（只是他们尚未意识到这一点罢了！）……此外，极度的自负与兽欲随处可见……您知道我们对那些著名的理论充满着感激之情吗？当我离开俄国时，利特雷[185]的理论正引起轰动，他的理论似乎在鼓吹愚蠢的犯罪；当我重返俄国时，犯罪已不再是一种愚蠢的行为了，而是一种情理之中的事情，一种义务，至少是一种高贵的抗议。"一位急需用钱的开明人士难道不会去充当杀手吗？"然而这无关宏旨。在俄罗斯，上帝让位给了烈性饮料，所有的人都是酒鬼，教堂空空如也……如果我们是主人，我们就会**治好**俄国人的酒瘾……必要时我们会将他们流放到荒原中，四十年不得返归故里。但是有两代人必须过放荡的生活，这两代人需要过一种卑鄙无耻、闻所未闻的放荡生活！俄罗斯民族尽管愤愤不平、言语粗鲁，但是迄今为止它还不懂犬儒哲学[186]。俄国农奴的自尊心比屠格涅夫的自尊心还要强，这一点您知道吗？……农奴挨了打依然忠于他的上帝。屠格涅夫却抛弃了他的上帝……

民众应该相信我们的心中有明确的目标。我们将鼓吹毁灭。这种思想充满了诱惑力。我们将求助于烈火与枪弹……这种意念藏而不露……要将它付诸实施则需要一种巨大的力量……

342

装腔作势的戏剧狂。

343

这人杀死那人。

344[187]

十二月党人[188]（一八二五年的俄国起义者）一生之中都在寻求危险。冒险的感觉使他们陶醉，成了他们天性的需求……这些传奇般的勇士肯定能承受最可怕的事情，否则他们会静如处子，而不会将敢于冒险的精神化作其天性。他们战胜了内心的怯懦，充满着胜利感，认定自己坚不可摧。这种自信心时时在引诱他们！在林林总总的战斗中（包括猎取熊罴与决斗），他们都赞美沉着冷静与意志坚强。

然而神经过敏的现代人反对意志坚强与追求自由的勇士，这些坚强的勇士热血沸腾，他们在美好的古代历史中寻找动如脱兔的猛士作为自己的楷模。假如沙皇尼古拉一世能在这场斗争中找到乐趣，他就会和十二月党人一样勇猛，一样无所畏惧。他就会感到无聊并且十分冷漠地对待十二月党人，就像我们十分冷漠地承受必然来临的厄运一样。实际上沙皇尼古拉一世却怒气冲天。他是一个**理智的**、冷冰冰的人，因此他比其他人更加可怕。

345[189]

罗马塑造了一个为第三种诱惑所驱使的耶稣基督；罗马宣称耶稣需要人间之国，这样也就宣布了敌基督的诞生⋯⋯

346[190]

上帝乃民族性之象征

民族是上帝的肉体。只要一个民族拥有自己的神，只要它固执地排斥一切异神，只要它坚信在自己的神的率领下能够夺取胜利并且驱逐全世界的异神，这个民族就是一个名副其实的、真正的民族。

所有的民族都在一种不知餍足的需求的驱动下前进以达到目的，这种需求就是对本民族生存的坚持不懈的肯定和对死亡的否定。"生命之精神""活水之流"以及哲学家的美学与道德原则都在于"寻找上帝"。每个民族前进的目标及其每个发展阶段的目标都是"寻找上帝"，寻找一种自认为的上帝、一种该民族自认为的真正的上帝。上帝自始至终都是一个民族的人工合成物。如果各民族的宗教崇拜开始趋向大同，那么各民族的毁灭就指日可待了。如果各民族的神失去了自己的特性，那么这些神祇就会消亡，这些民族也就会随之消亡。一个民族越强盛，它所崇拜的神与其他民族的神的差异也就越大。四海之内，我们找不到没有宗教（**没有善恶概念**）的民族。每个民族都以自己的方式来理解善恶与宗教。如果不同的民族都以相同的方式来理解这些观念，那么这些观念就会消亡，善与恶的差别也会泯没。理性从来也不能对"善"与"恶"这对概念做出明确的定义，甚至也不能将善与恶大致区分开来；理性总是卑鄙地混淆善恶。暴力的受宠就是科学的末日。这种情形主要是由半吊子的**伪科学**造成的，伪科学是人类最大的不幸，它犹如专制暴君，万民都必须在他面前鞠躬，**包括科学**……

347[191]

犹太人活着的目的只是期待真实的上帝的来临，古希腊人则神化了自然并给后世留下了他们自己的宗教即哲学与艺术，罗马则神化了国家制度中的人民。

348[192]

"一个伟大的民族如果不相信真理只存在于自己身上，不相信只有它自己才能凭真理使世界获得再生，才能拯救世界，那么它肯定不再成其为伟大的民族，而只能成为人种志的素材。"

一个真正伟大的民族从来也不会满足于扮演一种次要的角色，即便是一个颇具影响力的角色也不会使它感到餍足；它所需要的必然是头号角色。一个民族如果放弃了这种信念，那么它就放弃了自己的生存权……

349[193]

勇士敢于向常识挑战。这句格言对你们具有巨大的诱惑力！

350[194]

人生的第二阶段是由一些不良习惯构成的；而在人生的第一阶段，我们曾向这些习惯挑战。

351[195]

只有成为伟人才知抗拒理性。要么做伟人，要么做蠢货。

352

马勒伯朗士[196]曾经说过："正由于上帝是神，所以他只能以最简单的方式行动；正因为上帝是神，所以他不能以最简单的方式行动。"因此不存在什么上帝。

353

"感情用事"？

人们受某种高贵情感的支配，冒着生命危险，出于一时的冲动而行事，这种行为并没有多大的价值，也不能表明人们的性格……人人都有这种能力；但是在行动果敢方面，罪犯、土匪与**科西嘉人**肯定超过我们这些正派人……

比较高明的做法是：战胜情绪的激动，**不凭**一时的冲动来完成英雄的业绩，冷静，理智，舍弃暴风骤雨般的快感……

对于同情也是如此。首先同情必须不断地经过**理智的过滤**，否则它就和其他任何一种情绪一样危险……

对于情绪的**盲目依从**（不管这种情绪是一种高尚的情感，还是同情抑或敌意）乃是**最大的不幸**之根源。

一个人的性格之伟大并不在于他拥有这些情感，而在于尽管他拥有最强烈的情感，但是他能控制住感情，并且在控制感情之时得不到快乐，因为他是强者……

354[197]

基督教之误解

与基督一起被钉死在十字架上的还有一个**强盗**。这位罪犯在痛苦地死去之前下了一个断语："只有像耶稣那样毫不反抗、没有敌意、善良而顺从地受苦与死去才是唯一正确的行为。"他肯定了耶稣所传的福音并因此**升上了天堂**……

基督认为天堂乃是心灵之状态（《圣经》提到了儿童——"天国在孩童中间"），而不是某种"超越尘世"之物。

上帝之国不是按照编年史的时间顺序、不是依照日历"来临"的，它不是一种在某一天突然降临而在这天之前并不存在的东西，而是"个人观念的改变"，是一种随时都会来临而在任何时候都不存在的东西……

关于**道德**：基督教的创始人必须赎罪，因为他面向的是犹太社会的最下层与犹太知识界的最底层……

这些最下层的贱民按照他们自己的观念构想出了基督教的创始人……

他们恬不知耻地创造出了一部救赎史，臆造了一个人化的神、救世主与不朽的人，同时又保留了这个"人"与这段"历史"的所有狭隘成分，他们依据的是一种反对历史的真实与个性的真实的学说……

他们以救赎的传说代替了无时不在、无所不在的象征主义，以奇迹取代了心理象征。

355[198]

《圣经》的作者是一位伟大的象征主义者。如果我对这位象征主义者有所了解，那么我的见解就是：他只看见、只承认**内心的真实**，而将**其余的事物**（一切自然、历史与政治事件）视作寓言的符号与场所，视作非现实的和"不真实的世界"……

同样人子耶稣也不是历史上某个具体的人，而是一个"永恒的事实"与一个处于时间之外的心理象征……

这位典型的象征主义者同样将心理象征极其自如地运用到**上帝**、上帝之国与"天堂"上……

"圣父"与"圣子"：后者所表达的是尘世万物进入了神化状态，前者亦如此……

这种父子关系确实源于误解，因为《圣经》的作者改写了安菲特律翁[199]的故事（这是一个伪装得很不巧妙的关于私通的故事），并将它变成新信仰的核心（此外，他还令人厌恶地描述了圣母玛利亚圣洁的钟灵受孕，好像怀孕本身是一桩肮脏的勾当似的）。

想理解历史和**想目睹奇迹**（似乎奇迹打破并且战胜了自然法则！）的意图导致了基督教的严重退化。

356[200]

起初人们粗制滥造了一个**行奇事者与救世主的故事**，之后又对原始基督教进行了唯灵论和象征主义的解释，从而使其发生了巨变。这就是我们对基督教的正确认识……

反过来说，基督教的历史就是**细致入微的象征主义不断曲解原始基督教的历史**……随着基督教在广大鄙夫中的不断传播（粗野的民众远离基督教的原始本能，这些野人缺乏理解原始基督教的前提条件），一种传说与神学出现了，教会也随之应运而生。最低贱与最野蛮的社会阶层的需求最终使基督教的**庸俗化**和**野蛮化**成为必然……

教会始终将运用了鄙俗和野蛮的语言的基督教视作"真理"并加以维护……至今它仍然死不悔改！

保罗与奥古斯丁[201]吸收了柏拉图的学说，他们厚颜无耻地对哲学与拉比犹太教极尽嘲讽之能事，从而创建了基督教神学……

基督教中极不光彩的组成部分有：奇迹、灵魂的等级与秩序、救赎史及其信仰以及"罪恶"概念。

基督教的信仰和基督教的心理需求一样庸俗，一样低劣，这种庸俗与低劣就是基督教历史的必然性之所在。

让我们来瞧一瞧**路德**[202]吧。这个充满了粗野的欲望的凡夫俗子又怎能不歪曲原始基督教呢？

犹太人的**反自然性**表现为"衰弱、不幸、忏悔与和解"（这是他们唯一的生存方式），此外还有"厌世"。

耶稣单刀直入人的内心状态，开拓人类心中的"天国"，他**没有**采纳犹太教会的教规。他否认犹太教的存在（他认为犹太教没有必要继续存在下去），他是一个只过**内心生活**的人。

同样耶稣还全盘否定了犹太教中关于教徒与上帝进行交流的一切粗鄙之词，他极力反对犹太教关于忏悔与和解的学说。他告诉世人，为了成为"神"，一个人应该过怎样的生活以及一个人在放弃了忏悔与悔罪的前提下怎样才能成为"神"。他的主要判断就是："**这与罪恶无关。**"人变为神的关键在于：人必须厌弃自我。就这点而言，罪人做得比正人君子还要好一些……

"罪恶""忏悔""宽恕"，所有这些概念并不属于耶稣所创建的原始基督教。这些概念是犹太教生出的"杂种"。换言之，它们带有异教的色彩。

357[203]

基督徒们出于其根深蒂固的本能想要过一种特殊的生活以便升"天堂"（其他的生活方式是不会使人升天堂的）……这就是基督教的心理现实。

358[204]

置身于十九世纪的人类终于获得了理解基督教的前提条件，基督教则被彻底误解了整整十九个世纪……

过去我们一直没有保持温柔而认真的中立立场（中立的态度是一种充满了同情与精神约束的状态）。从基督教会诞生之日起，我们是那么卑鄙、自私、盲目、令人厌烦和厚颜无耻，我们自始至终都摆出一副低三下四的面孔对教会卑躬屈膝、顶礼膜拜。

基督教的象征主义是建立在**犹太教**的基础之上的。犹太教将**整个现实**（包括历史与自然）变成彻头彻尾的、神圣的非自然与非现实……犹太教不愿面对真实的历史，也不再对自然的成就感兴趣了。

360[205]

我们不应该在行动上或者在内心中反抗对我们怀有恶意的人。

我们不应该找出某种理由休妻。或许还要加上一条："我们应该自阉。"

我们不应该将异乡人与本地人、外国人与本民族同胞区别开来。

我们不应该对人发火，也不应该蔑视他人……我们应该暗中将财物施舍给穷人；我们不应该有发财致富的意念。

我们不应该对人发誓，不应该判断他人；我们应该与人和解，应该宽恕他人，不要当众祈祷。

让众人都来目睹你们的善行与善心吧！谁人能升天堂呢？就是那种依照圣父的意志而行事的人……

"永福"并不是预言；只要我们如此生活、如此行事，"永福"就会降临到我们身上。

难道教会不正是"身穿睡衣的假先知与包藏祸心的豺狼吗"？

"预言、奇迹、驱魔——所有这一切都是胡说"……

赏罚学说被人荒谬地融入基督教教义之中，如此便败坏了整个基督教。

类似准军事组织的早期教会的活动和使徒们的行为与**实践**同

样遭到了歪曲，它们被说成是**必要的**，被说成是由耶稣**预先**规定
的……

人们对早期基督徒的真实**生平**与**教导**事后进行了美化，从而使
读者觉得早期基督徒的所作所为都是由耶稣**规定好的**，他们只是**服
从了**耶稣的预定罢了……

《圣经》中的先知与行奇事者的所作所为，他们对罪恶的愤怒
以及上帝的审判纯属令人厌恶的堕落行为。（参见《马可福音》第
六章第11行："那些不接纳你们的人……我实在告诉你们，他们的
下场就和索多玛与蛾摩拉[206]一样。"如此等等。）

还有关于无花果树的奇事。

"先知在自己家中、在亲友身边丝毫不起作用[207]。"这简直是
信口雌黄，将这句话反过来说才是真理。

让我们再来审视一下**预言的结果**吧。一切都是臆造和伪造的！

361[208]

请注意，叔本华是一个虚无主义者，他完全有理由只将同情划
入道德的范畴。他标举同情，实际上就是在最有力地主张否定生命
意志。同情与爱有着某种共同点，因为同情的原则允许弱者与抑郁
者苟活下去并繁衍后代。这违背了自然的发展法则，因为同情加速
衰败，毁灭物种，最终**否定**生命。为什么其他种类的动物都很**健康**
呢？因为它们缺乏同情。

362

请注意。颓废有三种典型的表现形式，即反社会倾向、精神错乱与悲观主义。基督教是一种**颓废的宗教**，在其赖以生长的土地上，这三类退化者随处可见。

363

我们已经**重建**了基督教的理想，剩下的工作就是**确定**其**价值**。

1. 基督教的理想**否定了**哪些价值？与之**相反的理想**又包含哪些内容？

反基督教的价值观包括自豪、距离感、责任感、高傲、生机勃勃的兽性、好战、征服欲以及对激情、复仇、诡诈、愤怒、狂喜、冒险和认识的崇拜……

基督教否定了高贵的理想，诸如壮美、睿智、伟力、宏大与凶险这类强者的品质，否定了目标明确的"未来的"人（从**犹太教**中我们就可以**推论**出基督教信仰）。

2. 基督教的理想是**可以实现的**吗？

这种理想是可以实现的，但是必须有相应的气候条件。它酷似印度人的理想……理想的基督徒**无所事事**……这种理想脱离了民族、国家、文化共同体与司法审判，它反对教育、知识、教养、营利与商业活动……它消灭了人的一切用途与价值。它使人极端厌世，**与世隔绝**，成为一种非政治、非民族，既不具有进攻性又不具有防御性的蛆虫。这种蛆虫只能生存于井然有序的国家与社会生活之中，依靠众人的劳动过着一种**神圣的寄生虫**的生活……

3. 基督教中只求**快乐**的意志是坚定不移的！

"永福"乃是不言自明的、无须解释的。其余之事（基督徒的生活方式与待人处世的方式）只不过是达到"永福"这个目的的手段罢了……

"永福"的概念极其**低劣**。基督徒惧怕痛苦、惧怕污浊、惧怕毁灭，因此他们就有充分的理由放弃尘世的一切……这是一种**可怜**的思维方式……属于那种**疲惫不堪**的人的思想。……我辈不应该受基督教的蒙骗（《圣经》中说"你们应该如孩童般天真无邪"）。方济各[209]与耶稣乃一丘之貉（他们都很神经质，充满了幻想，像癫痫病患者一样昏倒在现实面前）。

364[210]

基督教的历史

随着环境的不断变化，基督教的学说也在不断地变更其**重心**……

它支持**下层人民**和**小人物**，宣扬爱。"基督徒"类型逐步地重新接受了他原先所否定的东西（**他只有通过自我否定才能生存下去**）。

基督徒最后变成了公民、士兵、法官、工人、商人、学者、神学家、教士、哲学家、农夫、艺术家、爱国者、政治家与"诸侯"……他又重新做起了过去他所反对的事情（诸如自卫、审判、惩罚、起誓、区分本民族与异族、蔑视与愠怒……）。

基督徒们现在过的整个生活正是**耶稣基督曾经极力反对的**……

教会与现代国家以及现代民族主义都证明了基督教的敌人之

胜利……

教会乃是基督教的野蛮化。

保罗的犹太基督教、奥古斯丁的柏拉图主义、神秘崇拜（包括救赎说与"十字架"的象征）以及禁欲主义（仇视"自然""理性"与"感觉"，东方的苦行）终于控制了**基督教**。

365[211]

根本不存在"神圣"这个古怪的概念；"神"与"人"从未分离；也不存在什么"奇迹"，根本没有奇迹这个范畴。我唯一注目的是"宗教"（心理象征）领域：基督教乃是一种颓废派，它是"伊壁鸠鲁[212]主义"的孪生兄弟……按照希腊人的理解，**天堂**即"伊壁鸠鲁花园"。

原始基督教所向往的生活既无**使命**感，又无**目的**性……它是"伊壁鸠鲁的诸神"[213]的表现形式；人们再也没有**理由**来确立目标，生儿育女了……因为一切目的都已实现……

任何时候都能产生基督教……追求心灵平和的基督教与任何厚颜无耻地以基督教的名字来美化自己的信条无关，它既不需要**人格化的上帝**，也不需要关于"**罪恶**""**不朽**""**救赎**"与"**信仰**"的学说，它根本不需要任何形而上学、禁欲主义与基督教的"自然科学"……

谁在说"我不愿当兵""我不想当法官"和"我不想当警察"，谁就是一位基督徒……"我不想做任何破坏我的内心安宁的事情；如果我焦灼不安，那么只有通过受难才能保持我的内心安宁。"

基督教的整套理论与学说以及基督教的所有"真理"纯属谎言。基督教恰恰是原始基督教运动所主张的思想的反面……

教会所认为的基督教思想从一开始就是反基督教的。教会只提出了一些人与事，而没有运用象征手法；它讲述的是虚构的故事，而不是永恒的事实；它使用的是套话、仪式与教条，它反对生活实践……而原始基督教则对教条、崇拜、教士、教会与神学极其冷淡。

基督教的实践与佛教的实践一样，都不是什么幻想，它们都是获得幸福的一种手段……

366

从某种意义上来说，我们这个时代是一个**成熟的**（颓废的）时代，它类似于佛陀在世的时代……因此基督教应该抛弃那些荒诞的教条……

基督教是各种古代思想杂交的产物，是一个令人厌恶之至的怪胎。

基督教已被野蛮化了。

367

基督教与佛教的本质
（原始**佛教**与原始**基督教**之比较）

佛教与基督教都是否定性的宗教，它们都超越了文化、哲学、艺术与国家。

1. 其共同点为：它们都反对憎恨，认为敌视的情感乃万恶之源。

它们都追求内心的"幸福"，而对幸福的外表与光辉反应冷淡。

佛教主张超脱人生，其思想具有哲学的明晰性；它源于较高的社会阶层，是一种深刻的精神产品……

基督教从根本上来说也想超脱尘世（"犹太教会"已是一种颓废的生命现象），但是它的文化素质太低，不了解人类究竟需要什么……它将"永福"作为人生的目标，沉迷于永福之中……

2. 它们都认为：最强烈的生命本能并不充满快乐，而只是痛苦之源。

对**佛教徒**而言，只要生命本能促使人类去行动，那么，这种本能就是痛苦之因（行为带来**痛苦**）。

对**基督徒**而言，只要生命本能促使人们去敌视他人和引起矛盾（敌视与伤害是一种痛苦，它打破了"内心的安宁"），那么，这种本能就是痛苦之因（与此相反，勇士只有在激烈的战争与冲突中才感到快乐）。

368[214]

耶稣其人

如果我们认为耶稣是一个**狂热**分子，那么我们就大错特错了……勒南对耶稣的评价非常"武断"。

在耶稣的信仰中没有丝毫**受折磨**的痕迹，这种信仰就是关于天国的福音，他本人则处于一种"带来福音的使者"的心理状态中……

这种信仰不是经过斗争而获得的，它没有发展历程，没有经受磨难……更确切地说，这是一种儿童般的天真状态……饱经磨难的斗士早已克服了这种天真的状态，犹如**战胜**疾病一般。

这种信仰不含任何愤怒、责备、惩罚与反抗。

这种信仰并不拥有"利剑"……他明知他的信仰并不能斩杀恶魔……

这种信仰不是通过奇迹与允诺来证明其正确性的……无论何时，这种信仰本身就是它自己的证据、奖赏与奇迹。

这种信仰并不想被表达出来，因为它是**活生生的**，它不需要一种固定的形式……除了这种信仰之外，其余的事物都是不现实的、不"真实"的，也就是说是死的……

耶稣偶尔阅读《旧约全书》（了解了众先知的生平）。这些肤浅的知识构成了他的全部概念。基督教中的犹太文化色彩最突出的表现就是犹太人的概念世界，这些概念的载体本身就是犹太人的心理。但是我们必须谨慎从事，别把事情弄混了。**印度**的基督徒绝不会接受数论[215]派哲学，**中国**的基督徒也不会接受老子的学说。基督教就是基督教，它与地点无关。

耶稣基督是一个"**自由思想家**"，他摧毁了所有固定的东西（包括言辞、套语、教会、律法与教条）。"一切固定之物都是**致命的**……"他只相信生命与活物，生命不是"存在"，而是**变易**……

他站在形而上学、宗教、历史学、自然科学、心理学与伦理学的大门之外。他从来也不知道还有这般学问……

他讲述的只是他的内心体验，其余的一切只不过是一些符号与语言手段罢了。

论耶稣之类型

我们究竟能**得出**什么结论？《圣经》对基督的智慧与生平作出了阐释……耶稣的生平应该符合《旧约》关于弥赛亚[217]的预言；他符合关于弥赛亚的行为与苦难的模式，他完成了救赎的计划……另外，耶稣又认为任何一种"动因"（诸如利益、狡诈、奖赏与惩罚）都**有悖于他所传的福音**……

我们究竟能得出什么结论呢？早期基督教的宣传者的**愤怒**状态在其领袖身上打下了深深的烙印……他们按照他们的想象来塑造这位领袖人物，他们将耶稣美化成一个怨气冲天、充满着愤怒与仇恨并具有法官派头的预言家以达到捍卫早期基督教之目的……他们**需要**一个这样的"楷模"。早期基督教关于基督"复临"并进行"审判"的信仰具有同样的来源（从关于世界末日的预言书中我们可以窥见犹太人的信仰）。

耶稣反对犹太教教士和神学家的态度暴露了他心理上的疯狂和矛盾……

他对那些不接受他的学说的人摆出的法官派头也是如此……还有那个典型的关于无花果树的故事。

我们对这种学说的创始人所提出的**心理学问题**是十分明确的："他怎样看待其他学说及其创始人呢？"

耶稣的学说并非产生于矛盾与对立，我对耶稣这类人是否**能**了解其学说的对立面表示怀疑。他缺乏自由的想象力，不知道世上还有不同的评价与要求……他想象不出他的对手会做出怎样的评价……如果他遇上了对手，他只会对对方表示出最深切的同情，为对手的"糊涂"行为感到悲哀，而绝不会反驳对手……

耶稣从未掌握辩证法，因此我们坚信他的学说是无法证明的。他的学说只能通过"内心的作用"得到证明（诸如"果实"与"力量的明证"之类）。

像耶稣这样的导师居然毫无能力反驳他人……他不知道怎样纠正错误的结论……他既不自卫，也不进攻……与此相反，他的任务只是对《旧约全书》进行解释、发展、变更、细致化与简化。

370

基督教是一种**虚无主义**宗教，它发源于一个饱经沧桑、坚忍不拔、尝过所有强烈的生命本能的滋味的民族，带有这个民族的文化的烙印，一步一步地被传播到另外一些环境之中，最后终于进入了**刚刚诞生的**与年轻的民族之中。

基督教的成就**非同寻常**！基督徒们竟然向日耳曼人和其他一些野蛮民族宣讲了一种否定现世的、牧放羔羊的、日薄西山的和永福的宗教！基督教居然日耳曼化了、野蛮化了！而这些野蛮民族曾经梦想的是英灵殿[218]，他们原本是在战争中寻找幸福与欢乐的！基督徒们居然使处于混战状态的野蛮民族皈依了这种**超民族的**宗教。

371

这种**虚无主义**宗教吸收了古代的**颓废派**及其**近支**，诸如：

1. **弱者**与**失败者**……（古代社会的渣滓，他们遭到社会的彻底排斥……）

2. 道德家与反异教者……

3. **政界的疲惫者**与冷漠者（妄自尊大的罗马人之流）以及因**丧失了民族性**而头脑一片空白的人。

4. 对自己感到厌倦与喜欢搞**阴谋**诡计的人。

372

基督教是古代的一次声势浩大的**虚无主义运动**，随着它的胜利，这场运动也就宣告结束，并从此开始了它的统治……

373

佛教与基督教是两种伟大的虚无主义运动，后者直到现在才大致获得了文化水准。只有在这种文化状态中它才能完成其原有的使命。它本来就应该**具有**文化**水准**……只有在文化状态中它才能彻底地**表现**自我……

374

我们的优越性在于：我们生活在一个**对比**的时代，我们可以追溯过去的一切，我们就是历史的自我意识……

我们享受生活和受苦受难的方式都与过去不同，我们的本能会强烈地驱使我们去比较和分析一个最复杂的多面体……

我们无所不知，我们经历了一切世事，我们再也没有敌意了……无论事情是否顺利，我们都会被热情友好的好奇心所驱使，大胆地去冒险……

"一切都很美好。"所以否定现存的价值体系非常艰难。

如果有一天我们很不明智地去反对某种事物，那么我们就要受苦了……

从根本上来说，我们这些学者最好还是遵循基督的学说。

375

批判古希腊哲学

古希腊哲学从苏格拉底开始就出现了颓废的征兆，反希腊的本能形成于知识界的上层……

"诡辩派[219]"（包括阿那克萨哥拉[220]、德谟克里特与伟大的爱奥尼亚学派）还是纯粹的希腊文化。然而它是一种过渡形式：希腊城邦丧失了对其文化独特性的信仰，舍弃了对其他城邦的统治权……他们进行了文化交流即"神"的交流。与此同时，也就丧失了对本地神的特权的信仰……不同来源的善恶概念融合在一起，善与恶之间的界线**日渐模糊**……这就是"诡辩派"。

与此相反，"哲学家"是**反动派**，他要恢复旧道德……

他认为希腊衰亡的原因在于国家机构的衰亡，他要重建古老的国家机构。

在"希腊城邦"这个概念业已过时之后，他要创建**理想的城邦**（正如犹太人陷入被奴役的地位之后，他们抱成了一团，结成了一个"民族"。犹太人对所有的暴君都颇感兴趣，他们企图凭借威力来重建道德）。

我们逐渐领悟到希腊**衰亡**的责任应归于一切**反希腊的文化**（柏拉图忘恩负义，他对荷马、古希腊悲剧、修辞学与伯里克利[221]毫无感激之情，正如犹太人先知并不感激大卫与扫罗[222]一样）。

我们以为**希腊衰亡**的原因就在于希腊哲学家**动摇了希腊文化的基础**，自毁长城乃是希腊哲学家的**根本大错**。

历史的结局就是：古希腊世界毁灭了。毁灭的**根源**乃是荷马、神话、古代的伦理等。

哲学家价值判断的**反希腊**进程如下。

古埃及文化（作为审判的"死而复活"……）。

闪米特文化[223]（"智者的尊严""酋长"的名望）。

毕达哥拉斯学派：神秘崇拜、缄默、彼岸之恐吓手段、**数学**、宗教的评估以及与宇宙的交流。

祭司的、禁欲主义的与超验的思想。

辩证法：我认为柏拉图是一个令人厌恶的书呆子，他咬文嚼字，玩弄概念。人们再也感觉不到一切直接辩证法的丑陋与邪恶了，良好的精神趣味堕落了。

下述**两种**极端的颓废运动并行不悖：

①芜秽、妖冶、热爱艺术与喜欢奢华的颓废派；

②充满着宗教与道德激情的悲观主义，斯多葛学派的禁欲主义与柏拉图对感官的否定，所有这一切都为基督教的产生奠定了基础……

376

请注意！**肌肉的评判**为我们确立了最高价值，肌肉的评判才是我们最神圣与最坚定的信仰。

377[224]

尤利乌斯·威尔豪森[225]

正义是社会之需求。"只有当公民的法治成为理所当然的事情时，才会出现耶稣在登山时提出的正义……"

犹太人中有一批高傲的宗教贵族，在这些宗教贵族的支持下出现了政教合一的神权统治；但是犹太人蔑视**国家**制度……没有国家也就不会有"教会"……异族统治维持着宗教贵族对平民的**距离感**。

犹太教**非自然化**过程如下。

以色列王国的建立标志着一个统一的民族与民族自信心的诞生，但是"沙漠之神"和迦南人所信仰的农业与畜牧业之神（巴力神[226]与狄俄尼索斯）随之消失了。犹太人的宗教崇拜尽管长期带有半异教的色彩，却越来越关注犹太民族的命运，最终抛弃了其自然属性。犹太民族与王国需要上帝雅赫维[227]，即便是最恶劣的偶像崇拜者对此也深信不疑。胜利与幸福只能出自雅赫维。公民国家乃是一种**奇迹**，是"**神恩**"。他们将"当局所鼓吹的天命"视作自己的理想（这显然是因为他们原本不信天命……）。

当以色列王国处于分裂状态和面临民族危亡之时，当犹太人生活在无政府状态之中和面对外族的吞食时，当他们对亚述人满怀畏惧时，他们热切地梦想**恢复真正的君主统治**，重建完全独立的民族国家。这种幻想是预言式的。以赛亚[228]是最典型的先知，他曾**预言了弥赛亚**的来临。先知们都是一些批评家、冷嘲热讽者与无政府主义者。从根本上来说他们没有决定权，因为领导权掌握在他人手中。他们只是想重建公民国家；他们向往的根本不是什么"黄金时代"，而是君主的严酷统治，他们盼望着一位具有军事才能与宗教本能并且能够使犹太人重新信仰雅赫维的君主来临。这位君主就是"弥赛亚"。现代的任何一位君主都能满足这些预言家的要求与渴望，正如人们所惧怕的那样，现代君主也许太积极了……

但是先知们的梦想并没有成为现实。犹太人有两种选择：要么放弃旧的上帝，要么使旧的上帝有所改变。先知以利亚和阿摩司选择了后者：他们剪断了纽带，也就是说砸碎了上帝与民族的统一体。他们不只是使二者相互分离；他们褒扬前者，贬抑后者。他们为二者构想出了一种新的关系、一种**和解的关系**。此前雅赫维一直是以色列的上帝并因此是正义之神；而现在雅赫维首先是**正义之神**，然后才是以色列的上帝。雅赫维的律法正如其行为一样原先只是一种救助、正直、指导与对复杂问题的解决，现在则变成了他向以色列人提出的**要求**，以色列与他的关系就取决于以色列人能否满足这些要求。

人们只有允诺遵守一项法规，该法规才有法律效力。人们应该签订"合约"以遵守律法。犹太民族的各种代表人物原先就已承诺遵守"律法"，现在雅赫维与以色列则应成为缔约的双方……自从约西亚[229]庄严地宣布犹太人应该服从摩西律法以来，以色列和雅赫维签约结盟的观念就成了犹太人宗教反思的核心内容。在巴比伦与亚述的流亡生活使犹太人谙熟应受制约的观念与可能出现转机的观念。

王国的衰落使犹太人产生了狂热的幻想，**反对犹太教残骸的情绪**四处蔓延，自从在亚述和巴比伦开始了流亡生活以来，犹太人幻想的是各民族的大团结以反对建立"新耶路撒冷"。过去犹太人的最大愿望是建立一个民族国家，而现在他们则梦想在异教国家的废墟之上、在耶路撒冷崛起一个世界帝国。

然而还存在着流亡的犹太人被异教徒同化的危险，正如昔日撒马利亚人[230]被同化一样。因此，犹太人又将犹太教的神圣遗产发扬光大，使它成为希望的载体，传之后世并经受住过渡期的风暴……

缔约双方的平等**无足轻重**，例如，缔结和约时，投降的条件是由强大的一方强加给弱小的一方的。

威尔豪森续篇

犹太人为什么要发扬光大犹太教的神圣遗产呢？因为他们已不可能再重建一个真正的国家了，异族统治不允许他们这样做。此时方显出教会机构的重要性。

犹太文化的复辟者认为，国王时代古老的国家政体声名狼藉，这种国家政体显然遭到了雅赫维的**摒弃**……他们记起了王政时代先知们的呼吁：只有国王、公侯、战士、城堡与骏马才能拯救犹太人。但是现在这一切都毫无用处……

所罗门在耶路撒冷修建了以色列王国的圣殿。在王国的荫庇下，耶路撒冷的祭司阶层日益壮大。王国愈衰弱，圣殿的威望就愈高，祭司的权力也就愈大。宗教崇拜在七世纪达到了高潮，祭司们使用了昂贵的物质诸如熏香之类，他们乐于付出高昂的代价（例如，用于赎罪的祭品以及奉献给神的童男童女）。在做礼拜时随时都可以目睹阴森的**血腥场面**。

当王国土崩瓦解之时，祭司阶层中有一些人试图组织"教团"。习俗与规章的大体尚存，它们被系统化了，成了弘扬犹太教**遗产**的工具……

"犹太教的神圣宪法"纯属**人造物**……他们将以色列**变成了**一个"充斥着祭司的王国和神圣的民族"。在过去，自然的社会制度依靠的是对神的信仰；而现在，神权政体处于一种人造的环境中，体现在民众的日常生活中。往日的理念带有**自然**的色彩；而现在，理念应该拥有自己神圣的躯体。神圣与世俗的外观对立产生了，祭司们将宗教与世俗隔离开来，并且不断地遏制**自然**……（他们拼命地发泄对自然的怨恨。）空洞的、作为反面议题的神圣性而今变成了主导概念。原初性指的是神性，而现在指的是祭司与教会。这样，他们就从外部特征上确立了**神性与世俗性和自然性的对立**。

　　僧侣统治是犹太祭司们在不利的条件下以惊人的毅力创造的非政治性的人工产物。犹太人的神权政治是没落的以色列王国遗留下来的残骸，其前提是异族统治；它是古天主教会的近亲，实际上它是古天主教会的**生母**……

　　我们何以窥见犹太教的**倒退**？雅赫维的律法代表了不同于异教徒的犹太人的特性，这种特性实际上并不表现在宗教崇拜上，我们在希腊和希伯来的礼拜仪式之间找不出本质的区别。宗教崇拜原本是以色列宗教中的异教因素，在祭司的法典中它却变成了核心内容，这难道说不是**退回到了异教**吗？先知们最坚定地反对的东西就是宗教崇拜。同样，通过祭司的立法宗教崇拜已脱离了其本质，丧失了其自我。节日庆典已失去了纪念丰产与畜牧之神的色彩，仅仅成了历史纪念日；它们源于自然这一点遭到了否定，人们欢庆的只是摩西创建了一种超自然的宗教，只是雅赫维的仁慈，自由的人性消失了，庆典变成了法规，它已经以色列化了。……这种庆典不再将神纳入尘世的生活，它使神不再与人同享痛苦与欢乐；人们已不再试图通过庆典来取悦神祇并求神开恩了。雅赫维将**神的恩宠**确定为等级制度中的圣礼。这种圣礼并不是建立在其本身的内在价值的基础之上，不是依据实实在在的理由，而是依照一种毫无根据的意志所下达的严格命令。宗教崇拜与感性之间的纽带被剪断了；宗教崇拜成了虔信上帝的实践，它丧失了自然的意义，只具有一种超验的、不同寻常的、无法言说的意义。其主要效果乃是**赎罪**。自从被掳往亚述和巴比伦因房以来，犹太人一直都有负罪感，因为以色列在上帝面前是**堕落的**……

　　献祭的价值并不在于祭祀本身，而在于**服从**法规；宗教崇拜的重心转移到了一个陌生的领域，它被道德化了。牺牲和祭品都让位于与道德紧密相连的**禁欲主义**。原来主要用来赋予祭司以**神圣的**礼拜职能的法规现在已应用到了未出家的俗众身上；遵守身体洁净的戒律比从事隆重而公开的宗教崇拜要具有更大的和更深刻的意义，恪守戒律会使信徒径直走上神圣的理想之路和达到普遍的僧侣精神境界。僧众与俗众时时刻刻都在执行某种神谕，他们的全部生活都被**限制**在神圣的范围之内。这种戒律阻止人们去表达自己的思想与心愿。这种细致入微的、不断严于律己的、个人的宗教崇拜会使每个信徒每时每刻都充满着**罪恶感**。

　　威尔豪森这位伟大的犹太教病理学家言之有理：宗教崇拜已变成了管教手段。它与心灵无关了，不再扎根于纯真的感官之中了。尽管它非常重要，但是**由于**过于仔细和认真，它最终变成了一具**死尸**。祭司们将古老的习俗拼凑成一个**体系**、一种形式和一块用来保护比较高贵的内容的坚硬的表皮。就这样异教在自己的领域，即在宗教崇拜的领域一败涂地，宗教崇拜中的**自然**属性被剪灭了之后，宗教崇拜仅仅成了**超自然的一神教**的外壳而已。——论述至此**结束**。

论耶稣之类型

"救世主"这个类型遭到了毁灭与破坏……

此类型遭到破坏的**原因**如下：早期基督徒的精神水准低下，他们不断地改变、伪造和粗糙地加工一切史实，他们甚至对自己也盲目无知（他们从未进行过自我认识）；早期基督教的所有教派都毫不迟疑地利用基督教的创始人来为自己的思想做辩护……由于对基督生平的歪曲，"罪犯"基督之死就成了一个谜……

在耶稣的形象中**依然尚存**的是其粗鄙的思想。他行走在渔夫中，自然会被打上粗俗的烙印。

后人错误地将基督概括成一个平易近人的行奇事者、预言家与弥赛亚。

早期基督徒在耶稣死后编造了一套故事，并将自己强烈的情绪融入耶稣的形象之中。

他们毫无理性，只有病态的过度感伤与无比娇弱，以至于其本能迅速地重新占据统治地位。他们所塑造的耶稣毫无思想深度，头脑中缺乏严格的纪律，甚至缺乏认真的精神。

真可惜早期基督徒中没有陀思妥耶夫斯基。事实上关于耶稣的所有故事都是陀思妥耶夫斯基写一部**俄国小说**的绝妙题材，诸如其**病态**、感人的事迹、神经过敏的奇特性格，还有他混迹于粗野而肮脏的贱民（比如，抹大拉的马利亚²³²）之中……

耶稣突然可耻地**死**去了，他被钉死在十字架上。一般来说，循规蹈矩的贱民是不会被钉死在十字架上的。只有耶稣之死这个荒谬绝伦的现象对他的门徒来说才是一个真正的谜："**耶稣究竟是**

谁？""这究竟是怎么回事？"

门徒们颇为震惊，他们的感情深深地受到了伤害。他们心怀疑虑：耶稣之死也许正好**驳斥**了他具有循规蹈矩的品行的观点。他们对耶稣之死打上了一个可怕的问号："为什么会是这样呢？"所有的一切都必须是必然的，都必须有意义，合乎理性，合乎最高的理性。门徒们爱耶稣，他们不知道会有什么偶然。

直到现在门徒们意识中的鸿沟才被填平了。"谁杀了他？""谁是他的天敌？"答案就是：占统治地位的犹太教及其第一等级。

门徒们心中充满着**反抗秩序**的情感，事情发生之后他们觉得**耶稣似乎也反抗了秩序**。

然而到死为止耶稣都毫无**战斗性**。他的思维方式使他缺乏战斗性。事实上他在被判刑与被处死时的表现恰恰是战斗性的反面：他不反抗、不自卫，他甚至替秩序说情。他对那个与他一起被钉在十字架上的强盗说了下述一番话：不要抵抗，不要发怒，不要将责任推给别人，应该忍受苦难，同情他人，宽恕他人，应该为迫害和杀死我们的人祈祷；如果你认为这种行为方式是正确的，那么你就拥有了不可或缺的灵魂的安宁，**你就升上了天堂**。

门徒们显然不理解这个中心思想。耶稣为世人树立了一个抛弃一切怨恨的榜样。耶稣之死的意义仅仅在于树立一种**最鲜明的榜样**并以此**最好地检验**他自己的学说……

门徒们无法原谅犹太祭司们杀死了基督。他们的心中充满了非福音的情感即**复仇欲**……

此事无法了结。门徒们需要的是"报复"与"审判"！（奖赏与惩罚恰恰不符合耶稣所传的福音。）

现在对弥赛亚的期待又占据了门徒们的内心世界。"审判者"将降临这个世界来审判他的仇敌，门徒们期待着这一历史时刻的来临……

现在他们预言"天国"的来临乃是历史的最后一幕。这纯属**误解**。

现在他们将他们对法利赛人和犹太教神学家的全部蔑视与愤恨都投射到基督教创始人的性格之中。

门徒们没有理解耶稣的主要意图，因为耶稣之死本身就是对世俗"世界"（包括敌视与复仇等情感）的**最大胜利**，它战胜了邪恶与恶人。——恶永远都是一种内在的心理现实。

尊重大师的门徒们的内心极不平衡，复仇欲控制住了他们，他们不再相信在"圣子"面前人人平等这个耶稣所谆谆教诲的原则了。复仇欲使他们将耶稣**抬高**到了不恰当的位置（这正如犹太人过分地吹捧以色列所扮演的角色一样，好像其余的国家都是以色列的仇人似的。这就是一个上帝只有一个儿子的荒谬神学之渊源）。

有人肯定要问："上帝怎么**能**允许这件事情发生呢？"对此，基督徒们给予了荒谬的回答："上帝让他的爱子做了牺牲品，为的是宽恕人类的罪恶。"所有**这一切**都遭到了误解！因为有罪而牺牲和无罪者由于罪人的罪过而牺牲自己的说法恰恰不符合耶稣所传的福音。

然而耶稣还是替世人赎了罪！不是通过"信仰"，而是通过神一般的感觉，通过神的全能。

耶稣类型吸纳了下列因素：

1. 关于审判与再次降临人世的学说。

2. 关于死作为牺牲的学说。

3. 关于复活的学说。此学说使福音的一切"幸福感"与全部意义像变戏法似的消失得无影无踪，这种做法仅仅有利于一种"死后的"状态……

使徒**保罗**用犹太教经师般狂妄的口吻明确指出："如果基督没有从死人堆中复活，那么我们的信仰就是虚妄的。"

最后甚至还出现了"个人的不朽"。

这样一来，耶稣死后的第二代人已将所有彻底违背福音本意的东西统统当成了基督教的思想，诸如牺牲、流血牺牲、首次牺牲、惩罚、奖赏与审判……

他们严格区分此岸与彼岸、时间与永恒；他们以神学代替实践，以"信仰"代替生活方式；他们极端仇视一切非基督教思想。

传教士的全部**困境**也被纳入耶稣的学说。我主耶稣肯定公开地说过要顽强地反对不接纳他的传教士的异教徒。

自从人们大体接受了审判、惩罚与奖赏这些概念之后，耶稣的全部学说与格言般的智慧也被打上了这些概念的烙印……

$$379^{233}$$

虚无主义者

福音带来了如下信息：幸福之门为下层人民与穷人敞开，下层人民的唯一出路就是摆脱官方机构、脱离传统、挣脱上层统治者的管束。由此观之，基督教是一种**典型的社会主义学说**。

财产、收入、祖国、等级、地位、法庭、警察局、国家、教会、教育、艺术与军事，所有这一切都阻碍了幸福的来临，这一切纯属错误与堕落，全都是魔鬼的造物，耶稣所传的福音将对这一切进行审判……这种观点是典型的社会主义学说。

福音的思想背景就是耶稣对上层统治者的反抗心理，就是他长期积聚而突然爆发出来的对"主人"的憎恶。他本能地意识到：下层人在摆脱了长期的压抑之后骤然获得了自由的感觉，这是何等的幸福啊！

福音总体上预示了下述现象：统治者对下层人民太友好了，以至于他们尝到了本不该有的幸福的滋味……引起革命的原因并不是饥饿，而在于民众的胃口越来越刁……

380[234]

所谓的青春朝气

如果我们认为原始基督教是一个纯真而年轻的民族的宗教，并且这种宗教迥然有别于犹太人的古老文化，那么我们就是在自我欺骗。基督教产生并扎根于社会底层，有人认为生命之泉又从社会底层喷薄而出，这种妄言广为流传。如果我们认为基督教表现的是一个民族的青春朝气与种族的强盛，那么我们就误解了基督教信仰的心理基础。更确切地说，基督教是一种典型的颓废现象，是一群疲惫不堪的、毫无目的的、病态的乌合之众的歇斯底里症与软弱的道德化。聚集在这个蛊惑民众的宗教创始人周围的奇特群体全都可以写进一本俄国小说之中。他们麇集在一起的根源就在于他们都患有神经病……他们没有任何需要完成的任务，他们的本能告诉他们一切都已结束，再也不值得去做任何事情了，因此他们无所事事，自鸣得意。

只有犹太人中的统治阶层才拥有强权本能，才对未来充满信心，他们具有无比顽强的生命意志与权力意志。而拥护原始基督教的社会阶层的唯一特性就是疲乏无力，毫无强权本能。一方面他们悲观厌世，另一方面他们又自鸣得意。

381

他只有用宗教术语才能表达他的**政治**理想。

382[235]

勒南

在东方，傻子是一种特权人物，他可以走进最高委员会中，没有人敢阻止他，人们只是听他说些什么，并且向他提问题。人们认为这种人物类似上帝，因为他既然丧失了个人的理性，那么他也许拥有神的理性。亚洲因此缺乏细致入微的嘲讽精神，亚洲人无法指出理性的错误。

那时他们不太重视《新约》文献，他们看重的是传统意义上的口头流传，即便是在二世纪的上半叶也是如此。因此，这些文献没有什么权威性，人们对它们进行了整理和增补，以一种文献来补充另一种文献。

《约翰福音》中没有寓言，没有驱魔咒语……

383[236]

自我

"可咒骂的，离开我，到那给魔鬼和他的使者预备的火里去吧！因为我饿了，你们没有给我吃的。"（参见《马太福音》第二十五章第41行。）

"你们没有善待我最卑微的小兄弟们中的一个，就是没有善待我。"这是怒火中烧的基督所说的话。

基督的精神就是"宣传家的精神"……

基督心中充满着"尚未得到满足的复仇欲"，他大放厥词，说了不少诅咒与预言，妄图审判统治者以发泄其愤怒……

基督的门徒则具有"禁欲主义精神"（他们遵守律法，将律法视为自我约束的手段，视为获得彼岸奖赏的必由之路，这一点酷似犹太教），他们缺乏基督的冷漠。基督曾出于"幸福"的情感漠然拒斥了禁欲主义思想……艾塞尼派[237]与使徒约翰如出一辙。

基督徒们具有"罪恶感与获得拯救的必要性"。

基督之死使基督徒们产生了这样的心理感觉：他们看不到事情的结果。因此普及基督教的运动应运而生。使徒约翰是一个典型的唯灵论者，他将一切粗糙之物转变成了精神。

弥赛亚主义，"天国的来临"，敌视与复仇欲，对"奖赏"与"惩罚"的期待，"选民"的高傲，表达这些思想感情的文字在《圣经》中俯拾皆是（基督徒们审判、诅咒和谴责敌人，他们还接受了犹太教关于牺牲的概念……这是一种偏袒穷人、"不诚实者"与被轻视者的社会主义思潮）。

耶稣是民众盼望弥赛亚来临这个愿望的实现者，他所做的唯一事情就是宣布"天国在此"。他将民众粗糙的愿望转变成了精神。

然而随着耶稣之死，一切都被遗忘了（直言之，弥赛亚降临的观点遭到了**驳斥**）。看来基督徒们已无法将耶稣这个人物**还原**成广为流传的"弥赛亚"、未来的"审判者"与战斗中的预言家了。

这群狂热而犹疑不决的早期基督徒承受不了耶稣之死这个打击，因此立即就出现了**彻底的堕落**。他们认为此前所做的一切都是徒劳无功的……

耶稣荒谬地将所有宗教的价值观念与术语**粗糙化**了，他怀着**无政府主义者的**本能，恬不知耻地反对统治者阶层，他仇视富人、当权者与学者。然而随着耶稣之死，"天国"与"尘世的和平"也就宣告终结。耶稣的门徒们将天国这种心理现实变成了一种**信仰**，他们期待着**未来的一种现实**，期待着基督"复临"。"获得拯救"的永恒形式乃是一种**幻想中的生活**，这种信仰与耶稣的思想大相径庭！

384

《犹大书》[238]的影响使基督教发生了首次变质，从此基督教退化到了早已被耶稣所**克服**的形式之中……

385[239]

耶稣说"我的国不属于这世界"，"我将摧毁圣殿并在三日之内将它重建"。

犹太教的祭司们反对这位怀疑宗教的"诱惑者"。律法规定应该用石头砸死否定犹太教的人。祭司们极力反对这位唆使人民放弃旧的信仰的预言家和行奇事者。

勒南说："**我主耶稣是一个天大的讽刺。**"他认为耶稣要战胜犹太教就必须"付出生命的代价"。

386[240]

"耶稣经常和法利赛人争辩，这只说明他是一个喜欢争论的人。"他的对手屡屡逼迫他采取他自己的立场。

387[241]

"他那细致入微的嘲讽和恶意的挑衅一直敲打着人们的心灵。永恒的烙印永远留在伤口上。这件可笑的涅索斯[242]的长袍，那个犹太人，法利赛人的儿子，破碎地拖着它走过了十八个世纪。他就是耶稣。他用神圣的妙法编织了这件长袍。他的容貌——高明的嘲讽之精品——犹如火印，刻在虚伪和假虔诚的肌肤上。这无与伦比的容貌，与上帝之子相称的容貌！只有上帝才懂得如此屠杀。苏格拉底和莫里哀只不过擦伤了人们的皮肤。此人将火与狂怒带进骨头深处。"（参见勒南《耶稣的一生》第346页）

这与《以赛亚书》第四十二章第2~3行讲述的内容简直如出一辙！

388[243]

他的头脑中没有"个人"与"个体"的概念，如果人们相亲相爱、相依为命，那么人们就是一个整体。他与他的门徒是一个整体。

389[244]

《新约》中说犹太人诬蔑耶稣是上帝（参见《约翰福音》第五章第18行和第十章第33行）。耶稣的地位低于圣父，圣父并没有向他披露所有的秘密。他反对别人称他为上帝。他是上帝之子，人人皆可成为神子（神子的称谓符合**犹太人的**传统。《旧约》中就有数人被称为上帝之子，犹太人并没有要求上帝之子与上帝一模一样）。"**儿子**"这个词在闪米特人的语言中是一个极其模糊而宽泛的概念。

390

十三世纪伟大的翁布里亚[245]运动与加利利[246]人的耶稣的传教活动非常类似，他们都打着穷人的旗号。

方济各美好而善良，方济各会对全人类温情脉脉，体贴入微。

391

在这一时期的拉比[247]的语言中，"天"与"上帝"的意思是一样的，拉比们避讳"上帝"的名字。

392

"天国就在我们**之中**。"（参见《路加福音》第十七章第20行）

393

"那听天主的话而**遵行**的人，更是有福的！"（《路加福音》第十一章第27行）

394

在《圣经》中根本没有"自然"与"自然法规"这个概念，所有的一切都被道德化了，"奇迹"并不是"反自然的"（因为根本没有自然）。

395

"律法遭到了毁灭。他就是那个行将毁灭律法的人。"这句话说明了在耶稣的第一批门徒中产生了分裂，这批人中有相当大的一部分依然信仰犹太教……毫无疑问将有人起诉耶稣……

396

"邻人"在犹太教中指的是教友。

397[248]

东正教会的学者们从四世纪开始就迫使基督教走上了一条荒谬的形而上学之路，他们和中世纪**使用拉丁语**的经院哲学家一样，都

违背了耶稣所传的福音。

398

耶稣带到尘世的感觉正是我们的感觉。他那完美的理想主义是超脱，是道德生活的最高准则。他创造了纯洁灵魂的天国，这天国充满着人间难求之物；他创造了天使的完美高贵、圣洁无瑕与自由自在，创造了所有现实社会中不可能存在的东西、所有人类梦寐以求的东西。而这理想天堂的最高主宰仍是耶稣。是他首次宣称灵魂拥有至高无上的地位。是他首次表明，至少是通过他的行动表明"我的国不属于这世界"。**真正的宗教**基础正是他的作品……（参见勒南《耶稣的一生》第461页）

399[249]

"基督教"已成为"宗教"的同义词；如果我们所做的一切违反了伟大而善良的基督教传统，那么这一切都不会有好的结果。

400[250]

细致入微的警察局控制着我们这个文明社会，这个文明社会根本没有想到要给予每个人以发挥自己的独创性的、较为自由的活动空间。

我们的预防性的小烦扰，比酷刑更具杀伤力的心灵烦扰，并不存在。耶稣在我们这个文明社会中只能活三年，而在这三年之内，他的生活方式会使他吃二十次官司……

这些完美的心灵从彬彬有礼的俗套中解脱出来，没有接受虽然使我们文雅却扼杀了个性的千篇一律的教育，他们在行动中蕴含着惊人的力量……上帝的灵感在他们那里发挥得淋漓尽致；而在我们身上，灵感为斤斤计较和注定平庸的、不可救药的枷锁所束缚。

"让我们将耶稣的人格置于人类伟大的巅峰之上吧！"勒南先生对我们大声疾呼。

401

勒南的思想是一门医学，因为他从基督教的道德温情中窥见了因病消瘦（痨病？）的先兆。

402[251]

哲学不能满足大众的需求，因为它缺乏神圣性。——这是彬彬有礼的勒南先生说出的一句恶毒话。

403[252]

有谁愿意和帕斯卡一样生活，而不愿像俗人一样健康呢？——勒南

404

愿人人都争当耶稣，背着他那神性的包袱走过六十年乃至七十年的人生之路，失去天火，为扮演一个空前绝后的角色而鞠躬尽瘁！——勒南

他毫无保留地献身于他的思想，将一切都看作次要的，以至于对他来说宇宙不再存在了。他正是凭借这样的英雄气概征服了天国。也许除释迦牟尼之外，再也没有人如此蔑视家庭、尘世之乐与一切世俗杂念了……而我们这些永久的子民命中注定软弱无能。让我们向这些"半神"鞠躬致敬吧！——勒南

405[253]

"人类记忆犹新的最狂热的民主运动一直使犹太民族兴奋不已，上帝是穷人和弱者用以报复富人与恃强凌弱者的复仇者，这种思想在《旧约全书》的每一页中都能找到。以色列的历史是所有民族的历史中人民的精神主宰一切的时间最长久的历史。先知乃是真正的护民官，甚至可以说是最勇敢的护民官，他们不停地抨击权贵，将"贫穷、温柔、谦卑、虔诚"这些词语联系在一起，并将"富有、亵渎、粗暴、恶毒"联系在一起，在塞琉西王国[254]时代，贵族几乎全部弃教而转向古希腊文化，从而使这些词语之间的联系更加强化。《以诺书》[255]对尘世、富人和权贵的诅咒比《福音书》还要猛烈。"穷人"成为"圣人"和"上帝之友"的同义词。（参见勒南《耶稣的一生》第187页）

406

皮埃尔·洛蒂[256]《冰岛渔夫》。

407

国家是一种有组织的**非道德**现象。它**对内**设立了警察局、刑法、等级制度、商业与家庭，**对外**则表现为追求强权、进行战争、征服与复仇的意志。

国家又是如何使每个**个体**接受这**一大堆**违背个体意志的事物的呢？它采取的办法就是分散责任、命令与行政权并且**树立**服从、义务、爱国与忠君这些道德准则。

国家维护了"骄傲""严酷""强盛""仇恨""复仇"这些概念。所有这些典型的性格特征都**不符合**群氓的本性。

国家施展**诡计**使国民们采取了一定的行动与措施，使国民们心中充满某种情绪。从个体的角度来看，这些行动、措施与情绪都是"应该遭到禁绝的"和"应该被摒弃的"。

国家运用统治的**艺术**"使我们成为规矩人"，使我们融入这个"异化了的"世界之中。

历史学家证明了国家是合乎理性与公理的，旅游、异国情调、心理学、刑法、疯人院、罪犯与社会学也证明了国家的合理性。

国家具有"**非个人性**"，它使我们成为集体的**工具**，使我们沾染了一定的情绪并采取了一定的行动（诸如设立法庭与陪审团，成为公民、士兵、部长，忠于君主，融入社会，成为"批评家"）……这种"非个人性"使我们觉得似乎我们正在**做出牺**

性……

维护强国主义国家是保持和弘扬**伟大传统**的最终手段，这种伟大传统就是**最高类型**与**强者类型**的统治。为了产生强者与最高统治者，我们可以使所有那些提倡国家间的地位差异与敌意的**概念**（例如，民族主义与保护关税）合法化……

强者类型就是**确立价值**的人……

408[257]

我们不应该粉饰基督教（含糊其词的勒南先生粉饰了基督教）。实际上基督教发起了一场反对**强者类型**的大战。

基督教禁绝强者的所有基本本能；它将这些基本本能定义为邪恶，将强者视为**恶人**；它把强者当作**卑鄙无耻**与**道德败坏**的典型；它站在弱者、贱民与失败者一边；它将强者的自保本能的反面当成了生活理想；它使人们相信出于本能的最高智慧纯属罪恶，智慧是迷惑人与**诱骗**人的女妖，这样它就毁灭了最伟大的智者的理性。最为悲惨的例子就是帕斯卡尔之毁灭，帕斯卡尔本人认为是原罪败坏了他的理性，而事实上是基督教败坏了他的理性……

409[258]

至今仍备受读者青睐的作家，诸如卢梭、席勒、乔治·桑、米什莱[259]、巴克尔[260]与卡莱尔，都出尽了丑，因为他们都在模仿他人。

410²⁶¹

请注意。我对所有建立理论体系的人均表示怀疑，我自始至终都在回避他们。创建体系的意志对一位思想家而言乃是一件使他丢脸的、不道德的事情……在读完了本书之后，读者也许会猜出我这本书竭力回避的体系创建者究竟是谁——那就是我自己……

411

前言

一

创立伟业的意志使我们要么沉默不语，要么慷慨陈词。伟大意味着愤世嫉俗与纯真无邪。

二

我所讲述的是下两个世纪的故事。我所描写的是必然来临的事物，即行将出现的虚无主义。我现在就可以讲述这则故事，因为**虚无主义的来临**已具有了必然性。虚无主义即将来临的命运不可更改，这种未来事物的先兆比比皆是。人人都竖起了耳朵准备倾听这种未来的音乐。长期以来，整个欧洲文化的发展一直处于年复一年积聚起来的张力之中，其终点似乎就是灾难；我们的文化恰似一条拼命**奔向尽头**的大河，它焦灼不安，浩浩荡荡，匆匆忙忙，它再也不进行思索了，它惧怕思索。

三

与传统的欧洲文化相反，在此发言的人所做的唯一的事情就是**思索**。此人是一位天生的哲人与隐士，他的长处表现在他置身事外、远离尘嚣、颇具耐心、行动迟缓并且落后于时代；他是一位冒险家和试验者，他曾迷失在未来的迷宫之中；他是一位预言家，在预言了未来之后，他会**回首瞻望**；他是欧洲第一位真正的虚无主义者，但是他在内心中已经越过了虚无主义阶段，他最终摆脱、超越和战胜了虚无主义……

四

我们不应该误解这本预言未来的福音书的标题之意蕴。该书的标题就是《**权力意志——重估一切价值的尝试**》。就原则与任务而言，本书的标题表达了一种反动。这种反动在未来的某个时期将取代彻底的虚无主义；从逻辑学与心理学的角度来看，这种反动是以虚无主义为**前提**的，它**发轫于**虚无主义，它时刻**牢记**虚无主义的名字。为什么现在就**必然**会出现虚无主义呢？因为迄今为止我们文化中的一切价值都可以从虚无主义中得出最终结论；如果我们对所有伟大的价值与理想进行彻底的逻辑思维，那么这种思维的结果就是虚无主义；只有经历过虚无主义这个阶段之后我们才会明白一切旧的"价值"究竟有何价值……在未来的某个时候，我们肯定需要**新的价值**……

412

我们应该尽可能地阅读多个作家的作品，这种广泛的阅读会使我们十分清楚地认识到我们这个时代学者类型的思维习惯，纷繁多样的书籍会造成一种"非个人的"客观性。

<h2 style="text-align:center">413²⁶²</h2>

超人

什么物种将取代人类，这**不是**我要探讨的问题，我的问题是：我们应该选择、渴求与**培育**哪种具有较高价值的人……

人类**并非**朝着更善良、更强大或更高贵的方向发展，今天我们肯定会认为十九世纪欧洲人的价值要远远低于文艺复兴时期欧洲人的价值，向前发展并不一定意味着提高、上升与增强……

从另一种意义上来说，寰宇之内的不同地点与不同的文化中总会持续出现一些**成功**的个例，这实际上意味着出现了一种**更加高贵的类型**。对全人类而言，这种类型的人乃是"超人"（Übermensch）。过去永远存在这种大获成功的幸事，将来也会永远存在。所有氏族、部落与民族都可能遭逢此类**好运**……

从印度、埃及与中国文化的远古时代直至今日都出现过这种**更高贵的类型**，古今的超人皆属同类，这一点远远超出了我们的想象……

我们忘记了下述事实：人类不是处于某种唯一的运动之中，"青春""垂老"与"衰亡"这类概念根本不属于作为一个整体的人类。

再举一个例子。我们还忘记了下列事实：今天我们的欧洲文化再次接近了哲人所说的文化晚期的腐朽状态，佛教就是从这种腐朽状态中诞生的。

假如有可能在历史的长河中画出一些文化等时线，那么现代的进步概念以及衡量进步的尺度（流于形式的民主）肯定会淆乱不堪。

414[263]

前言

何谓好？所有能增加力量感、坚定权力意志与增强人的力量的事物都是好的。

何谓坏？所有出自虚弱的事物都是坏的。

何谓幸福？就是当我们感觉到我们的力量在增长并且战胜了抵抗者的时候。

我所希冀的不是自鸣得意，而是强大的力量；不是和平，而是战争；不是道德，而是才干（这是文艺复兴时期的德行，即阳刚和毫不虚伪的德行）。

弱者与失败者应该走向毁灭，这是社会的第一条定律。我们应该加速弱者与失败者的毁灭。

什么比恶习更为有害？那就是在行动上同情一切弱者与失败者，那就是"基督教"……

我在此提出的问题并不是在众生的尊卑次序中什么物种应该取代人类。我的问题是：我们应该**渴求**与**培育**哪种类型的人。这种类型的人应该具有较高的价值和生命的尊严，并且对未来充满着信心。

这种具有较高价值的人在过去屡屡出现，但是他们的出现纯属偶然与例外，人类从未**要求**过塑造这种类型的人。恰恰相反，人们相当惧怕这种类型的人，时至今日，这种类型的人仍可以说是"**可怕**"的代名词。人类出于对他们的恐惧而追求、培养和**造就了**一种与之相反的类型，即家畜、群氓、拥有"平等权利"的牲畜、**软弱无能的人**——"基督徒"……

权力意志
重估一切价值的尝试

415

这本书[264]所表达的世界观阴郁沉闷且令人不快。迄今为止，在各种著名的悲观主义思潮中没有哪种思潮充满着本书所表述的恶意。本书中不存在真实世界与虚假世界的对立。只有一个世界，而这个唯一的世界是有缺憾的、残酷的，充满着矛盾，蛊惑人心，并且毫无意义……一个这样的世界就是真实的世界……为了战胜这种现实与"真相"，也就是说为了生存，**我们需要谎言**……为了生存而需要谎言，这一点也是可怕而可疑的生活的特性之一……

本书中所探讨的形而上学、道德、宗教与科学只是谎言的各种不同表现形式而已，它们帮助人们**相信生活**。"**应该**建立起人类对生活的信任感"，这个任务是十分艰巨的。为了完成这个任务，人必须具有撒谎的天性，他首先必须是一位**艺术家**……事实上他就是一位艺术家，形而上学、道德、宗教与科学只不过是他的艺术意志、说谎的意志、逃避"真实"的意志与否定"真实"的意志的畸形产物而已。人具有杰出的**艺术家才能**，在这种才能的帮助下他**通过谎言歪曲了现实**。人与一切存在之物具有共性。人本身就是现实、真实与自然，与此同时他又是**撒谎的天才**……

科学、宗教与艺术的不可告人的最大企图就是**歪曲**生活的本性。它们对诸多事实视而不见，并且进行伪造，添枝加叶……人类尚远离智慧之门，却自作聪明，自以为是！爱、热情与"上帝"纯粹是精妙绝伦的自我欺骗，它们引诱人类投入生活的洪流之中！当人成为受骗者时，当他重新相信了生活时，当他通过自我欺骗而渡过了难关时，他是多么自高自大啊！他何其狂喜啊！他表现出何等的力量感啊！他的力量感表明他的艺术家天性大获全胜……他又控制住了"材料"，主宰了真实！不管人类多么欢悦，人类还是人类，它还是一位艺术家，它因为艺术的力量而自豪，而欢欣鼓舞。**谎言就是力量**……

艺术而且只有艺术才是生活的有效兴奋剂，它奇妙地使人类能够生存下去，它狡诈地引诱人类投入生活之中……

416

重估一切价值

第一卷　**敌基督**

第二卷　**恨智慧者**

第三卷　**非道德论者**

第四卷　**狄俄尼索斯**

一切价值之重估

417

我为德国人写了一本最深刻的书，那就是我的《查拉图斯特拉如是说》。今天我要献给他们一本最为独立不羁的奇书。我良心不安，抚躬自问：你为什么还要明珠暗投呢？

第十二章
1888 年初

1

《权力意志》第一卷内容索引

1. 迄今为止的整个哲学的发展史就是追求真理的意志的发展史。

2. 为了人类的发展奠定基础，社会性的价值观念暂时占优势是可以理解的。

3. 批判好人，而不是批判伪善者。

4. 康德的价值。

5. 论**民族天才**之特征。

6. 美学。

7. 不只是发挥指挥与领导作用的"智慧"。

8. 关于上帝的论述已经达到了欧洲文化的巅峰，随之而来的必然是衰落。

9. 奥芬巴赫的音乐。

10. 神父。

11. 批判《新约》中的基督教道德。

12. 那种**貌似强大**的人实则处于较低的水平。

13. **不仅**向基督教的上帝，而且向**基督教的理想**宣战。

14. 方济各反对等级制度。

15. 苏格拉底反对高贵的本能，反对艺术。

16. 恶习与**文化**。

17. 历史学中的大谎言。

18. 基督教对死亡的阐释。

19. 永恒的不变者，价值问题。

20. 以为了达到目的而不择手段的意志来**取代**道德。不求他人夸奖……

21. 心理学领域的伪造。

22. 勒南误解了"科学"。

23. 纠正"利己主义"的概念。

24. 军事术语。

25. 禁欲主义的未来。

26. 工人的未来。

27. 虚无主义。

28. 我们将我们的自保本能视作对**存在**的评价并将其投射到"真理"中。

29. 在"思想自由"允许的范围之内的怀疑之程度，乃是一种力度。

30. 批判并驳斥"客观性"概念。

31. 极端的虚无主义是如何成为一种神奇的思维方式的？

32. 酒神精神是成为神一般的人的一条新路。我从一开始就有别于叔本华。

33. "为何目的？"虚无主义者提出了这个问题并且力图找到答案。

34. 等级秩序之阙如与虚无主义的起因。构想**较高贵的类型**之尝试……

35. 伟人有多大的**价值**。

36. 追求真理的意志。

37. 确定与赋予意义。

38. 祖父母的苗裔人丁兴旺。

39. 提防《新约》。

40. 现代人谴责**权力意志**。

41. 勇气是一条界线，只有勇士才承认"真实"。

42. 音乐中强大的传统。奥芬巴赫。反对**堕落的**德国音乐。

43. 不能以影响来评价**一个人的价值**。论"高贵"。

44. 伊壁鸠鲁说：哲学是生活的艺术，而不是发现真理的艺术。论哲学史。

45. 妙语……

46. 追求真理的意志：彻底的自我反思。论追求真理的意志。

47. 认识论的基本立场及其与最高价值的关系。

48. 通俗哲学。论心理学家的理想。

49. **重估**一切价值的意义何在。

50. 拉罗什富科非常**幼稚**，约翰·斯图亚特·穆勒浅薄之至……"私欲"。

51. 功利主义："功利"取决于"目的"。

52. 神对人的恐惧。认识作为获取权力之手段、作为成"神"之手段。**价值**。关于哲学史。

53. 虚假、无意义与"真实"。

54. "强者"之特征。

55. "死后成名者"——可理解性和**权威**问题。

56. 重估一切价值的前提。

57. 道德是如何沽名钓誉的。

58. 赞美与感恩作为**权力意志**。

59. 群氓本能统治下的心理学伪造。

60. 群氓本能赞美何种状态与欲望。

61. **道德的非自然化**及其措施。

62. **受到压抑**的道德。

63. 《新约全书》。

64. 认识与变易。

65. 反对决定论。

66. 恢复禁欲主义。

67. 矛盾律。

68. 引导我们的信仰走向理性。

69. "种属"之迷信。

70. 美学。

71. "主体",自在之物。

72. 虚无主义。

73. 犹太人的未来。

74. 诗情画意及其虚无主义成分。

75. 美学。

76. **关于计划**。

77. 十八世纪。

78. 艺术之未来。

79. 伟人与罪犯。

80. 十九世纪在自然化方面所取得的进步。

81. 我的"虚无主义"观。

82. 作为诱惑手段与作为权力意志的道德。

83. 伏尔泰与卢梭。

84. 悲观主义的主要特征。

85. 危急的紧张状态：极端主义占优势。十九世纪。

86. 批判现代人的心理虚伪与浪漫姿态。

87. 十八世纪。

88. 蒂埃里现象是科学领域的人民起义。

89. 教育的未来：特立独行者的文化。

90. "对自己的良心负责"，狡诈的马丁·路德及其权力意志。

91. 文明的人类本能地反对**伟人**。

92. 善良不过是曾被人利用的邪恶罢了。

93. 道德的辩护词。再次投降。

94. 现代的恶习。

95. "文化"与"文明"相**对立**。

96. 《新约》与佩特罗尼乌斯。

97. 论逻辑的虚假。

98. 权力意志的形态学。

99. 反对卢梭。

100. 道德是如何获取权力的。

101. 变形与升华（残酷、谎言等）。

102. 反对生命的思潮是如何沽名钓誉的。

103. 价值评判之视角。

104. 生理学上的二元论是权力意志造成的结果。

105. 未来的强者。

106. 高贵与邪恶密不可分。

107. 今日之道德尚未经过评价，总会有人将它贬为恶习的。

108. 心理学领域的巨大伪造。

109. 人们从原则上篡改了**历史**，以便让历史为道德提供有利的**证据**。

110. 对道德进行总清算：道德中的哪种成分企图获取权力？

111. 认识论中道德的价值。

112. 道德价值统治了审美价值。

113. 出现悲观主义的原因。

114. 道德统治下的巨大伪造现象及其**模式**。

115. 现代性。

116. 古典：论未来的美学。

117. 现代的商人与经纪人。

118. 现代性。

119. 十八世纪与叔本华。

120. 现代艺术家的伪造。

121. "公众"与"文艺社团"的现代性的分离。

122. 关于**前言**。最深刻的沉思。

123. 人们在维护道德的专横统治时究竟是谁的私欲获得了满足？

124. 对道德的暴政所产生的恶果进行**说明性的**回顾。

125. 作为庇护者的道德（庇护占有欲、统治欲等）。

126. 斯宾诺莎是歌德心中的圣人。

127. 结局：歌德式的慈爱目光，真正克服悲观主义。

128. 三个世纪。

129. 歌德试图战胜十八世纪。为什么歌德不能作为十九世纪的代言人呢？

130. 德意志的**强者**类型。

131. 嘲笑那些建立体系的思想家。

132. 叔本华继承了帕斯卡的衣钵。

133. 十七世纪与十八世纪。

134. 一七六〇年的卢梭与伏尔泰。卢梭对浪漫派的影响。

135. "文明"造成的问题。

136. **现代人**的价值何在？他们的长处与短处是否密不可分？

第二卷

137. 我的五个否定是否与本书的前言有关？

138. 我开拓了一条走向肯定的新路。

139. 人们是如何战胜文艺复兴时期的理想的？

140. 向十九世纪致敬。

141. 耻于做基督徒。

142. **基督教**天命观的影响。我们应该感谢基督教什么……

143. **道德**的辩护词。

144. "具有反作用"的理想主义及其对手。

145. 从经济学角度对迄今为止的理想进行评估。

146. 道德利用人。机器道德。

147. 生物学领域的利他主义！

148. 连续性的优点。

149. "低贱的"与"高贵的"生活？

150. 剔除人性的过度丰富。**两种**运动。

151. "现代性"。

152. 主体与实体。

153. 同情以及批评家的"客观性"都是厚颜无耻的。

154. 强者的悲观主义。

155. 对虚无主义的总体认识。

156. 对现代世界暧昧性的总体认识。

157. 与艺术领域的道德化作**斗争**。

158. 浪漫主义：虚假的强大。

159. 为规则辩护。

160. 科学与**两种**价值。

161. 文化总体，而**非**社会。

162. 野蛮**并非**乐意之事。

163. 人的总体力量的**增长**是如何引起各种事物的衰落的？

164. 论**道德的政治**：道德是**如何**获取权力的？道德掌权之后又是**如何**进行统治的？

165. 艺术家并非激情澎湃的人。

166. 道德获胜的手段。

167. 淫荡而忧郁的摩尔人舞蹈：**现代的**宿命论。

168. 现代艺术是一种暴虐的艺术。

169. 美德获胜的手段。

170. 群氓的本能：对平庸者的评价。

171. **女人**与文艺（十九世纪与**丑化**）。

172. 关于第一章。虚无主义。计划。

173. 彻底的虚无主义。

174. 情绪作为攻防武器。**没有**攻防动力的人前景如何？

175. 进步即道德王国领土之**缩小**。

176. 道德**非自然化**的阶段。

177. 在道德领域重建"自然"。

178. 信仰或善功？马丁·路德。宗教改革。"蔑视自我的人"。

179. **罪犯**问题。

180. 感性的变化。

181. 艺术家的虚无主义。

182. 十九世纪人的自然化。

183. 十九世纪的新教。

184. 结束语：哲学家的理想。

185. 道德化与非道德化的历史。

186. 第一卷的计划。

187. 人的等级。

188. 音乐反对语言。

189. 我们应在何处寻觅**较强大的人**？

190. 嘲笑褒扬平庸的理想主义。批判"理想主义者"。

191. 悲剧时代。

192. "理想主义者"（易卜生）。

193. 不要"更善良"，而要更强大。

194. 基督教的诽谤术。

195. 不要整齐划一！"美德"不应该是中庸的，而应该是超常的。

196. 婚姻与性欲。

197. 早期基督徒充满犹太人的智慧。

198.《新约全书》是一本诱惑之书。

199. 基督教的三要素。走向民主的基督教，即**自然化的**基督教。

200. 基督教是犹太教的后继者。

201. 对渺小的基督徒极尽嘲讽之能事。

202. 作为"权力意志"的个人主义。权力意志的变种。

203. 讥刺善人。批判"好人"。

204. 道德假设之范围。

205. 批判"善良的人"。

206. 拿撒勒的耶稣是一位诱惑者。

207. 力量之检验。

208. 婚姻作为姘居。

209. **等级**原则。

210. 对"善人"进行清算之后的"上帝"概念。

211. 基督教即解放了的犹太教。

212. 作为"早期基督教会"背景的犹太人生活。

213. 佩特罗尼乌斯。

214. 君主们是否不需要我们这些非道德论者？

215. 基督徒：低贱者类型的理想。

216. 吾辈乃认识者——认识是何等不道德！

217. 我反对将基督徒作为人的类型，因为基督徒只是一幅漫画……

218. 处于道德的不良影响之下的**天才**（例如叔本华）的非自然化。

219. 是什么东西促使叔本华与《旧约全书》和解的呢？那就是原罪神话。

220. 为我的肯定、否定与疑问编制一本目录。

221. 我的"门徒"之类型。

222. 应该阉割叔本华这类流氓与蠢货。论"等级"。

223. 论十九世纪的长处。

224. 我是否**损害了**道德？

225. 反对**懊悔**。

226. 把美德转变成**高贵**。

227. 我为德行写的辩护词。

228. 论等级。

229. 各种社会**评价中讽刺**的力量乃是其权力意志的工具。

230. 批判我的对立面——理想主义者。

231. 弱者、女人与伪娘都反对"高贵"。

232. 我们的音乐，关于"古典""天才"等概念。

233. 我**并不**想毁灭我所反对的理想，我只是想统治它们……

234. 我的观点与叔本华有分歧，与康德、黑格尔、孔德、达尔文以及那些历史学家也大相径庭。

235. 我与本世纪的强项血脉相连。

236. 为什么像帕斯卡那样的人杰居然对道德十分敏感呢？

237. 我以何种方式帮助中庸者获取新的荣誉？

238. 道德烦琐哲学具有最悠久的历史。

239. 我们天真地怀着最后的"**愿望**",然而我们并不了解人的本性。

240. 重建关于"善良、乐于助人与友好的态度"的正确概念,这个概念受到推崇的原因不在于其功利性,而在于人们对它的感觉。

241. 反对**软弱**无能的利他主义。

242. 反对关注永恒的自我与"永福"。

243. 在非自我化的道德的压迫下,人们误解了爱、同情与正义。

244. 宗教崇拜的诫命转变成了文化法规。

245. 一切情绪皆有用,此处毫无价值标准。

246. 社会要求"功利性",这种**短视**有何意义?

247. 今日"基督教信仰"在什么领域彻底丧失了其权利?在政界……

248. 反对自然科学对"种属"的高估与对"个体"的低估。

249. "意识世界"不能作为价值的出发点。"**客观的**价值设定"之必要性。

250. 作为最高状态的"上帝"。

251. 对自己的不幸感到羞愧。

252. 吾辈乃寻求认识者——战胜自我的最后方式。

253. 美化消化不良。

254. **我的**价值观。

255. 对体系嗤之以鼻。

256. 叔本华的虚无主义道德观乃是人的最大贬值。

257. 构想上帝的目的在于确定道德对其他价值的绝对统治权。

258. 人类由于确立了所谓更高的领域从而丧失了一切自然之物——"反自然"最终夺取了统治权。

259. 超验的道德使自然贬值得只剩下一具残骸。

260. 我意在揭示所有事件的绝对同质性，从道德上对它们加以区别纯属视角主义。

261. 音乐中的悲观主义。

262. 婚姻与通奸。

263. 基督教与佛教的"理想"乃阉人哲学。这种理想的魅力何在？

264. 思想之"虚假"。

265. 在生物的等级秩序中伪装术日渐增多。论"思维"。

266. 狂热的道德论者坚称：如果我们放弃了宗教，抛弃了基督教的上帝，那么道德将不复存在……

267. "善良统治天下"应该和"好天气"一样同遭讥讽，因为它们都是不经济的。

268. 基督教的理想（诸如禁欲、斋戒、隐修、节日、自在的信仰与死亡）究竟败坏了什么事物？

269. 对道德主义的诽谤术进行考察。

270. 美的诞生：对审美价值判断的批评。

271. 悲剧艺术家。

272. 体现在自然崇拜、社会主义与"爱的形而上学"诸事物中的较为隐秘的基督教理想。

273. 与道德主义的基督教人论相比较而存在的吾辈之善意人

论。道德论的自由主义表明了文化的增长。

274. **最道德**的人乃是**最有权势**和最神圣的人，过去的全部知识都力图证明这种论调；道德与**权势**的这种关系使道德高居其他一切价值之上。

275. 基督教的理想充满着犹太人的智慧。

276. 小人物的自我神化。

277. 使徒保罗：为了**证明**其理论，保罗篡改了历史……

278. 基督教团契背后的现实就是**犹太人的小家庭**。

279.《新约》留给我的第一印象就是：《新约》的作者站在彼拉多一边，随后几乎在袒护文士与法利赛人……

280.《**新约**》之心理学。

281.《**新约**》的"精神"。

282. **统治**阶层以何种方式来保护基督教？

283. 使徒保罗。

284. 佛教与基督教。

285. 我决不向基督教妥协。

286. 本书第一卷的计划。

287. 异教与基督教。

288. "非自然化"的表现形式：为善而善、为美而美与为真而真。

289. 为理想而**斗争**必然会引起心理学上的伪造。

290. 引言之主题：我绝对孤独。

291. 要"自然"，不要道德。

292. "保持其童真"，哦，这话令人惊诧。

293. 基督教之心理前提。

294. 批判登山宝训的理想性。

295. 以素朴的古希腊罗马文化对抗基督教。

296. "自在之物"荒谬绝伦。

297. 人们为何将对神的构想道德化了？

298. 《新约》的作者到处发表意见，毫不谦逊。

299. 康德捍卫生命仅仅表明了其天真。

300. **道德**对于异己的学说表现出普遍的**不宽容**，这表明了人的虚弱。

301. 向前进？不，为自己而奔走。

302. 待人随和。

303. 艺术家：形式与内容。

304. 圣伯夫。

305. 乔治·桑。

306. 掌握自己命运的人。

307. 德·莫尔尼公爵与"现代女性"。

308. 女人与艺术家。

309. 观察的最高点。

310. 未来欧洲的强者类型。

311. "善牧"：大庸人。

312. 斯汤达说："强者说谎。"

313. 浪漫派之历史。

314. 异教。

315. 吾辈之悲观主义（关于食谱）。

316. 我们为何要冒险（关于食谱）？

317. 爱默生，卡莱尔。

318. 怀疑与伟人（关于食谱）。

319. 比才：非洲式的敏感（"摩尔人"的敏感）。

320. 人们是如何使道德获得统治地位的？

321. 基督教是如何毁灭帕斯卡的？

322. 泰纳与左拉：暴虐。

323. "理想主义者"。

324. 女作家。

325. 现代"工人"。

326. 反对爱德华·冯·哈特曼先生以快乐为标准的悲观主义。

327. 演员塔尔玛的座右铭：**看上去真实的事物，也许是不真实的……**

328. "良好的趣味"：圣伯夫之判断。

329. 快乐与痛苦是次要的。

330. 世界的进程毫无目的，也没有**最终**状态。应该正确对待**这个**事实！

331. "价值"：针对什么而言？

332. "价值"：**不**针对什么而言？

333. "意志"追求的不是满足，**满足**并非"快乐"。

334. **尚未**得到满足才是快乐。

335. **必要的**痛苦之程度表明了**力度**。

336. 我们为何体验悲剧（食谱）？

337. 恺撒的保健术（食谱）。

338. 食谱：当心！

339. 衡量价值的标准是什么？**不是**意识。

340. 饮食规定包含"文化"启示。

341. 慷慨大方的人像国王。

342. 以**音乐**掩饰宗教需求。

343. 爱、无私与利益。

344. 婚姻与卖淫。

345. **无法**处理的"肥料"。

346. "短暂易逝"：价值——

347. 伏尔泰的临终遗言带有基督教和古典色彩。

348. 所有贬值的价值。

349. 虚无主义哲学之深意。

350. "短暂性"之价值。

351. 虚无主义的原因与结论。

352. 作为**过渡**阶段的虚无主义。

353. 反对悔恨（食谱）。

354. "无动于衷"（食谱）。

355. **怀疑**的种类：虚无主义兴起的征兆。

356. 人所追求的**不是**幸福，而是**权力**！

357. 向不幸挑战（食谱）。

358. 关于认识论：**内在的**现象性。

359. 什么是真实？

360. 我乐于四处搜寻非道德性。

361. 现实的人比**理想的人**更有价值！

362. 前言：虚无主义的来临。

363. 主体与客体。

364. 原生质的"饥饿"。

365. 荒谬的"**上帝**"概念。我们否定神中"神"。

366. **实践的**虚无主义者。

367. 我们对"理想"大失所望。

368. 嘲笑"你们应该单纯"这句箴言。

369. 遴选同类，"精华"，孤立（食谱）。

370. 反对"公义"（食谱）。

371. 民族：亲缘本能。

372. **三种理想**：异教的理想、贫血的理想与反自然的理想。

2²⁶⁵

1. 深思熟虑的、**彻底的虚无主义**。

2. **文化与文明**，暧昧的"现代性"。

3. **理想的来源**。

4. **批判基督教理想**。

5. **道德是如何获胜的**。

6. **群氓的本能**。

7. "**追求真理的意志**"。

8. **道德是诱惑哲学家的女妖**。

9. "**权力意志**"的心理学（快乐、意志、概念等）。

10. "**永恒轮回**"。

11. **大政治**。

12. **我们的生活方式**。

第十三章

1888 年初至 1888 年春

1

变易与存在。

价值的角度。什么是价值?

快乐与痛苦为什么不是最终的价值尺度?

人们是如何使道德获取统治地位的?

基督教与希腊哲学的特征。

利己主义遭到了误解。

未来的欧洲人。

虚无主义的变形:精神上的解放与游荡。

卢梭之苗裔。

群氓的本能。

2

意义之匮乏;邻人之价值,其意义不大;等级制。

伟大的正午[266](——两条道路)。论极少数人的特权。

研究权力意志之形态的心理学(情绪学)(其主题不是"幸

福"）。

形而上学的价值遭到了贬低。

权力意志的生理学。

关于虚无主义的历史（幸福论乃是一种**整体无意义**的感觉形式）。

何谓道德论者？何谓道德体系？

关于统治的产物之学说。利己主义。利他主义。"群氓"。

历史中的权力意志（对自然力的控制与经济生活）。

宇宙学之视角。

艺术价值的依赖性。什么是**古典主义**？什么是"美"？什么是"**浪漫主义**"？……

永恒轮回。

3

欧洲虚无主义的历史（我们误解了悲观主义。悲观主义**缺乏**什么？首要的一点：它缺乏意义）。

所有其他最高价值的衰亡。理想化的力量竟然专心致志于研究理想的反面。

追求真理的意志。其出发点就是"真理"价值之衰亡。

迄今为止的主人类型。主人类型的衰亡。

永恒轮回的学说。永恒轮回恰似铁锤。

等级制度的历史：①生理学——器官的功能；②情绪心理学。

何谓道德论者？何谓道德体系？

我们是未来的人。论极少数人的特权与大多数人的特权。

最高价值概念的来源（"形而上学"）、"群氓""好人"等。**统治的产物。**

审美价值，其起源与对其批评。

价值之等级。

4²⁶⁷

第一卷　虚无主义的来临

1. "真理"。真理的价值。对真理的信仰。真理这种最高价值的衰亡。集一切否定最高价值的思潮之大成。

2. 各种信仰的衰亡。

3. 所有主人类型的衰亡。

第二卷　虚无主义的必然性

1. 迄今为止的最高价值之来源。

2. 何谓道德论者？何谓道德体系？

3. 批判审美价值。

第三卷　虚无主义的自我克服

1. 权力意志：从心理学的角度来观察。

2. 权力意志：从生理学的角度来观察。

3. 权力意志：从历史学与社会学的角度来观察。

第四卷　战胜者与战败者

1. 极少数人的特权。

2. 铁锤：永恒轮回的学说。

3. 价值的等级。

计划每卷一百五十页，每章五十页。

5

你远离人群，
抛却了爱与恨，
宛如伫立在古堡旁，
你该思忖！

第十四章

1888 年春

1888 年 3 月 25 日于尼斯

1

艺术论。前言

我不是以郁郁寡欢的心境来谈论艺术。我的艺术论恰似我在孤身一人随心所欲地散步时所进行的自我交谈。在孤独地自言自语时，我偶尔会捕捉到我的生活中可耻的幸福与理想。我在柔弱与荒谬的事物的包围中度过我的一生；我远离现实，既是一位艺术家，又是一个怪人和玄学家；我对现实不置可否，只有当我像一位卓越的舞蹈演员一样踮着脚跳舞时，我才会肯定现实，我一直沐浴在幸福的阳光中，神情亢奋；痛苦使我勇气倍增，不胜欣忭，因为痛苦**滋养**着幸运者。我为最高尚的圣人添加了一条滑稽的尾巴。不言而喻，我就是本人的理想，一个**心情沉重的智者**的理想……

2

同感

运用**最小的剂量**就可以治愈神经症病人的特效药就是他们的**自我**（ego）。

叔本华说："与其说我们很聪明，不如说我们很不幸。"[268]

3

兴奋阶段和随之而来的疲惫阶段都是**难以觉察的**。各种感官兴奋（例如，面部、听觉与嗅觉的兴奋）均可引起催眠状态，但是这些感官兴奋必须具有足够的强度与持久性。兴奋带来的第一个效果肯定是感官的活动性得到了普遍的提高，最终结果则是大脑活力的**耗竭**。兴奋使某种力量处于活动状态，这种力量最终将**消耗**净尽……

4

心理学

当我们认为自己无比强大并且能够获取对象时，我们的**欲望**就是令人愉快的。当我们认为我们的力量感得到增强时，这就是快乐的开端。

否则我们的欲望就是**令人不快的**，并且会即刻引起我们的**反感**。此时的**欲望变成了一种困境，叔本华**就是一个范例。

5

宗教与颓废

基督教的危害性

尽管基督教倡导无私与爱的学说，其原初的历史作用却在于它将**利己主义**尤其是个人的利己主义**推上了**极顶；其极端之处就在于它相信个人的不朽。个体如此重要，以至于它再也不能成为**牺牲品**了。在上帝面前"人人"平等，这种观点使人们对生活中存在各种类型的人的学说产生了极度的怀疑并且助长了与类型学说相对立的生活实践。基督教的利他主义是一种**危害生命的**世界观，因为它对所有的人都等量齐观……

事物发展的自然进程与一切自然**价值**因此皆被推翻。按照基督教的观点，病人应该拥有与健康人同等的价值（帕斯卡甚至认为病人比健康人更有价值）[269]。

这种普遍的**人类之爱**实际上是对一切受难者、失败者与病人的偏爱。它实际上削弱了我们**牺牲他人**的能力，它将人的责任降低到了自我牺牲的境地。从物种角度来看，这种荒谬的**个体**利他主义恰恰**毫无价值**可言。如果我们以为许多人牺牲了自己的生命为的是保存该物种，那么我们显然是**白痴**……

所有伟大的运动与战争都促使人们牺牲自己的生命。**强者**类型就是以这种方式不断地**削减**自己的数目……

与此相反，**弱者**胸怀可怕的自我保存本能，他们**爱惜**自己，相互支持……

这种"相互的自我保存"竟然摇身一变，成了道德与人类之爱！一个**典型的**事例就是：弱者要求受到国家的**保护**，他们认为这是"国家的最高义务"！

在对"利他主义"普遍的赞美声中藏匿着弱者的本能：如果众人相互关爱，那么个人就得到了最好的保护……这是**弱者的利己主义**，弱者以其特有的方式颂扬利他主义……基督教危险的反自然性表现在：它违背了**自然选择**。

①反自然的基督教**幻想**出一种个人的价值，这种臆想竟然超出了常规，它鼓吹所有的人都拥有相同的价值。

②基督教私自将弱者的**自我保存和防卫本能**视作最高的价值标准，它唯一仇视的乃是自然的行为方式，因为自然对待弱者与失败者的方式就是损害、利用与毁灭……

③基督教否认成功者与幸运者乃是最高贵的人的类型……

6

作为道德的权力意志

我们应该理解各种堕落现象的相关性，与此同时还要铭记基督教的堕落，帕斯卡就是一个典型的例子。

基督教的"**彼岸**"观纯属堕落。按照基督教的观点，似乎在现实世界之外，即在变易的世界之外还有一个存在者的世界。

我们绝对不可与各种堕落的思潮订立**和约**，我们必须向它们宣战，消灭它们，斩草除根。我们必须将基督教虚无主义的价值标准**公之于众**，并与披着各种外衣的基督教思想进行斗争……例如，现代**社会学**、现代音乐与现代悲观主义皆采用基督教的价值标准（所有这些文化现象都是基督教价值理想的表现形式）。

在变易的世界与存在者的世界中只有一个世界是**真实的**，我所说的真实是指人这一类型的高贵化……

神父与牧师乃是生活中的堕落形式。

迄今为止，所有教育体制都是软弱无力的、站不住脚的，其中的价值观念相互矛盾。

7

论现代性

现代人害怕承担后果，这就是现代的恶习。

浪漫派（例如，夏多布里昂[270]与理查德·瓦格纳）仇视**文艺复兴**，仇视古希腊罗马的价值理想，仇视卓越的精神性，仇视古典趣味和简朴、严谨与伟大的风格，仇视"幸运者"，仇视"斗士"。

8

价值

人能够获取最大的力量。这里指的是人，而**不是人类**……

与其说人类是目的，毋宁说人类是一种工具，因为我重视的是类型，而人类只不过是试验材料，是充斥着失败者的群体与一片废墟……

9

虚无主义

世间唯一值得提倡的就是彻底的、**行动上的虚无主义**。

按照我的理解，基督教与悲观主义思潮的基本术语就是："我们已成熟到了放弃生存的程度，死亡符合我们的理性。"

在这种情形下，"理性"的语言就是**进行物种选择的自然**之语言。

暧昧、胆怯、不彻底、反对自然选择的宗教应该受到谴责，譬如**基督教**，更确切地说是基督教**教会**。基督教教会并没有鼓励失败者与病人自杀和进行自我毁灭，而是保护他们并使他们繁衍生息。

我的问题是：我们必须采取何种手段才能进入一种严谨、伟大而具有传染力的虚无主义境界？这种虚无主义以科学的严谨态度倡言并实行自杀……（而不是基督教所倡导的弱者的苟且偷生和对虚假的来世之渴望。）

我们对基督教的批判不够彻底，因为基督教贬低了伟大的、自我**清洗**的虚无主义运动的**价值**。原始基督教也许是一种彻底的虚无主义运动，后人用关于不朽的个体的思想与关于复活的希冀，总之通过阻止**行动上的虚无主义**即通过阻止自杀贬低了其价值……如此一来基督教便取代了慢性自杀，一种卑微、可怜而持久的生活逐渐形成，平庸的市民生活也逐渐出现。

10

颓废的宗教
批判基督教
虚无主义的宗教与哲学使**自然选择**和**淘汰**产生了巨大的**困难**。

11

肯定性的情感

自豪，欢乐，健康，性爱，敌视与战争，敬畏，优美的神情、举止与物品，坚强的意志，充满高度智慧的教育，权力意志以及对大地和生命的感激之情都是肯定性的情感。

所有丰盈的、准备奉献的、馈赠生命、给生命带来欢乐、使生命永存和崇拜生命的情感都是肯定性的情感。这是为生命**增添美好色彩**的德行的全部威力……这一切都是赞同的、肯定性的和建设性的力量。

12

神父和乌贼以及钢笔刷属于同类。

13

虚无主义宗教的生理学
典型的病程

请注意，一切**虚无主义**宗教都是运用宗教和道德术语的、**系统化了的疾病史**。

异教崇拜渲染的是**岁月的大循环**，异教崇拜是围绕着对岁月循环的阐释这个主题而进行的；基督教崇拜显示的则是各种**瘫痪现象**的循环，基督教崇拜是围绕这些瘫痪现象而进行的……

"信仰"乃精神病，悔罪、拯救与祈祷纯属**神经衰弱**，罪恶观乃偏执狂，仇视自然与理性都是不健康的心态。

14

艺术作为反动

悲剧的诞生

尼采将两种对立的艺术自然力称作酒神精神与日神精神。"酒神狄俄尼索斯"这个词表达了融为一体的欲望，对个人、日常生活、社会与现实的超越，一种浑然忘我的境界和一种较为隐秘、圆满、飘然若仙、激情澎湃而又十分痛苦的高涨状态；它表达了对生命总体特性的狂喜与肯定和对万变中的同一、威力以及极乐的肯定；它表达了一种与世界休戚与共的伟大的泛神论，这种泛神论从其永恒的生育意志、丰产意志与追求永恒的意志出发，即便是对生命中最可怕和最可疑的特征也表示崇敬，也欢呼雀跃，创造与毁灭在此是一个必然的统一体……"日神阿波罗"这个词则表达了追求完美的自我为之存在的欲望，典型的"个体化"原则，一切简化、突出、强化、清晰化、明朗化和典型化，即在法则限制之下的自由。

艺术的发展必然是与酒神精神和日神精神的对立相联系的，正如人类的发展与男女两性的对立紧密联系一样。力的丰盈与节制，笼罩在一种冷静、高贵而脆弱的美的光环之中的自我肯定的最高形式，这就是古希腊意志中和谐适度的阿波罗主义。

我们可以将悲剧与喜剧的起源视作对处于狂喜状态中的神的类型的**回忆**，视作对当地的传说、神的造访、奇迹、馈赠行为与"戏剧"的体验。

希腊人心灵中酒神精神与日神精神的对立乃是一个巨大的谜，尼采本人在研究希腊人的本质时就被这个谜深深地吸引住了。从根本上来说，尼采所做的努力无非是为了弄清为什么希腊人的阿波罗主义恰恰是在狄俄尼索斯的土壤上成长起来的，为什么原本具有酒神精神的希腊人必须拥有日神精神。也就是说，希腊人为什么要放弃追求威力、复杂、变动与恐惧的意志而代之以追求适度、简约与将一切皆归纳为规则和概念的秩序的意志。希腊人的阿波罗主义是以毫无节制、狂野和亚洲式的醉态为基础的。希腊人的勇气表现在他们敢于同他们身上亚洲人的醉态作斗争；希腊人的美同他们的逻辑学与自然习俗一样，都不是他人赠予的，美是他们努力追求、征服与夺得的，是他们的战利品……

15

我这本书是反悲观主义的，它旨在教育人们反对一切否定生命的思潮和反对一切否定生命的行动，它是对付疲顿不堪的一剂良药。

16

具有创造力的智者与"伟人"即神的类型。

17

悲剧的诞生

第二节的**开篇**预备写两页。

艺术在此是作为反对一切否定生命的意志的唯一具有优势的力

量而登场的，特别需要指出的是：它反对基督教，反对佛教，反对虚无主义……

艺术是**拯救认识者**的良药。这是一个**悲剧性的**认识者，他目睹了生存的可怕性与可疑性，他要直面人生。

艺术是**拯救行动者**的良药。这个行动者是一个悲剧性人物，是一位英雄，他不仅目睹了生存的可怕性和可疑性，而且正处于生活的洪流中，要投入生活。

艺术是**拯救受难者**的良药。它是一条通往激情之路，在激情的状态下，痛苦已被美化、被神化、被追求，痛苦成了极乐的一种形式……

18

艺术本身是在两种状态下作为一种自然力而出现在人心中的：一种状态是幻觉，另一种状态则是狄俄尼索斯式的狂欢。从生理学的角度来看，这两者分别形成于梦幻与醉态中，前者是梦幻力的演习，这种梦幻力乐于观赏和塑造形象。

追求假象、幻觉、欺骗、生成与变化的意志比追求真理、现实与存在的意志更深刻、更"形而上"。快乐要比痛苦更加原始，痛苦本身只不过是追求快乐（创造、塑造、摧毁与毁灭）的意志的结果罢了，其最高形式也是一种快乐……

19

《悲剧的诞生》这本书是反现代的。本书的作者相信现代艺术；但是从根本上来说他不相信现代艺术，而只相信现代音乐；他根本不相信现代音乐，而只相信瓦格纳……也许他根本不相信瓦格纳，除非没有更好的音乐家。

"我们只能名之曰痛苦的神情，除此之外还有什么名称呢？"（《悲剧的诞生》第116页[271]）

叔本华，丢勒。

我相信将来会出现一种音乐……一种**酒神音乐**……

20

《悲剧的诞生》这本书是德国式的、忠于帝国的，本书的作者依然相信德意志精神！它与其他书籍的细微差别就在于它具有德意志文化中的反基督教精神。该书第142页[272]有这么一段话："对我们而言最令人痛苦的就是德意志精神长期以来所遭受的侮辱。德意志精神远离故土与家园，一直在为阴险的侏儒效劳。"这些阴险的侏儒就是基督教**教士**。在书中的另一处作者问道：德意志精神是否还十分强大，是否能追忆起其自我，是否能严肃认真地剔除外来成分，抑或像一株病恹恹的、业已枯萎的植物一样在疾病中挣扎，直到耗尽自己的精力为止？他指出：将极端仇视德意志精神的基督教神话移植进德意志民族的心灵之中本来就是**德意志民族的灾难**。

21

《悲剧的诞生》这本书甚至可以说是反悲观主义的，因为本书所推崇的事物比悲观主义还要强大，比"真理"还要神圣，此物就是艺术。

看来没有任何人比本书的作者更坚决地否定生命，更极端地反对生命和真正从行动上来否定生命了。他经历了虚无主义阶段，也许他的唯一经历就是虚无主义；然而，他明白艺术比"真理"**更有价值**。

在本书的前言中他与理查德·瓦格纳进行了一场对话。他表述了自己的世界观，道出了艺术家的福音："艺术是生命的真正使命，是一种**形而上的活动**。"[273]

22

在这种前提下科学会成为何物呢？科学的状况又如何呢？从某种重要的意义上来说，科学几乎成了真理的敌人，因为科学属于乐观主义，它相信逻辑。通过生理学调查而得出的结论是：当一个强大的种族走向衰亡之时，科学家这种类型正是通过科学而走向成熟的。对苏格拉底的批判构成了《悲剧的诞生》这部著作的主体，因为苏格拉底是悲剧之敌，他克服了艺术的魔力与防范本能。苏格拉底的哲学彻底误解了生命与艺术，这位理论家的道德、辩证法与知足常乐的品性只不过是疲惫无力的表现形式罢了，他那著名的、希腊式的乐观也只是**余晖**……只要强大的种族还富有活力，他们就有勇气正视真实的**悲剧**世界……对他们来说，艺术不只是娱乐与消遣，而且是**治疗**……

这本书"反对一切民主主义的时髦观念与偏见"，宣称古希腊人——前言[274]第X页。

23

《悲剧的诞生》所表达的世界观的核心内容就是艺术与人生的关系。从心理学与生理学角度来看，艺术是生命的有效**兴奋剂**，它永远**敦促**人们投入生活，投入永恒的生活……

24

众所周知，《悲剧的诞生》这本书视悲观主义，更确切地说视虚无主义为"真理"。然而，真理并非最高的价值尺度，它也不是最大的力量。

本书的作者指出：追求假象、幻觉、欺骗、生成与变化的意志比追求真理、现实与存在的意志更深刻、更原始、更"形而上学"，后者只不过是追求幻觉的意志的一种表现形式而已。同样地，快乐比痛苦更原始，痛苦只不过是追求快乐的意志（追求变易、增长、塑造、战胜、抵抗、战争与毁灭的意志）的结果罢了。本书构想出了一种肯定生命的最高状态，这种状态甚至包括痛苦在内，它永远囊括作为增强生命力之手段的各种痛苦，它就是**悲剧性的酒神状态**。

25

论《悲剧的诞生》

该书的特色在于对古希腊人的重新阐释。我们曾经简述过的、该书的另外两项贡献就是：对艺术的新构想，艺术是生命的有效兴奋剂，是刺激人们投入生活的有效兴奋剂；对**悲观主义**的构想，这是一种强有力的悲观主义，一种**古典**的悲观主义，此处的"古典"这个词不属于历史范畴，而属于心理学范畴。古典悲观主义的对立面就是**浪漫**悲观主义。浪漫悲观主义的概念与评价表现的是软弱、疲乏与种族颓废，譬如，叔本华的悲观主义，阿尔弗雷德·德·维尼、陀思妥耶夫斯基、莱奥帕尔迪和帕斯卡的悲观主义以及一切著名的虚无主义宗教之悲观主义（因为这类宗教赞颂生命的对立面，它们将虚无视作目标、至善与"神"）。

尼采的与众不同之处在于：他具有自发的心理**幻想力**，高瞻远瞩，阅历丰富，具有惊人的猜测力与推理能力，意志坚定，不畏艰难，敢于承担危险的后果。

26

《悲剧的诞生》

现在我们言归正传，来谈论这本书的特色、与众不同之处以及独创性。该书包含三种新观点。第一种观点，我们在前面已经提过，即艺术是生命的有效兴奋剂，是刺激人们投入生活的有效兴奋剂。第二种观点，它提出了一种新的悲观主义类型，即**古典**悲观主义。第三种观点，它提出了心理学领域的一个新问题，即**古希腊人**的心理。

27

颓废的哲学

心理学家的心理学

从十九世纪开始心理学家们才开始摆脱懒汉形象，而此前的心理学家恰似游手好闲的懒汉，他们只注视近在咫尺的小天地，对能够探索自我而感到扬扬自得。我们这些未来的心理学家却不愿进行自我观察。如果有一种工具竟然试图"认识自我"[275]，那么这就是一种退化。我们只不过是认识的工具，只想做真正的、简单而精密的工具，因为我们不可以分析自我，不可以"认识"自我。一个伟大的心理学家的自我保存本能最重要的特征就是：他从不寻觅自我，从不瞩目于自我，对自我从不感到好奇，也不感兴趣……源于统治意志的伟大的利己主义要求我们规规矩矩地合上双眼，不再注视自我，而应"冷静""漠然""客观"……我们恰恰是懒汉心理学家的反面！因为我们是古怪的心理学家。

28

心理学家

1. 我们不同于帕斯卡之流，我们对"灵魂的拯救"、对自己的幸福与自己的道德不感兴趣……

2. 我们既没有好奇心，也没有时间来围绕着自己旋转。明眼人都知道，我们的行为迥异于自我审视者。我们之所以怀疑一切观察自己的肚脐的呆子，是因为我们认为自我观察乃是天才的心理学家开始**堕落的一种表现形式**，它是对心理学家本能的挑战，这正如一位堕落的画家只具有为观察而观察，而不是为绘画而观察的**意志**一样。

29[276]

道德价值之起源

利己主义与自私者一样具有巨大的生理学价值。

每个人都是一条完整的发展线。（而不只是如道德论者所言："人之初，性本善。"）如果他是一条上升线，那么实际上他就拥有巨大的价值，此时他对如何保持与发展他的实力忧心忡忡。（这种成功者对于赋予了他以利己主义特权的未来深表忧虑。）如果他是一条下降线，处于没落阶段，患了慢性病，那么他就几乎没有什么价值，对待他的第一条公正原则就是，他不应该与成功者争夺空间、能量与阳光。社会时常以**遏制利己主义**为己任（利己主义有时会显得十分荒谬，成为一种病态，并以社会的反叛者形象出现）。社会关心的是单个的失败者与颓废没落的社会阶层。鼓吹"爱"的学说与宗教、**压制**自我肯定、忍辱负重、襄助以及言语和行动上的互利互惠在这些颓废阶层的眼中就会具有最高的价值，即便是统治者也支持这种学说。这种学说视谦卑与驯服为理想，神化奴性，赞美受制于人、贫穷、病患与卑贱。由此我们可以窥见为什么每个时代的统治阶级、占统治地位的种族与统治者都提倡崇拜大公无私，都维护贱民的福音，都支持"被钉死在十字架上的我主耶稣"。

利他主义的评价方式占上风是失败者的本能造成的。来自底层的价值判断就是："我没有多少价值。"这是一种生理学的价值判断。说得更清楚一些就是：失败者软弱无能，他们（包括他们的肌肉、神经与运动中心）缺乏伟大的、肯定性的力量感。这种价值判断在这些颓废阶层的文化体系中会转化为某种道德的或宗教的判断（道德与宗教判断占据了统治地位往往说明了这是一种劣等文化）。这种价值判断试图从"价值"领域中得到解释。基督教的罪人在罪恶说的帮助下理解了自我，这是一种为自己缺乏力量与自信寻找**理由**的尝试。基督徒宁愿自认有罪，而不愿感觉不佳。采取这种解释本来就说明了基督徒的衰弱。在其他的情况下，失败者不是（像基督徒那样）以自己的"罪孽"为理由，而是从社会中寻找理由。社会主义者、无政府主义者与虚无主义者认为他们不幸的生活是他人的**罪过**造成的，他们都是基督徒的近亲，基督徒也认为如果能让他人为自己的不幸承担责任，那么就能更好地忍受失败与压抑。在这两种情形下，**复仇**与**怨恨**的本能是作为承受失败的工具而出现的，它表现了自我保存本能，弱者对**利他主义**的理论与实践的偏爱也是如此。**对利己主义的仇恨**（无论基督徒对自己的私心的仇恨还是社会主义者对他人的私欲的仇恨）一方面表现为复仇欲占上风时的价值判断，另一方面又表现为受苦受难者聪慧过人的自我保存本能，他们通过互相帮助和团结一致来保护自己……正如我简述过的那样，发泄对利己主义（无论是自己的还是他人的利己主义）的怨恨，对利己主义者的审判、指责与惩罚最终不过是失败者的自我保存本能罢了。总而言之，对利他主义的崇拜乃是利己主义的一种特殊形式，在一定的生理学前提之下，这种特殊的利己主义会经常出现。

30

当某个社会主义者愤怒地高呼美丽的口号，要求"正义""权利"与"平等"时，他正处于劣等的社会主义文化的压力之下，这种劣等文化并不能告诉他为什么他会受苦受难，而另一方面他也以呐喊为乐。如果他的境况变好了，他就不会如此呐喊了，他就会到别的什么地方去寻找欢乐。基督徒也是如此，他谴责、诋毁和诅咒这个"世界"（包括他自己）。但是我们对他的叫喊不必认真。在这两种情形下我们都置身于病人之中，叫喊会使这两种病人感到**舒服**，诋毁会使他们感到轻松。

31

价值

"不道德的行为"这个概念常使我们陷入困境，因为原本就没有什么不道德的事情。万事万物都不可能本身就是不道德的，因为我们毕竟不能**摆脱**世间万物，因为每一事物都与全体事物紧密相连，排除某一事物也就意味着排除全体事物。一种不道德的行为实际上是指整个堕落的世界……

需要进一步指出的是，在一个堕落世界里，谴责本身也会是不道德的……谴责与否定一切的思维方式会造成一种肯定一切的实践……如果生成是一个巨大的环，那么这个环上的每种事物都同样是有价值的、永恒的和必要的……

肯定与否定、偏爱与拒绝、爱与恨的相互关系只说明了生活中某些类型的人的利益与观察的角度而已，世间存在的万物原本都是肯定性的事物。

32

价值

某种虚无主义的价值判断表述为："我死了是值得的。"其下一步表述就是："你死了也是值得的。"

33

尼采没有继承亚里士多德关于悲剧激情的旧观点，因为亚里士多德的观点是对悲剧的误解。

尼采认为悲剧已将性欲与残酷改造成了希腊文化，我们可以从希腊人的狂欢庆典中窥见这些成分。

"酒神精神"（das Dionysische）是一个充满了复杂而可怕的激情的统一体。

34[277]

戏剧

"戏剧"的本义并不像那些半吊子学者所说的那样是情节。"戏剧"这个词源于多利亚语[278]，因此对其应从多利亚人祭司[279]的角度来理解：其原意是事变、"事件"、神圣历史、建制的传说[280]，它是对神圣使命的"沉思"与**回忆**。

35²⁸¹

艺术作为相反的运动

迄今为止，希腊艺术中纵欲狂欢的因素自始至终均遭到低估，然而事实上狂欢乃是古希腊文化中最深刻的运动与最大的困境。

我们或许还记得洛贝克[282]轻率而冷漠的学术态度，他始终与所有的仪式、神话以及秘密保持一定的距离（参见洛贝克的著作《海妖阿格拉奥斐墨》第564页与第565页）。

我直言不讳，温克尔曼与歌德提出的"古典主义"概念不仅没有说明酒神精神，而且将它拒之门外。

过去人们十分感激在众多的语言学家中幼稚的洛贝克先生。

36

日神与酒神

艺术在两种状态下以一种自然力的形式出现在人的心灵之中，不管人们愿意与否，它都支配着人心。一种情形为幻觉强制力，另一种情形则为狂欢强制力。这两种强制力也出现在日常生活中，即出现在梦境与醉态中，只不过日常生活中的强制力弱于艺术中的强制力罢了。

然而相同的对立依然存在于梦与醉之间。梦与醉都能引起我们的艺术创造力，只不过互不相同罢了。梦引起的是观察力、联想力与诗歌创作力，醉引起的则是体态、激情、歌吟与舞蹈。

37

论现代性

什么使我们无上荣光

能为我们带来荣誉的行为就是，我们已经转移了我们的注意力，已经开始重视被过去一切时代所蔑视、所冷落的**卑劣**事物了；我们已经认识到"美好的情感"极其廉价……

还有比轻视肉体更危险的错误吗？纯粹的精神由于轻视肉体注定会走向病态，成为晕头晕脑的"理想主义"！

基督徒与理想主义者臆想出来的一切都是毫无根据的。与之相反，我们是极端主义者。我们发现"最狭隘的世界"才是无所不在的决定性因素，我们业已进入危险的利己主义世界中。

铺石路面、空气清新的房间、自然的住宅与有营养价值的膳食，我们认真对待所有这一切生活**必需品**。我们**蔑视**一切"美好的心灵"，并将其贬为"轻率与粗疏"。

过去遭到蔑视的事物在我这里却受到了高度重视。

我还要为不道德正名。道德只不过是不道德的一种表现形式罢了，原本不道德的人企图从他人的道德行为中获益……

38[283]

耶稣其人

耶稣是**天才的对立面**，他是一个**白痴**。我们认为他根本不了解现实。他的头脑中只有五六个从别人那里听来的概念，他逐渐领会了这几个概念，说得更确切一些，他误解了这几个概念。他的全部经验、世界与真理就建立在这几个概念之上，他对其他的概念一无所知。他说着普通人的语言，但是他的理解力低于普通人，他只领悟五六个模糊的概念。他的男子汉本能（不只是男人的性本能，还有男人的斗争本能、自豪本能与英雄主义本能）从未觉醒，他是一个发育不良者，依然停滞在少年的性成熟期，所有这一切都表明他患有类似癫痫病的神经官能症。

耶稣最内在的本能就是生性怯懦，毫无英雄气概。他从未斗争过。勒南之流将他奉为英雄，这种庸俗化已使人们无法辨认耶稣这个类型的真面目了。

另一方面我们觉得耶稣根本不了解精神领域。他误解了"精神"这个词！知识、趣味、精神教育和逻辑学的最微弱的和风从未吹拂到这个神圣的白痴身上，生活也从未感动过他。何谓自然？何谓自然法则？从未有人向他透露过还有自然存在。他只知道德的作用，而道德是最低级与最荒谬的文化。耶稣是一个混迹于大智大慧的民族中的**白痴**，对此我们必须坚信不疑……然而他的门徒并非白痴，例如，保罗就不是白痴！基督教的历史与保罗紧密相连。

39

批判基督教。
道德是引诱哲人的女妖。
争夺"自我"的斗争。

40

颓废文化对科学理想的不自觉作用

颓废文化已经对科学中的理想不知不觉地产生了深刻的影响，我们的整个社会学就是一个明证。应大加挞伐的是，我们的社会学从经验出发仅仅谙熟社会中的**没落产物**，因此它必然将社会所固有的颓废本能视作社会学的评判标准。

今日欧洲**没落的**社会生活以颓废本能为其社会理想，这种社会理想与**苟延残喘的古老**种族的理想何其相似！

群氓本能现已成为一种独立势力，它与**贵族社会**的本能有着本质的区别。总体的意义完全取决于个体之价值……

我们的整个社会学只了解群氓（**乌合之众**）的本能……它提倡每一个废物都拥有"平等的权利"，声言做一个废物完全符合道德标准……

道德贬低战争而赋予**和平**以更高的价值，今天我们用以评价各种社会集团的价值观与贬抑战争的道德毫无二致。然而，这是一种反生物学的价值观，是生命颓废的产物……赫伯特·斯宾塞[284]先生是一个颓废的生物学家和道德家（他将利他主义的**胜利**视作其理想）。然而，生命是战争带来的结果，社会本身也只是进行战争的工具罢了。

41[285]

只有在爱他人的时候他才是致命的，这是勒南与女人的共同之处。当他拥抱理想的旧偶像时，他一直怀有可怕的、不可告人的小企图；他总是十分好奇，总想知道他拥抱的偶像是否已经开始坍塌了……

42

德意志精神
音乐中的宗教

瓦格纳在其音乐中仍然竭力满足听众的所有宗教需求，这一点简直无法理喻，瓦格纳本人对此也矢口否认！祈祷、德行、涂抹圣油、"童贞"与"拯救"等观点，在其自己的音乐作品中大放厥词！音乐居然可以放弃语言与概念。瓦格纳的音乐是一个奸诈的、从其宗教信仰中大捞好处的圣女；他的音乐一直在引诱听众，试图使听众**皈依**过去的信仰！当我们悠久的宗教本能颤抖着双唇啜饮一杯又一杯**禁酒**时，我们不必感到羞愧，我们完全可以问心无愧……瓦格纳竟然对其满足宗教本能的行为感到羞愧，这无疑是一个好征兆，这说明他健康而聪颖……狡诈的基督教信仰，这就是我给"晚年瓦格纳"的音乐下的评语。

43

酒精与音乐会使我们返归我们的祖先曾经经历过的文化与野蛮年代，因此没有什么东西比陶醉于酒精和音乐之中更富于教益、更"科学"了……有些食物也含有关于我们的来源的启示，例如，在德国丸子与德国人"天真的心灵"的相互关系之中就隐含着无穷的奥秘！如果一个德国人吞食了德国丸子，那么其德国式的"天真的心灵"就会激动不已，他就有了一种**预感**！德国人离"智者的理性"何其遥远！

44

我会像恶魔一样不惜采取一切手段反对这种堕落的音乐。

45

德意志精神究竟使基督教变成了什么呢？我的中心议题是新教。在新教信仰中又有多少德国啤酒呢？难道还有哪个教派比德国庸人的新教更愚钝、更懒惰、更闲适吗？我将德国新教称作知足的基督教或基督教的顺势疗法！有人告诉我今日的德国还有一种**不知足的**新教，即宫廷牧师[286]与反犹主义的投机分子所信仰的新教。然而无人敢断言有一种"精神"运行在水面上……反犹主义的新教不过是一种不太规矩与不太明智的基督教信仰罢了……

46[287]

酒神的醉态表现为性欲与淫荡，在日神状态中也存在着性欲，只不过在这两种状态之间存在着速度的差异罢了……**陶醉感所带来的极度宁静**（严格地说时间感与空间感放慢了）通常反映在幻想出来的最宁静的神情与心理状态中。古典风格集中地表现了这种宁静、简化、紧缩与专注，古典典型具有**最强的力量感**。这种典型反应迟缓，无比自信，藐视对手。这就是自然的醉态。

47

与**艺术**相反的运动就是

艺术中的悲观主义吗？

艺术家日渐迷恋那些用以表现醉态的艺术手法，诸如缤纷艳丽的**色彩**、清晰的线条以及具有细微差别的色调。总之，它们具有**清晰性**。与此相反，日常生活通常缺乏清晰性。

所有清晰的事物与一切细微差别，只要它们能使我们回想起醉态所造成的力量剧增，都能再次引起陶醉感。

艺术品的作用就在于再次**引起艺术创作状态**即引起醉态……

艺术的重要性就在于它能美化生活，它能创造完美与丰满。

艺术在很大程度上是一个**肯定者**与**祝福者**，它**神化人生**……

悲观主义艺术的含义是什么？难道这不是自相矛盾吗？对了，悲观主义与艺术本来就是一对矛盾。

叔本华让某些艺术作品为悲观主义服务，这是他犯下的一个**错误**。悲剧**并没有**教育观众"听天由命"……

艺术家的力与美之本能就在于他们敢于描绘可怕和可疑的事物，他们面对这类事物毫无惧色……

根本不存在什么悲观主义艺术……艺术和约伯[288]一样是一个肯定者。

左拉与龚古尔兄弟又如何呢？左拉与龚古尔兄弟描写的都是丑陋的事物。他们之所以描绘丑事，是因为他们**以丑为乐**……

悲观主义艺术的说法一钱不值！如果你们不同意我的艺术观，那么你们就是在自欺欺人……

陀思妥耶夫斯基真是人类的救星！

48

现代疯人院的标牌

逻辑性即道德的必然性。

——赫伯特·斯宾塞

检验一条定律的真理性的最终"试金石"就是看对这条定律的否定是否荒唐。

——赫伯特·斯宾塞

49

现代性

音乐的丑化

音乐的丑化表现为抽象概念的统治，也就是说对感性本该反对的"泥潭"漠然处之……音乐最终成了非音乐，它变成了节奏、旋律、色彩、结构、虚假的深刻思想、愤怒、忏悔、痉挛与狂喜，所有这一切纯属轻松的游戏，我们甚至可以将这些东西掺和在一起使之成为完美的"音乐作品"。

50[289]

1. 戏子平步青云的手段。

2. 戏剧的危险性就在于它有可能败坏**所有的**艺术门类。

3. 瓦格纳对歌剧的革新纯属不必要。

4. 比才的《卡门》与令人抑郁的瓦格纳：**从生理学角度驳斥**瓦格纳。

5. 瓦格纳作品中暧昧不明的**悲剧倾向**。我的**现实主义**美学。

6. 重建"悲剧"的概念。

7. "悲剧"这个心理学与美学现象对"现代心灵"发展史的意义。

8. 瓦格纳的**卓异之处**就在于他在本质上不具有德意志精神。

9. 批判"浪漫派"。

51²⁹⁰

瓦格纳问题
澄清事实

弗里德里希·尼采 著

52²⁹¹

聪明的瓦格纳相当及时地向德国人的民族性妥协，他创作了《皇帝进行曲》，并且觊觎乐队总指挥的职位。

他藏污纳垢。这个腐朽不堪的德意志文化人浑身沾满了污泥浊水。

他创作了歌剧《帕西法尔》，对形形色色的现代胆小鬼极尽劝说之能事。

他是一个模棱两可的人物。慕尼黑的瓦格纳协会在他的坟墓旁敬献了一个花圈，花圈上的题词为"救恩出自救世主"！

我们发现这里出了一个大问题。他们完全误解了瓦格纳。

假如瓦格纳是救世主，那么谁又能将我们从瓦格纳的救恩中拯救出来呢？谁又能将我们从这位救世主的手中解救出来呢？

53

一些乐器可以改善内脏的功能，而另一些乐器可以增强脊髓的活力……有人向我透露，在卡尔斯巴德做过温泉疗养后，瓦格纳的音乐才能对人体发挥最佳效果。

54

瓦格纳不仅是当地人的楷模……寰宇之内的人都理解瓦格纳……瓦格纳开创了一种新乐派，这种乐派流行于俄国、法国巴黎、南美与德国……我本人就能告诉你们如何制作这种新音乐，你们是否想听我讲课呢？

55

跻身音乐家行列

我们是晚辈音乐家，祖先将悠久的历史传给了我们。我们的记忆不断援引历史典故。在音乐家圈子里我们可以大摆学者派头，采用影射手法。我们了解自己。我们的听众也喜欢我们运用影射手法，这种手法恰恰投其所好，他们感到自己也变得博学多才了。

56

一切戏剧艺术的首要原理就是，那些看似真实的事物，也许是不真实的。

演员不应体验他所扮演的角色的情感。如果他完全进入了角色，那么他就失败了。

正如我所希望的那样，众人皆知塔尔玛的著名论述[292]。

57[293]

信念
使徒**保罗**的心理

耶稣之死是需要加以**阐释**的事实……保罗之流从未想过关于耶稣之死的阐释有正确的，也有错误的。某一天他们的头脑突然灵机一动："耶稣**或许**是替世人赎罪而死的。"

耶稣之死立即获得了如此的含义！一种假设就这样通过灵感证明了自己的正确性，而这种灵感又使提出该假设的人洋溢着**激情**……

这是"力量的明证"[294]，也就是说保罗之流是通过**效果**来证明这种思想的正确性的。（"通过它所结的果实"[295]，这是《圣经》中一句天真的话语。）

保罗之流认为，能使人充满激情的事物肯定是**真实的**，人们为之献出鲜血与生命的事物肯定也是**真实的**。

一种思想在思想者的心中突然激起了力量感，这种思想也因此充满了活力，具有了**价值**。这位思想者非常欣赏这种思想，他唯一的做法就是将这种思想称作真实的思想，除此之外别无选择，因此这种思想获得的第一个光彩的评语就是，该思想是**真实的**……它还能获得别的什么评语吗？它是由一种力量幻想出来的。假如这不是一种现实的力量，那么这种力量就不可能发挥作用。……关于耶稣之死的奇想纯属**灵感**。这种奇想产生了巨大的影响，拥有无穷的魔力。

像保罗这样的颓废者抵抗不住这种奇想的诱惑，他沉迷于其中。他竟然能"证明"这种奇思异想是**真实的**！！！

所有像保罗这样的神圣的癫痫病患者与预言家都毫无自我批评的诚意，而现在的语文学家在阅读文本时抑或在审视一个历史事件的真实性时都表现出了自我批评的高风亮节……

与我辈相反，保罗之流纯属恪守道德的白痴……

58

托马斯·卡莱尔的谬误……

请注意**科学**之起源。科学**并非**由教士与哲学家所创立，他们是科学的天敌。形形色色的手工业者与商人之子以及律师才是科学的创立者。**手工业所要求的才具**促使手工业者的子嗣提出科学领域的问题并对这些问题予以解答。

59

信仰与谎言

"改恶从善"。

人们是如何使道德获取统治地位的？

同情。

"利他主义"。

听天由命。

非感性化。

60²⁹⁶

使人患病的基督教信仰居然声言：它能使人获得"永福"。这种信仰依据的是书本，它利用神的启示，将对它的任何怀疑都视作"罪孽"，并且通过殉道者之死来证明自己的正确性。

神学家的另一个特征就是他**对语文学一窍不通**。对"语文学"这个词我是从广义上来理解的，即发现事实，而不是借助于阐释来伪造事实。

61

作为艺术的权力意志

"音乐"与伟大风格

衡量一位艺术家是否伟大的标准不是艺术家所唤起的"美好情感"（小女子或许相信美好的情感），而是艺术家的创作接近伟大风格的程度与艺术家创造伟大风格的才具。伟大的风格与伟大的激情的共同之处在于：它们都蔑视哗众取宠，忘记了劝化的任务，而只知发号施令与表达自己的**意志**……伟大的风格能够控制艺术家杂乱无章的思绪，迫使淆乱的思维变成有序的形式；它在形式上的必然性表现为逻辑性强、简洁明了、犹如数学一般清晰；它就是**法**

则。这就是艺术家的雄心壮志。壮志凌云的艺术家拒绝媚俗，这种壮志使他们成为粗暴者。他们的周遭是一片荒原，沉默与对弥天大罪的恐惧包围着他们……

所有的艺术门类中都有创造了伟大风格的雄心勃勃的艺术家，为什么音乐就缺乏这类艺术家呢？难道从来也没有一位音乐家能够像建造了皮蒂宫[297]的建筑师那样创造出宏伟的音乐作品吗？这里有个问题。音乐或许属于强者业已灭绝而帝国正走向衰亡的那种文化？"伟大的风格"这个概念是否与音乐的灵魂相矛盾，是否与我们音乐中的"妇人"相抵牾？

我在此触及了一个根本问题，那就是，我们的整个音乐究竟为何物？古典趣味的时代简直无与伦比。当文艺复兴步入晚期时，当源于习俗与愿望的"自由"烟消云散之时，文艺复兴已度过了其繁荣期。难道敌视文艺复兴就是我们音乐的特性吗？换言之，难道我们的音乐是一种类似巴洛克风格的颓废艺术吗？因为它与巴洛克风格同属一个时代，它就必然是巴洛克风格的姊妹吗？难道现代音乐不属于颓废派吗？

我们的音乐是一种反文艺复兴的艺术，它表达的是颓废社会的心声。

我早已触及过下述问题，我们的音乐是不是文艺复兴在艺术领域里的敌人？它是不是巴洛克风格的近亲？它是否与一切古典趣味相矛盾，因此必然会扼杀古典主义的雄心壮志？

作为古典趣味之反动的浪漫主义音乐业已达到了音乐的成熟期

与巅峰。如果我们能够正确评价这个事实，那么我们就可以信心十足地回答上面提出的那个头等重要的价值问题了……

莫扎特是一个温柔的情种。严格地说，整个十八世纪弥漫着阴柔之风……从**法国的**浪漫派概念出发来观察，贝多芬是第一位伟大的浪漫主义音乐家，而瓦格纳则是最后一位伟大的浪漫主义音乐家……二者都本能地反对古典的趣味与严谨的（为了避免使用"伟大的"这个词）风格……

62

现代性

德国**浪漫主义**音乐**缺乏才智**，并且仇视"启蒙运动"和"理性"。

浪漫主义音乐家的共同之处就是旋律萎靡不振，"观念"和辩证法萎缩，精神活动失去了自由。德国音乐竭力反对启蒙大师**伏尔泰**！

浪漫主义音乐作品何其笨拙，何其臃肿。笨拙与臃肿甚至成了浪漫主义的新概念与原则。他们永远有自己的评价天才的原则。

浪漫主义音乐反对层次较高的悲剧，反对嘲讽，反对歌剧丑角。

我见过一些"理解"瓦格纳的酒鬼与军医……

瓦格纳的虚荣心很强，他妄图使白痴也能理解他的作品。

63

瓦格纳作品中的主人公多么时髦、勇敢、风趣与复杂！他懂得满足现代人的三种基本心理需求：残酷、病态与清纯……

瓦格纳塑造了一些华美的巨人，他们拥有远古人类的躯体与未来人类的神经；这些金发圣人具有莫名其妙的感性，引起了女人们诸多的好奇心，**赢得了**她们的青睐……博马舍[298]将《天使基路伯》、瓦格纳则将《帕西法尔》献给了丽人。

瓦格纳塑造和**神化了**歇斯底里的女英雄形象，这种类型包括森塔、埃尔萨、伊索尔德、布伦希尔德和康德里，她们全都是一些有趣的舞台形象。但是哪个男人**愿意**娶其为妻呢？

这种类型在德国尚未遭到普遍的厌弃肯定有其理由（虽然没有这种权利）：一位比瓦格纳更伟大的作家即高贵的天才海因里希·冯·克莱斯特[299]早已塑造了这种类型的女人。

64

问题之一：如果我们沉湎于某种思想与真理之中，这会使我们**丧失个性**吗？

赫尔岑[300]声称：忘却自我与放弃自我是司空见惯的事情。

问题之二：忘却自我是否只是**虚假的**表象？觉得一个问题很有趣的那个东西是否就是我们多重而完整的**自我**呢？

65

颓废

我们遗传给后代的并不是疾病，而是**病态**，即无力抵抗有害物质的入侵与抵抗力的崩溃；用**道德术语**来表述就是：在敌人面前卑躬屈膝、任人宰割。

我扪心自问：我们能否将迄今为止的哲学、道德和宗教所确立的最高价值与羸弱者、**精神病人**和神经衰弱者心目中的价值进行一番比较？实际上前者较委婉地表达了与后者**相同的病痛**……

一切病态都可以使我们在放大镜下看清那些通常模糊不清的状态，这就是其价值之所在……

古代的医学家与现代的少数门诊医生认为：**健康与疾病**并非两种截然不同的事物。我们不必从健康与疾病中概括出鲜明的原则与概念，不必围绕着活生生的有机体在概念上各执己见，不必将有机体变为战场。明确区分健康与疾病的做法早已过时，并且十分荒唐而毫无用处。事实上在生命的这两种状态之间只存在着程度的差异。克洛德·贝尔纳[301]认为，正常现象的夸大、失衡与不和谐造成了病态。

正如**恶**可以被看成过度、不和谐与不均衡，**善**就可以被当作**防止**过度、不和谐与不均衡之危害的一种**特殊食谱**。

遗传性的虚弱成了**主导性的**情感，这就是最高价值的起源。

请注意，众人都**追求**虚弱，这究竟是为什么？主要是因为众人本身都很虚弱……

使人虚弱成了我们的**使命**。我们应该削弱我们的欲望、快感、痛感、权力意志、追求自豪感的意志、占有欲与贪欲；**虚弱**成了谦卑，成了信仰，它使我们对一切自然的事物感到厌恶与羞耻，它否定生命，变成了疾病与积弱……

虚弱使我们放弃了复仇、抵抗、敌视与愤怒。

人们并不想通过**强身健体**来战胜虚弱，而是通过辩解、通过**道德化**即通过一种解释来维护虚弱。这是我们的**失策**……

我们**混淆了**下述两种截然不同的状态：**强壮时的安静**，壮汉毫无反应，这是巍然不动的神的类型；疲惫时的安静，这是一种僵化，甚至是麻醉状态。

一切烦琐哲学与禁欲主义追求的都是第二种状态，但是它们自称它们追求的是第一种状态……因为它们给自己的终极状态下了一个虚假的评语，误以为这是一种神的状态。

66

颓废的道德

为什么人们不同虚弱**作斗争**，反而为它"辩护"呢？

羸弱者的痊愈本能锐减，他们渴望药物疗效的锐减，视之为良方，如此便加速了其衰亡。例如，大多数素食者只有服用强壮剂才能重新为他们的松弛无力的肌纤维提供能量，但是他们仍然喜欢吃清淡柔和的食物，并将这种嗜好视为自然对他们的**暗示**，这样他们的衰弱就是命中注定的了……

67

女人比男人反应慢，亚洲人比欧洲人反应慢……

68

颓废的宗教

最危险的误解

有一种概念看起来不可以与其他概念相互混淆，不可以模棱两可。这个概念就是"疲乏"。疲乏可以是后天获得的，也可以是遗传的。它肯定会改变事物的角度与**事物的价值**……

充满活力的人十分自信，时常感到力的丰盈，不知不觉地将自己**奉献**给外物，从而使外物更加富有活力、更强盛、更有前途，总而言之，他是一位**馈赠者**；与之相反，疲乏无力的人贬低和丑化他所目睹的一切事物，他**降低了**事物的价值，这种人十分有害……

关于上述两种人似乎不存在错误的判断。但是历史告诉了我们一个可怕的事实：人们往往将疲顿者与充满活力者**混为一谈**，并且将充满活力者与害人精混为一谈。

缺乏生命力的人即弱者，弱者使生活日趋贫乏；富于生命力的人即强者，强者使生活更加丰富……前者是依赖后者的寄生虫，后者则是一位馈赠者……

两者之间的混淆又是如何出现的呢？

当一个疲乏无力的人以一副充满了活力与进取心的神情出现在我们面前时，当退化引起了精神的放纵抑或神经质的爆发时，我们就会将这个疲顿者与充满活力的人**混为一谈**……他就会引起我们的恐惧……

对**愚人**的崇拜实际上就是对富于生命力的人和强者的崇拜。

人们错误地将一切怪人（包括狂热分子、疯子与懦弱的宗教徒）当作了最强有力的类型，当成了**神**。这种**令人畏惧**的势力首先被神化了，它成了权威的发端，人们就是在它这里寻求、倾听和解释**智慧**的……

随处可见的是，从这种最强有力的类型中生发出了"神化"的**意志**，即追求精神、肉体与神经的典型退化的意志，人人都在力图发现通往这种较高存在的道路。

人人都在使自己患病，使自己发疯并且诱发消耗性疾病的病症，从而成为所谓的强者、超人、智者与令人畏惧者。

众人都以为这样做就可以成为强有力的人，成为**奉献**者。凡是有宗教崇拜的地方大家都在寻觅这种奉献者。

我们将愚人当成了超人，甚至认为神经症病人与癫痫病患者都拥有可怕的力量。

陶醉的感受是虚幻的，这种陶醉大大**增强了**病人的力量感。因此我们对**力量**的评价极其天真。

最强有力的人必然是最迷醉与最狂热的宗教徒。

陶醉有两种来源：一种是生命的过度丰盈；另一种则是大脑的病态。

没有什么行为比混淆生理学的概念让人们付出更高昂的代价了。

69

生理学领域的误解

1. 人们错误地认为疾病是生命的较高形式。

2. 陶醉。

3. 无动于衷。

70

快乐出现在拥有力量感时。

当人们完全意识到力量与胜利时，幸福就会来临。

类型的壮大与壮志的实现才是进步，所有其他的观点都是对进步的误解，都属于危险的认识。

71

作为"自然法则"的权力意志。

作为生命的权力意志。

作为艺术的权力意志。

作为道德的权力意志。

作为政治的权力意志。

作为科学的权力意志。

作为宗教的权力意志。

72

权力意志的形态学

"自然"中的**权力意志**。

生活中的权力意志。

社会中的权力意志。

作为追求真理的意志的权力意志。

宗教中的权力意志。

艺术中的权力意志。

道德中的权力意志。

作为人性的权力意志。

权力意志的**反动**：追求虚无的意志。

失败者、**渣滓**与**退化者**。

73

颓废的恶果

恶习与堕落。

疾病与病态。

犯罪与犯罪现象。

独身与不育。

歇斯底里、意志薄弱与酗酒。

悲观主义。

无政府主义。

74

退化

第一条原理就是：迄今为止，被我们视作**退化的原因**的事物实际上是退化的结果。

退化引起的后果如下：恶习，疾病，不育，犯罪，诽谤者、破坏者、怀疑者与毁灭者的怀疑主义、禁欲主义、虚无主义与彼岸之信仰，（肉体与精神上的）放纵，独身主义，意志薄弱，悲观主义与无政府主义。

还有一点值得一提：我们用以治疗身心衰退的**药物**实际上只是对付身心衰退的某些枝节的**治标药**，"**痊愈者**"只是身心**衰退者**的一种**类型**而已。

75

"**颓废**"的概念

垃圾、**衰败**与**废品**本身并不应该受到谴责，因为它们是生命与生命成长的必然结果。颓废现象和生命的上升与进步一样都是必然的，人们并不能**废除**颓废现象，恰恰相反，理性规定了颓废的**合理性**……

所有社会主义理论体系的创立者都声称：社会主义的状况与社会组合可以消灭恶习、疾病、犯罪、卖淫与**贫困**。这种理论只会使人蒙受耻辱……因为它谴责了生命……社会没有权利永葆青春，它在生命力最旺盛之时必然会产生垃圾与废料。其行动越有力、越勇猛，失败者与怪胎就越多，它也就越接近于衰亡……人类并不能通过建立各种制度来废除衰老、疾病与恶习。

76

人们曾经如此评价道德："你们应该通过道德所造成的结果来认识道德。"我却如此评价道德：道德本身就是一种结果，我可以从这种结果来了解它赖以生长的**基础**。

77

序言

我们是北极居民

第一卷

权力意志

第二卷

颓废心理学

颓废理论

第三卷

批判时代精神

第四卷

伟大的正午

强者。

弱者。

我们属于何种类型?

伟大的抉择。

权力意志
重估一切价值的尝试

第一卷
强盛的产物

第二卷
虚弱的产物

第三卷
我们属于何种类型？

第四卷
伟大的抉择

权力意志　　　　哲学
力度——批判机械论[302]

我们应该抛弃"必然性"与"法则"这两个广为流传的概念，第一个概念传播的是虚假的强制，第二个概念宣扬的则是虚假的自由。"物体"的活动毫无规律，并不遵循某种**规则**。根本没有什么物体（物体只不过是我们的虚构罢了），物体的活动也不受必然性的制约。物体的活动并不遵守什么法则，因为**某物的现状**即强大的状态抑或弱小的状态并不是遵守某个法则的结果，也不是某个规则或者强制造成的结果……

一切现象向我们展示的都是抵抗的程度与优胜的程度。如果**我们**出于自私的目的将压迫与抵抗用"法则"这个术语巧妙地表达出来，那就是锦上添花了！尽管我们虚构出了法则，但是我们并没有因此传播"道德观念"。

宇宙中不存在什么法则。每种力量在每一瞬间都有最终的结果。事物的可预计性恰恰是建立在毫无折中办法[303]这个事实之上的。

力的量是通过力所造成的结果以及力对他力的抵抗能力来表示的。根本没有什么中性的行动。一切现象从本质上而言都是压迫的意志与反抗的意志之间的斗争，而不是自我保存。每个原子都力图扩展到整个存在之中，如果我们对这种力量意志的辐射视而不见，那么我们就是无视原子的存在，因此我将这种现象称为"**权力意志**"。不否定机械论本身，也就不能否定机械论体系所具有的特点。

将结果的世界移译成**可见的**世界（为视觉而存在的世界）导致了"运动"这个概念的形成。力学家们总是认为某物被推动了，他们总在臆造某种起作用的物体，例如，他们虚构出的一个实在的原子或者该原子的抽象形式——动力学原子。也就是说，他们还没有抛弃感官与语言形成的习惯。他们将主体与客体、行动者与行动、行为与结果截然分开了。我们不应忘记力学只是一种符号学，它不能代表现实。力学作为一种关于**运动**的学说已经变成了人类感官的语言。

为了便于计算，我们需要计量单位，因此我们无法承认原本就有这些计量单位[304]。单位的概念是我们从"自我"的概念那里移植过来的，而"自我"的概念是我们最古老的信条。假如我们不将自己视作单位，我们就无法创造出"物体"这个概念。直到现在我们才改弦更张，这太迟了。直到现在我们才确信我们所构想出的自我概念并不能证明单子是真实的。为了维护我们的机械论世界观，我们必须提出一个附加条件即必须虚构出"运动"的概念（这个概念来自我们感官的语言）和"原子"即单子的概念（这个概念来自我们的心理"体验"）。这个附加条件是以**感官成见和心理的先入之见**为前提的。

我们依靠我们的视觉与触觉虚构出了一个**机械论的**世界（"运动的"世界）。为了确定这个世界，我们虚构出了一些"单子"，虚构出了一些作为原因的"单子"，虚构出了其结果不变的"物体"（原子）。（这是将虚假的主体概念翻译成原子概念。）

数字概念、物体概念（主体概念）、行动概念（因与果的分离）与运动（视觉和触觉）纯属主观臆想。

机械论者认为：一切作用皆为**运动**；哪里有运动，哪里的物体就被推动了。

从**现象**上看，数字概念、主体概念与运动概念对世界的干预是十分惊人的。我们的**眼睛**与**心灵**总在干预世界。

如果我们去除数字概念、主体概念与运动概念这些附加物，那么物体也就不存在了，而只有一些动力学的量。这些动力学的量与所有其他动力学的量处于一种紧张关系之中，它们的本质体现在它们与所有其他量的关系之中，体现在它们对所有其他量的"作用"之中。权力意志既非存在，也非变易，而是**一种激情**，这才是最基本的事实；这个事实导致了变易与作用的产生……

力学采用感官和心理学的表达手段，它以符号学的形式表达了结果，但是没有触及作为原因的力量……

80

如果存在的最内在的本质就是权力意志，如果快乐就是力量的增长，痛苦就是无法抵抗和不能成为主人，那么我们是否可以将快乐与痛苦视为基本事实呢？假如没有这两种肯定与否定的波动，还可能有意志吗？谁人感到快乐？谁人又追求力量？如果存在的本质就是权力意志，就是快感与痛感，那么上述问题就是十分荒谬的。世界需要对立，需要抵抗，从某种角度而言就是需要**向外扩张的"单子"**……确定位置———

如果甲作用于乙，那么只有与乙相分离，甲的位置才能确定下来。

81

对"原因"概念的批判

从心理学角度来考察，"原因"这个概念就是所谓的意志之力量感，而"结果"这个概念则是一种偏见，即人们错误地认为力量感就是具有推动作用的力量本身……

伴随着事变并且本身就是事变的结果的状态却被解释为事变的"充足理由"。

我们的力量感处于一种紧张关系之中；快感就是力量感，就是战胜了抵抗的感觉。难道这些都是幻想吗？

如果我们追溯到"原因"这个概念为我们所熟悉的、唯一的发源地，那么我们就会发现：如果没有权力意志，任何**变化**都是不可思议的。如果一种力量不是在进行扩张并吞并另一种力量，那么我们就得不出变化的结论。

力学只是用图像的形式向我们展示了结果（运动只是一种形象化的语言）。

万有引力本身并没有什么机械的原因，因为它就是一切力学结果的原因。

积蓄力量的意志是生命现象所特有的，它适用于营养、生育、遗传、社会、国家、风俗与权威。难道我们就不可以将这种意志引进化学，引进宇宙秩序之中吗？它不仅是能量守恒，也是最经济的能量消耗。**每种力量中心**的唯一现实就是**力求强大**；不是自我保存，而是吞并和要求增多、增强，成为主人。

科学是可行的，难道这一点就**证明**了因果关系的原则吗？

"相同的原因可以引起相同的结果""事物的延续法则"与"不变的秩序"纯属无稽之谈。

因为某事是可预计的，那么它因此就具有了必然性吗？

如果某件事是如此发生的，而不是以其他方式，那么其中就没有"原则"，没有"法则"，没有"秩序"。

力量的本质在于向一切其他的力量实施强力。

我们相信因果，却总是忘记了根本，忘记了**事变**本身。

我们确立了一个行为者，却将行为的结果当成了前提。

82

如果没有快感与不快感，也就是说对力量的增长与缩减毫无感觉，那么我们还会去**追求强力**吗？

机械论是不是一种为了把握由战斗性和征服性的意志力组成的**内在的**事实世界而发明的符号语言呢？

机械论的所有前提，包括物质、原子、压力、碰撞与重力，都不是"原始事实"，而只是借助于**心理**虚构对事实进行的阐释罢了。

生命作为存在的最著名的形式原本是积蓄力量的意志。所有的生命过程都以这种意志为出发点；任何事物都不愿保持不变，万物都在追求积累与增多。

我已将权力意志的假说从生命扩展到整个实存，用以解释实存的总体特性。

作为一种特殊现象的生命追求的是**最大限度的力量感**，从本质上来说生存就是追求力的增强。

追求的目的只有一个，那就是力量。这种权力意志是最根本的和最内在的，而机械论只不过是解释结果的符号学罢了。

83

哲学家与科学家问题

处于上升阶段的类型：他们显示出宁静中的强大，神情比较冷漠，无动于衷。他们怀有所有相得益彰的、伟大的情感……

衰老的影响：习惯性的抑郁（像康德那样蛰居家中）、劳累过度、大脑营养不良以及读死书。

更重要的是要看在上述衰老的**普遍现象**中是否已经出现了**颓废的征兆：作为意志解体的客观性**。（如果能够保持……）

意志解体是以对强烈的欲望采取冷漠的态度为前提的；颓废派要么放弃正常的欲望，要么对正常的欲望采取一种特殊的立场，要么就反抗正常的欲望。

颓废的类型：离弃欲望的**故乡**，奔向远方，不断追寻异国情调，致使古老的命令缄默无语。人们不断地提出"向何处去"（奔向"幸福"）这类问题，这就是**脱离**欲望的组织形式并与故乡决裂的征兆。

我的问题是：**科学家**是否比哲学家更颓废呢？

科学家作为一个**整体**并没有离开故园，他只将他的一部分完全奉献给了知识，为了认识某一领域他受到了严格的专业训练。他需要一个强大种族的所有德行与健康，诸如严格、男子汉气概与智慧。我在此谈论的是一种劳动分工与训练，这种劳动分工对整体大有裨益，它只有在文化高度发达的情形下才会出现。与其说科学家是文化疲乏的象征，毋宁说是文化多样性的象征。

与之相反，颓废的学者乃是**糟糕的**学者。迄今为止，颓废的哲学家依然是典型的哲学家。

84

与**艺术家**相比，**科学家**实际上在一定程度上限制和降低了生命的水平，与此同时他们却是强大、严格与意志力的代表。

艺术家的虚假以及对**真理**和**功利**的无动于衷从某种角度来说代表了青春活力，也表明了他们的"**幼稚**"……

他们习惯于说谎，**毫无理性**，不了解自我，对永恒的价值表现出冷漠的态度，对待"游戏"却十分认真……他们缺乏尊严，类似于小丑与神，在圣人与流氓之间摇摆不定……

模仿是其本能，他们的模仿本能在发号施令。

人世间有**肯定生命的**艺术家与颓废派艺术家。

上升的艺术家与没落的艺术家是否属于人生的各个发展阶段呢？是的。

85

皮浪[305]是希腊的佛教徒。

柏拉图或许上过犹太人的学校。

86

关于"颓废"的概念

1. 怀疑主义与精神上的放纵同样都是颓废带来的后果。

2. 堕落的习俗也是颓废带来的恶果，它表现为意志薄弱和需要强烈的兴奋剂……

3. 心理与道德疗法并不能改变颓废的进程，它们并不能阻止颓废，从生理学的角度来看它们都是**无效的**。我们对这两种狂妄"反应"的**无效性**要有清醒的认识；这两种疗法只不过对某些严重的后果进行了一番麻醉而已，它们并没有根除病态的成分；通常它们只是勇敢地尝试，即试图废除颓废并将颓废的危害性降低到最低限度。

4. 虚无主义不是颓废的原因，而是颓废的逻辑结果。

5. "好人"与"坏人"只是颓废的两种类型而已，因为他们在所有的基本现象中都相互支持。

6. **社会问题**乃是颓废带来的恶果。

7. 疾病，尤其是神经病和头部疾患表明了患者缺乏强者的**抵抗力**，烦躁易怒同样也说明了这一点，以至于**快乐**和**痛苦**竟然成了受到重视的问题。

87

古希腊罗马哲学自苏格拉底始就打上了**颓废的烙印**即道德论与幸福论的烙印。

皮浪登上了颓废哲学之巅峰，他的怀疑主义达到了佛教境界。

基督教吸收了伊壁鸠鲁的学说。

他们都探索**幸福之路**，这说明生命的主力业已衰竭。

88

历史上有**积聚力量的**时代与个人。

浪费者类型：他们是天才、胜利者、征服者、发现者与冒险家。

在浪费者之后必然会出现颓废者。

89

相反的运动：宗教

两种不同的类型：

狄俄尼索斯与被钉在十字架上的耶稣

我们应该确认典型的**宗教徒**是否属于颓废派。

所有的宗教改革家全都是癫痫病患者和病态人物。但是，我们是否应该将某种宗教徒即**异教徒**排除在病态人物之外呢？难道异教崇拜不是对生命的感恩与肯定吗？异教的最高代表不正是生命的辩护者和崇拜者吗？

异教是成功者和快乐者的思想类型……它是一种正视生存的矛盾与可疑之处并使人类获得**拯救**的类型吗？

在此我以古希腊人的酒神**狄俄尼索斯**为例。

酒神崇拜是一种肯定生命的宗教，它肯定的是完整的、未被怀疑和未被平分的生命。

性行为意味着深奥、秘密并引起人们的敬畏之情，这就是典型的酒神崇拜。

狄俄尼索斯是"被钉在十字架上的耶稣"的反对者，在此我们目睹了基督教的对手。酒神崇拜中的牺牲与基督教中的殉道并**没有**什么不同之处，但是酒神崇拜中的牺牲具有不同的意义。生命本身以及生命的永远丰产和永恒轮回是以痛苦、毁灭和摧毁的意志为前提的……

与此相反，"被钉在十字架上的无罪的圣人"即受难的耶稣反对生命，他是生命的谴责者。

读者也许猜到了问题就在于痛苦的意义，即痛苦具有基督教的意义还是具有悲剧意义……前者描述的是一种通向福乐存在的道路；而在后一种情形下**存在本身就是极其快乐的**，因此就没有必要再去为巨大的痛苦做辩护了。

悲剧人物仍然肯定令人难以忍受的痛苦。他异常强大、有力、崇拜生命，因此能够承受痛苦。

即便是对世上最好的命运基督徒也采取否定的态度。他虚弱，贫穷，一无所有，因此无论如何也承受不了生命的痛苦……

"十字架上的神"诅咒生命，他暗示人们脱离生命。

被切成碎块的狄俄尼索斯则**鼓励**人们投入生活：生命会不断地再生，由毁灭返归生机勃勃的故乡。

90[306]

拉斐尔的画从**生理学**角度来看相当**虚假**。分泌功能正常的妇女根本没有得到救赎的需求。像拉斐尔这样有益于人类的成功者永远关心那个贫血的拿撒勒的圣人，这有悖于自然史。拿撒勒的耶稣属于另一种类型，即陀思妥耶夫斯基笔下的畸形人物，一种堕落、疯癫、狂热、充满**爱心**和感人的白痴。

91[307]

颓废的**宗教**
佛祖反对"被钉在十字架上的耶稣"

在虚无主义运动这个大范畴之内我们还是可以将**基督教**运动与**佛教**运动严格区分开来的。

佛教运动展现的是美丽的黄昏、甜蜜、温柔与尽善尽美；它对过去所经历的一切充满了感激之情；它没有苦涩，没有失望，没有仇恨。

　　最值得一提的是佛教热爱精神，它经历了生理上的矛盾与冲突，在历经矛盾之后它进入了休息状态；佛教思想的光芒与余晖恰恰来源于矛盾冲突（佛教产生于最上层的种姓）。

　　基督教运动则是形形色色的渣滓与废物所推行的一种退化运动，它表现的**不是**某个种族的没落，它从一开始就是一群熙熙攘攘、相依为命的病人在聚众闹事……因此，它**不具备**民族性与种族性，它面向的是世界各地一无所有的穷人。

　　它从内心深处仇恨一切成功者与统治者。它需要一种能够诅咒成功者与统治者的**象征**……

　　它站在一切**精神**运动与哲学流派的对立面；它袒护白痴，诅咒思想家；它仇恨智者、学者和具有独立思想的人，因为它从这些人身上发现了**成功者**与**统治者**必备的素质。

92³⁰⁸

苏格拉底的问题

　　我们可以以生命的法则为标准来衡量**悲剧**思想与**苏格拉底**思想这两种相互对立的世界观。苏格拉底主义是一种颓废现象，科学家的仪容、辩证思维、才具与严谨显示的则是无比的健康与强大的力量。（苏格拉底实际上是利用**智慧**来遏制**平民**的健康、邪恶、批判精神、洞察力与卑劣行径，这就是"丑陋的"苏格拉底。）

　　其**丑陋**表现在以下几方面：自嘲、枯燥的辩证法、以"**专横**

的"智慧反对"专横的"本能。

苏格拉底的所作所为非常过分、古怪和可笑；他满怀伏尔泰似的本能，是个地地道道的小丑。

他发现了一种新的**辩论术**。

他是雅典贵族社会中的头号击剑大师。

他所代表的无非是**最高的智慧**而已。他将智慧称作"美德"。（他视智慧为人生的**拯救者**。他是否是一个**智者**，这一点并不是由他本人来决定的。智慧的标准相当严格。）

他颇具自制力。他是带着论据而**不是**带着情绪投入论战的，这就是斯宾诺莎式的**诡诈**。他能排除情绪的干扰……他能使感情用事者落入其彀中；他发现受情绪支配的行为方式乃是非逻辑性的……他练习自嘲是为了根除**仇恨**的情绪。

我觉得苏格拉底的问题是由于他以偏概全和神经过敏造成的。他认为理性即美德、即幸福。这种荒谬的同一性学说**迷惑**了许多人，古希腊罗马哲学无法摆脱其影响……

苏格拉底的问题就在于他以智慧、清醒、生硬和逻辑性为武器来反对**狂野的欲望**。欲望肯定是十分危险和致命的，否则将**智慧**培养成暴君也就毫无意义了。要将智慧**变成暴君**，欲望也必须**同时**成为暴君，这就是问题之所在。智慧的专横化符合当时的时代精神，于是理性变成了美德与幸福。

苏格拉底的思想缺乏客观性，因为他仇视科学。他认为自己**有问题**，这纯属神经过敏。

苏格拉底有听觉上的幻觉，这纯属病态。

他研究伦理学，这尤其引起博大精深和独立不羁的思想家的反感。他是如何成为偏执的道德家的呢？

当社会陷入困境时，一切"实践的"哲学流派即刻就显出了其重要性。人们的主要兴趣在道德和宗教领域，这就是困境的征兆。

答案之一：古希腊哲学家与苏格拉底一样皆以相同的内心体验为基础。他们毫无节制，放浪形骸，处于无政府状态，统统属于颓废派。他们视苏格拉底为良医。

答案之二：苏格拉底本能的狂野和混乱乃是一种颓废的征兆。逻辑学和理性清晰的"冗余"（Superfötation）同样也是颓废的征兆。混乱的本能和冗赘的逻辑学相互关联，二者同属病态。

他的逻辑学显示了他追求权力、独裁与"幸福"的意志。

对苏格拉底的**批判**：其颓废表现在他关于"幸福"的偏见上（所谓"灵魂的幸福"，这也就是说他感觉到**他的状况**很**危险**）。

他命中注定只对"幸福"感兴趣，这恰恰表明了其学说的基础是病态的。这是由他的生存兴趣决定的。他与古希腊哲学家的**两难抉择**就是：要么拥有**理性**，要么就走向毁灭。

古希腊哲学家的道德论表明他们已感到他们正处于**危难**之中……

93

作为认识的权力意志

批判"真实的世界"与"虚假的世界"之概念

真实的世界只是一种杜撰罢了，因为它是由虚构的事物组成的。

"虚假性"是现实所特有的，是现实的存在方式；在一个没有"真相"（Sein）的世界中必须借助**假象**来创造一个由**相同**情况组成的、可确定的世界，来创造一种使观察和比较成为可能的速度。

"虚假的世界"是一个经过臆造和简化的世界，我们的**实践**本能造就了它。这个世界对**我们**来说是非常合适的，因为我们可以**生活**在其中。对我们而言，这就是其真实性的**证据**……

撇开我们生活于世界之中这个前提不谈，如果我们没有将这个世界还原为我们的存在、我们的逻辑和我们的心理学偏见，那么它就**不是**"自在的"世界。

从本质上而言，它是一种关系的世界。从各种观察点出发，它或许会呈现出**不同的面目**；观察点不同，其存在从本质上也就有所不同。它压迫每个观察点，每个观察点又起来反抗它。在各种情况下对世界的概括完全**不同**。

一种**力度**决定着另一种力度的性质，即后者在何种形式、何种力量的压迫与强制下起作用或进行抵抗。

我们的具体情况十分有趣：为了能在世界上生存下去，为了能够感觉到我们还可以**忍受**生活，我们就提出了本体世界与现象世界的设想……

94

颓废的哲学

批判哲学家

哲学家和道德论者试图通过反对颓废来摆脱自身的颓废，这不过是自我欺骗而已。

事物的发展是不以他们的意志为转移的。尽管他们竭力否认，后来人们还是发现他们乃是颓废主义最有力的促进者。

希腊哲学家们（例如善人柏拉图）使本能与城邦、竞技、武力、艺术、美、宗教秘仪以及对传统和先辈的信仰脱离开来……

柏拉图是一个高尚的诱惑者，他利用平民苏格拉底来蛊惑人心……他彻底否定了"高贵的希腊人"的一切前提，将辩证法引入日常生活实践，与僭主一起搞阴谋诡计，推行未来政治。他是彻底**摆脱了古希腊本能**的哲学家中的一个典范。他深刻而狂热地反对古希腊精神……

这些大哲学家体现了典型的颓废形式，诸如道德与宗教上的过分敏感、虚无主义（毫无目的）、犬儒主义（冷酷无情）、享乐主义与反动。

"幸福""美德"与"灵魂的拯救"表明了这些没落分子**生理上的矛盾**。难道本能没有**重点**与**方向**吗？

为什么没有人敢于否定意志的自由？他们都因主张"拯救灵魂"而存有先入之见，又怎么会重视真理呢？

95

两种先后出现的状态中，一种为因，另一种为果。此观点大谬不然。第一种状态没有引起任何结果，第二种状态也不是某种原因造成的。

这里存在着两种力量不均等的成分之间的斗争。每种成分的力度会造成一种力量对比的新格局。

第二种状态与第一种状态截然不同（它**不是**后者的"结果"）。重要的是，处于斗争中的因素会表现出其力量的变化。

96

［+++］他们轻视肉体，对肉体漠然置之，甚至视之为仇敌。他们认为衰弱无力的、畸形的肉体能拥有"美好的灵魂"。这真是愚蠢之至……为了使他人也相信这一点，他们不得不重新确立"美好的灵魂"这个概念，并且重估自然的价值，结果一种病态、苍白而狂热的白痴被当成了完美的人、"英国绅士"、圣人和君子。

97

权力意志

民主时代憎恶"权力意志"，它的整个心理学都在贬低与诋毁这种意志……

雄心勃勃的伟人类型有拿破仑、恺撒与亚历山大[309]！这种类型是荣誉的狂热**追求者**！

爱尔维修[310]向我们阐明，人们追求权力是为了尽可能地享受生活……他将追求权力理解为追求享受的意志与享乐主义……

约翰·斯图亚特·穆勒也是一个功利主义者……

98

原则上的**权力意志**
对"原因"概念的批判

我必须将"权力意志"这个出发点作为运动的起源，因此运动不是由外界引起的，不是由某个原因造成的……

我需要运动的起始点与运动中心，意志正是从这些起始点出发向四周扩张的……

我们并没有关于"原因"的经验。从心理学角度来观察，"原因"这个概念来自一种主观的信念即**我们**就是原因，我们的胳膊在运动……**然而这是一种错觉**。

我们这些行为者将我们自己与行为区别开来并且到处滥用这个公式。我们试图找出每个事件中的行为者。

我们究竟做了些什么？我们具有力量感、张力感、抗拒感与肌肉感，这种感觉是行动的肇端，但是我们把它**误解**成原因。我们有做此事或彼事的意志，在意志之后出现的是行动，因此我们还将意志理解为原因。

从未出现过什么原因。我们觉得似乎存在着原因，为了**理解事件**，我们又将原因投射到事件中，这证明我们是在自我欺骗。

我们"对事件的理解"是这样的：我们虚构了一个主体，该主体造成了事件的发生与发生的方式。

我们将自己的意志感、"自由感"、责任感和行为的目的概括成"原因"这个概念。动因与目的因在基本设想上是一致的。

我们以为阐明了一种包含着结果的状态就很好地解释了结果。事实上我们是根据结果的模式来虚构一切原因的，因为我们熟悉结果……与此相反，我们无法预言一件事情将"造成"什么样的结果。

物、主体、意志与目的——所有这一切都从属于"原因"这个构想。

为了解释事物的变化，我们总在寻找某些东西。**原子**就是这样被杜撰出来的"物"与"原始主体"。我们终于发觉这些东西（包括原子在内）并没有造成什么结果，**因为它们本属子虚乌有**……"因果性"这个概念毫无用处。从状态的必然秩序中**不能**引申出因果关系（状态没有从一跳到二，跳到三、四、五的创造力）。因果性的解释模式乃是一种欺骗……

"运动"只是一个词，而不是什么原因。"事物"是其作用的总和，它是由一个概念和图像综合而成的……**世上无因亦无果**。

从语言上我们无法摆脱"因果性"这个词，但这无关紧要。如果我将肌肉与肌肉造成的结果分割开来，那么我就否定了肌肉的存在。

总之，**一个事件既不是由某种东西引起的，它也不会引起其他事件的发生**。

原因即引发的能力，它是由我们臆造出来用以解释事件的发生的。

根本**不存在**康德所说的因果感。

当我们感到惊诧和忧心忡忡时，我们总想寻找某些熟悉的东西并以这些东西为准绳……只要我们在新的事物中发现了旧的事物，我们的心情就会平静下来。所谓的因果性本能只是人们**惧怕陌生事物**因而试图在陌生事物中发现**熟悉的事物**罢了。我们并不是在追寻原因，而是在追寻熟悉的事物……当我们在新的事物中窥见了旧的事物时，我们立刻就会坦然无惧……我们肯定**不会**去努力理解火柴是如何引起火焰的。

事实上科学已抽空了"因果性"这个概念的内涵，使它残留下来仅成为一个比喻而已。在这个比喻中，何者为因、何者为果其实是无关紧要的。有人认为，在两种复杂的状态（力的状态）中力的量保持不变。

一个事件的可预计性并不在于它必须遵循某个法则，或者必须服从某种必然性，抑或由我们将因果律投射到每个事件之中，而在于**相同事件的轮回**。

99[311]

颓废的哲学

睿智的疲倦。皮浪与佛教徒。皮浪与伊壁鸠鲁之比较。

皮浪与贱民生活在一起，因此他也低首下心，毫无自豪感。他代表着一种平庸的生活方式，尊崇并相信大众的信仰。他对知识、精神与一切**高傲**之物采取提防的态度。简言之，他颇具忍耐精神，无动于衷，温柔敦厚，毫无激情，而且性情温良。

皮浪是古希腊的佛教徒，他成长于百家争鸣的时代。他是一个迟到的疲倦者。这个疲倦者抗议雄辩家的热忱，怀疑万事万物的重要性。他见过**亚历山大大帝**与**印度的忏悔者**。一切低贱、贫穷和蠢笨的事物都对这个迟到者与老滑头具有巨大的诱惑力。这种低贱的思想使人麻木不仁，四肢瘫软。皮浪是帕斯卡的先驱。这类疲倦者混迹于群氓之中，他们在人群之中感到了一些温暖。他们需要**温情**……

皮浪要无视矛盾、放弃竞争、抛却卓尔不群的意志，否定**古希腊人的**本能。他曾与做接生婆的妹妹生活在一起。

他为智慧穿上了一件外衣，掩盖了智慧的卓越性。他给智慧套上了一件代表贫困的破衣烂衫。他从事最低贱的工作，比如，到市场上去卖母猪……

皮浪倡言甜蜜、清醒与漠然，反对慷慨激昂的德行，自认为低贱就是美德。皮浪主义就是终极意义上的自我克制与冷漠。

皮浪与伊壁鸠鲁是古希腊颓废主义的两种表现形式。他们的相似之处在于仇恨雄辩术与仇视一切**表演**才能。二人皆被时人称为哲学家。他们热爱低贱的事物并为此而专门遴选那些普通的、遭人鄙视的词语。他们描述了一种不死不活、非病非康的状态……伊壁鸠鲁比较天真、平和而感恩戴德，皮浪则是一位阅历丰富、饱经沧桑的虚无主义者。

皮浪终生都在反对伟大的**同一性学说**（幸福=美德=知识）。

他认为人们不能借助于知识而发现正确的生活。知识并不能使人"聪明"。正确的生活追求的不是幸福，而是要放弃幸福……

.

100

前苏格拉底哲学家是真正的**古希腊哲学家**，自苏格拉底始，古希腊哲学遂起了某些变化。

苏格拉底之前的哲人皆为高贵者，他们远离大众，超尘拔俗，四海漫游，神情严肃乃至面色阴沉，目光从容不迫，谙熟国务与外交。他们比智者更敏捷，率先对事物做出伟大的设想。他们本人就是伟大的设想，并且创造了一整套体系。

前苏格拉底哲学家类型呈现出一种多样性，他们各自树立了伟大的哲学理想，自然而然地造成了百家争鸣的局面，这才是古希腊精神的真正内涵。

在苏格拉底之后的哲学家中我发现了一位怪人，一个迟到者，古希腊的最后一位哲学家，他就是虚无主义者**皮浪**。皮浪本能地反对在此期间的所有得志者[312]，反对苏格拉底学派与柏拉图。

皮浪越过了普罗太戈拉[313]，他运用了先哲德谟克里特的思想……

赫拉克利特[314]的艺术家乐观主义，———

101

论颓废

如果快乐和痛苦与力量感相关，那么生命就必须体现出力量的增长，以使这种"增长"进入我们的意识……我们应该确定力度。难道快乐只是以力度的降低（痛苦状态，而非快乐状态）为标准吗？追求增长的意志寓于快乐的本质之中：力量在增长，并且这种差别进入了我们的意识……

颓废状态则表现为：从某一点开始，**相反的差别**即力量的减弱进入了我们的意识。对过去强盛时刻的回忆抑制了现在的快感，今昔对比削弱了快乐……

102

"弱者"的养生之道

弱者一切行为的结局都是失败，他们从中吸取的教训就是：无为。然而糟糕的是，在软弱性格的不良影响下，弱者已经丧失了取消行动与**不加**反应的能力。人们绝不比不应有所反应时反应得更迅速、更盲目……

一个人的强大表现在对反应的延宕与等待上。强者对对手毫无兴趣，而弱者表现出反运动的不自由以及"行动"的突然性和不可阻止性……

弱者意志薄弱，他们避免做蠢事的方法就是坚定自己的意志、恪守无为的信念……以此抗议强者……

这是一种自我毁灭。弱者的自我保存本能已声名扫地……**弱者在自我戕害**……这就是颓废者类型。

事实上我们发现有许多人都在思考如何进入**无动于衷**的境界。无为比有所行动更有益处，这才是弱者正确的本能……

宗教教团、孤独的哲人和苦行僧的所有做法都是从下述正确的价值标准出发的，只要尽可能地阻止自己行动，这些无为者就可以获得最大的益处。

弱者对强者的绝对服从乃是一种安慰剂。

这是机械的行为。

他们造成了人与有助于果断和立即行动的事物之间的分离。

103³¹⁵

一

科学如今放弃了对虚假的世界³¹⁶的依赖，这使我惊愕不已。真实的世界爱怎样就怎样，反正我们没有能认识它的器官。

人们不禁要问：我们是以何种认识器官来确立真实世界与虚假世界的对立的呢？

世界可以被我们的器官所接触，对它的理解又依赖于我们的器官，它受到了我们的主观的制约，这些事实**并未**表明**有可能**存在着一个客观的世界。主观性就是真实与本质，谁又能禁绝这种思想呢？

"自在"乃是一种荒谬的设想，"自在性"纯属一派胡言。"存在"与"物"的概念仅仅是表示一种关系的概念。

最糟糕的是：自古以来存在着"虚假"与"真实"的对立，这就使一种相互关联的价值判断广为传播，这种判断就是没有多大价值与"很有价值"。

虚假的世界不是"很有价值的"世界，假象是最高价值的反对者，只有"真实的"世界才是有价值的。

首先，他们声称有一个真实的世界。其次，对于真实的世界他们持有一种确定的价值观。

这纯属**偏见之偏见**！事物的真实性也许不利于生命的前提，甚至反对生命的前提；人们为了能够生存下去或许需要假象，这种情形随处可见，譬如，婚姻就是如此。

我们的自我保存本能将我们的经验世界限定在它的认识界限

内。凡是有益于保存种属的事物都被我们视作真的、善的和有价值的……

a.我们并没有可以用来区分真实世界与虚假世界的范畴。也许正好有一个虚假世界，但它不仅仅是我们的虚假世界……

b.假如有所谓真实的世界，那么它对于我们肯定**没有多大价值**。以自我保存的价值观为出发点，幻想的份额对我们具有较高的等级，除非**假象**本身就是一种否定性的判断。

c.人们认为**价值度**与**真实度**之间存在着相互关系，即最高的价值具有最高的真实性。这是一种形而上学的假设，该假设以下述前提为出发点：我们**了解**价值的等级，也就是说，这种等级是一种**道德的**等级……只有在这种前提之下人们才用**真实性**来给一切最有价值的事物下定义。

由是观之，"假象"也许是一种对价值的异议。

二

废除真实的世界具有重大的意义，因为它是**我们的世界**的怀疑者与大敌，它贬低我们这个世界的价值，它是生命迄今为止最危险的**杀手**。

我们应该向人们据以虚构一个真实世界的一切前提**宣战**。这些前提之一就是：**道德价值**是**最高的**价值。

如果我们能够证明道德评价是非道德评价的结果，那么道德评价乃最高的价值评价的信条就遭到了有力的驳斥。

道德评价是现实非道德行为的一个特例，因此它被贬为一种**假象**。作为一种**假象**，它本身就再也没有权利来谴责假象了。

三

对"追求真理的意志"应该从心理学角度加以考察。它不是一种道德的力量，而是权力意志的一种表现形式。这一点可用下述事实来证明：追求真理的意志采用了一切**不道德的**手段，首先是形而上学。

只有克服了一切**道德偏见**，我们才能获得**研究的方法**……这种方法乃是对道德的战胜……

请注意，现在我们必须检验道德价值是最高价值这个论断是否正确。

104

与**生理学**价值相比较而言，道德价值乃是**虚假的价值**。

105

我们的认识可以运用数字和计量单位，它越来越科学化了……

我们应该尝试将科学的价值体系直接建立在标有**力的数字和计量单位**的刻度盘上……所有其他"价值"皆为偏见、幼稚与误解，它们最终都**可以归结**到标有力的数字与计量单位的刻度盘上。刻度盘上刻度的**上升**表示**价值的增加**，刻度的**下降**则意味着**价值的降低**。此处假象与偏见都是我们的敌人。

道德（一种久经考验并被长期的经验所**证明**的生活方式）最终作为**占统治地位的**律法进入了我们的意识……所有类似的价值与状

态也因此进入了道德的范畴。道德变成了崇高的、神圣不可侵犯的和真实的事物。道德之来源**被遗忘了**，这属于道德的发展过程……它表明道德已成为主宰。

理性的范畴也如此。理性经过长期的探索以其相对的功利性经受住了考验……终于有一天人们将理性的范畴概括起来，使它们作为一个整体进入我们的意识；就在那天，人们对它们**发号施令**，这也意味着它们成了**命令者**……从那时起它们就成了先验的、在经验彼岸的、不可拒绝的事物。

理性的范畴也许仅仅表明了种族和种属的合目的性，其功利性竟成了"真理"。

论**理性**之来源：

1. 道德价值是迄今为止最高的价值。

2. 对道德价值的批判。

3. ——

106³¹⁷

青年神学家的戒律

1. 不沾女人，不饮酒，不穿长筒靴，不打遮阳伞，放弃各种感官刺激（譬如歌舞与音乐）。

2. 如果神学院学员在打瞌睡时不小心弄脏了身体，那么他就应该在日出时分跳进圣泽中洗三次澡，洗澡时口中念念有词："我要收回我无意间所做的事！"

3. 如果他的老师打断了他的话并向他提问，那么他不应该躺着、坐着、吃着、跑着，从远处抑或以一种斜视的目光来回答。

4. 他应该径直走向恩师，身体直立，以尊敬的目光正视自己的老师，回答他的提问。

如果他在客车里看见了他的老师，他就应该立即下车，向恩师致敬。

学生不应该给老师的妻子洗澡，不应该向她洒香水，不许为她按摩，不许为她插头饰，也不许为她涂香膏。

假如他业已成年，已能区分善恶，那么他就不应拜倒在老师年轻的妻子的石榴裙下充满敬意地抚摸她的纤纤玉足。

女人总是要讨男人的欢心，要引诱男人，这是女人的天性。但是智者绝不屈服于女人的魅力，因为被女人俘虏理应受到指责。

男人不应在荒野中与其母亲、姊妹、女儿抑或其他的女性亲戚独处，因为孤独会造成强烈的感官刺激，这种感官刺激有时甚至能战胜最圣洁的智者。

智者瓦斯塔[318]就是一个很好的例子。瓦斯塔为了躲避科塔城里的恶人，带着两个女儿藏进了山洞。在洞中他竟然乱伦，致使两个女儿成了身怀六甲的母亲。

107

理论与实践
对道德价值批判

康德与古代的哲学家们**将"理论"与"实践"区分开来**，这种做法十分**危险**。

——他们装腔作势，似乎纯粹的精神向他们展示的是认识与形而上学的问题。

——他们装模作样，似乎不管理论的答案如何都应该按照自己的价值标准来评价实践。

我以我的**哲学家心理学**来反对第一点，他们那种远离实践的思辨与"精神"只是一种基于生理学事实的最后一个苍白的摹本；此外毫无自愿，所有的一切皆为本能，所有的一切从一开始就被引入了一定的轨道。

关于第二点，我不禁要问：我们是否知道还能用另一种方法来达到行为正确和思维正确的目的呢？思维也是一种行为，行为则以思维为前提。我们能否以另一种方式来评价某种生活方式的价值，以另一种方式，而不是通过归纳和比较来评价某种理论的价值呢？幼稚者认为，他们的方法绝对可靠，他们明白何谓"正确"；哲学家们也人云亦云。我们的推论是，此处仅存某种**信仰**，除此之外别无他物……

即便是古代的怀疑主义者也大放厥词："人们必须行动，**因此**人们需要有一种准则。"

这是将决定的**迫切性**作为论据，随心所欲地将某种事物当作**真理**！

佛教徒是怀疑主义者的兄长，他们比怀疑主义者更彻底。他们鼓吹**无为**并且杜撰出了一套摆脱行动的准则……

适应群体，像"普通人"一样生活，接受普通人的是非标准。这样做就是**屈服于群氓的本能**。

我们必须鼓足勇气，雷厉风行，视屈服于群氓的本能为耻辱。

不要以两种标准来指导我们的生活！不要将理论与实践分割开来！

108

作为权力意志的道德
道德价值的统治地位

这种统治后果严重，它损害了人的健康心理，带来了无尽的灾难。

何谓道德的统治？它指的是什么？

它意味着在这个领域内明确地肯定和否定的**紧迫性**。

为了将道德价值固定下来，人们运用了各种**命令**。道德价值是最早被强令接受的价值，它们**看起来**就像是发自内心的命令……

社会能够**自我保存的条件**就是：人们必须觉得道德价值是**不可讨论的**。

人们遵循最高的价值而能和睦相处，这种**功利性**在实践中得到了证明。

我们看到道德家们**不择手段**地阻止对道德进行反思与批判。有些人认为，对道德进行"研究"是一种不道德的行为，应该遭到摒弃，康德劝人们不要对这些人评头论足，其态度可见一斑！

道德家们**不择手段**地使道德获取了统治地位。

109

科学与哲学

所有这些价值都是经验的和有条件的，但是这些价值的崇拜者与信徒们根本不愿意承认价值的这种特性……

所有的哲学家都相信这些价值。他们对这些价值的崇拜形式之一就是：他们竭力使其成为**先验的真理**。这种**崇拜**颇具欺骗性……

崇拜是检验思想的诚实性的最高标准，但是整个哲学史毫无思想的**诚实性**，只有"对善的爱"。

首先，人们缺乏对这种价值标准进行检验的**方法**。

其次，对这些价值进行检验并且认为它们是有条件的做法只会招致人们的反感。

在道德领域，一切**反科学**的本能狼狈为奸，驱除科学……

道德是科学史上的一件特大丑闻……

110

一个研究大脑活动的著名生理学家说出了一句**迷信"进步"**的格言："动物作为一个物种是不会取得进步的，人类作为一个物种则可以取得进步。"对此我说"不"！

111

颓废的哲学

一切道德教育显然都运用了理性，即人们竭力使某种**本能**获得**安全感**；因此，首先进入人们意识的既不是善良的目的，也不是善良的手段。正如士兵必须操练一样，人们必须学习如何行动。事实上这种无意识体现了一种完美，数学家就是无意识地进行排列组合的……

苏格拉底的**反动**意味着什么呢？他视辩证法为通向美德之路；当道德不能合乎逻辑地自我辩护时，他就加以嘲笑……然而美德是辩证法的**属性**，没有美德，**辩证法就寸步难行**！完人的标志之一就是他能引起人们的羞耻感！

苏格拉底将**可证明性**作为个人道德能力的前提而置于首要位置，这简直是**对古希腊人本能的消解**。所有这些大"善人"与空谈家都在消弭古希腊人的本能……

事实上苏格拉底之流将道德判断从其条件限制中、从古希腊的政治土壤中拔了出来，为它们披上**崇高**的外衣，使其**非自然化**。然而道德判断正是在条件限制中成长的，只有在条件限制中它们才有意义。"善良"与"正义"这些大概念已经脱离了其本身固有的前提，作为**自由的**"理念"成了辩证法的对象。苏格拉底学派试图在这些概念背后发现一个真理，他们将它们视作实体或实体的符号。他们**虚构了**一个真实的世界，这些概念就来自这个世界，这个世界是它们的家……

总而言之，这种胡闹在柏拉图那里达到了登峰造极的地步……此时他还必须虚构出一个**抽象的、完美的人**。

简言之，善良、正义和智慧的辩证思想家是柏拉图这位古代哲人制造出来的一个稻草人，是无本之木，是毫无调节性本能的抽象人性与据理"自辩"的美德。

这是一种**荒谬绝伦**的"个体"！是极端的**反自然**……

简言之，道德价值非自然化的结果就是创造了一个退化的**人的类型**——"善人""智者"与"幸福的人"。

苏格拉底是人类发展史上**最不自然的变化者**。

当我们听说某人在寻找规规矩矩做人的**理由**时，我们就会对他产生怀疑，我们肯定会避免与他交往。在某些情形下，"因为"这个词会使人丧失名誉，有时我们只是说出了"因为"这个词就造成了自我**反驳**的结果。当我们听说这个美德的追求者需要一些**糟糕的**理由来保持自己令人尊敬的品德时，我们对他的敬意绝不会因此而有所增加。他却得寸进尺，朝我们走来，直言不讳地对我们说："你们是一些毫无信仰的人，你们的怀疑主义干扰了我的道德行为；只要你们还在怀疑那些**糟糕的理由**，即怀疑上帝、实施惩罚的彼岸和意志自由，你们就**妨害了**我的美德……我们应该吸取的教训就是，必须消灭那些无信仰的人，因为他们妨碍了**大众的道德化**。"

113³²⁰

颓废的道德

今天我们觉得"**应该**这样做人"这句话略带讽刺意味，尽管我们经受过教育、课堂、环境、偶然与事故的洗礼，我们依然坚信我们还**是**我们自己，在道德领域我们奇怪地学会了**颠倒**因与果的关系，正是这种颠倒才使我们与古代的道德家们一刀两断。譬如，我们再也不说"恶习是一个人生理衰竭的**原因**"了，我们也很少说"美德使人茁壮成长，使人幸福长寿"了。恰恰相反，我们的观点是：恶习与美德不是因，而是**果**。我将成为一个良民，因为我本身就是一个良民，这也就是说因为我是一个资本家，我生来就拥有良好的本能与境况……如果我出身于一个贫穷的家庭，我的父母只知挥霍，不知聚敛，那么我就"无法挽回地"具备了进监狱和进疯人院的条件……今天我们再也不会将道德堕落与生理衰退割裂开来了。前者是后者的征候群；我本身是病态的，所以我必然很邪恶……"邪恶"这个词表达了与生理退化者类型相关的某些**无能**，诸如意志薄弱，"人格"的不稳定与多面性，对刺激过于敏感，无法自制，不能稳如泰山，在他人意志的影响下丧失了自由。邪恶不是因，而是**果**……邪恶是一种相当随意的界定，它概括了生理退化的某些后果。如果基督教有权将退化者类型视为正常人，那么基督教宣扬"人性恶"这个普遍原理就是有根据的了。但是这条原理也许夸大了事实。它只是在基督教繁荣昌盛之地普遍有效，因为那里有病态的土壤，那里是生理退化区。

114

是增强还是疲乏
对基督教价值的批判
对古希腊罗马哲学的批判
欧洲虚无主义的历史

基督教属于虚无主义，其准备阶段是古希腊罗马哲学。

115

科学与哲学

道德上的过于敏感毁了那些心理学家。

旧哲学家们都没有勇气来探讨"非自由意志"论（一种否定道

德的理论）。

他们都不敢将快乐（"幸福"）的特征定义为力量感，因为对权力的嗜好是不道德的。

他们都没有勇气将道德视作为种属（种族或城邦）服务的、受权力意志驱使的非道德性的结果（因为权力意志是不道德的，因为权力意志使人认识到什么是真理……事实上道德只是非道德性的一种表现形式而已）。

在道德的整个发展史中从未出现过真理。所有的概念全都是虚构，人们遵循的心理学乃是对心理事实的歪曲，被人们拖入谎言之国的一切逻辑形式全都是诡辩。恰恰是缺乏正直与毫无精神自律才使道德哲学家们不同凡响。他们将"美好的情感"当作证据，他们觉得自己"挺起的胸膛"乃是神性的风箱……道德哲学是思想史上极不光彩的一页。

最典型的例子就是：道德哲学家们以道德的名义在道德的庇护下胡说八道，这实际上是一种**颓废**。

116

颓废的哲学

古希腊的大哲学家们代表着**古希腊人才干的衰竭**，并且广泛**传播**这种衰竭与颓废。这种观点不能为人所坚持……那种抽象化的"善"一直在引诱古希腊哲学家们进行自我抽象化，即**脱离**古希腊人的本能……诡辩派的出现十分怪诞：他们首先**识破了**道德并且首次**批判了**道德。

他们将大多数道德的价值判断并列，指出了其局限性。他们晓示众人：每种道德都是以辩证法的方式进行自我辩护的，它们之间毫无差异。也就是说，他们已猜出每种道德的论证皆为**诡辩**。

道德即诡辩这条原理在从柏拉图至康德的古代哲学家那里获得了最佳的证明。诡辩派将下述信条奉为圭臬：根本不存在什么"自在的道德"与"自在的善"，在道德领域谈论"真理"就是自欺欺人。

那时的**思想诚实性**何在呢？

诡辩派文化是在古希腊人本能的土壤上成长起来的，它属于伯里克利时代的文化，柏拉图则与伯里克利时代**无关**。诡辩派的先驱是古希腊哲学中的科学家类型，是赫拉克利特与德谟克里特[321]，其思想在修昔底德[322]高度发展的文化中得到了体现。

诡辩派最终是有理的，认识论与道德哲学的每次进步都为他们**恢复了名誉**……

今天我们的思维方式在很大程度上是赫拉克利特式的、德谟克里特式的和普罗塔哥拉式的。我们可以理直气壮地宣称我们的思维方式是**普罗塔哥拉式的**，因为普罗塔哥拉集赫拉克利特与德谟克里特之大成。

柏拉图是一个**伟大的江湖骗子**。我们可以追想伊壁鸠鲁是如何评价他的，皮浪的友人蒂蒙[323]又是如何评价他的。

或许柏拉图的诚实性无可怀疑？但是至少我们知道柏拉图相信并且**宣扬**绝对真理即"灵魂"的奇特实存且不朽。

117

相反的运动：**艺术**

陶醉感事实上是与**力量的增强**相适应的，它首先出现在两性的交配期，此时新的器官、能力、色彩与形式不断涌现……

"美化"是增强了的力量之结果，它是力量**增强**的必然结果，它表现了意志的**胜利**、各种强烈欲望的和谐与愈益协调，它象征着绝对垂直的重力。

逻辑与几何学的简化是力量增强的结果，而对这种简化的**感觉**又增强了力量感……这种发展趋势的巅峰就是伟大的风格。

丑则意味着**一种类型的颓废**以及内心欲望的矛盾与不协调；从生理学角度而言，它意味着**组织**力的衰竭，用生理学术语来说，即"意志"衰退……

陶醉感即快乐状态确切地说是一种高度的**力量**感……在这种状态下，我们对时空的感觉起了变化，迢远的空间与遥远的未来皆进入我们的视野，成为**可感知的**事物；我们的视线大为**拓展**，能将更多的事物与更加广阔的空间尽收眼底；我们的**器官**变得更加**精细**，甚至能够感觉许多最细微的和最短暂的事物；他人略施帮助，稍加暗示，我们就拥有了预见力与理解力，这是一种"聪颖的"**感性**……

强盛就是肌肉的统治感，就是敏捷与运动欲，是舞蹈、轻快与急板；强盛就是想证明自身实力的欲望，就是难度大的乐曲，是冒险，是英勇无畏与漠视一切的风骨……生命中所有这些高贵的特征相互激励，一种特征的图像世界和想象世界会启发另一些特征……原本有理由保持各自不同特色的各种状态终于融为一体。例如，宗教的陶醉感与性兴奋（这是两种深沉的情感，它们简直是令人惊诧地并列在一起。所有虔诚的女子，无论是少女还是老妪，她们究竟喜欢什么呢？答案就是：她们喜欢长着俊美的大腿的、年轻而愚痴的男性圣徒……）。还有悲剧中的残忍与同情（这两者也十分协调）……

阳春、舞蹈与音乐，这一切纯属性竞赛。还有浮士德所说的"胸脯中蕴藏着无尽的世界"……

有所作为的艺术家身心强健、精力旺盛、力大如牛、感觉灵敏。性系统不亢奋就不是拉斐尔……音乐创作就是某种意义上的生育，贞洁不过是艺术家的节制罢了。总而言之，艺术家多产的创作力也是随着生殖力的消失而枯竭的……

艺术家不应该按照事物的本来面目来观察事物，而应该赋予事物以更丰满、更简约和更强大的性能，因此艺术家胸中必须拥有永恒的青春、春天与经常的醉态。

贝尔[324]与福楼拜在这方面十分果敢，但是他们实际上劝艺术家们节制性欲以利于艺术创作。我还要点勒南的名，他也提出了相同的建议。但是勒南是个神父……

118

传染病：幻觉、舞蹈与体态符号、歌咏（舞蹈之残余）、———

演练中的正常功能：梦（醉态乃梦之发端）

视觉形象

听觉形象

触觉形象

相反的运动：艺术

一切艺术首先对具有艺术家气质的、素朴的人的肌肉和感官施加影响，它只对艺术家说话，只对这种敏感的身体发言。"外行"这个概念是错误的，失聪并不属于耳聪者。

一切艺术都发挥滋补**强身**的作用，它能增强力量，激发快感（力量感），引起人们对陶醉状态的细节的回忆。一种特殊的记忆力使我们陷入下述状态：一个遥远易逝的感官世界又返回到我们身边……

丑是艺术的对立面，是对艺术的否定，它被排斥在艺术的大门之外。只要远处稍有衰落、生命之贫乏、无能、解体与腐烂的动静，审美者就会立即加以**否定**。

丑使人**消沉**，它表达了一种抑郁。它**消减**力量，使人贫乏，使人倍感压抑……

丑**诱发**丑。我们只要观察一下自己的健康状态就会明白这个道理，病越重就越能激发我们对丑的想象力。病人对事物、兴趣和问题的选择与健康人迥然不同。逻辑上有一种与丑最接近的状态——蠢笨与迟钝……丑陋者自然重心不稳：丑是一个走路磕磕绊绊的跛子，它与舞蹈家果断而轻盈的美妙舞姿形成鲜明的对立……

审美状态拥有丰富的**表达手段**，并且对各种刺激与信号有着极强的**感受力**。它是生物的表达力与传达力之巅峰，是语言之源。

语言，包括自然语言、肢体语言与眼神，皆起源于审美状态。最开始出现的总是较为丰满有力的现象，我们这些文化人的能力乃是较为丰满有力的人物的能力遭到消减的结果。然而直至今日我们依然借助于肌肉来听、来阅读。

每种成熟的艺术只要还采用语言来表达，就会将大量的规则作为自己的基础。规则乃是伟大艺术之前提，而**不是**其障碍……

生命的增强会提高人的表达能力与理解能力。设身处地体验他人情感的**移情能力**原本与道德无关，它只是生理上对暗示的一种感受力。"同情"或人们称之为"利他主义"的东西只是精神运动上的联系罢了（这种联系被归入精神性范畴，查尔斯·弗雷[326]称之为精神运动感应）。我们互相传达的并不是思想，而是运动，是面部表情，我们却将这种表情**解读**为思想……

在此我将一系列的心理状态确定为丰盈而旺盛的生命之象征，当代人却习惯地将这些心理状态视作**病态**。在此期间，我们已忘记了应该强调健康与病态的对立。程度在此举足轻重。我的论断是：今天我们称为"健康"的状态实际上只是处在有利条件下的一种低水平的健康而已……相对而言我们是病态的……艺术家则属于更加强壮的种族。有损于我们身心的"病态"却是艺术家的天性。

精力**过于旺盛**一如生命的贫乏可以带来部分的不自由、感官幻觉和对暗示的敏锐感受力……两者接受刺激的条件不同，结果却相同。

首先两者的**效果**不同。所有的病人都神经过敏，性情乖张，他们的极度疲乏与艺术家的状态毫无共同之处。艺术家不必为美好时光的流逝而**忏悔**；他拥有丰盈的生命力，他可以随意挥霍而不致贫乏……

今人视"天才"为一种神经官能症，也许他们对艺术家的心灵影响力也是这么看的。可惜事实上，我们的"表演艺术家"

（Artisten）与歇斯底里的女人太相似了！！！这种批判是针对"今日"表演艺术家的，而不是针对真正的"艺术家"……

但是有人反驳我们道：机器的**衰退**恰恰增强了它对各种暗示的极端理解力，歇斯底里的女人与"彼岸研究者"就是明证。

灵感即描绘。

非艺术状态包括**客观**、反映以及舍弃意志……
叔本华对艺术的误解令人愤慨，他视艺术为否定生命之桥……

非艺术家包括贫乏者、隐退者与舍弃者，他们痛苦的眼神使生命陷入苦难之中……还有基督徒……

悲剧艺术问题。

浪漫派和一切现代事物一样令人厌恶。

戏子[327]。

120

爱

您想目睹陶醉拥有巨大的美化力之证据吗？"爱"，在世上所有的语言和缄默状态中被称为爱的东西就是明证。爱的陶醉是如此对付现实的：爱者在其意识中已忘却了原因，取而代之的是另一种事物，是妖精的一切魔镜在颤动、在闪光……在爱的领域人与动物毫无区别，精神、善良与诚实也无足轻重……如果爱者比较高雅，那么他就会受到高雅的愚弄；如果爱者比较粗俗，那么他就会遭到粗俗的愚弄。然而爱、对上帝之爱与"灵魂已获得拯救的"圣徒之爱在根源上皆相同：爱的根源乃是狂热的自我美化与沉醉于自我欺骗……总之，当我们处于爱的状态中时，我们肯定在自欺欺人：我们觉得自己的面貌大为改观，我们业已变得更强大、更富有、更完美。此时我们**是**比较完美的……此时我们发现**艺术**具有器官的功能，艺术已被嵌入生命的救助本能之中：艺术是生命最有效的兴奋剂，作为谎言的艺术具有很强的目的性……如果我们认为艺术仅有说谎的能力，那么我们就是在传播无知谬说。艺术的所作所为不只是幻想，它还改变了价值。它改变的不只是价值感……处于爱的状态中的人价值增大了，他比平常更加强大。处于爱的状态中的动物会生出新的物质、色素、颜色与形式，尤其是新的动作、节奏、诱惑声与引诱力。人也毫无二致。爱者的财产比以往更丰足，他比不爱者更强大、**更完整**。爱者变成了挥霍者，他拥有供他挥霍的财富。他变得勇猛果敢，成了冒险家，成了一头慷慨而天真的蠢驴。因为他相信爱情，所以他又相信上帝了，又相信美德了。这个幸福的白痴生出了翅膀，拥有了新的能力，艺术之门也朝他轰然洞开。如果从由声音与言辞组成的抒情诗中扣除肠内热所产生的影响，那么抒情诗与音乐会剩下什么东西呢？也许只剩下为艺术而艺术[328]罢了，只剩下沼泽中渺小而绝望的青蛙精湛的聒噪罢了……爱创造的就是这样一种**剩余物**……

121

从心理学角度看权力意志

心理学的一元论

我们习惯于将纷繁多样的各种形成归结于一种统一的本原。

权力意志是最原始的情绪形式，其他一切形式皆为其变种。

需要加以澄清的是：每个生命追求的不是个人的"幸福"，而是权力。"生命追求权力，追求力量的壮大。"快乐只不过是已经获得的力量感之标志罢了，它是对差异的意识。

生命追求的并不是快乐。实际情况是：如果生命达到了它所追求的目的，快乐就会出现。快乐伴随着目的的实现，它并不是动因……

一切原动力都是权力意志，除此之外就再也没有什么肉体的、动力学的和心灵的力量了。

我们将因与果的概念归结为一种相等关系，我们雄心勃勃，想证明在每一种力的强度都是相同的。我们的学术**缺乏动力观**：我们只观察结果，我们认为一切结果在力的内容方面都是相同的，我们从不去追问**引起**变化的动力……

变动不居仅仅属于经验的范畴，本来我们就毫无理由认定一种变化肯定会在另一种变化之后出现。恰恰相反，**一种已经实现的状态**看起来似乎必须自我保存；如果这种状态没有自我保存的能力，那么它看起来就**不打算保存自己了**……

斯宾诺莎关于自我保存的命题本来可以制止变化。但是这个命题是错误的，与之**相反的命题**才是真实的。一切生命都最清楚地表明：生命的所作所为并不是为了自我保存，而是为了**扩张**……

"权力意志"是一种"意志"吗？它与"意志"这个概念是一致的吗？它是指要求？抑或是指命令？

它是叔本华式的"意志"、是所谓的"自在之物"吗？

我的命题如下：迄今为止的心理学所指的**意志**乃是一种毫无根据的概括，**根本不存在**这样的意志，多样的形式并没有表达某种特定的意志，人们通过**剔除**内容与目的而**抹去了**意志的特性。

叔本华就是最典型的例子。他所说的"意志"只是一句空话而已。意志并不是什么"生存意志"，因为生存只是权力意志的一个特例。我们可以武断地声言：万物都力求向权力意志的形式过渡。

122

认识论纯属经验的范畴

世上既不存在"精神"，也不存在理性、思维、意识、灵魂、意志与真理。所有这些概念皆为毫无用处的虚构。问题的关键并不是"主体与客体"，而是某个特定的动物种类，这种动物在某种相对的**正确性**，尤其是在其感觉的**规律性**的前提之下（它能借此积累经验）成长壮大……

认识乃权力之**工具**。显而易见，认识是随着权力的增长而增长的……

关于"认识"的意义：在这个领域我们应该像对待"善"与"美"一样，从人类中心论和生物学的角度来严格对待"认识"这个概念。某个特定的物种为了保存自己和壮大自己的力量，它在观察现实时就必须把握住许多可确定的和一成不变的事物以建立自己的行为模式。认识器官发展的动因就是**自我保存的功利性**，而**不是**

某种对抽象理论的需求，关于这一点我们不要受人欺骗……认识器官进化之鹄的就是其观察力使我们能够自我保存。换言之，物种认识欲的大小取决于其**权力意志**的增长程度。物种把握众多现实的目的在于**统治现实**和**役使现实**。

机械论的**运动**概念已将原始过程移译成了**视觉与触觉的符号语言**。

"原子"这个概念将"原动力和原动力驻地"区别开来，它是我们的逻辑学与心理学世界的符号语言。

我们并不希望改变我们的表达手段。只要我们能够认识到上述概念纯属符号学就行了。

要求一种**适当的表达方式**是荒唐的。语言和表达手段的本质在于只表达一种关系……"真理"概念**荒谬绝伦**……"真"与"假"的王国只涉及事物之间的关系，而不关涉"自在"……自在之物纯属**一派胡言**。根本不存在"自在之物"，本质是通过事物之间的关系建立起来的；也不存在所谓的"自在的认识"……

123

相反的运动

反达尔文

当我通观人类的伟大命运时，我大吃一惊。我目睹的总是达尔文及其学派的观点与主张的反面。达尔文学派主张有利于强者和成功者的自然选择与物种进步[329]。然而，这种学说的反面甚嚣尘上：幸运者被淘汰，英雄无用武之地，中庸之辈与**劣等类型**不可避免地成了主人。假如人们没有向我们阐明为什么人是所有生物中的一个特殊物种，那么我就可以武断地声称达尔文主义漏洞百出。我认为权力意志是一切变化的终极原因与特性，权力意志会告诉我们为什么没有出现有利于特殊者与幸运者的自然选择。当强者与幸运者面对组织起来的群氓的本能、面对大量的弱者时，他们就会感到恐惧而变得软弱无力。我的价值观表明：在现代人类的最高价值体系中，幸运者与优选类型并不占优势；占上风的是颓废类型。也许世上除了这出**不受欢迎的**闹剧之外就再也没有什么引人入胜的趣事了……

人们总是认为强者是与弱者对立的，幸运者是与失败者对立的，健康者是与羸弱者、遗传病患者对立的。这话听起来有些离奇。如果我们要将现实表述为某种道德**训喻**，那么这条训喻就是：平庸者比特殊者更有价值，颓废者又比平庸者有价值，遁入空无的意志胜于生命意志。用基督教、佛教和叔本华的话来说，总目标就是：不存在胜过存在。

我愤然反对将现实表述为如此的道德训喻，因此我满怀着深仇大恨断然否定基督教，因为基督教创造了一套敏感的词句与姿态，为可怕的现实披上了一件公正、道德与神性的外衣……

我看见所有的哲学家与学术都屈服于现实。现实与达尔文学派所鼓吹的生存竞争截然**相反**，健全者与幸存者的生命和生命的价值常常受到损害，这种现象俯拾即是。达尔文学派的主张大谬不然，他们非常盲目，恰恰**在此**形成了错误的观点。这种盲目是如何形成的呢？物种进化论是最不理智的世界观。**物种**暂时只是等级而已——

较高级的有机体是从低级有机体进化而来的，这种观点迄今为止尚未得到证实。

我看见的是：低等物种凭借数量、聪悟与诡计而占据了优势。我从未窥见偶然的变异带来了某种优越性，至少不是长久的优越性。这一点有助于说明为什么偶然的变异是如此频繁。

我是从另一个角度来理解人们常说的"大自然的残酷性"的：大自然对它的幸运儿总是残酷无情，而对低贱者[330]则倍加怜惜、保护与宠爱。

总之，某一物种的幸运儿和强者占优势也许不能保证该物种**力量**的增长，而中等与低等类型占优势则可以确保该物种力量的壮大……后者产量丰富，并且具有持久性，而前者时常遭遇危险、迅速毁灭和数目剧减的厄运。

124

相反的运动

论宗教的起源

未受教育的人认为愤怒是生气的原因，精神是思维的原因，灵魂是情感的原因，同样他们还毫不怀疑地将一堆心理学的实体视作原因。他们还更加幼稚地以心理学的人格实体来解释相同的现象。他们将那些看似异己的、吸引人的与摄人心魄的状态幻想成某种人格力量的强迫与迷惑行为。基督徒是现代最天真、最萎靡不振的人，他们将希望、安宁与"拯救"感归结为心理学上的神的启示。他们属于忧心忡忡的受难者类型，理所当然地将幸福感、崇高感与安宁感视作异己的、需要加以解释的力量。睿智、强壮、生机勃勃的种族中的癫痫病人最容易相信有一种异己的力量在其体内活动；类似于癫痫病的不自由，诸如人之迷狂、作家之灵感、江洋大盗之贪婪、爱与复仇之激情都会使人虚构出一些非人的力量。人们将一种状态凝结成某种人格，并且声称：如果这种状态出现在我们身上，那么它就是那种人格造成的结果。换言之，在心理学的上帝的形成过程中，为了成为结果，一种状态被当作原因而人格化了。

心理学的逻辑如下所述：当巨大的力量感突然攫住某人时，这种力量感就会使他怀疑自己的人格。在所有的激情中情况皆如此。他不敢将自己当作这种惊人的情感的原因，因此他臆造出了一个比自己更为强大的人格（神）来解释这种力量。

总而言之，宗教起源于令人惊诧的、看似异己的、极端的力量感。病人会感到某个肢体过于沉重、过于怪异，因此他得出结论说有另一个人在控制他自己；与此相似，天真的宗教徒也分裂成多种人格。宗教是一种"人格的裂变"，是对自我的恐惧感与惊骇感……不同寻常的幸福感与崇高感也是如此……

病人突然产生的健康感就足以使他信仰上帝，使他相信上帝就在他身边。

125

宗教徒不健全的心理

一切变化皆结果，而一切结果乃意志之结果。这种观点缺乏"自然"与"自然法则"的概念。

一切结果都是由一个行为者造成的。只有当我们知道我们要做某事时，我们才是此事的原因。这是一种不健全的心理。

这种心理的后果就是：权力状态使人觉得自己并非原因，自己不应该为这种状态负责。

我们没有企求这种状态来临，因此我们不是这种状态的肇始者。

不自由的意志（对发生在我们身上，但并未为我们所企求的变化的意识）需要有一种异己的意志才能得以阐明。

由此可以得出下述结论：人们不敢将强大而骇人的状态归因于自身，而将这种状态解释为"被动的""人所遭受的"控制。

宗教是对统一人格的怀疑的不良产物，是人格的裂变。

只要人类将一切强大的状态设想为超人的与异己的力量，人类就变得渺小了。人类将自己统一的人格一分为二，一面可怜而软弱，另一面则强大而惊人，并将这两面分属两个范畴，前者名之曰"人"，后者名之曰"神"。

这种做法不断持续下去。处于道德敏感时期的人类并没有将崇高而敏锐的道德状态解释为自己的人格的"产物"和"人所企求的"状态。基督徒也将其人格割裂成两种虚构物，称平凡而软弱的虚构物为人，而称另一种虚构物为神（救世主、基督）。

宗教贬低了"人"的概念。其极端结论为：一切善良、伟大与真实都是超人性的，只有通过神恩才赐予人类……

126

相反的运动：宗教

道德试图建立起人的自豪感

"自由意志"论是反宗教的。这种理论企图赋予人一种视自己为崇高的状态与行为之原因的权利，它是不断增长的**自豪感**的一种表现形式。

我们感觉到了自己的力量与"幸福"。正如常人所言，在这种幸福状态之前肯定存在着"意愿"，否则这种状态就不归属于我们了。

道德试图将意愿与已有意图的事实作为必要的原因置于每种崇高而强烈的幸福感之前。

如果我们的意识中经常存在着采取某些行动的意志，那么就可以将力量感阐释为此意志之结果。

这纯属肤浅的心理学。这种心理学以一种虚假的前提为基础，即在我们的意识中那些没有为我们所意欲的结果是不属于我们的。

整套责任学说都建立在这种天真的心理学的基础之上。这种心理学主张"意愿"（Wille）是因，为了将**自己**视作某种状态的原因，我们必须明白在此之前我们已有意图。

只要我们善良，我们就拥有自尊。

道德哲学家的反动始终处于同一种偏见的控制之下，即我们只对我们所意欲的结果负责[331]。

他们将人的价值确立为**道德价值**，因此人的道德感必须成为"始因"（causa prima）。

他们为人类确立了"自由意志"乃始因的原则。

此处，还有一种隐秘的企图，即如果我们的意愿不是始因，那么我们就没有任何责任，我们根本不用上道德法庭。美德或恶习似乎是自动的或机械的……

总而言之，为了自尊，人也必须有作恶的能力。

树立民族自豪感的宗教形式

崇高而强大的异己状态的消失带来了人格的贬抑，亲缘理论则是将人从这种贬抑状态中拯救出来的另一条道路。

那些崇高而强大的状态至少可以解释成来自我们祖先的影响。只要我们的行为遵循熟悉的准则，我们就互为归属，一脉相承，并且目睹了我们的成长。

高贵的家族试图混同宗教与其自尊。

神化与暂时变形

诗人与预言家的行为也如此。他们认为自己是被遴选出来从事这种交往的，他们受到尊重，倍感自豪。他们不是作为个体与神交往，他们是神的"传声筒"（例如荷马），因此他们自视甚高。

宗教还有另一种形式。神在选择，神变成了人；抑或神人共处，行大善事，当地的传说一直被描绘成戏剧性"事件"（Drama）。

逐步占有崇高而自豪的状态，占有自己的行为与业绩。

过去，当人们意识到自己不应为自己所做出的最崇高的事情负责而责任者是神时，人们不胜荣幸之至。

意志不自由赋予某种行为以更高的价值，因为神是这种行为的肇始者……

128

权力意志与道德

"自由意志"道德学说的结局就是演戏。

某人自己造成了崇高的状态（完美），因此他立即得出了下述结论：他自己意欲于这种状态。这是**力量感发展**史上的重要一步。

对自由意志的批判：所有完美的行为恰恰是无意识的，它们不再是意愿所促成的，意识则表达了某种不完美的或病态的个人状态。**个人的完美受制于意愿**、**意识**与辩证法的理性，这简直是笑话，是自相矛盾……意识的程度恰恰**破坏了**完美……自由意志说简直是在**演戏**。

129

颓废的哲学

为什么所有的一切都是演戏呢？

这是因为道德哲学家们的心理不健全，他们只将人类的意识因素视作原因，视"意识性"为灵魂之属性，并且寻求促成一切行为的某种意愿（意图）。

首先他们必须回答：**人类究竟意欲何物？**

答案：**幸福**（我们不能答曰"权力"，因为这种答案是**不道德的**）。——由此可见，人类的一切行为中都存在着一种意图，即人通过行动而获得幸福。

其次，如果事实上人们并没有获得幸福，那么原因何在呢？那是因为人们采取了错误的手段。

318

获得幸福不可或缺的手段是什么呢？答曰：美德。

为什么是美德呢？因为美德乃理智之极致，理智杜绝了采取错误手段的可能性。

作为理性的美德乃通向幸福之路……

辩证法乃美德之当行，因为辩证法能够清除一切混浊不清的思想与情绪。

然而事实上人类追求的**并不是**"幸福"。

快乐就是力量感。如果我们清除了情绪，那么我们也就清除了能够造成力量感（快感）的最高状态。

最高的理智是一种冷静而明晰的状态，它并不能产生各种**陶醉**带来的那种幸福感……

古代哲学家反对一切令人陶醉的事物，摒弃一切有损于意识的绝对冷静与中性的事物……

他们顽固地坚持下述错误的前提：意识是**至高无上的**状态，是完美的前提。**事实上**只有无意识才是完美的前提。

只要我们心中存有意愿与意识，我们的任何行为就不会是完美的。古代哲学家在**实践中是最大的蠢材**，因为他们虚妄的理论已将他们自己宣判为**蠢货**……事实上所有这一切全都是演戏。某些人已发现了真相，比如，皮浪的判断就符合常识，他指出"小人物"在善良与诚实方面已远远超过了哲学家。

思想较为深刻的古人对**道德哲学家**厌恶之至，他们视道德哲学家为辩士与戏子，我们可以参阅**伊壁鸠鲁**与**皮浪**对**柏拉图**的评价。

我的**结论**是：小人物在生活实践、忍耐、善良与互助上远胜于道德哲学家。陀思妥耶夫斯基与托尔斯泰对俄国农民下了相似的断语：农夫们在实践中更有哲理，在对待事物的必然性上更果敢……

相反的运动：宗教

颓废的道德

小人物的反应：爱能产生最大的力量感。

显而易见的是，说这句话的并不是整个人类，而是某种类型的人。我们可以更近地审查这类人。他们常说："我们拥有神圣的爱，我们是'上帝的孩子'，上帝爱我们，除了爱之外他对我们一无所求。"[332]这就是说一切道德、顺从与行为都不能创造爱所创造的那种力量感与自由。

出于爱我们从不作恶，爱比顺从和美德更能使我们做出奉献。

这是群氓的幸福，事无巨细的集体感与活跃的一体感，小人物将这些情感视作**生活情感的总和**。

帮助、关怀与互惠不断产生力量感，有目共睹的成功与快乐的表现又增强了力量感。

小人物作为"选民"，作为信众，作为圣殿，因此倍感自豪。

事实上他们再一次经历了**人格的裂变**。此次他们称他们爱的情感为上帝。

我们可以想象这种情感的觉醒。它是一种狂喜、一次奇异的言谈与一本"福音书"。

这种新奇感不允许他们将爱归因于他们自身。他们认为上帝在他们眼前漫步并且活在他们心中。

"上帝来到人群之中"，"邻人"变成了上帝（只要邻人产生了爱的情感）。人们将邻人幻化为神，幻想成**产生力量感**的原因。**耶稣就是这种邻人。**

131

科学与哲学

科学性出自驯服还是出自本能

我目睹了古希腊哲学**本能的衰退**，他们认定**意识状态更有价值**，从而铸成了弥天大错。

意识的强度与大脑信息传达的快捷成**反比**。

在强烈的意识状态下，人们**颠倒了**对本能的看法，这表明本能**遭到了削弱**。

事实上我们应该在最缺乏意识的地方（也就是在生活的逻辑、理由、手段、目的与**功利性**得以显示之处）去寻找**完美的生活**。

现在我们回到"理性"（bon sens）、善良的人与形形色色的"小人物"这个事实上来。

诚实与智慧是世世代代**积淀**的结果，诚实的人从未意识到诚实的原则，他们对原则有所畏惧。

追求**理智的美德**是不理智的……怀有这种追求的哲学家必然名声扫地。

132

如果许多代人通过练习积累了足够的高贵、勇敢、谨慎与克制，那么这种业已获得的美德的自然力就会辐射进精神领域，我们就可以窥见那种罕见现象——**思想的诚实**。思想的诚实十分罕见，哲学家们就缺乏思想的诚实。

我们可以严格审视某个思想家的科学性。这种科学性用伦理学术语来说就是**一位思想家思想的诚实性**，就是已变成本能并且转化为精神的高贵、勇敢、谨慎与克制。我们可以让他来进行道德说教……

最著名的哲学家们向世人显示的是：他们的科学性只是一种**意识**、开端、"**善良意志**"与辛劳；就在他们的本能开始发言的一瞬，就在他们进行道德说教之时，他们那规矩而高贵的良知早已泯灭。

科学性有两种形式：单纯的驯服与外观，长期的管束与**道德训练**的最终结果。在第一种情形下，当本能（例如宗教本能或义务概念的本能）发言时，科学性就会代表本能；在第二种情形下科学性会取代本能，禁绝本能，视本能的**诱惑**为**不洁之物**。

133

反达尔文

野生动植物的**人工驯化**究竟能有何种确定的价值？驯化有确定的价值吗？我们完全有理由否定这种确定的价值说。

达尔文学派竭力说服我们相信驯化的价值，他们断言**驯化的结果**是深刻而牢固的。而我们坚持原有的立场：迄今为止，驯化只造成了某种表面的影响，甚至造成了退化。逃出了人工培育的魔掌的所有物种会立即重返其自然状态。物种保持不变，我们并不能"改变自然的本性"。

他们相信生存竞争、羸弱者之死与健壮者和强干者之生，并且因此幻想**生物完美性的不断增长**。与此相反，我们则确信生存竞争中的偶然对弱者与强者皆一视同仁，狡诈对力量的壮大大有裨益，物种的**繁盛**与**毁灭的机遇**处于某种奇怪的联系之中……

他们赋予**自然选择**以无限渐变的特色，相信每种优点皆可遗传并且在后继的世代中表现得越来越明显（而事实上遗传性是反复无常的……）；他们观察到某些生物能很顺利地适应特殊的生存条件，因而声称这种适应能力来自**环境的影响**。但是他们根本没有发现**无意识选择**的范例。千差万别的个体达成一致，极端的个体则混迹于庸众之中。所有个体都竞相为保存物种而努力。某些生物具有使其免遭危险的外部特征，而当它们生活在没有危险的环境中时，它们并没有失去这些保护色……如果它们栖居在保护色不起作用的环境中，它们就无法适应环境[333]。

达尔文学派夸大了**优选**论，这种最优选择远远超出了我们种族的爱美之心的界限！事实是：最优秀的个体与无能之辈婚配，最伟大的个体与最渺小的个体交媾。屡见不鲜的是，雄兽与雌兽都在利用每一次偶然的相遇，它们在寻找配偶方面丝毫也不挑剔。

他们断言气候与食物会引起渐变，然而事实上这两种因素根本不起作用。

根本没有**过渡形式**……

他们将繁多的物种归溯为一种物种。经验告诉我们：一体化必然导致繁殖力的消失和某个单一的物种重新主宰世界。

他们固守生物不断进化论。这种学说缺乏根基。每种物种皆有其**界限**，超过了这个界限就再也不会发展了。到此为止，不再越界才是绝对的秩序。

原始生物据说是现代生物的祖先。但是只要我们瞥视一下第三纪的动物界与植物界，我们就会大吃一惊。第三纪拥有其他地质年代所没有的物种，这些物种彼此相似；它还拥有其他地质年代也有的物种，这些物种也很类似。

我的结论

我的**总体见解**如下。

原理一：作为物种的人类**并非**处于进步之中。人类中或许出现过更高的类型，但是这些类型无法维持下去。人类这个物种的水平并没有得到提高。

原理二：作为物种的人类与其他任何一种动物相比并没有显示出其进步性。整个动物界并不是由低级向高级进化……一切物种同时共存，重叠混杂，彼此对抗。

"较高的类型"意味着最丰盈与最复杂的形态，这种类型容易遭到毁灭，最低等的类型则可以维持其表面的不朽。前者十分罕见，他们费力地维持着自己的高贵地位；后者则繁衍不息，具有骇人听闻的繁殖力。人类的情形也毫无二致，较高的类型是社会发展中的幸运儿，然而世事多变，否极泰来，这种类型最容易走向毁灭。

较高的类型极易遭受各种颓废倾向的毒害，他们都是极端分子，因此也可以说就是颓废者……美景不常，天才早夭，恺撒短寿，较高类型的昙花一现是其自身造成的。这种**类型**不具有遗传性，而物种具有遗传性。种属既非极端分子，也非"幸运儿"……

"较高类型"生命短促，这并不是因为自然对他们怀有特殊的"恶意"，将特殊的厄运降临到他们身上，原因在于其自身。较高类型具有无可比拟的复杂性，他们是由许多并列的因素组成的多面体，因此他们极易解体。

"天才"是世界上最精密的机器，因此也最容易破碎。

原理三：人的驯化（"教化"）并不深刻……驯化深化的结果就是退化（形成基督徒类型）。"野蛮"人（用道德术语来表述即恶人）是向自然的回归，从某种意义上来说，他**摆脱了**"文明"

324

病，重获健康……

134

颓废的哲学

哲学家何以成为**诽谤者**

哲学家们阴险而盲目地仇视**感官**。然而我们的感官**从不欺骗**我们！

就我所知，从未有哲人充满敬意地谈论过我们的鼻子。我们的鼻子是寰宇之内最灵敏的物理仪器，它分辨气味的能力甚至超过了分光镜分辨电磁振荡频率[334]的能力。

哲学家对感官的仇视暴露出了他们的**贱民**本性与**市侩嘴脸**！

庸众认为滥用带来了严重的后果，因此他们视滥用为**抗辩**，以此怀疑被滥用了的事物。一切反抗原则的运动，无论是政治领域的还是经济领域的，都是如此进行论证的；这些反抗运动都怀有一种藏而不露的意念，即将滥用视作原则本身所固有的和必然的产物。

这是一幕**悲剧**。哲学家们在寻找一种蔑视人类的原则；为了诽谤和丑化我们这个世界，他们虚构出了另一个世界。事实上，他们每次都求助于虚无，并将虚无构想成"上帝""真理"和现世存在的法官与审判者……

人类**野蛮的**原始需求根深蒂固，即使在驯良与"文明"阶段也要寻求满足。如果我们要寻找这种看法的证据，那么我们可以审视一下整个哲学发展史的"主导动机"。全部哲学发展的动机就是出于对现实的报复。哲学家们阴险狡诈，他们毁灭了人类本真的价值判断。他们心怀**不满**，备受驯良状态的折磨，以病态地挣脱束缚自己的一切枷锁为大快人心之事。

　　哲学的历史就是**隐秘而愤怒**地攻击生命之前提的历史。哲学家们反对生命的价值感，反对有利于生命的倾向。他们毫不迟疑地肯定另一个世界，前提是：这另一个世界与我们的世界相反，它能提供给哲学家们以诋毁我们这个世界的口实。哲学家是迄今为止**最大的诽谤学派**。他们备受赞赏，以至于作为生命的支持者的科学如今也**接受了**这种诽谤学派的基本立场，也视我们这个世界为虚假的世界，视现世的原因之链为现象。他们究竟仇恨什么呢？

　　我认为道德乃是**诱惑哲学家的女妖**。道德愚弄了所有时代的哲学家，使他们成为现实的诽谤者……他们相信道德"真理"，他们在道德领域发现了最高价值。他们对生活理解得越深刻，就越坚定地否定生命，除此之外他们别无选择。因为生存是**不道德的**……生存建立在不道德的前提之上，一切道德皆**否定**生命。

　　我们要废弃真实的世界。为了达到这个目的，我们必须废除迄今为止的最高价值，取缔道德……

　　我可以证明道德本身是**不道德的**，因为时至今日不道德的生存依然遭到它的谴责。只要我们粉碎了迄今为止的道德价值的暴政，废除了"真实的世界"，一种**崭新的价值秩序**就会自动形成。

　　我提请诸位特别注意这个虚假的世界与那个**虚构的**世界的对立。时至今日，后者仍被称为"真实的世界""真理"与"上帝"。我们必须废除**那个**"真实的世界"。

我的设想之逻辑

1. **道德作为最高价值**（道德在哲学发展的所有阶段包括怀疑主义时期都占据着统治地位）。道德哲学的**结论**是：我们这个世界毫无用处，因为它不是"真实的世界"。

2. 确定最高价值的标准是什么？道德究竟为何物？疲惫不堪者与被剥夺了继承权的人具有颓废的本能，他们以此方式**实施报复**。

历史上的证据：哲学家都是颓废者……他们为**虚无主义**宗教效劳。

3. 颓废的本能作为**权力意志**登上历史舞台。

证据：整个道德发展史中所运用的**手段**都是绝对**不道德的**。

在所有的运动中我们只认识**权力意志的一种**特例。

136

权力意志
——重估一切价值的尝试

第一卷
对迄今为止的价值的批判

第二卷
新的价值原则

"权力意志"的形态学

第三卷
依据新的价值原则对现代世界的价值进行质疑
第四卷
伟大的战争

137

第一卷
迄今为止何种价值占据统治地位

1. 在哲学的所有发展阶段（甚至在怀疑论者那里）道德始终都是最高的价值。

道德哲学的结论：这个世界毫无用处，肯定存在着另一个"真实的世界"。

2. 确定最高价值的标准究竟是什么？道德究竟为何物？道德乃是疲顿不堪者与被剥夺了继承权的人的颓废本能，他们以此方式**进行报复**，并且妄图成为**主人**……

历史上的证据：哲学家们皆颓废者，他们始终为虚无主义宗教效力。

3. 颓废本能以权力意志的形式出现。对其手段之体系加以阐明：其手段具有绝对的非道德性。

我的总见解：迄今为止的最高价值乃是权力意志的一个特例，道德本身乃是**非道德**的一个特例。

第二卷

为什么反道德的价值总是败北？

1. 相反，价值的失败究竟是如何**造成的**？为什么随处可见的是生命的失败与生理上的成功者的败绩？为什么从未产生**肯定的哲学**与**肯定的宗教**？

肯定生命的运动的历史遗迹如下：异教、"被钉在十字架上的耶稣"的反对派——酒神狄俄尼索斯、文艺复兴、**艺术**。

2. 强者与弱者，健康人与病人，奇人与常人。毋庸置疑，人人皆知这其中**哪种人**较为强大……

历史的概观。人是生命发展史中的一个**例外**吗？我对达尔文主义持有异议。弱者用以维护自己的统治地位的手段已变成了本能、"人性"与"制度"……

3. 在我们的政治本能、社会价值判断、艺术与**科学**中均能发现道德统治的明证。

我们目睹了两种"权力意志"的搏斗。在**特殊情况**下**我们拥有一条原则**，按照这条原则我们赋予迄今为止失败的权力意志以正义性，而裁定迄今为止获胜的权力意志乃是不公正的。我们认识到"真实的世界"实际上是"**虚构的世界**"，道德则是**不道德的一种表现形式**。我们**不说"强者不义"**……

第三卷

一切价值的起因何在？各种价值之间有何差异？

1. 虚无主义的价值观甚嚣尘上。

2. 相反的运动总是败北，随后蜕化变质。

3. 迄今为止的相反运动皆以不完整的和蜕化的形式出现。

相反运动类型的**净化**与**复原**。

体系的确切表现：心理学、历史学、艺术与政治

138

净化迄今为止惨遭失败的价值

我们明白究竟是什么东西确立了迄今为止的最高价值以及**为什么它能够凌驾于反对派的价值评判之上。**因为它过去较强大……

现在我们应该净化**反对派的价值判断，**使它摆脱众所周知的传染、不完整与蜕化。

反对派价值判断的非自然化与恢复自然的理论：**摆脱伪善**[335]。

认识论与追求真理的意志。

心理学理论。

宗教之起源。

艺术之起源。

关于统治产物的理论。

关于生命的理论。

生命与自然。

相反的运动的历史：文艺复兴、革命与科学的解放

139

论**现代性**：现代社会价值的混杂及腐朽状态与现代人的生理状

态完全吻合。

140

没落的本能成了**上升的本能**的主人……

追求虚无的意志控制了**生命意志**……

弱者与平庸者的胜利或许能更好地确保生命、更好地保证物种的延续？这是**真的**吗？

弱者的胜利也许只是生命总运动的一种手段与生命发展的减速？也许是生命为防止更糟糕的事情发生而采取的正当防卫？

假如强者成了一切领域（包括价值评判）的主宰，那么我们会得出何种结论呢？强者又会如何评价疾病、痛苦与牺牲呢？结论就是弱者将**自我蔑视**、溜之大吉乃至自杀……这种结果难道**不值得想望**吗？

难道我们不想创建一个摆脱了弱者的影响的细腻、谨慎、精神与**温顺**的世界吗？

141

科学

哲学家反对科学

此举很不寻常。我们发现，希腊哲学从一开始就反对科学，哲学家们用认识论和怀疑论来与科学作斗争。其目的何在？始终为了**维护道德**……

他们仇恨物理学家和医师。

苏格拉底、亚里斯提卜[336]、麦加拉学派[337]、犬儒学派、伊壁鸠鲁和皮浪对认识发起了总攻，为了捍卫**道德**……

其中也有对辩证法的仇恨……

同一个问题依然存在：为了摆脱科学，他们靠诡辩术。

另一方面，所有的物理学家皆遭到残酷奴役，他们被迫把真理和真实存在的模式套用到物理学的基础上：例如，原子、四元素[338]（一种存在者的**并置**，以解释多样性和变化）。

哲学家们鼓吹道德，蔑视利益的**客观性**：返归实际利益，回到一切认识的个人功利性上……

反对科学的斗争针对三个对象：

1. 科学的激情（客观性）；

2. 科学的手段（反对其功利性）；

3. 科学的结果（被贬为幼稚）。

后来由**教会**方面以虔诚的名义对科学所作的斗争，乃是同一性质的斗争。

教会继承了古代的所有兵器。

认识论在斗争中发挥了和在康德与印度人那里一样的作用……

他们不想为此而操心，他们要放开手脚去走自己的"路"。

他们究竟反对什么？他们反对责任，反对规律，反对为共同目标而奋斗的强制性。

所有这些，他们名之曰**自由**……

其中流露出**颓废**：团结本能已严重退化，以至于团结被视作专制**暴政**。

他们不要权威，不要团结，不要按严格的顺序分类，不要无止境的慢速运动。

他们仇恨循序渐进，厌恶科学的速度，他们仇恨"欲速则不达"，憎恶长久的耐力，憎恨科学家的个人冷漠。

142

理论与实践

后果严重的区分，似乎有一种独特的**认识欲**，它不顾及利害问题，盲目地追求真理：然后使整个**实际**利益的世界与它相脱离……

与之相反，我力图说明，在所有这些**纯理论家**的背后有哪些本能在活动，他们如何在其本能的魅惑下全体宿命般地追求某物，追求被他们视作"真理"的某物，即**对他们且只是**对他们来说的"真理"。体系之争，包括认识论上的疑虑，乃是各种完全确定的本能（活力、没落、等级和种族等事物"形式"）之间的斗争。

所谓的**认识欲**可追溯到**占有欲**和**征服欲**：在这种欲望的驱使下，感觉、记忆和本能等都得到了发展……

尽快地简化各种现象，经济，对获得的知识财富（已占有的和手工制作的世界）进行积累。

道德之所以是一门奇怪的学科，是因为它具有最大限度的实践性：以至于纯粹的认识立场和科学的诚实，一旦道德要求它们来回答问题，立即就被放弃了。

道德说：我**需要**一些答案、理由和论据。疑虑可以在事后出现，或者根本不出现。

"该如何行动呢？"

如果我们仔细想一想，我们与一种高度发达的类型有关，这种类型已"行动"了数万年，并且一切都变成了本能、合目的性、自发性和宿命，那么这个道德问题的**紧迫性**就让人觉得非常奇怪了。

"应该如何行动？"——道德纯属误解：事实上有一种人命中注定要采取这样或那样的行动，通过把他们的准则**规定**为普遍准则，他们得以自我辩护……

"应该如何行动？"不是因，而是**果**。道德接踵而至，最后出现的是理想。

另一方面，道德疑虑的出现——换言之，人们**意识到了**作为行动准则的**价值**——表明了某种**病态**；强大的时代和民族既不反思其行动权利与行动原则，也不反思其本能与理性。

价值**意识**表明：真正的道德完蛋了，也就是说，行动的本能自信消失了……

道德家们每次在创造一个**新的意识世界**时，他们都是损害、贫乏和瓦解的标志。

具有强烈本能的人害怕义务的逻辑化：在他们中间我们可以发现鼓吹辩证法和普遍可认识性的皮浪主义[339]之敌……一种美德通过"逆转"而**遭到驳斥**……

论题：道德家们出现在道德沦丧的时代。

论题：道德家是道德本能的瓦解者，尽管他自诩为道德本能的重建者。

论题：真正指引道德家的向导，并不是道德本能，而是**颓废本能**，后者被转化成了道德套语，即道德家将本能的危险性视作**堕落**，但事实上——

论题：道德家们力图使**颓废本能**控制住强大种族与时代的本能道德，这种颓废本能包括：

1. 弱者和失败者的本能；

2. 边缘人、孤立者、被淘汰者和各种早产儿的本能；

3. 习惯性受苦者的本能，他们需要对其状况的一种高尚的解释，因此他们不可能成为生理学家。

道德乃颓废。

143

如果某位哲学家"不切实际"，那么他就是智者：他唤起信任感，使人们相信他在与思想打交道时非常真诚、淳朴、纯洁。——不切实际在这种情况下就意味着"客观"。叔本华有一次穿着扣错了扣子的坎肩让人给他照相，此时他显出了智者的本色。对此，他说道："我不属于这个世界：平行的纽扣与线缝，这种穿着习惯与哲学家何干！……对此我过于客观！"

大多数哲学家认为，为了使理性的客观与纯洁变得无可非议，他们已经做足了文章。但这不足以证明他们是**不切实际的**。

1. 所有哲学家所谓的纯认识欲实则听命于其道德"真理"，认识欲只是在表面上看似独立……

2. "**应该**如此行动。"这类"道德真理"只是一种变得疲惫不堪的本能的意识形态而已："在我们这里就是这样和那样行动的。""理想"应该重建并强化那种本能：它迎合众人，使他们听话，变成机器人。

如果一组事物形成了某种统一体，那么人们总是把**精神**设定为这种协调的原因，但这种做法是毫无道理的。为什么一种复合事实的观念就应该是这种事实的条件之一呢？为什么概念就必须先行于一种复合事实呢？

我们应该避免用精神来解释合目的性。我们没有任何理由把组织化和系统化的特性归于精神。

神经系统有一个非常广阔的王国：意识世界是添加上去的。在适应和系统化的整体过程中它根本不起作用。

最大的错误就是：从心理和身体现象中描绘出两副面孔，且对同一个实体做出两种揭示，借此人们什么也没有解释：如果人们想要解释清楚，那么"实体"这个概念就是完全无用的。

作为配角的、几乎惰性的、多余的意识，也许注定要消失，并让位给一种彻底的自动活动。

如果我们只是观察内心现象，那么我们就可以和聋哑人相比较了。聋哑人从嘴唇的开合上猜出他们听不见的话语。我们则从内在感官的现象中推断出我们能感觉到的可见现象和其他现象，如果我们拥有足够多的观察手段。我们把那种能感觉到的现象称作神经电波。

145

对这个世界而言，我们缺少所有更加精纯的器官，结果我们只能把**多种多样的复合性**感知为统一性，而在我们看不见运动与变化的原因的地方，我们虚构了一种因果关系（思想和情感的先后次序只是在意识中的显现而已；有人认为，这种次序与因果联系相关，这种观点是完全不可信的：意识从未给我们提供任何原因和结果的例子）。———

146

科学反对哲学

巨大的谬误：

1. 荒唐地**高估了意识**，把意识变成一个统一体，一种本质，使意识成为"精神"或"灵魂"，即某种有感觉、思维和意志力的东西；

2. 视精神为**因**，尤其是在出现合目的性、系统和协调的地方；

3. 把意识当作最高的、可实现的形式，当作最高的存在种类，当作"神"；

4. 凡是在有效果的地方，都要记上意志的功劳；

5. 将"真实的世界"视作精神世界，视作靠意识事实才能到达的世界；

6. 凡是在有**认识**的地方，都绝对把认识视作意识的能力。

得出的**结论**：

每次进步都是意识的进步；每次退步的原因则在于无意识。

通过辩证法人们得以接近真实，接近"真实的存在"；通过本能、感觉和机制则**远离**真实。

把人化作精神意味着使人变成神：精神、意志和善是同一的。

一切**善**必须来自精神性，必须是意识事实。

向着**较好事物**的进步只能是**意识**中的一种进步。

无意识被视作沉溺于**欲望**和**感觉**，被视作**兽性化**……

反对苏格拉底、柏拉图和整个苏格拉底学派的斗争是从一种深刻的直觉出发的，即如果我们把美德描述成可以证明的和需要解释的，那么我们就不能使人变得**更好**……

最后，我们必须指出一个平常的事实：竞争本能迫使所有这些天生的辩证论者把他们的**个人能力**美化成**最高品质**，并把所有其他的善描述成受这种品质制约的。整个这种"哲学"充斥着反科学的精神，**它总是自以为是**。

147

科学的斗争

智者派

智者派[340]都是实在论者，他们将所有常见的价值和方法都表述为价值等级，他们具有一切强健的思想家所拥有的勇气，**知道**自己不道德……

338

古希腊有许多自由的小城邦，它们由于愤怒和嫉妒喜欢相互吞并。难道我们相信，这些城邦的指导原则是仁慈和正直？当雅典使团和米洛斯人[341]就灭亡或臣服进行谈话时，修昔底德借使团之口说了一番狠话，或许我们应该因此而谴责他？

在这种可怕的紧张气氛中大谈美德，肯定只有彻头彻尾的伪君子才能做到——或许还有**旁观者**、隐士、逃亡者和逃避现实的幻想家……他们都属于为了自己能苟活于世而否认现实的人。

智者们都是希腊人。当苏格拉底和柏拉图捍卫美德和正义时，他们乃是**犹太人**，我不知道用什么词来称呼他们才好。**格罗特**[342]为智者派辩护的策略是错误的：他想把智者们吹捧成正直者和道德旗手——而他们的荣誉恰恰在于：不用大话和美德来进行欺骗……

148

巴门尼德说过："人们不思考不存在者。"我们则处于另一端，我们说："能够被思维的事物，肯定是虚构的。"思维把握的不是现实，而只是———

149

皮浪的门徒，尤其是阿布德拉的赫卡泰奥斯[343]，也研究过**犹太人**。赫卡泰奥斯出入埃及宫廷，他曾著书论述埃及人的哲学。

150

"对实际生活而言，信仰是必要的。"

151

"改善"

作为颓废的道德

在所谓道德上改恶从善的领域里存在着普遍的欺骗和迷惑。我们不相信一个人会变成另一种人，除非他就已经是那种人了：也就是说，除非他具有罕见的多重人格或至少包含多重人格的萌芽。在改过自新的情况下，另一个角色走上了前台，"旧人"[344]则退居幕后……外貌变了，但本质不变……要一个人放弃某种行为习惯并消除其最充足的行为动机，这一点也是很难做到的。由于命运和能力而成为罪犯的人，绝不会荒废其老本行，并且总是在学习新本领，长期的贫困甚至会像强壮剂一样增强他的才能……如果某人终止了干某种勾当，那么这只能归因于"残酷的命运"（fatum brutum），对此可以做各种各样的解释。某人不再干某种勾当，社会当然对此非常感兴趣：出于这个目的，社会试图使他脱离**有可能**干某种勾当的条件。这种做法无论如何都比去做不可能的事即破除其如此这般存在的宿命要明智得多。

在改善道德方面，除了继承和取代古代哲学，教会什么事也没做。从另一种价值标准出发，教会要拯救"灵魂"，拯救灵魂之"永福"，它开始相信惩罚的赎罪力和宽恕的赦免力：这两者纯属宗教偏见之骗局——惩罚不能赎罪，宽恕不能免罪，犯了罪乃是抹杀不了的事实。某人忘了其罪行，绝对不等于罪行不再**存在**……一种罪行会在人内和人外得出自己的结果，至于它是否被视为受到惩罚的、"已赎罪的"、"被宽恕的"或"被免除的"，这是无关紧要的，至于教会在此期间是否把犯罪者本人封为圣徒，这也是无关紧要的。教会相信子虚乌有的事物，相信"灵魂"，相信根本不存在的作用，相信神力的作用；它相信不存在的状态，相信罪孽、拯救和灵魂的永福。教会处处停留于表面，它偏爱符号、体态、言语和象征，并对它们做出任意解释：它掌握了一套如何在心理上制造伪币的缜密方法。

152

作为**认识**的权力意志

不是"认识"，而是图式化地赋予了混沌如此多的规律性和形式，以满足我们的实际需要。

在理性、逻辑和范畴的构成中，需要是决定性的：不是"认识"的需要，而是概括和图式化的需要，以实现理解和计算的目的……

把各种事物整理并编排成相似的和相同的种类（每种感觉印象都要经历这个相同的过程），这就是理性的发展！

在此起作用的不是一个先在的"理念"，而是有用性。换言之，只有当我们粗略地和同等地看待各种事物时，它们才能对我们变成可计算的和便于利用的……

理性中的**目的性**乃是结果，而非原因。而在其他种类的理性那里（异样理性的萌芽不断出现），生命惨遭失败：世界变得漫无头绪，差异太大。

只有在制约我们生命的意义上，各种范畴才是"真理"：例如，欧几里得空间[345]就是这种有条件的"真理"。（因为没有人坚持恰好出现人类的必然性，所以理性就其本身而言，正如欧几里得空间，只是某种动物物种的一种特异反应性[346]而已，是许多这类性质中的一种……）

理性不能有矛盾，这种主观的强制性其实是一种生物学的强制性：像我们推理那样来进行推理，这种有用性本能深藏在我们的身体中，我们几乎就**是**这种本能……由此来证明我们拥有一种"自在的真理"，这是多么幼稚啊……

不能有矛盾只证明了无能，而非"真理"。

我们不可以在错误的地方去寻找现象论[347]：没有什么比内在世界更具有现象性了，确言之，没有什么比我们用著名的"内在感官"[348]观察到的这个内在世界具有更强的**欺骗性**了。

我们坚信意志就是原因，以至于我们按照我们的个人经验竟然把一个原因强行置入事件之中了（把意图当成事件的原因了）。

我们相信，我们头脑中相继出现的一个个想法处于一种因果联系之中：奇怪的逻辑学家实际上在谈论在现实中绝不会出现的纯粹情况，他已习惯了这种先入之见，一种想法**引起**另一种想法——他把这称作思维……

我们相信，我们的生理学家也依然相信，快乐和痛苦是反应的原因，而快乐和痛苦的意义在于引起反应。几千年以来人们一直把快乐和避免不快当作所有行动的**动机**。稍加思索我们就会承认：如果没有快乐和痛苦这两种状态，那么一切都会这样严格按照因果联系进行下去。人们断言快乐和痛苦能引起某种东西，这种说法完全错了。快乐和痛苦均为具有另一种目的性的**伴随现象**，其目的性根本不在于引起反应；它们是已进行的反应过程的结果。

总之，一切被意识到的东西都是最终现象，都是结局，而不是引起某物的原因——意识中的所有相继序列都具有完全的原子论属性。我们却用**相反的**观点来理解世界，似乎除了思维、感觉和意志，就没有什么东西是真实的了，就没有什么东西在起作用了……

153

科学

第一章 "**真实的世界**"的起源

哲学的迷误在于：不是把逻辑和理性范畴视作手段，而是为了把世界整理得符合功利性目的（"从原则上"，使世界成为一种有用的伪造），主观地将逻辑和理性范畴当作真理或真实性的标准。事实上，"真理的标准"只是这种**从原则上进行伪造的体系之生物学功利性**：因为有一种动物最重视自我保存，所以人们确实可以在此谈论"真理"。哲学的幼稚仅仅在于把人类中心论的特异反应性当作**万物的尺度**，当作衡量"真实"与"非真实"的准绳。简言之，将一种制约性绝对化了。请看，现在世界突然分裂成了一个真实的世界和一个"虚假的世界"：恰恰是人类居住于此的这个世界，即人类发明了理性以适应之的世界，在人类面前遭到了诽谤。哲学家们疯狂的洞察力没有把形式当作计算和利用世界的手段，而是在这些范畴中发现了真实世界的概念，而我们生活于其中的另一个世界不符合这个概念……手段被误解为价值标准，甚至被误解为对那个意图的规定……

那个意图就是以功利的方式自我欺骗。自欺的手段就是发明一些术语和符号，借此人们可以把令人眼花缭乱的多样性简化为一种合目的、方便的图式。

多么不幸啊！现在人们让一个**道德范畴**粉墨登场：没有人想犯错误，人们不可以用谬误来欺骗他人，因此只存在一种追求真理的意志。何谓"真理"？

矛盾律提出了这个定式：人们寻找道路以求抵达的真实世界，不可以自我矛盾，不可以变化，不可以生成，它无始无终。

这是哲学家所犯的最大的错误，这个错误所带来的真正的厄运从此降临到了地球上：人们认为理性形式包含着一种真实性标准，而人们拥有理性形式，是为了操纵真实性，是为了以一种聪明的方式**误解**真实性……

请看，现在这个世界成了虚假的，原因恰恰在于**构成其实在性**的诸属性：变化，生成，杂多，对立，矛盾，战争。

于是整个人类灾难临头：

1. 人们如何摆脱这个错误的、虚假的世界？（它是唯一实在的世界。）

2. 人们自己如何尽可能地成为虚假世界之特性的对立面？（"完美者"的概念作为实在的人的对立面。确言之，作为**生命的否定**……）

3. 所有价值的总目标在于**诋毁生命**。

4. 人们完全混淆了理想教条主义与认识，以至于**反对派**也总是拒绝**科学**。

通向科学的道路于是遭到**双重**封锁：它一方面遭到对真实世界

的信仰的封锁，另一方面则遭到信仰的反对派的封锁。

自然科学和生理学因其研究对象而遭到批判，并丧失了其纯洁……

在万物相互联系和相互制约的现实世界里，对任何一种事物的漠视和谴责就意味着对万物的**漠视**和谴责。

"这不应该存在""这本不应该存在"，此类箴言纯属**笑话**……我们必须想到这类说法的后果：倘若我们清除了在任何一种意义上的**有害**因素和**破坏性**成分，那么我们就毁掉了生命之泉。生理学能**更好地**证明这一点！

154

作为颓废的道德

我们看见了**道德**是如何：

1. **毒害**整个世界图景的；

2. 封锁通往**科学**和认识的道路的；

3. 瓦解和摧毁所有真正的本能的（它通过教育让人们认为真正本能之根是**不道德的**）。

我们看见了一种颓废的可怕工具在我们眼前运作，它以最神圣的名字和表情来支撑门面。

155

颓废

作为颓废的宗教

反对懊悔和对它的纯心理学治疗

（我推荐用**米切尔疗法**[349]来治疗内疚）

无法消化一个经历，此乃颓废的一个标志。重新撕开旧伤口，在自我蔑视和悔恨中辗转反侧，这种做法的确是一种疾病，从中绝不会产生"灵魂的拯救"，而只会出现这种疾病的一个新病征……

基督徒身上的"救赎状态"纯属同一种病态的变体，——和用某套术语对癫痫病危机所作的解释，这套术语**不是**来自科学，而是出自宗教妄想。

当你生病时，你总是以病态的方式表现出你的**善良**……我们现在把基督教借以工作的绝大部分设备视作歇斯底里和癫痫病的形式。

我们必须把灵魂康复的全部实践重新建立在一种**生理学**的基础之上：作为良心谴责的"内疚"乃是痊愈之障碍，我们必须采取新的行动来补救一切，并尽快摆脱**自我折磨**的宿疾……

我们应该把教会和各教派的纯心理学做法当作危害健康的毒品，使它声名狼藉……

通过祈祷和驱鬼根本不能治愈病人：在这种影响下出现的"宁静"状态与在生理学意义上的引起信任感毫不相干……

如果我们嘲笑自己的严肃与热情，而人生的某个细节曾以其严肃与热情让我们**着迷**，如果我们在内疚时有一种狗咬石头似的感觉，如果我们以懊悔为耻，那么我们就是**健康者**。

迄今为止的心理学和宗教实践只是追求**病征的改变**：如果某人面对十字架贬低自己并发誓做个好人，那么这种实践就认为此人已康复了……而一位罪犯[350]与之相反，他以一种阴郁的严肃态度把握了自己的命运，事后从不诋毁自己的行为，实际上他拥有**更大的灵魂健康**……和陀思妥耶夫斯基一起蹲监狱的那些罪犯，全都是一些百折不挠的男子汉，——难道他们的价值不比一个"颓丧的"基督徒高出百倍吗？

156

权力意志
重估一切价值的尝试

第一章

真实的世界与虚假的世界。

第二章

这种错误的做法是如何出现的？生命的误解意愿意味着什么？

对作为颓废类型的哲学家的批判。

第三章

道德是颓废的表现。

对利他主义、同情、基督教和理性化的批判。

第四章

是否有相反立场的方案？

1.宗教领域的异教

2."艺术"

3.国家

反对它的战争：什么东西总在**密谋**反对它……

第五章

对当代的批判：当代的归属何在？

其虚无主义标志。

其**肯定**类型：我们必须理解这个**惊人的事实**，即存在一种**科学的良知**……

第六章

作为生命的权力意志

第七章

我们是北极人。

纯粹绝对的立场，例如，**幸福！！**例如，历史，巨大的享受和最终胜利，**非常明确的肯定与否定**……摆脱**不确定性！**

157

颓废

作为颓废的道德

"感觉""激情"

对感觉、欲望和"激情"（Leidenschaften）的恐惧，当这种恐惧达到**禁欲**的程度时，它已是**软弱**的标志，极端手段总是表明了反常状态。这里所缺少的或**已破碎**的东西，恰恰是**克服**冲动的力量，如果人们具有**必须**屈从即必须做出反应的本能，那么逃避机会（躲避"诱惑"）就是一种正确的做法了。

一种"感官刺激"之所以能成为一种**诱惑**，是因为它与某类人有关，这类人的系统太容易变动、太容易受支配了。与之相反，那种非常迟钝而僵硬的系统就必须有强烈的刺激才能发挥其作用。

对我们而言，放纵只是对那些无权放纵的人的一种异议；几乎所有的激情都由于这些人而落了一个坏名声，他们不够强大，无法使激情**为我所用**。

我们必须明白，我们反对**疾病**的理由同样可以作为反对**激情**的理由。尽管如此，疾病是少不了的，激情更是不可或缺的……

我们**需要**不正常，这种伟大的疾病可以使生命感到巨大的震惊……

对激情可以做细致的区分：

1. **主导性的激情**，它甚至可以带来最高形式的健康：在这种情况下，内部系统的协调及其统一的运作达到了最佳状态，——这几乎就是健康的定义了！

2. 各种激情相互对立，"胸中灵魂"[351]的二元性、三元性或多元性：很不健康，内部的崩溃，解体，表现为内心冲突、无政府主义与混乱加剧——除非有一种激情最后成为主宰。**恢复健康——**

3. 各种激情并存，无相互对立与相互支持：经常是周期性的，只要这种并存找到了一种秩序，它就是健康的……最有趣的人就属于这种类型，他们都是变色龙；他们不自相矛盾，他们是幸福的和安全的，但他们没有发展，——他们的各种状态并存，尽管其差别非常之大。他们善变，但**不生成**……

作为**颓废**的道德

"好人"是**暴君**

人类总是不断重犯同一个错误：他们把一种生存手段变成了生命的**尺度**。

他们不是在生命本身最高的提升中，不是在增长与衰竭的问题中去寻找尺度，而是利用某种特定的生存**手段**来排除所有其他的生存方式，来批判和淘汰生命。

也就是说，人类为了手段本身而最终喜欢上了手段，并**忘了**手段只是手段而已，以至于手段作为目标在现在进入人们的意识之中，成为目的的标准……

换言之，**某个种类的人**把他们的生存条件当成了法定的条件，当成了"真理""善良"和"完美"：这种人对其他人**施暴政**……

这是一种**信仰形式**和本能形式：这种人没有认识到其自身种类的局限性，没有看到与其他种类相比较的其自身的相对性。

看来至少有一种人（民族、种族）已经完蛋了，如果他们变得宽容，承认平等权利，彻底放弃了主人意志。

159[352]

作为颓废的宗教

批判信仰

信念与谎言

1. "在谎言与信念之间存在着一种对立"：没有更大的对立

了……

2. 然而我们有理由说：信念是比谎言更危险的真理之敌。（参见《人性的，太人性的》第483条）

3. 也许我们必须把居于首位的信念算作真理之敌？算作最危险的真理之敌？

每种信念都有其历史、其雏形、其试验与失策：在它长期**不是信念**和**更长期几乎不是**信念之后，它变成了信念……

在信念的这种胚胎状态下，难道不存在着谎言？

它往往需要一种人员变换（昔日在父亲心中的倾向，现在才在儿子心中成为信念）。

一位说谎者凭什么把谬误当作真理向我们兜售？凭其"实践理性"[353]（通俗的说法即利益）。

人们靠什么在各种不同的可能性之间做出抉择？依靠其实践理性，根据其利益……

人们根据什么在各种假说之间做出这样那样的选择？根据其利益。

在坚信者和受骗者之间有何区别？如果他完全受骗，那就没有区别了。

所有的哲学家都把他们的信念当作真理，其中的决定性因素是什么？是其利益，是其"实践理性"。

虚构、功利性、猜想、或然性、肯定性、信念——内心激情的历史，在激情的发端是谎言和谎言之神……

"我要将某物视作真实的存在者"：这是真理的本能吗？或者是另一种本能，它对真理不太认真，而只知道信仰所带来的利益？

如果自我欺骗于己有利，那么自欺的激情和信念的激情之间的区别何在？

难道凭基督教所理解的信仰，智慧或真理就获得了统治地位？大能的明证[354]（信仰所带来的利益之明证）或⋯⋯之明证。

造就殉教者的，是真理的本能吗？或者相反，难道不是内在组织的一种缺陷和真理本能的缺失造就了殉教者吗？我们将殉教者视作一种较低的类型：通过牺牲生命来证明一种信念，这种行为毫无意义；应该证明的恰恰是人们如此坚信的理由⋯⋯信念乃是一种异议，一种怀疑，一种挑战，你必须证明，即你不只是坚信，你不只是一个**傻瓜**⋯⋯

十字架上的死亡证明的不是真理，而只是一种信念，只是一种特异反应性。（非常流行的错误：有坚持自己信念的勇气——但我们恰恰应该有攻击自己的信念的勇气！！！）

160[355]

作为颓废的宗教——**信念**

批判殉道

今天我们可能会为某些事情而牺牲生命，但不会以非常崇高的态度来对待这种牺牲，我们绝不会用这类事情来搞偶像崇拜，因为它们只是要求我们做出牺牲而已⋯⋯例如，著名的"祖国"概念，今天的欧洲人必须为它付出特别昂贵的代价，还有更著名的"科学"概念，正如我所假定的那样，在某个时候会变得比"祖国"概念更昂贵。

为某种事业而死——

为了维护公理，我们就必须拥有公理吗？恰恰相反！没有考虑到这一点就意味着不知足。人们不必追求过多的荣誉……而所有伟大的智者都很谦虚：他们只是维护公理而已……

你们若为某种事业付出生命的代价，它就会因此而变得**光荣**，难道你们不是这样想的吗？一种变得光荣的错误，乃是一种完全掌握了诱惑艺术的错误！你们认为我们会鼓励你们去为你们的"真理"殉道吗？正是这一点说明了世界历史上所有迫害者的愚蠢：他们迫使他们的对手成为英雄……他们使所有的愚蠢行为变成了人类的偶像……**女人**今天还跪拜在一种学说之前，该学说的导师已死在十字架上……十字架是一种明证吗？

对我们今人而言，有某种程度的信仰就足以对他们所信奉的东西提出异议，更足以对信徒们的精神健康表示怀疑：所有"坚定不移的信念"几乎都属于疯人院。

161

我完全无法预料：某人若耽误了及时上一所**好学校**，他怎么做才能弥补这种缺憾。这种人没有自知之明；他得过且过，没有真正学会走路；每走一步都暴露出其肌无力。生活有时非常仁慈，允许他上严厉的学校去补课：常年的宿疾会挑战他最大的意志力与自得其乐；或一种突如其来的困境，他自己的和他妻儿的困境，会迫使他采取果断的行动，行动能使他松弛的肌纤维再次焕发活力，并使他的生命意志重新**变得顽强**……在任何情况下，最值得追求的美德乃是一种**及时的**、严格的纪律，及时指的是就在以被寄予诸多希望为自豪的青春时代。因为纪律把严厉的好学校与其他学校区别了开来，要求多；要求严；把良好和优秀作为合格来要求；很少赞扬，缺乏宽大；指责尖锐、客观而公开，不顾及某人的才华和出身。我们在任何方面都需要这种严厉的学校，严厉既针对身体，也针对精神；在此把二者区分开来是非常危险的！相同的纪律使军人和学者变得能干，经过仔细观察我们得知，凡是能干的学者，其体内都有能干的军人之本能……按顺序列队，但任何时候都能充当先锋；喜欢冒险，厌弃舒适；不考虑什么事情是允许的、什么事情是禁止的；与邪恶相比，更加仇视平庸、狡诈和寄生虫……

在一所严厉的学校我们能**学到**什么？**服从**与**命令**——

162[356]

哲学家

皮浪是最宽厚和最有耐性的人，他曾生活在希腊人之中，他是古希腊的佛教徒，是佛陀本身。只有唯一的一次他怒不可遏，是谁激怒了他？——是和他在一起生活的妹妹：她是接生婆。从此绝大多数哲学家都害怕妹妹——妹妹！妹妹！这听起来多么可怕啊！——都害怕接生婆！（独身生活的起源）

163

（论作为颓废的宗教）
宗教道德

情绪、大欲、权力、爱情、复仇与占有的激情——道德家们要消灭它们、拔除它们、涤除它们，以"净化"灵魂。

他们的逻辑是，这些欲望常常酿成大祸，因此欲望是邪恶的和卑劣的。人必须摆脱欲望，否则他就不能成为一个**好人**……

他们的想法和这种逻辑如出一辙："如果你的一条腿让你跌倒，那就砍掉它。"[357]在特殊的情况下，例如，看见了危险的"单纯的村姑"[358]，基督教的创始人曾劝他的门徒自残；在性兴奋的情况下，这种说教则会导致令人遗憾的后果，不仅生殖器被阉割了，而且人的特性也**被阉割了**……同样的情况也发生在疯狂的道德家们身上，他们不是主张克制激情，而是要求剔除激情。他们的结论总是很荒唐：只有阉人才是好人。

心灵的各种激情恰似狂野的山溪，它们在山间奔流，惊心动魄，往往很危险，而它们恰恰是伟大的力量之源。但道德的思维方式，最短视和最有害的思维方式，不是要利用和经济地使用激情之力，而是要使这种力量之源彻底**枯竭**。

164

基督教的道德庸医

同情与蔑视相互跟随、迅速交替，有时我很愤怒，犹如看见了一桩卑鄙的罪行。谬误在此变成了义务，变成了美德；错误的做法变成了帮助，毁灭者的本能被系统化为"拯救"；每次手术都成了伤害，都成了切除器官，而器官的活力乃是康复的前提。在最佳情况下人也没有被治愈，而是用一系列病征替换了另一系列病征……这种危险的胡闹，这种败坏和阉割生命的体系竟然被认为是神圣的、不可侵犯的；为这种体系效力，成为这种医术的工具，当**神父**，于是被凸显了出来，成为一种令人尊敬的、神圣的、不可侵犯的职务。只有神才可以是这种最高医术的发明者：拯救只有作为启示才是可以理解的，即作为一种神恩，作为造物主送给人的、最受之有愧的礼物。

原理一：心灵的健康遭到怀疑，被视作疾病……

原理二：强烈的欲望和激情，强壮而旺盛的生命之前提，被当成了反对强壮而旺盛的生命的理由。

原理三：凡是使人遭受危险的事物，凡是能控制人和毁灭人的事物，都是邪恶的和卑劣的，都应该从人的灵魂中连根拔除。

原理四：人变成了于人于己皆无危险的动物，虚弱、谦卑、低三下四，自知其虚弱，"罪人"——这就是最值得想望的人的类型，庸医们凭几次灵魂外科手术就可以把这种类型**制造**出来……

165

勇气

一

我严格区分对人的勇气、对事的勇气和对经书的勇气。大卫·施特劳斯[359]的勇气属于最后一种。我还区分在证人面前的勇气和没有证人的勇气：一位基督徒的勇气，即信神者的勇气，绝非没有证人的勇气——勇气因此而降级了。此外，我还区分来自性格的勇气和害怕出现恐惧心理的勇气，道德勇气就是后一种勇气的个例。属于此类的还有出于绝望的勇气。

瓦格纳乃诱惑者。

二

瓦格纳就有这种勇气。他在音乐方面的境况其实是绝望的。他缺乏一位**优秀的**音乐家必须具有的两种素质：天赋与文化，即天生的音乐才华与后天的音乐教育和训练。但他有勇气，他从这种缺乏中创造出了一种原则，他发明了一种音乐。他所发明的"戏剧音乐"乃是他**能做**的音乐……其概念说明了瓦格纳的局限性。

人们其实误解了他——人们误解了他吗？六分之五的现代艺术家和他的情况一样。瓦格纳是他们的救星：顺便说一句，六分之五只是"最小的数字"。每当天赋无情地显示出来时，另外，当文化只是一种偶然、一种尝试、一种半吊子作风时，现代艺术家就本能地（这样说太轻了）、热情地求助于瓦格纳；结果正如诗人所言："一半被拖，一半自沉。"[360]

三

功成名就的瓦格纳是一位伟大的**诱惑者**。假如这位诱惑者学会了说话，假如他以聪明的朋友和良心顾问的形象与青年音乐家们交往，这些青年人在其自我深处承受着小小的厄运——那么我们就会听见他亲切而真诚的话语，就会发现他对所有的"小厄运"充满了天使般的宽容……

166

一幅画的素材。一位马车夫。冬景。马车夫面带最轻蔑的嘲讽，把尿撒在他自己的马身上。可怜的、遭到虐待的马于是环顾四周——谢谢，非常感谢……

167

作为问题的瓦格纳。

戏子瓦格纳。

流行艺术。

作为榜样的瓦格纳。

作为诱惑者的瓦格纳。

作为表情的音乐。每种想法———

168

真实的世界与虚假的世界
第一章　提纲

一

这个概念所发出的**诱惑**有三种。

1.一个**未知的**世界，我们是冒险家，充满好奇心，——熟悉的事物似乎使我们感到厌倦（此概念的危险性在于：它暗示我们"这个"世界[361]是**已知的**……）。

2.一个**不同的**世界，在那里一切都是异样的：它在我们心中推算出某种东西，我们宁静的顺应和我们的沉默皆丧失了其价值，——也许一切都会变好，我们的希望没有落空……另一个世界有不同的景象，我们本身（谁知道呢？）也会不同……

3.一个**真实的**世界，这是对我们的最奇怪的打击和攻击；"真实"一词长了许多层表皮，我们不由自主地把这些表皮赠送给了"真实的世界"，**真实的**世界肯定是一个**诚实的**世界，一个不欺骗我们、不愚弄我们的世界，信它几乎就是**应该**信它（出于礼貌，正如我们和值得信任的人相处时那样）。

"未知世界"的概念暗示我们这个世界是"已知的"（因此是无聊的）。

"另一个世界"的概念暗示我们似乎世界**可以是异样的**。——它取消了必然性和事实（**顺从**和**适应**皆成为多余的）。

"真实世界"的概念暗示我们这个世界是一个不真实的、欺骗性的、不诚实的、虚假的、非本质的——**因此**不利于我们的世界（适应这个世界是不可取的，我们**最好**反抗它）。

我们以三种方式**逃避**这个世界：

以我们的**好奇心**，似乎较有趣的部分在别处；

以我们的**顺从**，似乎顺应这个世界是不必要的，似乎这个世界没有终极意义上的必然性；

以我们的同情与尊敬，似乎这个世界不值得同情与尊敬，似乎它是不纯洁的，对我们不诚实的……

总之，我们以三重方式**反叛**这个世界：**我们用一个未知数来批判**这个"已知的世界"。

二

深思的第一步：搞清楚我们在什么程度上受到了诱骗——实际情况有可能恰恰**相反**。

1. **未知的**世界也许具有这样一种性质：作为一种单调而低微的生存形式，它能使我们对这个世界感兴趣。

2. **另一个世界**（更别提它会考虑我们在此生无法实现的愿望了），也许是使我们这个世界成为可能的总体存在的一部分：对它的了解只是一种使我们感到满意的手段而已。

3. **真实的**世界，然而究竟有谁对我们说过，虚假的世界肯定比真实的世界价值低？我们的本能难道没有驳斥这种判断吗？因为人类想要一个比现实更好的世界，难道人类不总是在创造一个虚构的世界吗？

首要问题是，**我们的世界不是**真实的世界，这个想法从何而来？另一个世界首先有可能就是"虚假的"世界……事实上，例如，古希腊人就在**真实的**生存之外，臆想出了一个**幻影王国**，一种**虚假的生存**。另外，是什么东西给我们权利来确定**真实性的程度**？这种东西肯定不是一个未知的世界，而是**想要了解未知世界的愿望**而已。

请注意。"另一个"世界，未知的世界。——好吧！但是言说"**真实的世界**"意味着"对它有所**了解**"——这恰恰是对一个未知世界的猜想的对立面。

总之，未知的世界在任何意义上都有可能比这个世界更无聊、更没有人性、更有损人的尊严。

如果有人断言，有许多个世界，也就是说在这个世界之外还存在诸多可能的世界，那么情况就有所不同了，但从未有人做出过这样的**断言**……

　　"真实的"世界=**诚实的**、真诚的、不欺骗我们的世界。

　　　　　　=**正确的**、唯一可以依赖的世界。

　　　　　　=**真正的**世界，即仿造的和伪造的世界的对立面。

三

　　问题：为什么**另一个世界的观念**最终总是不利于这个世界，确言之，总是导致对这个世界的批判？这一点说明了什么？

　　须知：一个生机勃勃的、处于上升阶段的、自豪的民族总是把**异质**事物视作较低劣的、较无价值的事物；它把陌生的异族世界看成它的敌人和对立面，它对异族没有好奇心，全盘否定异族世界[362]……

　　一个民族绝不会承认另一个民族是"真实的民族"……

　　人们竟然做出这样的区分——人们认为这个世界是"虚假的"世界而**那个**世界是"**真实的**"世界，这种观点乃是疾病的症状。

　　"另一个世界"观念的**发源地**：

　　哲学家虚构了一个理性世界，**理性**和**逻辑**功能皆与这个世界相适应——于是出现了"真实的"世界；

　　宗教家虚构了一个"神性世界"——于是出现了"非自然化的、反自然的"世界；

　　道德家虚构了一个"自由世界"——于是出现了"善良的、完善的、正义的、神圣的"世界。

　　这三个发源地的**共同点**……

　　心理学上的失策……生理学上的混淆。

　　在历史上确实出现的"另一个世界"，无论它具有何种称号，

361

皆打上了哲学的、宗教的、道德的偏见之烙印。

事实表明，另一个世界乃是**非存在**、非生命和非生命**意志**的**同义词**……

总体认识：不是生命本能而是**厌世**本能创造了另一个世界。

结论：哲学、宗教和道德乃是**颓废的症状**。

第二章

历史证明，宗教、道德和哲学乃是人类颓废的表现形式。

第三章

1. 把"这个"世界称作"虚假的"世界的各种理由，反而说明了这个世界的真实性：**另一种**真实性是完全无法证明的。

2. 人们所描述的事物"真实存在"的特征，恰恰是非存在的特征——人们利用对"现实世界"的抗议建造了"真实的世界"，它其实是一个"虚假的世界"，是一个**道德上的视幻觉**世界。

3. 总之，编造与这个世界不同的另一个世界毫无意义——前提是，我们心中没有强烈的诋毁、贬低和怀疑生命的本能。在怀疑生命的情况下，我们**用**一种"较好生命"的幻象对生命进行**复仇**……

4. 把世界区分为一个"真实的"和一个"虚假的"世界，应归咎为颓废的心灵影响：像艺术家那样褒扬**假象**贬低**现实**的做法，根本无法否定现实。因为假象在此只是再次印证了现实，即被选择、被强化、被修正的现实……难道有悲观主义艺术家吗？**悲剧艺术家是悲观主义者**吗？

169

1. 真实的世界与虚假的世界。

2. 作为颓废类型的哲学家。

3. 作为颓废类型的宗教家。

4. 作为颓废类型的好人。

5. 相反的运动：**艺术**。悲剧性之问题。

6. 宗教领域的异教。

7. 科学反对哲学。

8. **政治**。

9. 批判当代。

10. 虚无主义及其对立面：复归者。

11. 权力意志。

〔1〕假如另一个世界**更有价值**，那么为什么它就应该比这个世界**更真实**？**真实性**是一种完善性吗？——但这是**上帝的本体论证明**……

〔2〕假如另一个世界是**真实的**，那么它有可能比我们的世界**价值更低**……

170

相反的运动：**艺术**

制约艺术家的因素均为特殊状态：所有这些状态都和病态现象非常相似并与其纠结在一起，以至于当艺术家而不生病似乎是不可能的。

一些生理状态在艺术家身上似乎已被培育成了"人格",而普通人本身在某种程度上也具有这些状态。

1. **陶醉**:增强的力量感;内在的强制,必须使事物反映自己的充盈和完美。

2. 某些感觉**极端敏锐**:以至于艺术家理解和创造了一种异样的手势语,这种手势语与某些神经疾病有关——极端的灵活造成了极端的健谈;要用语言表达做手势所能表达的一切……有一种通过手势和表情来表达自己的需要;能够用许多语言手段来表现自我……一种**爆发性**的状态——我们必须把这种状态首先理解成强迫和欲望,他必须通过各种肌肉活动与动作来摆脱极度的内心张力;然后把它理解成**这种动作**与内心过程(意象、思想、欲望)的非自愿**协调**——理解成在从内部作用的强烈刺激的推动下整个肌肉系统的一种自动动作——没有能力**阻止**反应;**缺乏**抑制机制。每种内心活动(情感、思想、情绪)的伴随现象包括**血管的变化**以及颜色、温度和分泌的变化;音乐的**心灵影响力**,其"心理暗示"。

3. 不得不模仿:一种极端的敏感,敏感的身体受到一个现有的蓝本的感染,——一种状态已经通过手势**再现**并可根据手势猜测出来……一种内心出现的形象已表现为肢体的动作……摆脱了**意志**的束缚(叔本华!!!)。

一种对外部世界的麻木和盲目,——**获得许可的**刺激领域得到了清晰的划界——

艺术家与外行(艺术的接受者)的区别在于:后者在接受时能达到敏感性的高潮,前者在给予时则进入高潮——施与受的区别很重要,这两种才能的对立不仅是自然的,而且是值得想望的。这两种状态中的每一种皆有其相反的视角，——要求艺术家熟练地采用听众（批评家）的视角，意味着要求他使自己变贫乏并使其特殊的能力逐渐**衰退**……这两者的区别犹如两性差别：我们不应该要求给予的艺术家去"**接受**"，不应该要求他变成女人……

迄今为止，我们的美学之所以是一种女性美学，乃是因为只有艺术的受众表达了他们关于"什么是美"的经验。整个哲学领域直到今天仍然缺乏艺术家……正如前文简述的那样，这是一个必要的错误；因为倘若艺术家开始理解自己，那么他就会**用错**了自己——他不必回顾，他根本不用判断，他必须给予——没有批评能力会使一位艺术家感到荣幸……否则他就是一位半吊子，一位"现代"艺术家……

171

作为颓废的宗教

睡眠乃是疲乏的结果，疲乏则是过度刺激的结果……

在所有悲观主义宗教和哲学中都有睡眠的需要，都有对"睡眠"概念的神化和崇拜——

疲乏在任何一种情况下都是一种种族疲惫；从生理学上来看，睡眠只是一种更为深刻、更为长久的**安息必然性**的比喻……实际上，死亡借用了其兄弟即睡眠的形象，在此发挥巨大的诱惑作用……

172[363]

宗教偏执狂通常以循环性精神病[364]的形式出现，它有两种相互矛盾的状态，即萎靡状态和强大状态。（弗雷[365]之书，第123页）

173

作为生命的权力意志
权力意志的心理学
快乐与不快乐

痛苦[366]与快乐不同，——但我要说，它**并非**快乐的反面。如果快乐的本质被正确地描述为力量的**增长感**（因此被描述为以比较为前提的差别感），那么不快乐的本质由此尚未得到定义。民众和语言所相信的这种错误的对立，始终是束缚真理前进的危险脚镣。甚至会出现下列情况：某种快乐是由一种**节奏性的**小小不快刺激**序列**引起的，由此而获得了力量感和快乐感的迅速增强。例如，这种情况发生在受到刺激时，包括交媾行为中的性刺激：我们把不快乐视作快乐的积极成分。一个小障碍显然已被克服，然后立即又会出现另一个小障碍，这个小障碍又被克服了——这种抵抗与战胜的游戏最强烈地激发了那种力量盈余的总体感觉，这种感觉乃是快乐的本质。——通过插入的小小快乐刺激来增强痛苦感，这样的反转是没有的。快乐和痛苦并非相反的感觉。——痛苦是一个理智过程，在这个过程中人们明确地作出了一个判断，即关于"有害的"判断，其中积淀了长期的经验。本来就没有什么痛苦。**并不是**伤害使我们感到痛苦；经验告诉我们，一种伤害会给整个机体带来何种恶果，而这种伤害则以名为"不快乐"的强烈震惊的形式出现（当出现了过去的人类所不了解的有害影响时，例如来自新配制的有毒化学药品的影响，我们也没有痛苦的判断，——我们已不可救治……）。痛苦的特性始终是长期震惊，是神经系统之可怕的脑休克的后续震颤：折磨人的其实**并非**痛苦的原因（例如某种伤害），而是随着脑休克出现的长期平衡障碍[367]。痛苦是一种脑神经中枢疾病，而快乐绝非疾病……表面现象和哲学家的偏见告诉我们，痛苦乃是反向运动的原因；然而在突发的情况下，如果我们仔细观察就会发现：反向运动明显要早于痛感。倘若在一次失足时我不得不等待，直到事实敲响意识之钟并反馈给我一个怎么办的指示，那么我肯定会摔得很惨。……与之相反，我要尽可能地分辨清楚，为了防止跌倒，首先要使脚做反向运动，然后在一个可测量的时间间隔内，我的前脑突然感觉到一阵痛苦的波涛。我们**不是**对痛苦作出反应。痛苦是事后才投射到受伤的部位的：尽管如此，这种局部痛苦的本质并非那种局部损伤的表现，它只是神经中枢所接收到的一种纯粹的局部信号，其强度和调子符合损伤的程度。紧随着那种休克，机体的肌肉力量明显下降，这一点完全不能成为我们在力量感的减弱中寻找痛苦的本质之依据……我重申，人们**并不**对痛苦作出反应：不快乐不是行为的"原因"，痛苦本身就是一种反应，反向运动是另一种**更早的**反应，——两者的出发点各不相同。

174

作为**生命**的权力意志

人**不**寻求快乐，**不**避免不快：你们都明白，我以此驳斥的是哪种著名的偏见。快乐和不快纯属后果，纯属伴随现象。——人所追求的，一个活的有机体每个最小的部分所追求的目标，均为力量的增长。在追求权力时会出现快乐与不快；在权力意志的驱使下他寻找阻力，他需要抵抗者。作为权力意志之障碍的不快只是一个普遍事实，只是每种有机现象的正常成分，人不回避不快，确言之，他不断地需要不快：每次胜利、每种快感和每次事变均以克服一种阻力为前提。

我们可以以一种最简单的情况，即以原始营养为例：原生质[368]伸出其伪足[369]，去寻找抵抗它的东西——不是出于饥饿，而是出于权力意志。然后它试图征服、占有和吞食抵抗者：所谓的"营养"只是一种后果，只是那种原始的、要变得**更强大**的意志的运用而已。

我们不可以把**饥饿**视作原动力或自我保存。将饥饿理解为营养不足的后果，意味着：饥饿乃是**不再成为主宰**的权力意志之后果。

二重性乃是一种过于虚弱的统一体之后果。

营养与弥补一种损失完全无关——只是后来由于劳动分工，在权力意志学会了采用其他的途径来满足自己之后，有机体的同化需求就被**简化**为饥饿，就被归结为弥补损失的需求。

不快乐很少能引起我们的**力量感的减少**；在通常情况下，不快乐恰恰是作为对力量感的刺激而发挥作用的，——阻碍乃是权力意志的**兴奋剂**。

人们混淆了不快乐与另一种不快即疲乏的不快：后者其实就是权力意志的剧减与沮丧，就是可测量的力量损失。换言之，第一种不快乐乃是力量增强的刺激物，第二种不快乐则是力量挥霍之后的无兴趣。前者为兴奋剂，后者为一种过度刺激的后果……没有能力克服阻力乃是第二种不快乐的特性，向抵抗者发出挑战则属于第一种不快乐……在疲乏状态中还能感觉到的快乐就是入睡，在制服抵抗者的情况下所感受到的快乐则是胜利……

心理学家们最大的混淆在于：他们没有分清楚这两种**快乐**，没有把**入睡**的快乐和**胜利**的快乐区分开来。

疲乏者需要休息、伸展四肢、和平与宁静——此乃虚无主义宗教与哲学之**福**。

富有者与活力四射者则追求胜利、征服对手、力量感的泛滥以淹没比目前更广阔的领域。

有机体一切健康的功能都有这种需求，——整个有机体，直到青春期结束，都是这样一种为力量感的增长而奋斗的系统综合体——

175

柏拉图：——

但**摩奴**[370]说：灵魂借以谋求未知事物的行为，乃是一种对忉利天[371]的**回忆**，它保留了忉利天的一丝痕迹，正如我们睡醒时常常依稀看见一些梦中幻象一样。

酗酒

喝醉了酒的婆罗门[373]，忘记了构成他的人格的神性本质，于是降格为不洁的首陀罗[384]等级。

沉湎于发酵饮料的再生族[375]，他的内心被酒的烈火焚烧。他**喝滚烫的母牛尿**，以此来净化自己。

177

但愿他能救一头母牛的命：这种值得赞扬的行为可以抵偿杀死一位婆罗门的重罪。

178[376]

祭司

婆罗门是这个世界和那个世界的权威，通神的婆罗门是万民崇拜的对象。

若有人杀死了一头母牛，他就应该整整三个月披着这头母牛的皮，然后在一位牧牛人那里干整整三个月的活。然后他应该把十头母牛和一头公牛作为礼物送给婆罗门；最好的做法是他把他的全部财产都送给婆罗门。于是他的过错便得到了饶恕。

谁若杀死了一位**行过割礼的人**，他只需做一次简单的献祭就能涤罪（而杀死一头牲畜的罪人必须在林中忏悔达六个月之久，并任其胡须和头发疯长）。

论基督教实践

几千年来，人一直不了解生理学上的自己，直到今天他依然不了解自己。例如，知道人有一个神经系统（而不是什么"灵魂"），仍然是受到高等教育的知识分子的特权。但人们从不怀疑自己在这个领域的无知；——只有厚道人才会说"我不知道它"，才会**承认**自己的无知……假如他正在受苦或处于快乐的状态，那么他就不会怀疑，只要他一直寻找，就能找到这种状态的原因。他在找原因……实际上他找不到原因，因为他从不怀疑他的寻找方向是否正确……然后会发生什么事呢？……他把状态的**结果**当成了状态的**原因**。

例如，他怀着好心情创作一部作品（认真创作，因为好心情赋予他创作的勇气），这部作品于是成功了：瞧，作品就是好心情的原因……

换个角度看，成功和好心情的决定因素其实是一样的，即各种生理系统与力量的顺利协调。

他状态很糟，**因此**解决不了他的烦恼、疑虑和自我批评……而实际上他相信，糟糕的状态乃是他的疑虑、"罪孽"和"自我批评"的结果……

然而往往在经历了深度疲乏与衰竭之后，康复状态又回来了。"我如此自在，如此放松，这是怎样发生的？这是一个奇迹，只有上帝才能创造这个奇迹。"结论："上帝已宽恕了我的罪孽"……

由此产生了一种做法：为了引起罪孽感，为了准备悔悟，人们就必须使身体进入一种病态和神经质的状态。做到这一点的方法众所周知。多么愚钝啊，人们竟然不怀疑实际情况的因果逻辑。——人们对**肉体苦行**做了**宗教解释**，苦行表现为目的本身，然而它只是作为手段而采用的，即使懊悔的病态消化不良症得以出现的手段（罪孽的"固执观念"，通过"罪孽"的说教对母鸡进行催眠）。

对肉体的虐待为一系列"罪恶感"制造了基础……换言之，一种普遍的痛苦必须**得到解释**……

另外，"拯救"的方法也是这样制定出来的：人们用祈祷、动作、表情和誓言来向各种激情挑战，——紧接着突然出现了疲乏，常常以癫痫病的形式。经过了深度嗜睡状态之后，终于出现了复原的假象——宗教术语即"拯救"。

180

伊斯兰教是一种**男子**的宗教，它极度蔑视基督教的伤感和虚伪……它觉得基督教乃是一种女人的宗教——

181

作为颓废类型的**宗教家**

宗教状态类似于精神病和神经衰弱。

宗教危机侵袭一个民族的历史性时刻——

宗教家的幻想乃是**神经紧张者**和**受到过度刺激者**的幻想。

基督徒的"**道德神经质**"。

现在我们的任务是：描述困难的、不只是对我们产生歧义的基督教现象。

整个基督教的忏悔和拯救仪式可以被视作一种任意制造的**循环性精神病**；只能在命中注定的（具有病态天性的）个人身上制造出这种精神病，这是多么低劣啊！

182

为何弱者得胜

总而言之，病人和弱者有更多的**同情心**，他们更有"人性"。

病人和弱者有更多的**精神**，他们更善变，更多样化，更有趣，——更恶毒：病人独自发明了"**恶毒**"一词。

软骨病人、淋巴结核病人和肺结核患者常常表现出一种病态的早熟。

精神：迟到的种族（犹太人、法国人和中国人）之财富。反犹主义者之所以不原谅犹太人，是因为犹太人有"精神"——还有金钱：反犹主义乃"吃亏者"的代名词。

两种最有趣的人：傻子和圣人。

"天才"和伟大的"冒险家与罪犯"是近亲。

病人和弱者独具**魅力**，他们比健康人**更有趣**。

所有人，尤其是最健康的人，在其人生的某些时期都**有病**：巨大的内心冲动、权力的激情、爱与复仇皆伴有深度错乱……

就**颓废**而言，在任何意义上，每个人，只要他不是过早地去世，几乎都有颓废的表现：出于经验，他也了解那些属于颓废的本能。

几乎在**半个人生**里，每个人都是颓废的。

最后还有：**女人！人类的这一半**是软弱的，典型病恹恹的，善变的，反复无常的——女人需要强者，以依附于强者，——还需要一种软弱的宗教，这种宗教把**软弱**、爱和谦卑奉若神明……

更确切地说，女人的宗教使强者变软弱，——当它成功地征服了强者，它就获得了**统治**地位……

女人总是和各种颓废类型以及神父们勾结在一起，密谋推翻"威权者"、"强者"、**男人**……

女人总是拉拢**孩子们**，使他们崇拜虔诚、同情与爱。——**母亲令人信服地**代表了利他主义……

最后：不断增长的文明，必然带来病态成分的增加、**神经官能征**和**精神病**的增多以及**犯罪侦查学**的繁荣……

一种**中间类型**诞生了，那就是**艺术家**。由于意志薄弱和对社会的畏惧，艺术家远离刑事犯罪，同时尚未达到住进疯人院的程度，却好奇地把他的触角伸进这两个领域：这些特殊的文化植物，现代艺术家、画家、音乐家、尤其是小说家，后者为了说明他的存在方式而使用了很不本真的"自然主义"一词……

疯子、罪犯和"自然主义者"不断增加：一种发达的、突然**向前疾奔**的文化之征兆。这意味着次品、垃圾和渣滓获得了重要地位，——衰落随之**出现**……

最后：**社会大杂烩**，革命、确定平等权利和迷信"人人平等"的后果。与此同时，没落本能（怨恨、不满、破坏欲、无政府主义和虚无主义）的载体，包括**长期受压迫**的社会底层的奴隶本能，怯懦、狡猾和流氓本能，全都混进了所有阶层的全部血液之中：两代三代之后，种族变得面目全非——一切都被**贱民化**了。由此产生了一种反对社会**精英**、反对各种**特权**的总体本能，该总体本能拥有权力和安全感，冷酷无情，进行残酷的实践，以至于原来的**特权阶层**在事实面前不得不立即屈服。

谁还想抓住权力不放，就必须讨好贱民，就必须拉拢贱民。

"天才们"捷足先登：他们变成了情感的**宣告者**，他们对群众进行煽情，使他们振奋——同情的音符，对所有受苦者、低贱者、被蔑视者、受迫害者表示敬畏的音符，压倒了所有其他的音符（"天才"类型：维克多·雨果和理查德·瓦格纳）。

贱民的得势再次表明了**旧价值**的兴盛……

既然出现了这样一种在速度和手段方面都非常极端的运动，正如我们的文明所表现的那样，一些人的重点就发生了转移：要抵消这种病态运动的整个巨大危险，这些人乃是关键人物，而且他们似乎是以此为己任的，在这种巨变和各种成分相混合的过程中，他们将变成杰出的延缓者、缓慢的接受者、难以放手者和相对的坚定者。在这种情况下，重心必然落到了**平庸者**身上，在反对贱民和怪人（二者常常结盟）统治的斗争中，**平庸性**得到了巩固，成为未来的保证与支柱。**特立独行者**的一个新的对手或一种新的诱惑于是应运而生。假如特立独行者不去适应贱民，不为"被剥夺了继承权者"的本能大唱赞歌，那么他们就必须变成"平庸者"和"规矩人"。他们知道平庸性也很金贵，他们甚至拥有金钱和黄金（以及一切**闪光**的东西）……古老的美德以及整个**陈腐的**理想世界再次赢得了一个有才华的代言人集团……结果，中庸性拥有了精神、才智和天才，它变得有趣并具有诱惑力……

结论。我还要谈谈第三种力量。手工业、商业、农业、科学和大部分艺术——所有这一切只能立足于一片广阔的大地之上，只能奠基于一种强大、健康而稳固的平庸性。**科学**和艺术受到平庸性的操纵并为其服务。科学无法给自己提出更高的要求：普通科学属于平庸者类型——它不适合特殊情况——其本能毫无贵族气概，也缺少无政府主义倾向。中庸的权力得到了商业，尤其是金融的维护，金融巨头的本能反对一切极端行为，所以在此期间犹太人成了我们受到威胁的、不稳定的欧洲**最保守**的势力。犹太人既不需要革命，也不需要社会主义或强国主义，如果他们要掌权并用权力来控制住革命党，那么这只是我的预言的结果，而不是与预言相矛盾。有时他们也必须引起人们对其他极端倾向的恐惧，——其做法是：向人们展示他们手中所掌握的一切。但他们的本能始终是保守的和"平庸的"……凡是有权力之处，他们都善于弄权，但其权力利用总是朝着一个方向。众所周知，**平庸**的美称乃是"**自由主义**"……

这种东西既无才智，也不真实……

思考。——假设**旧价值**的彻底**胜利**是反生物学的，这样做毫无意义。我们必须从生命的某种利益出发来试图解释这场胜利。

通过让弱者和失败者取得优势统治地位的方法来**维持**"人"这个类型——

在其他的情况下人类就无法生存吗？

难题——

类型的**提升**会给**物种的保存**带来灾难性的后果吗？

为什么？

历史经验告诉我们：

那些强大的种族**相互杀戮**：战争，权力欲，冒险；他们的生存是昂贵而短暂的，——他们**相互**消耗。

强烈的情感：**挥霍**——力量不再化为**资本**……

过度的紧张造成精神错乱——然后出现了**极度松弛**和软弱无力的时期。所有伟大的时代都付出了代价……

然后强者变得比平凡的弱者更虚弱、更无毅力、更荒唐。

强大的种族乃是**挥霍的**种族。

"**持久**"本身也许毫无价值：我们宁愿要一种较短暂的但**更富有**价值的种类生存。

剩下的事情就是要证明：这种种类生存能取得比在短暂生存的情况下更丰富的价值收益。

也就是说，作为力量积累者的人赢得了统治万物的一种更大的份额，如果一切进展顺利的话……

我们面对的是一个经济学问题。

183

在所有重要的步骤中，我将逐条地进行论证。以头脑里一定程度的逻辑，以和我相似的精力，以一种直面真知的勇气，人们本可以从我的早期著作中获悉我的这种论证的。但人们做了相反的事情，同时又抱怨我的著作缺乏一贯性。这些今日的大杂烩流氓居然敢使用"一贯性"这个字眼！

184

"虚假"＝特殊的行为—反应活动

虚假的世界就是一个根据价值来评判的世界，根据价值来选择与分类的世界。换言之，在这种情况下，评价是从有用性角度出发的，它关系到某个特定的动物种类的保存与力量增强。

视角给出了"虚假"的特性！

仿佛当人们排除视角时，还剩下一个世界似的！这样做也就排除了**相对性**……

对全部**剩余物**而言，每个力量中心都有自己的**视角**，也即自己的明确**评价**，自己的行为方式，自己的抵抗方式。

"虚假的世界"可以归结为从某个力量中心出发的某种针对世界的特殊行为方式。

现在完全没有其他的行为方式了："世界"只是表明这类行为的总体游戏的一个词而已。

真实恰恰存在于每个个体针对整体的个别行为与反应之中。

于是我们再也没有丝毫**权利**来谈论**假象**了……

这种**特殊的反应方式**就是唯一的反应方式：我们根本不知道世人有多少种和什么样的方式。

然而，没有"另一个"存在，没有"真实的"存在，没有本质的存在——这些词所表达的世界只是一个没有行为与反应的世界……

虚假的世界与真实的世界的对立可以归结为"世界"与"虚无"的对立。

185

道德

一种行为的价值取决于动机，即在行为之前的**意识**里所起的念头——这真是一种谬论！——人们居然根据动机来衡量道德或犯罪……

还有人认为，我们必须知道行为的后果。以前的心理学家们曾说过——

必须根据行为的后果来衡量行为的价值——功利主义者说：按照来源评判行为，这种做法隐含着一种不可能，即我们不可能**知道**行为的动机。

但是我们知道行为的后果吗？也许我们只知道一星半点。谁能说清楚，一种行为会刺激、激起、对自己引起什么呢？行为是刺激剂吗？也许它是炸药的引信？功利主义者们非常幼稚……最后我们必须**知道**什么是有用的：在此他们同样目光短浅……他们竟然对伟大的经济学毫无概念，经济学知道恶是不可或缺的。

人们不知道行为的来源，也不知道其后果：那么一种行为究竟有没有价值呢？

剩下来的就是对行为本身的考量：行为在意识中的伴生现象，即行为完成之后所产生的肯定与否定。一种行为的价值在于主观的伴生现象吗？一种行为当然伴随着价值感、力量感、强迫感或软弱感，还有自由与轻松。换一种问法，我们可以把一种行为的价值归结为生理学价值吗？这种行为是完美的生命的表现呢，还是受阻碍的生命的表现呢？其价值是行为的生物学价值吗？

我们可以根据行为的伴生现象来衡量行为的价值吗？可以根据快乐与不快、情绪活动、发泄感、爆发感和自由感来衡量吗？

行为的**生物学**价值也许表现在这些伴生现象上……

这意味着，我们必须根据音乐给我们带来的愉快或不愉快来衡量音乐的价值……必须根据音乐给**作曲家**带来的愉快或不愉快来衡量其价值……

如果我们既不能根据其来源，也不能根据其结果或其伴生现象来评价一种行为，那么这种行为的价值就是一个未知数……

由此可见，一种行为根本没有价值。

总之，这首宗教歌曲的语言表达了真相："一切爬虫、飞禽和走兽[377]，都在上帝的路上。"

186

哲学

物理学家们以自己的方式相信一个"真实的世界"：一种明确的、万物皆相同的、处于必然运动中的原子系统化，——在他们看来，这个"虚假的世界"可以还原为每个物体以其方式可以通达的、普遍与普遍必然的存在之层面（可以通达的，也就是构想好的，"主观"臆造的）。他们却误入了歧途：他们所确定的原子，是根据那种意识视角主义的逻辑推断出来的，因此原子本身也是一种主观虚构。他们所设计的世界图景与主观的世界图景在本质上没有什么不同，这种世界图景是用扩展的知觉构想出来的，然而完全是用**我们的**知觉……最后在这种情况下他们还浑然无知地漏掉了某个东西，即必然的"视角主义"（Perspektivismus），借助于视角主义，每个力量中心（包括人）从自己出发得以建构其余的整个世界。也就是说，用它的力量来衡量、触摸和塑造世界……他们忘了把这种**确定**视角的力量纳入"真实的存在"之中……用教科书语言来表达，真实的存在即主观存在。他们认为，真实的存在是"发展而来的"，是添加了新意的——

但化学家需要它：它是**特殊存在**，它决定着如此这般的行动与如此这般的反应，依情况而定。

视角主义只是特殊性的一种复杂形式。

我认为，每个特殊物体都力求控制整个空间并扩张自己的势力（其权力意志），并竭力打压反对其扩张的一切事物。但它不断碰到其他物体的相同努力，最后它会与和它非常相似的物体达成妥协（"联合起来"）；**然后，它们团结在一起谋取权力。**这个过程会持续下去……

187

哲学

化学中没有任何不变的东西，不变纯属假象，纯属书呆子的偏见。我的物理学家们啊，我们总是从形而上学中把不变之物**带了进来**。断言金刚石[378]、石墨和煤是相同的，这纯属幼稚的肤浅之见。为什么？因为我们无法用天平来计量物质损失！那么好吧，虽然这三者还有一些共同性，但是我们既看不见也无法称量的、处于变化状态的分子活动，恰恰能使一种物质变成另一种物质，后者具有另一种特性。

188[379]

新世界观

1. 世界存在：它不是变易者，不是消亡者。确言之，它变易，它消亡，但它从未开始变易，从未停止消亡——它通过变易与消亡来**保存**自己……它靠自己维持生存，它的排泄物就是它的食物……

2. 我们任何时候都不会为**创世**的假说操心。"创造"这个概念在今天是完全不可定义的，是不可行的；它只是一个词而已，它纯属迷信时代的遗物；一个词说明不了任何东西。最近有人屡次尝试构想出一个**有开端**的世界，这种最后的尝试往往借助于逻辑程序——大家都能猜到，它大多藏有一种神学的隐秘企图。

永恒轮回——哲学

3. 近来有人屡次以**向后**的方式想在世界之时间无限的概念中发现一个矛盾：他发现了这个矛盾，却付出了代价，付出了混淆头与尾的代价。没有什么能阻止我从此刻开始回溯地说"我永远也无法到达终点"；正如我从此刻开始前瞻那样，我的目光投向无限。只有当我想犯错误的时候（我将避免犯错误）——这个错误就是，当我把向前或向后的**方向**确定为逻辑上中性的方向时，我把"回溯至无限"（regressus in infinitum）的正确概念与一个**完全不可行的**、直到现在的无限[380]"进步"（progressus）的概念等同了起来——我才会把作为头的此刻当作尾来把握：这种混淆头尾的事，还是留给杜林[381]先生来做吧！

4. 在以前的思想家们那里，我碰到了终结的观念，这种观念每次都被其他的隐念所决定（它们大多是一些宣扬造物主之圣灵

382

的神学隐念）。如果世界会僵化、枯竭、死寂、变成**虚无**，或者如果世界会达到一种平衡状态，或者如果它有某种目的，某种包含持久性、不变性和一劳永逸性的目的（简言之，用形而上学术语来说就是，如果变易可以归入存在或者归入虚无），那么这种终结状态就已经实现了。但它没有实现，结果……这就是我们所掌握的唯一的确定性，我们可以把它当作一种纠正措施用来反对诸多可能的世界假说。例如，汤普森[382]从机械论出发得出了"终结状态"（finalzustand）的结论，如果机械论避免不了这种结论，那么无终结状态就**驳倒了**机械论。

哲学

5. 如果我们**可以**把世界视作一定大小的力和一定数目的"力量中心"（Kraftcentren）——所有其他的看法都是不确定的，因而是**无用的**——那么其结论必然是，世界在其实存的掷色子大游戏中肯定经历了某种可计算数量的组合。在无限的时间内，每种可能的力量中心组合也许在某个时候已实现了一次；更有甚者，每种组合也许实现过无数次了。因为在每种组合及其下一次"轮回"之间所有完全可能的组合大概都已经进行过了，并且每种可能的组合都决定着同一序列中诸多组合的整个系列，所以绝对同一的"序列之循环"（Kreislauf）就得到了证明，世界乃循环，这种循环常常已重复了无数次，它要把它的游戏无限地玩下去。

这种世界观绝非机械论世界观：因为倘若它是机械论，那么它就不会推导出一种相同情况的无限轮回，而是引出一种终结状态。**因为**世界没有达到终结状态，所以我们认为机械论肯定是一种不完善的、暂时的假说。

哲学家是**祭司**类型的进一步提升。

他的身体里有祭司的遗传基因。

作为祭司的对手，他被迫采用相同的手段去争夺同时代的祭司所追求的同一事物。

他追求**最高权威**。

如果没有掌握实际权力（根本没有军队，没有**武器**……），那么何来**权威**呢？

首先，人们如何获得对于实际权力和威权者所拥有的权威的影响力呢？

哲学家们和当权者竞争，想赢得人们对王侯、常胜的征服者、睿智的政治家那样的敬畏。

他们的竞争手段是唤起人们对他们的信任：他们掌握着一种更高、更强的力量——**上帝**。

这还不够强大：他们**需要**祭司为他们斡旋、为他们效劳。

他们装作人与神之间不可或缺的**沟通者**。他们需要两个生存条件：

1. 人们必须相信**他们的上帝**、必须相信其上帝的绝对优越性；
2. 没有走向上帝的其他直接通道。

仅仅**第二个**要求就创造了"异端邪说"的概念，**第一个**要求则创造了"无信仰者"（信仰他神者）的概念。

哲学家的落后性有何表现？

他把**他的**个人品质说成是必要的、唯一的、能达到"至善"的品质（例如柏拉图宣扬的辩证法）。

他试图将所有种类的人**逐步提升**为作为最高类型的**哲学家**类型。

人们通常所重视的事物，均遭到他们的蔑视，——他们在最高的**祭司**价值和**世俗**价值之间撕开了一道裂缝。

他知道什么是真实，什么是上帝，什么是目标，什么是道路……典型的哲学家在此绝对是教条主义者；如果他有所怀疑，那也是出于教条地谈论**其主题**的目的。

190[383]

被压迫者问题

我看不出闪米特人[384]是否在上古时代已经遭到印度人的可怕奴役：作为旃陀罗[385]，那时他们的一些特性已根深蒂固，这些特性使他们成为**被奴役者**和**被蔑视者**类型（正如后来在埃及的闪米特人）。

后来他们变得好战，从而使自己**变得高贵**……他们逐渐赢得自己的国土，获得**自己的众神**。从历史上看，闪米特人的**众神**形成与他们进入历史恰好相合……

"精神"，坚忍，受蔑视的职业。

旃陀罗的官方概念指的正是高贵等级的排泄物……

191

柏拉图完全沉浸在《摩奴法典》的精神之中：他在埃及了解了这部法典。四大种姓的道德，善人之神，"唯一的永恒灵魂"。

柏拉图是婆罗门教徒。

皮浪是佛教徒。

哲学家类型纯属复制品。

种姓制度。

其学说分为**秘传的**和**公开的**。

"伟大的灵魂"。

灵魂转世乃颠倒的达尔文主义（其属性是非希腊的）。

192

"利己主义"概念

生物要生长，要扩大它的权力，要吸纳外来的力量，这些特点均属于生命概念。在道德麻醉的昏迷状态下，人们谈到了个人的自卫权，而在相同的意义上人们也可以谈论个人的攻击权：因为这**二者**（后者比前者更重要）对每个生物来说都是必要的。——攻击性的和防御性的利己主义不是选择问题，甚至也不是"自由意志"问题，而是生命本身的**宿命**。

无论人们的观察对象是一个个体还是一个有生命力的团体，抑或一个奋发向上的"社会"，利己主义在此都是同样有效的。惩罚权（或社会的自卫）其实是通过滥用而成为"权利"一词的：一种权利是通过契约而获得的，但防御与自卫不是以契约为基础。一个民族至少可以在同样的褒义上把它的征服欲和权力欲——无论是通过武力，还是通过贸易、交往和殖民——称作权利，例如，发展的权利。一个**本能地**彻底拒绝战争与征服的社会，乃是没落的社会：它宜于采用民主制和市侩政治……在大多数情况下和平的诺言只是麻醉剂而已。

193

在古代刑法中有一个**宗教**概念影响巨大，即惩罚的赎罪力。惩罚具有净化作用；而在现代世界里，惩罚具有玷污作用。在古代惩罚乃是一种还债：人们确实能够摆脱令人痛苦不堪的罪孽。如果人们相信惩罚的赎罪力，那么受罚后就会出现一种**轻松**和**舒爽**，这种舒爽感的确接近于一种康复与复原。人们不仅和社会重新取得了和解，而且再次获得了自尊，——变得"纯洁"……今天，惩罚比违法行为更具有隔离作用；一种违法行为所带来的**厄运**迅速增长，以至于它变得不可救药了。受惩罚的罪犯出狱后成为社会之**敌**……从此社会又多了一个敌人……

同态复仇法[386]受报复精神的支配（受一种弱化了的复仇本能的支配）；而在《**摩奴法典**》里，刑法表现为一种补偿，它提供了一种等价物，为了**赎罪**，为了在宗教上重新获得"自由"。

194

哲学家反对**竞争者**，例如，反对科学。

于是他就变成了怀疑论者。

于是他就为自己保留了一种**认识形式**，他否认科学家具有此形式。

于是他和教士联合起来，为了不至于引起无神论和唯物主义的嫌疑。

他把别人对自己的攻击视作对道德、美德、宗教和秩序的攻击——他善于把他的对手诬蔑为"诱骗者"和"破坏者"，从而使他们声名狼藉。

——于是他和权力联手。

与其他哲学家作斗争的哲学家：

他排挤其他哲学家，把他们贬为无政府主义者、不信神者和反权威者。

总之，只要他在**斗争**，他就和斗争中的教士，就和斗争中的神职人员一模一样。

195

一种肯定性的雅利安宗教，**统治**阶级的产物，其面貌如何：《摩奴法典》。

一种**肯定性的**闪米特宗教，**统治**阶级的产物，其面貌如何：穆罕默德法典[387]。《旧约》中较古老的部分。

一种**否定性的**闪米特宗教，**被压迫**阶级的产物，其面貌如何：《新约》。根据印度人和雅利安人的概念，它是一种**贱民宗教**。

一种**否定性的**雅利安宗教，在统治阶层中成长起来，其面貌如何：佛教。

我们没有**被压迫**的雅利安种族的宗教，这很正常。因为被压迫的雅利安人乃是一个矛盾：一个主人种族要么君临一切，要么走向毁灭。

196

利己主义

原理：只有个人才有**责任**感。为了去做个人不敢做的事情，于是虚构出了集体。

关于人的本质，所有的社会和共同体都要比个人**更真诚，更富有教育意义**；个人太弱小，没有满足其贪欲的勇气……

整个利他主义是**个人智慧**的结晶：社会与社会之间的相互关系绝非"利他的"……

博爱的诫命从未扩展为爱邻居的诫命。相反，《摩奴法典》关于邻国乃敌国的教导依然有效……

"宽容"。

社会研究之所以非常重要，是因为作为社会的人比作为"单元"的人要**单纯**得多。

"社会"从来都是把**美德**当作维持实力、权力和秩序的手段。

摩奴的真言[388]多么单纯、多么珍贵———

197

"奖赏与惩罚"……二者共存共亡。今人不愿获得奖赏，也不愿**赞扬**惩罚者……

人们制造了冲突：人们**想得到**某种东西，但总有竞争对手；如果人们能和平相处，如果人们能达成**协议**，那么就能最理智地达到目的。

在现代社会里，每个个人都制定了"契约"：罪犯乃是毁约者……这也许是一个清晰的概念。然而这样一来，人们就无法容忍社会内部的无政府主义者和一种社会结构**原则上的**反对者了……

198

基督徒认为："在上帝那里没有什么事情是不可能的。"[389]但是印度人说，在《吠陀》[390]的虔信与知识那里，没有什么事情是不可能的。婆罗门教的众神服从并听命于《吠陀》的虔信与知识。能够抵制一位退隐于森林的苦行者[391]的虔信、严肃与祈祷的神在哪里[392]？

仿若一块扔进湖里的石头转瞬之间消失不见，罪孽隐匿并消失于《吠陀》的知识之中。

199

道德的来源

祭司[393]要达到下述目的：

他被视作人的**最高类型**；

他统治万民，也统治**当权者**；

他不可伤害、神圣不可侵犯；

他是教区中**最强大的权贵**，绝对不可替代，不可低估。

手段：

只有他是**有知识者**；

只有他是**有美德者**；

只有他具备**最高的自制力**；

只有他在某种意义上是神，只有他能返归神性；

只有他是神和**他人**之间的中介者；

神惩罚任何一种损害祭司的行为，惩罚任何一种反对祭司的思想。

手段：

真理实存；

只有一种获得真理的方式，即成为祭司；

一切**善**，包括制度、自然和传统中的善，均源于祭司的智慧；

神圣经书乃祭司之作品，整个大自然只是经书律令的执行者；

善的源头只能是祭司；

所有其他种类的杰出与祭司的杰出都有**等级**差别，例如，**武士**的杰出。

结论：

如果祭司应该是**最高**类型，那么祭司的**美德层次**肯定是人的价值层次。

钻研，抽象化，无为，无动于衷，无激情，庄严。——行动者的**对立面**（最深沉的人的类型———）

令人恐惧。

手势与表情，僧侣做派。

极端**蔑视**肉体与感官。

反自然作为**超自然**的征兆。

祭司教授给人们**一种**道德，为了让人们把他尊奉为**最高类型**。

他设计了一种**对立的**类型：**旃陀罗**。对**旃陀罗**无所不用其极的贬低构成了种姓制度的**背景**。

他对**肉欲**的极端恐惧来自他的**理智**，因为他认识到：性欲乃是**种姓制度（整个社会制度）**的最大祸害……在**关键**问题上的任何一种"较自由的倾向"都将**推翻**婚姻立法——

200

这种设计[394]**有几点是值得赞赏的**，例如，对社会渣滓进行绝对隔离，并倾向于**毁灭之**。他们明白，一个活的身体需要什么，——**切除患病的肢体**……

1. 它以一种令人钦佩的方式远离疲软的本能蜕化，而现在人们把这种蜕化称作"人道"……

蜕化之后出现了从一个种姓向另一个种姓的降级……

然后出现了关于婚姻的表述："基于爱情的婚姻"之地位（"天国乐师"[395]的方式———）

2. 与**酗酒**作斗争……第332页。

3. 非常尊重高龄老人和妇女，第127页。

4. 他们的出发点是：使人**令人尊敬**，使人自尊。他们必须对**最自然的东西**进行改造，方法是把作为神圣教规的义务引向情感。

201

一方面我们可以把种姓制度理解成一种**劳动分工**，另一方面把它理解成**本能地**做出**卓越**成就的唯一形式……

其本质乃是劳动传统，一种自动的**机械过程**，经过一代又一代逐渐变得完美。

202[396]

如果一位青年男子和一位青年女子的结合是相互选择的结果，那么这种自然的结合就意味着：它出自爱情并以爱情为目的，它采取"天国乐师"的方式。

后四种婚姻[397]只能产生挥霍者、寻衅者、说谎者这类后代，他们根本不知道圣书及其规定的义务。

正派的、值得称赞的婚姻总是产生正派的、值得称赞的孩子，而糟糕的婚姻只能带来令人蔑视的后代。

赞美处女：《宗教立法者：摩奴、摩西、穆罕默德》第225页。

203

批判《摩奴法典》

把**自然**化约为道德，人处于受惩罚状态，没有自然之影响——梵[398]是世界的终极原因。

将**人的动力**归结为**对惩罚的恐惧和对奖赏的希求**：也就是说，归结为对**掌握着赏罚权**的律法的恐惧……

人们的生活必须绝对符合律法：做理智的事，因为这是律法的命令；满足最符合本性的本能，因为这是律法的规定。

这是一所**愚民**学校：在一个使人愚昧的神学家孵化场里（年轻的军人和农夫也必须念完九年的神学课程，以成为"坚定的"婆罗门教徒——三个上层种姓[399]服九年的"兵役"），旃陀罗必然独占了智慧并且独自拥有了有趣的人生。旃陀罗乃是唯一理解真正的知识之源（**经验**）的人……愚昧无知还包括同种姓**内婚制**……

缺乏自然、技术、历史、艺术和科学，——

204

今天人们常常谈到《**新约**》的**闪米特**精神，但这个名称指的只是祭司[400]的思想意识；——而在最纯的种族雅利安人的法典中，在《摩奴法典》中，这种"闪米特主义"即**祭司精神**比任何地方都要严重。

犹太人祭司国家的发展**并不是**原创的：犹太人在巴比伦了解了祭司国家的模式，该模式出自雅利安人。后来在日耳曼血统的优势控制之下，这种模式在欧洲又占据了主导地位，这一点完全符合**统治者**种族的精神：一种伟大的"返祖现象"。日耳曼人的中世纪竭力恢复**雅利安人的种姓制度**。

伊斯兰教又向基督徒学习：它利用"彼岸"来奖赏行善者并惩罚作恶者。

一个**不变的共同体**模式，祭司阶层位于顶端，此乃组织领域中亚洲最古老的伟大文化产物。这种祭司国家模式肯定在各方面都引起了后人的思考与模仿。

最早的模仿者是埃及人，后来还有柏拉图。

205

人们尊重自己，这种德行是最难以原谅的。一个尊重自己的人简直令人恶心：他的确说明了对他人和对所有人的宽容这种唯一的美德究竟是什么意思……

我曾希望，人们从**尊重**自己开始：所有其他的品性随之产生。但是人们恰恰因此而停止了对他人的尊重，而他人最终是会原谅这一点的。怎么回事？他是一位只知道尊重自己的人？

尊重自己不同于**爱**自己的盲目冲动。在性爱中，以及在"自我"的二重性中，没有什么比对人们所爱的对象的**蔑视**[401]更常见了，这就是爱情的宿命论——

206

抵抗神经症[402]的传染。

选择地点、事物与书籍。

嗜酒与音乐……

选择最佳的气候与气象条件，还有健康饮食。

减少印象的数量。

保留一些独处的时间，这时没有任何书籍和事物对我们说话，更不用说人了……

康复期，热那亚食谱[403]；今天，最健康的人也需要斋戒期。

反对素食主义：——

207

我们是**旃陀罗**：我们的艺术家和杂技演员站在最前面……

208

为什么一切变成了做戏？

现代人缺乏

稳健的**本能**（**一类人长期相同的行为方式之结果**）。

其后果就是没有能力做**完美之事**，作为个人我们根本无法补课。

209

人们用**赏罚**来**操纵**人的时代瞩目于一种低级的、无教养的人：这种人像**小孩**一样……

在我们的晚期文化中，厄运与堕落彻底**消解了**赏罚的意义……

通过奖赏和惩罚的前景来真正**决定**人的行为，这是以年轻而强有力的种族为前提的……

在古老的种族里，各种冲动**不可遏制**，以至于一个单纯的观念完全无能为力……

没有能力抵抗一种刺激，而是**必须**服从它；颓废者的这种极端敏感使这种惩罚与**改善**之体系变得毫无意义……

"改善"概念建立在一个正常的强者的前提之上，这个强者的个别行为应该得到再次**调整**，从而使社会**不失去**他、不把他当作**敌人**……

210

各种颓废道德的特性在于，它们推荐一种实践、一种制度，这种实践又**加速了**颓废……

颓废既是生理上的，也是心理上的，**复原**与重塑的本能不再起作用了……

它们相信所谓的**拯救**与**救赎**，这种拯救导致极度衰竭和虚无。

它们从所有事物、状态和时代中收集**同类的东西**：例如，龚古尔兄弟……

211

病人身上**健康的能量**表现在他们**粗暴地抵制**使人患病的因素……

表现在一种本能的反应上，例如，我本能地抵制音乐——

212⁴⁰⁴

　　女人的天职是通过生孩子来延续宗族的血脉，而男人的天职是通过授精来造小人：这种需要男人和女人共同合作的双重义务已被经书神圣化了。

　　哪些人可以被视作罪大恶极者？谋杀婆罗门的杀人犯，酗酒者，诱奸了其宗教导师的女人的淫棍。

　　按照赎罪法规，法官应该判处这类罪犯死刑或其他的体罚。他应该把女阴图案烙印在导师的女人的诱奸者的额头上，把蒸馏器的标志烙印在酗酒者的额头上，把一个无头躯体的图像烙印在谋杀婆罗门的杀人犯的额头上。

213⁴⁰⁵

　　这本律法书总结了好几个世纪的经验、智慧和实验性道德：它终结、结束了一个时代，它不再**创造**什么东西了——

　　人们为一种付出了沉重而昂贵的代价之后获得的真理树立权威的手段，迥异于人们用来**证明**真理的手段。一本律法书从不证明一项规定的利与弊：它只是指出个人不把律法当法律看待时即个人违法时的恶果。

　　一种违法行为所带来的所有自然的**恶果**从未在其自然性方面被考量过：恶果乃是对不遵守规定的一种**超自然**惩罚。

　　问题如下：在民族的某个历史时刻，该民族最聪明的阶层把那

398

些可以凭其生活与不可以凭其生活的经验宣布为自成一体的。其目的在于：从长期的实验和恶劣经验中尽可能地收获丰富而完整的成果……

当务之急乃是防止新的实验，防止那种继续考察、继续选择的图谋。为了阻止新实验，他们竖立起了两堵墙：（1）**启示**；（2）**传统**。二者均为**神圣的谎言**：编造谎言的智者阶层像柏拉图一样非常了解谎言。

启示：他们断言，律法的理性不是起源于人，不是逐渐在迷误中寻找并找到的，而是突然由**神**告知的……

传统：他们声称，自远古以来民族的思想文化一向如此。够了，他们对一个民族的全部历史做了原则性的篡改（例如，流亡[406]之后的犹太人对其历史进行了曲解——他们**要**误解自己的过去）。

1. 批评律法就是**不信神**；

2. 批评律法就是**不孝敬**，就是对祖先的犯罪——他们煽动批评者自己反对自己……

214

这个女人不是把她的丈夫当作病人一样来照顾，而是把他赶出了家门，因为他有赌博或酗酒的嗜好。她应该被关三个月的禁闭，独自待在内室里，不给她漂亮衣服穿，也不给她首饰。（对乔治·艾略特[407]的警告！）

215

一种行为的**自然**后果的转变

再也没有自然的后果了：桀骜不驯会受到惩罚，美德则得到奖赏。

幸福，长寿，多子多孙——这一切都是美德的结果，由万物的永恒秩序促成。

例如，肮脏遭到禁止，并不是因为其后果有损于健康，而是**因为肮脏是被禁止的**，所以它损害健康……

那么，**原则上**：一种行为的自然后果表现为奖赏或惩罚，要看情况而定，即看它是需要的还是禁止的……

我们必须认识到，绝大多数惩罚根本**不是**自然的，而是超自然的、彼岸的、纯属未来的……

那么，原则上：每种害处、每种不幸都证明了你有**过错**——即便是低等生物也如此（例如动物）。

世界是完美的：前提是遵守律法。**所有的不完美**源于不服从律法。

作为完美等级的最高种姓也必须表现出幸福的样子：因此没有什么比**悲观主义**与**愤怒**更不适合其身份了……

从不发怒，逆来顺受——

禁欲只是获得较高幸福的手段，只是摆脱诸多痛苦的手段。

最高等级必须维护一种**幸福**，其代价是：它必须表现出绝对的服从、冷酷无情、自我克制、严于律己——它想成为最令人尊敬的人的类型——还想成为最令人钦佩的类型，因此，它根本不需要任何一种真正的幸福。

216

批判律法

这种程序的较高贵的**理性**体现在下述做法：逐步把**意识**从正常的生活中排挤出去，结果本能就实现了**完全的下意识自动**。

下意识动作乃是任何一种**高超技艺**的前提。

如此这般的行为是善良的和普遍的，如此这般行动乃是思想高尚的正派人的标志。——剩下的工作是：把法规的来源、有用性和理性从意识中**排挤**出去。

排挤的最重要的手段就是：让两个其他的概念迈着强劲的步伐登上前台，这两个威力无比的概念是奖赏与惩罚；两者均**排除了**对律法的来源和批判的真正思考……

1. 奖赏

2. 惩罚

"每一个按照国王的命令接受了对其违法行为的惩罚的人，可以干干净净地升上天堂，他和总是行善的好人一样纯洁无辜。"[408]

绝对服从律法成了一个最高的自我保全问题，成了"不可少的只有一件"[409]之问题……而不服从律法则被贬称为最大的**不明智**——

利己主义在此发挥了巨大作用，从而使服从与不服从如同**幸福**与**最强烈的自我损害**一样相互对立。

为了这个目的，整个人生都被放进一种彼岸的前景之中，以至于它在最可怕的意义上被理解为**影响深远的**……

相对的不朽是一个巨大的**放大镜**，其目的在于闻所未闻地提升"惩罚与奖赏"这个概念。

这些智者实际上并不相信永生与永罚，否则他们就不会进行虚构了……

217

有一个社会阶层即使在思想意识里也拒绝了所有的防御与进攻活动，——它严格对待"善"的概念……

218

"好人"乃是颓废的产物，他"听天由命"，他知道一切敌对、发怒和复仇欲的害处，——他太软弱、太**神经衰弱**，因此毫无斗志……

"好人"有优点有势力，作为一种普遍类型，他**选择了**一种柔性生活，这种生活使他摆脱了攻击性和防御性情绪的强制……他把这类情绪委托给了一个特殊的**阶层**[410]……一个这样的好人按照自己的形象创造出了一个"上帝"……

对他而言世界是公平合理的：恶具有一种教育目的，即一种**惩罚**目的……

219

意志薄弱：这是一个骗人的比喻。因为人无意志，既无坚强的意志，也无薄弱的意志。诸内心冲动的多样性与涣散和其中系统性的缺乏产生出了"薄弱的意志"；在一种单个的内心冲动占优势的情况下各种冲动之间的相互协调则形成了"坚强的意志"。——在第一种情形下出现的是波动与缺乏重心，在第二种情形下出现的则是方向的明确与清晰。

220

肯定性的宗教

对生育后代的性行为和对家庭的最高敬畏。

人们必须偿付对其祖先的债务[411]……

守传统的本能，极端蔑视一切打破传统的行为……

反**退化**的本能……

值得研究的课题：堕落者总体。包括：

　　浪荡子；

　　精神病人；

　　重度麻风病人；

　　妓女；

　　艺术家。

种姓制度建立在观察的基础上：现实中有三种或四种人，这些种类的人被限定为从事不同的职业并得到了最好的发展，正如通过劳动分工他们理应得到不同的职业那样……

一种存在乃是**特权**，一种职业也是特权。

种姓制度纯属对一些**生理类型**（性格和气质等）之间的自然距离的认可。

种姓制度只是对经验的认可而已，它并非先于经验而出现，它也不废除经验……

四个种姓如下：

1.**智力比较发达**的人（学者、导师、法官、哲学家……）——教师与祭司阶层；

2.**膂力过人**者，武士等级——军人阶层；

3.从事商业、农耕和畜牧业的人——供养者阶层；

4.最后是**低等的**（被征服的）土著，他们被称作奴仆种族。

整个种姓制度的前提乃是现实中的**自然区分**："种姓"这个概念只是认可了自然区分而已。

家族的神圣性与家族和家族之间的团结乃是整个社会结构的先决条件——因此家族的神圣性也必须完全**转入**彼岸世界。

人们需要子嗣，因为只有子嗣才能**拯救**家族……人们结婚生子，"为了偿付对祖先的债务[412]"。

作为颓废派的**现代悲观主义者**：叔本华、莱奥帕尔迪、波德莱尔、麦恩兰德[413]、龚古尔兄弟、陀思妥耶夫斯基。

有一些庸俗的人试图把瓦格纳和叔本华纳入精神病人之列，但他们对这个类型的生理颓废之重音的强调完全符合事实。

223

犹太人在失去了战士和农夫[414]这两个社会阶层之后，试图再次获得成功。

在这种意义上，他们堪称去了势的"阉人"。

他们有祭司[415]，还有贱民……

多么愚昧啊，犹太人开始与统治者决裂，一场贱民起义爆发了：这就是**基督教**的起源。

他们只知道**战士**是他们的主人，于是他们把仇恨纳入其宗教，他们仇恨**贵族**，仇恨高贵者和傲慢者，仇恨权力，仇恨**统治**阶层[416]：他们是**愤怒的**悲观主义者……

他们开创了一个重要的新局面：祭司领导贱民——

反对高贵的阶层……

基督教从这场运动中得出了最后结论：它觉得犹太祭司也是社会上层、特权阶层和贵族——

于是它**清除了祭司**——

基督徒就是拒绝祭司的贱民……就是自我拯救的贱民……

法国大革命乃是**基督教**的女儿和继承者……它本能地反对教

会，反对贵族，反对最后的特权——

224

有两个概念不容混淆："首陀罗[417]"乃是一个奴仆种族。它大概是一个较低等的民族，当雅利安人来到印度扎根时，他们发现了这个劣等民族……

"旃陀罗"这个概念则指的是所有种姓中的堕落者：持续产生的**社会渣滓**，他们又在自己的内部不断繁衍。

雅利安种族最强烈的健康本能反对旃陀罗。冷酷无情在此就是"健康"的同义词：它表达了对堕落的**厌恶**，为此它找到了大量的道德和宗教术语……

没有什么比这种渣滓的成分更富有教益了（古代文雅而深刻的智者知道人们所不知道的东西——直至今日！）：

恶习
疾病
精神错乱 } 乃是生理颓废的症状
某些精神素质的过度神经质
智者把**艺术家**也归入颓废者之列……

225

如果必须做出**形而上学假设**的根据被取消了，如果哲学家再也不想**统治**和**教育**他人，再也不想把他的类型当作**最高与首要**类型来维护了，如果人们像旃陀罗一样思考事物，那么人们也许就能重新发现经验与推论的整根链条，而这根链条乃是古人做出其假设的前提。我要说，人们发现了"真理"，但恰恰是通过**废除**一切权威、取消对一切传统的尊重和破除一切道德偏见——在这种工作中我们**耗尽了**我们继承的道德观念的残余……

现在的科学乃是衡量道德与宗教信仰之**没落**的精确尺度。如果我们凭我们的"智慧"还不知道下一步该怎么办，那么我们就会彻底崩溃——**为了认识**，我们已耗尽了一切积极的力量……知识本身是软弱无能的。就"利己主义"而言，在这个颓废时代对追求**功利**我们完全没有把握：人的内心冲动太强大了，以至于功利无法成为主导观念——"利他主义"、和谐相处以及对各种感情和状态的同情在这种情况下其实是一种大病，它是旃陀罗的良心，是与快乐紧密相连的懦弱的表现……

226

那个创造出一种道德和一部律法书的东西，那种深层的本能，它直觉到只有下意识的**自动活动**才能使生活与工作的完美成为可能……

但现在我们已到达了相反的那点，我们就是**要**到达那点，即极端的意识、人与历史的自我洞察……

因此实际上我们已彻底远离存在、行为和意愿上的完美。我们的认识欲、我们追求知识的意志本身乃是极度颓废的一个症状……我们追求的东西恰恰是**强大种族**和**强者**的意愿的反面。

理解乃终结……

在人们今天所做的科学研究的意义上科学才是可能的，这就证明：所有强烈的本能、生命的**正当防卫**与**自我保护**本能不再起作用了。

我们不再积累，我们只是浪费祖先的资产，并且是以我们的**认识方式**——

227

人们滥用了一个随意的、在任何方面都很偶然的词，滥用了"悲观主义"这个词，并使它像传染病一样到处传播。但是人们忽视了一个问题，即我们生活在我们之**"所是"**（das wir sind）中——

关键问题并不在于谁有理，——应该追问的是：我们属于哪种人，我们是否属于注定要遭难者，我们是不是没落的产物……在衰落的情况下我们肯定会做出虚无主义的**判断**。

人们将悲观主义和乐观主义这两种思维方式对立了起来，似乎这两者必须就真理问题进行论战。而实际上这两者只是不同状态的征兆而已，它们之间的**争论**只是证明了一个基本生活问题的存在，而非一个哲学问题的存在。我们究竟属于哪种人？我们是没落者还是上升者？

第十五章
1888 年春

1

批判现代价值

自由主义制度

道德上的利他主义

社会学

卖淫

婚姻

罪犯

2

"上升的"生命和下降的生命：两者均表达了他们对价值等级表的最高需求。

怎么会这样呢？人们所相信的最高价值传统———

3

在所有患重病的情况下，生孩子都有可能是一种犯罪。对慢性病病人和重度神经衰弱者——禁止他们满足性欲只是一种良好的愿望而已（这些失败者的性欲甚至经常表现为一种令人厌恶的亢奋）——人们应该提出**防止其生育**的要求。社会几乎不知道这种原则性的迫切要求。人们可以采取蔑视或发表社会性的歧视宣言的手段，来控制这些性格懦弱的下流坏子；人们还可以不考虑他们的等级、地位和文化，采取最严厉的罚没财产、关禁闭，甚至让他们失去"自由"的措施来惩罚这种犯罪。他们本身都没有权利生存于世，却让一个劣质孩子出世，这种生殖行为比自杀还糟糕。生孩子的梅毒病人导致了整根劣质生命链条的形成，他发起了对生命的异议，他是**行动上的**悲观主义者：正是由于他，生命的价值降低到了不确定的地步。

4

我们不应该取缔卖淫，我们甚至有理由希望不废除卖淫制度。因此，我们应该使卖淫**高尚化**[418]——我希望明白"因此"是什么意思。某个事物是可能的，这取决于什么？取决于它长期遭到鄙视。如果我们停止鄙视妓女，那么她们就再也没有轻贱自己的理由了。在这一点上，各地的情况都比我们这里要好：在全世界卖淫都是一件单纯的、无罪的事情。在一些亚洲文化里，卖淫甚至享有很高的荣誉。无耻完全不在于这件事情本身，正是基督教的反自然才把无耻强加到了卖淫这件事情上，这种宗教甚至还丑化了性欲！……下流的妓女乃是基督教的特产。然而，欧洲是有利于卖淫生长的土地，欧洲的大都市则是最高级的卖淫业极其繁荣的风月场……问题：什么样的条件能赋予新德意志帝国的首都以手段上的优越性，来诱使少女们堕落呢？这是一个合理的问题，但人们羞于直率地回答……

5

批判哲学

在什么程度上哲学乃是一种颓废现象：苏格拉底、皮浪。

哲学家**极端厌恶**感觉：他们的"真实的世界"。

他们对感觉和激情的恐惧……

作为**道德家**的哲学家：他们摧毁了道德自然主义。

批判道德**改善**、悔过与同情的哲学。

哲学家与信念。

真实的世界是如何成为谎言的？

批判艺术

批判宗教

宗教。

宗教的起源。危险的误解。

上帝概念的历史。

基督教理想。

基督教的危害性。

6[419]

（1）

瓦格纳的艺术如火山爆发，这是我们的艺术领域最后的伟大事件。从此到处都有火山爆发！首先这声音太响了：和从前不一样，今天有耳的人[420]再也听不明白了！今天的人可以说都有耳朵，可是再也听不懂什么东西了！瓦格纳本人首当其冲，人们始终听不懂他。他依然是一个未知领域。在此期间人们崇拜他。人们也想听懂他吗？典型的瓦格纳崇拜者在任何方面都是一个正方形的人，他相信瓦格纳，尤其相信一个正方形的瓦格纳……但瓦格纳根本不是一个正方形的人，瓦格纳是"瓦格纳式的"。我曾抚躬自问，在他之前是否有某人，非常病态、扭曲而具有多重人格，完全能够作为瓦格纳问题的雏形？至少在法国就有瓦格纳的先驱，例如，夏尔·波德莱尔[421]，也许还有龚古尔兄弟。《福丝坦》[422]的两位作者肯定能够猜到瓦格纳的一些秘密……但这两人身上缺乏音乐细胞。——所有的音乐家都不是心理学家，这一点难道没有人明白吗？**不想知道**心理学乃是音乐家的当行本色，属于其手艺的天赋……倘若他们理解了自己，那么他们就不再信任自己了……他们完全有理由向概念和词语道别，他们要进入无意识状态……由此形成了一种令人苦恼的局面：要么他是音乐家，他理解音乐，但他不理解音乐家先生们，也不理解自己；要么他是心理学家，这时他也许不够理解音乐了，因此也不理解音乐家先生们了……这属于**自相矛盾**。因此迄今为止人们对贝多芬和对**音乐家**瓦格纳的评论纯属废话。

412

（2）

幸好瓦格纳只有一丁点儿音乐家本色：整个瓦格纳是不同于音乐家的某种人，确言之，他甚至是音乐家的对立面。他是迄今为止德国最杰出的表演和戏剧天才，这个天才是德国人白得的。如果我们不从戏剧这方面来理解瓦格纳，那么我们就根本不理解他。瓦格纳正是凭这种本能体现了德意志民族特性吗？很明显，事实上恰恰相反。德国人所得到的伟人乃是**常规**的例外与对立面：贝多芬、歌德、俾斯麦和瓦格纳——我们的最后四位伟人——我们可以从他们身上作出最严格的推论：他们完全不是德国式的，而是**非德意志**的、反德意志的……

（3）

瓦格纳并非真正的音乐家，他放弃了所有的音乐规则，确言之，他牺牲了音乐的**风格**，为了把音乐变成一种修辞学，变成一种表现的手段，一种强化、暗示和表达心理上的诗情画意的手段。**不是**从戏剧的外观与宏丽出发来评价，而是从音乐本身来看，瓦格纳的音乐简直就是**坏**音乐、非音乐。我所认识的人都知道这一点。当天真的人们说"瓦格纳创造了音乐的**戏剧风格**"时，他们还以为这是在赞美他呢。坦率地说，这种"戏剧风格"就是无风格，其原则就是违反风格和风格萎靡。这种意义上的戏剧音乐乃是"所有可能的音乐中最次的音乐"的同义词……如果人们认为瓦格纳是一位音乐家，那就太冤枉他了。

（4）

瓦格纳的这种音乐令人难以忍受，因此人们需要戏剧来摆脱这种音乐。然后，人们就突然理解了瓦格纳乐剧的魔力，他似乎是以一种破碎化而狂野的艺术来施展魔力的！对音乐效果中的狂野因素而言，瓦格纳几乎具有一种可怕的意识：在我们这个母鸡和魔法师的时代，可以毫不夸张地说，瓦格纳就是最大的催眠大师。他走动、寻找、徘徊，做出各种手势：他终于获得了理解……女人们已经非常冷淡了……瓦格纳不能算作具有音乐家良知的音乐家：他追求效果，他着眼于戏剧外观……在他看来，最大的矛盾就是贝多芬独白音乐的隐秘神性，孤独的自我鸣响，赞颂上帝时的羞涩……瓦格纳则毫无顾虑，像席勒和所有的戏剧家一样毫无顾虑。也许他需要听众相信他们是在听一种**不同于**贝多芬的音乐——他制作这种音乐。我们**觉得**他制作了这种音乐，但我们这些怪物受到了欺骗……事后我们才完全明白我们受骗了，但这种"事后"与一位戏剧艺术家何干！……他善于为自己抓住时机：无论如何他都要说服听众。"在瓦格纳的音乐里根本没有对位法"，这种事后如是说。然而要对位法又有何用！我们坐在剧院里，只要相信有对位法就够了……

（5）

瓦格纳音乐的影响是深刻的，首先它使人**心情沉重**。原因何在？正如上文所述，原因首先不在于音乐：如果不是某种异物征服了人们并使人们感到**不自由**，那么这种音乐简直让人无法忍受。这种异物就是瓦格纳的**激情**，而他创造的音乐只是其激情的附属品而已。正是这种激情的巨大的说服力，它的凝神屏息，它不放过任何一种极端感情的意愿，正是这种激情的可怕**长度**，才使瓦格纳战胜了我们并将永远战胜我们，以至于他最终能说服我们接受其音乐……有这种激情的人是天才吗？或者只是**有可能**成为天才？有时我们把一位艺术家在法则下的最高自由以及他天神般的举重若轻理解成天才。"瓦格纳是沉重的，非常沉重的，因此他不是天才"，我们可以这样说吗？然而把步履轻盈者当作天神类型，这也许是不公正的。另一个其答案非常明显的问题就是：恰恰具有这种激情的瓦格纳是**德国式的**吗？他是一位**德国人**吗？绝不！质言之，他是例外中的例外！

（6）

瓦格纳的敏感不是德国式的，他的精神和智慧却具有更多的德意志特性。我完全明白，为什么德国青年在瓦格纳那里感到非常愉快，他们完全沉浸在瓦格纳深刻、丰富多彩、随心所欲而不明确的精神世界中：在那里他们感觉就像在自己家里一样！他们心醉神迷地听着，伟大的象征与谜团从极远处飘来，像轻柔的雷声一样越来越响亮。当天气有时变得灰暗、恶劣而寒冷时，他们一点儿也不生气，他们统统和坏天气、和**德国**天气有缘！……他们并不惦念我们这些**异类**所惦念的东西：幽默、热情、优美；伟大的逻辑；傲慢的智慧；风平浪静的幸福；辉煌的天空及其星座与星光闪烁……

（7）

瓦格纳的敏感不属于德国：在瓦格纳的近亲法国浪漫派那里，我们再次遇见了这种敏感。瓦格纳所理解的激情肯定是"激情的自由思想"[423]的对立面，用席勒的话来说，它是德国浪漫派的敏感的对立面。席勒是德国式的，正如瓦格纳是法国式的。瓦格纳笔下的主人公黎恩济、唐豪瑟、罗恩格林、特里斯坦和帕西法尔无疑都是有血有肉的人物，但他们肯定都不是德意志血统！当这些主人公恋爱时，他们会爱德国姑娘吗？对此我表示怀疑。但我更加怀疑他们是否会爱瓦格纳笔下的女主人公：她们都是一些可怜的人儿，都是巴黎心理学家做各种神经症、催眠术和艳情实验的标本！你们难道没有发现她们都没有生孩子吗？——她们根本没有**生育力**！

（8）

今天人们仍然不愿意承认，瓦格纳在许多方面都应该感谢法国，他本人在很大程度上属于巴黎。一位艺术家创作伟大风格的雄心壮志——就连瓦格纳本人的这种雄心也是法国式的……还有宏大的歌剧！还有与迈耶贝尔[424]的竞争！甚至采用迈耶贝尔的手法与他竞争！这些方面有哪一点是德国式的？……最后让我们来考虑一下一个关键问题：瓦格纳艺术家气质的特色是什么？其特色就是历史主义，好出风头，炫耀的艺术，为效果而追求效果的意志，演唱的天才，表演、模仿、表现、暗示和用假象迷惑人的天才：在任何一种艺术门类中这些都属于德国式的天赋吗？……我们清楚地知道，这方面迄今为止仍然是我们的弱项——我们根本不想为这个弱项而感到自豪！……**而此特色乃法国天才**[425]！

7

浪漫派

自然主义

8

进步

我们千万别弄错了！时间向前进，——因此我们相信，时间中的万物也向前进……发展就是一种向前发展。这是一种表面现象，连最审慎的人也会受到它的迷惑。然而十九世纪相对于十六世纪而言不是进步；1888年的德意志精神相对于1788年的德意志精神而言乃是一种退步……"人性"不会变得更好，它根本不存在……总视角乃是一个巨大的实验工场的视角，在那里有几件东西成功了，然后散失在所有的时代，而绝大部分东西都失败了，在那里没有任何秩序，没有逻辑、联系和义务……难道我们要否认基督教的兴起是一场颓废运动？德国的宗教改革是基督教之野蛮的复活？革命毁灭了大组织本能与一个社会的可能性？……与动物比较，人并非进步；与阿拉伯人和科西嘉人相比较，有文化的娇弱的人乃是一个怪胎；中国人是一种成功的类型，他们比欧洲人更有持久的耐力……

9[426]

耶稣：陀思妥耶夫斯基

我只了解一位曾经活在世上的心理学家，在他的世界里基督教是可能的，并且每时每刻都有可能产生一位基督……他就是陀思妥耶夫斯基。他总能**猜到**基督这种类型：出于本能，他首先避免用勒南[427]的庸俗来设想这种类型……巴黎人相信，勒南深受各种诡计之害！……陀思妥耶夫斯基之流把本为白痴的基督变成了一位天才，把本为英雄豪情之对立面的基督捏造成一位英雄，难道还有什么错误比这种错误做法更严重吗？

10⁴²⁸

什么是悲剧性

我曾屡屡指出亚里士多德本人的严重误解：他认为他在两种**令人沮丧的**感情即恐惧与怜悯中认清了悲剧性的感情。如果他言之有理，那么悲剧就是一种危害生命的艺术了，人们必须提防悲剧，就像提防那些声名狼藉的、危害公众的事物一样。艺术一直是生命的伟大兴奋剂，是对生命的陶醉，是求生存的意志，在此却为一种向下的运动服务，它似乎成了悲观主义的女仆，**损害健康**（正像亚里士多德所相信的那样，悲剧通过引起人们的恐惧与怜悯从而"净化"了这两种感情，这种学说完全不符合事实）。那些经常引起人们恐惧或怜悯的事物，往往瓦解人的意志、削弱人的力量、使人丧失勇气。——叔本华曾说，人们必须从悲剧中获得心如死灰的断念，即心平气和地放弃幸福、希望和生命意志，假如叔本华说得对，那么他就设想出了一种悲剧艺术，一种艺术自我否定的艺术。悲剧在此意味着一种衰亡过程，即生命本能在艺术本能中自我毁灭。基督教、虚无主义、悲剧艺术和生理颓废携手同行，在同一时刻获得了优势，相互推动着向前进——实则向下！……悲剧于是成了衰落的征兆。

我们可以以一种最冷静的方式来驳斥这种理论，即我们可以用一个测力计来测量一种悲剧感情的效果。我们所得到的结果在心理学上最后否定了一位体系理论家的绝对谎言。这个结果就是：悲剧乃**强壮剂**。叔本华不理解这个事实，他把总体消沉确定为悲剧状态，他让希腊人明白（希腊人并没有"断念"，这一点使他非常烦恼），他们没有站在世界观的高峰上：这种悲剧观乃是这位体系理论家的偏见、体系逻辑与作假。它是各种拙劣的作假之一，它逐步败坏了叔本华的整个心理学（叔本华任意地粗暴地误解了天才、艺术本身、道德、异教、美、认识和几乎所有的一切）。

亚里士多德

亚里士多德要把悲剧当作怜悯与恐惧的泻药，当作这两种过度郁积的病态感情的一种有益的发泄渠道……

其他的感情都使人强壮，只有这两种感情令人消沉，因此，它们特别有害，特别不健康——按照亚里士多德的观点，怜悯与恐惧应该通过泻药般的悲剧从人的心中排除出去，通过激发这两种过度的危险状态，悲剧最终使人摆脱了它们——使人康复。悲剧乃是医治怜悯的一种**疗法**。

11

您是今天唯一一令我满意的音乐家[429]，您创作的音乐合我的心意。您能公正地了解我心中对今日音乐的所有想法吗？

对瓦格纳音乐的欣赏让人丢脸。我是作为一位曾经的欣赏者说这句话的，——我**已经**丢脸了。

12

批判瓦格纳

瓦格纳的音乐是**反歌德的**。

实际上德国音乐缺乏歌德，正如德国政治缺乏歌德。与此相反，贝多芬的音乐带有太多的席勒印记，确言之，充满着**苔克拉**[430]的激情！

太多的庸人习气，太多的一本正经：

瓦格纳没有思想，他和维克多·雨果完全一样。但他善于用象征来取代思想，并用象征来吓唬我们———

我在寻找瓦格纳艺术所引起的**极度疲乏**的原因。

变化无常的外观；

生理阻力；

呼吸；

行走；

持续的夸张；

专横的隐秘意图；

用恐怖手段来刺激病态神经与中枢；

他的**时间**感。

13[431]

前言

在几千年的误入歧途与精神迷惘之后，我有幸重新找到了通向肯定与否定的道路，对此我感到无上荣光。

我教导人们否定一切令人虚弱、使人疲乏的事物。

我教导人们肯定一切使人强壮、积聚力量和令人骄傲的事物。

迄今为止，哲学家既未教授前者，也未教授后者。他们教导的是美德、丧失自我和同情，甚至还有对生命的否定……所有这些劳什子都是疲乏者的价值。

对疲乏生理学的长期反思迫使我追问：疲乏者的判断侵入价值世界究竟到了什么程度？

追问的结果颇令人惊诧，即使对我这样一个某些陌生领域的内行来说也如此。我发现所有最高的价值判断，所有主宰了人类、至少主宰了驯良的人类的最高价值判断，都可以追溯到疲乏者的判断。

首先我必须告诉人们：罪过、禁欲和疾病乃是疲乏的结果……

我从最神圣的名称中提取出了毁灭倾向：人们把弱化人、教导虚弱、传染虚弱的东西称作上帝……我发现"好人"乃是颓废的一种自我肯定形式。

叔本华教导人们：同情是唯一最高的美德，是所有美德的基础。我认识到，正是这种同情比任何一种恶习更危险。在原则上把物种选择和清除垃圾交织在一起，这就是迄今为止最卓越的美德……

种族已堕落，不是由于其恶习，而是由于愚昧无知。它已堕落，因为它不把疲乏理解成疲乏。生理学上的混淆乃是万恶之原因，因为种族的本能遭到了疲乏者的诱导，它隐匿最优秀的强者，从而失去了重心……向下跌落——否定生命。衰落居然被视作上升、美化和神化。

美德乃是我们的最大误区。

问题：疲乏者为什么能够制定价值的律法呢？

换一种问法：作为"末人"（die Letzten）的疲乏者是如何获得权力的？……请诸君了解一下历史！人这种动物的本能是如何本末倒置的？

我希望我能详细阐明"进步"这个概念，我担心，我必须揭露各种现代观念的真面目（令人欣慰的是，它们没有脸，只有**假面具**）……

人们应该截去病肢：这是社会的头等道德。

纠正各种本能，使它们摆脱愚昧无知……

我蔑视温和派，他们要求社会稳妥地抑制有害分子。这远远不够。社会是一个身体，身体上的任何一个肢体都不可患病，如果它不愿冒风险的话。我将列举**可切除的**社会病肢**类型**……

人们应该尊敬厄运。厄运对弱者说道："去死吧！"

人们反抗厄运，人们败坏人类，使人类腐化，导致弱者为王，被称作**上帝**……人们打着上帝的名号，并非徒劳……

迄今为止的心理学史，还有所谓的哲学史，皆依赖心理学概念。而我们已宣布绝大多数心理学概念无效。

我们不承认有意志（更谈不上有什么"自由意志"了）。

我们否认作为统一体和能力的意识。

我们否认思维活动（因为我们既没有进行思维的东西，也没有被思维的东西）。

我们否认在各种想法之间存在着真实的因果联系，而逻辑学居然相信这种联系。

我的著作反对所有自然的颓废类型。对虚无主义现象我已做了最广泛的深思。

虚无主义即天生的毁灭者———

14

请原谅！所有这一切都是1830年[432]的老戏。和这个疯狂而放荡的十年里的所有浪漫主义者一样，瓦格纳相信爱情。在他的所有歌剧里，又有什么东西留下来了呢？荒唐地崇拜爱情，还有崇拜放荡甚至犯罪——今天我们觉得这一切皆大错特错！多么老朽，极其多余！我们已变得更严格，对这种庸俗心理学更冷酷无情、更不耐烦，而这种心理学居然自诩为"理想主义"，——对这种"美好感情"的谎言与浪漫，我们报之以嘲笑。

15[433]

今天只有落后分子（或**倒退者**）才会相信瓦格纳的那些问题！更别提相信瓦格纳笔下的女人们了！

他塑造的所有人物都是病态的，都自夸其肌肉非常发达……你们难道没有发现他们都不生孩子吗？……他们根本没有**生育能力**……若有一个例外，瓦格纳又该采取什么措施使人相信这个例外呢？……众所周知，仅在这一点上瓦格纳就**修改**了古老的传说……

你们受得了瓦格纳笔下的英雄吗？你们能忍受这些由他谱曲并被他搬上舞台的怪人吗，这些拥有远古的肌肉和未来的神经的怪人吗？既英勇又**神经质**！所有的生理学家都会说：这太假了！

当然啦，瓦格纳借此赢得了老媪和少女的支持。妇女喜欢这种英雄，她们或许也喜欢不可能的事物……

总之，妇女喜欢金发圣人，喜欢帕西法尔[434]类型，——喜欢所有包含**先在**感性的东西……这种类型能引起多少温柔的好奇心啊！

它最得女人的欢心！……简言之，博马舍把薛侣班[435]作为礼品赠送给了女人们，瓦格纳则赠给她们帕西法尔……瓦格纳更聪明——

16

作为楷模的瓦格纳。

作为危害的瓦格纳。

瓦格纳与**犹太人**[436]。

瓦格纳的"妇女"：他只知道歇斯底里的女人。为什么恰恰在此他总是毫无想象力？

瓦格纳与戏剧形式。

瓦格纳与法国的关系——"欧洲的"。

瓦格纳与基督教和文化的关系：

　　浪漫主义者与虚无主义者；

　　典型的变化，在正常情况下最终皈依基督教。

17[437]

基督教
绝对明确的**否定**

您知道，我是出于另一种原因不能原谅瓦格纳创作了《帕西法尔》的。这是一个关系到诚实的问题。换言之，是一个关系到等级的问题。人们要么属于这个等级，要么属于那个等级，依情况而定。

如果今天还有某人对基督教的态度非常含糊，那么我绝对不会和他握手言欢。在此只有一种诚实性，那就是绝对否定，在意志上和在行动上否定它……谁能向我指出还有什么东西比基督教更应该遭到驳斥、更应该被所有较高的价值感彻底纠正呢？我们已认识到了基督教的诱惑性，已认清了它的巨大危害，已认识到它开辟了一条通向虚无之路，此路却伪装成通向神性之路——我们已认识到基督教的永恒价值乃是诽谤者的价值——难道不是一种迥异于基督教的价值构成了两千年前我们的骄傲与荣誉吗？

18

哲学家
严肃

所有非常严肃的态度——难道它本身不是一种病吗？不是一种**最严重的**丑化吗？

在严肃出现的同时，丑感也萌生了；当人们以严肃的态度对待事物时，事物已经**变形**了……

当人们以严肃的态度品评女人时，绝代佳人也会立即变得奇丑无比！

很难在此保持严肃。探讨这些问题时，我们不可以变成报丧者……特殊的美德身上有表情，它表明：尽管某人消化不良，他还是要保持其尊严。

大体上不错：嘲笑即使不是最聪明的，也是对这类问题最睿智的回答……

19

基督教

迄今为止，人们总是采用一种谨慎的乃至错误的方式来攻击基督教。只要人们没有意识到基督教道德**对生命犯下了重罪**，基督教的捍卫者就有足够的回旋余地。只要还没有触及基督教道德的价值问题，即基督教的纯粹"真理"问题——无论是在基督教上帝的实存方面，还是在基督教诞生传说的历史性方面，更不用说基督教的天文学和自然科学了——就是一件非常次要的事情了。基督教道德**有用**吗？或者尽管它发出了诱惑术的灵光，它依然是对生命的亵渎和侮辱？真理问题有各种各样的藏身处；最信神的教徒最终也可以采用最不信神者的逻辑来为自己赢得一种权利，一种肯定某些事物是不可辩驳的权利，即某些事物**超越于**所有的反驳手段（这种诡计今天叫作"康德的批判哲学[438]"）。

20

写作计划

1. 真实的世界与虚假的世界。

2. 作为颓废类型的哲学家。

3. 作为颓废的表现的宗教。

4. 作为颓废的表现的道德。

5. **相反的运动**：为什么它总是败北。

6. 我们的现代世界的归属：它属于疲乏时期还是上升时期？意识的最高形式决定了现代世界的多元性与躁动不宁。

7. 权力意志：**意识到了**求生存的意志……

8. 未来的**治疗术**。

9.

关于"1. 真实的世界与虚假的世界"

①这种并置会使"虚假的世界"降级。

②再思考：这种并置也许不一定会使虚假的世界降级。

21

贞洁

在研究印度祭司等级时，我们不仅要考虑到所有祭司特有的对性欲的仇恨（在这一点上他们意见一致：他们视性欲为私敌）。关键在于：只有以极端严厉的手段对待性欲才能维护他们所建立的一切秩序的基础，才能保持种姓概念、种姓之间的距离与种姓纯洁……

他们**需要**一种极其严格的婚姻制度，和中国人相似，他们处于宽松的欧洲人的对立面。他们把结婚生子视作宗教义务，他们认为个人在彼岸的永福取决于是否有子嗣。我们还没有充分重视印度人的这种信念，这种比基督教更有价值和更严肃的信念，其价值和严肃性要高出基督教一百倍。基督教只是把婚姻视作夫妻交配而已——视作对人性弱点的妥协和防止淫乱的权宜之计[439]。

22

我绝不同情这种所有可能的坏音乐中最坏的音乐，这种从一个节拍到另一个节拍向前冒进的躁动与畸形，这种躁动的怪物想表现激情，实际上它乃是最低级的粗糙审美。我们必须对它进行清算。

23

文艺复兴与宗教改革

文艺复兴**证明了**什么？证明了"个人"王国只能短暂地存在。浪费太大了：缺少积聚力量和积累资本的可能性，疲乏接踵而至。那是一个挥霍无度的时代，所有东西都**浪费了**，甚至连人们积聚力量、积累资本和聚敛财富的能力也都浪费了……即便是这场运动的敌人也被迫荒唐地滥用力量，他们也迅速疲惫、精力耗尽、空虚落寞。

暴民般粗野的宗教改革乃是意大利文艺复兴的配对物，这两场运动的兴起出于相似的动机，只不过在落后的、粗俗的北方前者必须披上宗教的外衣，——在那里较高的生活概念还没有与宗教生活概念相脱离。

个人也想凭借宗教改革获得自由，"每个人都是他自己的教士"也只是放荡不羁的托词而已。实际上一个词就足以概括这场运动，那就是"新教自由"。所有原来隐秘的本能开始像疯狗一样狂吠，最野蛮的需求突然获得了自己的勇气，一切都看似合理……人们不愿意明白人们所说的自由究竟指的是什么，并且对胡作非为视而不见……人们闭上眼睛并用狂热的言辞来粉饰门面，但这种宗教狂热无法阻止人们用双手去捞取物质利益，无法阻止肚子变成"自由福音"之神，无法阻止所有的复仇欲和嫉妒欲在贪婪的狂怒中得到满足……这种狂怒持续了一段时间，然后变成了疲乏，和文艺复兴运动中的南欧人一样疲乏。在此重新出现了一种卑贱的疲乏，一种普遍的"沦为奴隶"[440]……一个**猥琐的**世纪在德国粉墨登场了……

24[441]

对古印度法典和基督教律法书进行比较研究，已是一件不可回避的事情了；为了把整个基督教实验中的不成熟与半吊子作风铭记在心上，没有比比较更好的办法了。

25

如果通过训练道德已储存在一代又一代人的心中——我指的是正派、谨慎、勇敢和公平这类美德——那么这些长期积淀的美德的总体力量就会扩散到那个不太正派的领域即**精神**领域。

所有的意识都表达了有机体的一种不适感：应该做一些新的尝试，所有的东西都不太合适，总是出现艰难、紧张和过度刺激——而这一切**就是**意识……天才居于本能之中，善良亦如此。只要你本能地行动，你的行为就很完美。从道德的角度来看，所有有意识地进行的思维都是一种纯粹的实验，它们大多是道德的对立面。当思想家开始推理时，科学的正直性就被公之于众，人们让最有智慧的人来谈论道德，以此考察他，以此检验他……

这就证明：所有有意识地进行的思维都表现出了一种程度很低

的道德性，其道德性程度要比受**本能**引导的思维低得多。

在哲学家那里，最罕见的就是**思想的诚实性**：也许他们讲的是诚实的反面，也许他们本身就相信反面。但是他们的职业决定了他们只允许某些真理存在；他们知道他们**必须**证明什么，通过在这些"真理"问题上达成一致，他们相互认同为哲学家。其中，包括道德真理。但对道德的信仰还不是对道德性的证明。这样的情况很多，哲学家的情况就属于此列：这样的信仰简直就是**不道德**。

26

今天，犀牛[442]栖居在德意志精神的葡萄园。

27

今天的博学青年趴在教授们和其他高级乳牛的乳房上吃科学之奶。

28[443]

人们一向把"美好的情感"当作论据，把"挺直的胸膛"当作神性的风箱，把信念当作"真理的标准"，把敌人的需求当作弱智：这种谬误、这种作假贯穿了整个哲学史。可敬的、少得可怜的怀疑论者除外，所有的哲学家都没有表现出理智正直性的本能。最后康德依然毫无恶意地试图用"实践理性"[444]概念把这种思想家的堕落科学化。他专门虚构了一种理性，用来说明在何种情况下人们不需要关心理性了，那就是当心灵的需要发言时，当道德、当义务发言时。

29

颓废

有两种不容混淆的道德：一种道德具有健康的本能，它竭力反对正在开始的颓废；另一种道德则是这种颓废自我表达、自我辩护和使自己更加衰落的工具……第一种道德通常是斯多葛学派的、严厉的、专横的——斯多葛主义本身就是这样一种抑制性的道德——；第二种道德则是狂热的、感伤的、神秘的，它独占了"美好的情感"，赢得了妇女的好感。

30

颓废
"摆脱一切责任"

（1）

人们总在谈论社会契约的"极度不公"：似乎这人在有利境况下出生、那人在不利境况下出生这个事实从一开始就是一种不公正；甚至这人天生具有这种禀赋、那人天生具有那种禀赋这个事实也是一种不公正。社会之敌中的最坦率者公然宣称"我们承认我们具有恶劣的、病态的、犯罪的素质，但这种秉性乃是强者对弱者长期压迫的必然**结果**"；他们把他们的秉性推诿给了统治者阶层的良心。他们威胁，他们发怒，他们诅咒；他们由于愤怒而变成了正直的人——；他们认为，他们成了坏人和流氓，这不是没有原因的。……这种态度是最近几十年的一个发明，据我所知，它也自称为悲观主义，即愤怒的悲观主义。他们要求纠正历史，脱去历史的厄运外衣，追究厄运背后的责任，找到造成他们的厄运的**责任人**。各种失败者和颓废者都在反叛自己，为了转移有可能毁灭自己的破坏欲（这种做法本身也许有一定的道理），他们需要牺牲品。为此他们需要一种虚假的正义。换言之，他们需要一种理论，根据这种理论他们可以把他们的生存状况和他们如此这般存在的事实**推卸**给任何一个"替罪羊"。"替罪羊"可以是神——俄国有许多这种由于怨恨而不信神的无神论者——也可以是社会制度，或者教育与教学，或者犹太人，或者贵族，或者各种各样的**成功者**。"在有利的条件下出生就是一种犯罪，因为出身高贵者剥夺了其他人的继承权，排挤了他人，使他人注定染有恶习，甚至使他人注定**劳碌终生**"……"我过着困苦的生活，过错不在我！然而必须有某人为此承担罪责，**否则我就无法忍受这种生活！**"……简言之，愤怒的悲观主义为了获得一种**快感**而**发明了**责任。——复仇……老荷马早已说过：复仇"比蜂蜜更甜"。

（2）

然而这种理论再也得不到人们的理解了，也就是说遭到鄙弃了，于是**基督教**这出戏开始走红。在我们这里，基督教如此深入人心，以至于我们对那些从远处散发出基督教气息的事物也都采取宽容的态度。……社会主义者唤起民众的基督教本能，这显示出他们聪明透顶……在基督教的教育下，我们已习惯于"灵魂"这个迷信的概念，我们相信"不朽的灵魂"，相信灵魂单子。灵魂之家原本在别处，它只是偶然落入这个或那个环境之中，它从天上堕入"尘世"，成为"肉身"；但肉身化并未触动灵魂的本质，更不用说对它进行**制约**了。对灵魂而言，社会、亲缘和历史关系只是机遇而已，它们也许是灵魂的困境；无论如何灵魂都不是这些关系的**作品**。这种观念使个人变成了超验的，个人据此赋予了自己一种荒唐的重要性。事实上基督教也要求个人以高于一切的法官自居，这种自大狂几乎已成了个人的义务：他应该提出超越一切时间性和有限性事物的**永恒**权利！国家算什么！社会算什么！历史规律算什么！生理学算什么！在此发言的是变易之彼岸，是一切历史中的一种不变之物；在此发言的是某种不朽之物、神性之物，是一种**灵魂**！另一个同样荒诞的基督教概念作为遗传因子则更深地留存在现代性的肉身之中，它就是**"所有灵魂在上帝面前平等"**的概念。这个概念乃是一切**平权**理论的原型。基督徒首先从宗教上教会了人类结结巴巴地说出平等律，后来又把平等变成了一种道德。不足为奇，人类最终要严肃对待平等律，要把它付诸**实践**了！具体地说，就是政治、民主、社会主义和愤怒的悲观主义实践……

凡是在寻找责任的地方，都是**复仇的本能**在那里寻找。几千年来，这种复仇本能牢牢地控制住了人类，以至于整个形而上学、心理学、历史观念，尤其是**道德**都带有这种本能的印记。在人所思考的范围之内，他已使"生存"（Dasein）彻底丧失了其清白。具体做法就是：他把任何一种如此这般的存在都归因于意志、企图和责任行为。整个意志学说乃是迄今为止的心理学中的后果最严重的**伪造**，它首先是为了复仇的目的而杜撰出来的。正是惩罚的社会**功利性**确保了这个概念的尊严、威力和真理。我们必须到掌握惩罚权的阶层中去寻找旧心理学即意志心理学的创始人，首先要在位于最古老国家顶端的祭司阶层中去寻找。祭司想为自己谋得一种复仇的权利，或者他们想为**神**谋取一种复仇的权利。出于这个目的，人被想象成"自由的"；出于这个目的，每种行为都必须被认定为故意的，每种行为的起因都必须被认定为来自意识。旧心理学就保存在这些定律之中。——今天，欧洲似乎已进入一种相反的运动中，我们这些平和的人正在竭尽全力试图取消、废除和抹去**罪孽概念与惩罚概念**，我们正在以极其严肃的态度力求为心理学、道德、历史、自然、社会的各种制度与强制手段，甚至为上帝本身清除掉这种污物——此时谁是我们最自然的敌人呢？敌人就是复仇与怨恨的倡导者，就是地地道道的愤怒的悲观主义者，他们的使命就是以"愤怒"之名使他们的污物神圣化……而我们希望还"生成"（werden）以清白，我们这些人想成为一种更纯洁的思想的传教士；没有谁给人赋予了特性，既不是上帝，也不是社会，也不是他的父母和祖先，也不是他自己给了他特性，——没有谁对他负有**罪责**……某人在此生存，某人如此这般地存在，某人在这种情况下、在这种环境中出生，对这类事实根本没有人应该负责。——**没有这种负责者，这太令人爽快了**……我们**不是**一种永恒意图、一种意志、一种愿望的结果；我们不是实现一种"完美的理想"或一种"幸福的理想"或一种"美德的理想"的试验品，——我们也不是上帝失策[445]的产物，上帝本身肯定对这种失策感到非常恐惧（众所周知，《旧约》乃以这种思想为开篇）。我们不可以把我们的存在，把我们如此这般的存在推卸给某个地方、某种目的或某种意义。最重要的是：没有谁**能够**做到这一点。没有谁**能够**纠正、衡量、比较或否定生存的整体。为何不能？有五条即便是智力一般的人也能理解的理由：例如，**没有整体也就没有人**。——我再次申明，无责任就是令人爽快的一泓清泉，一切生存之"无罪"（Unschuld）的原因即在于此。

31

对颓废本质的基本认识：

迄今为止人们所认为的颓废的原因，其实是颓废的结果。

道德问题的整个视角因此而改变。

颓废的结果如下：

恶习

奢侈

犯罪

甚至疾病

道德反对恶习和奢侈等的整场斗争显然是幼稚的和多余的……

无法"**改善**"——反对**懊悔**。

我们**不必克服**颓废本身。颓废是绝对必然的，每个时代和每个民族都会出现颓废。我们必须竭尽全力加以克服的，乃是把颓废这种传染病带进社会有机体的健康部分。

人们这样做了吗？人们的所作所为**恰恰相反**。

为了**人道**，人们做了相反的事情。

迄今为止的所有**最高价值**是如何对待这个**生理学的**基本问题的呢？

哲学、宗教、道德、艺术等是如何对待这个问题的？

疗法：例如，从拿破仑开始的**军国主义**。拿破仑视文明为其天敌……

32

颓废问题：必须了解，哪些现象相互归属且有相同的发源地。

无政府主义

妇女解放

防御力衰退	疾病、流行病等
怨恨占优势	愤怒的悲观主义
对所有受苦者的同情	对他人的痛苦有同感
缺乏抑制机制	恶习，腐败（批判感觉与激情）
丑化	丑增长（美是**通过努力获得的**）
"宽容"	怀疑，"客观性"
虚弱感占优势	悲观主义者（生理上的颓废者）
瓦解性的本能	自由主义的各种制度
表现多重人格的才华	虚伪，做戏：**人格**的弱化
"徒劳" "无意义"	虚无主义
过敏性，妇女解放	过度敏感性，"音乐""艺术家""小说家"
需要刺激剂	**奢侈**作为—— 需要麻醉剂，在音乐、饮酒和**读书**方面毫无节制，环境的压迫

33

各种哲学	不育，独身（仇恨感觉：叔本华就是一个例子）

436

各种宗教

各种道德

34

各种悲观主义哲学：

生理上的颓废者，例如波德莱尔、叔本华和莱奥帕尔迪。莱奥帕尔迪早年性欲倒错，最后的结果就是性交时阳痿。

35

人们曾做过一种毫无价值的尝试，想把瓦格纳和叔本华确定为精神病类型。我们应该获得一种更加重要的认识，应该对这两人所代表的颓废类型从科学上加以精确地阐明。

36

当代德国竭尽全力地工作，它把负担过重和早衰视作其正常后果。两代人之后，它将用一种深度退化现象来还债……在此期间我们只能发现日益严重的去精神化和趣味的低俗化——一种越来越庸俗的休养需求。而未来的时代将重视病态需求，增强刺激剂，依赖酒精和音乐的鸦片制剂。

37

无持续劳动能力

弗雷《退化与犯罪》第89页

无持续劳动能力乃是在营养不足的情况下劳动过度尤其是持续的深度疲乏的后果，这种深度疲乏将使下一代人出现各种病态现象。

我们还知道有一种遗传性的**过度劳累**，它就是种族退化的主要原因——退化的种族越来越没有能力从事创造性的劳动。

懒惰即没有持续劳动的能力，它是退化的特性。为了增强其衰弱的生命力，懒汉们不仅需要食物，而且需要特殊的**兴奋剂**，他们要靠他人的劳动来**养活自己**。为此，他们采用诡计或采取暴力行动（**一次性的**努力）。

四分之三的退化者是由于**贫困**，一半的退化者则不工作。然而**贫困**显然是无劳动能力的结果，是退化者典型的游手好闲的结果。

一次性的努力：不劳动的征兆。**懒惰，贫穷，犯罪，寄生生活**。

各种科目增加了人们的需求与欲望，却没有增加满足这些需求与欲望的手段。

必修课耗尽了种族的**储备**。

在最**疲惫**不堪的地方。就是说，在最疯狂工作的地方，即在商业和工业领域，犯罪率最高。

过度劳累，疲乏无力，需要**刺激**（恶习），**虚弱**加剧，敏感性增强（以至于人们变得暴躁易怒）。

丑陋者、退化者和各种软弱无能的人都有一种堕落的本能：这种本能滋生了**反社会分子**（因为他们的父母没有能力适应社会）。

例如，他们与疯子为伍。

在神经病家族中存在着**退化的选择**[446]（歌德的小说《亲合力》）。

恶习与犯罪的家族生出**反社会的后代——奴仆**（工作比较轻松，生活相对舒适）之家也出反社会分子（妓女、小偷和各种罪犯）。

酗酒和放荡加剧退化。

降低营养导致疾病增强。

神经症、精神病与犯罪行为复发。

没有斗争能力：这就是退化。"必须铲除斗争，首先铲除斗士！"

谋杀和**自杀**密切相关，随着年龄和季节的变化相继出现。

悲观主义和自杀息息相关。

需要兴奋与刺激。

奢侈浪费——颓废的第一步。刺激使人虚弱……

退化者往往屈从于某种养生法的诱惑，但这种养生法对他们是有害的，它会加快退化的进程（贫血病患者、癔病患者、糖尿病患者和营养不良患者都有各自的养生法）。

38

处于颓废中的德国人为"祖国"而战，为这种可笑的爱国主义胞衣而战，这种爱国主义胞衣由于经济原因在一百年之后将变得非常滑稽。

这场战争**毁灭了**发育最好的男子汉。

39[447]

这本书献给能愉悦我心的那个**发育良好的人**，他由坚硬柔滑的芳香木雕成，就连鼻子也喜欢他。

他喜欢所有有益于健康的事物。

如果某物超出了有益于健康的范围，他就不喜欢了。

他能猜对治疗局部损伤的药物，他把疾病当作他的生命的伟大兴奋剂。

他知道如何对付偶然的逆境。

所有置人于死地的不幸反而使他变得更加强大。

他本能地增广见闻，积累经验，以促进他的大业——他遵循选择性原则，他让许多人许多事落选。

他反应缓慢，这种缓慢是由长期的谨慎和有意识的**骄傲**养成的，——他对刺激进行审查，弄清它的来源和去处，但他从不屈从于刺激。

无论他和书籍、和人，还是和地方事务打交道，他都有自己的**主见**。通过**选择**、**允许**和**信任**，他尊敬某些人，重视某些事……

40

文明（Civilisation）导致**种族的生理衰退**。

农民已被大城市吞噬：他们的头脑和感官受到不自然的刺激。

对其神经系统的要求太大了；淋巴结核、肺结核、神经病，每种新的**刺激**物只是加速了**弱者**的迅速消失；各种流行病夺去了弱者的生命[448]……

非生产性的人们。

懒惰是神经衰弱患者、癔病患者、忧郁症患者、癫痫患者和罪犯所特有的。

41

自然不同情退化者，这并不说明自然是非道德的。恰恰相反，人类生理疾病和道德弊病的增长乃是**一种病态与不自然的道德之结果**。

大多数人的敏感是病态的和不自然的。

是什么东西造成了人类在道德和生理方面的**腐败**?

如果一个器官发生了**病变**，那么整个身体就完了……

我们不可以把利他主义的合理性归因于生理学，也不可以把它归因于帮助，归因于命运的平等：所有这些都是对退化者和失败者的奖赏。

在一个存在着碌碌无为者、不事生产者和破坏分子的社会里，根本没有**团结**。这些退化者生出的后代比他们本人还要堕落。

42

"改善"
批判神圣谎言

为了虔诚的目的就允许说谎，这属于所有神职人员的理论，——它在什么程度上属于神职人员的实践，这一点应该成为我们的研究课题。

一旦哲学家怀着祭司般的隐秘意图，企图掌握人类的领导权，他们也就立即想好了一种撒谎的权利：柏拉图乃前导。最出色的谎言就是典型雅利安人的吠檀多派[449]哲学家所阐发的双重谎言，两种系统，在所有的要点上相互矛盾，然而出于教育的目的，它们相互接替、相互补充、相互满足。一方的谎言应该创造出一种使另一方的真理得到**听信**的状态……

神职人员和哲学家的虔诚谎言到底走了**多远**？——在此，我们必须追问，他们有哪些教育前提，他们必须**杜撰**出哪些教条才能满足这些前提？

第一，他们必须拥有权力、权威和绝对的可信性。

第二，他们必须掌控整个自然进程，以使人们所遇见的一切事物都受制于他们的律法。

第三，他们还必须拥有一个广泛的权力范围，并且不让其臣服者看见他们对这个范围的控制：彼岸的惩罚尺度，"死后的"居所，——他们对天堂之路的认识手段是多么低劣啊！

他们必须废除"自然进程"这个概念。然而，因为他们都是爱动脑筋的聪明人，所以他们能够**允诺**给人们一些果报，这些果报当然受制于祈祷或受制于对其律法的严格遵循……

他们同样能够**规定**一些绝对合理的事情，——然而他们不是把经验，而是把启示或者把"最艰苦的赎罪"的结果视作其智慧的来源。

神圣谎言在原则上涉及行为的**目的**（自然目的和理性隐没了，一种道德目的、一种律法的履行、一种对神的礼拜凸显为目的）。

神圣谎言还涉及行为的**结果**（自然结果被解释成超自然的结果，为了稳妥起见，他们还许诺给人们另一些不可控制的超自然结果）。

以这种方式他们创造了"**善**"与"**恶**"的概念，而这个概念显然彻底摆脱了"有益"与"有害"、"促进生命"与"削弱生命"的自然概念。——只要他们杜撰出了**另一种**生命，这个道德概念就直接变成了"好"与"坏"的自然概念之**敌**。

以这种方式他们最终创造了"良心"：它是一种内心的声音，它**不是**根据每种行为的结果来衡量行为的价值，而是根据意图及其与"律法"的吻合来判断行为的价值。

神圣谎言因此虚构出了一个**进行惩罚与奖赏的上帝**，这个上帝明确承认神职人员的律法书，他明确任命他们为他的代言人和全权代表，派他们在全世界传教。

他们臆造出了一种有效的、巨大的惩罚机器，名之曰"**生命的彼岸**"，——为此目的他们虚构出了"**灵魂的不朽**"。

他们认为，人的**良心**是判定善与恶的意识，——当良心劝人们要符合神职人员的法规时，那是上帝本尊在说话。

道德乃是对所有自然进程的**否定**，它把所有的事件都归结为一种受道德制约的事件；道德作用（惩罚与奖赏观念）遍及全世界，它是唯一的威力，是万变的起因。

真理是给定的，是神的启示，它符合神职人员的学说：它是一切救赎与生活幸福的前提条件。

概言之，道德**改善**究竟要付出什么代价？

其代价就是抛弃**理性**，把所有的行为动机都归结为恐惧与希望（惩罚与奖赏）。

还有对教士监护的**依赖**，对严格的律法条文的依赖，而律法必须表达上帝的意志。

还有对"良心"的培养，良心以错误的**认识**取代了试验和考验。

按良心行事：仿佛做什么和不做什么事先早已确定了下来——这是对探索精神与进取精神的阉割。

总之，道德改善是教士们处心积虑的、对人的最严重的**肢解**，他们把完整的人肢解成所谓的"善人"。

实际上，整个理性，作为教士法规之前提的聪明、敏锐与谨慎的整个遗产，后来都被任意简化成了一种纯粹的**机制**（Mechanik）。

符合律法已成了目的，成了最高目的，——**生命再也没有问题了。**

整个世界观遭到了**惩罚观念**的玷污……

为了把**教士生活**树立为最完美的典范，生命本身最终被曲解为对生命的诽谤与玷污……

"上帝"概念抛弃了生命，它表达了对生命的批判与蔑视……

真理变成了**教士的谎言**，追求真理变成了**研读经书**，变成了**成为神学家**的手段……

43

神职人员披着至圣意图的外衣对人类进行诱惑。

他们利用"真理"一词，对生命实施了犯罪行为。

我要给大家讲一个后果严重的坏故事，一个最长期的犯罪、最不幸的诱惑和最谨慎的投毒的故事。道德诱惑乃是人类历史上的**不幸**事件，在道德的魅惑下，最强烈的生命本能遭到了怀疑和诋毁……

神职人员混淆了**原因**和**结果**。他们混淆了**强者**的镇静和**弱者**的宁静。

他们传播了一种关于原因和结果的谬误，以至于人们把结果当成了原因。这可能吗？有谁会相信呢？这看似不可能，但在道德的诱惑下，他们居然成功了……

无论何时，神职人员都把一个家族、一个民族的**衰落**解释成对其恶习、不信神和自由思想的惩罚，他们还把疾病、瘟疫和精神病说成背离信仰的结果。反之，他们向信徒们许诺了长寿、家庭幸福和多子多孙，以奖赏其虔诚和守法。

反过来，今天我们说：一个人的能干和"正直"乃是长久的幸福婚姻的结果，是理性地选择配偶的表现（理性地择偶能积蓄力量），是祖先有福的**表现**。

恶习、犯罪、病态、疯狂、放荡和精神上的狂放都是颓废的结果，也是颓废的表征，——因此它们是**不可救药的**……

家族的虔诚并不能保证它能生出健康和幸福的后代。恰恰在当代欧洲最虔诚、世袭最虔诚的家族里，精神病和忧郁症都是遗传性的。为了忍受生活而急需虔诚，此乃一种受苦者和受折磨者类型的表现：我们的虔敬派[450]都是一些受压迫的基督徒……

44

颠倒等级

我们中的教士们，虔诚的伪币制造者，变成了游陀罗：他们占据了江湖骗子、江湖医生、伪币制造者和魔法师的职位；我们把他们视作意志的败坏者，生命的伟大诽谤者和复仇者，失败者中间的叛逆者。

与之相反，昔日的旃陀罗如今却变成了社会的最上层：首先是渎神者，然后是**非道德论者**、各种流浪者、艺术家、犹太人、行吟诗人——质言之，所有**臭名昭著**的等级。

我们有崇高而**诚实的**思想，更重要的是，我们**决定**尘世的荣誉和"**高贵**"。

今天，我们全都是**生命的代言人**。

如今我们**非道德论者**就是**最强大的势力**：其他的强大势力需要我们……我们按照我们的形象建构世界。

我们把"旃陀罗"概念移用到**教士**、**彼岸说教者**和与他们沆瀣一气的**基督教社会**身上，还包括那些具有相同起源的人，即悲观主义者、虚无主义者、有同情心的浪漫主义者、罪犯、沾染了恶习的堕落者。——臆造出了作为**救世主**的"上帝"概念的所有骗子。

我们再也没有必要说谎了，我们不再诋毁和怀疑生命了，对此我们感到自豪。

请注意！即使有人向我们证明了**上帝**的存在，我们也知道不应该信上帝了。

45

批判《摩奴法典》

整部法典建立在神圣谎言的基础之上。

难道是人类的幸福激励祭司们去建立这整套体系吗？这类人相信人们对每种行为的**兴致**，难道他们有豪兴去实施这套体系吗？

改善人类：这种意图从何而来？"改善"这个概念是从哪里获得的？

我们发现了一种人，即**祭司**阶层，他们觉得自己就是标准和巅峰，是人这个类型的最高表现：他们从自己身上获得了"改善"这个概念。

他们相信自己的优越性，实际上他们也追求优势：神圣谎言的动因就是**权力意志**。

建立自己的统治：出于这个目的就要建立一系列概念的统治，概念的统治能确保祭司阶层的最高权力。

因为认识到他们没有强健的体力和武力，所以他们就通过谎言来谋取权力……

谎言充实权力，——"真理"的新概念于是应运而生。

如果我们在此假设了一种**无意识的、简单的**演变，假定了一种自我欺骗，那么我们就搞错了……须知那些狂热的信徒并不是这种深思熟虑的压迫性体系的发明人……

在此起作用的乃是一种最冷静的深思，也就是柏拉图想出其"理想国"时的那种深思熟虑。

"要想达到目的，就必须要手段"——此乃政治家的洞见，所有的立法者都明白这一点。

我们所拥有的经典模式乃是典型**雅利安人的**模式：我们的确

可以让这种天赋最高的、最审慎的人对有史以来最基本的谎言负责……世界各国几乎都效法《摩奴法典》：**雅利安人的影响已败坏了世人。**

<h1 style="text-align:center">46</h1>

相信某人所说的真理……

谬误和无知会带来严重的后果。

有人坚称：**真理永存**，无知和谬误终将消亡。这种断言是有史以来最大的诱惑之一。

倘若人们相信真理，那么检验、研究、审慎和试验的意志就会因此瘫痪。检验的意志会被看成犯罪，会被视作对真理的**怀疑**。"真理"之所以比谬误和无知**更有害**，是因为它禁锢了从事启蒙和进行认识的力量。

懒惰的情绪现在开始捍卫"真理"了。——"思考是一种痛苦，是一种不幸！"

同理，秩序、规则、财富之福、智慧的自豪感，总之，追求**虚荣**，都是令人痛苦的。

听从真理要比**检验**真理更轻松……以为"我拥有真理"要比直面四周的黑暗更讨人喜欢……

首先，真理能抚慰人心，给人以信赖感，使生活变得轻松——它**减少怀疑**，因此它能"改善"**性格**……

"内心的平静""良心的安宁"，所有这一切纯属虚构，这些虚构只有在**拥有真理**的前提之下才能成立。

"你们应该从真理的成果方面来认识真理"……"真理"就是

真理，**因为**它使人变得**更好**……

这个过程继续进行下去：最后把所有的好处、所有的成功都算在了"真理"账上。

这就是力量的证明：幸福、满意、国家和个人的富裕从此都被视作**相信道德**所结出的善果。

反之，恶果来自**缺乏**信仰。

47

教士的道德

主人道德

贱民道德

中间阶层的道德（从众的"群氓道德"）

哲学家

职业学者

艺术家

国务活动家

48

什么是**道德上的作假**？

道德假装知道一些事情，假装知道何为善、何为恶。

也就是说，它想知道人为了什么而活着，想知道人的目的和使命。

换言之，它要知道人有目的、**有使命**——

49

战胜"真理"

我们声称：**非道德**价值比道德价值更重要。

论证过程如下。

1. 道德价值本身就是不"道德的"。

2. 来源上不道德。

3. 统治手段上不道德——道德价值就是通过这些手段成功地进行统治的。

50

康德就是一台概念机器，整个十八世纪的代表，暗藏着神学家的狡诈和一种———

51

我们十九世纪的特色不是科学的胜利，而是科学方法对科学的战胜。

52

追求真理的意志

殉道者

为了反对所有基于敬畏感的事物，攻击者必须采取一种大胆、放肆甚至无耻的态度……几千年来人类一直把谬误奉为真理，甚至给对真理的任何批评都打上了邪恶意识的烙印，如果现在我们考虑到这个事实，那么我们就不得不遗憾地承认：为了发起对真理的**主动**进攻。换言之，为了开启**理性**思考，就必须有大量的**非道德性**……非道德论者总是以"真理的殉道者"自居，这一点是可以原谅的。实际情况是，促使他们否定真理的内在动力不是追求真理的欲望，而是分辨能力、亵渎神明的怀疑和冒险家的乐趣。——在另一种情况下则是个人的怨恨驱使他们进入问题领域：为了维护反对某些人的权利，他们与各种问题作斗争。然而最重要的动力乃是复仇，复仇在科学上很管用，——是被压制者的复仇，因为他们遭到**普遍**真理的排挤和压制。

真理，质言之，科学方法，是由这些人掌握和支持的：他们把真理当作斗争工具，当作一种**毁灭性的**武器……为了使他们的敌对行为获得成功，他们需要一件利器，一件他们所攻击的敌人拥有的利器：和他们的敌人一样，他们无条件地到处宣扬"真理"概念，——他们变成了狂热分子，至少在姿态上如此，因此其他的姿态是不被认真对待的。剩下的事情就是迫害，被迫害者的狂热激情和危机感，——于是仇恨增长，科学得以成立的前提消失了。最后他们都和他们的敌人一样自以为是、荒谬绝伦……"**信念**""**信仰**"这类词，还有殉道的自豪感，——所有这些状态均不利于认识。为了判定真理，真理的反对者最后又自动接受了完全主观的方式。换言之，他们用态度、牺牲和英雄决断来确定真理，从而**延长了**反科学方法的**统治**。——作为殉道者，他们自己的行为使他们声名扫地。

53

十八世纪有两个最丑恶的怪物。

主体创造世界，创造与我们有些关系的世界———

理性创造社会，在社会里———

两场灾难性的闹剧：革命与康德哲学，革命理性的实践与"实践"理性的革命。

康德的二元论道德[451]否定了自然。

所谓的"**知识**"概念应该取代自然，它是塑造者，它要**塑造**、要**建造**。

对变易的仇恨与对仔细观察变易的仇恨乃是一切**道德**和**革命**的共同之处。

54

追求真理的意志

哲学家是有问题的

神职人员：发明了道德

战胜"真理"（迄今为止的"真理"乃颓废之征兆）

颓废的概念与范围

55[452]

为了公正地考量道德，我们必须用两个**动物学概念**来取代它："**驯服野兽**"和"**培育特定品种**"。

神职人员在任何时候都谎称：他们要**"改善"**人……然而当一位驯兽师谈到他的"已改善的"动物时，我们就会哄然大笑。——在大多数情况下，驯服野兽是通过损害野兽做到的。道德化的人也不是已改善的人，而只是一个弱化的人，一个被彻底阉割的人，被损毁的人。但他已不那么有害了……

56

反对**凶恶**本能的斗争不同于反对**病态**本能的斗争。它本身就可以是控制凶恶和使恶人生病的手段。

基督教心理治疗的结果往往是：把一头牲畜变成一头生病的和**因病**而温驯的动物。

反对凶悍的野蛮人的斗争必须是一种采用有效手段的斗争：**迷信的**手段是不可替代的和绝对必要的……

57

本身就要求只说出"真实的道理"，是以人们拥有真理为前提的。然而，如果这只是意味着人们说出了对一个人真实的东西，那么就会出现这种情况，即一个人所说的真实道理必须是普遍有效的，他所说的道理也必须**被另一个人视作真实的**，也必须对另一个**人有效**。

如果我们**绝对地**对待道德，例如，如果我们把宗教关于**禁止撒谎**的戒律绝对化，那么道德的整个历史和全部的政治史就充满了卑鄙无耻。我们以**谎言**和**假货**为生——统治阶级总是说谎……

单章：追求真理的意志

心理学上的**混淆**：把**对信仰的渴望**与"追求真理的意志"混为一谈（例如，在托马斯·卡莱尔那里）。然而也把**对无信仰的渴望**与"追求真理的意志"混为一谈（这是一种摆脱信仰的内心需求，出于各种理由都要获得反对某些"信徒"的权利）。

什么东西**激励了怀疑主义者**？对独断论者的仇恨——或者一种保持心灵平静的需要，一种皮浪式的疲惫。

人们期望从真理中获得的**利益**，其实是信仰真理所带来的利益。——真理**本来**有可能就是令人不快的、有害的、灾难性的。

当人们指望从胜利中获利（例如，摆脱占统治地位的权力）时，人们又开始反对"真理"了。

真理的方法**不是**在真理的动机中发现的，而是在**权力的动机**中、在**追求优势的动机**中发现的。

真理**用什么来证明**自己？用增强的权力感（"一种对可靠性的信仰"），用有用性，用必要性。简言之，**用利益**——利益是真理得以成立的前提，它说明了真理**应该**具有何种性质才能为我们所承认。

然而功利性乃是一种**偏见**，是非**真理**的一个标志……

例如，"追求真理的意志"在龚古尔兄弟那里意味着什么？在**自然主义者**那里呢？"客观性"应该遭到批判。

为什么要认识？为什么不自我欺骗？

人们所追求的，从来都是信仰，而不是真理……

信仰是通过与研究方法**相反的**手段获得的，**它本身就排斥研究方法**。

59

"真实的世界"或"上帝"的观念是绝对超感觉的、精神的、善良的；当**相反的**本能还具有巨大的威力时，"上帝"观念乃是针对这种本能的应急措施。

众神的平凡和已有的人性明确表现在其人格化上：最强盛时代的希腊人并不害怕自己的同胞，他们拥有自在的幸福，他们的众神和他们一样充满着七情六欲……

"上帝"观念的超尘拔俗因此并不意味着一种**进步**：当我们接触歌德时，我们能由衷地感觉到这一点——在歌德笔下，上帝已雾化成了美德与精神，我们能感觉到这种雾化的**粗略轮廓**……

60

如果有某种情况意味着我们的**人性化**，意味着一种事实上的真正**进步**，那么这种情况就是：我们不再需要极端的对立了，我们完全不需要对立了……

我们可以喜欢感觉，我们已在各种程度上把感觉精神化了、艺术化了。

我们有权拥有迄今为止所有最**臭名昭著**的事物。

61

一方面，基督教在今天之所以仍然似乎是不可或缺的，是因为人依然是粗野的和危险的……

另一方面，基督教不是不可或缺的，而是极其有害的，但它发挥着吸引和诱惑的作用，因为它符合当今人类所有阶层、所有类型的**病态**特性……所有的病态者皆沉溺于自己的嗜好，皆散发出基督教的气息——他们是各种类型的颓废者。

在此我们必须严格区分这两种情况。**在第一种情况下**，基督教是一种治疗手段，至少是一种驯服手段（它能够制服狂野和粗鲁，但它也可能使人生病）。

在第二种情况下，基督教乃是疾病本身的症状，它**加剧**颓废；在此它抵制一种**增强体质的**治疗系统，它表现为一种讳疾忌医的病人本能。

62

严肃者、庄严者和沉思者党派

严肃者、庄严者和沉思者党派与粗野的、肮脏的、反复无常的野兽相对立。

一个纯粹的**驯兽**问题：对待野兽，驯兽师必须强硬、可怕、凶恶。

驯兽师提出的所有基本要求都必须残忍而明确，即非常过分。

粗暴行为可以使野兽心生敬畏，可以迫使它**满足**驯兽师的要求。例如，婆罗门粗暴的抽象化就令人敬畏。

反对流氓和畜生的斗争：当畜生被制服、秩序得到建立时，**净化者**和**再生族**与**其余等级**之间的鸿沟肯定已被挖得非常大……

鸿沟提升了高等种姓的自尊，增强了他们对他们所描绘的世界图景的信仰。

于是出现了**旃陀罗**。高等种姓对旃陀罗的蔑视和过度蔑视在心理学上完全正确，他们把这种蔑视夸大了一百倍，完全是为了获得认同感。

在与野兽的斗争中，使野兽**生病**往往是**削弱**野兽的唯一手段。正如婆罗门反对旃陀罗那样（其手段就是使旃陀罗生病），他们也判处罪犯和各种暴民"**弱化之刑**"（Schwächungen）（这就是忏悔和赎罪的意义）。

63

总的来说，现在的人类已获得了太多的**人道**待遇。大家普遍没有感觉到这一点，这本身就是一个证据。我们对一些**小小的危难**太敏感，以至于我们全然忽视了我们所取得的人道成果。

在此应该对许多颓废现象进行清算：在颓废者看来，我们的世界**肯定**非常糟糕、非常悲惨。但这种眼睛在任何时候看见的都是同样的景象。

1. 道德感过度兴奋。

2. 悲观主义把大量的痛苦与阴暗带进了对世界的评价之中。

这两者密切合作，最终使我们的道德状况**很差**这种**谬论**占了上风。

信贷、整个世界贸易和交通工具的事实，——都表明了对人的巨大**信任**和宽容……对此做出奉献的还有———

3. 科学摆脱了道德意图与宗教目的：这是一个好兆头，但在大多数情况下遭到了误解。

我力图以我的方式来为历史辩护。

64

道德是一种有用的谬论。确言之，在最大的和最公正的道德家们看来，它是一种必要的谎言。

65

我力图说明两条道理

1. 最糟糕的混淆就是把**驯化**与**弱化**混为一谈。

可惜人们已经犯了这种错误……

我认为，驯化乃是人类不断积蓄力量的一个有效手段，以使后代能在前辈工作的基础上继续建设——不仅是外在的建设，而且是内在的建设，有机地成长，成为**强者**……

2. 人们相信作为**整体**的人类会不断成长、会越来越强大，而个人则变得软弱、相同、平庸，这种信念极其危险……"人类"只是一个抽象名词：在最个别的情况下，**驯化**的目标也只能是**强者**（未驯化的人很虚弱，挥霍无度，变化无常……）。

66

腐败的巴黎小说家现在浑身散发着香烟的气息，这种香烟并不能把我的鼻子熏得更香：神秘主义凝想和脸上的天主教神圣皱纹只是一种感性形式而已。

67

我严正警告：切莫混淆颓废本能和**人道**；

千万不要把**瓦解性**的和**必然滑向颓废的**文明**手段**与文化混为一谈；

不要把放荡即"自由放任"原则和**权力意志**搞混了（权力意志是放荡的对立面）。

68

拿破仑和歌德已做了超越十八世纪的**伟大实验**。

拿破仑再次唤醒了男子汉、军人和伟大的权力斗争，把欧洲设计成政治上的统一体。

歌德则设想了一种完全继承了**已有的**全部人道的欧洲文化。

69

本世纪的德国文化颇令人怀疑——

音乐领域缺乏那种完整的、拯救性的、约束性的因素，即缺乏歌德。

奥地利人只是通过其音乐才保有德意志特性。

70

我们有些怀疑所有极端的狂热状态，狂热者以为他们能"掌握真理"。

71

美德是如何掌权的

教士和半教士即哲学家在任何时候都把一种道德学说称作真理，而该学说的**教育**作用必须是慈善的或看似慈善的，即"改善人类的"。他们酷似一位幼稚的江湖郎中或民间神医，因为神医已通过试验把毒药确定为药物，所以他否认它是毒药……"你们应该从其结果来认识它"——认识我们的"真理"：直到今天这依然是教士们的推理。为了把"力量的证明"（或"从其结果"）放在首位，为了能对一切证明形式作出决定，他们已严重地浪费了其洞察力。"使人变善的，必然是善；凡是善，绝不会说谎"——他们就是这样强行推论的——"凡是结出善果的，必然是真：除此之外没有别的真理标准"……

然而只要"使人变善"被用作证据，那么使人变恶肯定就被当作驳斥了。人们证明谬误之为谬误，乃是通过对那些代表谬误的人的生活的考察：一次失足、一种恶习驳斥了它是真理……这种卑鄙的反驳方式，这种从背后和从下面进行攻击的狗的方式，同样从未灭绝。作为心理学家的教士除了刺探敌人的隐私，从未发现还有什么更有趣的事情。——正是这一点构成了他们认识世界的角度：他们通过在"世界"身上寻找污点来证明其基督教。首当其冲的是世界上的一流人物，即"天才"：我们肯定会想到，任何时候都有一些德国人攻击歌德（克洛卜施托克[453]和赫尔德[454]在此率先做出了"好榜样"——有其父必有其子[455]）。

72

（1）

为了通过行动来**建立道德**，人们必须很不道德……道德家的手段是人们使用过的手段中最可怕的手段。没有实施不道德行为的勇气的人，适合于做所有其他的工作，就是不适合当道德家。

（2）

道德乃动物围场。道德的前提之一就是：铁棍比自由更管用，即使对被捕获的野兽亦如此。它的另一个前提就是：必须有敢于使用可怕手段的驯兽师，他们善于运用炽热的烙铁。这种与野兽进行斗争的凶狠类型自称为"教士"。

73

这种人，被关在谬误的铁笼子里，已成了人的一幅漫画，病秧子，瘦弱，对自己怀有敌意，充满着对生命冲动的仇恨，充满着对生命中所有美与幸福的怀疑，一具痛苦的行尸走肉：这种人造的、专横的、**记仇的**怪物，是教士从其土壤中培育出来的，他的名字就是"罪人"。我们怎么能够不顾所有这一切来为这种现象进行**辩护**呢？

74

驳斥教士和宗教的方法就是揭露，即表明他们的谬误已不再是**善举**了，——他们其实是在害人。简言之，他们自己的"力量证明"再也经不起检验了……

75[456]

尼布尔[457]曾说："与古希腊人相比，现代人在道德上非常令人钦佩。"

"如果一位伟人失去了飞翔的翅膀，**放弃了较高的追求**而在微不足道的琐事中寻觅雕虫小技，那么这种才智的浪费就会给人留下极其痛苦的印象。你的情况不也是这样吗？"（论威廉·迈斯特）

76

前言

这本书[458]只献给少数人，献给百无禁忌的**自由人**：我们已逐步重获了打破一切禁区的权利。

我们"已忘了害怕"[459]，凭此就可以证明我们已获得了力量与自信；我们可以用我们对本能的信赖来换取不相信与怀疑；我们有意识地、更**无意识**地自爱自尊——有一点儿像傻子，有一点儿像上帝；不是抑郁者，不是猫头鹰，不是盲蜥蜴[460]……

77

所有过去被认为真实的事物，其实根本不真实。

过去被视为非神圣、被禁止、被鄙视、危险而加以阻止的事物——所有这些花朵今天在可爱的真理小路上茁壮成长。

整个旧道德从此与我们毫不相干了，所有的旧道德概念都不值得尊敬。我们在旧道德中存活了下来，——我们不再粗野，不再幼稚，不再以这种方式受旧道德的欺骗……用一句客套话来说：我们太有道德了。

传统意义上的真理之所以是"真理"，是因为旧道德肯定它，只能肯定它。其结果必然是：对过去的真理，我们弃之如敝屣……我们的真理**标准**根本不是道德性。通过证明某种观念依赖于道德并受到高尚情操的鼓励，我们就可以**驳斥**它了。

78

"强者"和**"弱者"**概念应该具有下列内涵：在第一种情况下，强者继承了许多力量，他是总和；在第二种情况下，力量**还很少**——继承的力量不够，遗产过于分散。

虚弱可以是一种初级现象——力量**"还很少"**，也可以是一种终结现象——**"不再"**有力量。

强者的出发点是：他有巨大的力量，他可以施展力量。

作为**弱者**总和的群众反应**迟缓**……群众反对他们无能为力的许多伟大事业……反对他们从中得不到好处的伟业。群众**不创造**，**无法做前导**……

我的学说肯定强大的个人，反对"群众创造历史"的理论。

强者与群众的差异犹如隔代的差异。**有为者**和群众之间的差异可以有四代至五代之大……一种**年代学的**差异……

79

请注意，请注意！**弱者的价值**已居首位，因为强者已接受了这些价值以便**领导**弱者……

80

后天性的、非遗传的疲乏无力。

营养不良，往往出于对营养的无知，例如，学者就是这样。

性欲**早熟**：法国青年，尤其是巴黎青年的不幸。这些青年人中学毕业踏入社会之前就已经被污染了、被败坏了——他们无法摆脱不良嗜好，自嘲，自轻自贱——在橹舰上划桨的奴隶[461]，然而文质彬彬……

此外，在最常见的情况下，性乱和过度敏感已是种族和家族颓废的征兆；还有环境的传染——被环境决定也属于颓废。

不是本能的而是习惯性的酗酒，愚蠢的模仿，胆怯地或虚荣地适应一种流行的饮食起居制度——一位犹太人[462]若跻身于德国人之中，那他真是做了一件大好事！德国人反应多么迟钝，亚麻色的头发多么黄，眼睛多么蓝；脸上、言语和举止皆缺乏生气；懒洋洋地舒展四肢，德国人需要休息，不是由于劳累过度，而是源于酒精饮料的有害刺激和过度刺激……

81

悲观主义的愚蠢之处在于：它以为它能用痛苦来解释自己，而实际上它只是以此**证明了**它的无能……

82[463]

缺乏语文学常识：人们总是把解释与**文本**混为一谈——但这是一种什么样的"解释"啊！

83

健壮得像头母牛的妇女们，诚实能干，傻呵呵的，她们很少遭遇意外事故；但她们将其平安归因于"相信上帝"。——她们根本不知道，她们的"相信上帝"只是其强壮安全的总体状态的表现而已——只是一种表达，并非原因……

84

事实是"我如此悲伤"，问题是"我不知道原因何在"……一个"古代的童话"。

基督徒会说：船夫是"一个老罪人"。在另一种情况下，在海涅的诗中，是"罗累莱[464]制造了灾难"。

85

"**内部世界**"及其著名的"**内在感官**"[465]。

内在感官混淆了结果和原因。

在结果出现之后，"原因"才被投射出来。这就是"内部经验"的基本事实。

86[466]

龚古尔兄弟发现福楼拜是个粗人，他太健康了、太坚强了——他们觉得福楼拜的才华太**粗粝**了……

他们还觉得海涅的才华也很粗粝……仇恨由此而来。

诺瓦利斯仇恨歌德与龚古尔兄弟的情况相似[467]。

87

我们发觉，细腻的人会因为厌恶而**变粗糙**，坚强的人会因为厌恶而**变得细腻**、娇弱、病态，例如，歌德厌恶克莱斯特，厌恶荷尔德林。

88[468]

典型的颓废者龚古尔兄弟和瓦格纳感觉到其风格**必然**堕落，因此他们需要一种较高的趣味并且想把法则强加给**他人**，我们应该把这种颓废者与那种坏了良心的颓废者即**倔强的**颓废者区分开来。

89

基督教在生理学领域的无知——基督徒没有神经系统，蔑视并且任意忽视身体的要求以及对身体的**发现**。前提是：这种做法非常符合人的较高天性，这种做法必然**对灵魂有好处**——从原则上把身体的所有感受都简化为道德价值；认为疾病本身是受道德决定的，把疾病想象为惩罚、考验或救赎状态，在这种状态下的人会比在健康状态下的人更加完善（此乃帕斯卡的奇想），如有可能就自愿地使自己生病。

90[469]

"内部世界"的现象论[470]

时间顺序颠倒了，以至于原因进入意识之中要晚于结果。

通过学习我们已知道，痛苦被投射到身体的某个部位，在那个部位却没有它的具体位置。

通过学习我们还知道，人们天真认为的受外部世界制约的感官感觉，其实是受内部世界制约的，而外部世界的所有真正活动总是无意识地进行的……我们所意识到的那部分外部世界，是晚生的，是在外部对我们的作用产生了结果之后出现的，是在事后作为这种结果的"原因"而被投射出来的……

按照"内部世界"的现象论，我们颠倒了原因和结果的时间顺序。

"内部经验"[471]的基本事实是：在结果出现了之后，原因才被想象出来……

同理，想法的顺序亦如此……在我们意识到一种想法之前，我们就在寻找产生这种想法的原因：原因首先进入我们的意识，然后是原因的结果……

我们的全部梦想就是要对可能原因的总体感觉做出解释。确言之，只有当为某种状态而虚构的因果链已经进入了我们的意识，这种状态才会被我们意识到……

整个"内在经验"的依据如下：必须为神经中枢的某种刺激寻找和设想一种原因——而找到的原因首先**进入意识之中**：这种想象出的原因绝对不是真实的原因——这是在过去的"内部经验"即记忆的基础上的一种摸索。但记忆也保持了旧解释即错误的因果关系的习惯……以至于"内部经验"仍然必须承担所有过去的错误因果虚构之后果。

我们的"外部世界"，正如我们随时把它投射出来那样，已经被移置了，它已和关于原因的旧错误紧紧捆绑在一起了：我们用"事物"的图式化来解释它。

与其说一种个别情况下的痛苦只反映了这种个别情况，不如说它表明了对某些伤害的后果的长期经验，还包括评价后果时所犯的各种错误。

"内部经验"只有在它找到了一种个人能**理解**的语言时，才能进入人的意识……换言之，必须把一种状态翻译成个人**比较熟悉的**状态。

"理解"在简单的意义上只是意味着：能用熟悉的旧事物的语言来表达某种新事物。

例如，"我感觉不好"——这种判断乃是以一种**观察者后来的伟大中立性**为前提的——天真汉总是说：这事或那事使我感觉不好——只有在他找到了感觉不好的原因时，他才能搞清楚他的糟糕感觉……

我把这种情况称作**缺乏语文学**。能按文本的原意来阅读文本，而不掺杂某种主观解释，这是"内在经验"最晚的形式，——也许是一种几乎不可能的形式……

91

谬误的原因既在于邪恶意志，也在于人的**善良意志**——为了不因其善良意志而受苦，他往往粉饰现实，歪曲现实。

例如，上帝作为人类命运的控制者或者善人对其渺小命运的解释，好像万物都是为了灵魂得救而臆造出来并送到人间似的——这种"语文学"的缺失会被智商较高的人视作诡诈和作假，而在**善良意志**的激励下它已被常态化[472]……

善良意志、"高尚情感"和"崇高状态"就其手段而言都是伪币制造者和骗子，它们和那些遭到道德拒斥并被贬为利己主义的情感如爱、恨、复仇毫无二致。

人类必须为各种谬误付出最高昂的代价：总的来看，最严重地损害了人类的乃是"善良意志"的谬误。给人带来永福的妄想要比具有直接恶果的妄想更有害：后者使人变得敏锐、使人产生怀疑并净化理性，前者则麻痹人类……

用生理学术语来说，美好情感和"崇高激情"皆属于麻醉剂：滥用它们和滥用真正的鸦片一样具有相同的后果——**神经衰弱**……

92

批判主观的**价值感**

良心。过去人们如此推论：良心谴责这种行为，因此这种行为是卑鄙的。实际上良心之所以谴责一种行为，是因为该行为已遭到了长期的谴责。它只是重复了前人的谴责罢了，它本身并不创造价值。

曾经决定某些行为应该遭到谴责的东西**并不是**良心，而是对行为后果的认识（或偏见）……

良心的赞成和"内心安宁"的畅快感与一位艺术家对其作品感到满意毫无二致——良心的赞成证明不了任何东西……自鸣得意不是满意的对象的价值标准，不自鸣得意也不能否定一个事物的价值。我们的知识远远不够，因此无法衡量我们行为的价值：总之，我们缺少客观地对待所有行为的可能性。即使我们谴责一种行为，那我们也不是法官，而是诉讼的当事人……

伴随着行为的崇高激情并不能证明该行为的价值：一位艺术家在激情洋溢的状态下也有可能创作一部劣质作品。确言之，这种激情具有诱惑力：它能够吸引我们的目光和我们的力量，使我们不再批判，不再谨慎，不再怀疑我们做了一件**蠢事**……它使我们变蠢。

93

从前人们认为**生理上的疲乏**状态与后果比健康状态及其后果更重要，因为疲乏状态富于突发性，非常可怕，不可思议、不可捉摸。人们感到恐惧，于是在此设定了一个**较高的**世界。人们有睡眠和梦幻，认为暗影、黑夜和自然灾难应该对第二个世界的诞生负责：我们首先应从这一方面来观察生理疲乏的征兆。各种古老的宗教严格管教其虔诚的信徒，使他们陷入疲乏状态，不得不体验这类可怕的事物……人们相信自己已进入一个较高的秩序中，在那里万物陌生而美妙。——一种较高力量的**假象**……

94

参阅第一个棕色大笔记本[473]。

为某个事业牺牲生命——效果非凡。然而人们为了许多事情而牺牲生命：所有的情感统统需要得到满足。无论是同情还是愤怒或者是复仇——人们为此而奋不顾身，都不能改变价值。有多少男子为美人牺牲了自己的生命啊——更糟糕的是，他们牺牲了自己的健康。人若有个性，就会本能地选择危险的事情：例如，如果你是一位有个性的哲学家，你就会进行思辨的冒险；或者如果你是一位有个性的贤士，你就会从事不道德的冒险。一种人不想冒任何危险，而另一种人要冒险。难道我们这些另类轻视生命吗？恰恰相反，我们本能地寻求一种**增强了的**生命，处于危险中的生命……再说一遍，我们不想因此而比其他人更有道德。例如，帕斯卡不想冒险，他依旧是基督徒：这样做也许更有道德。——人们总是牺牲……

95

"伟大的思想来自心灵。"——但我们不应该相信沃维纳格[474]的这句格言，还有他说的诸如此类的鬼话。

96

最好的现代歌剧是我的朋友海因里希·科泽利茨[475]创作的歌剧，唯一摆脱了瓦格纳德国的一部歌剧：它是一部新的音乐作品，名曰《秘婚记》[476]。第二好的歌剧是比才的《卡门》，它几乎摆脱了瓦格纳的德国。第三好的歌剧乃是瓦格纳的《纽伦堡的名歌手》：半吊子音乐的杰作。

重估一切价值的尝试。

97[477]

过去人们并不知道，**退化**是不**可能的**。但所有的道德家和教士都试图使人们回到一种较早的模式，并且力图在人们身上培养古人曾拥有的美德。就连政治家也不能摆脱复古倾向，——保守派首当其冲。人们可以**阻碍**一种发展，甚至通过阻碍引起一种堕落和毁灭——此乃败事有余。

整个理想的浪漫派认为退化是可能的，这种观点大谬不然。事实上浪漫主义者所表现的乃是一种病态的颓废形式：他们远远落后于时代，他们的出现为时已晚，他们的努力徒劳无功……复古的愿望本身就证明了他们对时代极度反感和他们没有未来。

退化倾向证明了朝气蓬勃的反面，它表明复古者很落后，过于落后，老朽不堪……

如果你问一位能干的小伙子"你想变成贤人吗",那么他就会用讽刺的眼神看着你。然而,如果你问他"你想变得比你的同伴更强吗",他就会睁大双眼。

如何变得更强大?慢慢做决定,顽强地坚持你所决定干的事。然后就会水到渠成。

有两种弱者:**陡生妄念者**和**善变者**。不要和他们混在一起,要保持距离感——及时地!

要提防好心人!和他们打交道会使你变软弱。

与人交往时,如果你能本能地采用攻防策略,那么这种交往就是有利的。

整个创造才能在于考验你的意志力……区分有无创造性的关键是**意志力**,而**不是**知识、洞察力或才智……

你必须及时地学会命令——也必须学会服从。

你必须学会谦虚,学会谦虚时的**礼貌**:当你不够强大时,你应该赞扬和尊重强者……

你还应该信任强者——赞扬、尊重……

什么东西会使人遭殃?卑微;不关心自己最切身的需求;与弱者混同;贬低自己;不听从自己的本能;——**自我尊重的缺乏**会造成各种**损失**,会使人失去健康、快乐、自豪、开朗、自由、坚强、勇气与友谊。事后人们绝不会原谅自己抛弃了真正的利己主义:人们会把无私当作对真正自我的异议与怀疑……

瓦格纳把纯粹的病史化作了音乐，有趣的纯粹病例，纯粹现代的堕落类型，我们能够理解他们恰恰因为他们是现代类型。当代医生和生理学家研究得最透彻的莫过于瓦格纳笔下具有催眠能力的歇斯底里女主人公类型：瓦格纳是癔病专家，他的描写逼真到了令人作呕的程度——他的音乐首先是对病态的心理学和生理学分析——这种病态分析自有其价值，尽管品位极其低下，尽管音乐不再响起。可爱的德国人在此如痴如醉地谈论日耳曼人的能干与力量的原始感情，这纯属德国人心理学文化的风趣标志——而我们这些另类在听瓦格纳的音乐时仿佛置身于医院里，再说一遍，我们对它很感兴趣……瓦格纳的病态绝非夸张，绝非偶然，绝非例外——病态是瓦格纳艺术的本质，是其艺术本能，是其艺术"无意识"，是其艺术纯真：敏感，情绪的速度，所有因素都分享了病态，病像王国般广阔无边。

森塔，埃尔萨，伊索尔德，布伦希尔德，康德里[479]：一条优美的病例画廊——《名歌手》中在正常情况下发育得比较自然的埃娃[480]使我们明白，瓦格纳如何本能地把女人理解成女病人：瓦格纳不得不给予埃娃一个长达二十分钟的姿势，由于这种姿势我们肯定会把这个娇娃送进精神病院。我们之所以反对瓦格纳笔下的男主人公，是因为他们全都有一种病态的口味——他们爱上的那些女人肯定都会使他们厌烦……他们爱的是无生殖能力的女人——所有这些"女主人公"都不会生孩子——其中的例外就够有趣的了：为了让齐格琳德[481]生个孩子，瓦格纳篡改了日耳曼人的传说——被篡改的也许不只是传说：根据瓦格纳的生理学，只有乱伦才能保证女人生孩子……布伦希尔德本人———

100

权力意志
重估一切价值的尝试

第一卷
没落的价值

批判大话
无私的人

第二卷
为什么没落的价值占据了统治地位

"英雄气概"
"同情"
论"灵魂的安宁"

第三卷
作为价值歧义性的**现代性**

殉道者
谦虚（人们如何为它受罪）

第四卷
未来的**价值**
（作为**强者类型**的表现：
强者类型具有首要**生存**权）

101

颓废图景：颓废的征兆

较高的价值已出现颓废的征兆

{
作为颓废的哲学
作为颓废的道德
作为颓废的宗教
作为颓废的艺术
作为颓废的政治
}

102

I
没落的价值

II
相反的运动及其命运

III
现代性问题

IV
伟大的正午

103

沉思使人虚弱，犹如过度排泄。（蒂索[482]《论文人的健康》，1784年版，第43页）

在苦思的影响下，敏感性会降低，自动收缩能力也会减弱；四肢会变小。

104[483]

各种欲望的精神升华非常重要：佩特罗尼乌斯[484]的梅尼普斯式讽刺[485]作品堪称这方面的典范。当你阅读这部与某位基督教教父有关的作品时，你会反躬自问：**清风**净土何在……整部作品海淫海盗，极不道德，所有的描写都会使一位老教士陷入绝望的境地。

105

请注意，请注意！**环境**学说是一种颓废理论，但它已闯入了生理学领域并成了**生理学**的主宰。

106[486]

今日杰出的**巴黎**理论即环境理论，它本身就证明了一种严重的"人格解体"（Disgregation）：当环境开始塑造人，个人显著的才能事实上已成为环境的"单纯产物"（Concrescenzen）时，还能够积聚、储存和收获的大好时光已经过去了——个人没有**未来**……

当下的瞬间吞噬了它所产生的一切——唉，瞬间仍然饥饿……

107

概言之，英雄主义不是自私自利，因为英雄会因此而丧生……**力量的使用**常常受制于伟人所属的时代之偶然事件，这一点造成了一种迷信：仿佛伟人是时代的**表现**……但同一种力量也能以许多其他的方式来耗尽自己，而在伟人与时代之间总是存在着下述差异："社会舆论"习惯于崇拜群氓即弱者的本能，伟人则是**强者**和强力……

108

信徒们意识到他们应该将无限者归功于基督教，因此他们做出推论：基督教的创始人乃一流人物……这个推论是错误的，却是崇拜者的典型推论。客观地看，有两种可能。**第一**，信徒误解了他们归功于基督教的东西的价值：信念并不能证明人们所坚信的东西的存在。确言之，宗教信念恰恰表明了对这种东西的怀疑……**第二**，归功于基督教的东西，不应该记在某创始人的名下，而应该记在已成形的产物、整体和教会的名下。"创始人"（Urheber）这个概念如此多义，以至于他本身只能是一种运动的纯偶然原因（Gelegenheits-Ursache）。随着教会的成长壮大，人们放大了创立者的形象；然而正是这种崇拜的放大镜允许人们做出推论，说这位创立者在某个时候就是一位难以查明的未识之神，——开始时……众所周知，保罗在处理耶稣的位格问题（Personal-

Problem）时相当**自由**，他几乎是在变戏法——某人已死，他死后人们又再次见到了他，某人被犹太人害死……—个单纯的"动机"[487]：保罗后来把它发展成了一部音乐作品……开始时耶稣只是一个小人物。

109

主人道德

祭司道德

旃陀罗道德

（奴仆道德）

群氓道德

颓废的道德

万民道德

110

利他主义

基督教大肆宣扬无私与爱的学说，它彻底否定了种类的利益比个体利益具有较高的价值。它真正的**历史**作用，以及这种作用所带来的灾难恰恰是**提升利己主义**和个人利己主义，是把个人利己主义推向极端（——推向个人的不朽的极端）。基督教如此重视个人，如此绝对地设定个人，以至于种类无法再**牺牲**个人了：然而种类只有通过牺牲某些个人的生命才能持存……在上帝面前所有的"灵魂"皆**平等**：这恰恰是所有可能的价值判断中最危险的判断！如果我们平等地对待所有的个人，那么我们就会损害种类，就会促进一种导致种类毁灭的实践：基督教遵循的是**反对自然选择**（Selektion）的原则。如果堕落者和病人（"基督徒"）应该具有和健康者（"异教徒"）同样多的价值，或者按照帕斯卡对疾病与健康的判断，病人甚至比健康者具有更多的价值，那么自然的进化过程就被勾销了，**不自然**就成了法则……普遍的博爱实际上是对所有受苦者、失败者和退化者的**优待**：博爱的确损害和削弱了力量、责任及牺牲的崇高义务。按照基督教价值标准的模式，剩下来的只有自我牺牲了。基督教允许甚至建议基督徒自我牺牲，但这种牺牲某些个人生命的**残余**从总体培育的角度来看毫无意义。对种类的兴旺而言，某些个人是否自我牺牲是无关紧要的（无论是以僧侣和禁欲的方式还是被钉死在十字架上、遭受火刑、走上断头台以及作为谬误的"殉道者"）。种类需要失败者、弱者和退化者的灭亡；但作为**保守**势力的基督教恰恰维护这些弱者，它甚至去强化本来就已非常强烈的弱者本能，即爱惜自己、保全自己、相互支持的弱者本能。什么是基督教的"美德"与"博爱"？那就是弱者的互保、团结和对自然选择的阻碍。什么是基督教的利他主义？那就是弱者的"大众利己主义"（Massen-Egoismus），大众利己主义猜对了这个道理：如果所有的弱者相互照顾，那么每个人就能得到最长久的保护。……如果你不觉得这种思想观念是一种极端的**不道德**和对生命的犯罪，那么你肯定属于病人群体，你本人也具有该群体的本能……真正的博爱要求个人为了种类的利益而牺牲——这种博爱非常冷酷、非常克己，因为它需要某些个人牺牲自己的生命。而伪人道的基督教恰恰要贯彻**无人被牺牲**的原则……

111⁴⁸⁸

论瓦格纳音乐的效果

一种不能使人按节奏呼吸的音乐是不健康的。如果音乐带着开朗的神性自信地朝我们走来，那么我们的肌肉也会欢庆佳节：我们变得更强大，这种力量的增长甚至可以测量出来。瓦格纳的音乐使我感到虚弱，它引起了一种生理上的焦躁，最后使我浑身汗津津的，这究竟是怎么回事？看完了一幕、最多看完了两幕瓦格纳歌剧之后，我立马逃走了。——我们可以断言，任何一种引起生理不适的艺术都是一种遭到驳斥的艺术……我们可以从生理学上来驳斥瓦格纳的音乐……

112

批判现代心灵
三个世纪

113

善人或美德之半身不遂

善人。或者美德之半身不遂。——对每个强健而自然的人而言，爱与恨、感恩与复仇、善意与愤怒、成全与毁损（Ja-thun und Nein-thun）皆相互关联。人们是善良的，前提是人们也会作恶；人们是邪恶的，因为不作恶就不知道行善。生病的道德与不自然的意识形态自以为高于自然，它们否定人性的双重性，倡导一种半面

481

的优秀，这种道德与意识形态从何而来？美德的半身不遂与善人的虚构又从何而来？在自然本能的驱使下，人可以采取敌对行为，可以损害，可以发怒，可以要求复仇，但生病的道德要求人剔除其自然本能……与这种不自然相适应的是那种关于一个纯善者和一个纯恶者（上帝、圣灵、人）的二元论构想，纯善者囊括了所有积极的力量、意图和状态，纯恶者则集所有消极的力量、意图和状态于一身。——这种评价方式自认为是"理想主义的"；它相信，在"善"的构想中已设定了一种最高追求。当它达到极点时，它就想出了一种纯粹的状态：所有的恶都被废除了，真正剩下来的只有善良的品质。它根本不相信善与恶是相互依存的；相反，后者应该消失，前者应该留下来，前者有权存在，后者**完全不应该在此存在**……这究竟是谁的愿景？

道德家在所有的时代，尤其是在基督教时代做出了巨大努力，试图把人约化为这种**半面的**优秀，把人简化成"**善人**"：即使在今天也不缺乏被教会教坏了的畸形人和**弱者**，在这些人心目中这种简化的企图完全符合"人性化"，也与"上帝的意志"或"灵魂得救"相吻合。道德家在此提出了一个重要要求：人不可作恶，人绝对不可以损害他人，甚至不可以心存害人的**邪念**……向善之路就是：根除一切敌对行为的可能性，摆脱所有的仇恨本能，获得作为慢性病的"内心安宁"。

旨在培育某种类型的人的这种思维方式，是从那种荒谬的前提出发的：它把善与恶看成相互矛盾的事实（而不是看成一对互补的价值概念，善恶互补乃真相），它劝人们站在善良这一边，它要求善人彻底放弃和反对邪恶，——**实际上它否定了生命**，因为生命的全部本能兼有善恶。但它不理解这个道理，它梦想回到整体、单一体和生命的优点；它把下述状态想象为得救状态：人本身的内部混乱终于结束了，两个对立的"价值动力"（Werth-Antriebe）之间的动荡不安终于停止了。——迄今为止，也许再也没有比这种求善的意志更危险的意识形态、更大的心理学胡说了。道德家把这种最讨厌的类型拉扯大，他们精心培育**受约束的**人和伪君子，他们大肆宣扬，只有作为伪君子才能走上通往神性的正路，只有变成伪君子才能变成神……

即使在此生命也有理——生命绝不会把肯定与否定割裂开来。竭力把战争贬为邪恶，不害人，不要毁损他人，这种说教又有何用呢？事实上人类仍在进行战争！为了解决冲突，除了战争别无他途！已弃恶的善人正如道德家所愿，患上了美德的半身不遂，但这种善人完全没有停止作战，他还在树敌，还在说"不"，还在毁损。例如，基督徒憎恨"罪孽"……在他眼里众生皆有"罪"！正是由于相信善与恶的道德对立，他才觉得世界充满了可憎的罪恶，充满了应被不断克服的邪念与恶行。"善人"发现自己已被邪恶包围，他感觉自己遭到邪恶的持续攻击，他擦亮自己的眼睛，在他所有的图谋和追求里发现的仍然是恶——最后他合乎逻辑地得出结论：自然是邪恶的，人是堕落的，善良乃神恩（人力不可能做到善良）。——总之，他**否定生命**，他把善视作最高价值以此来**谴责**生命……由于自我否定，于是他认为他的善恶观遭到了驳斥。然而，人们无法驳斥一种疾病……于是他构想出了**另一种**生活！

114

典型的自我塑造或八个主要问题

1. 你想要多重人格还是单一人格?

2. 你想变得更幸福还是对幸福与不幸更漠然?

3. 你想变得更知足还是对自己更苛刻、更严厉?

4. 你想变得更温和、更妥协、更人性还是"更不人性"?

5. 你想变得更聪明还是更冷酷?

6. 你想实现一个目的还是逃避所有的目的?

（例如，哲学家的逃避行为：哲学家发现任何目的都是一种局限、一种死角、一座监狱和一种愚蠢……）

7. 你想变得更令人尊敬还是更令人害怕，或更**被人蔑视**?

8. 你想成为暴君或引诱者还是成为牧人或绵羊?

115[489]

何谓高贵?

你必须不断地表现自己。你必须寻找不断需要自我表现的场合。你必须把幸福让给**大众**：所谓幸福就是内心宁静、美德、安逸（斯宾塞所说的天使般的英国式小气）。你必须本能地为自己寻找重大责任。你善于到处树敌，在最糟糕的情况下还与自己为敌。你不断地反对**大众**，不仅在语言上而且在行动上反大众。

116

好战者与和平者

你是一位有好战本能的人吗？在这种情况下又出现了第二个问题：你是一位本能的进攻型战士，还是一位本能的抵抗型战士？

其余的人即所有**不**具备好战本能的人，都要和平、和睦、"自由"和"平等权利"：它们只是同一个东西的各种名词和层级而已。

到乌托邦去吧，那里不必自卫。如果这种人被迫进行抵抗，他们就会徒自怨艾。

他们会臆造一些再也没有战争的状态。

在最坏的情况下他们只好屈服、听话、顺从。臣服于强权总比进行战争要好，例如，求和本能就是这样劝告基督徒的。

天生的战士在性格塑造、状态选择和素质培养方面都注重"尚武精神"（Bewaffnung）。在进攻者类型那里，"武器"得到了最好的改进；在抵抗者类型那里，防御得到了最佳发展。

手无寸铁的、无自卫能力的和平者：他们需要拥有怎样的辅助手段与怎样的美德，才能忍受压迫，才能战胜自己？

论强者的禁欲主义

这种禁欲主义只是一种过渡性的训练，而不是目的，其任务如下：摆脱传统价值的陈旧情感冲动，逐步学会走自己的路，走向"善恶的彼岸"。

第一个阶段：忍受暴行，实施暴行。

第二个**较难的**阶段：忍受悲惨，制造惨剧。包括前期训练：成为可笑的人，让自己丢脸。

引起蔑视，并通过一种**神秘莫测的**微笑与之保持距离。

承受一些可耻的罪行，例如偷钱，以考验自己的心理平衡。

有一段时间不去做、不去说、不去追求所有不能引起恐惧或招致蔑视的事，所有不能必然使正人君子进入战争状态的事，所有不**能排除**平庸的事……

要表现你的"人格"（was man ist）的对立面（更好的做法是：不仅要表现对立的人格，而且要表现一种与你不同的人格，后者更难）。

走钢丝，在所有危险的途径上跳舞，通过冒险**获得**天才。

有时要通过耍手段来否认目的，甚至诽谤目的。

一劳永逸地表现一种性格，此性格掩盖了你有五种或六种其他性格的事实。

不害怕五件坏事：胆怯、恶名、恶习、谎言和女人。

118⁴⁹⁰

一位北极居民的格言

我们北极居民心知肚明，我们生活在极其偏远的国度。品达⁴⁹¹早就知道我们的位置："你既不能经水路也不能经陆路抵达极北乐土。"

在北方、寒冰与死亡的彼岸——**我们的生命！我们的幸福！**

伟大的事物要求我们对其缄口不言或大肆宣扬：大肆意味着犬儒态度和生存之无罪。

即便是我们之中的最勇敢者也很少有勇气面对他真正**知道**的东西……

我们能以我们的野性最好地摆脱不自然和精神性，从而恢复健康……

你说什么？人只是上帝失策的产物？或许上帝只是人的一次失策？

我们怀疑所有的体系建立者，见了他们我们就躲得远远的。至少对我们思想家而言，追求体系的意志乃是一种不道德的形式，它会使人声名扫地。

女人，永恒的女性[492]：只是一种想象的价值，唯有男人相信它。

男人创造了女人——用什么？用他的上帝的一根肋骨，用他的"理想"……

有人认为女人很深刻——为什么？因为我们无法对其寻根究底。女人毫无根底：她是一个漏水的桶。

女人谈不上肤浅。

笑得最好的人，也能笑到最后。

亚里士多德曾说："为了孤独地生活，人必须成为野兽或上帝。"我们证明，**人必须集二者于一身**……

闲散是一切哲学之源。因此，哲学是一种恶习吗？

令人幸福的事物何其少！风笛的音色……没有音乐，人生就是一个错误。

对于行为，你要敢作敢当！切莫后悔！——内疚是下流的。

从古至今婚姻总是坏了良心。人们应该相信这一点吗？——对，应该相信。

人不善于对付的所有东西，人消化不了的所有东西，即人生的**粪便**——难道它迄今为止不是我们最好的肥料吗？

有时候愚蠢——哦，灵光一现，自己的智慧多么甜美！

人们必须有勇气才敢为非作歹。"好人"因胆小而不敢作恶。

男人害怕永恒的女性：对此小女子们心知肚明。

它没有杀死我们——我们就杀死它，这样我们就变得更强大。我们应该摧毁瓦格纳音乐体系。

"他们只是我的阶梯。我踩着他们往上走。为了上升我必须越过他们。但他们以为我想躺在他们身上休息。"

"所有真理都是简单的。"这是一个双重谎言。

所有简单的东西，都是虚幻的，而非"真实的"。而实在的、真实的东西，既不是单一体，也不能简化为单一体。

一头驮驴很悲惨吗？人们会被一个既无法承受又扔不掉的负担压死吗？

混迹于女流。——"真理？哦，她们对真理一无所知！……难道真理没有杀死我们所有的羞耻心吗？"

"给相同者以同等待遇，给不同者以不平等待遇——我们的公正如是说。由此得出的结论是：绝不能对互不相同的人搞平均主义。"

你不能把你的意志强加给事物，但你至少可以把一种**意义**赋予它。也就是说，你相信事物中已经有了一种意义。

伟大的激情创造伟大的风格。伟大的风格拒绝媚俗，忘了说服。它命令。它**要求**。

真正的艺术家习惯于朴素，他们的需求很简朴。他们真正要的东西只有两样：食品与艺术——面包与**女妖**……

与时髦者相比，人们很难理解死后成名者，但更爱听他们所说的话。严格地说，他们从未被人理解——他们恰恰因此而拥有**威望**！

我们拒斥我们天性的所有道德伪装，我们只喜欢心灵的**赤裸裸的自然**，这就是心理学的良好趣味。

人们应该知足：如果你选择了美德与高尚情操，那么你就别想像窃贼一样去窃取各种利益了。

美德始终是最昂贵的恶习：它**应该**付出代价！

人是一种平庸的自私鬼：即使最聪明的人也是轻利益而重习俗。

疾病是一种强烈的兴奋剂。但你必须足够健康，才受得了这种兴奋剂。

高贵的趣味也为认识划界。它永远也**不想**知道许多虚妄之物。

什么是男人的纯洁？他始终持有高贵的性趣；在性爱方面，他既不喜欢暴虐，也不喜欢病态，更不喜欢动心机。

如果人们明白为什么活着，那么人们就知道怎样生活了。英国人相信幸福论，但人追求的**不是**幸福。

我们怎能让庸人失去对平庸的兴趣呢！你们都看见了，我的行动与平庸针锋相对：正如我教导的那样，每一步都远离平庸，都走**向不道德**……

我们最神圣的信念，我们不变的最高价值观念，就是肌肉的判断。

"我们需要什么才能使我们的力量增加十倍，你们还不知道吗？"——你们是信徒？——废物！！

和所有拥有过多权利的人一样，我不喜欢保持权利。（前言结束）

119

生物学等温线

120[493]

何为好？——所有能增强人的力量感、权力意志和力量本身的事物。

何为坏？——所有出自虚弱的事物。

何为幸福？——感觉到力量又增长了、一种抵抗又被制服了。

不要满足，而要力量大增；尤其不要和平，而要更多的战争；不要美德，而要精明强干（文艺复兴式的德性、阳刚，不伪善的德性）。

生命的最高命令：弱者和失败者应该消亡。切莫让同情成为美德。

什么比恶习更危险？——在行动上同情一切弱者和失败者，基督教……

什么样的类型有朝一日将取代人类？这种问法纯属达尔文主义者的意识形态。仿佛曾经有物种被替换掉似的！在我看来，这是人这个物种内部的等级问题，我基本上不相信人类的进步，我所说的是等级问题，是既有的和将有的人的类型之间的等级问题。

我区分了两种类型：上升生命的类型与衰落、瓦解、虚弱之类型。

在这两种类型之间还可以提出等级问题，我们应该相信这一点吗？

过去经常出现强者类型，但其存在只是一种巧合，只是一种例外，——强者类型从来都不是人们所**想要的**。确言之，这种类型恰恰遭到了最疯狂的抵制和**阻碍**，——他总是遭到敌人的围攻，敌人包括大众，各种平庸的本能，弱者的精神、诡计和心机，还有"美德"……迄今为止，他一直是可怕的恶人，出于对他的恐惧，人们追求、培育并**获得了**与之相反的类型：家畜，病畜，群氓，基督徒。

第十六章
1888 年春夏

1

"兄弟们，"最老的侏儒说道，"我们的处境很危险。我了解这个巨人的姿态。他准备朝我们流汗了。当巨人流汗时，就会有一场大洪水。如果他流汗，我们就全完了。我说的不是我们将淹死在可怕的大水中，而是淹死在他的汗水中。"

"问题是，"第二个侏儒说道，"我们怎样阻止一个巨人流汗呢？"

"问题是，"第三个侏儒说道，"我们怎样阻止一个伟人做伟大的事情呢？"

"谢谢各位，"最老的侏儒庄严地答道，"你们已使这个问题更加哲学化了，对它的关注也增倍了，问题的解决也准备好了。"

"我们必须吓唬他。"第四个侏儒说道。

"我们得给他搔痒。"第五个侏儒说道。

"我们必须咬他的脚趾。"第六个侏儒说道。

"所有这些事情我们同时做，"最老的侏儒作出了决定，"我看，我们能对付这个局面了。这个巨人不敢流汗了。"

4月21日于都灵，写于途中。

2

生存的冒险与幻象——
4月27日夜

3

虚构的原因。

4

逐个地、试验性地、逐步地使用所有可怕的事物——文化的使命要这样做。但是在文化还没有强大到能够运用可怕事物之前，它必须反对、控制和掩饰它，也许还必须咒骂它，甚至毁灭它。凡是在一种文化利用邪恶之处，它都表现出一种恐惧的态度，从而暴露出自己的**软弱**。所有的善原本就是被利用的过去的恶。

5

下面这一点可以作为标准：一个时代、一个民族和一个个人（因为他善于把激情当作手段来使用）所能允许的激情越可怕、越伟大，那么他的文化水平就越高。反之，一个人越平庸、越软弱、越卑下、越胆怯、**越有道德**，那么他所确定的恶的王国就越广阔。最卑微者无论走到哪里，他看见的肯定都是恶的王国（恶意味着敌意和禁忌）。

6

教育，一种为了维护规则而毁灭奇人的手段体系；**教养**，一种为了维护庸人而树立**反对**奇人的风气的手段体系。这很残酷，但从经济学上来看，这两种手段体系都是完全合理的。至少它们是长期合理的，此时文化还在竭力维持自己，而每个奇人都是一种力量的浪费者（一种偏离常规、具有诱惑力、有毛病、性格孤僻的异类）。只有在力量够多、即使浪费也不违背节约原则的时候，一种特异的、尝试性的、冒险的、注重差异的文化，——一种培植奇人的**温室文化**（Treibhauscultur）才有生存权。

7

要控制激情，而**不是**削弱或消灭激情。我们意志的主宰力越大，激情所获得的自由也就越多。伟人之所以伟大，是因为他拥有欲望的自由活动空间；但他足够强大，能够把这头猛兽变成家畜……

8

在文明的每一个阶段，"好人"既是不危险的人，又是有用的人：一种中心，在公众意识里他们是中道的化身，他们既不可怕又不可小视……

9

人们在与**伟人**作斗争时运用了许多理性。伟人们是危险分子、偶然现象、奇人和暴风雨，他们足够强大，能损毁缓慢建成的制度和逐渐建立的理论，他们是人们所坚信的信仰的怀疑者。每个文明社会的本能都劝告人们：不仅要像去掉炸弹引信那样除掉他们，而且要以各种方式**防止**他们的产生和频繁出现。

10

文化的巅峰与文明的巅峰是彼此分离的：我们不应该对文化与文明的强烈对抗感到困惑。用道德术语来说，文化的伟大成就总是出现在腐败的时代；反之，人遭到刻意的强制**驯化**（"文明"）的时代都对最睿智的和最勇敢的人毫不宽容。文明的追求与文化的追求显然不同，也许截然相反……

11

坚定性与连续性[494]：歌德认为，这是最值得尊敬的人之品质。

12

生命本身并非实现某种目的的手段，它只是力量的增长形式。

13

谦虚、勤劳、亲善、温和，满怀和平与友好：这就是你们想要的人吗？这就是你们所设想的**好人**吗？但你们由此得到的，只是未来的中国人，"基督的羔羊"，地地道道的社会主义者……

14

谁不把自我设定为目的，并且不能从自我出发来确立目的，谁就会崇尚"失去自我"（Entselbstung）的道德。他的聪明，他的经验，他的虚荣心，他的一切都说服他奉行这种道德……

15[495]

伊壁鸠鲁[496]所进行的反对"旧信仰"的斗争，在严格的意义上就是反对**先在的**基督教的斗争，——反对已变阴暗、已道德化、已被罪恶感腐蚀的、衰老多病的旧世界的斗争。

不是古代的"道德败坏"，而恰恰是古代的道德化，才是基督教得以独自主宰古代的前提。伪君子的道德狂热（简言之，柏拉图）通过重估异教的价值和毒化其纯洁毁了异教。——最终我们应该明白，被摧毁的古代异教要**高于**成了主宰的基督教！——基督教从生理腐败中成长壮大，它只扎根于腐败的土壤……

16

我们少数人或多数人，敢于再次生活在一个**非道德化**世界上的我们，作为信仰上的异教徒的我们：我们也许是知道何为异教信仰的第一批人。我们的异教信仰就是，必须把自己设想成比人**更高级的生物**，一种在善恶的彼岸的生物；还必须把所有的高级属性评价成非道德性。我们信仰奥林匹斯山，**不信**"被钉死在十字架上的耶稣"……

17

人们觉得历史学只有一个用途，即总是可以从中得出一个相同的错误结论："这种或那种形态消亡了，**因此**它被驳倒了。"好像消亡就是一种异议，甚至是一种**反驳**似的！——最后的贵族社会制度的消亡又能证明什么呢？它能证明我们不再**需要**这种制度了吗？

18

在德国人中，我们不应该满足于有精神；我们还必须摆脱精神，**去除**精神。在法国人中，我们必须勇敢地做德国人。

19

在你成为智者之后，你还要放聪明些！一种粗暴的情感，一种恶习，一种疯狂——从现在开始这就是你的拯救方式！

20

如果我的哲学是个地狱，那么至少我愿意用精美的格言来铺设通往地狱之路。

21

如果人生（Dasein）的特性是虚假的，如果人生具有一种"坏特性"——这恰恰是可能的——那么真理，我们的所有真理又是什么呢？难道它们不更加虚假吗？

22

如果你做了一件蠢事，那么事后你就应该给它送去两份聪明：这样你就消除了愚蠢。

23

只有非常贫乏的意志才能以叔本华的方式把世界误解成"意志"！哲学家即使滔滔不绝地大谈意志，他也**缺乏**意志（一如《新约全书》缺乏**精神**，尽管它大肆宣扬"神圣的精神"[497]）。

24

倘若没有音乐，人生就是一个错误。

25

人是一种过分紧张的、渺小的动物，幸亏人类有其时代；地球上的生命其实只是一个瞬间，一个意外事件，一个没有结果的例外，对地球的总体特性而言生命是无关紧要的；和所有的星体一样，地球本身乃是两个虚无之间的一道裂缝，一个无计划、无理性、无意志、无自我意识的事件，必然性的最糟糕的产儿，愚蠢的必然性……我们心中的情感愤怒地反对这种思考。虚荣心这条毒蛇在劝说我们："所有这一切肯定都是错的，**因为**它们使人感到气愤……这一切不会是假象吧？尽管如此，用康德的话来说，人———"

26

据说"邪恶"（das Übel）使人怀疑人生！但什么东西最令人厌恶呢？难道不是"善"的角度吗？不是无法逃避"善"这种怪事吗？不是"上帝"观念吗？

27

如果你生病了，你就应该躲起来：像哲学家一样孤独，像野兽一样孤独……

28

有清晨的思想家，有下午的思想家，还有夜猫子。别忘了最高贵的类型：**正午的思想家，**——伟大的牧神潘[498]在他的心中沉睡。午时所有的光垂直照射……

29

我们缺乏一种能为音乐家建立法则和创造良知的音乐美学；作为其后果，我们缺乏一种为"原则"而进行的真正斗争——因为我们这类音乐家既嘲笑赫尔巴特[499]在这个领域的"单纯愿望"（Velleitäten），同样也嘲笑叔本华的无效愿望。在这方面确实存在一个巨大的困难：我们无法清楚地**解释**"典范""技巧纯熟"与"完美"这些概念——我们凭着陈旧的喜爱与赞赏的本能在价值的王国里盲目摸索，我们几乎相信了"凡是**我们**喜欢的就是好的"……世人天真地把贝多芬称作"古典艺术家"，这引起了我的怀疑。我会严格地坚持我的观点，我们所理解的其他艺术领域的古典艺术家乃是一种与贝多芬相反的类型。然而，当人们把瓦格纳乐剧彻底而引人注目的"风格解体"（Stil-Auflösung）且把他所谓的戏剧风格当作"典范""纯熟技巧""进步"加以传授和崇拜时，我就会极其不耐烦。瓦格纳所理解的音乐的戏剧风格，其实就是对风格的彻底放弃，其前提是，某种其他的东西（戏剧）要比音乐重要一百倍。瓦格纳善于描绘，他不是为了音乐而使用音乐，他强化姿态，他是诗人；最后他像所有的戏剧艺术家一样，唤起了"美好的情感"与"昂然气概"——他千方百计地说服妇女和缺乏文化修养的粗人相信他：然而女人和粗人与音乐何干！这些人根本没有艺术良知；当瓦格纳为了附带目的、为了"戏剧女仆"（ancilla dramaturgica）而使绝对必要的、最优秀的艺术品质遭到践踏和嘲笑时，这些人丝毫也不感到痛苦。——如果艺术表现，如果自为的艺术本身失去了法则，那么表现手法的一切拓展又有何用？画面的华丽，声音的暴力，音调、节奏以及和谐与不和谐色调的象征意义，音乐的心理暗示意义，对其他艺术门类的借鉴，整个随着瓦格纳的总体艺术而占据了统治地位的音乐**感性**——所有这一切都是瓦格纳从音乐中认识到的、提取出来的、加以发展的。维克多·雨果对语言做了类似的处理，但是今天的法国人肯定会反躬自问：维克多·雨果是否败坏了语言？随着语言中感性的增加，理性、精神性和语言深刻的规律性是否遭到了贬抑？法国诗人成了雕塑家，德国音乐家成了戏子和文化画匠——难道这不是**颓废**的标志吗？

瓦格纳借助音乐，尽可能地采取各种手段创造了非音乐：他让观众明白了美德、激情与膨胀。

音乐在他那里只是手段而已。

这种音乐是否已丧失了所有的精神美，丧失了勇敢地拥抱妩媚的高傲完美，丧失了逻辑迷人的跳跃与舞蹈———

30

对一位总是在与丑陋真理搏斗的认识之战士而言，对**根本没有真理**的坚信乃是彻底的洗浴和舒展四肢。——虚无主义就是**我们的**懒散方式……

善良也许只是愚蠢的一种令人尊敬的形式，谁会因此对它心怀恶意呢？这种愚蠢的善良即使在今天也没有过时。在所有的阶层中都有一种农民般诚实的天真汉，对这种人我们只能报之以微笑和尊敬；时至今日，这种天真汉还相信一切都掌握在好人的手中，即掌握在"上帝之手"中，但这条原理只具有很低的可靠性。当好人们维护这条原理时就像在说二乘二等于四，我们其他人肯定会避免去反驳他们。我们为什么要去贬损**这种**纯粹的愚蠢呢？我们为什么要用我们对人类、民族、目标和未来的忧虑去烦扰他们呢？即使我们想使他们忧心忡忡，我们也做不到这一点。他们已把他们自己的、令人尊敬的愚蠢和善良**投射进**了事物之中。（在他们心目中古老的上帝、近视的上帝还活着！）我们其他人——我们则在事物之中看见了某些不同的东西，即我们谜一般的天性，我们的矛盾，我们深刻的、痛苦的、多疑的智慧。

32

我如何认出我的同类

我凭什么能认出我的同类？——迄今为止我所理解和接触过的哲学，都是一种自愿的寻找，包括寻找人生的消极面和邪恶的一面。穿过冰原和沙漠的漫游使我获得了长期的经验，我从经验出发学会了重新评价迄今为止被哲学探讨过的一切事物：**隐秘的**哲学史与哲学"大概念"（Namen）的心理学在我眼中于是暴露无遗。"一位智者能**忍受**多少真理，他**敢于**揭示多少真理？"——这一点对我来说就成了真正的价值标准。而谬误非常**胆怯**……所有的认识成就皆**来自**勇气，来自严于律己，来自自己的清白……我所从事的这种实验哲学也尝试性地先行掌握原则上的虚无主义之可能性，这并不意味着这种哲学停留于否定，停留于拒绝，停留于追求否定的意志。确言之，它要超越否定抵达其反面，实现对真实世界的**狄俄尼索斯式的肯定**，不增不减，无例外、不选择。它要的是永恒循环，——同样的事物，同样的"节点"（Knoten）逻辑与非逻辑。哲学家所能达到的最高状态就是，像酒神狄俄尼索斯一样直面人生，对此我的格言就是爱命运[501]……

这种哲学认为迄今为止遭到否定的人生的消极面不仅是**必然的**，而且是值得追求的。人生的消极面不仅对迄今为止受到肯定的积极面而言是值得追求的（消极面乃是积极面的补充或前提），而且为了它自己也是值得追求的，因为它是人生更强、更有益和**更真实的**一面，它更清晰地表达了生命意志。这种哲学还要对迄今为止唯一**被肯定的**人生的积极面进行评估；它还要弄清楚这种肯定性的评价从何而来，该评价为什么对人生的狄俄尼索斯式价值衡量毫无约束力。通过提取我明白了究竟是**什么东西**在肯定（那就是受苦受难者的本能，群氓的本能，与奇人相对立的**大多数人的本能**）。由此我还猜到了，在何种程度上另一种较强大的人的类型必须按照人生的消极面来设想人的提高与提升：位于善恶彼岸的**更高级的人**，超越道德价值的人，这类道德价值不可否认地全部起源于受苦者、群氓和大多数人的领域。我在历史中寻找这种与群氓相反的理想形象的雏形（我重新发现了"异教""古典""高贵"的概念，并将其视作开端）。

33

从他对德国和德国文化的价值来看，理查德·瓦格纳始终是一个大问号，他也许是德国之不幸，无论如何也是一种厄运。然而原因何在？难道他是一个德国事件？其实他远非如此……我甚至觉得，他在任何方面都不属于德国；德国对他毫无思想准备，他的整个类型在德国人中显得相当陌生、古怪、未被理解、令人费解。然而德国人不承认这一点：德国人太好心了，太正派了，太德国化了。"因为荒谬，所以信仰"[502]，对于瓦格纳，德意志精神过去要这样，现在也要这样。——在此期间，德意志精神相信了瓦格纳愿意相信的他所有的自我认识。在心理学领域德意志精神在任何时候都缺乏敏锐和预见力。今天，德意志精神处在爱国和自我欣赏的高压之下，它明显地变得肥硕而粗糙，这样它怎么能对付瓦格纳问题呢！

34

整个法国浪漫主义音乐乃是文学，瓦格纳的音乐其实也是文学。异国情调、陌生时代、外国风俗和异域激情对感伤的浪荡子颇具魅力；有些书籍给整个异域涂上了新的色彩和新的可能性，它们引导读者进入遥远外国的远古时代的广袤天地，使你对异域心醉神迷……对未开化的、更加遥远的世界的预感，对林荫大道的蔑视……你千万别搞错了，民族主义其实也只是异国情调的一种形式……浪漫主义音乐家会告诉你，那些充满异国色彩的书籍究竟使他们变成了什么东西。人们都喜欢外国工艺品，喜欢体验佛罗伦萨式的或威尼斯式的激情；最后**人们满足于**在**图画**中去寻找异国风情……洋化的本质乃是一种**新的**渴望，一种模仿欲，一种仿效异族生活的愿望，一种心灵的作假与伪装……浪漫主义艺术只是一种缺席的"现实"的代用品而已……

拿破仑充满开辟心灵新的前景的激情……拓展心灵的空间……

新变的试验：大革命，拿破仑……

意志越来越弱；欲望越来越放荡，越来越渴望感受和想象新事物，甚至在梦中追求新事物……

经历了过度事物的后果：渴求过度情感……外国文学为此提供了最强烈的香料……

35

婚姻的未来

继承遗产时必须承担额外的**捐税负担**，从某个特定的年龄起单身汉还要承担额外的兵役负担（在堂区[503]之内），这些负担将逐渐加重。

生育了许多男孩的父亲将获得各种**好处**，例如，他们能赢得多数票。

婚前必须由堂区理事会签署一份**医疗报告**，婚约夫妇和医生必须回答报告中的一些问题（"家族史"——）。

有期限的婚姻作为**卖淫**的解毒剂（或者作为卖淫的改良）：合法化的短期婚姻（期限为几年、几个月或几天），必须为孩子提供保障。

一定数量的堂区代表提倡婚姻并为每桩婚姻负责：作为堂区事务。

36

所有的浪漫主义者和他们的德国大师弗里德里希·冯·施莱格尔一样都处于危险之中，用歌德的话来说，"唠唠叨叨地重复道德与宗教的荒唐话语会让他们窒息而亡"。

瓦格纳具有席勒风格：他以"充满激情的雄辩和华丽的辞藻来表现高尚思想的飞翔"。——一种金属含量极少的合金。

"假如席勒活得更久一些，他肯定会成为他的同时代人的偶像，也会成为那些在伊夫兰德[504]、科策布[505]、尼古拉[506]和梅克尔[507]的作品中重新找到其思想感情的人的偶像，他还会获得许多荣誉和大量财富。"——维克多·海恩[508]《论歌德》，第109页。

"持续的冷酷无情""主人公们的卑鄙无耻或微不足道"——这种评价使人想起了尼布尔，尼布尔斗胆评说威廉·迈斯特："他对温驯的动物围栏非常生气。"

上流社会对《威廉·迈斯特》一书达成了一致的意见，用雅科比[509]的话来说，"书中有一种不洁的精神占了上风"。

歌德为什么要感谢席勒呢？情况恰恰相反，《威廉·迈斯特》"使他着迷，深深地感动了他，使他痛苦地感到自己的不足。他走出敌对的阵营之后，终于遇见了一位智者，在他看来，这位智者完全能够上升到这种精神高度"。

1796年，席勒在致克尔纳[510]的信中写道："与歌德相比，我只是，我始终是一个文学瘪三。"

当席勒名声大振时，歌德的星座在他的眼中开始变得暗淡无光了。他成了歌德的竞争者。

病人对完美者的典型仇恨——例如，诺瓦利斯仇恨歌德，他非常憎恶《威廉·迈斯特》这本书。"他用稻草和破布仿造了文学花园。""书中的理智恰似天真汉。""此书的精神就是艺术家的无神论。"此时诺瓦利斯迷上了蒂克[511]，蒂克那时似乎是雅科布·伯麦[512]的学生。

37[513]

瓦格纳的艺术效果强烈，首先它是沉重的，令人抑郁的。原因何在？主要原因肯定不在于瓦格纳的音乐：当你已被某种其他的东西征服从而变得**不自由**的时候，你甚至能够忍受这种音乐。这种其他的东西就是瓦格纳的激情，他只是把他所发明的艺术添加到了他的激情之上。瓦格纳获胜和还将获胜的原因在于其激情的巨大说服力，在于他迫使你紧张地屏息，在于他对某种极端情感的痴迷，在于其激情的可怕**长度**，靠这种持久的激情他最终说服我们接受了他的音乐……某人有这种激情，他就是一位"天才"吗？或者有可能是一位天才？如果我们把艺术家的天才理解为法则下的最高自由、神妙的轻松和举重若轻的本领，那么奥芬巴赫[514]（或埃德蒙·奥德朗[515]）就比瓦格纳更有权利获得"天才"之名。瓦格纳是沉重的、笨拙的，最狂放的完美瞬间与他无缘，而奥芬巴赫这个小丑几乎在他的每一部滑稽的轻歌剧中都有五次或六次达到了最狂放的完美。现在我还想回答另一个问题，恰恰拥有**这种**激情的瓦格纳是不是德国的？他是德国人吗？……或者他只是例外中的例外？

瓦格纳是沉重的，非常沉重的，因此他不是天才……

38

首先应对瓦格纳的作品进行大幅度删减，使剩下来的内容占原作的四分之三：尤其要删除他的宣叙调[516]，因为这种说唱会使最有耐心的人也感到绝望……瓦格纳的虚荣心太强，他大肆**宣扬**他的作品的必要性，声称其作品的细枝末节也是必不可少的……真实情况恰恰相反，其中多余的、任意的、可有可无的东西太多了……他本人缺乏掌握必要性的才能，他又如何能把必要性**给予**我们呢？

39

粗俗的民众鼓动家根本没有能力搞清楚"较高的天性"这个概念，巴克尔[517]就是这方面最好的例子。有人认为"伟人"、个人、王侯、政治家、天才和统帅是所有伟大运动的原因与杠杆，但巴克尔激烈地反对这种观点，他本能地误解了这种观点，似乎这种观点认为，"高等人"的本质和价值在于他有发动群众的能力。简言之，在于这种能力的效果……但伟人的"较高天性"在别处，在于直接性，在于"等级距离"（Rangdistanz）——而不在于某种效果，即使他曾威震天下。

40[518]

美学

基本观点：什么是美的，什么是丑的

（1）

没有什么东西比我们的美感更受条件限制、**更带有偏见**了。谁若脱离了人对人的喜爱来思考美感，谁就会立即失去脚下的根基。作为种类的人在美中自我欣赏，在极端的情况下他会进行自我崇拜。人只对**自己的**形象感到愉悦，他自我肯定并且只肯定自己，此乃人类的本质属性。无论他看见的世界有多么美，这种美总是由他自己的"美"赋予的。换言之，凡是能使他想起他自己的完美感的事物，他都认为是美的，作为人他以完美感屹立于万物之中。他是否真的以此**美化了**世界呢？而在一位更高明的"鉴赏家"（Geschmacksrichter）眼中，人也许一点也不美？……我这样说是不是有失体面，还是有些滑稽？

（2）

哦，酒神狄俄尼索斯，你为什么扯我的耳朵？——阿里阿德涅[519]，我在你的耳朵里发现了一种幽默，你的耳朵为什么不长得更长一些呢？

（3）

"没有什么东西是美的，只有人才是美的。"我们的全部美学建立在这种天真之上：它是美学的第一"真理"。

我们会马上添加一个补充性的"真理"，该真理也很天真：没有什么是丑的，只有**失败的**人是丑的。

人对丑感到痛苦，其实他是对种类的流产感到痛苦；凡是使他想起这种流产的事物，即使该事物属于最遥远的过去，他都会做出"丑的"评价。人给予了世界大量的丑，这意味着：人总是把自己的丑给予世界……他真的因此把世界**丑化了**吗?

（4）

所有的丑都使人虚弱，都令人抑郁：丑使人想起没落、危险和软弱无力。我们可以用一个测力计来测量丑的印象。人若感到沮丧，那就是丑在起作用。力量感和权力意志随着美而增长，随着丑而下降。

（5）

在我们的本能和记忆里存储了大量资料。各种各样的征兆都可以向我们显示种类的退化。凡是在出现了疲乏、劳累、艰难、衰老、不自由、痉挛、瓦解和腐朽的地方，即使这些现象只是刚刚露出苗头，我们都会立即做出最低的价值判断：**人就会憎恶丑**……

人所憎恶的，永远是**其种类的"衰退"**（Niedergang）。整个艺术哲学充满着对种类衰退的憎恶。

（6）

如果读者诸君完全明白了这个道理——在人生的总体大戏中"好人"也是**疲乏**的一种形式，那么你们就会尊重基督教把好人设想成**丑陋者**的结论。基督教的这个结论是有道理的。

如果一位哲学家说"善和美是一码事"，那么他纯属厚颜无耻；如果他再补充说一句"真善美是一回事"，那么他就欠揍了。真相是丑陋的：**我们有艺术**，以免我们因真相而崩溃。

我是最早认真研究艺术与真相的关系的人。现在我依然对艺术与真相的矛盾感到无比惊骇。我的第一本书就是探讨这个矛盾的。《悲剧的诞生》对艺术的信仰乃是基于另一种信仰：**靠真相我们是无法活下去的**，"求真的意志"已是退化的征兆……

我在此重申这本书极其阴郁和令人不快的思想。该书的思想是**不道德的**，它因此高于其他的悲观主义思想：它和后者不一样，后者是哲学家的妖精即道德蛊惑人心的产物。

《悲剧的诞生》中的艺术[520]

———

41

瓦格纳是"现代心灵"之"欧洲精神"史上的一个**重要事实**，在他之前的海因里希·海涅也是一个这样的事实。瓦格纳和海涅是德国赠送给欧洲的两个最大的骗子。

42

当瓦格纳败退时，我疏远了他。败将瓦格纳投靠了德意志上帝、德国教会和德意志帝国：借此他把其他人吸引到了自己身边。

43[521]

请注意序言的开篇

炼金术士是人类唯一真正的**行善者**。

他重估一切价值，他把少变成多，他把普通金属炼制成**黄金**：人类唯一的行善者类型。

这种类型是唯一的**增加财富者**。

其他的人只是**货币兑换者**。

我们可以设想一种极端情况：有某种最可恨的、最受谴责的东西，炼金术士可以把这种东西变成黄金——这就是我的爱好……

44

有时我急于想**知道**我是怎样存在的。但这个问题和我自己的习惯风马牛不相及。

我的典型经历（人们有类似的———）

在我的生命中确实有令人惊诧之事。这是因为，我不愿意关心那些有可能发生的事情：这证明了我活得多么苟且……几天前一个偶然事件使我意识到了我的苟且偷生；我心中缺乏"未来"概念，我向前看犹如掠过一个平面：没有愿望，甚至也没有小小心愿，没有制订计划，不想改变。确言之，我只是遵循那位神圣的伊壁鸠鲁信徒对我们的教导：不要为次日忧虑，不要为明天忧虑[522]……这是我唯一的窍门：今天我知道明天将发生什么。

我使小船沉没：我划船划得多么好啊[523]，———

45[524]

大魔法师响尾蛇[525]般的幸福,最无辜的人们落入他的口中……

46

文化白痴,"永恒的女性",———

47[526]

在德国,"吹嘘"(Vaporismus)理想并不构成对一位艺术家的怀疑,反而构成了对他的辩护(理想主义有利于席勒!)……当德国人说席勒和歌德时,他们认为作为理想主义者的席勒是更高级的人,是真正的人:此等人乃姿态上的英雄!

48

瓦格纳虚构并为之谱曲的、歇斯底里的女英雄,乃是最下流趣味的雌雄同体产物。

这种类型本身在德国并不完全令人厌恶,这一现象当然有其原因(尽管它缺乏正当性):一位比瓦格纳更伟大的诗人,高尚的海因里希·冯·克莱斯特[527],早已用天才的语言歌颂了这种类型。在此,我不打算从其与克莱斯特的依赖关系出发来考量瓦格纳本身:埃尔萨、森塔、伊索尔德、布伦希尔德和康德里其实是法国浪漫派的女儿,她们都有一种———

49

一位音乐家的伟大不能根据他所引起的美好情感来衡量，女人们却相信这一点。衡量伟大的标准应该是其意志的活力，是音乐家的"稳练"（Sicherheit），他用稳练的手法使混乱服从其艺术命令并为混乱赋形，是他为一系列形式设置的必然性。一言以蔽之，一位音乐家的伟大应该根据其创造伟大风格的能力来衡量。

50

我为自己寻找一头野兽，它会随着我起舞并且有一点儿喜欢我……

51

提纲

1. 真实的世界与虚假的世界

2. 作为颓废类型的哲学家

3. 作为颓废类型的**宗教**信徒

4. 作为颓废类型的好人

5. **相反的运动**：艺术！

6. 宗教中的异教

7. 科学反对哲学

8. 政治家反对教士——反对**脱离**本能，主张**野蛮化**[528]（民众、祖国和妇女——这些群集的势力都反对"**野性**"）。

9. 批判**当代**：当代属于何方？

10. **虚无主义**及其**对立面**：永恒"轮回"之信徒

11. 作为生命的权力意志，历史的**自我意识**之顶峰（后者决定了现代世界的**疾病**形态……）

12. 权力意志：作为纪律

52

颓废者乃是社会的**粪便**。

把粪便当作食品来食用是最不健康的。

53

疲乏理论

恶习

精神病人（或表演艺术家……）

罪犯

无政府主义者

这些人不是**被压迫者**类型，而是迄今为止的阶级社会的渣滓……

因为认识到了我们所有的阶层都渗透着这些成分，所以我们明白，**现代社会**不是"社会"，不是"团体"，而是旃陀罗的病态混合物。

现代社会再也没有能力把这些粪便**排泄**出去了。

几百年来，由于共同生活，**病态**已逐渐深入社会的机体之中。

现代道德

现代的精神性　　｝　都是疾病的表现形式

我们的科学

54

谬误是人买得起的最昂贵的奢侈品；如果它是一个生理学谬误，那么它将是致命的。迄今为止，人类为什么付出了最高的代价，为什么东西而受到了最严重的损害？为其"真理"：因为所有的真理都是生理学上的谬误……

55

从生理学角度观察，《纯粹理性批判》已是呆小症[529]的先在形式，斯宾诺莎体系则是肺结核的现象学。

56

我的定理可以压缩成一句短语，它古色古香，散发出基督教、经院哲学和其他的麝香气味："作为精神的上帝"概念**否定了**上帝的完美……

57

这些人没有孩子，几乎没有意义。

58

对蜘蛛而言，蜘蛛就是最完美的生物；对玄学家而言，上帝就是玄学家：这意味着，他胡说八道……

59

民众相信伪经的"真理"。

60[530]

女人、黄金、宝石、美德、纯洁、科学、忠告，简言之，一切美好而有用的东西，你都可以接受，而不管它们的来源。

因为尊敬母亲，学生首先摆脱了自己的肉身；因为尊敬父亲，他摆脱了那个在空气中包裹他的、更加微妙的形体；因为尊敬教师，他变得越来越轻盈、越来越纯洁，然后飞升到梵天的居所[531]。

在静默的森林里，在清泉边，在深沉的午夜，他从不荒废祈祷，单音节"唵"[532]包含了祈祷的无限内容。

完成神学学业之后，年轻的婆罗门、刹帝利和吠舍就可以成家立业了。"再生族"[533]应该挂着手杖四处漫游，去寻找同种姓的一位女子，该女子应具有优秀品质，符合各种规定。

他应该避免与一位不良家族的女子联姻：例如，不履行宗教义务的家族，或者女儿的数量大于儿子的数量的家族，或者其个别成员患有畸形、肺结核、消化不良、痔疮和类似疾病的家族。

他避开这类家族，不管其权势、名声和财富有多么大。

他应该找一位美女，她体形窈窕，芳名悦耳动听，步态如小象，柔发如丝绸，声音温柔，牙齿细密整洁，体肤柔滑如天鹅绒。

一位美丽的姑娘能给家族带来快乐，能留住夫君的爱，能给他生体形健美的孩子。

他绝不和无兄弟或其父不被人们所了解的少女结婚。

如果一位婆罗门和一个首陀罗姑娘（来自奴仆种姓）结合并和她生有一子，那么他在世上绝无赎罪的可能。

61

威廉·冯·洪堡[534]，高尚的蠢材。

62

"所有的人都在永恒的更新和消遣中自我毁灭。"

——歌德[535]

63

去年冬天，丹麦才子格奥尔格·勃兰兑斯[536]博士在哥本哈根大学做了关于哲学家弗里德里希·尼采的一系列讲座，尼采之友若听见这条有价值的消息肯定会很兴奋。演讲者精当地阐释了一系列艰深的尼采思想，其首要目的并不是证明他精通哲学。他善于激发三百多位听众对德国哲学家尼采大胆的新思维方式的巨大兴趣，以至于讲座结束时听众以热烈的掌声向演讲者及其题目表达了由衷的敬意。

64

我们是非道德论者
在艺术家中
批判自由思想
怀疑论者发言

65

名歌手[537]赞扬德国的天才，这种天才除了从小鸟那里学会了歌唱之外，什么也没有学会。他们把天才理解成"高尚的——"，此外"骑士"……

66

关于序言。

什么东西能使我们复原？那就是**完美者[538]的形象**。我用陶醉的目光环顾艺苑，然后扪心自问：我们的境况是否不妙？

67

瓦格纳的风格也传染给了他的门生：瓦格纳崇拜者的德语是自谢林转文以来最隐晦的胡言乱语。作为文体学家，瓦格纳本人仍然属于叔本华所怒斥的那种淫靡文风运动。瓦格纳反对犹太人，他以"德语的拯救者"自居，这简直是滑天下之大稽。为了说明瓦格纳门生的趣味，请允许我举一个唯一的例子。巴伐利亚国王[539]是一位臭名昭著的鸡奸者，有一次他对瓦格纳说道："您也不喜欢女人吗？女人太无聊了……"诺尔[540]（被译成六种语言的《瓦格纳的生平》的作者）认为这种观点属于"娈童恋"[541]。

68

现代心灵的批判者

69

帕西法尔有一个儿子，即著名的罗恩格林[542]，这怎么可能呢？难道这是圣母无罪成胎[543]的首例？

70

问题在哪里？

宗教的误解。

道德的误解。

哲学的误解。

美学的误解。

71

Ⅰ 虚构的世界　　　　　　价值的来源

　　　　　　　　　　　　虚构的世界

　　　　　　　　　　　　作为颓废的哲学

　　　　　　　　　　　　对基督教的思考

Ⅱ 真实的世界　　　　　　道德背后的事实

　　　　　　　　　　　　关于艺术生理学

　　　　　　　　　　　　为何有真理？

Ⅲ　　　　　　　　　　　批判现代性

　　　　　　　　　　　　永恒轮回

　　　　　　　　　　　　走出第七重孤独

72

1. **价值的对立面**：悲观主义，虚无主义，怀疑

2. 批判哲学

3. 批判宗教

4. 批判道德

5. 虚构的世界

6. 为何有真理?

7. 关于艺术生理学

8. 现代性问题

9. 永恒轮回

10. 走出第七重孤独

73

关于艺术生理学

苏格拉底问题

道德：**驯服或培育——道德背后的事实**。和激情斗争以及激情的精神化。道德自然主义与道德的非自然化。

时代与时人。

走出第七重孤独。

"为何有真理？"

求真的意志。

哲学家的心理学。

论求真的意志。

文明与文化：一种对抗。

74

未知数[544]——令人痛苦的，引人深思的

1. 比才的音乐——哲学家 讽刺的

2. 南方，爽朗，摩尔人的舞蹈，爱情 陌生的，有趣的

3. "拯救者"——叔本华 讽刺的

4. 《指环》，叔本华是瓦格纳的拯救者 陌生的，有趣的

5. 颓废者——**愤怒的！** **辛辣的！**

6. 诙谐的"预感"，"震惊"，"提升" 讽刺的

7. "歇斯底里"，"风格"，小珍品 陌生的，有趣的

8. "惊人的效果"，"维克多·雨果

式的**语言**"，"塔尔玛"[545]，"热那亚人" **赞扬的**，快速的

9. "情节"，《埃达》[546]，"永恒的

意蕴"，《包法利夫人》，"无子女" 讽刺的

10. "文学""理念""黑格尔"

"德国少年"——我们失去了什么？ 有趣的

11. 赞美的，强烈的，确实是"戏子" **崇拜的**

12. 三个公式 愤怒的

关于第10条：瓦格纳是神秘的，复杂的，有着七层表皮的。

关于第8条：即使对瓦格纳的"对位法"的这种评价也是认

真的。

75

这里有两个公式，靠它们我可以理解瓦格纳现象。

第一个公式如下：瓦格纳的原则和手法全部可以归因于生理困境，它们都是生理困境的表现（作为音乐的"歇斯底里"）。

第二个公式如下：瓦格纳艺术的有害影响**证明了**其艺术机体的极度脆弱，证明了其艺术的**腐化**。完美的事物使人健康，病态的事物使人生病。瓦格纳使其听众陷入生理困境之中，这些生理困境（不均匀的呼吸，血液循环障碍，极度烦躁乃至突然昏迷）就是对瓦格纳艺术的**驳斥**。

用这两个公式就可以推导出那个普遍原理，对我而言该原理乃是所有美学的基础：审美价值奠基于生物学价值，审美愉悦就是"生命愉悦"（biologische Wohlgefühle）。

76

瓦格纳对其可怜的马佩加索斯[547]滥施侮辱性的鞭刑，残酷地鞭打它，在这种情况下人们听见的**不是**激情，而是鞭打声。

瓦格纳用**鞭打**虐待可怜的马佩加索斯（《特里斯坦和伊索尔德》第二幕）。

贫乏：瓦格纳多么缺乏即兴奇想（Einfälle）——一种**才智上的**贫乏，太**无聊了**……

和维克多·雨果完全一样，瓦格纳缺乏**奇想**：一切都是姿态，——

1. **戏子**

2. 音乐遭到**败坏**——

从外边用一根细带子把音乐领进来——"暗示"——

细节极其活跃

视角**变换**

"伟大的风格"——没落，**组织力衰退**

　　——缺乏调性

　　——缺乏**动作协调**（"舞蹈"）

　　——**无构造力**（"戏剧"）

　　——**暴虐**的手段

"执念"（或主导动机⁵⁴⁹）

3. 音乐的**有害性**

奇迹

特异反应性

4. **素材**的价值

其修养，"风格"，"黑格尔类型"

5. **法国**——德国

6. **演员**（histrio）**的崛起**

7. **颓废者**：极端敏感——

缺乏调性

缺乏动作协调

无构造力

夸大细节

視角动荡

性格不稳定：人格善变

缺乏自豪

纵欲与疲乏

贫乏，被巧妙地否认了

作为音乐

作为"**神话的解释**"

8. "我们怎样才能失去对这位颓废者的兴趣？"

戏子

作用方式。效果史。

音乐作为戏剧修辞学。维克多·雨果

"剧作家"

9. **害人虫**：

①生理上　　　　　　　荒谬

②理智上（"少年"）　　奇迹

③"同情"倾向　　　　　象征手法

10. **虚无主义艺术**：

叔本华的悲剧倾向

11. **戏子崛起**

12. **三条要求**

78

在现实中来经历特里斯坦和伊索尔德的爱情，几乎就是一种放荡。

我们确实无法使少妇严肃地面对这种良心上的两难抉择：要么相信瓦格纳，要么生儿育女。

79

瓦格纳从未学会走路。他绊了个跟跄，他跌倒在地，他用鞭打来虐待可怜的佩加索斯。全然虚假的激情，全然虚假的对位法，瓦格纳根本**没有能力**创造一种风格。

人工，黏合，虚假，粗制滥造，怪物，马粪纸。

80

瓦格纳事件[550]
一个音乐家问题

弗里德里希·尼采　著

我的出版社以此书名推出一本反对瓦格纳的天才小书，此书将引起敌人和朋友们的最热烈的讨论。读者诸君肯定会承认，尼采教授先生最了解拜罗伊特[551]运动。尼采在书中抓住了这场运动所包含的**价值问题**之牛角，他证明了这个价值问题有牛角。这本著作对瓦格纳的反驳，不仅是一种美学上的反驳，而且首先是一种生理学上的反驳。尼采将瓦格纳视作一种疾病、一种公害。

81

我给了人们所拥有的那本最深刻的书《查拉图斯特拉如是说》。这本书如此优秀，以至于当某人说"我读懂了其中的六个句子，也就是**我体会了**它们"时，他已属于人类的较高等级……但是为什么人们必须为此受罪，必须为此付出代价呢？道德几乎败坏了人的性格……鸿沟已变得太深……

82

现代观念是错误的

"自由"

"平等权利"

"人道"

"同情"

"天才"

　　民主主义的误解（作为环境和时代精神的结果）

　　悲观主义的误解（作为**变贫乏的**生命，作为对"意志"的摆脱）

　　对颓废的误解（神经症）

"人民"

"人种"

"民族"

"民主"

"宽容"

"环境"

"功利主义"

"文明"

"妇女解放"

"民众教育"

"进步"

"社会学"

83

错误价值的必然性

通过证明其局限性，我们可以反驳一个判断，但是这并没有取消做出一个价值判断的必然性。**错误的价值**不能通过理由来根除，正如病人眼中的扭曲图景不能通过理由来纠正一样。人们必须理解错误价值得以**存在**的必然性：错误价值是一些原因的一个**结果**，这些原因和理由毫无关系。

84

如果人们"和基督与摩西一起"要消灭自然的因果性，那么人们就需要一种**反自然的**因果性：伪善的全部残渣余孽从此就会东山再起。

谬误的心理学

1. 混淆了原因与结果

2. 混淆了真理与信以为真的事物的影响

3. 混淆了意识与因果性

作为谬误的道德

作为谬误的宗教

作为谬误的形而上学

作为谬误的现代观念

权力意志——重估一切价值的尝试

Ⅰ谬误的心理学

1. 混淆了原因与结果

2. 混淆了真理与信以为真的事物

3. 混淆了意识与因果性

4. 混淆了逻辑与现实的原则

Ⅱ虚假的价值

1. 道德是虚假的

2. 宗教是虚假的

3. 形而上学是虚假的   一切虚假的价值都是由

4. 现代观念是虚假的   这四种谬误决定的

Ⅲ真理的标准

1. 权力意志

2. 没落的症状学

3. 关于艺术生理学

4. 关于政治生理学

Ⅳ虚假价值与真实价值的斗争

1. 一种双重运动的必然性

2. 一种双重运动的有用性

3. 弱者

4. 强者

十六章：每章三十七页。——十六章：每章三十五页。

真理的标准：

权力意志，就是生命意志——上升的生命之意志。

大谬误乃是颓废的结果。

关于艺术生理学。

没落的症状学。

价值之间的斗争：

一种双重运动的有用性。

其必然性。

弱者。

强者。

87

我们不应该把基督教和"基督教"这个名词使我们想起的那个根源搞混了。基督教赖以成长的**其他**根源，绝对比其核心更强大、更重要。如果人们用那个神圣的名字来指称这些可怕的没落产物和畸形产物，以此来说明"基督教会""基督教信仰""基督教的生活"，那么这就是一种空前的滥用。基督**否定**的是什么？那就是今天的基督教。

88

最糟糕的是，万事皆深深地触动心灵。几乎每年我都会遭遇三四件事情，这些事情本身并不重要，但它们几乎把我给毁了。

我并不想以此来指责某人。健康的人们对此简直毫无概念：他们居然在某种情况下致命地伤害了某人或者他们的言行竟然使某人病了几个月。

89

现代艺术家在生理上酷似癔病患者，其性格也源于这种病态。这种癔病患者很虚伪：他因为喜欢撒谎而撒谎，在各种伪装艺术方面他都令人钦佩，除非其病态的虚荣心捉弄了他。这种虚荣心犹如一场急需麻醉药的持续发烧，它不怕自欺，不怕有望带来迅速缓解的闹剧。**没有**骄傲的**能力**，必须不断地为根深蒂固的自我蔑视复仇——这几乎就是这种虚荣心的定义。其系统过于敏感，这种荒唐的敏感从所有的经历中制造危机并把"戏剧性"带进生活中最小的偶然事件之中。过于敏感使他变得捉摸不定：他不再具有人格，他只是一个许多人格的集合体，一会儿这个人格一会儿那个人格准确无误地向外射击。正是由于善变他才成了一位伟大的演员：所有这些意志薄弱的可怜虫都是医生认真研究的对象，他们表情丰富，变化多端，能进入几乎所有的**符合要求的**角色，其演技之高超令人惊叹。

第十七章
1888 年 5 月至 6 月

1

第一章 作为颓废之表现的**虚无主义运动**概念—— 颓废无处不在

第二章 颓废的典型表现形式

1. 人们选择那些加速疲乏的事物。

2. 人们不善于抵抗。

3. 人们混淆了原因和结果。

4. 人们渴望无痛苦：在某种程度上"享乐主义"也是一种衰朽的类型。

第三章

1. "真实的世界"：受苦者提出的实在概念，**最高**权力，作为对立面的自然，酒神精神的价值，**悲剧**时代。

2. 虚无主义伪造假货以取代所有的好事物，爱，"无意志的知性"，天才，"摆脱了意志的主体"之艺术。

3. 没有能力追求强力，**软弱无能**，无能的各种奸计。

2

A.论指挥者的堕落

B.迄今为止的最高价值意味着什么

C.迄今为止的最高价值从何而来

D.相反的价值为何败北

E.现代性乃是价值的歧义性

F.——

3[552]

（1）

［+++］本书[553]中的日神精神和酒神精神只是作为谎言的不同形式而成为我们的考察对象，借助于这二者我们得以**相信人生**。"人生**应该**引起我们的信赖"：如此提出的这个任务，是一个重大的任务。为了完成这个任务，人必须生来就是说谎者，他必须首先是**艺术家**。实际上他就是艺术家：形而上学、宗教、道德、科学——所有这一切只是他的艺术意志、谎言意志、逃避"真理"[554]的意志和**否定**"真理"的意志的畸形产物。人具有杰出的艺术家才能，借助这种才能他通过谎言来歪曲事实——这种才能是他和一切存在者所共有的。人本身是现实、真实和自然的一部分：为什么他不是**说谎天才**的一部分呢？

对"人生"（Dasein）的特性进行**曲解**——这就是道德、科学、虔诚和艺术家本性背后的最深刻与最高的隐秘企图。对许多事物视若无睹，看错许多事物，另外又看见许多幻想的事物：在人无法自以为聪明的情况下，人仍然是多么聪明啊！爱，热忱，"上帝"——它们纯属机智的彻底的自我欺骗、对人生的诱惑和对人生的信赖！当人是受骗者时，当人用计谋骗过自己时，当人相信人生时：哦，他的自信心是多么膨胀啊！他欣喜若狂！他的力量感增强！他的力量感洋溢着艺术家胜利的喜悦！人再次成为"**质料**"的主人、真理的主人！人无论何时都感到愉快，愉快的人一如既往，他总是作为艺术家而感到愉快，他作为强力而自我欣赏，他享受谎言一如享受强力……

（2）

艺术，只有艺术！艺术是人生的伟大"扶持者"（ermöglicherin），是人生的伟大诱惑者，是人生的伟大兴奋剂。

艺术是反对一切否定生命的意志的唯一优越的对抗力量，它是杰出的敌基督者、反佛教者和反虚无主义者。

艺术能**拯救**认识者，——认识者要看清并且看清了人生的可怕与可疑特性，他是悲观的认识者。

艺术能**拯救**行动者，——行动者不仅看清了，而且要体验并且体验了人生的可怕与可疑特性，他是悲壮的战士，是英雄。

艺术能拯救受苦者，——它是状态变化之路：痛苦被追求、被美化、被神化，痛苦成了巨大快乐的一种形式。

（3）

人们发觉，在本书中悲观主义。质言之，虚无主义，被视作真理。但真理并不是最高的价值标准，也不是最高的力量。追求"假象"（Schein）、幻想、错觉、生成与变化（追求客观欺骗）

的意志在此被视为比追求真理、现实和"真相"（Sein）的意志更深刻、更原始、更形而上：后者本身只是追求幻想的意志的一种形式而已。同样，快乐也比痛苦更原始，痛苦是有条件的，它是追求快乐的意志（追求生成、增长、塑造和**创造**的意志，但创造包含毁灭）的一个后果。肯定人生的一种最高状态被构想了出来，其中不能排除最高的痛苦，这就是悲剧性的酒神状态。

（4）

这本书甚至是反悲观主义的，因为它宣扬了某种事物，该事物比悲观主义更强大，比真理"更神圣"。似乎没有任何人比本书作者更真诚地支持对人生的彻底否定了：他不仅在言语上否定人生，而且在行为上**毁弃**人生。他只知道，艺术比真理**更有价值**——对此他深有体会，也许他根本没有体会过其他的任何东西！

作家所写的前言宛如一次和理查德·瓦格纳的对话。在前言里出现了这种信条，这种艺术家的福音："艺术是生命的真正使命，艺术是生命的**形而上**活动……"

4[555]

上帝概念的历史

（1）

一个仍然相信自己的民族，也有其上帝。这个被崇拜的上帝其实就是它得以兴旺发达的各种条件。——它把它自身的快乐和力量感投射到一个实体之中，它**感谢**该实体使它兴旺发达。在这种前提下的宗教乃是感恩的一种形式。一个这样的上帝肯定具有两面性：他既能助人，也能害人；他既是朋友，也是敌人。这些强大的现实主义者根本不想把一个上帝反自然地阉割成一个**善良的上帝**。一个不令人畏惧的民族有何威力？一个不知道愤怒、复仇、嫉妒、暴行和危险的毁灭欲的上帝又有何威权呢？——如果一个民族濒临灭亡，如果它感觉到它对未来的信仰、对自由和优势的信仰正在消失，如果它意识到臣服对自己最有利，如果它将被征服者的美德视作其自我保存的前提，那么它的上帝自然也就变样了。他变成了胆小鬼，畏怯、谦卑，宣扬"灵魂的安宁"，奉劝人们不再仇恨，提倡宽容，主张爱朋友爱仇敌。他爬回个人美德的洞穴，成为小人物的上帝，——他不再是一个民族具有攻击性和权力欲的灵魂，不再是**权力意志**了⋯⋯

（2）

在这种意志即权力意志衰退之处，每次都会出现颓废。颓废之神，其最阳刚的部分与最雄健的品质已被阉割，从此变成了好人们的上帝。对他的崇拜即"善"，他的信徒就是"好人与义人"。——我们都明白，一个善神与一个恶神的二元对立何时才有可能形成。被征服者本能地将其上帝弱化为"自在的善"，出于相同的本能他们又抹去了征服者的上帝的优秀品质。通过把征服者的上帝**妖魔化**，被征服者对其主人进行了复仇。

（3）

人们以才子勒南式的天真，居然把从以色列的上帝到一切"善的典范的上帝"（Inbegriffs-Gott）这种上帝概念的发展称作**进**

步！好像勒南有权天真似的！……很明显，事实恰恰相反。如果从上帝概念中清除了一种强健的、朝气蓬勃的生命之前提，如果上帝概念逐步成为救助一切疲惫者、衰颓者和困顿者的象征，如果他成了罪人的上帝、病人的上帝、救世主和地地道道的救星，那么这一切证明了什么呢？——当然，他的王国扩大了。（难道他本身因此而变得更伟大了吗？）从前他只有犹太民族，只有他的"选民"：每个民族在其鼎盛时期都自封为选民。在此期间他到处漫游，在任何一个地方都不再停留，——直到他最终成为世界主义者并获得了"大多数人"的信任。但"大多数人"的上帝仍然是一位阴暗角落之神，所有病区之神，全世界所有不健康的贫民区之神……他的世界王国是一个阴间王国，是一间藏污纳垢的地下室……而他本身已虚弱不堪，病病歪歪！……证据，即便是弱者中的最弱者，那些形而上学学者和经院哲学家，也成了他的主宰，——他们围绕着他编织谎言，把谎言之网织入他体内，直到他成为他们的摹本，成为一只蜘蛛为止。从此他开始从自己体内吐出丝编织世界，从此他变成了永恒的形而上学家，从此他变成了"精神""纯粹的精神"……基督教的上帝概念——作为病人之神的上帝，作为蜘蛛的上帝，作为精神的上帝——是凡人所创造的最低级的上帝概念：在上帝观念向下演变的过程中他就是颓废的顶峰。上帝已蜕变成了**生命的否定者**，而不是生命的美化者和永恒的肯定者；上帝流露出对生命、对自然、对生命意志的敌意；上帝成了诽谤生命的术语，成了"彼岸"谎言的公式；上帝概念神化了虚无，它宣告了追求虚无的意志神圣不可侵犯！……我们已堕落到了这种地步！……

你们还不知道吗？基督教乃是一种**虚无主义**宗教——由于其上帝的缘故……

（4）

北欧年轻的强大种族没有驱逐基督教的上帝，这种做法确实没有为其宗教天赋增光添彩，更别提他们的趣味了。他们**本该**对付得了这种病态的、羸弱的颓废老怪物。但他们遭到了厄运，使他们无法制服基督教的上帝——他们已把疾病、矛盾和衰老纳入其所有的本能之中，从此他们再也没有**创造出**任何神！大约两千年过去了，他们居然没有创造出任何一个新神！相反，持续存在的和似乎有理由存在的仍然是欧洲单调的一神论的那个可怜的上帝，他似乎是人的创造精神和造神能力的最大值与极致！这种由虚无、概念和老朽杂交而成的衰败产物赞成所有的颓废本能！……

（5）

有可能还有许多新神！……就我自己而言，宗教本能即**造神**本能有时在我心中要再次复活：神性每次对我的启示是多么不同，多么异样啊！在那些永恒的瞬间，许多奇异的事物与我擦肩而过，那些瞬间犹如从天而降进入我们的生活，那时我们浑然不知我们已有多老和我们还将多么年轻……也许我不怀疑有许多种类的神……肯定有这样一些神，他们"泰然自若"（Halkyonismus），无忧无虑。……轻快的脚步也许是"上帝"概念的属性之一……我们有必要说明一个神在任何时候都善于超越一切理性与平庸吗？我还要补充一句，神绝对超越善恶。用歌德的话来说，他视野**开阔**[556]。——对于这种情况，我们可以相信未受到足够重视的查拉图斯特拉的权威，查拉图斯特拉走得这么远，最后证明了自己的说法："我也许只相信一位擅长舞蹈的神[557]。"

我再次声明：有可能还有许多新神！——当然啦，查拉图斯特拉本人只是一位老无神论者。我们必须正确地理解他！查拉图斯特拉虽然说，他**也许**——，但查拉图斯特拉**将不**……

5

陶醉意味着爱，但它和爱又有所不同，陶醉居然无所不能！——对此每个人各有其知识。只要一个男人靠近一位姑娘，她的肌肉力量就会**增长**；有仪器可以测量这种增长。在一种更加亲近的两性关系中，例如，在舞蹈和其他的社交习俗所造成的两性关系中，这种力量迅速增长，从而使人们能够实施实际的**力量行为**：最后人们无法相信自己的眼睛了——也无法相信自己的腕表了！当然啦，在此我们必须考虑到，舞蹈本身和任何一种快速运动一样能够使整个血管系统、神经系统和肌肉系统进入一种醉态。在这种情况下我们必须考虑到一种双重陶醉的联合效应。——时不时地发点病，这是多么聪明啊！……有些事实人们永远也不愿意承认；对此人们竟成了女人，对此人们怀有女性的羞耻心……在那里跳舞的少女们显然已脱离现实：她们只是在和明确的理想跳舞，她们甚至看见了更重要的事物，看见了环绕着她们的理想：众母[558]！……我利用这个机会引用《浮士德》……当这些靓女有点发疯时，她们看起来就更漂亮了，——对此她们心知肚明！她们甚至变得非常可爱，**因为**她们明白这个道理！——最后她们的华服也使她们芳心荡漾，华服是她们的**第三个小陶醉**：她们相信她们的裁缝，犹如相信上帝——谁会劝她们放弃这种信仰呢？这种信仰使她们无比幸福！自我欣赏有利于健康！——自我欣赏能防止感冒。一个善于穿衣打扮的美女患过感冒吗？从来没有，绝不！假如她几乎一丝不挂，那么[559]……

6

关于**虚无主义**的历史

最普遍的颓废类型：

1. 怀着选择药物的**信念**，人们总是选择那些加速疲乏的东西。——本能失策的最大例子乃是基督教，基督教属于加速疲乏的毒品；"进步"也属于此列。

2. 人们失去了对刺激的**抵抗力**，——人们受到了偶然的制约：人们强化各种体验并把体验放大到极致……一种"失去个性"，一种意志涣散——有一种道德即属于此列，那就是利他主义的道德，它总是把同情挂在嘴边，这种道德的本质就是性格软弱，因软弱而产生**共鸣**，就像一根过度紧张的琴弦在不停地颤动……极度敏感……

3. 人们混淆了原因与结果：人们没有把颓废理解为生理现象，并且把颓废的结果当成了身体不健康的真正原因。

4. 人们渴求一种不再痛苦的状态：生命确实被视作**痛苦**之源，——人们认为**无意识的**、无感觉的状态（睡眠和昏厥）比有意识的状态要有价值得多：由此制定出一套方法……

7

问题完全不在于最好的世界或最坏的世界：否定或肯定，这才是问题的关键。虚无主义的本能否定生命。其最温和的观点就是，不存在胜过存在，追求虚无的意志比生命意志更有价值。其最严格的观点就是，如果虚无是最高的愿望，那么作为虚无之对立面的生命就毫无价值了——生命应受到谴责……

在这种评价的感召下，一位思想家就会不由自主地试图利用他本能地重视的所有事物来为虚无主义倾向辩护。这就是叔本华的大规模**作假**。虽然他对许多事物都有强烈的兴趣，虚无主义精神却禁止他把它们看成生命意志的表现。于是我们看见他做了一系列巧妙而果断的尝试：他重视艺术、智慧、自然美、宗教、道德和天才，由于它们在表面上敌视生命，他把它们都视作遁入虚无的愿望之表达。

8

最近人们不断滥用了一个偶然的、在任何方面都不恰当的词：人们到处谈论悲观主义，人们为一个必须予以回答的问题而争论不休，有时理智的人们也卷入了这场争论。这个问题就是，究竟谁说得对，是悲观主义还是乐观主义？人们没有明白一个明显的道理，悲观主义不是一个问题，而是一种征兆；——必须用"**虚无主义**"来取代"悲观主义"一词；——不存在是否胜过存在这个问题本身就是一种疾病，一种没落，一种特异反应性……

悲观主义运动只是生理颓废的表现而已；它在那些地方有两个中心，那些地方的天空已出现了没落的征兆［+++］

9⁵⁶⁰

论艺术生理学

1. 作为前提的陶醉：陶醉的原因。

2. 陶醉的典型征兆。

3．陶醉时的力量感和丰富**感**：陶醉的**美化**作用。

4．事实上的力量增强：其事实上的**美化**作用。需要考虑的是，我们的"美"之价值在何种程度上是彻底的**人类中心论的**。在生物学的前提下思考增强与进步。例如，两性跳舞时力量的增强。陶醉时的病态，艺术的生理危害性——

5．日神精神、酒神精神……其基本类型：与我们的特殊艺术相比，它们更为广泛。

6．问题：建筑艺术的归属。

7．艺术能力对日常生活的参与，运用该能力可以强身；反之就是丑。

8．流行病与传染病问题。

9．"健康"与"歇斯底里"问题——天才等于"神经症"（Neurose）。

10．作为心理暗示的艺术，作为传达手段的艺术，作为精神运动感应[561]之虚构领域的艺术。

11．非艺术状态：客观性，反映癖，中立性。衰退的**意志**，失去资本。

12．非艺术状态：抽象性。贫乏的**感觉**。

13．非艺术状态：虚弱，衰退，掏空，——追求虚无的意志。基督徒，佛教徒，虚无主义者。衰竭的**身体**。

14．非艺术状态：特异反应性（**弱者和平庸者**的特异体质）。害怕感觉，害怕强力，害怕陶醉（生活**失败者**的本能）。

15．**悲剧**艺术如何可能？

16．浪漫派类型：模棱两可。其结果就是"自然主义"……

17．**戏子**问题——"不诚实"，作为**性格缺陷**的典型善变……

缺乏羞耻感，小丑、色鬼、歌剧丑角、吉尔·布拉斯[562]，装成艺术家的戏子……

18. 作为**陶醉**的艺术。医学上的：赦免。强壮剂。全部的与局部的疲软。

第十八章
1888 年 7 月至 8 月

1

心灵军校
——献给勇敢者、快乐者和节制者

我不想低估那些可爱的美德，但心灵的伟大与它们相抵牾。艺术中的伟大风格也排斥那些讨人喜欢的东西。

当你痛苦、紧张、易受伤害的时候，你应该选择战争：战争磨炼人，使人膂力大增。

深受伤害者发出了高傲的笑声，我们只有我们所需要的东西。

已经持续十年了：我的四周**阒寂**无声——无雨的地区。人们必须有多余的人性，才不至于在**干旱**中饥渴难耐。

任何**信仰**都具备撒谎的本能：它拒绝真理，因为真理会危害它占有"真理"的意志——它对真理视而不见，开始诽谤……

他们有一种信仰，因为信仰能使他们"得救"进天堂：凡是不能使我们"得救"的事物，他们都认为是不真实的。无耻之尤。

2

滥用逻辑的理论自诩为**真实性的标准**。

3

胏陀罗无比自信，犹太人首先独领风骚。在不稳定的欧洲，犹太人堪称最强盛的种族，因为他们通过其长久的发展而优越于其他民族。犹太人的组织乃以一种比所有其他民族更丰富的变易、一种更危险的生涯和更大数量的发展阶段为前提。这几乎是优越性的一个公式。——一个种族犹如一个有机产物，它只能生长**或**走向灭亡；其发展绝不会停滞。一个没有灭亡的种族是一个不断生长的种族。生长意味着变完善。一个种族生存的持久必然决定着其发展的高度：最古老的种族**肯定**是最高等的种族。——犹太人**聪明**绝顶，与一位犹太人遇合乃是一件快事。顺便说一句，聪明也有其弊病：聪明人容易树敌。但聪明人始终具有巨大的优势。——聪明阻止犹太人以**我们的**方式变得傻里傻气，例如，以民族的方式。他们似乎注射过很好的狂犬病疫苗，身上还带有一点血迹，在所有的民族中他们的免疫力是最强的，他们不再轻易陷入**我们的**狂妄，"民族的狂妄"（rabies nationalis）。今天他们本身就是欧洲理性之最后疾病的解毒药。——在现代欧洲，唯有犹太人接近了智慧的最高形式，这是一出惊人的喜剧。奥芬巴赫和海因里希·海涅这些犹太人的确超越了欧洲文化的潜能；其他的民族仍然没有魄力以这种方式拥有精神。犹太人的思维方式与阿里斯托芬、佩特罗尼乌斯以及哈菲兹[563]相似。——欧洲最古老和最晚的文化现在无疑在巴黎，巴黎精神是这种文化的精髓。然而最娇弱的巴黎人，例如，龚古尔兄弟，毫不犹豫地把海涅视作巴黎精神的三座高峰之一[564]：海涅与利涅[565]亲王、那不勒斯人加利亚尼[566]分享荣誉。——海涅的品位很高，他足以蔑视德国人；德国人因此认真对待海涅，舒曼甚至为他谱曲——用舒曼的音乐为他的诗歌谱曲！高贵的少女都在唱《你就像花儿一样》[567]。——今天德国人开始谴责海涅了，因为他品位很高，因为他**嘲笑过**德国。今天的德国人简直是妄自尊大。

4[568]

我怀疑所有的建立体系者，我对他们避之唯恐不及。至少对我们思想家而言，追求体系的意志使人丢脸，它是不道德的一种形式。——**看完**本书之后，你们也许能猜到，我竭力回避的是哪位建立体系者……

5

我已献给德国人他们所拥有的那本最深刻的书，我的《**查拉图斯特拉如是说**》——我给他们奉上了思想最独立的书。我的悔恨之心对我说道：你要明珠暗投[569]，把珍宝送给这些德国猪吗？

6

凡是艺术家，都付出了代价：你必须把所有非艺术家称为形式的东西视作内容，视作事物本身。因此，你自然就属于那个颠倒的世界。

7[570]

你不应该要求自己去做你没有能力做到的事情。你扪心自问：我要跟着大家一起走吗？还是走在**前面**？或者走**自己的**路？——在第二种情况下你要当牧人，牧人是羊群的最高需求。

8

如果我们从集体本能出发做出规定并禁止某些行为，那么我们凭理智所禁止的就不是一种"存在"方式和一种"信念"，而是这种"存在"和这种"信念"的某种方向与应用。这时美德理论家即道德家走了过来，他对我们说道："上帝看着你们的心！你们为什么要放弃某些行为呢？你们并没有因此变得**更好**嘛！"——我们答道：我的驴先生和善人，我们根本不想变得更好，我们对自己非常满意，——我们只是不想互害而已，因此我们出于对自己的考虑而禁止了某些行为，而如果这些行为针对的是我们的敌人例如您，我们就不会予以高度重视了。我们用利己主义教育我们的孩子，我们把他们培养成人。假如我们奉行那种"上帝所喜欢的"极端主义，奉行你们荒唐的神圣观念所宣扬的极端主义，假如我们傻到了不仅禁止某些行为，而且禁止行为之前提即我们的"信念"的程度，那么我们就限制了我们的**优秀品质**，削弱了能给我们带来荣誉和骄傲的斗志。不仅如此，假如我们废除了我们的"信念"，那么我们根本不会变得"更好"，——我们将无法生存，我们因此自取灭亡……"您是一位地地道道的虚无主义者……"

9

俄罗斯音乐以其动人的天真展示了下层民众即"农民"（moujik）的内心。动人心弦的明快旋律都充满了悲伤的情调。我宁愿用整个西方的幸福来换取俄罗斯的悲伤方式。——然而俄罗斯的统治阶级没有出现在其音乐之中，这究竟是怎么回事？难道可以说"恶人无歌曲"[571]？

10

今天，欧洲文化的低潮，其**泥潭**在哪里？在救世军[572]、反犹主义者、通灵术士、无政府主义者和拜罗伊特人那里。换言之，在欧洲"**伪善**"（cant）的五个特产那里。这五类人自称，现在只有他们才是"高等人"……

11

疾病是一种强烈的兴奋剂。但只有足够健康的人才能消受它。

12

伟大的事物要求人们对其闭口不谈或大肆宣扬：大肆意味着无罪，——犬儒般无耻。

13

论追求真理的意志

定理一：**较轻松的**思维方式胜过较艰难的思维方式。**教条**，简单乃真理之标志（simplex sigillum veri）。——我声明，有人认为**明确性**在某种程度上证明了真理，这纯属愚陋之见。……

定理二：关于**存在**、物与稳定的纯单元的学说要比关于**变易**与发展的学说**容易一百倍**。

定理三：逻辑学曾被视作对思维困难的**减轻**，被视作**表达手段**，而不是真理……后来它被**当作了**真理……

14

形而上学家

我在此谈论现代哲学的**最大不幸**——谈论**康德**……

黑格尔：像士瓦本[573]人一样相信上帝，持有愚蠢的乐观主义。

康德：通向"古老游戏"之路，**大家都明白他在耍花招**。

15

伟大的正午。

为什么是"查拉图斯特拉"？

道德巨大的自我克制。

16

关于**形而上学家**
论形而上学的心理学

畏惧的影响。

最强烈的痛苦的原因（统治欲、肉欲等）乃是**最令人畏惧**的东西，它遭到了人们最强烈的敌视并从"真实的"世界里被清除了出去。于是他们逐步**铲除了"激情"**（Affekte），——把作为恶之对立面的上帝，即把实在放进了**对欲望和激情的否定**之中（放进了虚无之中）。

非理性（Unvernunft）、任性和偶然性同样遭到了他们的憎恶（被其视作无数肉体痛苦的原因）。**因此**，他们否认自在存在者有这种因素，并把自在之物理解为绝对的"合理性"与"合目的性"。

他们同样惧怕**变化**与**易逝性**：这表现了一个沮丧的灵魂，充满怀疑和恶劣经验（例如，斯宾诺莎，一种相反的人的类型则会把变化当作**刺激**）。

一种充满力量的、**游戏的人**恰恰会在幸福论的意义上**赞成激情、非理性**和**变化**，包括其后果、危险、对比与毁灭等。

17

《权力意志——重估一切价值的尝试》计划[574]纲要

1888年8月最后一个星期天

西尔斯—玛丽亚[575]

我们北极居民——问题之奠基

第一卷　　"什么是真理？"

第一章　谬误的心理学

第二章　真理和谬误的价值

第三章　追求真理的意志（只是在生命的肯定价值中得到辩护）

第二卷　　价值的来源

第一章　形而上学家

第二章　宗教徒

第三章　好人与改善者

第三卷　　价值之间的斗争

第一章　思考基督教

第二章　论艺术生理学

第三章　论欧洲虚无主义的历史

心理学家的娱乐

第四卷　伟大的正午

第一章　生命的原则乃"等级"

第二章　　两条道路

第三章　永恒轮回

第十九章
1888 年 9 月

1[576]

（1）

人们经常问我，为什么我要**用德语**写书。我对此的回答一如既往：我爱德国人，——每个人都有他的小小不明智。如果德国人不读我的书，我该怎么办呢？即便如此，我还是要竭力**公正地**对待他们。——谁知道呢？也许后天他们就会读我的书了。

（2）

新德国[577]具有遗传的和后天培养的巨大能力，以至于它可以在一段时间之内挥霍掉积累起来的力量财富。随着它成为欧洲的主宰，它的文化并未主宰欧洲，它**没有**高度的文化，更没有精致的趣味，也没有本能的高贵之"美"，但它有比其他任何一个欧洲国家**更阳刚的**品质。德国人有足够的勇气和自尊，在交往和互尽义务方面非常可靠，勤劳肯干，有惊人的毅力——有先天的自制力，这种自制力需要的是激励，而不是禁阻。我补充说一句，德国人还在服从上级，但服从并没有给人带来屈辱……人们并不蔑视他们的敌人……

（3）

在我以这种方式对德国人做出了公正的评价之后——无论如何我还是爱他们的——我就再也没有理由隐瞒我对他们的异议了。他们曾经是"思想家的民族"[578]，**今天他们还在思考吗？**——他们再也没有时间思考了……德国"精神"：恐怕这是一种矛盾修辞[579]。德国人变得无聊了，他们现在也许就很无聊，伟大的政治正在吞没对所有真正伟大事物的**严肃态度**。"德国，德国高于一切"[580]：这是一个昂贵的原则，但**不是**一个哲学原则。——"德国有哲学家吗？德国有诗人吗？德国有**好**书吗？"——在国外有人这样问我。我霎时赧颜，但以我在绝望情况下所特有的勇气回答道："有啊！我们有**俾斯麦**！"……我应该坦白德国人现在在读什么书吗？——达恩[581]，埃贝斯[582]，斐迪南·迈耶尔[583]。——我听过大学教授赞扬这位低微的庸人迈耶尔并贬低戈特弗里德·凯勒[584]。该死的平庸本能！

（4）

请允许我再讲一件趣事。我要给诸君讲述一本小书对我说的故事，那时它已结束它的首次德国之旅回到了我身边。这本小书名为《**善恶的彼岸**》。我和各位私下里说，此书乃是各位在此阅读的著作[585]的前奏。小书对我说道："我完全了解我自己的缺点，我太新颖、太丰富、太热情，——我搅扰了人们的睡眠。我所说的话甚至能伤上帝的心，我是智者在高于人的活动范围六千英尺处所获得的经验之集萃——有充足的理由可以让德国人**理解我**……"但是，我答道，我可怜的书，你为什么要明珠暗投，在德国人面前作践自己呢？这样做太愚蠢了！——小书于是开始向我讲述它的遭遇。

（5）

　　实际上，自1871年以来德国人对我了解得太彻底了，所有的情况都证明了这一点。人们不理解我的《查拉图斯特拉如是说》，我绝**不会**感到奇怪。我肯定不会指责他们：这是一本非常深刻的奇书，如果有人读懂了其中的六句。换言之，**体验了**其中的六句，那么此人就会上升到一个较高的人类等级。但是他们**不理解**《善恶的彼岸》，这就让我有些奇怪了……《民族日报》的一位评论员将此书视作时代的标志，视作真正的、十足的容克[586]哲学，而《十字报》只是没有勇气表达这种观点罢了。柏林大学的一位小人物显然有他自己的妙悟，他在《评论》上宣称此书是一本精神病学著作，他甚至引用了书中的一些段落：为了证明他的观点，这些段落惨遭不幸。——有一份汉堡报纸把我归入老年黑格尔派[587]。《文学中央报》承认，它在读我的书时"思路"已中断（它何曾有过思路？），为了解释这一点，它引用了关于"音乐中的南方"[588]的几句话：好像一种莱比锡人听起来不入耳的音乐就不是音乐似的。我在书中所提出的原则仍然是正确的，音乐应该地中海化（il faut méditerraniser la musique）。一位天真的神学家委婉地告诉我，我根本不重视逻辑，我只关心"华美的风格"，我本人都不认真对待的东西，他为何要较真？——所有这一切勉强还可以接受，但是我经历了一些荒唐的情况，某些人的理解力居然超越了人性的尺度，像动物一样冒傻气。瑞士《联邦报》的一位编辑在研究了拙著之后，从中得出了唯一的结论，我在书中建议废除所有高尚的情感。我们发现，他在死抠《善恶的彼岸》的字眼时确实**想到了**某些东西……但这种情况我的人性总还是对付得了的。我感谢他对拙著的阐释，并让他明白，没有人比他更理解我了——他居然相信了这一点……翌年该报把我的《查拉图斯特拉如是说》看成较高的文体练习，其书评巧妙地暗示了我的风格的不完美——

所有这些评论我都觉得很**有趣**，我为什么要隐瞒我的乐趣呢？智者最终成了隐士，这不是没有道理的。他以无语的山脉为邻，一年又一年过去了，他听不到一句人言。但生命的景象让他**神清气爽**：他终于让孩子们来到他这里，他抚摸着各种动物，包括长角的动物（我总是用"我的小姐"来称呼一头母牛，这种称呼使它衰老的心感到欢喜）。只有隐士才知道伟大的宽容。**爱动物**——任何时候凭此都可以认出一位隐士……

2

重估一切价值 [589]

弗里德里希·尼采　著

3 [590]

献给后天的思想
我的哲学之精华

献给后天的智慧
我的哲学之精粹

见微知著（Magnum in parvo）

4

1. 我们北极居民

2. 苏格拉底问题

3. 哲学中的理性

4. 真实的世界如何最终成了谎言

5. 道德乃反自然

6. 四大谬误

7. 赞成我们——反对我们

8. 一种颓废宗教的概念

9. 佛教与基督教

10. 我的美学摘要

11. 在艺术家与作家中间

12. 格言与箭

5

以少见多（Multum in parvo）
我的哲学精华

弗里德里希·尼采　著

6⁵⁹¹

6[591]

一位心理学家的闲适

弗里德里希·尼采　著

7[592]

［＋＋＋］"我所说的话甚至能伤上帝的心，我是智者在高于人的活动范围六千英尺处所获得的经验之集萃——有充足的理由可以让德国人理解我……"但是，我答道，我可怜的书，你为什么要明珠暗投，在德国人面前作践自己呢？这样做太愚蠢了！——小书于是开始向我讲述它的遭遇。

实际上，自1871年以来德国人对我了解得太彻底了，所有的情况都证明了这一点。人们不理解我的《查拉图斯特拉如是说》，我绝**不会**感到奇怪。这是一本未来之书、至美之书，为了听见其鸟鸣，人们的血管中必须流着"神血"（Götterblut）。但是人们不理解《善恶的彼岸》，这就让我有些奇怪了。各国的人都理解它，法国人对它理解得最透彻。——《民族日报》的一位评论员将此书视作时代的标志，视作真正的、十足的容克哲学，而《十字报》只是没有勇气表达这种观点罢了。柏林大学的一位小人物显然有他自己的妙悟，他在《评论》上宣称此书是一本精神病学著作，他甚至引用了书中的一些段落：为了**证明**他的观点，这些段落惨遭不幸，被断章取义。——有一份汉堡报纸把我归入老年黑格尔派。《文学中央报》承认，它在读我的书时"思路"已中断（它何曾有过思路？），为了解释这一点，它引用了关于"音乐中的南方"的几句话：好像一种莱比锡人听起来不入耳的音乐就不是音乐似的。我在书中所提出的原则仍然是正确的，音乐应该地中海化。——一位天真的神学家委婉地告诉我，我根本不重视逻辑，我只关心"华美的风格"，我本人都不认真对待的东西，他为何要较真？——所有这一切勉强还可以接受，但是我经历了一些荒唐的情况，某些人的理解力居然超越了人性的尺度，像动物一样冒傻气。瑞士《联邦报》的一位编辑在研究了拙著之后，从中得出了唯一的结论，我在书中建议废除所有高尚的情感。我们发现，他在死抠《善恶的彼岸》的字眼时确实**想到了**某些东西……但这种情况我的人性还是对付得了的。我感谢他对拙著的阐释，并让他明白，没有人比他更理解我了——他居然相信了这一点……翌年该报把我的《查拉图斯特拉如是说》（**最深刻的**人类之书）看成较高的文体练习，其书评巧妙地暗示了我的风格的不完美……

所有这些评论我都觉得很**有趣**，我为什么要隐瞒我的乐趣呢？智者最终成了隐士，这不是没有道理的。他以无语的山脉为邻，流年似水，音信断绝。但生命的景象让他**神清气爽**：他终于让"孩子们"来到他这里，他抚摸着各种动物，包括长角的动物。只有隐士才知道宽容大度。**爱动物**——任何时候凭此都可以认出一位隐士……

1888年9月初
上恩加丁[593]的西尔斯-玛丽亚

8

重估一切价值
第一卷

敌基督[594]——批判基督教的尝试

第二卷

自由精神——批判作为虚无主义运动的哲学

第三卷

非道德论者——批判作为无知的最危险形式的道德

第四卷

狄俄尼索斯——永恒轮回之哲学

9[595]

非道德论者

作为道德之基础的**谬误**之心理学

1. 混淆原因与结果

2. 为生理的普通感觉虚构原因

3. 把意志的因果性当作自己的"自由意志"

4. 人追求快乐、避免痛苦（"所有的恶都是强制性的"）

5. 利己主义与大公无私（虚假的对立）

"奉献""自我牺牲""爱"的伪心理学

道德获取统治地位的**手段**之心理学，善良的"骗术"（pia fraus）。

10[596]

现在的"帝国"在文化史上是一种不幸，自从德意志精神彻底放弃了"思想"以来，欧洲已变得贫乏了。——外国人知道一些真相：但愿德国人不自我欺骗！外国人问：你们有一种值得重视的独创性思想吗？或者一种四分之三的思想？……德国没有哲学家，标志着其一流地位的结束。把德国人列入末流民族，这种做法非常公道。喋喋不休的小人物，例如，无意识者爱德华·冯·哈特曼[597]先生，还有怨毒而愤怒的流氓，例如，柏林的反犹主义者卡尔·欧根·杜林[598]先生，滥用了"哲学家"一词——后者在其追随者中没有发现正派人，前者没有发现正派的"理智"。

11[599]

国家要求对文化问题的发言权和文化政策的独立决定权：它不知道国家只是文化的一种手段，一种非常次要的手段！……"德意志帝国"——再多的"德意志帝国"也得依赖一个歌德！……所有伟大的文化时代在政治上都是非常不幸的：——

第二十章⁶⁰⁰
1888 年夏

1

钢铁般的沉默

五只耳朵——听不到声音！
世界缄默……

我**好奇地**侧耳谛听
我五次下钓竿
我五次没有钓到鱼——
我问——没有回答被捕获——

我用**爱**之耳倾听

2

你走得太快了：
现在你已疲倦，

你的幸福追上了你。

3

一颗雪藏的心
融雪之风在劝它

4

一条闪亮的、欢腾的小河
弯曲的岩石河床
将它俘获：
它的急躁在黑石之间
闪烁。

5

切莫警告
莽夫！
越警告
他越要跳进深渊。

6

很好地跟踪，

很糟地拿获。

7

伟人和大河曲折前行，
曲折，但向着目标：
他们不怕道路曲折，
勇气可嘉。

8

山羊、鹅与十字军东征
战士，还有
在圣灵指引下的
信徒

9

它们是高跷吗，
还是高傲的强健之脚？

10

颓丧，一副奴才相，
腐朽，声名狼藉

在你们中间我永如
水中油：
总是在最上层

一家酒馆毗邻商店

你确知你必有一死：
你为什么不乐观些呢？

你和你自己结婚
你是你自己的泼妇
琴瑟失谐

天在熊熊燃烧，海
朝我们喷涌

16

海朝你
龇牙咧嘴

17

请问，你们的上帝
是爱之神吗？
良心的谴责
是天谴吗？
是出于爱的谴责吗？

18

在我的山峰
和冰川下面
你们依然系着
爱的腰带

19

谁适合拥有美貌？
男人不适合：
美把男子汉**藏了起来——**

一个隐藏的男人几乎就是一个废物。

请走出误区，尽显阳刚———

20

你必须重新走进拥挤的人群：

在人群中你会变得圆滑而强硬。

孤独使你软弱……

孤独使你堕落……

21

切莫看错了他！

他像闪电一样

欢笑：

随后他爆发了

雷霆之怒。

22

他总在模仿自己，

他已疲倦，

他在找他走过的路——

但最近他喜欢所有**未走过的路**！

23

我的智慧比得上骄阳：
我想成为他们的阳光，
但我过于刺眼；
我的智慧之光
戳瞎了这些蝙蝠的
眼睛……

24

他的同情很强硬，
他的爱的压力压碎一切：
千万不要和一位巨人握手言欢！

25

现在它就是我的意志：
自从它成为我的意志之后，
一切都如我所愿——
这是我最后的聪明：
我要做我必须做的事，
以此我强迫自己接受每种"必须"，
对我而言从此再也没有"必须"了……

26

傲视
小利：每当我看见
小商人的长手指时，
我马上就想
我宁愿吃亏：
我的冷隽的趣味要我这样做。

27

小人物，
温良，坦诚，
但他们都是矮门：
只有低劣的东西才能进去。

28

你只想当你的上帝
眼中的傻瓜吗？

29

你的崇高思想
发自内心，

572

你所有的狭隘思想
都来自头脑，
所有这些思想难道不是**垃圾**吗？

30

你应谨慎，
切莫做你的命运的
鼓手！
你应避开
所有荣名的鼓声！

31

你想诱骗他们吗？
那就劝说他们吧，
这些迷途的羔羊：
"哦，你们已迷失了
你们的道路。"
他们追随每一位
这样讨好他们的牧人。
"您说什么？我们有一条路？"
他们暗地里自言自语：
"看来我们真的有一条路！"

32

我在睡觉，请不要生气。
我只是累了，我没死。
我的声音听起来很凶；
但它只是鼾声
和喘气，疲倦者的歌唱：
不是欢迎死神，
不是诱人入坟。

33

不可救药的行尸走肉，
活着已死去，已入土。

34

你应该伸手抓住小小的偶然，
要友好对待不受欢迎的东西：
对命运不要针锋相对，
除非你是刺猬。

35

你们这些高贵者，

你们飞黄腾达，

你们高升，这是真的吗？

你们像一个皮球

被**推向**高处，对不起，

难道你们不是通过

最卑鄙的手段高升的吗？

你们这些高升者，你们没有**逃避**自我吗？

36

怀着被扼杀的虚荣心：

在爱慕虚荣的人中间我想

居于末位。

37

上帝的谋杀者

最纯洁的人的诱惑者

恶之友？

38

他规矩地站在那里，

他最左边的脚趾

所拥有的正义感

比我头脑里的正义感还要多：
一种道德怪物
穿着洁白的外衣。

39

不可救药！他心胸
狭隘，他所有的思想
禁锢在这个小笼子里
动弹不得。

40

你们这些死板的智者，
一切于我皆游戏。

41

我爱你们吗？
骑手这样爱他的马：
马驮着他抵达他的目的地。

42

气量褊狭，

小商人习气!
当钱币落入钱箱时
他的灵魂随之掉了进去!

43

你无法忍受
你的专横的命运吗?
爱命运吧,你别无选择!

44

意志具有拯救力。
你若无所事事,空虚
就会使你痛苦不堪。

45

孤独什么也不
种植:它逐渐成熟……
为此你必须以太阳为友。

46

把你的重负扔进深渊吧!

人啊，忘了吧！人啊，忘了吧！

遗忘的艺术何其神妙！

如果你想飞翔，

如果你想以高空为家：

那么就把你的最沉重的负担扔进大海吧！

这里是海，你应该投入大海！

遗忘的艺术何其神妙！

47

女巫

我们曾相互厌恶吗？

我们曾彼此疏远。

但是现在，在这间小屋里，我们拴在同一个命运上，

为什么我们还要相互敌视？

如果人们不能相互逃离，那就应该相爱。

48

真理——

是一个女人，

羞涩中藏着诡计：

她装作不知道

她最想要什么，

她以手掩面……

她屈服于谁？只屈服于暴力！——
最睿智的智者们，强硬些吧，
快使用暴力！
真理羞答答的……
你们必须迫使她屈从。
为了使她达到极乐
必须采取强制手段——
真理是一个女人……

49

哦，你认为
你必须蔑视
你所放弃的东西！

50

傍晚时分
我的山峰之冰
还在燃烧！

51

水上航行——荣耀
你们这些波浪，

你们这些女人，你们这些尤物！
你们对我发飙？
你们卷起怒涛？
我用桨打你们
愚蠢的浪头。
你们还得载着这只轻舟
把它带向不朽！

52

这类事情也许不可驳倒：
因此它们就是真实的吗？
哦，你们太单纯了！

53

高处是我的家，
我不渴望升高。
我不举目仰望；
我是一位俯视者，
我必须为世人祝福：
所有祝福者皆俯视……

54

他已变得粗暴
他伸出锯齿形的
胳膊肘;
他的声音带有怒气
他的目光闪着铜绿。

55

高贵的眼睛
丝绒般的眼帘:
难得明亮——
慧眼尊重可以交心的知音。

56

他们的灵魂里
流淌着牛奶;但很不幸!
他们的精神含乳清。

57

一种陌生的气息愤怒地对我呵气:
我是一面因此变模糊的镜子吗?

58

请爱惜肤如凝脂的美女！
你为什么要刮掉
美人身上的汗毛？

59

尚未被微笑
镀金的真理；
青涩的、急躁的真理
坐在我周围。

60

哦，你们这些火红的冰！
你们是我最孤独的幸福的顶峰丽日！

61

迟钝的眼睛，
难得青睐：
然而一旦它爱，它就会闪闪发光
如金矿里的黄金，
矿井下有一条龙在守护爱的宝藏……

62

"谁走你的路，谁就会进地狱。"——
好吧！我要用美好的格言来铺设
我的地狱之路。

63

你要去抓荆棘吗？
你的手指将遭殃。
拿起一把匕首吧！

64

你很脆弱吗？
你应提防**稚童之手**！
稚童不打碎什么东西，
就活不下去……

65

烟也很有用：
贝督因人[601]如是说。我接着说：
炊烟啊，难道你没有告诉
路上的旅人

一个好客之家就在附近吗？

66

谁今天笑得最好，
谁就会笑到最后。

67

一个疲倦的漫游者，
一只狗用无情的狂吠
迎接他。

68

牛奶心肠，还挺热乎。

69

我对螃蟹没有同情心，
你去抓它，它就夹你；
你放开它，它就后退。

这个逃犯

在牢笼里蹲得太久了!

他害怕监狱看守

太久了:

他战战兢兢地走他的路,

什么东西都可以把他绊个趔趄,

一根棍棒的影子也吓得他跌跌撞撞。

在北方、冰和今天的彼岸,

在死亡的彼岸、

在远方——

我们的人生,我们的幸福!

你既不能经陆路

也不能经水路

找到通向

我们北极居民[602]的道路:

一位智者如是预言。

哦,这些诗人!

他们中有一些牧马
发出禁欲主义的嘶鸣。

73

要向外看！不要向后看！
如果人们总是刨根问底，
就会走向毁灭。

74

对人对偶然都很随和，
冬天的山坡上出现了
一个被阳光照耀的地方。

75

我的智慧变成了一道闪电，
闪电用金刚剑为我劈开黑暗。

76

猜谜的朋友，请你猜一猜
我的道德现在在何方？
它逃走了，

它害怕我的钓竿和渔网
害怕我的恶意。

77

我的幸福使他们痛苦：
我的幸福给这些嫉妒鬼蒙上了一层阴影；
他们独自打冷战，带着嫉恨的眼神——

78

孤独的日子，
请迈出勇敢的脚步前进！

79

只有当我成为我自己的负担时，
你们才能给我制造困难！

80

像所有的美德一样
令人不爽。

81

一个囚徒抽中了下下签：
弯着腰劳作，
在阴暗沉闷的矿井里劳作，
一位学者……

82

谁知道他到哪里去了？
他肯定死了。
一颗星陨灭于寂寥的太空：
太空变得**单调**……

83

乌云还在呼啸：
但查拉图斯特拉的巨大财富
已悬在空中，**静静地闪耀**——
飘过原野。

84

只有此事能使你摆脱一切痛苦——
现在请你选择：

速死

或长久的爱。

85

我们是新一代地下矿工（"贪得无厌者"），

我们挖掘新宝藏：

老一辈矿工曾经不信神，

他们搅动地球内脏以寻宝；

新人同样不信神，

难道你们没有听见深处发出的咕咕的腹痛声？

86

你变得荒唐，

你变得善良。

87

神圣的疾病：

信仰。

88

你很强大？

强大如驴？强大如上帝？

你很骄傲？

骄傲得不知道为你的虚荣感到害臊？

89

他们从虚无中创造了他们的上帝

不足为奇：他们的上帝现在已化为乌有——

90

一位研究**古物**的学者，

一种掘墓人的手艺，

一种在棺材和锯末之间的生活。

91

过于匆忙

恰似跳跃的绒毛蛛猴[603]。

92

它们立在那里，

这些沉重的花岗岩石夯，

来自远古的价值：

唉！你为何要推翻**它们**呢？

93

他们的理智很荒谬，
他们的幽默是一种"但是与然而"似的幽默。

94

勤奋，舒适：
我的每一天都金灿灿地来到
立即破晓。

95

充满深深的怀疑，
覆盖着青苔，
孤独，
持久的意志，
绝不贪财好色，
一位沉默寡言者。

96

他蹲着，他等待：

他已无法直立。

他已与其坟墓融为一体，

这个畸形的鬼魂：

他怎么可能在某个时候**复活**呢？

97

你如此好奇？

你有非凡的视力吗？

为了看见新奇的事物，你的后脑勺也必须长眼睛。

98

这些学者太冷漠了！

但愿闪电打碎他们的饭碗！

让他们学吞火！

99

爱抓人的猫，

爪子被绑住了，

蹲在那里

眼冒怒火。

100

他为什么从高处跳了下来？

什么东西诱惑了他？

对所有卑贱者的同情诱惑了他：

现在他躺在地上，摔碎了，无用，冰冷——

101

纸书丽蝇[604]，

浅尝辄止的读者。

102

一只狼亲自为我做证

它说："你号叫得比我们狼更到位。"

103

你的看法比任何一位观察者更悲观更糟糕：

还没有哪位智者经历过地狱的快乐。

104

你用新夜裹住自己，

你的狮足制造了新荒漠。

105

我滚热的心
在这个铁石般的美人身上冷却。

106

受到新幸福的
折磨。

107

我把钓线甩过头顶，
远远地抛入未来之海。

108

蠕虫，掘土！

109

我是人们宣誓的对象：
这一点你们要发誓坚信！

110

你的勇敢
不在于你推翻了偶像,
而在于你推翻了你心中的偶像崇拜者。

111

我的超越善恶的幸福!
我今天的幸福
在光耀时投下阴影。

112

我有罪,罪大恶极,
但所有的美德仍该
跪在我的罪孽面前。

113

欺骗
乃是战争的要诀。
狐狸的毛皮
就是我的秘密铠甲。

不谋求
过早的**荣名**：
此人储存了其名声。

对这种雄心而言
地球不是太小了吗？

诡计比暴力更好吗？

我交出一切
放弃全部财产：
唯一剩下的只有
你，伟大的希望！

"哀兵必胜"。

119

凡有危险的地方，
我都在场，
我扎根于大地不断成长。

120

每位统帅都会说：
"既让胜利者
也让失败者不得安宁！"

121

伟大的时刻到了，
最大的危险来了：
我的心变得宁静……

122

难道有谁能白给你权利吗？
权利要靠你自己争取！

最让我痛苦不堪的人的品性
不是他的各种罪孽与极端愚蠢，
而是他的完美。

星辰的残骸：
我要用这些残骸创造我的世界。

我用这种思想
培育未来。

发生了什么事？海下降了吗？
没降，我的陆地在上升！
一种新热情正在提升它！

一种思想，

现在还炽热、流动，如岩浆：
每条岩浆在自己周围
建起了一座堡垒，
而每种思想最终用"规律"
把自己压死。

128

当新声音不再发言时，
你们用陈词滥调制造了
一条规律：
在生命**僵化**之处，耸立着规律。

129

我由此开始：
我忘了对**自己**的同情！

130

你们对过去的
错爱
是一种掘墓人之爱——
它抢劫生命，
夺走你们的未来。

131

我对你们隐瞒了
最严重的异议——由于异议人生变得无聊：
抛弃异议吧，从此你们的生活又充满了乐趣！

132

这种乐观的深刻！
曾被叫作星球的天体，
变成了一个小点。

133

这种最高的障碍，
这种思想中的思想，
谁创造了它？
生命自身创造了
其最高障碍：
生命于是跳越其思想。

134

宗教狂和蒙昧主义者
以及一切

在黄昏和深夜之间活动的
飞禽走兽，还有瘸子。

135

他们咬着卵石，
他们对圆形小东西
卑躬屈膝；
他们崇拜不倒翁——
这些最后的僧侣！
信徒！

136

你应该去夺取
你所没有
但急需的东西：
就这样我争取到了问心无愧。

137

他偷偷地烧毁经书，
不是因为他不信仰，
而是因为他再也没有
信仰的勇气了。

138

你们很快就会熟悉
你们住处周围的环境：
在你住得久的地方，
风俗习惯在生长。

139

干涸的河床，
沙粒般的干枯灵魂。

140

顽固脑袋，
规矩，狭隘。

141

她的冷漠
能使我的记忆僵化吗？
难道我没有感觉到我的这颗心，
曾经充满热情并为她跳动吗？

142

（繁星点点的夜空）
哦，这种死寂的噪声！

143

登上宽阔的阶梯
缓步走向其幸福。

144

在灰白的尘世灯光的照耀下
在奇异幸福的反光的辉映下，
一只蛇蜥在月夜里游动。

145

"爱仇敌[605]
任由强盗抢劫"：
女人们听了并且实行了这种说教。

146

在我的道德的十二个星球上：它有四季。

147

我们对真理的追求
是对幸福的追求吗？

148

只有忘了伤害，才能做好人。
记住惩罚与训斥的孩子们
会变得阴险狡诈——

149

五彩斑斓的朝霞
出现在天边
逐渐消失。
雷雨云随后出现。

150

像马儿一样焦躁：
我们自己的影子不是来回
晃动吗？
你应该把我们带进阳光里，
背对着太阳——

151

为我们的双脚而设的真理，
可以让我们起舞的真理。

152

吓人的鬼怪，
悲观的丑脸，
道德的絮絮叨叨。

153

朵朵乌云——你们算什么！
对我们这些轻率的、快乐的自由人而言。

154

女人情愿受她的
爱的对象的折磨，
难道你们都是女人吗？

155

我对着懒虫的耳朵说：

"谁无所事事，
空虚就会给谁带来痛苦。"

156

如果孤独者
突然非常恐惧，
如果他不停地奔走
但不知道要到哪里去，
如果狂风在他身后怒吼，
如果闪电朝他劈来，
如果他的地狱里的鬼魂使他
感到害怕——

157

我只是一位空谈家：
大话有何用？
我又有何用？

158

很快我又
笑起来了：
敌人在我这里

可捞不到好处。

159

阴天，
我把箭
和致命的思想
射向仇敌。

160

钟声迷失在
林中

161

我为勇敢者、乐观者
和自制者
唱这首歌。

162

心灵的战歌
常胜者
第七重孤独

163

通向伟大的道路

查拉图斯特拉之歌

164

上帝的坟墓

165

查拉图斯特拉之歌

第一部分：**伟大之路**

弗里德里希·尼采　著

166

查拉图斯特拉之歌

第一部分：论最富有者的贫困

弗里德里希·尼采　著

167

永恒轮回

查拉图斯特拉的舞蹈与节日游行

弗里德里希·尼采　著

168

查拉图斯特拉之歌

第一部分：**伟大之路**

第二十一章
1888 年秋

1

泰希米勒[606]

《古希腊怀疑论者》[607]

施皮尔[608]

奥古斯特·穆勒[609]，伊斯兰教。

2

晚上去**利沃诺**咖啡馆。

三点至五点去**弗洛里奥**咖啡馆。

不去罗马。

不去勒舍尔书店[610]。

在街上**不戴眼镜**！

不买书！

不走进人群！

晚上穿过瓦伦蒂诺花园直抵宫殿，然后再次进入并穿过维托里奥·埃马努埃莱一世[611]广场，走进利沃诺咖啡馆。

在剧院里试用有编号的楼座！

3[612]

一章论信仰
另一章论保罗

使人生病的手段
使人发疯的手段

4

不写信！
不看书！
带一些读物进咖啡馆！
笔记本！

5

喝水。
决不喝酒。

偶尔服用大黄[613]。

清晨喝一杯茶：让茶水变**凉**！

夜晚喝热饮！

在剧院里用有编号座位的楼座。

在街上**不戴眼镜**。

不走进人群！

不去勒舍尔书店。

不去罗马！

不写信。

晚上穿暖和些！

6[614]

在德国蠢牛中有一位犹太人，这多么令人欣慰！……反犹主义者低估了犹太人的影响。犹太人与反犹主义者的根本区别在于：犹太人知道，当他撒谎时他**确实**在撒谎；反犹主义者不知道他自己总是撒谎——

7[615]

今天有不少出身很好的年轻人迷失在一些模棱两可的运动中：长期以来，他们不知道赋予他们的生活以意义，——最后**随便某种**意义在他们那里变成了一种暴虐的需求。最终起决定作用的乃是偶然，他们迷上了某个有"意义"的派别。质言之，不仅他们的趣味而且他们的嗅觉其实是反对这种"意义"的。

612

不仅他们的趣味而且他们的**嗅觉**其实也反对某个派别，例如，反犹主义者。他们之所以支持反犹主义，只是因为反犹主义者有一个明确而卑鄙无耻的目的，即觊觎犹太人的**金钱**。

他们不知道赋予他们的生活以意义，他们最终倒向了某个有"意义"的派别，例如反犹主义者，其目的明确而卑鄙：贪图**犹太人的金钱**。

例如，他们变成了反犹主义者，只是因为反犹主义者有一个目的，一个明确而卑鄙的目的：犹太人的金钱。

反犹主义者的定义：嫉妒、怨恨与无可奈何的愤怒乃是其本能的**主导动机**，即"选民"的权利；彻头彻尾的道德主义的自我欺骗——伪君子经常把道德和所有的大话挂在嘴边。反犹主义者的**典型**标志就是，他们根本没有发现他们和谁相似，相似到了难以分辨的程度；一位反犹主义者就是一个嫉妒的、笨得要命的犹太人——

8[616]

我斗胆指出我的生命的一个"特性"（proprium），尤其因为它几乎就是我的人格。我有一种直觉，我把它称作我内在的鼻孔。每当我和他人接触时，首先向我暴露的东西就是内心纯洁的程度〔——〕我恰恰发觉"美好的灵魂"特别肮脏。某人如何对待自己，他是否在某些方面欺骗自己，他是否一直有自知之明，他是否**能忍受**自己或者他是否急需一种"理想"，这一点至关重要……我觉得理想主义者臭不可闻……

我想勇敢地说出一位犹太裔学者[617]的姓名，他有一种高贵的本能，他在任何时候对待自己都非常冷静，始终有自知之明，他给我留下了一种非常美好的感觉和我的意义上的**洁净**感：他从不忘乎所以，他始终保持着自己的本性，不管有无证人在场他都不失去自我。他不仅完全习惯于严于律己和襟怀坦白，而且具有强大的抵抗力，能够抵御社会、书籍或偶然的影响而不至于毁了自己。这也是强大的一种标志———

我所描述的**洁净**类型的对立面往往就是我认识的几乎所有德国人，尤其是反犹主义者，我觉得这些先生都是地地道道的脏鬼。卑鄙的本能，荒唐的野心，虚荣心〔———〕与此同时却做出"较高价值"的姿态，摆出"理想主义"的姿势……

第二十二章
1888 年 9 月至 10 月

1

论一句英国人的蠢话

"己所不欲，勿施于人。"这句格言被视作智慧、聪明和道德的基础，被当作"金科玉律"。约翰·斯图尔特·穆勒[618]相信它，英国人中有谁不相信它呢？……这句格言却经不起最小的攻击。"你自己不愿意遭受的损害，切勿施加于他人"，由于考虑到其有害后果，这种算计禁止了行动。这句话所表达的隐念是：一种行动总会得到**报应**。如果掌握"原则"的某个人说"我们恰恰必须采取这种行动，以防止别人先发制人，以使别人没有能力加害**我们**"，那么又该如何？——另一方面我们还必须设想一下一位科西嘉人的情况，荣誉感要求他进行血亲复仇[619]。他也不希望被子弹击中身体，但是这种不妙的前景、这种被子弹击中的可能性并**不能**阻止他为荣誉而战……在一切**正当的**行动中，我们恰恰漠视了这种行动给我们带来的后果。避免采取一种有可能给我们带来有害后果的行动，这对正当行动简直就是一道**禁令**……

在相反的情况下这句格言颇有价值，因为它显示了一种**人的类型：群氓的本能**借这句格言得到了表达——人们是平等的，人们之间平等相待：我怎么对你，你就怎么对我。群氓在此的确相信一种**行动的"等值"**（Äquivalenz），但在所有的现实情况下，这种等值根本不会出现。并不是每种行动都能得到回报的：在现实的个体之间**没有相同的行动**，因此也就没有所谓的"报应"……当我做某事时，我绝不会想到某个他人也有可能做同样的事情：我的所作所为属于**我自己**……他人不可能回报给我什么，他人也许会采取"**另一种**"行动来反对我——

2

关于**保罗**[620]的一章：

流散在外的犹太人家庭

"爱"

耶稣对犹太教的"自由"处理，完全以犹太人和祭司的方式。

1. 耶稣**为**替世人赎罪而死

2. "救世主"永生

对**文化**与认识的强烈仇恨——已属于犹太人的特性（《创世记》）。

"不朽的"灵魂。"垂死者"的心理学。祭司是"魔鬼"。

被教会**败坏**的一切事物

1. 禁欲

2. 斋戒

3. "修道院"

4. 节日

5. 仁慈

616

爱、善良与英雄主义

早期基督徒的心理学

"不审判"

新教教徒

历史学的大谎言

$$3^{621}$$

第二卷 必须证明：虚无主义的思维方式乃是相信**道德**和**教士价值**的结果。如果人们错误地确定了价值，那么在认识到这种错误时，世界就显得被**贬值**了……

第三卷 从起源、手段和意图上来看，道德乃是最不道德的历史事实……因为道德为了维护其价值，就必须**运用**相反的价值，所以道德就自己**驳斥了自己**……

$$4^{622}$$

保罗寻找**反对**占统治地位的犹太教的势力，但他发起的运动太弱小……他对"犹太人"概念进行重估，"种族"遭到了漠视，但这意味着**根基**遭到了否定。他成了宗教狂，"殉教者"，张扬**强大**信仰的价值……

他**从不**承认基督教发挥着**扶危救困的作用**（humanitären wirkungen）……

基督教是极端无能的古代世界的**衰颓形式**：最病态和最不健康的阶层与需求于是兴盛起来。

为了**获得**一种统一和一种防卫力，必须重视**其他的**本能——简言之，一种激发自保的危急状态是必需的，例如，犹太人就是从危急状态中获得其**自我保存本能**的……

迫害基督徒的后果在此是无法估量的：基督教共同体处于危险之中，结束罗马帝国对个人进行迫害的唯一手段就是**大众皈依**（因此人们尽可能轻率地用"皈依"概念来看待基督教）。

6

打破偶像的锤子

或一位心理学家的乐趣

打破偶像的锤子

或一位心理学家的提问方式

弗里德里希·尼采　著

打破偶像的锤子

——一位心理学家的闲散

弗里德里希·尼采　著

打破偶像的锤子

或一位心理学家如何提问

弗里德里希·尼采　著

瑙曼出版社，莱比锡1889年版

偶像的黄昏[624]

或人们如何用锤子研究哲学

弗里德里希·尼采　著

7[625]

我认为按照基督教的方式来阐释耶稣乃**极端草率**之举。像士瓦本基督徒那样来解释耶稣的生平，在我看来非常不正派。士瓦本人缺乏伟大的诚实，因此无法发现真相［———］。为了阐释某些事件，他们采用了一种**蹩脚的**技巧。——如果**良心**没有受到科学性的引导，那么**剩下的**只有一点臆造的才能了。在一些落后地区如在士瓦本，无能、胆怯而愚钝的基督徒以基督教的方式来编造耶稣的生平。这些地区的落后性在于**不诚实**……而**不**在于"精神"：因为为了识破人们所布设的"骗局"，根本不需要洞察力。

8[626]

一种以经书为依据的信仰，但没有人承认它是书籍，这种经书通过启示把圣言传达给信徒，而信徒所认识的真理乃是某种被给予的、固定的东西，而**不是**某种［———］和某种靠巨大的自我克制与自我约束所获得的认识。一种从来也没有理解其经书的意愿的信仰，这种信仰［———］靠"启示"得到保障，其典型状况———

9[627]

我们绝不应该宽恕德国人，因为他们使文艺复兴失去了目标，使文艺复兴的**胜利**即战胜基督教化成了泡影。德国的宗教改革是文艺复兴的**黑暗**灾星……这个祸根种族还三次插手，阻碍了文化进程：德国哲学、解放战争[628]、十九世纪末德意志帝国的建立，都给文化带来了巨大的灾难！

10[629]

（第57章）神圣的目的：谎话连篇的摩奴的思想。

（第58章）我们决不应该承认基督教的**慈善**作用，基督教败坏了一切。——所有有价值的事物都遭受了可怕的**损失**，严肃的态度都浪费在想象的和**有害的**东西上；直到**本世纪中叶**才开始认真对待**食物**、**住宅**和**健康**问题。

（第59章）相反价值的伟大尝试——德国人的使命。

（第60章）我提出的**要求**：

1. 我们应该避免和自始至终都是基督徒的人打交道——这是出于洁净的理由。

2. 我们应该考虑到这种情况：基督教显然只是神经衰弱的结果与征兆。我们应该千方百计地阻止传染病从这种病灶出发四处蔓延。

3. 《圣经》是一本**危险的**书，我们必须学会提防《圣经》。绝对不可以把《圣经》轻率地交到各种年龄段的未成年人手中。

4. 我们应该把**教士**当作一种贱民来看待和**对待**。

5. 一切场所、机构和教育系统都应该清除教士的玷污。

6. 坚定而神圣的"救世主"。

7. 注明日期。

11

我见过这种情况：一些出身很好的年轻人长期以来不知道为他们的生活设定一个目的，结果他们最终迷失在某个肮脏的运动中，——只是因为这种运动能给予他们一个目的……例如，有几个年轻人甚至成了反犹主义者……

12[630]

（第58章）**在哪方面我们应该感谢基督教：**

所有有价值的事物，以及那些头等**重要**但未得到认真对待的事物，都遭到了可怕的损失……

——直到**现在**我们才开始认真对待健康和衣食住行……

所有伟大的激情、热忱和敏锐深刻的思想都浪费了。

13[631]

论更高级的人

或查拉图斯特拉的诱惑

查拉图斯特拉的诱惑

或同情对谁是一种罪孽

查拉图斯特拉的诱惑

或同情是如何成为一种罪孽的

同情对谁成了一种罪孽

14

重估一切价值

敌基督。批判基督教的尝试。

非道德论者。批判后果最严重的无知即批判道德。

我们是肯定者。批判作为一种虚无主义运动的哲学。

狄**俄尼索斯**。永恒轮回的哲学。

查拉图斯特拉之歌[632]

出自七重孤独

15

查拉图斯特拉的诱惑

或同情对谁成了罪孽

弗里德里希·尼采　著

16

瓦格纳事件。一个音乐家问题。

偶像的黄昏。或人们如何用锤子研究哲学。

查拉图斯特拉的诱惑。 或在谁那里同情成了罪孽。

17⁶³³

行动的因果性

错误地设定了**目的**：

幸福

（1）自己的幸福　　　　　　（2）他人的幸福

　　"利己主义"　　　　　　　　"非利己主义"

——叔本华严重缺乏反省，他还把

（3）他人的**痛苦**　　　　　（4）自己的痛苦

添加了进来：这两者其实只是对"自己的幸福"这个概念的详细说明。

如果幸福是行动的目的，那么**不满**就必须发生在行动之前：这是悲观主义者对事实的歪曲。他们认为**痛苦**是行动的动机。

我的理论：快乐、痛苦、"意志"和"目的"纯属伴随现象，——它们都不构成行动的**原因**。**一切**所谓的"精神的"因果性都是一种虚构。

行动的因果性：

痛苦和快乐是动机

意志构成了行动的原因

这种原因论纯属假设：整个前史发生在**意识**领域；真正的因果

性是一种**精神的**因果性；"灵魂"知道它要什么，意志行为的价值**取决于**灵魂的知识；灵魂摆脱了意志，因此———

18

颓废者病态行为的特征恰恰是**缺乏**"利己主义"——其行为不以最后利益为指归。

所谓的非利己主义行为之心理学：
这些行为实际上是最严格地按照自我保存本能来进行调整的。
所谓的**利己主义**行为的情况则相反。这类行为恰恰缺乏指挥性的本能，缺乏对利弊的强烈意识。

一切强大、健康与活力都从增强了的**张力**指向自我的指挥本能。
一切松弛都是颓废。

19

论题：
根本没有什么非利己主义的行为。
也没有什么利己主义的行为。
幸福从来也不是行为的目的，痛苦从来也不是原因。
（**痛苦**有可能非常巨大；倘若机制不自由，就不会有行为。）
快乐和**痛苦**都不是**原因**，它们只是激发了某种东西并伴随着它……

在何种程度上所有的**卑鄙**、**恶习**、**残忍**、**狡猾**与**诡诈**只是衰退的征兆——

群氓的本能。

批判**同情**。

批判**自尊心**。

为什么有真理？

20

信仰"**自我**"（ego）的错误结论。

人追求**幸福**：但在这种意义上不存在"有追求的"统一体……

一切统一体所追求的根本不是**幸福**——幸福只是**力量得到激发**时的一种伴随现象：促使人行动的，不是需求，而是**充沛**的力量，在某个刺激的作用下充沛的力量得到了释放。

"痛苦"不是行动的前提，紧张乃是一个巨大的刺激……

我反对**悲观主义**理论。这种理论很荒谬，似乎所有的行动都旨在摆脱某种**不满**，似乎快乐本身就是任何一种行动的目的……

21

根本没有什么"无私的"行为。

人们在行动时背弃了自己的本能并作出了不利于自己的选择，这种自暴自弃的行为乃是颓废的标志。

（许多著名的所谓"圣人"正是由于缺乏"利己主义"而变成了颓废者。）

爱和"英雄主义"的行为根本不是"无私的"，它们恰恰**证明**了一个非常强大而丰富的"自我"（Selbst）。

"穷人"没有给予的能力……也没有属于"英雄主义"的大胆和冒险的乐趣。

千万不要以"**自我牺牲**"为**目的**，而是要实现自己的目的，高傲和自信的人并不担心行为的后果，他们**漠视**后果……

22

1. **错误的因果性：**

快乐，痛苦，意志，目的，"精神"

2. 错误的单元：

"灵魂""自我""人格"，也许还有"不朽的人格"

——由此确定了一种错误的**利他主义**

"自我"与"他人"

（利己主义——利他主义）

"主体"——"客体"

3. 对**身体**的彻底蔑视使个人看不到个人为了种属的自保与**净化**而进行的组织活动的最细致的完美方式。换言之，看不到个人作为生命过程的承载者的无限价值，**因而**看不到个人的利己主义的最高权力，以及利他主义的怪诞性……

事实上所有的"不利己"言行都是颓废现象。

23

与**我**对颓废者颁布的禁令"你们不应该生育"相比，《圣经》的戒条"不可杀人"显得非常愚蠢——它甚至更糟糕，它与我的禁令相抵触……查拉图斯特拉提出的生命的最高法则要求我们**决不同情**生命的一切废品与垃圾，要求我们**消灭**对上升生命有害的障碍、毒药、阴谋家和秘密敌人。简言之，消灭**基督教**……在最深刻的思想家看来，"不可杀人"这个戒条是**不道德的**……

24[634]

第一卷　摆脱**基督教**：敌基督
第二卷　摆脱**道德**：非道德论者
第三卷　摆脱**"真理"**：自由精神
第四卷　摆脱**虚无主义**：

虚无主义是**基督教**、**道德**和哲学中的**"真理"概念**的**必然**结果。虚无主义的**标志**……

我所理解的"精神自由"是某种非常明确的东西：由于严于律己，由于诚实和勇敢，由于在会使人陷入险境的地方进行"否定"（Nein zu sagen）的绝对意志，它比哲学家和其他的"真理"信徒强一百倍——我认为迄今为止的所有哲学家都是戴着"真理"风帽的**卑鄙的荡妇**。

25[635]

非道德论者

从**来源**上看，**道德**乃是一种可怜的、半失败或完全失败的人的类型之**自我保存条件**的总和。这种失败者类型可以是"大众"：道德的**危险**由此而来。

批判"改善者"

从**应用**上看，道德乃是过着寄生生活的教士们与**强者**和**生命的肯定者**做斗争的**主要手段**——他们赢得了"大众"（**卑贱者**，所有等级中的**受苦者**以及形形色色的失败者）；他们利用道德发动了一种反对**少数"精英"**（Gutgeartete）的**总起义**……

批判"好人"

从**后果**上看，道德甚至造成了**特权阶层**的极端虚伪与堕落。只是为了**经受住**道德的压力，特权阶层最终在所有问题上不再对自己诚实了：这个后果又造成了特权阶层彻底的**"心理堕落"**（psychologische Corruption）——

26[636]

我的生活诀窍在于**谦虚**，在于纡尊降贵的意志和迁就他人的能力……**绝不是**假装平凡，而是几乎忘了自己的优越，摆脱了自高自大，在内心中制造了一种自我距离——换言之，我能**意识到**完全的自由〔——〕我有使命感、坚定的意志和由使命感决定的无情本能……

我的生活诀窍帮助了许多穷人、弱者和受苦受难者，使他们不至于被一种伟大使命所毁灭。

我的诀窍就是：把自己**一分为二**，一半给自己，**另一**半留给友好、博爱、宽容和平易近人，以善待一切平凡的人和最渺小的人。在欣赏方面，我也非常聪明和**灵巧**，我是一个好读者和好的倾听者……我也很喜欢某些事物和人，为了理解这些人，**善意**的宽容也许比敏锐的智力更重要；例如，佩特罗尼乌斯、海因里希·海涅以及身怀不朽绝技的奥芬巴赫……

每次与人接触几乎都会使我自然而然地想到滑稽的"动物"概念，对这种动物性事实我毫无蔑视之意，也无取笑之心。每当有人对我表示明显的**怨恨或恶意**时，我会努力做一些〔——〕事情，以抹去不愉快的记忆。

27[637]

我从未因不被人尊重而感到痛苦，我发现不为人所重也有好处。另一方面，从少年时代开始我在我的一生中获得了那么多的奖励与荣誉，以至于我——

28[638]

把自我一分为二的艺术，分清高傲的一半与谦虚的一半，许多年来我已忘记了自己的高傲……

我从我的**疾病**中获益匪浅：疾病使我摆脱了巨大的压力，减轻了我的负担。

学会了睚眦必报。

我无法说清楚什么是我生活中最糟糕的偶然事件[639]——说清楚此事不仅荒唐，而且显得忘恩负义、十分卑鄙。

我所经历的善意在许多情况下给我留下了比任何一种恶意和敌意更糟糕的印象。在行善的信念里，有太多的纠缠不休，并且严重缺乏距离感。我常常用"粗暴"（Brutalität）的普遍概念来把握行善的意愿。

我"寂寂无名"，不被阅读，为什么我从来也不感到痛苦？

还在我四十五岁时，巴塞尔大学的学者们就好心地告诉我，我的著作的文学形式乃是人们不阅读我的原因，他们奉劝我改变文风。

29[640]

一种距离感最终会成为生理上的距离感，而我从最近的近处［—］从未摆脱掉这种距离感。距离感在每个有理智的人的心中是不同的，我认为，与每种模糊的成分相比，距离感似乎是不容混淆的、高高在上的。

我相对于普通人的优先权和我的**超拔才智**就在于我经历了丰富的最高和最新状态，对这些状态做出精神上和心理上的区分纯属犬儒主义。毫无疑问，人们必须成为哲学家，必须深刻到［—］，才能从这种万丈光芒中走出来。然而感觉的正确和一种伟大使命的长期专制才是做到这一点的更加必要的前提。

第二十三章
1888 年 10 月

1

一条仁爱的诫命[641]

我也提出一条仁爱的诫命。——在某些情况下，生孩子就是一种犯罪：慢性病患者和三度神经衰弱患者会生下不健康的后代。那么我们应该怎么办呢？——我们可以鼓励这类病人禁欲，至少我们可以尝试用《帕西法尔》的音乐鼓励他们守贞，帕西法尔本人是一个典型的白痴，他有足够的理由不繁殖后代。弊端在于这类病人没有"控制自己"（不对刺激、不对哪怕是非常小的性刺激做出反应）的能力，而没有自制力恰恰属于总体衰竭那最常见的后果之一。例如，如果我们把莱奥帕尔迪想象成一位贞洁者，那么我们就搞错了。教士和道德家在此进行的是一场必输无疑的赌博；最好的做法是，让他们去药店买药吃。在这方面社会最终必须履行一种**义务**：我们对社会提出的如此迫切的原则性要求太少了。作为生命的全权代表，社会必须在生命本身**面前**为每一个虚度的人生负责，——社会也必须为此忏悔：因此，它**应该**防止某人虚度人生。在许多情况下社会**应该**防止某些种类的病人生育：它可以不考虑这些病人的出身、地位和才智，及时准备好最严厉的强制措施，剥夺他们的生育自由，也许还可以对他们实施阉割术。——与我向颓废者颁布的严厉的生命禁令"你们不应该生育"相比，《圣经》的戒条"不可杀人"显然相当愚蠢……生命本身并不承认一致性，不承认在一个机体的健康部分和退化部分之间存在"平等的权利"：我们必须**切除**退化部分，否则整个机体就会完蛋。——**同情**颓废者，也给予失败者**平等的权利**，这种做法极其不道德，即使它是道德的，它也是**反自然的**！

2⁶⁴²

生命的理性

关于生命的理性。——一种相对的"禁欲"（Keuschheit），一种原则上的、明智的谨防色情包括防止意淫，理应属于生命的伟大理性。这条原理尤其适用于**艺术家**，它属于艺术家最高的人生智慧。这种意义上的完全可信的声音已透露了实情：司汤达、特奥菲尔·戈蒂埃⁶⁴³和福楼拜就是节欲的范例。从天性上来看，艺术家也许必然是一个感性的人，他非常敏感，在各方面都平易近人，喜欢刺激，能接受刺激的朦胧暗示。尽管如此，总的来看，他受到了其使命的约束和追求大师风范的意志的控制，他其实是一个有节制的人，甚至是一个贞洁的人。他的主导本能**要求**他节欲，它不允许他以这种或那种方式耗尽精力。人们在艺术构思时所付出的精力和在性行为中所消耗的精力其实是同一种力量：只有一种力量。对一位艺术家而言，受制于**性欲**，把自己的精力浪费在**性生活**上，乃是对艺术的背叛，它表明了本能的缺失和意志的缺失，它就是颓废的一个标志，——它肯定会把其艺术贬低到一种无法估量的程度。我要举一个最讨厌的例子，瓦格纳的例子。——瓦格纳沉迷于极其病态的性欲，这种性欲成了他一生的灾星，他非常明白，一位好色的艺术家会失去什么：他会失去自己的自由和**自尊**。做戏子乃是瓦格纳的宿命。对他而言，他的艺术成了持续的逃跑企图，成了忘乎所以和**自我麻醉**的手段，——这一点改变了并最终决定了其艺术的特色。这样一个"不自由的人"需要一个因吸食大麻而产生的幻觉世界，需要奇异的、浓重的、笼罩一切的云雾，需要各种异国情调和理想的象征体系，以摆脱现实，——需要瓦格纳的音乐……首先理想的某种普遍性在一位艺术家那里几乎就是自我蔑视和"堕落"的明证：法国的波德莱尔、美国的埃德加·爱伦·坡和德国的瓦格纳就是这种情况。——瓦格纳的**成功**也应该归功于其感性，这一点还需要我说吗？瓦格纳的音乐能唤醒最低级的本能，能使我们相信瓦格纳是个色鬼；那种理想的神圣概念云雾，那种八分之三拍的天主教烟雾纯属诱惑艺术（瓦格纳允许爱情的"魔力"以天真无邪的、一无所知的、**基督教的**方式对自己产生影响……）。这些情况也需要我明说吗？对于《特里斯坦》音乐所流露出来的强烈"情欲"（ardeurs）谁敢直言不讳，谁敢说**真话**？——当我读《特里斯坦》的总谱时，我是戴着手套翻阅的……传播速度越来越快的瓦格纳热是一种不太严重的感性流行病，一种"不知者不为过"的流行病；我认为我们必须非常谨慎地对待瓦格纳的音乐。

3⁶⁴⁴

我们北极居民

（1）

我们这些哲学家，我们北极居民，乃是异类，至少看起来我们和过去的哲学家不同。我们根本不是道德家……当我们听所有过去的哲学家进行说教时，我们简直不相信自己的耳朵了。"这就是通向幸福的道路"——说完这句话他们就开始围攻我们，他们手里拿着药方，嘴上抹了僧侣的圣油。"但幸福与我们何干？"——我们惊讶地问道。"这里有通向幸福的道路"——这些神圣的"叫兽"（Schreiteufel）继续说道："这就是道德，通向幸福的新路！"……但我们请你们闭嘴，我的先生们！你们的道德与我们何干！我们为什么成了旁观者，成了哲学家，成了犀牛、穴熊和鬼怪？难道不是因为我们要**摆脱**道德和幸福吗？——我们生来就很幸福，就很正派，道德根本无法引诱我们成为像你们那样的哲学家。质言之，我们是非道德论者和冒险家……我们对迷宫有自己的好奇心，我们努力认识弥诺陶洛斯⁶⁴⁵先生，据说他危害四方。你们**向上**的道路与我们何干，你们**通向外面**的绳子与我们何干？这根绳子通向道德和幸福吗？恐怕它通向**你们自己吧**……你们想用你们的绳子救我们？——我们，我们恳求你们，你们还是用这根绳子上吊吧！

（2）

最后，这些说教又有何用呢？没有任何其他的办法能使哲学重获荣誉，只有一种办法可行：**首先人们必须吊死那些道德家**。只要他们还在谈论道德和幸福，他们就是在劝说老妪们去研究哲学。请您看一看他们的脸，几千年来所有著名的智者的脸：他们都是一些老女人或半老徐娘，全都是**大妈**，用浮士德的话来说就是："众母！众母！这听起来好恐怖！"[646]——我们把哲学变成一种危险，我们改变其概念，我们把哲学当作**致命的**概念来传授：我们又能怎样更好地帮助哲学呢？——一个概念总是对人类具有巨大的价值，其价值等于它让人类所付出的代价。如果人们毫不犹豫地为"上帝""祖国""自由"这些概念做出巨大"牺牲"（Hekatomben），如果历史是围绕在这种牺牲周围的巨大烟雾，那么我们用什么来证明"哲学"概念对于"上帝""祖国"和"自由"这些通俗价值的**优先地位**呢？难道不是通过这个概念让人付出更大的代价、做出**更大的**牺牲来证明其优先地位吗？……重估一切价值：**这样做费用巨大**，这一点我可以保证——

（3）

这个开端已经是够爽朗的了：随后我立即为它奉上我的严肃态度。我用这本书向道德**宣战**，——实际上，所有的道德家首先都会被我干掉。众人皆知我已为这场斗争想好了那个词，此词就是**"非道德论者"**（Immoralist）；大家也知道我的短语"善恶的彼岸"。我需要这些强大的相反的概念，需要这些相反的概念的**光度**，以便向下照亮轻率与谎言的深渊，这个深渊迄今为止叫作道德。几千年来，各个民族，最初的人和最后的人，哲学家和老女人——在道德这一点上他们都是相互赏识的。迄今为止，人乃是道德动物，是一种独一无二的怪物——这种道德动物比人类最大的蔑视者梦见的怪物更荒唐、更虚伪、更虚荣、更轻率，**于己更有害**。道德是追求谎言的意志的最恶毒形式，是诱惑人类的真正妖精，是使人堕落的妖妇。我所看见的令人恐惧的东西，**不是**作为谬误的谬误，不是几千年来缺乏"善良意志"，缺乏纪律、礼节和精神的**勇气**，而是缺乏自然，是这个可怕的事实：反自然本身作为道德已获得了最高的荣誉，它已被奉为圭臬凌驾于人类之上……选错了标准，——不是作为个人，不是作为民族，而是作为**人类**！这意味着什么？——道德家教导人们要蔑视最低层的"生命本能"（Instinkte des Lebens），他们在生命成长的最深刻必然性中、在自私自利中看到了恶的原则：他们完全把没落和本能冲突的典型目标，把"无私"，把失去重心，把"失去自我"和"博爱"视作一种较高的价值。确言之，他们把无私视作**自在的**价值！

什么？人类自身已陷入颓废？人类一直都很颓废？道德家只是把颓废价值作为最高价值**灌输**给了人类，这一点是肯定的。失去自我的道德是典型的、地地道道的没落道德。——这里还有一种可能性：不是人类本身陷于颓废，而是人类的教师！……事实上，这正是我的定律：人类的教师和领袖都是颓废者，**因此**重估一切价值就导致了虚无主义（"超越"善恶……）。

（4）

与此相反，一位**非道德论者**应该要求自己做些什么？在这本书中我将向自己提出什么任务？——任务也许还是"改善"人类，只是以相反的方式：使人类**摆脱**道德，尤其要使人类摆脱道德家，——使人类意识到无知的危害性，使人类明白无知的危害性……**恢复人类的利己主义！**——

4⁶⁴⁷

非道德论者

A.好人的心理学：**颓废者**或**从众者**。

B.好人的绝对有害性：有损于真理和未来的**寄生虫**。

C.好人们的**马基雅维利主义**：为获取权力而斗争，他们的诱骗手段，他们在服从方面的聪明，例如，**服从**教士，听命于权贵。

D.好人的"妇人之仁"："善良"表现为奴隶式的小聪明，在给予和**接受**方面都考虑得很周到。

E.**好人**的生理学：**好人**何时出现在家庭与民族中？与神经症同时出现。

相反的类型：真正的善良、高贵和心灵的伟大来自富有，来自———他们付出而不索取，他们不以善良**自夸**，**挥霍者**乃是真正的善良类型，**人格**的丰富乃是善良的前提。

"义务"概念：**软弱**的结果是**服从**，再也没有必要追问和做出抉择了。

群氓的**软弱**产生了一种与颓废者的软弱极其相似的道德：他们互相理解，彼此**结盟**……伟大的颓废宗教总是期望获得**群氓**的支持……群氓原本不是病态的，他们本身具有不可估量的价值；但他们没有主见，他们需要一位"牧人"——教士非常明白这一点……

国家不够私密，"良心的导师"于是离它而去。

教士利用什么使群氓生病？

颓废本能在好人身上的表现：

1. **惰性**：他不再愿意改变自己，不再学习，作为"美好心灵"，他止于内省……

2. **没有抵抗力**：例如，好人富于**同情心**，他总是让步（"谅解""宽容"……"他理解一切"）

"主爱的人在世享平安"[648]

3. 他**关心**所有的受苦受难者和失败者——他喜欢"帮助"弱者，在本能上他是反对强者的阴谋家

4. 他需要各种强效**麻醉剂**，例如，"理想""伟人""英雄"，他**向往**……

5. 他害怕激情、坚强的意志、肯定与否定，总之，他**软弱无能**：他**一团和气**，从不树敌，从不偏袒某人——

6. 他的**软弱**还表现在对压迫视而不见，对必要的反抗**漠不关心**（此乃"人性"）

7. 他受到所有伟大的颓废者的诱惑："十字架"、"爱"、"圣人"、**纯洁**。质言之，一切危害生命的概念与人——还有伟大理想的**伪币制造**

8. 理智上的**恶习**：仇恨真相，因为真相无法引起"美好的情感"；仇恨诚实者，———

好人的自我保存本能牺牲了人类的未来。确言之，他反对**政治**，反对每个远大的前景，反对寻求、冒险和不满足。

他否定那些不把他当作首要考虑对象的目的和任务。

他自诩为"最高"类型，**狂妄自大**，不仅要对所有的事情发表意见，而且要**评判**一切。

他觉得自己比那些有"毛病"的人优越，而这些"毛病"其实是本能的**优点**——他之所以自以为是，是因为他有不知羞耻的勇气。

好人是**寄生虫**。他靠**损害**生命而活着：他是抹杀事实的撒谎大王；他反对生命本能的伟大动力；他是追求小幸福的伊壁鸠鲁，他把幸福的**伟大**形式当作**不道德**而加以拒绝；因为他从不扶助生命，不断招致失策，不断制造骗局，因此他干扰了每一个现实的生命，并且通过表现**较高人品**的资格**毒害了**生命；他沉溺于自高自大的幻想中，不**学习**，不改变自己，即使他制造了巨大的灾难，他也总是**袒护自己**。

5

非道德论者

1. 好人**类型**（参见下下页⁶⁴⁹）。

2. 好人从自己出发编造了一种形而上学、一种心理学、一条通向真理的道路、一种政治、一种生活方式和教育方式。

3. **结果：一种绝对有害的人的类型**//损害真理，毁灭人类的未来//直到最近二十年，重要的事物才被认真对待，这要归咎于"好人"。

4. **问题：好人究竟是什么东西？**

好人	第一，**弱者**：他**希望**所有的人都软弱无能。
作为	第二，**褊狭者**：他**希望**所有的人都头脑狭隘。
本能	第三，**从众者**，没有自己的权利的动物：他**希望**所有的人都是群氓。

5. "好人"被滥用于**其他**目的

他与恶作斗争	**教士利用好人来反对权贵，反对强者和成功者**
	作为工具
"自由" "平等的"权利	搞颠覆活动的政客、**社会主义者**和**怨恨者利用好人来反对统治者**

关于3：**最有害的人的类型**

A.他**虚构出**根本**不存在**的行为：无私的行为，神圣的行为

根本不存在的能力："灵魂""精神""自由意志"

根本**不存在**的实体："圣徒""上帝""天使"

根本**不存在**的世界秩序

合乎道德的世界秩序，有奖赏和惩罚——摧毁自然的因果关系

B.他用这些虚构之物**贬低**了

1.唯一的行为，即利己主义行为

2.身体

3.真正**有价值**的人的类型和**有价值**的各种激情

4.事件（Geschehen）中的整个理性——他阻止人们从事件中学习，阻止观察，阻碍科学，阻碍知识所带来的生命的每一次**进步……**

6

Ⅰ.缺乏怀疑

虔信

听从上帝的意志，"虔诚"。

"好心""援助之手"——这就**够了**……

致力于**较高尚**事物的严肃态度，——与此同时人们不可以过于认真地对待低级领域：例如，身体和身体健康。

义务：人们必须尽自己的责任，——此外，应该把一切托付给上帝——

我很严肃地问：我没有在此**描写过**好人吗？难道你们不相信，好人是**值得想望的**吗？你们不想做好人吗？你们希望你们的后代不是好人吗？

Ⅱ.请注意，**好人**从自己出发编造了

1.一种形而上学

2.一种心理学

3.一种**政治**

4.一种**生活方式和教育方式**

5.一种**真理**方法

7

我的定律：好人是**最有害的**人的类型。有人回答我："但是只有少数好人啊！"——谢天谢地！另一些人则会说："根本没有完全的好人。"——这就更好了！然而我始终坚持己见：无论一个好人好到什么程度，他都是**有害的**。

直到最近二十年人们才开始认真对待生活中的头等**重要**问题，原因何在？是因为人们发现了过去的错误吧？过去人们对所有的实际**问题**都漠不关心。

好人的弊病：

缺乏怀疑；

懒惰，害怕反思；

主观上自满，找不到去发现问题的理由；

相信**好心**和**援助之手**就是最有价值的东西，——相信教化的作用；

听天由命，——相信一切都掌握在全善的上帝手中；

解释上的伪币制造，认为在所有的事物中都能发现上帝的"善"；

相信"灵魂的拯救"即**道德**事务与所有尘世的、肉身的问题无关，认为认真对待身体及其健康是一种**卑鄙**行为；

敬畏传统，认为否定传统是不虔诚的，甚至只是批评传统习俗也是不虔诚的。

瞧！这种人就是最有害的人的类型。

8

Ⅳ.狄俄尼索斯

　　立法者类型

9

冒着踢反犹主义者[650]"准确的"一脚而遭到报复的危险，我坦言：我发现迄今为止每一位反犹主义者的说谎艺术、"无意识的"疯狂偷窃和**侵吞**他人财产要比任何一位犹太人更为明显。一位反犹主义者总是在盗窃，总是在说谎——除了鸡鸣狗盗，他什么也不会……**因为他有**〔——〕……我们应该怜悯反犹主义者，我们应该为他募捐。"——"

10⁶⁵¹

与我对**颓废者**发出的禁令"你们不应该生育"相比，《圣经》的戒条"不可杀人"显得十分幼稚——更糟糕的是，这个戒条与我的观点相抵触……由查拉图斯特拉首倡的生命的最高法则要求人们**决不同情**生命的一切废品与垃圾，要求人们消灭上升生命的阻碍者、毒害者、密谋反对者和秘密敌人，要之，消灭**基督教**……在最有理智的人看来，"不可杀人"这个戒条乃是不道德的和**反自然的**。——

与**我**向颓废者颁布的禁令"你们不可生育"相比，《圣经》的戒律"不可杀人"显得极其愚蠢——更有甚者……对生命的废品与垃圾我们只有一项义务，那就是**毁灭**；同情垃圾和千方百计地保存垃圾就是不道德的最高形式，就是真正的反自然，就是对生命本身的极端仇视。——

与我对颓废者发布的禁令"不可生育"相比，《圣经》的诫命"不可杀人"愚蠢之至——更严重的是……对生命的废品与垃圾我们只有一项义务，不与他们同流合污。对垃圾"人道"并给予垃圾平等权利就是反自然的最高形式，反自然即**否定**生命本身。——生命本身不承认一个有机体的健康部分和退化部分之间的一致性；必须**切除**退化部分，否则整体就会坏死……

与我向颓废者颁布的严峻禁令"不可生育"相比，《圣经》的戒条"不可杀人"乃是一句蠢话。——生命本身不承认机体的健康部分和病变部分之间的共同性，不承认它们之间的"平等权利"：必须**切除**病变部分，否则整体就会死亡。同情颓废者——这就是最严重的不道德。换言之，就是作为道德的不自然本身。——

11[652]

远离怀疑的阵阵微风，远离各种聪明的提问，长成了士瓦本地区的胖子，圆滚滚像一个苹果，这种道德站在有史以来最稳固的基础之上：站在愚蠢的基础上，——基于"信仰"……

这种道德至今还相信，一切都在善神的掌握中，即在上帝的手中。当好人们以肯定的语气说出这条定律时，他们就像在说二乘二等于四。

愚蠢有各种特权，其中之一就是道德……愚蠢把自己投射进万事万物中——它以士瓦本人的天真把万物的顺利简化称作"古老的上帝"……我们这些异类则在事物中发现了某些不同的东西——我们使上帝变得**有趣**……

12[653]

我们是**非道德论者**：我们自豪地说出这句话，好像在说——我们否认人追求幸福，我们否认道德是通往幸福之路，——我们否认迄今为止人们所称作道德行为的行为，即否认"无私的"行为和"非利己主义的"行为。在所有这些我们所坚决否定的断言中皆流露出一种对迄今为止的人类教育者的极度蔑视：——

13

自由精神
批判作为虚无主义运动的哲学

非道德论者
批判作为最危险的无知的道德

哲学家狄俄尼索斯

14[654]

这天很完美，五谷成熟，葡萄变黄，一道阳光恰好照亮了我的人生。我蓦然回首，我举目远眺，——我从未突然看见这么多的美好事物。虽然我可以虚掷光阴，但我并没有白白地浪费这第四十四个年头[655]：这一年的生命得到了拯救，获得了**不朽**。《重估一切价值》[656]的第一卷；《查拉图斯特拉之歌》[657]的前六首；《偶像的黄昏》，我用锤子进行哲思的尝试——所有这些成果都是这一年的馈赠，甚至是其最后一个季度的馈赠。我怎么能够不感谢我的整个人生呢！

于是我开始讲述我的一生。

稍微了解我的人都会猜到，我比其他的人经历更丰富。证据甚至就在我的著作中：这些出于生命意志而写成的著作，乃是字里行间充满了体验的经历之书，因此也是创造之书，而作为**创造**，它们构成了对生命本身的真正补充与丰富。我常常有一种感觉：仿佛一位德国学者以令人赞赏的纯洁谈论他自己和他的事情，每一天给他带来的内容甚至比其他人的整个一生还要丰富！其中也有**糟糕的事情**——毫无疑问！生活也以其最大的敌意来与我们对抗，这就是生活给我们的最高奖赏……

1⁶⁵⁸

瞧这个人

或我为何博识

弗里德里希 · 尼采　著

一

我想到了一个问题,至少在我看来这个问题要比"上帝实存"(Dasein Gottes)问题和其他的基督教观念更严肃,——我想到了**营养**问题。简言之,这个问题就是:为了获得最大的力量,为了获得阳刚的美德和文艺复兴之理性意义上的德性,你必须吃何种食物?——在这方面我的经验糟糕透顶。关于食物问题,我很晚才变得"理智",在某种意义上来说是太晚了,对此我十分惊诧。只有卑鄙无耻的德国修养能向我解释清楚,为什么我恰恰在这方面落后到了"圣洁"的程度。这种"修养"从一开始就教育我们从原则上漠视**现实利益**,以便全身心地追求成问题的所谓"理想"目标,例如,追求所谓的"古典修养"!——好像同时说出"古典修养"和

"德国修养"就不会立即笑死人似的。此时人们在头脑里想到的是一位"有古典修养的"莱比锡人！——实际上直到不惑之年，我一直吃得**很差**，——用道德术语来说就是"无个性""不自私""利他"。例如，通过莱比锡菜系，我否定了我的"生命意志"。由于营养不良，我还把胃吃坏了——我觉得上述菜系可以很好地解决这个问题。然而德国菜更次——它是所有不幸的根源！饭前汤（十六世纪的意大利菜谱名之曰德国风味），煮老了的肉，油腻的、难消化的蔬菜，难消化的面食。如果再加上德国市侩再次斟满酒的酗酒癖，那么我们就知道"德意志精神"的来源了——来自吃伤了的胃……与德国菜相比，**英格兰人**的特种饮食乃是真正的回归"自然"，也就是说回归烤牛肉，回归理性，但这种饮食也使我本能地感到极度厌恶：我觉得，它给了精神一双**"沉重的脚"**——英格兰女人的脚……酒精饮料损害我的健康，每天一杯葡萄酒或啤酒就足以把我的生活变成叔本华所说的"苦海"，这一点我也明白得太晚，——其实从幼年起我就**尝到了**酒的厉害。孩提时代的我认为，喝酒和抽烟一样开始时只是男孩子们的一种虚荣心，后来就成了一种恶习。也许瑙姆堡葡萄酒也是这种恶习的祸首。——若要相信葡萄酒能给人**带来快乐**，那么我就必须成为基督徒。换言之，信仰对**我**来说是一种荒谬的事情。很奇怪，情绪极端恶劣时我会喝掺了许多水的、酒精含量很低的酒，而喝了这种低度酒后几乎会使我对烈酒毫无感觉。一杯海员式的格罗格酒[659]至少可以使我醉倒。通宵伏案写作一篇长长的拉丁语论文，怀着隐秘的雄心，要在严谨与简洁方面赶上我的楷模萨卢斯特[660]，当我就读于令人敬仰的普福尔塔中学[661]时，这种勤奋写作与我的生理学并**不矛盾**，与萨卢斯特也没有矛盾——但总是与令人敬仰的普福尔塔中学相对立！……后来人近中年，我却越来越坚决地反对任何一种"酒精"饮料。我偏爱那些处处有流泉的地方（尼斯、都灵和西尔斯），在那里我可以喝泉水；即使睡前不喝水，夜里我也不会醒来。酒后吐真言（In vino veritas）：看来，在此我对"真理"概念的理解又与所有的人不一致了。我认为，精神运行在**水面上**[662]……

二

我原先很少低估疾病的益处，但现在我要反对疾病，因为它削弱了人的"**防御本能和进攻本能**"（Wehr- und Waffen-Instinkte）。长期以来，我既不善于拒绝纠缠不休的善意帮助，也不善于抵御不期而至的、愚蠢的"崇拜者"和其他的害虫；我还不善于处理一些无人能避免的情况，例如，总有一些卑鄙的年轻学者以"崇拜"为借口突然拜访我并向我借钱。一位病人费力地摆脱人与物，包括回忆：一种"卧倒在雪地上"的宿命论，以一位俄国士兵的方式，战役对他而言确实过于严酷，一种没有反抗的宿命论属于他的自我保存本能。如果我们理解了**这种**自保本能，那么我们就能很好地理解一位注定受苦受难、**无可奈何地**相信宿命论的女人了。尽可能地保存力量，——不做出各种反应以免**浪费**自己的精力——主要由缺乏力量而导致的某种节省：这就是宿命论的**巨大**理性。用生理学的术语来说就是，降低物质消耗、减缓物质损耗，——只有激情能使人更快地燃尽自己。怨恨、愤怒、复仇欲——对病人而言这些激情是所有可能的状态中最有害的状态，一种在本质上与精神上的狡猾者和生理上的疲乏者有关的宗教，例如，佛教，其学说的重点就在于**反对**怨恨。"仇恨**不能**结束仇恨，只有友好才能结束仇恨。"佛教不是伦理学，——以庸俗而粗野的基督教来衡量佛教并把佛教贬为一种道德学说，这是对佛教的严重误解；佛教其实是**保健学**。——许多年以来，我顽强地忍受了各种偶然出现的、极其恶劣的情况、地点、住处和团体，**不是凭意志**，而是出于自我保存本能，——无论如何坚忍要比改变、比"试验"更明智。**试验**（Experiment）违反了受苦者的本能：在一种崇高的意义上我们恰恰可以把试验称作大能的明证[663]。用自己的生命来做试验——这才是精神的自由，后来它变成了我的哲学……

三

我认为无聊并不属于受苦者的痛苦，至少我本人缺乏这方面的记忆。恰恰相反，我生命中的苦难时期对我而言是非常丰富的，因为那时我具有一种新的"创造才能"（Erfindsamkeit）——"色调微差"（nuances）的艺术，在运用色调微差时精确的熟巧指法。我把精致理解为能上升到精神层面的**触觉**之灵敏；还有病人所特有的在理解方面的体贴顾惜和小心翼翼也属于精致，——病人们害怕过于亲近的接触……在这种状态下人们听见的普通事物已变成了不寻常的事物，人们似乎给它们变了频：日常的偶然事件经过一个高品质的筛子的筛选，它们看起来和原先不一样了。那时我充满了感激之情，因为总是有一些智力上或性格上的卓异者与自由者来到我身边。与此同时，我越来越本能地厌恶德国人和德意志特性。与德国人在一起我失去了我的好心情，失去了我的思想和我的时间……德国人延长了时间……如果德国人偶然是一位犹太人或犹太女人，那么情况就不同了。我回首奇异的往事，在1876年至1886年间几乎所有我的快乐时光要归功于和犹太人或犹太女人的偶然交往。和犹太人相遇乃是一件快事，这一点被德国人低估了，——我们再

651

也没有理由感到羞耻了，和犹太人相处甚至可以使我们变聪明……我去过法国，法国的犹太人要远远多于德国的犹太人，我看不出其中的必然性。梅亚克[664]和阿莱维[665]堪称一流诗人，我的审美趣味给予他们不朽的荣名，他们作为法国人而**不是**犹太人达到了这种高度。——同样我还要赞扬奥芬巴赫，他是一位**明晰的**音乐家，他只想做他自己——一位天才的歌剧丑角，他其实是还在做音乐而不是搞什么和弦的最后一位音乐家！

四

其实我属于那种无意而为之的教师，这类教师既不需要也没有教育原则。下述事实在某种程度上也证明了这一点，在巴塞尔人文中学[666]最高年级授课的七年间，我从不处罚学生；正如后来所证实的那样，最懒惰的学生在我的教育下也变得很勤奋。来自教学实践的一个小聪明已留在我的记忆里：倘若一位学生把我在上一堂课所讲解的内容复述得很不充分，那么总是由我自己来承担责任，——例如，我会说，如果我讲解得过于简略，过于艰深，那么每个学生都有权利要求我重讲一遍并把难点解释清楚。教师的任务就是以平易近人的态度和**每一位**有才智的学生进行交流……人们告诉我：这种诀窍的效果比任何一种责备都要好一些。——在和中学生以及大学生打交道时我从不感到困难，刚开始当教师时我正好二十四岁。我不只是在年龄上与他们很**接近**。同样地，博士学位考试也没有给我提供任何动机，让我再去学习什么技巧或方法：在这些情况下我所采用的不只是最人道的做法，——只要我把博士学位申请者带上了正确的轨道，我就会感到非常愉快。在这些情况下每一位考生都和令人尊敬的主考官一样非常有才智**或者**才智不足……如果我认真听完了考生的答辩，那么我总是觉得其实是主考官先生们在**接受考试**。

五

我从来都不理解那种唆使人们反对我的蛊惑术，尽管认清这种妖术对我具有巨大的价值。你可以反复调查我的生活，但你从中根本找不到有某个人对我怀有恶意的任何迹象。有些人总是很难相处，而这些人与我打交道时毫不例外地都能体会到我的好。无论谁和我交往——前提是我没有生病，我都会把他当作一件乐器，我能发现这件乐器最不寻常的美妙声音。我经常能听见我的交谈者发出的关于他自己的一声惊叹："迄今为止我从来也没有想到我竟然有这类优点。"……英年早逝的海因里希·冯·施泰因[667]给我留下了最美好的回忆，他谨慎地征得了我的同意，在西尔斯[668]逗留了三天。他向每个人解释道，他到这里来**并不是**为了看恩加丁[669]的美景。这位青年才俊以其勇敢单纯的天性陷进了瓦格纳的泥潭之中，直到泥水灌进他的耳朵。他对我坦言："我对音乐一窍不通。"在这三天里，经过自由之风的吹拂他已脱胎换骨，犹如一位突然如鱼得水、如虎添翼的新人。我总是对他说，此地高山的清新空气使他发生了变化，并且人人皆如此，但他不相信我所说的话……尽管我待人友善，还是有人对我做了一些大大小小的坏事，其动因并不是"意志"，至少不是邪恶的意志。确言之，我更应该抱怨**善良**意志，在我的生活中胡作非为的恰恰是善良意志。我的经验赋予我一种怀疑的权利，怀疑那种乐于助人的、爱提建议的、擅自行动的"博爱"。我之所以批评博爱，是因为它很容易就失去了谨慎，是因为它总是伸出援助之手而往往起破坏作用，是因为它肆意干涉一个崇高的命运、一种饱经伤害的孤独和一种忍受巨大痛苦的特权。——我虚构了"查拉图斯特拉受诱惑"这样一个情节不是没有原因的，那时有一种尖厉的呼救声传到了他的耳朵里，同情像最后的罪恶一样向他袭来：**在此**作为主人，在此保持**崇高**使命的纯洁，摆脱那些活动在所谓无私行为中的、鼠目寸光的低级动机，这就是一种检验，这就是查拉图斯特拉及其同类必须做出的、对自己的**最终**检验。

六

就像每个从未生活在其同类中并最终从其命运中获得了才能和人道精神的人一样，在有人对我做了或大或小的蠢事的情况下我反对采取任何对策，除非这种对策在事后能尽快地给这种愚蠢奉送一种聪明的告诫：这样蠢事也许能得到弥补。人们有权对我做坏事，而我会给予回报的，这一点是肯定的：我会马上找一个机会向作恶者表达我的感谢或者请他赐教（这比给予反击更有礼貌……）。还有，我觉得最粗暴的信也比沉默要好。沉默者缺乏心灵的高尚与礼貌。——如果你气度恢宏，那么"蒙受不公"（Unrecht haben）实乃一件幸事；如果人们偶尔给我一个蒙受不公的机会，那么人们就能和我很好地相处。唯有冤屈能彻底增进我的友谊，唯有冤屈能不断给我的友谊以活力……在众所周知的情况下我会对某个事物表示坚决否定乃至刀兵相见，但此时人们得出了一个严重的错误结论，人们会推测在坚决否定的背后肯定藏有许多不愉快的经验。了解我的人则会得出与之相反的结论。只要最小的个人之间的矛盾还在起作用，我就不承认我对事物的仇恨。我之所以有权向基督教开战，就是因为基督徒从未做过损害我或使我伤心的事情，——恰恰相反，我所认识的最值得尊敬的人都是正直的基督徒；对于这些个人，我最终耿耿于怀的是，他们仍未摆脱几千年来的厄运。我的祖辈们本身都是新教的神职人员，如果我没有从他们那里继承了一种高尚而纯洁的思想，那么我就不知道我向基督教宣战的权利从何而来。我的公式如下，敌基督本身乃是一位真正基督徒演变的必然逻辑，基督教本身在我心中自取灭亡。另外，在我和瓦格纳以及瓦格纳夫人的关系中我只留下了最令人愉快的和最振奋人心的记忆。正是这种情况允许我以中立的目光来看瓦格纳问题，把瓦格纳问题看作文化问题并尽力加以解决……众所周知，我对反犹主义者至少比较友好，根据我的相当多的经验我必须指出某些对反犹主义者有利的方面，这一点并不妨碍我，反而**决定了**我毫不留情地向反犹主义开战，——反犹主义乃是极其荒唐、极不合理的德意志帝国"自大狂"（Selbst-Anglotzung）的最病态的怪胎之一……

七

喜欢繁多和各种各样的事物不符合我的天性。在接触书籍时，总的说来我不太宽容，我本能地对大多数图书持一种"观望态度"或敌对态度。这种态度是从小养成的。严格说来，在我的一生中只有少数图书具有重大价值，那些名著则不在此列。当我第一次接触萨卢斯特时，我的风格感和我对箴言风格的鉴赏力突然觉醒：我忘不了我的恩师科尔森[670]的惊喜，读了我的文章后他不得不给他最次的拉丁文学生打最高分——他高兴地请我去他家做客……简练、严谨，背景上有尽可能多的实质性**内容**，——对"华丽辞藻"和"美好感情"怀着冷酷的恶意：从中我发现了我自己。从我的第一部著作直到《查拉图斯特拉如是说》，读者可以从中发现一种追求**罗马**风格、"微言大义"（magnum in parvo）和"彪炳千古"[671]的严肃抱负。我第一次接触**贺拉斯**的情况和初读萨卢斯特毫无二致。迄今为止，我从未在其他诗人的作品中重新获得贺拉斯的颂歌给予我的那种艺术享受。某些语言如德语的作家根本无法达到贺拉斯的艺术高度。词语的"镶嵌艺术"（Mosaik），嵌合体中作为声音、位置和概念的每个词向左向右延伸，越过整体，发出魅力；符号规模的最小化，由此而达到的符号表现力的最大化——所有这一切都属于罗马风格，如果各位愿意相信我的话，所有这一切堪称地地道道的**高雅**。至少我忘不了坚固的形式与无比优雅的放荡之间的对比所形成的魅力——我的耳朵享受着形式与意蕴的这种对立。第三个我要感谢的、给我留下了无比美好的印象的拉丁语作家就是佩特罗尼乌斯[672]。词句和思想跳跃的高傲的"最急板"（prestissimo），通俗拉丁语和"文雅"拉丁语混合而成的精美，无所畏惧并优雅地跳过古代世界各种兽性的抑制不住的好心情，面对道德、面对"美好心灵"的廉价美德的绝对自由——我不知道还有哪本书隐约给我留下了相似的印象。我最个人的本能轻声告诉我，这位诗人是一个普罗旺斯人：只有疯魔的人才能做这种跳跃。当我必须摆脱某种低贱印象时，例如，摆脱使徒保罗的说教，也许我只要读几页佩特罗尼乌斯就可以完全恢复健康。

八

古希腊人完全没有给我留下与我有亲缘关系的印象。与柏拉图相比，我是一位彻底的怀疑论者；学者们普遍赞赏杂耍演员柏拉图，我却无法苟同。我觉得柏拉图混淆了风格的各种形式：和发明了梅尼普斯式讽刺[673]的犬儒学派哲学家们类似，他造成了风格杂糅。如果你觉得柏拉图的对话及其天真的、沾沾自喜的辩证法很有魅力，那么你肯定从未读过法国人的优秀作品。最后我对柏拉图抱有深深的怀疑：我发现他完全偏离了古希腊人的所有基本本能，他非常犹太化，其最终意图中的先在的基督教性质表现得如此明显，以至于我宁肯使用"高级欺骗"这个严厉的词来指称整个柏拉图现象，也不愿使用任何一个其他的词。这位雅典人曾拜埃及人为师（他大概在埃及犹太人那里学习过……），为此人们付出了昂贵的代价。在基督教的巨大厄运中，柏拉图是那种后果严重的含糊其词之一，这些含糊的话语使古代的高贵者有可能踏上通往"十字架"的**桥梁**……我的休养、我的偏爱和我对一切柏拉图主义疾病的疗法在任何时候都是**修昔底德**[674]。修昔底德，也许还有《君主论》的作者马基雅维利和我本人有最近的亲缘关系，因为他们具有开诚布公的绝对意志，发现现实中的理性的绝对意志，——而非"理性"中的理性，更不是"道德"中的理性……那个有古典修养的德国人[675]在"认真"研究古代文化之后获得了回报，该回报就是对古代的可耻美化，只有修昔底德能使我彻底摆脱这种美化。我们必须一行一行地琢磨他的话语，从字里行间清楚地读出未写出的言外之意：很少有像他这样**言简意丰**的思想家。他的书最完美地体现了智者文化。确言之，**现实主义者文化**（Realisten-Cultur）在他的书中得到了最完美的表达，在到处流行的苏格拉底学派的道德欺骗与理想欺骗中，这是一场不可估量的伟大运动。希腊哲学此时已沦为希腊人本能的**颓废**，修昔底德乃是所有强大、严厉而冷酷的现实性的集大成者，他具有更古老的希腊人本能中的现实感。**勇气**把柏拉图和修昔底德这两种不同性格的人区分了开来，柏拉图是一个胆小鬼，因此他遁入理想之中；修昔底德则有强大的**自制力**，因此他能够把握现实事物。

九

重新发现古希腊人的"美好心灵""和谐的雕塑"和温克尔曼所说的"高贵的单纯"——这纯属"德国式的愚蠢"（niaiserie Allemande），而我所具有的心理学家素质使我避免了这种愚蠢。我看见了古希腊最强大的本能，看见了权力意志；我看见他们在这种本能的巨大力量面前颤抖，——我看见他们采取了防护性措施，以防止内部**炸药**的爆炸从而避免相互攻击，而这些防护性措施导致了古希腊所有的制度与机构的形成与发展。内部的巨大张力随后在与外部的可怕斗争中释放了出来，城邦之间相互残杀，付出了血的代价，这样就避免了城邦公民之间的相互残杀。古希腊人必须强健有力，——古希腊人灵活健美的体格实属必要，而非"天性"。体格健美并不是从一开始就有的，而是随着战争**出现**的。举办各种节庆与艺术活动的唯一目的也在于拥有更强壮、更健美、更完美的**自我感觉**：节庆与艺术乃是自我颂扬的手段和强化权力意志的手段。——按照古希腊哲学家的观点来评价古希腊人！利用哲学学派的道德智慧来说明**什么**是希腊特性！此类评价在我看来只是证明了德国人出色的心理细腻……古希腊哲学家就是希腊文化的颓废者，就是**古典**趣味和**高贵**趣味的反动！哲学家宣扬苏格拉底的美德，因为古希腊人原本就没有这种美德……在理解**更古老的**希腊人方面，我是再次认真对待名为狄俄尼索斯崇拜的那种奇妙现象的第一人。我尊敬的朋友巴塞尔人雅各布·布克哈特[676]完全明白借此可以做一些重要事情，他在他的《古希腊文化史》一书中附上了论述这个问题的专门章节。如果我们想找一个反例，那么我们可以仔细看看当时很著名的语文学家洛贝克[677]在处理这类课题时的可鄙的轻率态度。洛贝克以一条干枯的蛀书虫的令人崇敬的自信爬进这个处于神秘状态的世界并说服自己采取科学的态度，尽管他在这个领域无聊和贫乏到了令人厌恶的程度；他耗尽了全部学识，以博学的口吻告诉读者这些奇怪事物根本不重要。他说，古希腊的祭司们想告诉这类狂欢活动的参加者一些情况，例如，喝葡萄酒能产生快感，人以各种果实为生，植物在春天开花在冬天枯萎。至于那些具有狂欢起源的丰富的仪式与神话，要理解它们则需要较高的才智。洛贝克在《阿格拉奥斐》[678]（第1卷第672页）一书中写道：古希腊人除了纵酒狂欢之外无事可做，他们欢笑、跳跃，到处狂奔，或者，因为他们有时也有悲伤的雅兴，所以他们就会坐下来，哭泣、哀号。**其他的人**后来也参加了进来并为这种异乎寻常的活动随便找一个理由，为了解释这种风俗，于是就产生了大量的节日传说和神话……另一方面，人们相信，曾发生于节日的那种**滑稽活动**也必然属于节日庆典，于是人们将它视作礼拜仪式的不可或缺的一个部分。——所有这些都是可耻的胡说八道，然而我们必须指出，我们心目中的酒神因素与整个"希腊特性"概念，甚至与温克尔曼和歌德创造的"古典"概念是互不相容的，我估计歌德本人已从原则上把酒神精神从古希腊人的心灵能力中排除了出去。但狄俄尼索斯崇拜的秘密宗教"仪式"（Mysterien）恰恰体现了希腊人本能的整个基础。古希腊人用这种宗教秘仪确保了**什么**？确保了永恒的生命，生命的永恒回归，在生殖中获得预告和神圣化的未来，对超越死与变的生命的胜利的肯定，作为在集体、城邦和世代联系中的总体永生的**真实**生命；性器象征作为最崇高的象征，作为整个古代虔诚的真正象征之化身；对生殖行为、怀孕和出生的每个细节的最大感恩。宗教秘仪学说把痛苦神圣化了："产妇的阵痛"把痛苦完全神圣化了，所有的生成、生长和未来的保证都**限制了**痛苦；为了有创造的永恒快乐，就必须有产妇般的痛苦……除了生育，我不知道还有什么东西具有更高的象征意义。——但基督教把性变成了一种**龌龊行为**：圣母无罪成胎[679]概念乃是迄今为止在人间出现的最严重的灵魂的卑鄙——它污辱了生命的起源……

在作为一种充裕的生命感的"狂欢"（Orgiasmus）中，痛苦只是起到了刺激剂的作用，这种狂欢的心理学给了我一把打开**悲剧感**之门的钥匙，但亚里士多德和（尤其是）悲观主义者都误解了悲剧感。悲剧丝毫也不能证明叔本华意义上的古希腊人的悲观主义，恰恰相反，悲剧乃是悲观主义的极端对立面。肯定生命本身，并且肯定那些最奇特的和最严重的问题，生命意志在牺牲其最高类型时仍然享有用之不竭的丰盈——这种肯定我称之为酒神精神，我把它理解为通向悲剧诗人心理学的真正桥梁。绝不走亚里士多德之路，不是摆脱恐惧与怜悯，不是通过**猛烈宣泄**一种危险的激情来消除激情，而是超越恐惧与怜悯，享受创造与生成的永恒快乐，**战胜**恐惧与怜悯……

十

我的"人生"（Dasein）幸福及其独特性的原因也许就在于其厄运：用谜语形式来表达，我像我父亲[680]那样已死去，我像我母亲那样还活着。这种出身的双重性，仿佛出自生命阶梯的最高一级和最低一级——既是颓废者又是**开创者**——这种双重性，如果它有某种作用的话，说明了我在伟大的生命总体问题上的中立性与公正性，而这种不偏不倚的中立性使我卓尔不群。我了解这两者，我合二者为一体。——我父亲三十六岁时去世：他温柔，可爱，病恹恹，就像一个注定早逝的短命者，——与其说他是生命本身，不如说他是对生命的美好回忆。在和他的人生落入低谷相同的年纪，我的人生也开始走下坡路了：三十六岁时，我的生命力衰落到了最低点，——我还活着，但视力严重下降，三步以外便看不清了。1879年我放弃了巴塞尔大学[681]的教授职位，整个夏天像影子一样苟活于圣莫里茨[682]，翌年冬季隐居于瑙姆堡，那是我一生中最阴沉的寒冬。我的人生处于"低潮"（minimum）：在此期间，我完成了《流浪者及其影子》[683]。毫无疑问，那时我认为我自己就是一个影子……第二年冬天，即我旅居热那亚的第一个冬天，由重度肌无力和极端贫血引起的奇异的精神升华使我创作了《朝霞》一书。思想的清晰与乐观在我这里不仅与最严重的生理虚弱相协调，而且甚至与极端的痛苦感相一致。艰难地咳出痰液给我带来了持续的痛苦，在这种痛苦所造成的巨大折磨中我拥有了最佳的清晰辩证，对一些事物我能够深思熟虑，而在健康的情况下我不够细致，无法从头到尾地全面思考这些事物（我的读者都知道，在什么程度上我把辩证法视作颓废的征兆，最著名的例子就是苏格拉底的辩证法）。迄今为止，所有病态的精神错乱乃至发烧所造成的半昏迷状态对我而言纯属陌生事物，关于它们的常见性我是通过读书和科学的途径才得以了解的。我的血液流动得很慢，——患病期间我有了拿破仑的脉搏——没有人能发现我曾经发烧。有一位医生长期把我当作神经疾病患者来治疗，最后他甚至说道："不是这么回事！您的神经根本没有毛病，倒是我本人有些神经质。"我身体的任何一种局部退化都是完全无法查明的；尽管作为脑衰竭的结果，胃肠系统已接近极度虚弱，却没有器质性胃病。接近失明危险的眼疾也只是后果，而非原因：以至于随着生命力的每次增长，作为视敏度的视力也得到了增强。漫长的岁月在我这里意味着康复，——很遗憾，它们也意味着旧病复发、功能衰退和一种周期性的颓废。还需要我说，我对颓废问题很有经验吗？我已竭力反复解读过颓废问题。甚至那种把握和理解的艺术，那种对细微差别的感觉，那种大概使我才智超拔的"非常规思维"（um die Ecke Sehen）的整个心理学，也是在那时学会的，它们都是那个时期的真正恩赐，那时一切都已精细化，观察很细致，观察器官也很灵敏。从病人视角出发寻求健康概念与健康价值，再反过来从旺盛生命的丰盈与自信出发俯视颓废者本能的银丝编织品——这就是我的最伟大训练、我的最长久经验，如果真的有训练，那么我就是这方面的大师了。我掌握了高超技巧，我**擅长转换视角**，因此只有我本人才能**重估一切价值**。

十一

我除了是一位颓废者之外，在最完全的意义上还是颓废者的对立面。证据如下：我总是选择正确的手段来**遏制**那种病态，而真正的颓废者则明显选择那些危害健康的手段。作为"总体"（summa summarum）我是健康的，作为隐藏者和特产则是一位颓废者。绝对孤独的毅力，摆脱习惯状况与平常任务的活力，不让别人来照顾自己、侍候自己和不去**就医**的自我约束力——所有这些能力都表明了我对当务之急的绝对的"本能确知"（Instinkt-Gewißheit）。我对自己负责，我使自己恢复健康，每位生理学家都承认，恢复健康的前提是病人在本质上是**健康的**。一位典型的病态者绝不可能恢复健康，而对一位典型的健康者而言疾病乃是一种强效刺激剂。实际上长久的患病期对我来说就是如此，我重新发现了生命，我觉察到了所有的好事物，我甚至感觉到了细微的事物，而其他人是难以发觉这些事物的。我使我的追求健康的意志和我的**生命**意成了我的哲学……你们或许注意到了这一点，在我的生命力最低迷的年代，我彻底**放弃了**悲观主义，——我的自我康复本能**禁止**我拥有一种贫乏与颓丧的哲学……发育良好的基本特征是什么？一位发育良好的人乃是用坚硬、精致的芳香木雕刻而成，他本身就使我们的嗅觉感到惬意。所有有益于健康的事物都中他的意；倘若超过了有益于健康的标准，他就不喜欢、不快乐。他猜到了治病救人的良药，他利用恶劣的偶然事件来增强健康。他本能地从他是的所见所闻和所有经历中积累财富，他本人就是一个选择的原则，他淘汰了许多不利因素。无论他与书还是与人或地方打交道，他总是**得心应手**，他尊敬他所**选择**、所**容许**、所**信任**的人与事。他对各种刺激反应迟钝，长期的谨慎和故意的高傲使他养成了慢性子，——他审查他所面临的刺激，他从不迎合刺激。他既不相信"不幸"，也不相信"罪恶"，他足够强大，能使所有的事情都能给他带来利益。好了，我就是颓废者的对立面，因为我所描写的人正是我自己。

2

生理矛盾。

论罪犯。

我要感谢古人什么。

哲学。

音乐

对书籍的**描述**。

在生活中

一位感恩者的札记

弗里德里希·尼采　著

3

瞧这个人
一位多面手的札记。

1. **心理学家说**

2. **哲学家说**

3. **诗人说**

4. **音乐家说**

5. **作家说**

6. **教育家说**

4

弗里德里希·尼采本人的生平
（Fridericus Nietzsche de vita sua）
德语译本。

5

镜子
自评的尝试。

弗里德里希·尼采　著

6

我本能的聪明在于：能真实地感受到我的真正困境和**我**面临的危险。

我还能猜到那些有效手段，利用这些手段人们可以避开困境和危险，**或者**可以对它们进行有利于自己的编排，并且可以围绕着一**种较高的**意图把它们组织起来。

与孤独的斗争；

与疾病的斗争；

与出身、教育和社会的偶然性的斗争；

与沉重的巨大责任的斗争；

与其使命的许多条件的斗争（这些条件需要相互隔离）。

7

最大的聪明：尽可能不让一种伟大的"使命"（Bestimmung）进入意识之中，——保持对它的羞愧。

通过谦虚、恶意、巧妙的趣味，甚至通过患病期和虚弱期来躲避伟大使命……

人们只是必须执行使命的命令，而不需要知道使命是**什么**、使命**何时**发出命令……

对于伟大使命，人们不必宣讲，不需要公式，不需要表态，——人们必须受苦受难，但不知道为了什么；人们必须尽力而为，而不必擅长此道……

8

手册。
论我的生命中的理性。

9

与古人交往。
附录
瞧这个人。

10[684]

关于歌德。我对歌德的第一印象——一种很早的印象，具有决定性的意义：真奇怪，我所接触的第一部歌德作品"狮子小说"[685]一劳永逸地决定了我的"歌德"概念，影响了我对歌德的**鉴赏**。美好纯净的秋天，果实即将成熟以供人们享用，——丰收在望，明媚的十月阳光，万物获得了精神升华；**没有**大理石般的苍白，只有金色、甜蜜与柔和——我把这种情调称作歌德风格（Goethisch）。由于"歌德"概念的缘故，后来我怀着深深的善意接受了阿达尔贝特·施蒂弗特[686]的小说《晚来的夏日》：这是歌德**之后**真正对我具有吸引力的唯一一部德语书。对本能地了解德语的泥土芳香的人而言，对《查拉图斯特拉如是说》的诗人而言，阅读《浮士德》乃是一种无与伦比的享受：《浮士德》**不是**为像我这样的一个片段又一个片段地浏览它的艺术家而写的，它更不是为厌恶完全的任意性与偶然性的哲学家而写的，偶然性指的是在歌德作品的所有典型与问题中受制于文化偶然事件的性质。当人们阅读《浮士德》时，人们是在研究十八世纪，是在研究歌德：人们离典型与问题中的**必然性**竟有千里之远。

第二十五章
1888 年 12 月至 1889 年 1 月初

1

大政治[687]

我带来战争。不是民族与民族之间的战争：我无法用言辞来表达我对欧洲各王朝可恶的利益政治的蔑视，这种政治煽动各民族的自私自利、自高自大以及民族间的相互敌视，使民族利己主义成为一种原则和一种义务。也**不是**等级之间的战争。因为我们没有较高的等级，从而也没有较低的等级：今天的社会上层在生理学上是受到谴责的，此外——这证明了其生理退化——它在本能上如此衰弱，如此不自信，以至于它毫无顾忌地承认了与一种较高的人的类型**相反的原则**。

我所发动的战争超越了民族、阶层、种族、职业、教育和修养的一切荒谬的偶然：这是一场上升与没落之间、生命意志与对生命的**复仇欲**之间、诚实与奸诈的欺骗之间的战争……所有"较高的阶层"都偏袒谎言，但这是由不着他们的——他们**肯定**会说谎，因为人们还没有掌握与不良本能保持距离的本领。——下述情况最突出地表明了"自由意志"这个概念是多么无聊：人们肯定其所**是**，人们否定其所**非**……数量有利于"基督徒"：数量的**卑鄙**……在两千年里人们以生理学的荒谬对待了人类之后，衰弱即本能的矛盾肯定已经取得了优势。直到最近的二十年人们才以严格、认真和诚实的态度对待所有**头等重要的**问题，即营养、衣食、**健康**和生殖方面的问题，一想到这一点就令人不寒而栗。

第一定律：大政治要使生理学变成所有其他问题的主人；它要创造一种足够强大的力量，该强力能**培育**作为整体和较高类型的人类，能冷酷无情地对待生命的堕落者与寄生虫，能打击败坏、毒化、诽谤和毁灭生命的一切歪理邪说……能把对生命的堕落者的毁灭视作一种较高的人的类型的标志。

第二定律：对恶习进行殊死战，任何一种反自然都是恶习。基督教教士是恶习最严重的人，因为他们**倡导**反自然。

第三定律：创建一个捍卫生命的派别，它足够强大，能推行**大政治**。**大政治**使生理学成为所有其他问题的主人，——它要**培育**作为整体的人类，它根据其未来［—］、根据它所固有的对生命的保证来衡量种族、民族和个人的地位，——它无情地消灭所有的堕落者与寄生虫。

第四定律：其余的内容由此得出。

2

我最不能原谅德国人的就是他们不**知道**他们在做什么……他们在撒谎。……与德国人相比，知道自己在撒谎的骗子还是有道德的……

3[688]

《吉尔·布拉斯》[689]，一个可爱的国度，其中根本没有德国人；普罗斯珀·梅里美[690]，一个更可爱的王国，——美德在那里荡然无存。

4

真实的小事
弗罗芒坦[691]
德·沃居埃[692]

5[693]

科泽利茨[694]先生真正理解我：这种理解总是使我不胜惊讶，其反面则引不起我的兴趣。有时我看着我的手，我居然掌握着**人类的命运**—— 我以看不见的方式把人类一分为二，在我之前，在我之后……

6[695]

（1）

我知道我的命运。总有一天对某种惊人业绩的回忆将和我的名字联系在一起，——对某种地球上从未出现过的危机的回忆，对最强烈的良心冲突的回忆，对一种**反对**所有曾被信仰、曾被要求、曾被崇敬的事物之决定的回忆，将和我的名字紧密相连。——尽管如此，我绝不是一位狂热分子；认识我的人都认为我是一位朴素的学者，或一位有点尖刻但善于和每个人愉快相处的学者。正如我所希望的那样，这本书[696]描绘了一幅与先知像完全不同的肖像，我写此书的目的就是根除关于我的每个神话——我的严肃中还留存着某种程度的自负，我既爱最渺小的也爱最伟大的事物，我知道在可怕的决断瞬间我不能失去我的幸福，我有别人从未有过的最大心灵广度。成为神或小丑是极其危险的（和——）；我无意装神或当小丑，这就是我。尽管如此或者不如说**并非**尽管如此，迄今为止所有的先知都是骗子——这是我心里的真话。但我的真理非常**可怕**：因为迄今为止人们一直把**谎言**叫作真理……重估一切价值，这就是我用来说明人类最高的反思行为的格言：我的命运要求我比**发现**问题的前人更深刻、更勇敢、更诚实地洞察所有时代的问题……我不向现在生机勃勃的事物挑战，我挑战的是与我的真理相抵触的几千年。我驳斥它们，尽管如此我仍然是否定精神的对立面。从我开始才又有了希望，我了解崇高的使命，迄今为止还缺乏表现这种使命的概念，——我是地地道道的**快乐信使**，尽管我也带来厄运。——因为当一座火山进入活跃期时，大地就会出现从未有过的痉挛。政治概念已完全化为一种精神之间的战争，一切权力产物皆被炸毁，——地球上将出现史无前例的战争。——

（2）

在此期间所发生的事情实在是太可恶了，即便是作为旁观者也让我难以忍受。我不知道还有什么行为比这种大肆煽动民族利己主义和种族自私自利与我的使命的**崇高**意义更强烈地相抵触了，这种煽动现在居然冒用了"大政治"之名；我无法用言辞来表达我对这种民族主义思想水平的蔑视，这种民族主义采取霍亨索伦家族的普鲁士军官态度并以德意志帝国首相为代表，它现在居然自命为人类历史的领袖，这种最低级的人极其愚钝，当我准备好了雷霆般的答案时，他们还没有学会提问，其愚蠢使几百年来所有诚实的脑力劳动全都付诸东流—— 这种人的智力**太低了**，以至于他们无法赢得我的敌人的尊敬。就让他们建造空中楼阁吧！对我而言，"帝国"与"三国同盟"[697]都是空中楼阁……这是以我掌握的前提为依据的……天地间的甘油炸药比这些紫红色[698]的白痴在梦中想到的还要多……

7[699]

五

最后一个观点，或许是最高的观点：我为德国人**辩护**，唯有我。我们相互对立，我们彼此是不可接触的，—— 在我们之间没有桥梁，没有提问，没有目光。但这仅仅是自我性与自我拯救的极端程度之条件，这种极端的自我性在我这里肉身化为人，作为人，我就是**孤独**本身……从来也没有任何人和我说一句话，这种孤绝状态**迫使**我进行自我剖析……没有种族的对立方式，没有德国人，没有这种德国人，没有俾斯麦，没有1848年革命，没有"解放战争"，没有康德，没有路德本人，就不可能有我……德国人的文化重罪在一种较高级的文化经济学[700]中得到了自我辩护……我不要求别的什么东西，也不想倒退，—— 我**不可以**要求别的什么东西……我只能爱"命运"（Amor fati）……即使基督教也有其必然性，作为否定生命的最高、最危险和最具诱惑力的形式，基督教首先引起了对生命的最高肯定—— 它促使**我**肯定生命……这两千年的历史究竟是什么？是一场

最有教益的实验，是对生命的活体解剖……只是两千年！

8

司汤达从研究欧洲**最严谨的**哲学学派中获益匪浅，它就是孔狄亚克[701]和德斯蒂·德·特拉西[702]学派，——他蔑视康德……

9

弗罗芒坦[703]、弗耶、阿莱维、梅亚克、龚古尔兄弟、居普、皮埃尔·洛蒂———还有思想深刻的种类中的一员保罗·布尔热[704]，他绝对自发地最接近于我———

10

古意大利人具有深沉的情感和忧郁的甜美，意大利产生了杰出的**高贵**音乐家，他们给后世留下了作为调式的声音的极致。

例如尼科洛·约梅利[705]的《安魂曲》（1769），我昨天[706]听了它——啊，这首追思曲来自一个与莫扎特的《安魂曲》不同的世界……

11[707]

最后一句话。从现在开始我急需无数双援助之手——不朽之手！《重估一切价值》一书应该以两种语言面世。你们应该在各地建立协会，应该好好干，以便及时把几百万个信徒交到我手中。我非常希望首先得到军官们和犹太银行家的支持：两者共同代表了**权力意志**。——

如果我追问谁是我的天然盟友，那么他们首先就是军官们；具有军人本能的军官们不可能是基督徒，——要不然他们就是假基督徒或者假军人。同理，根据他们的起源和他们的本能，作为唯一的国际势力的犹太银行家们也是我的天然盟友，在可恶的利益政治把民族的自私自利和自高自大变成了一种义务之后，犹太银行家们能够把各民族再次**凝聚**在一起。

12

这个时代会产生具有［———］的一切事物。我把最高的荣誉给予为此付出了最大努力的人，给予我的音乐大师彼得·加斯特，他终于不需要别人向他表示敬意了，如果［———］这位在世的最优秀的和最正派的音乐家。

如果我把他称作在世的音乐家中最深刻和最正派的音乐家，那么我只是做了我本来应该为他而做的事情。

13[708]

对霍亨索伦家族[709]的殊死战

作为一种命运，而非个人，我要和这些恶贯满盈的白痴决裂，一百多年以来这个家族的白痴们一直在说大话，夸海口。自从腓特

674

烈**大帝**[710]大肆行窃以来，除了说谎和盗窃他们什么都没做；令人难忘的腓特烈三世[711]是一个例外，但在整个家族中他最遭人憎恨并受到了最恶意的诽谤……今天一群卑鄙的宵小窃取了高位，一帮基督徒在各民族中播撒可恶的民族主义不和的种子，他们出于对奴隶的爱要"解放"黑人家奴，为了揭穿谎言中的**欺骗**与**罪恶**，我们要在世界历史的法庭对他们提起诉讼。

他们的工具俾斯麦侯爵在所有的政治家中是一位地地道道的白痴，他的思维从未超出霍亨索伦王朝的利益半步。

然而他们的末日已来临：我给德意志帝国穿上一件铁衣，我要和它进行一场殊死决斗。在我控制了皇帝的基督教轻骑兵之后，我将腾出手来对付这位年轻的罪犯[712]及其附庸——我将消灭这些迄今为止最可怜的人类怪胎、这些讨厌的权贵。

14[713]

为了让这个由傻瓜和罪犯组成的家族保持优越感，欧洲现在每年必须支付一百二十亿马克。该家族在新兴民族之间制造裂痕，它进行了许多次史无前例的最疯狂的战争。为了促进家族政治，俾斯麦侯爵以一种可恶的本能的自信破坏了**伟大**使命、世界史目的和美好的高贵精神的所有前提。请你们好好看一看德国人，他们绝对是当今世界最低劣、最愚蠢和最卑鄙的种族，他们已被**霍亨索伦化**到了仇恨精神和自由的地步。请你们再看一看德国人的"天才"俾斯麦侯爵，所有时代政治家当中的白痴，他极其狭隘，其思维从未超越霍亨索伦王朝的利益半步。这个十字架上的白痴曾是［———］……当这个种族有了天才人物时，他们就有了**犯罪**的天才……

最后的深思

最后我们甚至可以放弃战争，一种正确的判断也许就管用。把霍亨索伦家族和其他的"士瓦本人"关进有铁栅栏的囚车……我们这些**异类**则开始不停地工作，为生命而从事伟大又崇高的工作——我们还必须把所有人都组织起来。还有一些比野战医院更有效的手段能使生理学获得荣誉——我会更好地利用帝国"武装起来的和平"迫使当今欧洲支付的一百二十亿马克。总之——

然而这些罪犯的末日已来临。人们可以把这个年轻的罪犯交给我；我会毫不犹豫地干掉他，——我要亲自点燃火把，用熊熊烈火烧死他那可恶的罪犯精神。

15

通过公开揭露这种罪犯的狂热，我严厉谴责了两种一直使人类生病的、最可恶的机构，两种真正敌视生命的邪恶机构：靠喝强者、发育良好者和壮士之血而肥己的**王朝**机构与从一开始就耍阴谋诡计试图毁灭这些强者、发育良好者和壮士的**教士**机构。我发现在这方面皇帝和教士是一丘之貉：在此我要审判他们，以彻底结束君主和教士中的犯罪狂……人类早已习惯了这种狂热，人们至今仍然相信**为了战争**就必须有军队……我说：这种观念很荒唐……没有谁比我更严格地要求人人皆战士：只有这种手段才能使全民族养成命令与服从的美德，态度和举止的礼貌，快乐和勇敢的品质［一］以及思想自由——人人皆战士，这绝对是我们的教育的**头等**理性。只有这种手段才能使人们越过等级、思想和任务方面的所有鸿沟，超越民族界限而相互传达男子汉的善意。——"工作和义务"〔——〕，劳动的幸福——当这个该死的王朝急需人力时，它总是这样说教。然后它把充满着青春活力的、精明强干的优秀青年送上战场充当炮灰，这种做法**疯狂**至极。

16

我绝不会承认霍亨索伦家族的一位流氓可以命令某人去犯罪……如果命令者是一位霍亨索伦家族成员，那么我们就没有服从的**义务**。

17[714]

朋友们，请看一看一位教士吧。他是一种庄严的、苍白的颓丧者，他的眼睛闪烁着胆怯的目光，苍白的手指很长，神圣的光环里藏着复仇欲和愚蠢的善良，这个好心肠的傻子〔——〕。然而我们不可低估教士——他是〔—〕，他也是**神圣**不可侵犯的……我们有血有肉，有一点好奇心，头脑里的一个小小邪恶念头能给我们带来幸福，我们是**非圣洁者**……为什么我们要感到羞耻呢？

18

帝国本身就是一个谎言：霍亨索伦家族和俾斯麦从来也不为德国着想……**因此**他们对格夫肯[715]教授怒不可遏……俾斯麦喜欢把"德意志"一词挂在嘴边，实际上他却维护《警察法》……我猜想，维也纳宫廷和圣彼得堡宫廷肯定会笑话我们的；我们都了解这个暴发户的同党，迄今为止他从未说过一句智慧之言。他声称他维护德国人的利益，实际上他是一个言行不一的大骗子。

也许他还是一个十足的**蠢材**！

19

最后的深思

如果我们能放弃战争，那就再好不过了。帝国武装起来的和平迫使欧洲每年都支付一百二十亿马克，如果我掌握了这笔钱，我就会更好地利用它；还有一些与野战医院不同的手段能使生理学获得好评……总之，形势大好：自从旧的上帝被废除之后，我已准备好了**统治世界**……

20

人们可以把那个年轻的罪犯交到我手中：我会毫不迟疑地干掉他，并把他的犯罪思想烧得一干二净……

21

我判处你死后下地狱做恶鬼（condamno te ad vitam diaboli vitae）。

霍亨索伦王朝的君主，我消灭了你，就消灭了谎言。

尼采生平与著作年表

    1844年   10月15日，弗里德里希·尼采出生于普鲁士萨克森省梅泽堡县罗肯村。父亲卡尔·路德维希·尼采是新教牧师，母亲弗朗奇斯卡·厄勒是新教牧师大卫·恩斯特·厄勒的女儿。

    1846年   7月10日，妹妹伊丽莎白出生。

    1849年   7月30日，父亲去世。

    1850年   尼采和母亲及妹妹伊丽莎白迁往瑙姆堡。

    1858年   10月至1864年9月，就读于瑙姆堡附近的普福尔塔人文中学。

    1859年   阅读让·保尔。

    1861年   发现荷尔德林。

    1864年   10月，在波恩大学注册，学习神学和古典语文学。

    1865年   10月，追随里切尔教授转入莱比锡大学，继续学习古典语文学。首次阅读叔本华的代表作《作为意志和表象的世界》。

    1866年   与埃尔文·罗德结交。阅读爱默生。

    1867年   研究德谟克里特。

    1868年   11月8日，在莱比锡布罗克豪斯的家中结识理查德·瓦格纳。

    1869年   2月，被聘为巴塞尔大学古典语文学副教授。5月17日，在卢塞恩附近的特里布森首次拜访瓦格纳。5月28日，在巴塞尔大学做就职演讲《荷马与古典语文学》。结识瑞士文化史学家雅各布·布克哈特。

1869—1871年 写作《悲剧的诞生》。

1870年 3月，升任巴塞尔大学正教授。8月，作为卫生员参加普法战争，患痢疾。10月，返回巴塞尔，与神学家弗朗茨·奥维贝克结交。

1871年 对巴黎公社火烧杜伊勒利宫感到震惊。

1872年 1月，《悲剧的诞生》面世。2月至3月，在巴塞尔做演讲《论我们的教育结构的未来》。5月22日，尼采和瓦格纳参加拜罗伊特音乐节剧院奠基典礼。5月，语文学家维拉莫维茨发表长文《未来的语文学》，攻击尼采的著作《悲剧的诞生》。10月，罗德发表文章《假语文学》，为尼采辩护。

1873年 9月，《不合时宜的思考》第一篇《大卫·施特劳斯》出版。写作《古希腊人悲剧时代的哲学》。

1874年 1月，《不合时宜的思考》第二篇《历史对于人生的利弊》出版。2月，大卫·施特劳斯去世，尼采颇感内疚。10月，《不合时宜的思考》第三篇《作为教育家的叔本华》出版。

1875年 10月25日，尼采在巴塞尔结识音乐家彼得·加斯特。

1876年 4月11日，尼采在日内瓦向荷兰少女玛蒂尔德·特兰珀求婚，遭拒。7月，《不合时宜的思考》第四篇《理查德·瓦格纳在拜罗伊特》出版。8月，参加首届拜罗伊特音乐节。9月，与心理学家保尔·雷结交。偏头痛加剧。10月，巴塞尔大学准许尼采休假。冬季，与保尔·雷和玛尔维达·冯·梅森堡在意大利索伦托。10月至11月，尼采和瓦格纳在索伦托最后相聚。

1877年 写作《人性的，太人性的》。10月，医生奥托·艾泽尔诊断尼采头痛的病因在于眼睛。10月23日，瓦格纳给艾泽尔写信，称尼采的病因是手淫。尼采知道此事后，感觉自己受到了"致命的侮辱"。

1878年　1月3日，瓦格纳把歌剧脚本《帕西法尔》寄给了尼采。4月，《人性的，太人性的——献给自由精灵的一本书》出版。4月25日，此书寄到了瓦格纳手中，因其中隐含对瓦格纳的批判，两人彻底绝交。

1979年　3月，《杂文与格言》出版。尼采病重，向巴塞尔大学辞职，得到每年3000法郎的退休金。

1880年　《人性的，太人性的》第二部《漫游者及其影子》出版。3月至6月，与加斯特一起在威尼斯。在热那亚过冬。

1881年　《朝霞》面世。在西尔斯-玛丽亚避暑。11月27日，尼采在热那亚首次听到比才的歌剧《卡门》，这部歌剧使他倍感轻松，他终于摆脱了瓦格纳的阴郁。

1882年　《快乐的科学》出版。3月，去西西里旅行。4月，在罗马结识女作家露·莎乐美，为莎乐美的诗歌《生命的祈祷》谱曲。在罗马和苏黎世向莎乐美求婚，均遭拒绝。自11月始，在意大利拉帕洛过冬。

1883年　2月，在拉帕洛完成《查拉图斯特拉如是说》第一部。2月13日，瓦格纳去世，尼采深感悲痛。6月，在西尔斯—玛丽亚完成《查拉图斯特拉如是说》第二部。自12月始，在尼斯过冬。

1884年　在尼斯完成《查拉图斯特拉如是说》第三部。8月，海因里希·冯·施坦因拜访在西尔斯—玛丽亚的尼采。11月至1885年2月，在法国芒通和尼斯完成《查拉图斯特拉如是说》第四部。

1885年　《查拉图斯特拉如是说》第四部以私人出版物的形

式出版。5月，妹妹伊丽莎白与伯恩哈德·福斯特结婚。夏季尼采在西尔斯-玛丽亚。冬季在尼斯。

1885—1888年　写作《权力意志》（后来改名为《重估一切价值的尝试》）

1886年　《善恶的彼岸》出版。5月至6月，在莱比锡与罗德最后相聚。

1887年　11月，《论道德的谱系》出版。《查拉图斯特拉如是说》（前三部）在莱比锡出版。11月11日，给罗德写了最后一封信。

1888年　4月，居住在都灵。勃兰兑斯在哥本哈根大学做讲座《论德国哲学家弗里德里希·尼采》。5月至8月，写作《瓦格纳事件》。完成《酒神颂歌》。8月至9月，写作《偶像的黄昏》。9月，完成《敌基督》。9月底，《瓦格纳事件》出版。10月至11月，写作《瞧这个人》。12月，完成《尼采反对瓦格纳》。

1889年　1月，《偶像的黄昏》面世。1月3日，尼采在都灵发疯。几天后，奥维贝克把尼采接回巴塞尔，送进精神病医院。

1890年　5月，尼采的母亲把他带回瑙姆堡。

1894年　10月15日，尼采五十大寿，老友保尔·多伊森向尼采献上一束鲜花，他似乎有片刻的感动。

1897年　4月20日，尼采的母亲去世。同年夏季，伊丽莎白和尼采住进魏玛的希尔伯布里克别墅；伊丽莎白把她于1894年2月在瑙姆堡创建的尼采档案馆迁往魏玛的这栋别墅。

1900年　8月25日，尼采逝世于魏玛。安葬于罗肯公墓，紧邻父亲的坟墓。

《权力意志》（下册）注释

1.头上长角的（gehörnt）：绵羊。指群氓。

2.婆罗洲（Borneo）：世界第三大岛，在东南亚，约三分之二地区为印度尼西亚领土，印度尼西亚称加里曼丹岛。

3.圣伯夫（Sainte-Beuve，1804—1869）：法国文艺评论家、作家。著有《文学家画像》《当代人物画像》等。

4.圣西门（Saint-Simon，1760—1825）：法国空想社会主义者。著有《一个日内瓦居民给当代人的信》《新基督教》等。

5.波尔—罗亚尔修道院（Port-Royal Des Champs）：法国天主教西多会女隐修院，17世纪詹森主义与文学活动中心。

6.巴那斯派（Parnassiens）：19世纪法国诗坛派别，强调客观、严谨。又译高蹈派，成员有利尔、埃雷迪亚、邦维勒、絮利·普吕多姆等。

7.布洛涅（Boulogne）：法国北部港市。

8.1770年11月24日加利亚尼致德毕内夫人（Madame d'Epinay）的书信。参见加利亚尼《书信集》（巴黎1882年版），尼采藏书。

9.加利亚尼（Fernando Galiani，1728—1787）：意大利经济学家。著有《论货币》《关于小麦贸易的对话》。

10.絮利·普吕多姆（Sully Prudhomme，1839—1907）：法国诗人，主要作品有《长短诗集》《寂寞集》《徒然的爱》《正义》《幸福》等，获1901年诺贝尔文学奖。

11.参见本书第十一章第59节。令参见《偶像的黄昏》第九章"一位不合时宜者的漫游"第27条。

12.乔治·艾略特（George Eliot，1819—1880）：英国女作家。著有小说《亚当·比德》《弗洛斯河上的磨坊》等。

13.我观察自己……这可能吗？（je me verrai…esprit?）：1769年9月18日加利亚尼致德毕内夫人的书信。原文为法语。

14.维吉尔（Publius Vergilius Maro，公元前70—前19年）：古罗马诗人。著有《牧歌集》、《农事诗集》与史诗《埃涅阿斯纪》。

15.洛卜·德·维迦（Lope de Vega，1562—1635）：西班牙戏剧家、作家。剧作有《羊泉村》《看守菜园的狗》《最好的法官是国王》等。

16.乔治·桑（George Sand，1804—1876）：法国女作家。著有小说《印第安纳》《瓦郎蒂娜》《莱莉亚》等。

17.埃内斯特·勒南（Ernest Renan，1823—1892）：法国哲学家、历史学家。著有《基督教起源史》，尤以该书第一卷《耶稣之生平》最为著名。

18.尽管尼采做了编号，但《权力意志》第一版和第二版都把它删除了。

19.德·莫尔尼公爵（de Morny，1811—1865）：法国政治家、剧作家。著有《大道上》《丈夫的谋略》《乔富里先生将会留在家中》等剧本。

20.使女人文雅……（qui raffine la femme...）：参见《龚古尔日记》第二卷，1863年5月17日。原文为法语。

21.特吕布勒修士（Abbé Trublet，1697—1770）：法国天主教教士、道德家。著有《论文学与道德》。

22.登山宝训（Bergpredigt）：是《圣经·新约·马太福音》中记载的耶稣在山上对门徒的教训。它论述了"福""仇恨""奸淫""起誓""爱仇敌""施舍""祈告""禁食""真财宝""心里的光"等十几个问题。

23.贝尔（Beyle，1783—1842）：司汤达原名马利-亨利·贝尔。

24.阿尔弗雷德·德·缪塞（Alfred de Musset，1810—1857）：法国浪漫主义作家。著有长篇小说《一个世纪儿的忏悔》、长诗《罗拉》等。

25.莱拉（Lara）：拜伦的长篇叙事诗《莱拉》中的主人公。叛逆者。

26.参见《偶像的黄昏》第九章"一位不合时宜者的漫游"第12条和第13条。

27.爱默生（Emerson，1803—1882）：美国散文作家、诗人。著有《论文集》《代表人物》《英国人的性格》。

28.卡莱尔（Carlyle，1795—1881）：英国作家、历史学家、哲学家。著有《论英雄、英雄崇拜和历史上的英雄事迹》等。

29.参见《敌基督》第54节。

30.参见《瓦格纳事件》第1节。

31.比才（Bizet，1838—1875）：法国作曲家。著有歌剧《卡门》、管弦乐组曲《阿莱城姑娘》等。

32.摩尔人（Mauren），泛指8—13世纪从北非西部进入并统治伊比利亚半岛的柏柏尔人和阿拉伯人。

33.马基雅维利（Machiavelli，1469—1527）：意大利政治思想家、历史学家。在《君主论》一书中提出君主为达到目的，可不择手段。后人称这种政治哲学为"马基雅维利主义"。

34.帕斯卡（Pascal，1623—1662）：法国数学家、物理学家、哲学家。著有

《思想录》《致外省人书》等。

35.泰纳（Taine，1828—1893）：法国文艺理论家、史学家。著有《艺术哲学》《英国文学史》等。

36.参见本书第十一章第16节。另参见《偶像的黄昏》第一章"格言与箭"第20条和第九章"一位不合时宜者的漫游"第27条。

37.女作家（Litteraturweib）：指乔治·艾略特。艾略特潜心创作，虽与刘易斯同居，但无子女。

38.参见《偶像的黄昏》第九章"一位不合时宜者的漫游"第40条。

39.爱德华·冯·哈特曼（Eduard von Hartmann，1842—1906）：德国哲学家。著有《无意识的哲学》《哲学体系概论》等。

40.引语出处不明。原文为法语。

41.塔尔玛（Talma，1763—1826）：法国演员。于1791年创办共和国剧院，以扮演约瑟夫·谢尼埃《查理九世》中的主角著称。

42.《愤世嫉俗与悔恨》（*Misanthropie et repentir*）：德国剧作家科策布（Kotzebue，1761—1819）的煽情剧，1788年首演于塔林，1789年在柏林上演，随后在法国上演。

43.德图什（Destouches，1680—1754）：法国戏剧家。

44.马里佛（Marivaux，1688—1763）：法国戏剧家、小说家。写有剧作三十余部，其中《爱情与偶遇的游戏》等喜剧，语言诙谐、细腻而矫揉造作，形成"马里佛体"。

45.引言出处不明。

46.蒙田（Montaigne，1533—1592）：文艺复兴时期法国思想家、散文作家。著有《随笔集》三卷。

47.梅里美（Mérimée，1803—1870）：法国作家。著有中短篇小说《高龙巴》《嘉尔曼》（又译《卡门》）等。

48.瓦尔莫夫人（Madame Valmore，1786—1859）：法国女诗人。著有诗集《哀歌与罗曼司》。

49.大仲马（Alexandre Dumas，1802—1870）：法国作家。著有长篇小说《三个火枪手》《基督山伯爵》等。

50.驳斥爱德华·冯·哈特曼的"哲学悲观主义"。1888年夏修改。

51.单子（Monaden）：标志存在的结构与实体的单元的哲学术语。莱布尼茨认为，单子是构成世界万物的基础，它是一种没有部分、不占空间的东西，是一种精神性的实体。

52.驳斥爱德华·冯·哈特曼的著作《无意识的哲学》第2卷第三章"情感中的无意识"，尤其是他关于快乐与意志之间的关系的论述。

53.1888年夏修改。参见《偶像的黄昏》第九章"一位不合时宜者的漫游"第31条。

54.第85～93节的残稿可追溯到1881年秋，它们由尼采从笔记本中抄录而来。参见科利版《尼采全集》第9卷第十二章第71、54、34、26节等。

55.参见《瓦格纳事件》第2节。

56.皇帝（Kaiser）：指古罗马皇帝、斯多葛派哲学家马可·奥勒留（121—180）。他认为，万物处于无常的流逝、变易和没落的循环中，人应该承受命运，服从神。

57.参见本书第九章第18节。尽管有尼采的编号，《权力意志》第一版和第二版还是删除了此节。

58.1888年修改。参见《偶像的黄昏》第九章"一位不合时宜者的漫游"第16条。

59.不必大惊小怪（Nil admirari）：出自贺拉斯《书信》第1卷第六部分第1行。

60.参见《偶像的黄昏》第八章"德国人缺少什么"第7条。

61.1888年夏尼采将此节改写为《敌基督》第47节。此处为第一稿。

62.约翰·斯图亚特·穆勒（John Stuart Mill，1806—1873）：英国哲学家、经济学家、逻辑学家。主要著有《功利主义》《论自由》《逻辑体系》。

63.富耶（Alfred Fouillée，1838—1912）：法国哲学家。著有《当代社会学》《实力观念的进化论》《尼采与非道德主义》。尼采藏书中有《当代社会学》（*La Science Sociale Contemporaine*，Paris 1880）。

64.斯宾诺莎（Spinoza，1632—1677）：荷兰哲学家。主要著有《神学政治论》《伦理学》。

65.哈特莱（David Hartley，1705—1757）：英国哲学家和心理学家。著有《对人的观察》《观念的联想》。

66.切萨雷·博尔吉亚（Cesare Borgia，1475—1507）：教皇亚历山大六世的私生子，巴伦西亚大主教、枢机主教。

67.弗里德里希二世（Friedrich Ⅱ der Grosse，1712—1786）：普鲁士国王。在位时维护农奴制，加强军事官僚专制制度，数次发动侵略战争，扩大疆土，提高了普鲁士在欧洲的地位。

68.列那狐（Reineke）：中世纪法国民间长篇故事诗《列那狐故事》的主角。列那狐常与大动物钩心斗角，甚至向狮王挑战，总能以其狡黠战胜对方。

69.马格尼餐馆（Magny）：巴黎的一家餐馆，从1862年经营到1869年。法国文人圣伯夫、戈蒂埃、莫泊桑、勒南、龚古尔兄弟和福楼拜等经常在此相聚。1863年福楼拜在此结识屠格涅夫。

70.参见波德莱尔《遗著和未刊书信》（巴黎1887年版）第109页。关于尼采阅读波德莱尔，参见1888年2月26日尼采致彼得·加斯特的书信。另参见卡尔·菲斯泰洛奇的论文《尼采对波德莱尔的接受》（1978）。

71.参见波德莱尔《遗著和未刊书信》（巴黎1887年版）第113页。第162节至第224节中的波德莱尔语录均引自此书，原文为法语。

686

72.佩特罗尼乌斯（Petronius）：古罗马作家。著有传奇小说《萨蒂利孔》，描写当时罗马社会的享乐生活和习俗。

73.特里马西翁（Trimalchion）：佩特罗尼乌斯的传奇小说《萨蒂利孔》中的一名暴发户。

74.斯多葛主义（Stoicism）：古希腊罗马哲学学派。公元前300年前后由芝诺创立于雅典。其特点是将哲学分为逻辑学、自然哲学与伦理学三个部分，认为伦理学是哲学的目的与核心。

75.德·迈斯特尔（De Maistre，1753—1821）：法国作家、外交家。著有《论法国》。

76.吉拉尔丹（Saint-Marc Girardin，1801—1973）：法国政治家和文学家。1848年二月革命期间任教育部部长。著有《卢梭的生平与著作》。

77.路易·菲利普（Louis Philippe，1773—1850）：法国国王。出生于波旁王朝的奥尔良家族。七月革命后取得王位，建立七月王朝。

78.吠檀多派（Vedanta）：古代印度哲学中影响较大的一派。形成于公元前4世纪至前2世纪。相传跋达罗衍那发挥《奥义书》中关于"梵"（宇宙灵魂）、"我"（个体灵魂）的神秘主义思想，写成该派经典《吠檀多经》。

79.阿尔弗雷德·德·维尼（Alfred de Vigny，1797—1863）：法国浪漫主义诗人、作家。著有《上古和近代诗集》《命运集》等。

80.酒神（Dionysos）：古希腊神话中的酒神名狄俄尼索斯。相传他首创用葡萄酿酒。古希腊人祭祀酒神的仪式为狂欢暴饮和疯狂舞蹈，古希腊的悲剧和喜剧即起源于此。

81.莱奥帕尔迪（Leopardi，1798—1837）：意大利诗人。著有颂歌《致意大利》《但丁纪念碑》和散文集《对话》。

82.参见波德莱尔《遗著和未刊书信》（巴黎1887年版）第231页。

83.参见波德莱尔《遗著和未刊书信》（巴黎1887年版）第236页。《情欲》（*Volupté*，1834）是圣伯夫的长篇小说，阿莫里是小说的主人公。

84.参见波德莱尔《遗著和未刊书信》（巴黎1887年版）第87页。原文为法语。

85.参见波德莱尔《遗著和未刊书信》（巴黎1887年版）第88页。原文混用德语和法语。

86.卑鄙的宫廷牧师（Hofprediger-Canaille）：影射反犹主义者施托克（Adolf Stöcker，1835—1909）。"卑鄙的宫廷牧师竟然流窜在社会最上层"这句话在《权力意志》第一版第393条和第二版第748条中被删了。

87.在阅读了托尔斯泰《我的宗教》（*Ma Religion par le comte Léon Tolstoi*，Paris，1885）一书后，尼采写下了这段话。《权力意志》第一版第393条和第二版第748条发表了这段文字，但隐瞒了尼采对托尔斯泰的阅读。

88.在阅读了托尔斯泰《我的宗教》一书后写成。

89.在阅读了托尔斯泰《我的宗教》一书后写成。《权力意志》第二版第179条对尼采原稿进行了任意编排。

90.出自托尔斯泰《我的宗教》。

91.参见托尔斯泰《我的宗教》第45页。

92.出自托尔斯泰《我的宗教》第44页。《权力意志》第一版第147条和第二版第191条均未标明出处。

93.尼采在阅读了托尔斯泰《我的宗教》一书后写成。

94.参见托尔斯泰《我的宗教》第42页及下页。

95.参见托尔斯泰《我的宗教》第47页。

96.参见托尔斯泰《我的宗教》第49页。《权力意志》第二版第718条不完整，且未注明出处。

97.出自托尔斯泰《我的宗教》第58页。

98.参见托尔斯泰《我的宗教》第135页。《权力意志》第二版第194条把它当作尼采本人的文本发表了。

99.参见托尔斯泰《我的宗教》第220页。

100.参见托尔斯泰《我的宗教》第175页。

101.参见托尔斯泰《我的宗教》第117页。

102.参见托尔斯泰《我的宗教》第118～121页。

103.参见托尔斯泰《我的宗教》第122页及下页。

104.参见托尔斯泰《我的宗教》第123页及下页。

105.参见托尔斯泰《我的宗教》第125页。

106.参见托尔斯泰《我的宗教》第117页。

107.参见托尔斯泰《我的宗教》第110页。

108.参见托尔斯泰《我的宗教》第111页及下页。

109.参见托尔斯泰《我的宗教》第170～171页。

110.参见托尔斯泰《我的宗教》第172页。

111.参见托尔斯泰《我的宗教》第243页及下页。

112.尼采在阅读了托尔斯泰《我的宗教》后写成。

113.尼采在阅读了托尔斯泰《我的宗教》后写成。

114.和第274节一样，尼采在此明确征引了托尔斯泰。但伊丽莎白·尼采控制的尼采档案馆隐瞒了这些摘录。

115.尼采在阅读了托尔斯泰《我的宗教》之后写成。

116.根据托尔斯泰《我的宗教》写成。《权力意志》第一版第103条和第二版第166条均未说明出处。

117.彼得（Petrus）：耶稣的十二门徒之一。基督教认为彼得是初期教会的首领。传说晚年在罗马被倒钉十字架而死。

118.尼采在阅读了托尔斯泰《我的宗教》之后写成。参见《敌基督》第27节。

119.关于保罗，托尔斯泰也有相似的论述。参见托尔斯泰《我的宗教》第

220~222页。

120.保罗（Paulus）：《圣经》中初期教会主要领袖之一。原名扫罗，起初迫害耶稣门徒，后改信耶稣的教义。传说《圣经》中《罗马人书》《哥林多人书》等为他所作。

121.根据托尔斯泰《我的宗教》写成。

122.密特拉（Mithras）：波斯神话中的光明之神，2—3世纪时在罗马帝国成为被广泛崇拜的对象。

123.奥西里斯（Osiris）：古埃及神话中的植物神、尼罗河水神和冥王。

124.参见威尔豪森《草稿与试作》第3卷《阿拉伯异教的残余》（柏林1887年版）第218页。《权力意志》第二版第352条隐瞒了这段文字的出处，把它当作尼采的文本发表了。本书第287~293节均出自韦尔豪森。

125.尼采在阅读了威尔豪森《草稿与试作》第3卷之后写成。《权力意志》第一版第130条和第二版第195条均隐瞒了这段文字的来源。

126.尼采在阅读了托尔斯泰《我的宗教》和威尔豪森《草稿与试作》第3卷后写成。《权力意志》第二版第170条和第196条隐瞒了这段文字的来源。

127.变体（Transsubstantiation）：圣体礼用的饼和酒在礼仪过程中发生质变，转变成耶稣的肉和血；原来的饼和酒仅留下五官所能感觉的外形。

128.重生（Wiedergeboren）：指圣灵的超自然作用使人的心灵得到一种新的、圣洁的生命。

129.伊西斯（Isis）：古代埃及司生育和繁殖的女神，冥王奥西里斯之妻。

130.爱德蒙·德·龚古尔（Edmond de Goncourt，1822—1896）和朱尔·德·龚古尔（Jules de Goncourt，1830—1870）兄弟两人都是法国自然主义小说家，合作写了不少作品，例如，长篇小说《勒内·莫伯兰》《日尔米尼·拉赛德》《翟惠赛夫人》。

131.儒贝尔（Joubert，1754—1824）：法国道德学家。著有《箴言集》。

132.丁托列托（Tintoretto，1518—1594）：意大利文艺复兴后期威尼斯画派重要画家之一。著有《天堂》《圣马可的奇迹》《最后晚餐》等。

133.莫里斯·德·盖兰（Maurice de Guérin，1810—1839）：法国浪漫派诗人。

134.加瓦尔尼（Gavarni，1804—1866）：法国画家。著有《面具与脸庞》等。

135.1830年2月25日，雨果的剧本《爱尔那尼》的成功上演标志着法国浪漫主义对新古典主义的胜利，以戈蒂埃和巴尔扎克为首的一大批青年作家支持雨果。

136.拉布合耶尔（La Bruyère，1645—1696）：法国作家。擅长散文，著有《品格论》一书。

137.里吉山脉（Rigi）：地处瑞士的一座山脉，最高峰为里吉圆丘（海拔1798米）。

138.泰奥菲尔·戈蒂埃（Théophile Gautier，1811—1872）：法国诗人、小说

家、文学评论家。首倡"为艺术而艺术"，其艺术主张成为巴那斯派的美学纲领。著有诗集《死的喜剧》《珐琅和玉雕》，文学评论《论怪诞》《浪漫主义史》等。

139.黎塞留（Richelieu，1585—1642）：枢机主教。出任路易十三首相后，独揽大权，成为实际统治者。他奖励工商业，鼓励航海和殖民掠夺。其施政加强了专制统治，提高了法国的国际地位。

140.拉斐尔（Raphael，1483—1520）：意大利文艺复兴盛期画家、建筑师。著有《西斯廷圣母》《巴那斯山》《教皇利奥十世像》等。

141.朱诺（Juno）：罗马神话中的天后，即希腊神话中的赫拉。

142.加利亚尼（Ferdinado Galiani，1728—1787）：意大利经济学家。著有《货币论》。

143.利涅亲王（Prince de Ligne，1735—1814）：比利时军官、外交家和作家。著有《军事、文学和伤感回忆录杂集》（三十四卷）

144.《安东尼》（Antony，1831）：法国作家大仲马的剧本。该剧本写复辟王朝末期一个叫安东尼的私生子同一位男爵夫人的爱情纠葛。

145.格拉索（Paul Grassot，1799—1860）：法国著名演员。

146.摩西（Moses）：《圣经》中犹太人的古代领袖。据《出埃及记》载，摩西带领在埃及为奴的犹太人迁回迦南，并在西奈山上接受上帝写在两块石板上的十戒。

147.法利赛人（Pharisäer）：公元前2世纪至公元2世纪犹太教上层人物中的一派。强调保守犹太教传统，反对希腊文化影响，主张同外教人严格分离。

148.参见邦雅曼·贡斯当《对德国戏剧的若干反思》（巴黎和日内瓦1809年版）第XLIX页。

149.苔克拉（Thekla）：席勒的历史剧《华伦斯坦》中的人物，她是华伦斯坦的女儿、马克斯的恋人。

150.邦雅曼·贡斯当《对德国戏剧的若干反思》第XLI页。

151.邦雅曼·贡斯当（Benjamin Constant，1767—1830）：法国作家、政治家。著有长篇小说《阿道尔夫》和政论《论宗教的起源、形式及发展》等。

152.邦雅曼·贡斯当《对德国戏剧的若干反思》第XXXVIII页。

153.贡斯当《阿道尔夫》，载贡斯当《作品集》（鲁林主编，巴黎1964年版）第83页。

154.贡斯当《阿道尔夫》，载贡斯当《作品集》（鲁林主编，巴黎1964年版）第83页。

155.贡斯当《对德国戏剧的若干反思》。第XXXVIII～XL页。

156.尼采在阅读了贡斯当的著作之后写成。

157.赫尔德（Herder，1744—1803）：德国文艺理论家，狂飙运动的理论指导者。著有《关于近代德国文学的断片》《关于人类历史哲学的思想》等。

158.温克尔曼（Winckelmann，1717—1768）：德国考古学家、艺术史家、美学家。1764年发表《古代艺术史》，开创欧洲研究古希腊艺术的风气。

159.普罗米修斯（Prometheus）：希腊神话中造福人类的神。曾为人类盗取天火，并传授多种手艺，因此触怒主神宙斯，被锁在高加索山崖，每日遭神鹰啄食肝脏，最后神鹰被赫拉克勒斯杀死，终获解救。

160.参见《瓦格纳事件》第5节。

161.艾兴多夫（Eichendorff，1788—1857）：德国诗人、小说家。著有中篇小说《没出息的人》和抒情诗《在清凉的土地上》《上帝赐恩的人》等。

162.乌兰德（Uhland，1787—1862）：德国诗人，后期浪漫派的代表。著有《诗集》《歌手的诅咒》等。

163.霍夫曼（Hoffmann，1776—1822）：德国作家。著有短篇小说集《谢拉皮翁兄弟》等。

164.蒂克（Tieck，1773—1853）：德国作家。著有书信体小说《维廉·洛弗尔》和喜剧《穿长靴的雄猫》等。

165.《魔弹射手》（Freischütz）：德国作曲家韦伯的三幕歌剧，1821年首演于柏林。

166.保尔·布尔热（Paul Bourget，1852—1935）：法国作家、文艺评论家。著有长篇小说《门徒》《阶段》《中年魔障》等。布尔热的评论参见布尔热《现代心理学论集》（巴黎1883年版）第25页。另参见尼采《瓦格纳事件》第7节。

167.诱惑哲学家的女妖（Circe der Philosophen）：指道德。

168.《埃达》（Edda）：13世纪冰岛文学作品，分为《散文埃达》和《诗体埃达》两部分。

169.司各特（Walter Scott，1771—1832）：英国诗人、小说家。著有长诗《玛米恩》《湖上夫人》，小说《威弗利》《撒克逊劫后英雄略》《昆丁·达沃德》等。

170.摘录自陀思妥耶夫斯基《群魔》（Les Possédés.Traduit du russe par Victor Derély，Paris，1886）第二部第405～409页，斯塔夫罗金致达里娅的书信（斯塔夫罗金是该小说中的人物，极端虚无主义者）。

171.基里洛夫（Kiriloff）：陀思妥耶夫斯基的小说《群魔》中的人物，无神论者，巴枯宁的信徒。

172.摘录自陀思妥耶夫斯基《群魔》第二部第407页。

173.他（er）：指斯塔夫罗金。

174.根据《群魔》写成。

175.参见陀思妥耶夫斯基《群魔》第二部第334～337页。

176.斯塔夫罗金（Stavrogin）：陀思妥耶夫斯基的小说《群魔》中的无政府主义者和虚无主义者。

177.阅读《群魔》之后写成。

178.摘录自陀思妥耶夫斯基《群魔》第二部第338页及下页。

179.摘录自陀思妥耶夫斯基《群魔》第二部第303页及下页。

180.根据《群魔》写成。

181.根据《群魔》写成。

182.摘录自陀思妥耶夫斯基《群魔》第二部第141页及下页。

183.参见《群魔》第二部第89~98页。

184.西塞罗（Cicero，公元前106—前43）：古罗马政治家、雄辩家、哲学家。著有《论善与恶的定义》《论神之本性》等。

185.利特雷（Littré，1801—1881）：法国哲学家、语言学家。著有《保守、革命和实证主义》。

186.犬儒哲学（Cynism）：古希腊小苏格拉底学派之一。此派中人生活艰苦、衣食简陋，故当时人讥之为犬。创始人为安提西尼，继承与发展了苏格拉底关于"美德即知识"的伦理学说，认为美德就是抑制自己欲望的知识，能够自制就是善，不能自制便是恶。

187.参见陀思妥耶夫斯基《群魔》（巴黎1886年版）第一部第219页及下页。

188.十二月党人（Dekabrist）：俄国贵族革命者，因在1825年12月（俄历）发动反对沙皇的武装起义得名。他们主张废除农奴制度和专制制度，代之以君主立宪制。主要人物有穆拉维约夫-阿波斯托尔、彼斯捷尔等。

189.参见《群魔》第一部第273页。

190.参见《群魔》第一部第274页及下页。另参见尼采《敌基督》第16节。

191.参见《群魔》第一部第276页。

192.参见《群魔》第一部第276页。

193.参见《群魔》第一部第279页。

194.参见《群魔》第一部第290页。

195.参见《群魔》第一部第290页。

196.马勒伯朗士（Malebranche，1638—1715）：法国哲学家。著有《真理的探索》《关于形而上学的对话》等。

197.参见《敌基督》第34节和第35节。

198.参见《敌基督》第34节。

199.安菲特律翁（Amphitryon）：底比斯王。宙斯乔装他的模样，诱其妻阿尔克墨涅成奸，生下大力神赫拉克勒斯。

200.根据托尔斯泰《我的宗教》写成。

201.奥古斯丁（Augustine，354—430）：古罗马基督教思想家，教父哲学的主要代表。著有《忏悔录》《上帝之城》等。

202.路德（Martin Luther，1483—1546）：16世纪欧洲宗教改革运动的发起者，基督教新教路德宗的创始人。著有《九十五条论纲》《致德意志民族的基督教贵族书》《席间漫谈》等。

203.参见《敌基督》第33节。

204.参见《敌基督》第36节。

205.根据托尔斯泰《我的宗教》写成。

206.索多玛与蛾摩拉（Sodom und Gomorrah）：亚伯拉罕时的两座城名。由于这两座城的人一味行淫，罪孽深重，上帝从天降火烧了两城。

207.参见《马太福音》第十三章第57行。

208.参见《敌基督》第7节。

209.方济各（Franz von Assisi，1181—1226）：天主教方济各会以方济各女修会为创始人。规定修士恪守苦修，麻衣赤足，步行于各地宣传"清贫福音"。

210.根据托尔斯泰《我的宗教》写成。

211.根据托尔斯泰《我的宗教》和陀思妥耶夫斯基《群魔》写成。

212.伊壁鸠鲁（Epicurus，公元前341—前270）：古希腊哲学家。公元前310年起在小亚细亚讲授哲学，公元前307年重返雅典，在一座花园里建立学校，史称伊壁鸠鲁花园。相传学生中有妇女和奴隶。将哲学分为物理学、逻辑学与伦理学。在伦理学上，是快乐论的最早提出者之一。

213.伊壁鸠鲁的诸神（epikurischen Götter）：伊壁鸠鲁从原子论的宇宙观出发，用原子的运动来解释一切现象，否认超自然的原因。他认为神的数量很多，他们居住在各个世界之间的地方，过着幸福美满的生活，根本不愿意干涉人间的生活。

214.参见《敌基督》第32节。

215.数论（Sankhya）：印度婆罗门教六派哲学之一。传统数论的创始人是公元前6世纪的迦毗罗。目前保存的最早的经典是自在黑（5—6世纪）所著的《数论颂》，该书系统地提出了二十五谛说，认为世界由"神我"和"自性"结合而产生。

216.参见《敌基督》第32节。

217.弥赛亚（Messias）：原意为"受膏者"。古代以色列的首领（如君王、祭司）就职时要举行一种仪式，由大祭司代表上帝将圣油涂在他的额上，表示上帝的祝福与承认，被称为"受膏者"。

218.英灵殿（Walhall）：北欧神话中奥丁神款待阵亡勇士英灵的宴会大厅。

219.诡辩派（Sophist）：又名"智者"，公元前5世纪中叶至前4世纪以传授知识为职业的古希腊哲学家的称号。他们传授有关政治的知识（如辩论术）、语法、修辞学等，是"三艺"的创立者。最著名的代表有普罗塔哥拉、希比亚、高尔吉亚等。他们在哲学方面承认客观存在是"流动的物质"，但从感觉论出发，得出了相对主义或怀疑论的结论。

220.阿那克萨哥拉（Anaxagoras，约公元前500—约前428）：古希腊哲学家。提出关于种子与奴斯的学说。著有《论自然》。

221.伯里克利（Pericles，约公元前495—前429）：古雅典政治家，公元前444年任首席将军，十五年间成为雅典的实际统治者，推动雅典奴隶主民主政治达到成熟阶段，当政时被誉为雅典的"黄金时代"。

222.扫罗（Saul）：《圣经》故事中人物，便雅悯支派人，基士之子，传说是以色列人的第一代君王。

223.闪米特文化（Semitische）：闪米特人的文化。闪米特人是西亚和北非说闪语族诸语言的人的泛称，包括巴比伦人、亚述人、希伯来人、腓尼基人等。

224.参见尤利乌斯·威尔豪森《以色列史绪论——以色列史（第二版）》（柏林1883年版）第1卷第437～451页，尼采藏书。

225.尤利乌斯·威尔豪森（Julius Wellhausen，1844—1918）：德国新教神学家，著有《撒母耳记文本》《法利赛人与撒都该人》《以色列史》《旧约全书的首文卷和历史书的结构》《前三福音书入门》等。

226.巴力神（Baal）：迦南人和腓尼基人信奉的主神、太阳神和丰饶之神。

227.雅赫维（Jahve）：犹太教唯一真神，基督教读作耶和华。

228.以赛亚（Jesaia）：《旧约》中人物，亚摩斯之子，约公元前742年自称见到雅赫维，应召做雅赫维的代言人，成为乌西雅、约坦、亚哈斯、希西家四个犹太王时代的先知。他预言弥赛亚的来临。

229.约西亚（Josia）：《旧约》中人物，犹太国王，公元前640—前609年在位。在位十八年开始约西亚进行了大规模的宗教改革，革除异教影响，恢复犹太教的本来面目。据《列王记》载，大祭司希勒家在圣殿中发现一本摩西律法书，呈交约西亚。约西亚召集臣民，宣读律法，与民约定服从律法。

230.撒马利亚人（Samariter）：原指撒马利亚城及迦南北部地区的以色列人，公元前8世纪后指上述地区的以色列人和亚述移民的融合体。据《圣经》载，公元前8世纪末，亚述人攻陷以色列首府撒马利亚，将大批以色列人掳往亚述，又从两河流域迁来大批移民。他们逐渐融合，于是南部的犹太人称他们为"撒马利亚人"。

231.参见《敌基督》第31和第35节，第40～42节。

232.抹大拉的马利亚（Maria von Magdala）：《新约》中人物，抹大拉是地名。抹大拉的马利亚曾有七鬼附体，后都被耶稣赶了出来。她是第一个见到耶稣复活并向人们报信的人。

233.根据陀思妥耶夫斯基《群魔》写成。

234.根据陀思妥耶夫斯基《群魔》写成。

235.参见勒南《耶稣的一生》（*Vie de Jésus*，Paris 1883）第XXI～XXII页。

236.参见《敌基督》第42节。

237.艾塞尼派（Essener）：公元前2世纪至公元1世纪，流行于巴勒斯坦的犹太教中的一派，主要由马加比领导下的反抗异族的犹太农民、牧民组成，他们对罗马帝国和犹太贵族强烈不满，认为灵魂不灭，实行禁欲生活。

238.《犹大书》（*Judain*）：属《圣经》中的"通函书信"，传说为耶稣的兄弟犹大所写。

239.参见勒南《耶稣的一生》第354页。

240.参见勒南《耶稣的一生》第333~334页。

241.参见勒南《耶稣的一生》（巴黎1883年版）第334页和第326页。尼采引用的是另一个版本。

242.涅索斯（Nessus）：古希腊神话传说中的马人。有一次埃威诺斯河水猛涨，涅索斯自告奋勇，助赫拉克勒斯之妻得阿涅拉渡河。行至河中，涅索斯欲对得阿涅拉非礼。立于河岸的赫拉克勒斯大怒，用毒箭射死涅索斯。数年后得阿涅拉将涅索斯那中毒之血涂在一件长袍上，送与赫拉克勒斯。赫拉克勒斯穿上长袍，周身起火，痛苦不堪。

243.参见勒南《耶稣的一生》第244页。

244.参见勒南《耶稣的一生》第243页。

245.翁布里亚（Umbria）：意大利中部地区，是圣方济各的故乡。

246.加利利（Galilä）：位于巴勒斯坦北面的一个省，东面是加利利海。相传耶稣的童年在加利利省的名城拿撒勒度过。

247.拉比（Rabbi）：原是犹太人对犹太学者的称呼。在犹太教中，受过正规宗教教育，担任教会信徒的精神领袖的人也被称为"拉比"。

248.参见勒南《耶稣的一生》第444页。

249.参见勒南《耶稣的一生》第445页及下页。

250.参见勒南《耶稣的一生》第448页及下页，第456页。尼采混用了德语和法语。

251.参见勒南《耶稣的一生》第451页及下页。另参见《瓦格纳事件》第3节。

252.参见勒南《耶稣的一生》第453页。原文为法语。

253.参见勒南《耶稣的一生》（巴黎1883版）第180~182页。尼采引用的是另一个版本。另参见《善恶的彼岸》第195条。

254.塞琉西王国（Séleucides）：又名叙利亚王国，公元前312年，亚历山大的部将塞琉古建立了塞琉西王国。它东起小亚细亚及叙利亚，东至伊朗高原东部。公元前198年安条克三世夺取了巴勒斯坦。公元前64年塞琉西王国亡于罗马。

255.《以诺书》（*Hénoch*）：基督教伪经之一，属于启示文学。彼得和犹大认为使用该书的教师是在"毁谤在尊位的"。

256.洛蒂（Pierre Loti，1850—1923）：法国作家，以小说《冰岛渔夫》名世，另著有《北京的末日》一书。

257.参见《敌基督》第5节。

258.参见《偶像的黄昏》第九章"一位不合时宜者的漫游"第1节。

259.米什莱（Jules Michelet，1798—1874）：法国历史学家，著有《法国革命

史》等。

260.巴克尔（Thomas Buckle，1821—1862）：英国历史学家，著有《英国文明史》。

261.参见《偶像的黄昏》第一章"格言与箭"第26条。

262.参见《敌基督》第3~4节。

263.参见《敌基督》第2~3节。

264.这本书（dieses Buch）：指《悲剧的诞生》。

265.《权力意志》写作提纲。第一卷：危险中的危险。第二卷：价值批判。第三卷：立法者问题。第四卷：锤子（参见本书第二章第100节）。第一卷包括（1）（2），第二卷包括（3）（4）（5）（6），第三卷包括（7）（8）（9），第四卷包括（10）（11）（12）。

266.伟大的正午（der große Mittag）：喻指"相同事物的永恒轮回"。语出叔本华："地球从白日翻身进入黑夜；个体死亡，但太阳自身毫不停顿地照耀在永恒的正午。"（卫茂平译）

267.《权力意志：重估一切价值的尝试》一书的写作提纲。几乎所有的写作提纲都把此书划分为四卷。

268.参见叔本华《附录》第1卷第358页，尼采藏书。

269.参见帕斯卡《沉思录》（布伦斯维克主编）第109条。

270.夏多布里昂（Chateaubriand，1768—1848）：法国浪漫主义代表作家之一。著有中篇小说《阿达拉》《勒内》等。

271.参见科利版《尼采全集》第1卷第131页第19行。

272.参见科利版《尼采全集》第1卷第154页第19~20行。

273.参见科利版《尼采全集》第1卷第24页第14~15行。

274.前言（Vorrede）：指1886年版《悲剧的诞生》之前言。参见科利版《尼采全集》第1卷第16页第30~31行。

275.批判康德的认识论。这种批判频繁出现在《善恶的彼岸》和同时期的尼采残稿中。

276.参见《偶像的黄昏》第九章"一位不合时宜者的漫游"第33节。

277.参见《瓦格纳事件》第9节的注释。

278.多利亚语（Dorisch）：多利亚人说的古希腊语方言。多利亚人是古希腊主要居民之一，公元前12世纪，多利亚人从伊庇鲁斯南下，侵入伯罗奔尼撒和克里特岛，建立了斯巴达、科林斯、亚哥斯等城邦。《荷马史诗》称多利亚人为"赫拉克勒斯子孙"。

279.祭司（Hierarch）：古希腊神殿都有祭司或女祭司，最著名的是德尔斐阿波罗神殿的女祭司皮提亚。

280.建制的传说（Gründungs-Legende）：来库古（约前8世纪）获得德尔斐神谕，在斯巴达当政并立法，建立了斯巴达的社会政治体制。

281.参见《偶像的黄昏》第十章"我要感谢古人什么"第4节。

282.洛贝克(Lobeck,1781—1860):德国古典语文学家,著有《索福克勒斯的悲剧〈埃阿斯〉评注》《弗里居库》等。

283.参见《敌基督》第29节。

284.赫伯特·斯宾塞(Herbert Spencer,1820—1903):英国社会学家、哲学家。著有《综合哲学》《社会静态学》《社会学研究》等。

285.参见《偶像的黄昏》第九章"一位不合时宜者的漫游"第2节。

286.宫廷牧师(Hofprediger):影射柏林的宫廷牧师和基督教社会党领袖施托克(Adolf Stöcker,1835—1909)。

287.参见《偶像的黄昏》第十章"我要感谢古人什么"第4节。

288.约伯(Hiob):《旧约·约伯记》的主人公。他在遭受种种灾难之后,仍然相信上帝。

289.《瓦格纳事件》的写作提纲。

290.《瓦格纳事件》的最初书名。

291.为《瓦格纳事件》所做的笔记。

292.塔尔玛的著名论述(die berühmten Ausführungen Talmas):参见本书第十一章第62节。

293.参见《敌基督》第41~42节。

294.力量的明证(Der Beweis der Kraft):出自《哥林多前书》第二章第4行。

295.通过它所结的果实(an seinen Früchten):出自《马太福音》第七章第15行。

296.参见《敌基督》第51节。

297.皮蒂宫(Palazzo Pitti):佛罗伦萨文艺复兴风格的宫殿。始建于1458年,原为商人卢卡·皮蒂的府邸,大概由布鲁内莱斯基(Brunelleschi,1377—1446)设计。1549年科西莫·美第奇公爵的夫人购得府邸,府邸于1568年被扩建成托斯卡纳公爵宫殿。宫中有帕拉蒂娜画廊(Galleria Palatina)。

298.博马舍(Beaumarchais,1732—1799):法国启蒙思想家、剧作家。著有喜剧《塞维勒的理发师》《费加罗的婚礼》等。

299.海因里希·冯·克莱斯特(Heinrich von Kleist,1777—1811):德国剧作家。剧作有《破瓮记》《赫尔曼战役》《彭忒西勒亚》等。"这种类型的女人"指克莱斯特塑造的变态女英雄彭忒西勒亚。

300.赫尔岑(Herzen,1812—1870):俄国作家、哲学家、革命民主主义者。著有小说《谁之罪》、回忆录《往事与随想》等。通过女作家梅森堡,尼采了解了赫尔岑的回忆录。

301.克洛德·贝尔纳(Claude Bernard,1813—1878):法国生理学家。其最重要的发现为肝脏的储糖功能和血管运动神经。著有《实验医学研究导言》。

302.机械论(Mechanismus):指以机械的(力学的、物理学的)观点去解释自然界和认识方面的问题的机械唯物主义。

303.折中办法（mezzo termine）：这个术语来自司汤达。

304.事实上，不受人为定义和刻意测量影响的计量单位确实存在，如普朗克单位制中的各种普朗克单位。"自然单位制"的想法在尼采同时期的物理学家中已经出现，参见乔治·史东纳（George Stoney）于1874年在不列颠科学学会上发表的演讲"论大自然的物理单位"。这里应该是尼采所犯的科学性错误。

305.皮浪（Pyrrho，约公元前365—前275）：古希腊哲学家，怀疑论的创始人。无著作流传，古罗马恩披里柯著有《皮浪学说要旨》。

306.参见《偶像的黄昏》第九章"一位不合时宜者的漫游"第9节。另参见《敌基督》第31节。

307.参见《敌基督》第20～23节。

308.参见《偶像的黄昏》第二章"苏格拉底的问题"。

309.亚历山大（Alexander，前356—前323）：马其顿国王（前336—前323）。曾受教于亚里士多德。即位后镇压希腊各城邦的反马其顿运动，大举东侵，在东起印度河西至尼罗河与巴尔干半岛的领域内，建立了亚历山大帝国。

310.爱尔维修（Helvétius，1715—1771）：法国启蒙思想家、哲学家。著有《精神论》《自然体系的真实感觉》。

311.参见本书第十四章第85节。尼采对古希腊怀疑论者皮浪的认识主要来自维克托·布罗夏（Victor Brochard）的著作《古希腊的怀疑论者》（巴黎1887年版），尼采藏书。

312.得志者（obenauf）：指伊壁鸠鲁学派、斯多葛学派和苏格拉底学派。

313.普罗太戈拉（Protagoras，公元前481—前411）：古希腊哲学家，智者派最著名的代表。著有《论真理与反驳》《论德性》等。

314.赫拉克利特（Heraklit，约公元前540—约前480与470之间）：古希腊哲学家，爱非斯派的创始人。著有《论自然》。他认为物质性的"火"是万物的本原，火的活动遵循的规律是逻各斯。首次提出对立面的统一与斗争的学说。

315.参见《偶像的黄昏》第四章"真实的世界"如何最终变成了虚构。

316.虚假的世界（die scheinbare Welt）：指我们生活于其中的现实世界。真实的世界指柏拉图的理念世界、康德的自在之物或基督教的彼岸。

317.参见雅科里奥（Louis Jacolliot）的著作《宗教立法者：摩奴、摩西、穆罕默德》（巴黎1876年版）第75～81页，尼采藏书。

318.瓦斯塔（Vasta）：瓦斯塔乱伦的故事出自古印度《摩奴法典》，科塔（Kota）是印度拉贾斯坦邦东部城市。这个故事应该是《旧约·创世记》第九章中"二女与罗得乱伦"故事的原型。

319.参见《敌基督》第45节。

320.参见《偶像的黄昏》第六章"四大谬误"。

321.德谟克里特（Democritus，约公元前460—约前370）：古希腊哲学家，与留基伯并称为原子论的创始人。著有《论逻辑》一书。

322.修昔底德（Thukydides，约公元前460—约前400）：古希腊历史学家。著有《伯罗奔尼撒战争史》（八卷）。

323.蒂蒙（Timon，公元前320—前230）：古希腊哲学家和文学家，怀疑论者，皮浪的学生与挚友。

324.贝尔（Beyle，1783—1842）：司汤达。法国作家。司汤达原名马利—亨利·贝尔。著有长篇小说《阿尔芒斯》《红与黑》《巴马修道院》等。

325.参见《偶像的黄昏》第九章"一位不合时宜者的漫游"第19～20节。

326.弗雷（Charles Féré，1852—1907）：法国医生。著有《退化与犯罪》（巴黎1888年版）。它属于尼采藏书。

327.戏子（Schauspieler）：指注重戏剧表演的瓦格纳之流，即上文所说的"表演艺术家"。

328.为艺术而艺术（L'art pour l'art）：法国哲学家库辛（Victor Cousin，1792—1867）在其《哲学演讲》（1818）中首创了这个术语。尼采批判了"为艺术而艺术"思潮，详见《偶像的黄昏》第九章"一位不合时宜者的漫游"第24节。

329.事实上，达尔文提出的"自然选择"更倾向于"适者生存"而非"强者生存"。即由自然环境，而非人为设定的"强弱标准"来决定生物个体是否生存，特定基因是否可以传递下去。这里大概是尼采混淆了"达尔文主义"与赫伯特·斯宾塞（Herbert Spencer）受拉马克"用进废退"论影响而提出的"社会达尔文主义"。

330.低贱者（les humbles）：出自勒南《耶稣的一生》中的词语"低贱者的福音"（l'évangile des humbles）。参见《偶像的黄昏》第九章"一位不合时宜者的漫游"第2节。

331.这种伦理学说属于动机论，它以动机（意愿）是否善良作为道德标准。例如，经院哲学家阿伯拉尔认为，动机是善的，行为就是善的。康德认为，一种行为是否合乎道德，完全在于动机是否出于"善良意志"。

332.非严格的《圣经》引语，参见《约翰一书》第三章第1行。

333.实际上，拥有保护色的动物脱离环境后，改变原有保护色并适应新环境的案例确有发生。例如，桦尺蠖（Biston betularia）在19世纪以前保护色为带有黑斑的灰白色，与桦树树皮颜色相近；而随着1830年前后英国完成工业革命，曼彻斯特附近的桦树随工业污染被染成黑色。从1848年开始，昆虫学家在曼彻斯特附近便可以采集到保护色为黑色的桦尺蠖。这里应该是尼采犯的一个科学错误。

334.指经过分光镜分光后，出射光的颜色。物理学上认为光为电磁波，而其电磁振荡的频率为决定光的颜色的主要因素。分光镜为一种光学仪器，可依照折射率的不同，将白光分为各种不同颜色的光。这里尼采的意思大概为"人的鼻子分辨气味的能力，超过了分光镜分辨光线颜色的能力"。

335.摆脱伪善（moralinfrei）：参见《敌基督》第2节。据安德勒（Charles Andler），尼采的这个新词乃是对拉加德（Paul de Lagarde，1827—1891）的用语"一种摆脱了犹太因素的犹太教"（Ein judainfreies Judentum）的仿造，参见安德勒《尼采的生平与思想》（巴黎1958年第二版）第1卷第486页。

336.亚里斯提卜（Aristippus，约前435—约前360）：古希腊哲学家，苏格拉底的学生，快乐论者，昔勒尼学派的创始人。

337.麦加拉学派（Megariker）：小苏格拉底学派之一，由麦加拉的欧几里得在公元前3世纪时创立。该派认为善是一，是神，是永恒不变的存在；物质、运动和生灭都是感官虚构的非存在。

338.四元素（die 4 Elemente）：古希腊哲学家用以解释构成物体的四种最基本的单元——火、气、水、土。

339.皮浪主义（Pyrrhonismus）：晚期希腊哲学的怀疑学派，代表人物为皮浪、蒂孟和恩披里柯。他们对客观世界和客观真理是否存在、能否认识表示怀疑，主张对一切事物悬置判断。

340.智者派（Sophisten）：对公元前5世纪至前4世纪希腊收费授课的教师的统称。代表人物有普罗塔哥拉、高尔吉亚和普罗蒂克等人。其教授内容包括文化、政治、修辞学和辩论术。在哲学上主张唯物主义的感觉论，在政治上持约定论，在宗教上接近无神论。实在论（Realismus）在自然科学领域指自发唯物主义，这个词在政治学中指政治现实主义。

341.米洛斯人（Meliern）：爱琴海米洛斯岛上的居民。米洛斯城邦原为斯巴达的殖民地，在伯罗奔尼撒战争期间保持中立。公元前416年雅典军队包围了米洛斯城，要求米洛斯人加入以雅典为首的提洛同盟，否则就灭其国。修昔底德（约前460—约前400）的《伯罗奔尼撒战争史》第5卷第十七章记载了"米洛斯的谈判"。

342.格罗特（George Grote，1794—1871）：英国历史学家，著有十二卷《希腊史》。

343.阿布德拉的赫卡泰奥斯（Hekatäus von Abdera，生活于公元前300年前后）：古希腊历史学家和哲学家，出生于色雷斯的阿布德拉城。托勒密一世统治埃及时，他在亚历山大城生活了十五年。著有《埃及史》《地志》，《论犹太人》一书也归在他的名下。

344.旧人（der alte Mensch）：旧人指顺从享乐的欲念而败坏的人；新人指按照上帝的形象所造、具有真实的正义和圣善的人。参见《新约·以弗所书》第四章第22行。

345.欧几里得空间（der Euklidische Raum）：平面空间和三维空间。欧氏空间是现实空间的最简单而又相当确切的近似描述。

346.特异反应性（Idiosynkrasie）：身体先天地对某些物质、食物和刺激过于敏感。

347.现象论（Phänomenalismus）：一种认为实在是由感觉构成的哲学学说。包括把存在归结为被感知的存在和认为认识的对象只能是现象、事物的本质是不可知的等观点。

348.内在感官（innerer Sinn）：叔本华将人的感官区分为内在感官和外在感官。内在感官指主体（意识），外在感官指身体（眼、耳、鼻、舌、身）。

349.米切尔疗法（Mitchells-Kur）：治疗精神病的电疗法。米切尔（Silas Weir Mitchell，1829—1914）为美国医生和神经病学家，著有《治疗某种形式的神经衰弱与癔症》。参见《论道德的谱系》第一篇第6节。

350.罪犯（Verbrecher）：陀思妥耶夫斯基《死屋手记》中的西伯利亚囚犯，他们是俄国人中最坚强、最卓越的人。参见《偶像的黄昏》第九章"一位不合时宜者的漫游"第45条。

351.胸中灵魂（Seelen in Einer Brust）：出自歌德的悲剧《浮士德》第一部："我的胸中，唉！藏着两个灵魂。"

352.参见《敌基督》第54～55节。

353.实践理性（praktische Vernunft）：亚里士多德认为实践理性是关系到人的生存选择和决定、关系到人的道德行为的指导原则。康德的概念与此相似。

354.大能的明证（Beweis der Kraft）：参见《哥林多前书》第二章第4行"我说的话讲的道，不是用智慧委婉的言语，乃是用圣灵和大能的明证。叫你们的信不在乎人的智慧，只在乎神的大能。"

355.参见《敌基督》第53节。

356.参见维克托·布罗夏《古希腊的怀疑论者》（巴黎1887年版）第70页。尼采在此隐射他的妹妹伊丽莎白。《权力意志》第一版和第二版均未收录这条残稿。

357.如果你的一条腿让你跌倒（ärgert dich ein Glied）：参见《马太福音》第五章第30行："若是右手叫你跌倒，就砍下来丢掉。"

358.单纯的村姑（Unschuld vom Lande）：参见《马太福音》第五章。

359.大卫·施特劳斯（David Strauß，1808—1874）：德国哲学家，青年黑格尔派代表之一，以对基督教神学的批判而著名。著有《耶稣传》等。

360.一半被拖，一半自沉（halb zog er ihn，halb sank er hin）：出自诗人歌德的叙事谣曲《渔夫》："她对他讲，她对他唱，渔夫终于失魂落魄，一半被拖，一半自沉，/永远消失在滔滔汪洋。"

361.这个世界（diese Welt）：指尘世，此岸，现实世界。现实世界被唯心主义者贬为"虚假的世界"，而所谓"真实的世界"指的是柏拉图的理念世界或基督教的天堂。

362.尼采受陀思妥耶夫斯基《群魔》的影响写下了这段话。参见泛斯拉夫主义者沙托夫（《群魔》中的一个人物）的论述，本书第十一章第346节摘录了他的论述。

363.参见《敌基督》第51节。

364.循环性精神病（folie circulaire）：躁郁症。患者的情感在躁狂状态和抑郁状态之间摇摆，即躁狂症与抑郁症交替发作。参见弗雷《堕落与犯罪》（巴黎1888年版）第123页。

365.弗雷（Charles Féré，1852—1907）：法国医生，著有《堕落与犯罪》。

366.痛苦（Schmerz）：即不快乐（Unlust）。

367.平衡障碍（Gleichgewichtsstörung）：由小脑、前庭、视觉、位置觉或神经肌肉的协调功能障碍所引起的症状。表现为站立和步态不稳，常伴有眩晕。

368.原生质（Protoplasma）：动物和植物细胞能进行新陈代谢的全部生命物质。

369.伪足（Pseudopodien）：不具有硬性表膜的原生动物细胞质的暂时性部分突起。有运动、摄食等功能。

370.摩奴（Manu）：印度神话中的人类祖先，《摩奴法典》的制定者。

371.忉利天（Swarga）：印度教三十三天神之首帝释天的居所，位于须弥山巅。亦译"天堂"。忉利天是有情众生最快乐的去处，只有修习十善业者才能投生天堂。但善人仍未跳出轮回，一旦前业享尽，便会重新堕入轮回之中。

372.参见雅可利奥特《宗教立法者：摩奴、摩西、穆罕默德》（巴黎1876年版）第446页。

373.婆罗门（Brahmane）：古印度的僧侣贵族，居于种姓制度的首位。世代以祭祀、诵经和传教（婆罗门教）为业。

374.首陀罗（Sudra）：古印度种姓制度中的最低等级，大多为奴隶，最初属于被雅利安人征服的土著居民。

375.再生族（dwidja）：婆罗门、刹帝利和吠舍这三个种姓可以诵读《吠陀经》并参加宗教祭仪，他们从父母亲那里获得第一次生命，通过"入法礼"再获得第二次生命，因此被称为再生族；首陀罗不能参加宗教仪式，被称为一生族。

376.参见雅可利奥特《宗教立法者：摩奴、摩西、穆罕默德》（巴黎1876年版）第446、448、450页。

377.一切爬虫、飞禽和走兽（Kreuch fleug und schleich）：参见《圣经·创世记》第七章。

378.金刚石（Diamant）：金刚石、石墨和煤是同素异形体，即同种元素（碳）而具有不同结构（晶体结构）的物体。

379.参见科利版《尼采全集》第9卷第十一章关于"相同事物的永恒轮回"的残稿（1881）。

380.无限（unendlich）：《权力意志》第一版第384条和第二版第1066条把它篡改成"有限"。

381.杜林（Karl Eugen Dühring，1833—1921）：德国哲学家，著有《哲学教程——严密科学的世界观和人生观》等书。杜林混淆头尾，参见1885年7月23日尼采致加斯特的书信。

382.汤普森（Benjamin Thompson，1753—1814）：英国实验物理学家，热动说的首创者，其热动说为热力学第一定律奠定了基础。著有《论摩擦激起的热源》等。

383.根据雅可利奥特《宗教立法者：摩奴、摩西、穆罕默德》（巴黎1876年版）第114～120页写成。

384.闪米特人（Semiten）：西亚和北非说闪语族诸语言的人的泛称。古代包括亚述人、巴比伦人、腓尼基人、希伯来人等。古代印度人征服闪米特人是尼采受法国印度学家贾克里欧特影响所犯的学术错误。

385.旃陀罗（Tschandala）：被排斥在印度种姓制度之外的贱民，"扫除污物的人"和不可接触者。根据《摩奴法典》，旃陀罗是种姓混血的产物，他们是男性首陀罗与女性婆罗门生出的杂种。

386.同态复仇法（jus talionis）："以眼还眼、以牙还牙"的治罪法。该法规记载于古罗马《十二铜表法》等法典中。

387.穆罕默德法典（Gesetzbuch Muhammeds）：《古兰经》和《圣训》中的法治部分。

388.在《权力意志》第二版第716条中，加斯特补充了这句引言："美德凭自己的力量很难自保。从根本上来说，只有对惩罚的恐惧才能使人克制自己和安分守己。"参见雅可利奥特《宗教立法者》第252页。

389.《路加福音》第一章第37行。

390.《吠陀》（Veda）：婆罗门教的根本经典，分《梨俱吠陀》《耶柔吠陀》《娑摩吠陀》《阿闼婆吠陀》四部。它是对众神的赞歌与祷文的文集，其中包含宗教知识和自然科学知识。"吠陀"的本义为"知识"。

391.苦行者（Yati）：从事艰苦修行的婆罗门教徒。该词也指耆那教苦行僧。

392.参见雅可利奥特《宗教立法者：摩奴、摩西、穆罕默德》（巴黎1876年版）第455页。

393.祭司（Priester）：婆罗门是印度种姓制度中的祭司（最高等级），拥有祭祀和教授《吠陀》的特权。"祭司"一词也指天主教的神父。

394.设计（Conception）：摩奴、摩西和穆罕默德对社会制度的设计。第200节摘引自法国印度学家路易·雅可利奥特（Louis Jacolliot，1837—1890）的著作《宗教立法者：摩奴、摩西、穆罕默德》。

395.天国乐师（himmlischen Musiker）：乾闼婆（Gandharva），印度神话中帝释天属下职司雅乐的天神，其伴侣为天女（Apsaras）。

396.引自雅可利奥特《宗教立法者：摩奴、摩西、穆罕默德》（巴黎1876年版）第117、128、225页。赞美处女（Lob der Jungfrau），完整引语参见《敌基督》第56节。

397.《摩奴法典》第三卷规定了四种姓间通行的八种婚姻形式，"即梵天的、诸神的、圣仙的、造物主的、阿修罗的、天界乐师的、罗刹的，以及第八和最卑鄙的，吸血鬼的形式"。参见《摩奴法典》，迭朗善译，马香雪转译，商务印书馆1996年版，第56页。

398.梵（Brahman）：婆罗门教认为，"梵"是世界灵魂，宇宙本体，整个世界是梵用魔力创造出来的。只有梵才是真实的存在，世界乃是梵的幻化，即现实世界乃是虚幻的存在。

399.上层种姓（oberste Kasten）：婆罗门（祭司）、刹帝利（王族、武士）和吠舍（农民、商人、手工业者），这三个种姓可以诵读《吠陀》并参加宗教祭仪，属于上层种姓。首陀罗（奴隶）和旃陀罗（贱民）不准读或听《吠陀》，也不能参加宗教仪式。

400.祭司（Priester）：在《圣经》中指古代犹太教在圣殿中担任献祭任务的神职人员，大祭司由亚伦的后代担任，一般祭司由利未人担任。在耶稣传道时期，有钱有势的犹太祭司大都是撒都该人，贫穷的祭司大多是法利赛人。

401.蔑视（Verachtung）：做爱时，男人把女人当作妓女，女人则把男人当作色魔，两者均遭到对方的蔑视。

402.神经症（Neurose）：一类伴有精神症状和躯体症状的疾病，包括焦虑症、强迫症、恐惧症、疑病症、神经衰弱等。

403.热那亚食谱（régime Genua）：尼采曾旅居热那亚（1880年冬、1881年、1882年）。热那亚美食有青酱、佛卡夏薄饼、龙虾、鱼、小馄饨、复活节蛋糕、蔬菜杂菜汤和冷沙拉等。

404.第212节引自雅可利奥特的著作《宗教立法者：摩奴、摩西、穆罕默德》第315～316页和第334页。

405.参见《敌基督》第57节。

406.流亡（Exil）：指"巴比伦囚房"。公元前597年，新巴比伦王国尼布甲尼撒二世攻陷耶路撒冷，把犹太王约雅斤和一万八千余名犹太人掳往巴比伦；公元前586年，尼布甲尼撒再次攻陷耶路撒冷，把犹太王西底家和所有富人与祭司掳往巴比伦，犹太国灭亡。公元前538年，波斯王居鲁士灭新巴比伦，允许被掳的犹太人返回家园。流亡巴比伦的先知以西结认为，犹太国的灭亡，乃是犹太人悖逆上帝的结果，而非国力衰弱的结果。

407.乔治·艾略特（George Eliot, 1819—1880）：英国女作家，著有小说《亚当·比德》《米德尔马契》等。第214节引自雅可利奥特的著作《宗教立法者：摩奴、摩西、穆罕默德》第312页。

408.引自雅可利奥特的著作《宗教立法者：摩奴、摩西、穆罕默德》第402页。

409.不可少的只有一件（Eins ist Noth）：参见《路加福音》第十章第42行。

410.一个特殊的阶层（eine eigene Kaste）：指军人阶层，例如，种姓制度中的刹帝利（国王和武士）。

411.债务（Schulden）：婆罗门教徒在生活历程上有四行期（梵行期、家住期、林栖期、遁世期）。在家住期，教徒的基本责任是偿付三个债务：第一个是对祖先的债务，需要通过结婚生子来偿付，即教徒有繁衍后代的义务；第二个是对神的债务；第三个是对教师的债务。

412.对祖先的债务（Schuld der Vorfahren）：指生育后代、延续家族的香火。

413.麦恩兰德（Philipp Mainländer，1841—1876）：德国哲学家、诗人，悲观主义者，因精神崩溃而自杀。著有两卷本的《救赎哲学》。他曾说："上帝死了，上帝之死就是世界之生。"

414.失去了战士和农夫（Krieger und Ackerbauer verloren）：公元前63年，庞培率领罗马军团入侵巴勒斯坦，攻入耶路撒冷，杀死一万两千名犹太战士，废黜犹太国王亚里斯多普洛斯。公元前43年，罗马叙利亚行省总督朗吉努斯镇压犹太人起义，把三万名犹太人卖为奴隶。

415.祭司（Priester）：在耶稣传道时期，犹太祭司大多为撒都该人和法利赛人。撒都该人是公元前2世纪至公元2世纪犹太人中的一个政治宗教派别，他们只承认成文法是宗教和礼拜的根据，在政治上与罗马政府合作。法利赛人是公元前2世纪至公元2世纪犹太人的一个重要派别，其成员以文士、律法师和中产阶级为主，他们主张遵守口传律法，在政治上反对罗马占领和撒都该人的统治。

416.统治阶层（herrschende Stände）：庞培征服犹太国后，直接统治巴勒斯坦的是希律家族（最有名的为希律王）和撒都该人。

417.首陀罗（Sudra）：印度种姓制度中的最低等级，大多为奴隶，最初是被雅利安人征服的土著民族（达罗毗荼人）。

418.高尚化（ennobliren）：指使有艺术天赋的妓女成为艺伎。在我国古代艺伎卖艺不卖身，最有名的艺伎就是才女型的秦淮八艳。日本的艺伎也如此。

419.《瓦格纳事件》第一篇连贯性的底稿。

420.有耳的人（man hat die Ohren）：出自《马太福音》第十一章。

421.关于瓦格纳和波德莱尔的关系，参见1888年2月26日尼采致加斯特的书信。

422.《福丝坦》（Faustine）：法国作家爱德蒙·德·龚古尔（1822—1896）的长篇小说，它叙述了一位女演员的经历。该小说于1882年出版，此时埃德蒙的弟弟朱尔·德·龚古尔（1830—1870）已去世。而1870年之前出版的小说都是兄弟两人共同创作的。

423.《激情的自由思想》（Freigeisterei der Leidenschaft）：席勒的悲观主义诗歌，二十二个诗节的四行诗，刊发于《塔莉亚》杂志1786年第2期。

424.迈耶贝尔（Giacomo Meyerbeer，1791—1864）：主要在巴黎工作的德国作曲家。创作有歌剧《恶魔罗贝尔》《胡格诺派教徒》《先知》等。

425.参见《尼采反对瓦格纳》第六章"瓦格纳属于何方"。

426.参见《敌基督》第31节。

427.勒南（Ernest Renan，1823—1892）：法国历史学家、哲学家。以历史观点研究宗教，试图重构作为一个完整的人的耶稣。著有《基督教起源史》，其第一卷《耶稣的一生》尤为著名。

428.参见《偶像的黄昏》第十章"我要感谢古人什么"第5节。

429.音乐家（Musiker）：指德国作曲家彼得·加斯特（Peter Gast，1854—1918）。加斯特是作曲家、作家和尼采的挚友。作有歌剧《威尼斯的雄狮》等。

430.苔克拉（Thekla）：席勒的戏剧《华伦斯坦》中的人物，华伦斯坦之女，弗里特兰公主，一个充满道德激情的纯洁少女。

431.《权力意志》的一篇前言草稿。

432.1830年雨果的剧本《欧耶尼》的上演以及演出时文艺青年与观众对雨果的支持，标志着浪漫主义的胜利。整个19世纪30年代是浪漫主义的盛期。

433.参见《瓦格纳事件》第9节。

434.帕西法尔（Parsifal）：瓦格纳的最后一部歌剧《帕西法尔》（1882）的主人公。青年帕西法尔闯入巫师园中，他不为女巫康德里的诱惑所动，取得圣矛，治好了圣杯护卫长安福尔塔斯的创伤，并因此成为新护卫长。

435.薛侣班（Cherubin）：博马舍的剧本《费加罗的婚礼》中的人物，阿勒玛维华伯爵的侍童，一位少不更事的情种。

436.1850年瓦格纳发表文章《音乐中的犹太民族特性》。他认为犹太人缺乏天才的艺术创造力，只有赚钱的能力。音乐中的犹太民族特性，只是一种远离艺术的、由市场法则确定的文明。参见波希迈耶尔《理查德·瓦格纳》，赵蕾莲译，黑龙江教育出版社2015年版，第188页。

437.伊丽莎白·尼采没有把这篇残稿收入《权力意志》第二版，其借口是：该残稿出自尼采写给施皮特勒的一封信。实际上《瓦格纳事件》采用的就是书信形式，这篇残稿作为此书的准备材料采用的也是书信形式。

438.批判哲学（Kriticismus）：以批判传统形而上学为己任的康德哲学。康德不同意怀疑论，他认为自然界的事物是可以认识的。但与独断论者不同，他主张为了认识世界，首先必须对认识能力的范围和局限性做批判的探讨。但他主张限制知识以为信仰留下余地。

439.防止淫乱的权宜之计（pis aller der Hurerei）：参见《哥林多前书》第七章。

440.沦为奴隶（ruere in servitium）：原指罗马人甘当皇帝提比略（公元前42—公元37）的奴才。参见塔西陀《编年史》第1卷第7页。这里指新教徒最终沦为权力和财富的奴隶。

441.参见《敌基督》第57节。

442.犀牛（Rhinoxera）：指蚩材。参见《瓦格纳事件》附言二："自从一种新的动物，那帝国怪兽，著名的犀牛，在德国精神的葡萄园里定居，我的话就不再被人理解了。"

443.参见《敌基督》第12节。

444.实践理性（praktische Vernunft）：离开自然界的必然性而指导人的道德行为的主观思维能力。康德认为，实践理性凭借先天的道德规律，采取命令的形式和决定性的善良意志，达到区别善恶，走向至善。

445.上帝失策（Fehlgriff Gottes）：据《旧约·创世记》记载，上帝创造了人，人类始祖亚当和夏娃偷吃了伊甸园中知善树的禁果，于是有了知识，能分辨善恶，这使上帝感到后悔，因为人类成了全知的上帝的竞争者。上帝于是将亚当和夏娃逐出伊甸园，并派天使看守通往生命树之路。关于上帝对人类拥有知识的恐惧，参见《敌基督》第48节。

446.退化的选择（degenerative Selection）：使人精力衰退、使人堕落的选择。体现在《亲合力》中爱德华与奥狄莉的悲剧性爱情上。

447.参见《瞧这个人》第二章"我为什么如此智慧"第2节。

448.参见弗雷《退化与犯罪》第95页。

449.吠檀多派（Vedanta）：古代印度六大哲学派别中影响较大的一派，相传其创始人为跋达罗衍那（约公元前1世纪），主要代表为商羯罗（788—820）。吠檀多派体系是在《奥义书》学说的基础上产生的客观唯心主义宗教哲学学说。该派认为："梵"是宇宙精神，是世界各种现象产生、维持和毁灭的终极原因。"我"是个体灵魂，由"梵"演化而成，但受肉体限制。物质"世界"是通过一种魔力（摩耶）幻化出来的。

450.虔敬派（Pietisten）：虔敬主义的信徒，其领袖为德国新教神学家斯彭内尔（1635—1705）。虔敬主义是17世纪和18世纪的新教改革运动，它试图以内心虔诚和行动上的博爱来克服正统神学。虔敬派曾受到国教会的压制。

451.二元论道德（dualistische Moral）：康德认为，在尘世生活中道德和幸福不能两全。

452.参见《偶像的黄昏》第七章"人类的改善者"第2节。

453.克洛卜施托克（Klopstock，1724—1803）：德国诗人。其史诗《救世主》描写基督受难、基督升天与胜利。

454.赫尔德（Johann Gottfried von Herder，1744—1803）：德国思想家、作家。1776年起担任魏玛教会总监和首席牧师。著有《上帝——几篇对话》等。

455.参见维克多·海恩《论歌德》（柏林1888年版）第66页及以下几页，第96页，尼采藏书。海恩（Victor Hehn，1813—1890）是爱沙尼亚裔德国历史学家。另参见《瓦格纳事件》第3节。

456.参见维克多·海恩《论歌德》第100页及以下几页。

457.尼布尔（Niebuhr，1776—1831）：德国历史学家，著有三卷本《罗马史》。

458.这本书（Dieses Buch）：指计划中的《权力意志》。

459.已忘了害怕（zu fürchten verlernt hat）：参见格林童话《傻大胆学害怕》。傻大胆是一个不知道什么叫害怕的大力士。

460.盲蜥蜴（Blindschleiche）：慢缺肢蜥，因眼睛很小，被误认为目盲。猫头鹰（Eule）比喻丑陋的人。

461.在橹舰上划桨的奴隶（Galeerensklaven）：尼采对瓦格纳继父的嘲讽。1870年起，尼采担任瓦格纳自传《我的生平》的校对员。据《我的生平》记载，瓦格纳的继父路德维希·盖尔在《两个橹舰奴隶》（奥地利作曲家兰诺伊的配乐剧）等戏剧中饰演坏蛋角色。

462.犹太人（Jude）：尼采认为犹太人比较自律，有文化，视野开阔。他的好友保罗·雷就是犹太人。参见本书第二十一章第6节和第8节。

463.参见《敌基督》第52节。

464.罗累莱（Lorelei）：德国文学及传说中的女妖，出没于莱茵河畔，以其美貌和歌声迷惑船夫，使船触礁沉没。海涅诗歌《罗累莱》可参见冯至译《德语七人诗选》第100～101页，中信出版集团2016年版。

465.内在感官（inner sinn）：指人的意识。

466.参见龚古尔兄弟《日记》（巴黎1888年版）第3卷第105页，尼采藏书。

467.根据维克多·海恩《论歌德》第120页。

468.参见《瓦格纳事件》第5节。

469.参见《偶像的黄昏》第六章"四大谬误"。

470.现象论（Phänomenalismus）：只能根据事物向我们显现的现象，而不能按照事物本身来认识事物的哲学学说。包括将客观存在的物质对象归结为实际的和可能的感觉（例如，贝克莱的"存在即被感知"），或者认为认识的对象只能是现象，事物的本质则是不可知的（例如，康德的"自在之物"）。

471.内部经验（innere Erfahrung）：洛克把经验分为外部经验和内部经验。外部经验即感觉经验。内部经验即反省经验（reflective experience），指通过对自己心灵的内部活动或心理活动的观察所获得的经验。

472.参见《敌基督》第52节。

473.第一个棕色大笔记本（im ersten braunen großen Heft）：尼采手稿笔记本，编号WⅡ5，即科利版《尼采全集》第13卷第十四章。参阅本书第十四章第160节。

474.沃维纳格（Vauvenargues，1715—1747）：法国伦理学家和散文家，著有《格言集》。

475.科泽利茨（Heinrich Köselitz，1854—1918）：尼采的挚友彼得·加斯特。德国作曲家、作家，作有歌剧《威尼斯的雄狮》等。

476.《秘婚记》（*Matrimonio Segreto*）：科泽利茨创作的歌剧，初版于1884年，首演于1891年。《秘婚记》又名《威尼斯的雄狮》。

477.参见《偶像的黄昏》第九章"一位不合时宜者的漫游"第43节。

478.参见《瓦格纳事件》第5节。

479.森塔（Senta）：瓦格纳歌剧《漂泊的荷兰人》的女主人公。埃尔萨是歌剧《罗恩格林》的女主人公。伊索尔德是歌剧《特里斯坦与伊索尔德》的女主人公。布伦希尔德是《尼伯龙根的指环》四部曲中女武神之一，与齐格弗里德结为夫妇。康德里是歌剧《帕西法尔》中的女巫。

480.埃娃（Eva）：瓦格纳歌剧《纽伦堡的名歌手》的女主人公，金饰匠的女儿。

481.齐格林德（Sieglinde）：瓦格纳歌剧《女武神》中人物，主神沃旦之女。齐格林德与她的哥哥齐格蒙德乱伦，生下了后来的英雄齐格弗里德。

482.蒂索（Samuel Auguste Tissot, 1728—1797）：瑞士名医，写有反对手淫和论癫痫的专著。第一句原文为法语。

483.参见《敌基督》第46节。

484.佩特罗尼乌斯（Petronius，约公元14—66）：古罗马作家，尼禄的廷臣，著有长篇讽刺小说《萨蒂利孔》。

485.梅尼普斯式讽刺（satura Menippea）：欧洲文学史上最古老的讽刺手法，得名于古希腊犬儒学派哲学家梅尼普斯（Menippos，前3世纪）。其特色为混用诗体和散文体，亦庄亦谐，充满嘲讽的幽默。

486.参见《偶像的黄昏》第九章"一位不合时宜者的漫游"第44节。

487.动机（Motiv）：音乐结构的最小单位，由具有特性的音调及至少含有一个重音的节奏型构成。

488.参见《瓦格纳事件》第1节。

489.参见《善恶的彼岸》第九章"何谓高贵"。

490.此节的大部分格言被收录进了《偶像的黄昏》第一章"格言与箭"。

491.品达（Pindar，约公元前518—约前438）：古希腊合唱琴歌诗人，以颂歌名世。

492.永恒的女性（das ewig Weibliche）：语出歌德《浮士德》。指以圣母玛利亚或格莉琴为化身的永恒的爱和创造性的生成原则。

493.参见《敌基督》第1节和第2节。

494.坚定性与连续性（Entschiedenheit und Folge）：参见歌德《威廉·迈斯特的学习年代》第六部"一个美好心灵的自述"。

495.参见《敌基督》第58节。

496.伊壁鸠鲁（Epicurus，公元前341—前270）：古希腊哲学家、无神论者、唯物主义者。在物理学上，反对柏拉图的理念世界和亚里士多德的第一推动者。在准则学上，认为真理的唯一标准是感觉。

497.神圣的精神（heiliger Geist）：圣灵。基督教"三位一体"之神中的第三位。圣灵是圣父与圣子之间的联系、契合或神圣爱心。

498.潘（Pan）：古希腊神话中的畜牧、山林和田野之神。潘长相怪异，生有羊角、羊须与羊尾。潘与萨提尔、西勒诺斯同为丰饶之神，酒神的扈从。

499.赫尔巴特（Johann Friedrich Herbart，1776—1841）：德国哲学家、心理学家、教育家。著有《形而上学要旨》《普通教育学》等书。他反对黑格尔的思辨哲学，提出了实在论。认为美学是对快乐与痛苦的评价，艺术的内容从属于道德，艺术形式则是自由的。

500.参见《敌基督》第12节。

501.爱命运（amor fati）：酒神精神对生命的肯定。我们应当肯定我们的生命、我们的身体、我们的性欲、我们的尘世、我们的命运。参见斯坦哈特《尼采》，朱晖译，中华书局2014年版，第39～40页。

502.因为荒谬，所以信仰（Credo quia absurdus est）：出自德尔图良（约公元160—约225）《论基督的肉体》一书。他说："上帝之子死了，这是完全可信的，因为这是荒谬的。他被埋葬又复活了，这一事实是确实的，因为它是不可能的。"总之，信仰高于理性。

503.堂区（Gemeinde）：基督教教会的基层教务行政管理区。一般由一座教堂组成，由主教委派神父或牧师主管。是教区的最小单位。

504.伊夫兰德（August Wilhelm Iffland，1759—1814）：德国剧作家、演员。创作了大量市民阶级的道德剧，最有名的剧本为《沽名钓誉的罪行》。

505.科策布（Ferdinand Kotzebue，1761—1819）：德国剧作家，著有道德剧《不必要的忧愁》。

506.尼古拉（Friedrich Nikolai，1733—1819）：德国出版商、作家。著有戏仿歌德的小说《少年维特的欢乐》。

507.梅克尔（Garlieb Helwig Merkel，1769—1850）：拉脱维亚德语作家、记者。著有《论席勒与歌德时代的德国》。

508.海恩（Victor Hehn，1813—1890）：爱沙尼亚德语文化史家，著有《论歌德》《歌德与公众》《盐——文化史研究》。第36节受到了海恩的影响。

509.雅科比（Friedrich Heinrich Jacobi，1743—1819）：德国哲学家，提倡"信仰哲学"和"美的灵魂"。著有《休谟论信仰》。

510.克尔纳（Christian Gottfried Körner，1756—1831）：德国作家、法学家，席勒的挚友。著有《美学观点》。

511.蒂克（Ludwig Tieck，1773—1853）：德国浪漫主义诗人。著有艺术家小说《施特恩巴尔德的漫游》。

512.伯麦（Jakob Böhme，1575—1624）：德国哲学家，神秘主义者。著有《黎明》《伟大的神秘》。

513.参见《瓦格纳事件》第8节。

514.奥芬巴赫（Jacques Offenbach，1819—1880）：德裔法国作曲家，著有轻歌剧《美丽的海伦》《地狱中的奥菲欧》《莱茵河的水妖》等。

515.奥德朗（Edmond Audran，1840—1901）：法国作曲家，以喜歌剧名世。作品有《吉祥物》《洋娃娃》等。

516.宣叙调（recitativo）：歌剧或清唱剧中朗诵式和说话式的歌唱形式，用于对话或叙述事情。

517.巴克尔（Henry Thomas Buckle，1821—1862）：英国历史学家，著有《英国文明史》。

518.这篇小文章的前五段相当于《偶像的黄昏》第九章"一位不合时宜者的漫游"第19节和第20节。

519.阿里阿德涅（Ariadne）：古希腊神话传说中人物，克里特王米诺斯之女。她曾爱上英雄忒修斯，后被忒修斯遗弃。后来酒神娶她为妻。

520.这是尼采准备写的一篇艺术论文的标题，该论文显然以本书第十四章第17～26节、第33～36节、第46节等残稿为基础。

521.参见1888年5月23日尼采致勃兰兑斯的书信。尼采在这封信中表达了《权力意志》序言中的一些思想。

522.不要为明天忧虑（keine Sorge für Morgen）：参见《马太福音》第六章第34行。

523.我使小船沉没：我划船划得多么好啊（naufragium feci：bene navigavi）：斯多葛学派创始人芝诺（约公元前336—约前264）的箴言，叔本华把它译成了拉丁文。参见叔本华《附录》第1卷第216页（弗劳恩施泰特版）。

524.参见《瓦格纳事件》第5节。

525.响尾蛇（Klapperschlange）：一种尾巴摆动时能发出声音的毒蛇。比喻毒妇。指瓦格纳。

526.参见《瓦格纳事件》第3节。

527.克莱斯特（Heinrich von Kleist，1777—1811）：具有浪漫主义倾向的德国作家。在悲剧《彭忒西勒亚》中，他塑造了一位自尊心极强的亚马孙族女英雄。

528.野蛮化（Unheimischwerden）：尼采认为，人的攻击本能、复仇本能和性本能是狂暴的和野蛮的，这些野蛮的本能已被教士和道德家驯化了。Heimisch在古高地德语中的意思是"驯化的""温驯的""非野生的"；其反义词unheimisch的意思就是"野性的""狂暴的""野蛮的"。因此，译者将unheimischwerden译成"野蛮化"，将unheimisch-sein译成"野性"。

529.呆小症（Cretinismus）：小儿时期因甲状腺功能减退引起的疾病。表现为发育迟缓，智力低下，四肢粗短，面容丑陋。

530.参见雅可利奥特《宗教立法者：摩奴、摩西、穆罕默德》（1876年版）第85、84、87、95～97、104页。

531.梵天的居所（Wohnung Brahma's）：梵天是婆罗门教的创造神，万物从梵天而产生，依梵天而存在。梵天居住在天界。

532.唵（Om）：婆罗门教的咒语，表示梵天、毗湿奴、湿婆三大神或天、空、地三界。

533.再生族（Zweimalgeborene）：婆罗门、刹帝利和吠舍这三个种姓可以诵读《吠陀经》并参加宗教祭仪，他们从父母亲那里获得第一次生命，通过"入法礼"再获得第二次生命，因此被称作再生族（梵文dvija）。

534.威廉·冯·洪堡（Wilhelm von Humboldt，1767—1835）：德国语言学家、教育家。1809年创立柏林大学。著有《论爪哇岛的卡维语》等书。

535.歌德（Goethe）：参见歌德《西东合集·郁愤篇》的诗歌《好像这样才合乎名分》（Als wenn das auf Namen ruhte）第6节。尼采的引文与歌德的诗句稍有出入。

536.勃兰兑斯（Georg Brandes，1842—1927）：丹麦文艺评论家、文学史家。著有《十九世纪文学主流》《歌德传》《尼采》等。

537.名歌手（Meistersinger）：瓦格纳著有歌剧《纽伦堡的名歌手》，剧中的骑士瓦尔特赢得了歌咏比赛。Meistersinger应该译作"工匠歌手"，即属于某个工匠行会的、创作并演唱工匠歌（Meistergesang）的诗人。剧中的皮匠萨克斯就是工匠歌手。

538.完美者（der Vollkommene）：指德国古典文学（尤其是歌德）塑造的肉体与灵魂、体力与智力、理智与情感、个体与社会和谐统一的、全面发展的"完整的人"。

539.巴伐利亚国王（König von Bayern，1864—1886年在位）：路德维希二世（Ludwig Ⅱ，1845—1886），作曲家瓦格纳的终身赞助人。

540.诺尔（Ludwig Nohl，1831—1885）：德国音乐学学者、作家。著有《莫扎特的生平》等，编有《贝多芬书信集》。

541.娈童恋（jugendlich umfangen）：直译为"拥抱青年男子"，实际上指的就是"娈童恋"（Päderastie），即男性同性恋的一种，其性爱对象为男童和男青年。

542.罗恩格林（Lohengrin）：瓦格纳三幕歌剧《罗恩格林》的主人公。他自称是天国帕西法尔王之子，受命前来救助埃尔萨。

543.圣母无罪成胎（immacolata）：天主教认为，圣母马利亚在其母腹成胎以及耶稣在她腹中成胎（圣母由圣灵感孕）时，因蒙受神恩而未沾染原罪。

544.未知数（X）：指1888年瑙曼出版社出版的尼采著作《瓦格纳事件——一个音乐家问题》。第74节为《瓦格纳事件》一书的提纲。

545.塔尔玛（Francois Talma，1763—1826）：法国悲剧演员。

546.《埃达》（Edda）：古代冰岛两部文学名著（《诗体埃达》和《散文埃达》）的总称，主要叙述北欧神话故事和英雄事迹。瓦格纳的歌剧四部曲《尼伯龙根的指环》取材于《埃达》和《尼伯龙根之歌》。

547.佩加索斯（Pegasus）：希腊神话中生有双翼的飞马，其蹄踏出灵泉，诗人饮此泉水可获灵感。佩加索斯是诗艺术和灵感的象征。

548.《瓦格纳事件》一书的提纲。

549.主导动机（Leitmotiv）：大型音乐作品（歌剧和交响乐）中重复出现的，用以象征某一人物、情境或事物的动机或主题。例如，瓦格纳歌剧《罗恩格林》中的"罗恩格林"主导动机。

550.《瓦格纳事件》（*Der Fall Wagner*）：尼采生前出版的最后一本书。第80节是尼采写给莱比锡出版商瑙曼（Constantin Georg Naumann，1842—1911）的图书广告。

551.拜罗伊特（Bayreuth）：德国巴伐利亚的城市，瓦格纳在此建成他久经筹划的节日剧院，以上演他的歌剧《尼伯龙根的指环》。首届歌剧节于1876年举行，由汉斯·里希特担任指挥。1882年《帕西法尔》在此首演。除了上演过贝多芬的《第九交响曲》外，节日剧院只上演瓦格纳的歌剧。

552.尼采计划写的论文《〈悲剧的诞生〉中的艺术》的准备材料之一。这篇残稿是本书第十四章第17～26节、第33～35节和第46节的誊清稿。参见第十六章第40节的注释。

553.本书（Buche）：指尼采的著作《悲剧的诞生》。

554.真理（Wahrheit）：尼采认为悲观主义就是真理。悲观主义断言世界充满苦难和罪恶，人生充满痛苦。但尼采要用艺术来否定真理，来拯救人生。

555.参见《敌基督》第16～19节。

556.他视野开阔（Er hat die Aussicht frei）：参见歌德《浮士德》第二部第11989行"这里视野开阔"。

557.参见《查拉图斯特拉如是说》第一部第7节"读与写"。

558.众母（die Mütter）：参见《浮士德》第二部第6217行："众母！众母！——听起来好怪！""众母"指万物和生命的创造者与保存者。指希腊神话中的地神盖亚、罗马神话中的塞丽斯和埃及神话中的伊西丝之类的母神。"众母"类似于道家的"玄牝"（衍生万物的本源）或"母"（生成万物的宇宙本体）。

559.参见《偶像的黄昏》第一章"格言与箭"第25条格言。

560.尼采在《权力意志》的最后一个写作计划中把"论艺术生理学"作为该书的一章。参见本书第十八章第17节。另参见《偶像的黄昏》第九章"一位不合时宜者的漫游"第19～20节。

561.精神运动感应（induction psycho-motrice）：癫痫的一种症状，首先出现主观感觉，随后出现神志混浊和自动症，并出现多种感官的幻觉。

562.吉尔·布拉斯（Gil Blas）：法国作家勒萨日（1668—1747）创作的流浪汉小说《吉尔·布拉斯·德·山梯良那传》的主人公。

563.哈菲兹（Hafiz，1320—1389）：波斯诗人，著有《诗歌集》。他是波斯文化和阿拉伯文化的集大成者之一，其诗歌被誉为波斯抒情诗的高峰。

564.参见龚古尔兄弟《日记》第1卷第295页。

565.利涅（prince de Ligne，1735—1814）：比利时作家、军官。

566.加利亚尼（Ferdinando Galiani，1728—1787）：意大利经济学家，著有《货币论》。

567.《你就像花儿一样》（*Du bist wie eine Blume*）：海涅的诗歌。译文可参见冯至译著《德语七人诗选》，中信出版集团2016年版，第111页。

568.参见第九章第188节。"本书"（dies buch）指《权力意志》。

569.明珠暗投（Perlen vor die Säue werfen）：把珍贵的东西送给不识货者。参见《马太福音》第七章第6行："不要把圣物给狗，也不要把你们的珍珠丢在猪前。"

570.参见《偶像的黄昏》第一章"格言与箭"第41条。

571.恶人无歌曲（böse Menschen haben keine Lieder）：出自德国作家索伊默（Gottfried Seume，1763—1810）的诗歌《歌唱》。索伊默在其游记《1805年夏季》中描写了俄罗斯农民的生活及其团结。

572.救世军（Salutisten）：基督教新教的一个社会活动组织。1865年由英国人布斯创立，1878年采用军事编制。属于有组织的大型福音传教运动。

573.士瓦本（Schwaben）：德国南部地区，在今天的巴伐利亚州。

574.计划（Plan）：尼采于1888年8月26日撰写了《权力意志》的最后一个写作计划。

575.西尔斯—玛丽亚（Sils Maria）：瑞士圣莫里茨附近的山林，位于恩加丁峡谷，那里有尼采故居。

576.此序言写于1888年9月初，旋即被改写为《偶像的黄昏》之序言。

577.新德国（Das neue Deutschland）：普法战争之后于1871年1月18日成立的德意志帝国，威廉一世为皇帝，俾斯麦为首相，1871年至1899年为经济繁荣时代。

578.思想家的民族（Volk der Denker）：参见格奥尔格·比希曼（Georg Büchmann）《常被引证的名言》第172页："把德意志民族称为思想家和诗人的民族，这种说法是逐渐发展起来的。"这种说法首次出现在德国作家穆索斯（Johann Karl August Musäus，1735—1787）关于其《民间童话》（1782）的准备性报告中。

579.矛盾修辞（contradictio in adjecto）：附加语与中心语相矛盾，例如，"老小孩"（alter Knabe）。"德国精神"（Deutscher Geist）乃矛盾修辞，指的是德国人没有精神、德国没有思想家。

580.德国，德国高于一切（Deutschland，Deutschland über alles）：德国诗人法勒斯雷本（Hoffmann von Fallersleben，1798—1874）创作的诗歌《德国人之歌》（1841）中的诗句。这首诗歌后来成为德意志帝国的国歌。

581.达恩（Felix Dahn，1834—1912）：德国法学家、历史学家、小说家。著有历史小说《争夺罗马》《背教者尤利安》。他和埃贝斯的"教授小说"在当时很有名。

582.埃贝斯（Georg Ebers，1837—1898）：德国埃及学学者、小说家。著有小说《埃及公主》《尼罗河新娘》。

583.迈耶尔（Ferdinand Meyer，1825—1898）：瑞士德语作家。突出成就为历史小说。著有长篇小说《于尔根·耶纳奇》和中篇小说《圣徒》。

584.凯勒（Gottfried Keller，1819—1890）：瑞士德语作家。著有长篇小说《绿衣亨利》《马丁·萨兰德》。其作品继承了德国古典现实主义传统，具有浓厚的抒情与生活气息。

585.著作（Werk）：指尼采计划中的著作《权力意志》。

586.容克（Junker）：普鲁士的贵族大地主。自16世纪起，长期垄断军政要职，19世纪中叶开始资本主义化，是普鲁士和德意志帝国军国主义的支柱。

587.老年黑格尔派（alte Hegelianer）：黑格尔右派，主要代表有加布勒（1786—1853）、欣里希斯（1794—1861）和罗森克兰茨（1805—1879），因袭黑格尔的唯心主义体系，拥护封建等级制度，反对民主政治。

588.音乐中的南方（Süden in der Musik）：参见《善恶的彼岸》第254节。"音乐应该地中海化"指音乐的法国化，尼采推崇比才和奥芬巴赫等法国作曲家的音乐。

589.重估一切价值（Umwertung aller Werte）：1888年9月尼采打算把他计划中的代表作《权力意志》改名为《重估一切价值》。

590.1888年9月尼采决定出版一本"我的哲学精华"，此书由《权力意志》中较完整的遗稿组成。他考虑了几个可供选择的书名：重估一切价值；献给后天的思想；献给后天的智慧；见微知著。

591.《偶像的黄昏》最初的书名。

592.参见第十九章第1节及其注释。

593.上恩加丁（Oberengadin）：瑞士格劳宾登州的高地山谷，山谷中有西尔斯乡。村庄西尔斯—玛丽亚属于西尔斯乡。

594.敌基督（Antichrist）：基督的仇敌（魔鬼）以及基督教的敌人。见《新约·约翰书信》。约翰称一切否认圣父及圣子的人、否认耶稣是圣子的人、否认耶稣是道成肉身的人都是敌基督。尼采用该词指非道德论者。

595.《重估一切价值》第三卷的提纲。

596.《偶像的黄昏》第八章"德国人缺少什么"底稿的一部分。

597.哈特曼（Eduard von Hartmann，1842—1906）：德国哲学家。主张宇宙的本体是无意识，理性与意志皆其表现形式。著有《无意识的哲学》。

598.杜林（Karl Eugen Dühring，1833—1921）：德国哲学家，小资产阶级社会主义的代表。著有《哲学教程——严密科学的世界观和人生观》等书。

599.《偶像的黄昏》第八章"德国人缺少什么"底稿的一部分。

600.这些诗歌断片可以被视作《酒神颂歌》的草稿。

601.贝督因人（Beduine）：阿拉伯半岛和北非的游牧和半游牧的阿拉伯人。

602.北极居民（Hyperboreer）：亦译"许佩玻瑞人"。古希腊认为居住在极北地区的一个民族，那里阳光普照，四季长春，被称为"极北乐土"。预言（wahrsagen），参见品达《胜利颂歌第十首》。

603.绒毛蛛猴（Spinnenaffen）：生活在美洲的灵长目动物，蛛猴属。主要栖息于沼泽林区和热带雨林区，四肢和尾巴细长如蜘蛛，擅长在树上跳来跳去。

604.丽蝇（Schmeißfliege）：在肉或粪便中产卵的蓝苍蝇或绿苍蝇。

605.爱仇敌（liebe den Feind）：出自《马太福音》里的"登山宝训"。

606.泰希米勒（Gustav Teichmüller，1832—1888）：德国哲学家，著有《真实的世界与虚假的世界》（1882）。

607.《古希腊怀疑论者》（*Sceptiques Grecs*）：法国哲学史家维克托·布罗夏（Victor Brochard，1848—1907）的论著，发表于1887年

608.施皮尔（Afrikan Spir，1837—1890）：用德语写作的俄国哲学家。著有《论唯心主义与悲观主义》（1879）。

609.穆勒（August Müller，1848—1892）：德国东方学家，著有《东方与西方的伊斯兰教》（1885—1887）。

610.勒舍尔书店（Löscher）：意大利都灵的一家书店，店主为德国书商与出版家勒舍尔（Hermann Löscher，1831—1892）。

611.埃马努埃莱一世（Vittorio Emanuele Ⅰ，1759—1824）：撒丁王国国王（1802—1821）。埃马努埃莱一世广场在都灵。

612.《敌基督》第51节的提纲。

613.大黄（Rhabarber）：多年生高大草本。根状茎入药，主治腹痛、便秘、消化道出血。

614.参见《瓦格纳事件》第4节。

615.参见第二十二章第11节。这篇残稿的几个稿本共存，尼采并没有把它们删去。

616.尼采为《瞧这个人》所写的补遗。

617.犹太裔学者（Gelehrter jüdischer Abstammung）：大概指的是出身于犹太家庭的德国经验主义哲学家保罗·雷（Paul Rée，1849—1901）。此人曾是尼采的好友，他和尼采几乎同时爱上了女作家露·安德烈亚斯—莎乐美。保罗·雷著有《道德感的起源》《良心的出现》等书，后来当了医生。

618.穆勒（John Stuart Mill，1806—1873）：英国哲学家、经济学家、逻辑学家，功利主义和实证主义的主要代表之一。著有《功利主义》等书。

619.血亲复仇（vendetta）：盛行于科西嘉和意大利等地的家族间仇杀。

620.保罗（Paulus）：早期基督教主要活动家之一。生于大数城一个罗马籍犹太人家庭，曾参与迫害基督徒。据记载，大约公元33年，保罗行近大马士革时，复活后的耶稣亲自向他显现，于是他皈依了基督教，并被安提阿教会派往地中海东部地区传教。公元67年被罗马皇帝尼禄处死。第2节为《敌基督》一书

的提纲，文中数字采自尼采笔记本W Ⅱ 4的栏目。

621.《重估一切价值》一书第2卷"自由精神"和第3卷"非道德论者"的提纲。

622.参见《敌基督》第42~51节。

623.参见《敌基督》第53节。

624.偶像的黄昏（Götzen-Dämmerung）：尼采的著作，首版于1889年，由莱比锡的瑙曼出版社（C.G.Naumann）出版。第6节反映了尼采对这本书的标题的斟酌。

625.参见《敌基督》第52节。

626.参见《敌基督》第52节。

627.参见《敌基督》第61节、《瓦格纳事件》第2节、《瞧这个人》。

628.解放战争（Freiheitskriege）：1813年至1815年德国人民反抗拿破仑统治的战争。1813年3月17日普鲁士国王号召普鲁士和德国人民起义反对拿破仑，1815年6月18日普鲁士和英国军队在滑铁卢最终战胜了拿破仑。

629.第10节为《敌基督》一书结尾部分《反基督教的律法》之提纲。

630.参见《敌基督》第58~60节。

631.关于《查拉图斯特拉如是说》第4卷（瑙曼出版社，莱比锡1885年版）的出版。

632.查拉图斯特拉之歌（Zarathustras Lieder）：后来的《酒神颂歌》。第14节为尼采于1888年10月撰写的《重估一切价值》一书的出版计划。

633.尼采为《重估一切价值》第2卷"非道德伦者"所做的笔记。第18~23节也属于这个范围。

634.第24节为《重估一切价值》一书的提纲以及第3卷"自由精神"的笔记。

635.尼采为《重估一切价值》第2卷和第3卷所做的笔记。

636.写于《瞧这个人》第一稿期间。

637.写于《瞧这个人》第一稿期间。

638.写于《瞧这个人》第一稿期间。

639.最糟糕的偶然事件（der schlimmste Zufall）：大概指尼采的妹妹和母亲对尼采生活的干涉。此段暗示了尼采与妹妹和母亲的微妙关系。

640.写于《瞧这个人》第一稿期间。

641.一条仁爱的诫命（ein Gebot der Menschenliebe）：指尼采从优生学出发对颓废者和某些种类的病人提出的禁令："你们不应该生育！"第1节原本收入《偶像的黄昏》付印手稿，但尼采后来把它撤掉了。

642.该底稿原本收入《偶像的黄昏》付印手稿，但尼采后来把它撤掉了。

643.特奥菲尔·戈蒂埃（Théophile Gautier，1811—1872）：法国诗人、小说家、评论家。代表作为诗集《珐琅与玉雕》，其诗歌具有造型艺术的美。

644.《重估一切价值》第2卷"非道德论者"的前言。

645.弥诺陶洛斯（Minotaurus）：古希腊神话传说中一个牛首人身的魔怪，为克里特王米诺斯之妻帕费与波塞冬的神牛所生，居住在克诺索斯迷宫，雅典人每年必须送七对童男童女供其食用。雅典王忒修斯立志为民除害，他得到米诺斯之女阿里阿德涅的帮助，将线团一端拴在迷宫入口处，循线进入迷宫，最后杀死了弥诺陶洛斯。米诺陶洛斯比喻凶险的人生。

646.众母！众母！这听起来好恐怖！（Die Mütter! Mütter!'s klingt so schauerlich）：出自歌德的悲剧《浮士德》第二部第6217行。

647.从第4节到第7节，尼采试图推进《重估一切价值》的写作计划，但他突然放弃了该计划，立即转入《瞧这个人》的写作。

648.主爱的人在世享平安（Frieden und den Menschen ein Wohlgefallen）：参见《路加福音》第二章第14行。

649.下下页（zweitnächste Seite）：大概指第（4）条和第（5）条。

650.反犹主义者（Antisemit）：反对犹太人、敌视犹太民族特性的人。具体应该指尼采的妹夫伯恩哈德·福斯特（Bernhard Förster，1843—1889），这位反犹主义者曾试图说服尼采接受他的捐款。

651.参见第二十三章第1节。

652.参见《敌基督》第52节。绝大多数士瓦本人信仰天主教，少数信新教。霍亨索伦家族源于士瓦本。

653.参见第二十三章第3节。

654.参见《瞧这个人》的开篇。

655.第四十四个年头（das vierundvierzigste Jahr）：尼采于1844年10月15日出生，1888年10月15日是他的四十四岁寿辰。

656.《重估一切价值》（Umwerthung aller Werthe）：尼采曾打算把他计划中的"代表作"（众所周知的《权力意志》）改名为《重估一切价值》，并把该书第一卷确定为"敌基督"。

657.《查拉图斯特拉之歌》（Lieder Zarathustras）：为《酒神颂歌》。《酒神颂歌》共九首，最终完成于1889年，1891年由彼得·加斯特出版，作为附录放在《查拉图斯特拉如是说》一书的最后。

658.《瞧这个人》初稿（Ur-Ecce-homo），它构成了1889年完成的《瞧这个人》一书的核心。

659.格罗格酒（Grog）：掺热水的朗姆烈酒。

660.萨卢斯特（Sallust，公元前86—前34）：古罗马历史学家和政治家，恺撒当政时任努米底亚总督。历史著作有《喀提林战争》《朱古达战争》等。

661.普福尔塔中学（Pforta）：萨克森—安哈尔特州瑙姆堡市的一所寄宿制人文中学，创立于1543年，是中部德国最古老的学校之一，培养了费希特和兰克等一大批名人。尼采于1858年至1864年就读于该校。

662.参见《创世记》第一章第2行"天主的神在水面上运行"。

663.大能的明证（Beweis der Kraft）：参见《哥林多前书》第二章第4行。

664.梅亚克（Henri Meilhac，1831—1897）：法国剧作家、歌剧脚本作家。著有剧本《沙沙响》《球》和歌剧脚本《卡门》。

665.阿莱维（Jacques Halévy，1799—1862）：法国作曲家，以歌剧《犹太女》名世。创作有三十二部歌剧以及芭蕾舞剧、康塔塔和歌曲。

666.巴塞尔人文中学（Basler Pädagogium）：瑞士第二古老的人文中学，巴塞尔市最古老的人文中学。始建于1589年，校址在巴塞尔大教堂对面。1968年以前，该校只招收男学生，学习重点为拉丁语、古希腊语和希伯来语。现在该校共有五个年级。历史学家布克哈特和威廉·费舍尔等名人曾在该校任教。尼采于1869年至1876年在此任教。

667.施泰因（Heinrich von Stein，1857—1887）：德国美学家、诗人。先后担任哈雷大学和柏林大学的编外讲师，1884年8月前往恩加丁的西尔斯与尼采会面，1887年6月15日在柏林死于心绞痛。著有《现代美学的诞生》《美学讲稿》和剧作草稿《英雄与世界》。

668.西尔斯（Sils）：瑞士格劳宾登州的一个行政乡，下辖西尔斯-玛丽亚和西尔斯-巴瑟尔吉亚两个山村。西尔斯海拔1803米，总面积63.57平方千米。西尔斯-玛丽亚有尼采故居。

669.恩加丁（Engadin）：瑞士格劳宾登州的一个高地山谷，长度超过80千米，多湖泊与森林，因河流经山谷。

670.科尔森（Wilhelm Paul Corssen，1820—1875）：德国古典语文学家、语言学家。著有《论拉丁语的发音、元音和重读》《拉丁语词法评论集》等书。1846年至1866年科尔森在普福尔塔中学教授拉丁语与历史，尼采是他的学生之一（尼采于1858年至1864年就读于该校）。

671.彪炳千古（aere perennius）：原意为"像铜一样恒久"。指作家以其杰作留名千古，类似于曹丕所说的"盖文章，经国之大业，不朽之盛事"。

672.佩特罗尼乌斯（Petronius）：古罗马作家。精于享乐，得到罗马皇帝尼禄的赏识，被召为廷臣。著有长篇讽刺小说《萨蒂利孔》。

673.梅尼普斯式讽刺（Satura Menippea）：欧洲讽刺文学最古老的文体，古希腊人从形式上把它定义为由诗体和散文体混合而成的讽刺杂文。该文体得名于古希腊犬儒哲学家梅尼普斯（Menippos，前3世纪）。梅尼普斯用一种严肃与滑稽、幽默与嘲笑、对话与戏仿混合而成的文学体裁来表达犬儒学派讽刺性的道德说教。该文体被古罗马通才学者瓦罗引进罗马文学，影响了琉善、塞内加和佩特罗尼乌斯等人。

674.修昔底德（Thukydides，约公元前460—约前400）：古希腊历史学家，伯里克利统治时期曾担任雅典将领。其八卷本《伯罗奔尼撒战争史》因客观写实而堪称信史。

675.有古典修养的德国人（der klassisch gebildete Deutsche）：指德国艺术史学家温克尔曼（Johann Joachim Winckelmann，1717—1768）。温克尔曼著

有《关于在绘画和雕刻中模仿希腊作品的一些意见》《古代艺术史》等书。他认为古希腊艺术的本质是"高贵的单纯和静穆的伟大",古希腊人的伟大在于"沉静的灵魂"。

676.布克哈特(Jakob Burckhardt,1818—1897):瑞士文化史家、艺术史家。著有《文艺复兴时期的文化》《古希腊文化史》等书。

677.洛贝克(Christian August Lobeck,1781—1860):柯尼斯堡大学古代文化学教授,19世纪德国古典语文学的领军人物之一。著有《阿格拉奥斐》《古希腊病理学》等书。

678.《阿格拉奥斐》(*Aglaoph*):洛贝克的代表作,初版于1829年,用拉丁文写成,主要探讨古希腊的神秘崇拜和俄耳甫斯教。阿格拉奥斐即塞壬(Sirene),古希腊神话中的海妖。

679.圣母无罪成胎(immaculata conceptio):直译为"无污染受孕",指圣母玛利亚由圣灵受孕,而非通过性交怀孕。天主教认为马利亚在其母腹成胎以及耶稣在她腹中成胎时,因蒙受神恩而未沾染原罪。

680.父亲(Vater):尼采的父亲卡尔·路德维希·尼采(1813—1849)是普鲁士的新教牧师,1849年7月30日病逝于普鲁士萨克森省吕茨恩市附近的罗肯村。父亲去世时尼采未满五周岁。尼采的母亲弗朗奇斯卡·厄勒(1826—1897)也是普鲁士人。

681.巴塞尔大学(Universität Basel):瑞士最古老的大学,始建于1460年,1869年尼采被聘为巴塞尔大学古典语文学副教授,1879年因病(偏头痛、胃病和深度近视)退休。

682.圣莫里茨(St.Moritz):瑞士格劳宾登州恩加丁山区的乡镇,海拔1822米,面积28.69平方千米。世界著名疗养地。

683.《流浪者及其影子》(*Wanderer und sein Schatten*):尼采的格言集,1880年作为《人性的,太人性的》一书第二个附录面世。该格言集共有三百五十篇短文,论及理性、意志自由、复仇、基督教、音乐、文学以及著名作家和艺术家。

684.《偶像的黄昏》付印手稿中一张因粘贴而被覆盖的稿纸,其文字由编者辨认。

685.狮子小说(Löwen-Novelle):歌德于1828年春发表的中篇小说,讲述的是一位男孩用优美的笛声和歌曲驯服一头狮子的故事。1797年3月歌德开始构思叙事诗《狩猎》,1826年10月和1827年2月他采用散文体对叙事诗的素材进行了加工,1828年年初又进行了修改并取名为《中篇小说》。

686.施蒂弗特(Adalbert Stifter,1805—1868):奥地利小说家。喜爱德国古典文学,自称"我虽然不是歌德,却是他亲属中的一个"。他的长篇小说《晚来的夏日》继承了德国教育小说的传统。

687.《宣战》底稿的一部分。尼采于1889年1月2日完成的《瞧这个人》的付印手稿的结尾处有一篇战书《宣战》，即尼采要向霍亨索伦家族"及其工具俾斯麦侯爵"宣战。因为战书侮辱了"青年皇帝"威廉二世，所以尼采的母亲就把它烧掉了。

688.《瞧这个人》一书的补遗。

689.《吉尔·布拉斯》（*Gil Blas*）：法国作家勒萨日（1668—1747）创作的流浪汉小说。它以西班牙为历史背景，描写了一位城市青年一生的冒险经历，批判了封建朝廷的腐败和贵族的荒唐。

690.梅里美（Prosper Mérimée，1803—1870）：法国小说家。短篇小说《炼狱里的灵魂》根据唐璜的传说写成，中篇小说《高龙巴》叙述复辟时期科西嘉岛一个家族复仇的故事，中篇小说《卡门》乃是脍炙人口的杰作。

691.弗罗芒坦（Eugène Fromentin，1820—1876）：法国作家、画家。著有心理学分析小说《多米尼克》和传记《古代的大师们》。

692.沃居埃（De Vogüé，1848—1910）：法国文人、外交家。著有《东方历史》《世纪肖像》等。

693.参见1888年10月25日加斯特致尼采的书信。

694.科泽利茨（Heinrich Köselitz，1854—1918）：尼采的挚友彼得·加斯特的原名。德国作曲家，作有歌剧《威尼斯的雄狮》等。

695.《瞧这个人》末章"我为什么是命运"的稿本。

696.这本书（Dies Buch）：指尼采的著作《瞧这个人》。

697.三国同盟（Tripel-Allianz）：1882年3月22日成立的由德、奥、意组成，主要目的为抵抗法国和俄国进攻的同盟。由于意大利在1902年与法国签订了秘密协定，三国同盟已名存实亡。

698.紫红色（gepurpurt）：普鲁士军官军服的衣领和袖口都是紫红色的。

699.《瞧这个人》第十四章"瓦格纳事件"第5节（作为补遗）。

700.文化经济学（Ökonomik der Cultur）：研究文化的生产、交换、分配和消费各领域的运行机制及其发展规律的学科。研究内容包括文化商品、文化资源和文化产业、文化生产和劳动报酬、文化需求和供给、文化市场、文化经济效益与经济核算、文化消费等。

701.孔狄亚克（Condillac，1714—1780）：法国启蒙思想家，感觉论者，自然神论者。著有《人类知识的起源》。

702.特拉西（Destutt de Tracy，1754—1836）：法国哲学家、经济学家。首创"意识形态"概念。著有《意识形态概论》等。

703.弗罗芒坦（Eugène Fromentin，1820—1876）：法国作家、画家。著有心理分析小说《多米尼克》。从弗罗芒坦到洛蒂（1850—1923）均为尼采时代的法国作家。

704.布尔热（Paul Bourget，1852—1935）：法国小说家、文学评论家。其大多数作品为心理哲学小说，例如，《谎言》《门徒》。他还出版了《颓废理论》《现代爱情心理学》《现代爱情生理学》等论著。

705.约梅利（Nicola Jommelli, 1714—1774）：意大利作曲家，与莫扎特同为焦瓦尼·马蒂尼的学生。作品包括《狄托的仁慈》等六十余部歌剧和大量教堂音乐。

706.昨天（gestern）：指1888年12月15日。参见尼采1888年12月16日致彼得·加斯特的信。

707.参见尼采致勃兰兑斯的最后一封信和尼采1888年12月9日致彼得·加斯特的信。

708.《宣战》底稿的一部分。

709.霍亨索伦家族（das Hause Hohenzollern）：德意志统治者家族。族名源于士瓦本地区的古城堡霍亨索伦。始祖为索伦伯爵弗里德里希三世（1139—1201）。1227年分为两支：法兰克尼亚系和士瓦本系。1415年，法兰克尼亚系的纽伦堡伯爵弗里德里希六世（Friedrich Ⅵ, 1371—1440）建立霍亨索伦王朝。该王朝先后统治过勃兰登堡侯国、普鲁士王国和德意志帝国。1918年德国十一月革命爆发后，其统治被推翻。

710.腓特烈大帝（Friedrich der Große, 1712—1786）：亦译"腓特烈大王"，为普鲁士国王（1740—1786）。在七年战争中战胜奥地利，夺得西里西亚。1772年与奥地利和俄国一起瓜分波兰。通过武力提高了普鲁士在欧洲的地位。

711.腓特烈三世（Friedrich der Dritte, 1831—1888）：威廉一世的儿子，德意志帝国第二任皇帝。在波恩大学学习法学时受到自由主义影响。1858年1月25日与英国公主维多利亚结婚。在普法战争中指挥第三军，在色当战役中战功卓著。威廉一世皇帝去世后，他于1888年3月9日继位，但在位仅九十九天。1888年6月15日死于喉癌。

712.年轻的罪犯（junger Verbrecher）：指威廉二世（Wilhelm Ⅱ, 1859—1941），腓特烈三世的儿子，德意志帝国皇帝（1888—1918）。1914年挑起第一次世界大战，1918年逃亡至荷兰。

713.《宣战》底稿的一部分。

714.《瞧这个人》一书的补遗。

715.格夫肯（Friedrich Heinrich Geffcken, 1830—1896）：德国法学家、政治家和政论文作家。青年时代在哥廷根大学学习法学。1872年起担任斯特拉斯堡大学国际法和政治学教授，1881年病退。著有《教皇的国际法地位》等书。1888年秋，格夫肯未经许可发表了刚刚驾崩的皇帝腓特烈三世的战争日记，俾斯麦于是以谋反罪起诉了他。1888年9月格夫肯遭到拘禁，1889年1月被释放。

权力意志

作者 _ [德] 弗里德里希·尼采   译者 _ 贺骥

编辑 _ 段冶   装帧设计 _ 董歆昱   主管 _ 来佳音
技术编辑 _ 丁占旭   责任印制 _ 梁拥军   出品人 _ 李静

果麦
www.goldmye.com

以 微 小 的 力 量 推 动 文 明

图书在版编目（CIP）数据

权力意志：全二册 /（德）弗里德里希·尼采著；
贺骥译. -- 上海：上海文化出版社, 2025.6
ISBN 978-7-5535-2955-4

Ⅰ.①权… Ⅱ.①弗… ②贺… Ⅲ.①尼采(
Nietzsche, Friedrich Wilhelm 1844-1900)－哲学思想
Ⅳ.①B516.47

中国国家版本馆CIP数据核字(2024)第072157号

出 版 人：姜逸青
责任编辑：郑　梅
特约编辑：段　冶
装帧设计：董歆昱

书　　名：权力意志：全二册
作　　者：[德] 弗里德里希·尼采
译　　者：贺　骥
出　　版：上海世纪出版集团 上海文化出版社
地　　址：上海市闵行区号景路 159 弄 A 座 2 楼　201101
发　　行：果麦文化传媒股份有限公司
印　　刷：河北鹏润印刷有限公司
开　　本：880mm×1230mm　1/32
印　　张：43.5
字　　数：1010 千字
印　　次：2025 年 6 月第 1 版　2025 年 6 月第 1 次印刷
印　　数：1—5,000
书　　号：ISBN 978-7-5535-2955-4/B.028
定　　价：98.00 元（全二册）

如发现印装质量问题，影响阅读，请联系 021—64386496 调换。